浙江省高校重大人文社科攻关计划资助（2013GH011）

第五辑　　邱高兴　主编

江浙文化

浙江佛教人物传记资料研究专辑

上海三联书店

目录 | Contents

略论宋代契嵩的儒佛二教会通论

杨曾文①

（中国社会科学院世界宗教研究所）

摘　要：通过对契嵩两次向仁宗皇帝的上书和所著《辅教编》中《原教》《广原教》《孝论》等著作，论述契嵩认为儒佛二教皆源于"圣人之心"，同属"圣人之道"，旨在引导天下民众为善去恶，使天下得到治理的思想。

关　键　词：契嵩　上皇帝书　辅教编　会通儒佛二教

在中国佛教史上，像宋代契嵩那样进京成功两次向皇帝上书，并且将会通儒佛二教的《辅教编》和考述禅宗历代祖师传承世系的《传法正宗记》《传法正宗论》等著作进献朝廷的高僧，没有第二个人。

契嵩（1007—1072），俗姓李，字仲灵，自号寂子、潜子，藤州镡津（今广西藤县）人，嗣法于云门下三世洞山晓聪（？—1030），先后在杭州灵隐寺永安院、佛日禅院居住和传法。鉴于宋初有儒者承唐代韩愈之后仍主张排斥佛教，如石介（1005—1045）撰《怪说》、欧阳修（1007—1072）撰《本论》等，排斥佛、老，倡导振兴儒家"礼义"。契嵩为了维护佛教的传播和发展，从教义思想方面揭示佛教不仅于世无害而且有益于国治民安，便潜心阅读、钻研儒家经典，深入比较佛教与儒

---

① 作者简介：杨曾文，生于1939年，山东省青岛即墨人，1964年毕业于北京大学历史系中国古代史专业，现为中国社会科学院荣誉学部委员、世界宗教研究所教授、博士生指导教师，著有《日本佛教史》《隋唐佛教史》《唐五代禅宗史》《宋元禅宗史》等。

家思想的异同，然后加以会通融合，先后撰写了《原教》《劝书》《广原教》《孝论》等，合编为《辅教编》。宋仁宗嘉祐六年（1061），在他五十五岁时毅然进京，先后两次向皇帝上书，称自己"谋道不谋身，为法不为名"，坦然阐明自己的见解，并将所著《辅教编》等进献于朝廷，得以勅准编入大藏经刻印流通天下。契嵩晚年又撰写《辅教编要义》（也称《夹注辅教编》）十卷，对《辅教编》作通俗注解①。本文仅据契嵩主要著作介绍他的儒佛二教会通的思想。

契嵩一是通过追溯所谓"教"的本源，证明佛、儒二教皆出自"圣人之心"；二是从佛教教人为善的社会功能上强调佛教的五戒十善等教理与儒家的纲常名教一致，可以辅佐儒家对民众教化，辅助朝廷治理天下。他也深受正在酝酿兴起的理学思潮的影响，尝试对心性问题进行阐释和发挥，提出佛教的心性论可以补儒家"性命"理论的不足。

一、论佛、儒二教皆以"圣人之心"为本，"欲人为善"

契嵩在初次上仁宗皇帝书中先从整体上表述佛教与儒家主张的"王道"是一致的，皆以"皇极""中道"为本，皆以教人行善为主旨，是可以辅佐儒家治理天下的。他说：

> 若今文者皆曰：必拒佛。故世不用，而尊一王之道，慕三代之政。是安知佛之道与王道合也。夫王道者，皇极也。皇极者，中道之谓也。而佛之道亦曰中道。是岂不然哉？然而适中与正，不偏不邪，虽大略与儒同，及其推物理而穷神极妙，则与世相万矣。②

---

① 此书在北京大学图书馆仅藏有其第一卷，题为《夹注辅教编原教要义第一》。现日本东洋文库藏有原东福寺藏的五山版本，此外还有1915年东京禅学大系出版局出版的铅印本等。

② 《大正藏》卷52第687页上。以下除大段引文注明出处外，个别字句引用不再加注，皆见《大正藏》卷52第687—691页。

所谓"今文者"是指儒家某些主张排佛的学者。"一王之道",即王道,一代君王治国之道,是古代理想君主治理国家的基本原则。儒家称以仁义治国为王道。"三代之政"是夏、商、周的政治。"皇极"原出自《尚书·洪范篇》,据称是箕子告诉周武王九种治国方略之一,可解释为"大中之道",意为不偏不倚极为中正的道德和治国的原则,与后来儒家倡导的"中"和"中道""中庸"大体一致。

契嵩表示,那些极力排斥佛教,专尊所谓"王道",只推崇夏商周三代的政治的儒者,哪里知道佛教本来也是与王道一致的。所谓王道,不就是"皇极"吗?皇极就是中道。佛教也主张"适中"与"正",此与儒家的中道并无二致。

佛教有大、小乘的中道。小乘中道即"八正道",是既区别于在家享受世俗安乐,又区别于外道所修的苦行的教理。大乘中道,是基于"诸法性空"的般若理论所讲的不生不灭,不常不断,乃至非色非空等的思想,被认为是超越于各种"边见""邪见"的至高的认识原则和精神境界。在不少场合,中道也被赋予与佛性、诸法实相等概念同等的含义。因为按照大乘般若中观思想,对"中道"可作出空与有、世与出世相即"不二"的灵活发挥,所以契嵩强调佛教的中道与儒家侧重讲治国、伦理的中道一致,也是可以成立的。

实际上,从佛教"中道"所具有的宗教哲学意义上来说,它与儒家的"中道"又有很大不同。他所谓"及其推物理而穷神极妙,则与世相万",即是表示论述万物之理、心性的奥义方面,佛教的中道与世俗(儒家)的道理是存在很多差别的。

然而契嵩的上皇帝书和著作出于争取皇帝和儒家朝臣的理解和认同的企图,只能侧重强调佛教同王道、儒家的中道一致的方面。

二、提出佛教教人"正人心""兴善止恶",不应排斥

契嵩在上皇帝书中论述佛教是可以"弘益天下",协助皇帝"坐致太平"的。他表示:"佛法大要在人正其心",如果人心得以正,则必然有至高的道德,造就良好的社会风气。他说:

> 陛下以太和养诚，以仁恩礼义怀天下，虽其盛美已效，苟以佛法正心，则其为道德益充益茂矣。经曰：妙净明心性一切心。此之谓也。①

是说仅以儒家的"太和"（原出《周易》）修养道德，以仁义、恩礼善待天下还是不够的，如果能采纳佛教的心性学说来"正心"，肯定可以使道德臻于至善。他举唐代玄宗，乃至南北朝的梁武帝，皆吸收佛教的无为"见性"思想修养道德，故导致天下大治，享国多年。

契嵩还提出，佛教"以兴善止恶为其大端"，有益于民众教化。契嵩说朝廷在各州县设置学校，以"诗书礼义"教化民众，为了使其为善不为恶；又有地方官员宣政化，从而致使文教昌盛超过前代。然而，在那些偏远的"里巷乡墅之家"，有很多民众从未听闻过诗书礼义的说教，只是因为信奉佛教的"为善致福，为恶致罪"和因果报应的教义，便能够自觉地行善止恶，"为仁，为慈，为孝，为廉，为恭，为顺，为真，为诚"。虽然佛教倡导的某些行为、做法"与儒不同，至于入善成治，则与夫诗书礼义所致者"却没有区别。

契嵩在自己的著作中以不同的方式和语句论述佛教与儒家虽有不同，然而又有相同的方面，皆为"圣人之教"，皆有益于社会民生。他在《辅教编·原教要义第一》中说：

> 二教圣人设教，恢廓开张，各有事宜。若儒急欲治民于当世，则宜为法教人只在乎一世也。佛欲救人轮回于生死，则宜为法教人修正精诚，当指因缘业果，在其死生前后际也。

谓圣人因为适应不同的情况，所设置的教法必有不同。儒教重在治理当世民众，只教人现世做人的道理（当特指儒家纲常伦理），所说未超出一世；佛教教人超脱生死轮回，就必须教人正确修治心性，所说必涉及三世。因此可以说圣人

① 《大正藏》卷 52 第 688 页上。

施教虽有不同，但皆教人为善。

契嵩比喻说，诸教如同涉水过河，有的仅提衣即可过（"揭"），有的竟水没过腰（"厉"），深浅有别，"儒者，圣人之治世者也；佛者，圣人之治出世者也"。言下之意，儒家为"治世"之教，教浅；佛教是"治出世"之教，教深。契嵩在《寂子解》中有一段话，可以看做是对此所做的发挥，曰：

> 儒、佛者，圣人之教也。其所出虽不同，而同归乎治。儒者，圣人之大有为者也；佛者，圣人之大无为者也。有为者以治世，无为者以治心。治心者不接于事；不接于事，则善善恶恶之志不可得而用也。治世者宜接于事；宜接于事，则赏善罚恶之礼不可不举也。其心既治，谓之情性真正；情性真正，则与夫礼义所导而至之者，不亦会乎？儒者欲人因教以正其生；佛者欲人由教以正其心。心也者，彻乎神明；神明也者，世不得闻见。故语神明者，必谕以出世。今牵于世而议其出世也，是亦不思之甚也。故治世者，非儒不可也；治出世，非佛亦不可也。①

是说儒家是有为的"治世"之教，必须设置赏善罚恶的礼教与法律，引导世人行为端正；佛教是无为的"治心"之教，不参与世间事务，要人不念善恶，不求取舍，使心性清净。因为心通于神明（佛性、真如之心），超乎世人耳目，所以要讲关于神明的道理，必须涉及出世的教义。批评世间儒者议论出世的事是轻率的做法。契嵩由此强调提出：由儒家负责治世，佛教负责治出世，是不可改变的。

此外，契嵩在《广原教》中还提出儒、释、道三教一致的结论，影响深远：

> 古之有圣人焉，曰佛，曰儒，曰老（按：或作"百家"），心则一，其迹则异。夫一焉者，其皆欲人为善者也；异焉者，分家而各为其教者也。圣人各为其教，故其教人为善之方，有浅有奥，有近有远，及乎绝恶，而人不相扰，则其德

_____

① 载《镡津文集》卷八，《大正藏》卷52第686页中。

同焉。中古(按:夏商周三王)之后,其世大漓,三者(按:"三者",原作"佛者",同上)其教相望而出,相资以广天下之为善,其天意乎?其圣人之为乎?不测也。方天下不可无儒,不可无老(按:"不可无老"原作"无百家者"),不可无佛,亏一教则损天下之一善道;损一善道,则天下之恶加多矣。夫教也者,圣人之迹也。为也(按:"也"原作"之")者,圣人之心也。见其心,则天下无有不是;循其迹,则天下无有不非。是故贤者贵知夫圣人之心。①

意为佛、儒、道三教皆为圣人之教,皆出自圣人之心,虽教人的方法深浅不同,但皆教人为善,可以并化天下,不可缺一,并且示意儒者不要着眼佛、儒二教的相异点("其迹则异")而排斥佛教。

契嵩在上仁宗皇帝书中说:

> 若今佛法也,上则密资天子之道德,次则与天下助教化,其次则省刑狱,又其次则与天下致福却祸。以先王之法裁之,可斥乎?可事乎?然儒者以佛道为异端,恶其杂儒术以妨圣人之道行,乃比杨墨俗法而排之。是亦君子之误也。②

这既是对仁宗皇帝的恳切直谏,也是对儒者贬斥、诽谤佛教言论的回应和措辞委婉的批驳。

三、以佛教五戒、十善比附会通儒家纲常名教

契嵩在自己著作多次提到佛教的五乘,特别着重前面的人乘与天乘,以二乘的五戒、十善比附儒家的五常伦理。契嵩的论述带有时代特色,一是回应儒者鼓

---

① 《大正藏》卷52第660页上。引文四处据《辅教编·广原教要义第二十九》作了校改,括弧中是笔者加的校注。
② 《大正藏》卷52第688页下。

吹以兴"仁义""礼义"来排斥佛教,而用这种比附来说明佛、儒二教"同于为善","同归于治";二是在具体比附之后强调佛、儒二教所依据的"理""道""心"相同,不同者为"迹",带有更多哲学色彩。

他在《辅教编·原教》中对人乘五戒的解释:

> 人乘者,五戒之谓也。一曰不杀,谓当爱生,不可以己辄暴一物,不止不食其肉也;二曰不盗,谓不义不取,不止不攘他物也;三曰不邪淫,谓不乱非其匹偶也;四曰不妄语,谓不以言欺人;五曰不饮酒,谓不以醉乱其修心。
>
> 天乘者,广于五戒谓之十善也。一曰不杀,二曰不盗,三曰不邪淫,四曰不妄语,是四者其义与五戒同也。五曰不绮语,谓不为饰非言;六曰不两舌,谓语人不背面;七曰不恶口,谓不骂,亦曰不道不义;八曰不嫉,谓无所妒忌;九曰不恚,谓不以怨恨宿于心;十曰不痴,谓不昧善恶。
>
> 然兼修其十者,报之以所以生天也。修前五者,资之所以为人也。脱天下皆以此各修,假令非生天,而人人足以成善。人人皆善而世不治,未之有也。[①]

在这些解释中,有的不但从否定的方面解释不应当做些什么,而且同时从正面告诉应当做些什么,例如不杀,不仅不应当杀动物及吃它的肉,而且要爱护一切生命。有的解释带有时代色彩,例如不盗,增加"不义不取",《辅教编·原教要义第一》解释:"凡于他人之物,若在义理不当取者,而辄取之,皆为偷盗也。"不饮酒,解释为不因饮酒扰乱"修心"。不骂,以"不道不义"解释。其中联系到"义""修心"所作的解释,可以说是带有时代的烙印。契嵩还有意指出,佛教虽说修持五戒生人,修持十善生天,然而即使没有轮回生为人天的事,如果人人按照五戒十善去做,也定可以造成人人为善,社会治理的局面。

契嵩在《原教》中说:

---

① 《镡津文集》卷一,《大正藏》卷52第649页上。

以儒校之，则与其所谓五常仁义者，异号而一体耳。夫仁义者，先王一世之治迹也。以迹议之，而未始不异也；以理推之，而未始不同也。迹出于理，而理祖乎迹。迹，末也；理，本也。君子求本而措末可也。……然圣人为教，而恢张异宜。言乎一世也，则当顺其人情，为治其形生之间；言乎三世也，则当正其人神，指缘业乎死生之外。神农志百草虽异，而同于疗病也；后稷标百谷虽异殊，而同于膳人也。圣人为教不同，而同于为善也。①

《原孝章第七》还说：

夫不杀，仁也；不盗，义也；不邪淫，礼也；不饮酒，智也；不妄语，信也。是五者，修则成其人，显其亲，不亦孝乎？②

契嵩认为佛教人天乘的五戒十善与儒家的五常名教虽名称、表述不一样，但却是异名同体的。他解释说，儒家的仁义是先王治理天下采取过的做法（比喻为"迹"、脚印；末、枝叶）。既然是做法，便可以有种种不同，儒家讲的是一世之教，五常名教是为配合现实社会的治理而施设的；佛教讲的是三世之教，教人正确修心以求得摆脱生死轮回，达到解脱。然而二教所依据的"理"（本、根本）是一样的。

那么，这个"理"是什么呢？实际上，理也就是"道"，就是"心"。《广原教》说："惟心之道，阐教之谓教。教也者，圣人之垂迹也；道也者，众生之大本也"，与这里所说的"理"是"教"之本的意思不是相通的吗？《广原教》又说："夫心与道岂异乎哉？以圣人群生，姑区以别之曰道曰心也。心乎，大哉至也矣！幽过于鬼神，明过于日月，博大包乎天地，精微贯乎邻虚……圣人以此难明难至也，乃为诸教，言之义之，谕之正之，虽夥然多端，是皆欲人之不谬也。"③可见，契嵩所说的

① 《镡津文集》卷一，《大正藏》卷 52 第 649 页中。
② 《镡津文集》卷三，《大正藏》卷 52 第 661 页下。
③ 《镡津文集》卷二，《大正藏》卷 52 第 654 页中、655 页中。

"心"，正是大乘、禅宗所说的佛性、本性。既然以此心、此道、此理为"本"，那么天下"诸教"虽异而异中有同。所同之点是什么呢？是"同于为善"，"欲人之不谬"。契嵩《上吕内翰书》中说："今天下所谓圣人之教者至焉，虽其名不类，考其理而皆欲人趋善，则其理未尝异。"①这是契嵩在自己的著作中，在给周围儒者、朝中大臣甚至上奏皇帝的书中反复申明的意思。

四、会通儒、佛二教的"孝"论

孝是孝敬父母。孔门后学所著《孝经》有十八章，称"孝"是传自先王的"至德要道"，说："孝，德之本也，教之所由生也。"孝是天经地义的最基本的也是最高的道德规范；一个人从"事亲"开始，中经"事君"，到最后"立身"都应贯彻孝的原则。自汉朝以来《孝经》受到当政者和儒者士大夫的推崇，被作为儒家的重要经典。儒家批评佛教时经常举出僧尼离开父母，剃发出家为不孝。

然而契嵩解释，佛教不仅讲孝，而且所提倡的孝比儒家的孝的意蕴更加深广，称之为"大孝"。他特地著《孝论》表明自己的见解。他在《与石门月禅师》书中说："近著《孝论》十二章，拟儒《孝经》，发明佛意，亦似可观。吾虽不贤，其为僧为人，亦可谓志在《原教》，而行在《孝论》也。"

概括地讲，他在《孝论》中首先阐述了孝的本原及意义，引述大乘戒律《梵网经》②，说"孝名为戒"②，说：

> 盖以孝而为戒之端也。……夫孝也者，大戒之所先也；戒也者，众善之所以生也。为善，微戒，善何以生？为戒，微孝，戒何自耶？故经曰：使我疾成无上正真之道者，由孝德也。

认为戒的一个重要含义就是孝，大乘戒是以此为始的。无孝便谈不上修持

---

① 《镡津文集》卷九，《大正藏》卷 52 第 696 页上。
② 《梵网经》卷下原文："孝顺父母、师僧、三宝，孝顺至道之法。孝名为戒，亦名制止。"

众善，也不可能有什么戒律。在《孝论·原孝章》中从哲学的高度阐释说，孝有的可见，有的不可见；可见的是"孝之行"，不可见的是"孝之理"。所谓"孝之理"就是孝的依据，既可以解释为儒家所说天生的善性，又可以与佛教的佛性相通，而"孝之行"自然是孝的表现。契嵩认为，如果只修孝行而不从内心修其孝理，那么就缺乏发自内心的深情，对人施惠也没有诚意。如果相反，能从内心修孝理，"岂惟事父母而惠人，是亦振天地而感鬼神也"。为什么呢？他说，"天地与孝同理也，鬼神与孝同灵也"。这样便赋予孝以不只局限于人间而带有宇宙普遍性的精神原则了。

其次，他又提出"大孝"之论，以灵魂不灭、三世轮回为前提，提出孝亲的范围应上达"七世"父母，进而将人世之孝推广到一切众生。可见，这与儒家局限于一世并且求人不求神的孝相比，佛教的孝是更加深广远大的。

最后，他强调僧人也必须尽孝，不能因出家而忘记父母之恩而对父母不尽孝。他引证《梵网经》，提出僧人必须遵守佛的教导，真诚地孝顺父母、自己的师僧和"至道之法"。

综上所述，云门宗契嵩是北宋时代一位杰出的禅僧，进京二次向仁宗上书和进献的《辅教编》等著作，系统阐释佛教教人为善、有益于国家治理和社会秩序安定、佛教与儒家融通一致等思想。他的著作，可以说从一个侧面反映了进入宋代以后儒释道三教深入会通的时代思潮和道学正在酝酿兴起的趋势。

重塑佛法：钱俶王、延寿、道远、赞宁与东亚佛教的概念重构

Albert Welter

（亚利桑那大学）

Abstract

Regardless of the meaning ascribed to it (e. g. , the Naitō hypothesis，Tackett，"Tang and Song：Two models of Empire")，all agree that the Tang-Song transition is a key turning point in the history of China. The way this transformation affected Buddhism has not been adequately addressed. Narratives focusing on Chan underscore the important role it played in the Song dynasty，but many see an underlying continuity with Tang traditions (e. g. , Foulk) rather than innovation. Others (e. g. , Poceski) assume consistency between Song Chan narratives and Tang Chan realities. And current accounts rarely move beyond Chan in any significant way. In this paper，I address some key aspects of a reimagined Buddhism that proved formative for the new Buddhism of the Song dynasty. This "reimagined Dharma" takes its inspiration from three works associated with monks from the Buddhist kingdom of Wuyue (897 - 979) during the Five Dynasties period：the *Zongjing lu* 宗镜录 by Yongming Yanshou 永明延寿(904 - 975)，the *Da Song Seng shilüe* 大宋僧史略 by Zanning 赞宁(919 - 1001)，and the *Jingde Chuandeng lu* 景德传灯录 by Daoyuan 道原 (d. u.). These may be viewed as contemporary addenda to the three pillars of classical Buddhism (*śila*，*samādhi*，and *prajñā*)，and these addenda remade Chinese Buddhism with new frames for success in the Song environment.

Key words：Wuyue Buddhism 吴越佛教，Song dynasty Buddhism 宋代佛教，Qian Chu 钱俶，Yongming Yanshou 永明延寿，Zanning 赞宁，Dao-yuan 道原，Yang Yi 杨亿，Asoka stupa（Ayuwang ta）阿育王塔，*Zong-jing lu* 宗镜录，*Seng shilüe* 大宋僧史略，*Jingde Chuandeng lu* 景德传灯录．

Introduction

There is unanimous consensus that the Tang-Song transition is a key turning point in the history of China. The Tang-Song transition of the 10th century is regarded as one of three epoch transformations in Chinese history along with the formation of empire in the Qin/Han dynasties in the 3rd century BCE and the modern transformation following the demise of the Qing dynasty in the 10th century. The Tang-Song transformation defined the Chinese empire for a millennium, regardless of the meaning ascribed to it. According to the Naitō hypothesis, the Tang-Song transition heralded the beginning of an indigenous East Asian modernity independent of and prior to contact with Europe.[1] Following Naitō, Nicholas Tackett regards the transformation from Tang to Song as the locus of monumental changes in China's society and economy. These include a considerable expansion of population, a relocation of much of the Chinese population from North China to South China, and a process of urbanization. This, in turn, spurred a "medieval economic revolution" involving the monetization of the economy, an expansion of market

---

[1] Hisayuki Miyakawa, "An Outline of the Naito Hypothesis and Its Effects on Japanese Studies of China", *The Far Eastern Quarterly* Vol. 14, No. 4, Special Number on Chinese History and Society (Aug., 1955), pp. 533 – 552.

networks, and an emergence of long-distance trade in luxury goods. These changes were facilitated by advances in agriculture and technological innovations, such as the rise of printing. Social changes, too, accompanied these transformations, namely, the demise of the aristocracy and the rise of an urban elite. Politically, the new era was characterized by a new and broader base of constituents for admission to the administrative bureaucracy, enhanced by imperially sponsored exams that awarded success on the basis of merit. It was also characterized by an autocratic monarchy which, in conjunction with the new administrative elite, displaced the old aristocracy as purveyors of culture. [1]

The Tang-Song transformation also had a significant impact on Buddhism in China (and subsequently throughout East Asia), but the way it affected Buddhism has not been adequately addressed. Narratives focusing on Chan Buddhism underscore the important role it played in the Song dynasty, but many see an underlying continuity with Tang traditions rather than innovation. [2] Others assume consistency between Song Chan narratives and Tang Chan realities, without adequately taking in to account the Song dynasty origins of these narratives. [3] Few accounts move beyond a discussion of Chan in any significant way. Following the assumption of Buddhist decline in China following the Tang dynasty, the study of post-Tang Buddhism was deemed unworthy of serious consideration until recently, to the effect that attention to

---

[1] "Tang and Song China: Two Models of Empire", http://orias. berkeley. edu/summer2010/ Summer2010Home. htm, summarized by Timothy Doran.

[2] T. Griffith Foulk, "Myth, Ritual, and Monastic Practice in Sung Ch'an Buddhism", in *Religion and Society in T'ang and Sung China*, edited by Patricia Buckley Ebrey and Peter N. Gregory (Honolulu: University of Hawai'i Press, 1993): 147 - 208.

[3] Mario Poceski, *the Records of Mazu and their Making of Classical Chan Literature* (Oxford, 2015).

Song dynasty Buddhism is scarcely three decades old. [1]

Sandwiched between the Tang and Song dynasties, the Five Dynasties period is largely forgotten. Following the suggestion of Valerie Hansen,[2] I agree that the most innovative periods in Chinee history are often those removed from the strictures of central government control, chaotic periods where innovation and experimentation are prized over the status quo that prevails in more stable dynastic periods. While this analogy can be overstated, it does serve to frame important innovations that were conceived in the times "in-between". In this paper, I am particularly drawn to innovative ideas conceived during the Five Dynasties that were formative for the "new Buddhism" of the Song Dynasty.

In this paper, I address some key aspects of a reimagined Buddhism that proved formative for the new Buddhism of the Song dynasty. This "reimagined Dharma" takes its inspiration from three works associated with monks from the Buddhist kingdom of Wuyue (897 – 979) during the Five Dynasties period: the *Zongjing lu* 宗镜录 by Yongming Yanshou 永明延寿(904 – 975), the *Da Song Seng shilüe* 大宋僧史略 by Zanning 赞宁(919 – 1001), and the *Jingde Chuandeng lu* 景德传灯录 by Daoyuan 道原(d. u.). These may be viewed as contemporary addenda to the three pillars of classical Buddhism (*śila*, *samādhi*, and *prajñā*), and these addenda remade Chinese Buddhism with new frames for success in the Song environment. Yet, the creation and reception of these works would not have been possible without government support. Even the *Da Song Seng shilüe* and the *Jingde Chuandeng lu*,

---

[1] T. Griffith Foulk, "The "Chan School" and Its Place in the Buddhist Monastic Tradition" (Ph. D. Dissertation: University of Michigan, 1987), and Ishii Shūdō 石井修道, *Sōdai zenshūshi no kenkyū* 宋代禅宗史の研究(Tokyo: Daito Shuppansha, 1987). Prior to this is an early work by Takao Giken 高雄义坚, *Sōdai bukkyōshi no kenkyū* 宋代仏教史の研究(Kyoto: Hyakka en, 1975).

[2] *The Open Empire: A History of China Through 1600* (W. W. Norton &. Company, 2000).

compiled in the early Song dynasty are the result of the Buddhist experience in Wuyue, where Wuyue monarchs, particularly King Qian Chu 钱俶王, were inspired to recreate the Wuyue kingdom as a Buddhist homeland.

The Wuyue Kingdom as Buddhist Homeland

The Wuyue kingdom (893 – 978) was the longest quasi-independent region during the so-called Five Dynasties and Ten Kingdoms period. While cultural patterns were disrupted throughout most of the rest of China during this period, especially in the north, Wuyue was busy reimagining itself as a Buddhist kingdom and homeland, drawing on Tang traditions while adapting them in novel ways. On the northern slope of Feilaifeng 飞来峰 (The Peak that came Flying [from India]), in niche 58 of the Yixiantian 一线天 wall, there is the Foguo 佛国 (Buddha Land) inscription that adequately summarizes the Wuyue propensity to define itself. [1] Legends of the origins of Feilaifeng draw upon its direct connection to India. The alleged "founder" was an Indian monk, known in China as Huili 慧理, who in 326 CE (during the Jin dynasty, 225 – 420 CE) visited Hangzhou and became convinced that Feilaifeng was actually Mt. Gridhrakuta (Vulture's Peak, Chn. Lingjiu feng 灵鹫峰), the site of sermons delivered by Śākyamuni, notably the *Lotus Sūtra* 法华经. The resemblance of Feilaifeng to Mt. Gridhrakuta was affirmed by the Indian monkeys who accompanied Huili, who recognized it from their homeland and confirmed his suspicion. Although this legend persists and is often repeated, there are no records linking Huili and Feilaifeng in Buddhist historical texts

---

[1] Antonio Mezcua López（2017）, "Cursed sculptures, forgotten rocks: the history of Hangzhou's Feilaifeng hill", *Studies in the History of Gardens & Designed Landscapes*, 37: 1,33 – 76, DOI:10. 1080/14601176. 2016. 1212572; see p. 48 and figure 6, p. 49.

prior to the Five Dynasties period. [1] This suggests an attribution conceived in the context of the Wuyue promotion of Buddhism. For example, Qing Chang points to the "Lingyin si beiji" 灵隐寺碑记 (Stele Inscription of Lingyin Monastery) written around 986 by Luo Chuyue 罗处约 (960 – 992) as an early record asserting that Huili identified the mountain area in Hangzhou with Vulture Peak, "[this mountain is] a peak from Vulture Peak. In what period [did it] come flying here?" (灵鹫之峰耳，何代飞来乎). [2] From this period on, the name Feilaifeng was increasingly associated with the area.

This was but one of many associations made to India in Wuyue. The Feilaifeng area also includes a series of monasteries in the hills surrounding Feilaifeng, most prominently the Lingyin Monastery 灵隐寺, but also the three Tianzhu 三天竺 monasteries, Shang (Upper) Tianzhu 上天竺 or Faxi si 法喜寺 (Joy of the Dharma Monastery), Zhong (Middle) Tianzhu 中天竺 or Fajing si 法静寺 (Purity of the Dharma Monastery), and Xia (Lower) Tianzhu or Fajing si 法镜寺 (Mirror of the Dharma Monastery). Tianzhu is an old name in Chinese for India, thus affirming even further the intimate association this area in Hangzhou as a replica (and substitute) of the Indian original.

The foundations for Wuyue and the greater Hangzhou region as a Buddhist homeland were initiated in the Aśokan stupa cult inaugurated by the Wuyue ruler Qian Chu (a. k. a. King Zhongyi 忠懿王), who sought to emulate Aśoka as *cakravartin* 转法王 and erect Buddhist stūpas throughout the region, marking Wuyue as a Buddha-land. The success of this enterprise had far-

---

[1] Qing Chang, *Feilaifeng and the Flowering of Chinese Buddhist Sculpture from the Tenth to Fourteenth Centuries* (Ph. D. Dissertation, University of Kansas, 2005), p. 42: "Although no one (including modern scholars) has questioned whether or not Huili was a real monk who came to Hangzhou during the Eastern Jin period, no record linking Huili and Feilaifeng can be found in Buddhist historical texts by Chinese monks from before the Five Dynasties period."

[2] Ibid. , p. 40; translation slightly altered.

reaching effects, not only throughout Wuyue, but in the subsequent Song dynasty and throughout the East Asian region. ①

In the *Aśokāvadāna* (*Ayuwang zhuan* 阿育王传; *The Legend of King A śoka*), ② Aśoka gathers the remains that had been dispersed among the eight monarchs following the Buddha's cremation, constructs eighty-four thousand urns for dispersing the remains, and miraculously transports them throughout the Jambudvīpa world in a single instant, constructing stūpas over each of them. Just as the *Aśokāvadāna* stipulates that the eighty-four thousand stūpas are to be distributed evenly throughout the world, it is also important that all the reliquaries be enshrined at the same moment. The dedication of stūpa constitutes the moment it "comes alive", and in order for the body of the Buddha to be "resurrected" through the eighty-four thousand urns bearing his remains, the dedication must take place simultaneously. ③

The number eighty-four thousand is important, as it represents the traditional number of atoms in the body, ④ the suggestion being that Aśoka is symbolically reconstituting the sacred body of the Buddha, resurrecting it throughout the inhabited world of Jambudvīpa, so that the Buddha's remains transform the substratum of our world into the sacred realm of the Buddha or a "Buddha-land", demarcated quite literally as the body of the Buddha. For Paul Mus, the stūpa was the paradigmatic "mesocosm", a focal point of religious reality in tune with the cosmos, forming a "magical structural milieu" for a

---

① My comments here are adapted here from my upcoming article, "Marking Buddhist Sacred Space: The Asoka Stūpa Cult in Wuyue and at the Court of Song Emperor Taizong." Jiang Wu, ed. , *The Formation of Regional Religious Systems* (*RRS*) *in Greater China* (Bloomington: Indiana University Press).

② CBETA T 50 – 2052.

③ At the request of Asoka, the elder Yasas agrees to cover the sun with his hand to signal the moment of completion of all eighty-four thousand stūpas throughout the world.

④ James Legge, *A Record of Buddhistic Kingdoms* (Oxford: Clarendon Press, 1965), p. 69.

cultic operation that "can evoke or make real the absent Buddha in Nirvāna. "①
As John Strong elaborates, "the king and his kingdom, for Mus, are essentially a
kind of "living stūpa," with all this implies. "② This model adequately summarizes
King Qian Chu's intentions for invoking the Aśoka cult in Wuyue.

According to Chinese Buddhist records, there was evidence of Aśokan
stūpas in China in the Zhou dynasty, when Aśoka dispersed his stūpas
throughout the world, but these were allegedly destroyed during the mass
destruction carried out by Qin Shihuangdi 秦始皇帝, in his campaign to purge
China of rival teachings (aimed primarily at Confucian writings). Regardless,
Aśokan stūpas began appearing throughout China in subsequent years,
following the actual arrival of Buddhism in China during the Han dynasty.

Daoxuan 道宣(596 - 667), the noted compiler of the *Xu Gaoseng zhuan* 续
高僧传,③ or *Continued Biographies of Eminent Monks*, lists over twenty King A
śoka pagodas in China in the *Ji Shenzhou Sanbao gantong lu* 集神州三宝感通录,
Collection of Inspired Responses of the Three Treasures in Shenzhou (i. e.,
China), or simply *Gantong lu* 感通录, *Record of Inspired Responses*. ④ First on

---

① Mus, *Barbudur* (Hanoi, 1935), pp. 94 & 100; cited in John Strong, *The Legend of King Asoka*
(Princeton University Press, 1983), p. 104.

② "As a mesocosm, the stūpa is also readily comparable to other Buddhist mesocosms such as the Buddha
image, the Dharma, the Bodhi tree, and importantly for our purposes, the king. In fact, the king and
his kingdom, for Mus, are essentially a kind of "living stūpa," with all this implies. " (ibid. , p. 104).

③ CBETA T 51 - 2060.

④ CBETA T 52 - 2106. 404a28 - b11. Compiled in 664, the *Gantong lu* is also referred to as the *Ji
Shenzhou tasi sanbao gantong lu* 集神州塔寺三宝感通录, *Collection of Inspired Responses of the
Three Treasures in the Pagodas and Temples of Shenzhou* (i. e. , *China*). It records the temples,
stūpas, images, and miraculous experiences of monks and nuns from the Latter Han to the beginning
of the Tang (on this, see Murata, Jirō 村田二郎. "Chūgoku no Aiku-ō tō"「中国の阿育王塔」(1)
through (6), *Bukkyō geijutsu* 佛教芸术, *Ars Buddhica* Vol. 114(1977), pp. 3 - 18; Vol. 117(1978),
pp. 3 - 18; Vol. 118(1978), pp. 48 - 57; Vol. 120(1978), pp. 105 - 117; Vol. 121(1978), pp. 107 -
117; Vol. 123(1979), pp. 105 - 116). In legends, Daoxuan is attributed with the transmission of a
Buddha tooth relic, one of the four tooth relics enshrined in the capital of Chang'an during the Tang
dynasty, allegedly received during a visit at night from a divinity associated with Indra (Strong, (转下页)

Daoxuan's list is the Kuaiji Mao ta 会稽鄮塔 in Ningbo，which became an important center for the Aśoka cult in Wuyue. King Qian Chu，who identified with and took inspiration from King Aśoka，vowed to create 84,000 stupas throughout the land. He also printed copies of the dhāraṇī sutra，*The Precious Chest Seal Dhāraṇī Sutra of the Whole Body Relics Concealed in All Buddhas' Minds* (*Yiqie rulai xin mimi quanshen sheli baoqie yin tuoluoni jing* 一切如来心秘密全身舍利宝箧印陀罗尼经；*Sarvatathāgatā dhiṣṭhāna hṛdayaguhya dhātukaraṇḍa mudra-nāma-dhāraṇī-sūtra*) to serve as Dharma-body śarīra to place inside the stūpas. [①] According to the inscriptions found on unearthed pagodas，King Qian Chu made two separate large-scale productions in a span of ten years. The first one was eighty-four thousand bronze Aśoka Pagodas created during the year *yimao* 乙卯 (the second year of the *xiande* era [955] of the Later Zhou Dynasty)，the same year，ironically，Emperor Shizong mounted a major persecution of Buddhism in the north (counted as one of four major persecutions of Buddhism in Chinese history). The second major effort was when eighty-four thousand iron Aśoka Pagodas were created in the year *yichou* 乙丑 (the third year of the *qiande* era [965] during the reign of Emperor Taizu of the Song Dynasty). [②]

In sum，King Qian Chu evoked the Aśoka model to create a Buddha-land in Wuyue. This was part of a growing association of the region with India and

---

(接上页) *The Experience of Buddhism：Sources and Interpretations* [Wadsworth，2007]，p. 187).

① Norihisa Baba，"Sri Lankan Impacts on China and Japan：A Short History of a Dhāraṇī Sūtra"，unpublished manuscript. The distribution of the Buddha's remains is divisible into two types：rūpa-kāya (*seshen* 色身) and dharma-kāya (*fashen* 法身). Rūpa-kāya represent the physical body of the Buddha，the relics obtained through cremation after his death. Dharma-kāya represent the doctrinal body of the Buddha as captured in his recorded teachings (not to be confused with the eternal and transcendent Dharma-kāya of later Mahāyāna).

② The *Fozu tongji* 佛祖统记 verifies that Qian Chu esteemed Aśoka by erecting 84,000 stūpas with copies of *Precious Chest Seal Dhāraṇī Sutra* inside (T 49 - 2035. 206b - c).

the homeland of Buddhist culture. With this thriving association as a base，
Buddhists in the region began to confidently reimagine key aspects of Buddhist
culture that were adapted to its new homeland. In the following，I focus on
three figures whose textual production shaped the new vision of Buddhism
initiated in Wuyue：the *Zongjing lu* 宗镜录 by Yongming Yanshou 永明延寿
(904 - 975)，[1] the *Jingde Chuandeng lu* 景德传灯录 by Daoyuan 道原 (d.
u.)，[2] and the *Da Song Seng shilüe* 大宋僧史略 by Zanning 赞宁 (919 -
1001). [3] These may be viewed as contemporary addenda to the three pillars of
classical Buddhism (*śila*，*samādhi*，and *prajñā*)；these addenda remade
Chinese Buddhism with new frames for success in the Song environment.

Yongming Yanshou：Chan Teaching as the Culmination of Mahayana Buddhism

Yongming Yanshou was a leading figure in the articulation of post-Tang
Buddhist thought. Yanshou's *Zongjing lu* advances an understanding of Chan
truth as represented in the term *zong* 宗. In contrast to the way *zong* was
understood as lineage transmission，an essential component of Chan identity in
many Chan factions such as in the *Jingde Chuandeng lu* (considered below)，
Yanshou's use of the term was as an underlying or implicit truth permeating all
of Chinese Mahayana Buddhism. [4] Yanshou's use of the term *zong* implies that
the principles and teachings of Chan are in harmony with those of the entire
Buddhist tradition，dating from the teachings of Śākyamuni.

---

[1] CBETA T 51 - 2016.

[2] CBETA T 51 - 2076.

[3] CBETA T 54 - 2126.

[4] Not on Broughton's translation as "Axiom".

Furthermore, the scriptures say:

The Buddha said: "In these forty-nine years I have not added one word to the Dharma which all the buddhas of the past, present, and future preach. Therefore, know that you can arrive at the truth (*dao*) through the gate of universal mind. When those with superior abilities enter it directly, they will never rely on other methods. For those of average and inferior abilities who have not entered [the gate of universal mind], I have devised various paths as expedients."

Consequently, the patriarchs and buddhas together point to the profound ultimate of worthies and sages. Even though the names [by which they refer to it] differ, the essence is the same. In other words, circumstances distinguish [their teachings], but they are harmonious by nature. The *Prajñā* scriptures simply speak of non-duality. The *Lotus sūtra* only talks of the one-vehicle. According to the *Vimalakīrti sūtra*, there is no place where one does not practice. In the *Nirvāna sūtra* everything ends in the secret storehouse. Tiantai teaching focuses exclusively on the three contemplations. Jiangxi proposes the essence as the truth in its entirety. For Mazu, mind is Buddha. Heze directly pointed to knowing and seeing.

Moreover, the teaching is explained in two kinds of ways. The first is through explicit explanations. The second is through implicit explanations. Explicit explanations are sutras like the *Lankavatāra* and *Secret Adornment Scripture*,[1] and treatises like the *Awakening of Faith* and *Consciousness-*

---

[1] T – 672 & T 16 – 682 (translated by Amoghavajra); Secret Adornment is the name of the Pure Land of Vairocana.

Only.① Implicit explanations establish their unique character according to the implicit truth（*zong*）taught in individual scriptures. For example，the *Vimalakīrti sūtra* regards miraculousness as the implicit truth. The *Diamond sūtra* regards non-abiding as the implicit truth. The *Huayan sūtra* regards the dharma-realm as the implicit truth. The *Nirvāna sūtra* regards Buddha-nature as the implicit truth. By relying on these one establishes a thousand pathways. All of them are different aspects of universal mind.②

又经云。佛言。三世诸佛所说之法。吾今四十九年不加一字。故知此一心门。能成至道。若上根直入者。终不立余门。为中下未入者。则权分诸道。是以祖佛同指。贤圣冥归。虽名异而体同。乃缘分而性合。般若唯言无二。法华但说一乘。净名无非道场。涅槃咸归秘藏。天台专勤三观。江西举体全真。马祖即佛是心。荷泽直指知见。又教有二种说。一显了说。二秘密说。显了说者。如楞伽密严等经。起信唯识等论。秘密说者。各据经宗。立其异号。如维摩经以不思议为宗。金刚经以无住为宗。华严经以法界为宗。涅槃经以佛性为宗。任立千途。皆是一心之别义。

There are several aspects to Yanshou's understanding of the term *zong* inherited from the scholastic traditions that preceded him.③ According to Yanshou，the principle of unity within apparent diversity is sanctioned here by none other than the Buddha himself，who posited "universal mind"（*yixin* 一心）as the orchestrating principle of all Buddhist teaching. Allowing for expedient means to lead those of lesser ability，"universal mind" is couched in

---

① T 32 – 1666 & T 31 – 1585.

② ZJL 2 (T 48. 427b29 – c12).

③ My comments here follow my previous work，*Yongming Yanshou's Notion of Zong in the Zongjing lu* (Oxford，2011).

different guises according to circumstances. In spite of the apparent diversity, the essence (*ti* 体) is the same, invoking a common pattern in Chinese thought for explaining the relationship between a principle's noumenal essence (*li* 理/ *ti*) and its phenomenal functionality (*shi* 事/*yong* 用). Yanshou then goes on to give specific examples demonstrating how this is evident in different representations of Buddhist teaching, using a conventional short-hand pairing well-known scriptures, schools, and masters with their commonly designated teachings. In this way, the *Lotus sūtra* is paired with the teaching of the "one-vehicle," the *Prajñā* scriptures with the teaching of "non-duality," and so on. Tiantai teaching is designated by its focus on the "three contemplations," a reference to the emphasis in Tiantai meditation practice on regarding phenomena in each of three ways, as "empty" or devoid of reality (*kong* 空), as non-substantial but existing provisionally as temporal phenomena (*jia* 假), and as "existing" in their true state between these two alternatives (*zhong* 中).[1] The teachings of Chan master Jiangxi, Mazu Daoyi 马祖道一, and Heze Shenhui 荷泽神会 are similarly rendered according to the principal teachings associated with them: proposing the essence as the entire truth (Jiangxi), maintaining that mind itself is Buddha (Mazu), and directly pointing to knowing and seeing (Shenhui).[2] All of the above cases point to examples in their respective areas (scriptures, schools, and masters) that can be extended throughout the entire corpus of Buddhist teaching, embracing all Buddhist discourse within a comprehensive framework.

Extending his methodology still further, Yanshou introduces the distinction between explicit and implicit explanations of Buddhist teaching.

---

[1] See the *Fahua xuanyi* 2B (T 33. 704cff).

[2] The back to back reference to Jiangxi and Mazu is odd, given that these are usually understood as appellations for the same person.

Explicit explanations, according to Yanshou, are the literal teachings contained in the countless scriptures and treatises of the Buddhist tradition. Implicit explanations, by contrast, are based on the unique character of individual teachings, which Yanshou terms their *zong*, their basic or implicit message. As examples, Yanshou gives the *zong* (or implicit message) of the *Vimalakīrti sūtra* as "miraculousness", an apparent reference to the miraculous activities of Vimalakīrti described therein. The *zong* of the *Diamond sūtra* is given as its teaching on "non-abiding". The *zong* of the *Huayan sūtra* is its teaching on "the dharma-realm", and the *zong* of the *Nirvana sūtra* is its teaching on "Buddha-nature". For Yanshou, the concept *zong* indicates an exegetical method through which the implicit, underlying message of a teaching, its fundamental meaning as opposed to its explicit depiction, is determined. The method parallels the essence-function (*ti/yong*), nomena-phenomena (*li/shi*) dichotomy introduced earlier to explain the inherent unity of Buddhist teaching amidst its apparent diversity (even contradiction).

At this stage, however, we are still left with an apparent diversity. The sundry teachings of a particular scripture or school may be reduced to a common underlying message, but an array of different messages, the *zong* of individual scriptures or schools, remains. Yanshou refers to these as the "thousand pathways", the expedients for approaching the truth. For the truth itself, Yanshou posits a supraordinating *zong*, universal or all-encompassing mind (*yixin*). The individual *zong* of the various scriptural teachings are but different aspects of this over-riding, unifying principle. Universal mind as the "great *zong*", the grand progenitor, represents the source of all truth, articulated through the individual *zong* of scriptures, schools, and teachings.

For Yanshou the ultimate meaning of *zong* is the underlying or implicit truth of universal mind. Universal mind constitutes the fundamental principle of all truth, however it is depicted in different renditions of Buddhist teaching. This principle is all-encompassing and transcends sectarian bounds. Through it, the doctrinal differences of Buddhist schools are all resolved. Even non-Buddhist teachings like Confucianism and Daoism may be incorporated within this framework, as partial representations of truth implicit in the principle of universal mind. ①

As a result of what I call the "deep structure" of Yanshou's concept of mind—understanding truth as implicit in the principle of universal mind—Yanshou refers to mind alternately as "the deep abode of myriad good deeds" (*wanshan* 万善), "the profound source of all wisdom", "the precious ruler of all existence", or "the primordial ancestor of the multitude of spiritual beings". ② The "precious ruler" (*baowang* 宝王) referred to here is the Treasure King, or Buddha. In Yanshou's interpretation, the deep structure of mind resolves apparent contradictions in Buddhist teaching, including the much-heralded division in Chan circles between the gradual and sudden teachings of the Northern and Southern school factions. It is the abode of myriad good deeds *and* the source of all wisdom, a short-hand reference to practitioners bound for enlightenment through the accumulation of merit and those whose awakening is based on discerning insight. It functions as the ruler over existence and the progenitor of spiritual beings.

[The mind] in fact refers to the spiritual abode of living beings and the true source (*yizong* 义宗) of the myriad dharmas (i. e. , phenomena).

---

① As an example of Yanshou's incorporation of Confucianism and Daoism, see his discussion in fascicle 3 of the *Wanshan tonggui ji* (T 48. 988a3 - b9).

② T 48. 416b10 - 11.

It is constantly changing in unpredictable ways, expanding and contracting with unimpeded spontaneity. It manifests traces as conditions warrant, and names are formed according to the things [manifested]. When Buddhas realize the [mind-]essence, it is called complete enlightenment. When bodhisattvas cultivate it, it is known as the practice of the six perfections. Transformed by "ocean-wisdom", it becomes water. Offered by dragon maidens, it becomes a pearl. Scattered by heavenly maidens, it becomes petals which do not stick to one. Sought after by good friends, it becomes a treasure which is granted as one pleases. Awakened to by pratyeka-buddhas, it becomes the twelve-links of causal arising. Attained by śrāvaka-buddhas, it becomes the four noble truths and the emptiness of self-nature. Apprehended on non-Buddhist paths, it becomes a river of erroneous views. Grasped by common people, it becomes the sea of birth and death. Discussed in terms of its essence, it is in subtle harmony with principle (*li*). Considered in terms of phenomena (*shi*), it is in tacit agreement with the conditioned nature of existence as properly understood [according to Buddhist teaching].①

实谓。含生灵府。万法义宗。转变无方。卷舒自在。应缘现迹。任物成名。诸佛体之号三菩提。菩萨修之称六度行。海慧变之为水。龙女献之为珠。天女散之为无著华。善友求之为如意宝。缘觉悟之为十二缘起。声闻证之为四谛人空。外道取之为邪见河。异生执之作生死海。论体则妙符至理。约事则深契正缘。

Following the Buddhist principle of expedient methods, Buddhist teaching is understood differently according to the capacities of the hearer. The "mind",

---

① T 48. 416b13 - 20.

understood here as the malleable essence of existence, assumes different guises as it is variously applied. This accounts for the variations that occur in different renditions of Buddhist teaching, and the varied nature of phenomenal existence. As the "deep structure" of existence, mind accounts for the diversity encountered in both the abstract realm of mental constructs and the concrete realm of physical objects.

The Chinese Buddhist tradition faced challenges to the massive size of the canon of scriptures they inherited and came up with creative strategies and solutions to deal with it. One such means was to select and rally around a certain body of philosophically and doctrinally consistent scriptures such as was done with the Sanlun (Madhyamaka) school 三论宗 or the Weishi (Yogacāra) school 唯识宗. Another strategy for dealing with the massive corpus of the Buddhist canon evolved into the well-known *panjiao* 判教 system of classification that effectively dissected the canon into a hierarchical doctrinal taxonomy, providing a sectarian guide to the most elevated (and thus most important) teachings, as, for example, in the Tiantai 天台 and Huayan 华严 schools. Yanshou's response epitomizes one of two responses (the other one is treated below, in the next section) that characterizes post-Tang Buddhism. Upon surveying the massive output represented in the canon, Yanshou constructed an abridged version that aspired digest the contents of the entire corpus into a manageable size.

Yanshou's Chan teaching, its notion of *zong* as the implicit truth revealed through universal mind, was a key component of the "reimagined Dharma" in the Song dynasty environment. It may be viewed as an addendum to the *prajñā* pillar of classical Buddhism, augmenting and fulfilling the teachings that preceded, culminating in a new frame for understanding the role of Buddhist teaching in the attainment of wisdom.

Daoyuan, Yang Yi and the Record of Chan Transmission

Daoyuan was a Fayan lineage monk who hailed from Wuyue. He is famed as the compiler of the *Jingde Chuandeng lu*, the prototypical Chan transmission record, but is otherwise little known. There are no surviving records of his life. To understand the role of his compilation, I begin with a summary introduction from my research on the *Jingde Chuandeng lu*.

The *Jingde Chuandeng lu* was a major landmark for the Chan movement. Prior Chan transmission records were primarily regional documents compiled under the auspices of local authorities. As such, they bear the unmistakable imprint of local conditions. ... [E] ven the *Zutang ji*, the first known record to account for the broad spectrum of lineages that characterized Chan in the ninth and tenth centuries, in the end amounted to a limited document promoting the regionally based lineage of Zhaoqing Wendeng. The *Jingde Chuandeng lu*, compiled some fifty years after the *Zutang ji*, represents the Chan response to new circumstances. ... However, it would be wrong to think of the *Jingde Chuandeng lu* as a document compiled without regional sympathies, devoted simply to extolling the virtues of a pan-factional Song Chan. The inspiration for the *Jingde Chuandeng lu* began earlier, in the revival of Buddhism in the Wuyue region mounted under the Chan banner. The real story of the *Jingde Chuandeng lu* concerns how the Wuyue-based Chan movement became integrated with the larger aims of the Song and developing Song policy toward Chan ... and the role played by secular officials in the debate over Chan orthodoxy at the Song court. ①

To understand the impact of the *Jingde Chuandeng lu* we must look to its reception and reinterpretation at the Song court. Daoyuan's original title for the work was not *Jingde Chuandeng lu*. We know this because Emperor Zhenzong（r. 997 – 1022）enlisted Yang Yi 杨亿（974 – 1020）, a leading literatus at the Song court, to edit the work and prepare it for publication. ② Yang Yi wrote two prefaces, the first for the work as Daoyuan originally conceived it with the title *Fozu tongcan ji* 佛祖同参集, the second for the revised version, the *Jingde Chuandeng lu*.

Our best window into Daoyuan's understanding of Chan may be Yang Yi's preface to the *Fozu tongcan ji*. The extent to which it may be considered a reflection of Daoyuan's original intent is the subject of speculation given the lack of supporting documentation, but as explained below, there is reason to assume that Yang Yi's understanding of the *Fozu tongcan ji* was consistent with Daoyuan's. One thing that we know from Daoyuan's original title is that he imagined a different conception for Chan as part of the common heritage of the Buddhist tradition than was eventually designated for the *Jingde Chuandeng lu*. This conception of Chan in harmony with Buddhist teaching was a legacy of the Wuyue based Fayan faction, from which Daoyuan derived. ③ The "Buddhas and Patriarchs" 佛祖 represent Buddhist and Chan teaching, respectively, while the "Common Practice" 同参 signifies the

---

① *Monks Rulers and Literati*（Oxford, 2006）, Chapter 5："Chan Transmission and Factional Motives in the Jingde［Era］Transmission of the Lamp（Jingde Chuandeng lu）"：115 – 116.

② Yang Yi, in turn, called on other leading literati, Li Wei 李维（*jinshi* 985）, and Wang Shu 王曙（963 – 1034）to assist.

③ The character of Wuyue Chan is reflected in the thought of its leading representative, Yongming Yanshou（see Welter, *Yongming Yanshou's Conception of Chan in the Zongjing lu*）.

harmony that exists between them. In this way, Daoyuan conceived his compilation after the fashion of Zongmi's 宗密 interpretation of Chan in his *Chan Preface* 禅源诸诠集都序.

In Zongmi's interpretation of Chan, "one has to use the words of the Buddha to show the meaning and advantages of each faction, and thus to classify these teachings into three divisions according to the three teachings [of Buddhism]"(若不以佛语各示其意各收其长。统为三宗对于三教),with the three teachings referred to here as the three doctrinal systems of Buddhist scholasticism, understood by Zongmi as Hīnayāna, Yogacārā, and Śūnya-tāvāda, doctrinal frameworks that grounded and legitimized the various teachings of Chan factions. [1] Regardless of how faithful the *Fozu tongcan ji* was to Zongmi's precise application of Buddhist doctrine to classify Chan factions, Yang Yi intended clearly concurred with Zongmi in principle. Such agreement coincides with the influence of the Wuyue Chan heritage over Daoyuan, exhibited in the teachings attributed to Tiantai Deshao 天台德绍,and the writings of Yongming Yanshou and Zanning. The Fayan Chan faction teaching that dominated the region was indebted to Zongmi's formulation of Chan as harmonious with Mahāyāna scriptural and doctrinal traditions.

The aim for the *Fozu tongcan ji* as the "common practice of buddhas and patriarchs"(佛祖同参)[2] stands in marked contrast to Yang Yi's purpose for the *Jingde Chuandeng lu*. According to Yang Yi's reinterpretation, the record compiled by Daoyuan went beyond the ordinary recounting of interactions and

---

[1] Kamata Shigeo 镰田茂雄,*Zengen shosenshū tojo* 禅源诸诠集都序(Preface to the Collected Works on the Origins of Chan), *Zen no goroku* 禅の语录 9 (Tokyo: Chikuma Shobō, 1971); Jan Yun-hua, "Tsung-mi, His Analysis of Ch'an Buddhism", *T'oung Pao* Vol. LVIII (1972), p. 34.

[2] The translation of 同参 as "common practice" admittedly does not capture the nuances of the term well. *Can* 参 has the meanings of "to take part in", "to participate", "to join", "to attend"—indicating the more comprehensive attention to practice in this context as a member of the clergy under the direction of a Chan master.

dealings of individual masters associated with monk's histories 僧史（like the *Biographies of Eminent Monks* collections）and Zongmi's *Chanyuan zhuquan ji* 禅诠 that have been collected elsewhere. [①] It "revealed the miraculously brilliant true mind，and the patriarchs' explanations of the profound principle of suffering and emptiness"（开示妙明之真心。祖述苦空之深理）. By analogy，Yang Yi refers to it as being in tacit agreement with the "transmission of the lamp"（即何以契传灯之喻）.[②] With this designation，Yang Yi marked the novel character of the work as not merely a "collection" or "anthology" of common or shared practices（or interactions）同参集，but as a *Chuandeng lu* 传灯录（Record of the Transmission of the Lamp），"revealing the miraculously brilliant true mind" that distinguishes it from its more prosaic predecessors. It is important to acknowledge that the way this unique Chan literary genre came to be defined as *chuandeng lu* is the result of Yang Yi's new designation，and that the designation，so famous in Chan，Seon，and Zen lore，was initiated by a secular official（albeit a faithful Chan patron），[③] and not by a regular member of the Chan clergy. In the process，Yang Yi was not merely championing Chan as the new style of Buddhism for the Song establishment but celebrating its break from conventional Buddhist approaches.

In the *Jingde Chuandeng lu Preface*，Yang Yi presented Chan as a "a separate practice outside the teaching"（教外别行），claiming this as Chan's unique heritage and one that distinguished it from other Buddhist schools，validated by Śākyamuni himself，the Way propagated by the true Dharma-eye.

---

① CBETA T - 2076. 196c27 - 197a1. 若乃但述感应之征符。专叙参游之辙迹。此已标于僧史。亦奚取于禅诠。聊存世系之名。庶纪师承之自然而旧录所载。或摭粗而遗精。别集具存。

② Yang Yi's *Jingde Chuandeng lu Preface* is contained in CBETA T 51 - 2076. 196b - 197a；Ishii, pp. 21a - 23a. For the lines in question see 196b25 - 27, Ishii, p. 23b5 - 7；Japanese translation on p. 10.

③ Note，however，that the *Tiansheng Guangdeng lu* 天圣广灯录 includes Yang Yi among the list of Chan transmission recipients.

This representation of Chan contrasts sharply with his statements in the *Fozu tongcan ji Preface* considered above. In the *Fozu tongcan ji Preface*, Yang Yi conceived Chan practice consistent with the way Chan was practiced in Wuyue, emphasizing myriad practices (*wanxing* 万行) as means to instruct people toward the realization of nirvāna.

By looking closely at the variant wording in the two prefaces we are afforded a glimpse at the new way Yang Yi reinterpreted Daoyuan's compilation. In the *Fozu tongcan ji Preface*, Yang Yi characterized Chan as a teaching where "myriad practices are employed according to the differences among practitioners" (万行以之差别), an interpretation compatible with Wuyue style Chan. In the *Jingde Chuandeng lu Preface*, Yang Yi reinterpreted Daoyuan's record in terms of "a separate practice outside the teaching" (教外别行). In the former, Yang Yi viewed Chan through the lens of *wanxing* 万行, "myriad practices"; in the latter he viewed Chan through the lens of *biexing* 别行, a "separate practice" distinct from the "myriad practices" sanctioned by conventional Buddhist teaching. In this way, Yang Yi came to endorse Linji faction Chan interpretation that promoted Chan exclusivity and implicitly undermined the pluralistic approach of Wuyue based, Fayan faction Chan.

Yang Yi's attraction to Chan was driven by personal motivation and his promotion of a style of *wen* 文 in the Song dynasty. His advocacy of Chan as "a separate practice outside the teaching" in the *Chuandeng lu* coincided with a literary model that distinguished Song civilization. Yang Yi's strategy for the *Chuandeng lu* may be highlighted with the compilation strategies of the Song emperors. Emperor Taizong sponsored great Song encyclopedic works,[①] and

---

① Commonly referred to as the Four Great Books of the Song Dynasty: the *Taiping yulan* 太平御览, a general-purpose *leishu* 类书 encyclopedia; the *Taiping guangji* 太平广记, a collection of （转下页）

according to Johannes L. Kurz, one of the aims for the compilation projects promoted under Taizong was to link the Song with the Tang by imitating the latter's accomplishments in the literary field. [1] The Buddhist works sponsored by Taizong, like Zanning's *Song gaoseng zhuan* 宋高僧传, also clearly fit this model of validating Song authority through imitation of established literary conventions. In contrast to Taizong, Zhenzong was persuaded, at least in part, to seek models of literary uniqueness to distinguish Song from Tang culture. Yang Yi's attraction to Chan offered an attractive model of literary uniqueness. He was especially enthralled with Linji Chan and its celebrated unique rhetorical style that offered a contrast to the traditionalist-style Chan as compatible with Buddhist scriptures, advocated by Fayan faction masters in Wuyue. [2]

The success of the new designation of Chan as "a special transmission outside the scriptures" (*jiaowai biechuan* 教外别传) cannot be overestimated. Beyond sectarian and scholastic restrictions and abridgements to the Buddhist

---

(接上页)deities, fairies, ghost stories and theology; the *Wenyuan yinghua* 文苑英华, an anthology of poetry, odes, songs and other writings; and the *Cefu yuangui* 册府元龟, a *leishu* encyclopedia of political essays, autobiographies, memorials and decrees.

[1] Johannes L. Kurz, "The Politics of Collecting Knowledge: Song Taizong's Compilations Project", *T'oung Pao* 87(2001), pp. 301 – 302.

[2] Yang Yi personified the renewed interest in literary culture at the Song court, especially the dedication to literary sophistication as a means to demonstrate knowledge of China's cultural inheritance and direct this in appropriate forms suitable to the present (Peter K. Bol, *"This Culture of Ours": Intellectual Transitions in T'ang and Sung China*, pp. 148 – 175). In other words, rather than follow a strict *guwen* agenda that restricted expression to approved forms, Yang Yi inclined toward innovation on the basis of established patterns. His goal, and the goal of the early Song, was to construct a new model for Chinese culture, indebted to past precedents, but also free of past limitations. The Tang represented a glorious legacy, to be sure, but it was ultimately flawed in Song eyes. Care had to be taken to avoid those problems that had plagued Tang rule, which had disintegrated into warlordism and civil unrest. A new basis for culture had to be imagined. Yang Yi played an instrumental role in this enterprise, and Chan played an important purpose in Yang Yi's conception of the new cultural paradigm.

canon, mentioned above, the Linji Chan school dispensed with the traditional canon altogether, criticizing it as a derivative representation of Buddhist teachings and posited the *yulu* 语录 dialogue records of Chan masters as a new and more authentic canon in place of the traditional body of scriptures. This trend came to fruition in the Song, manifesting itself textually in interrelated textual forms stemming from Lamp Records (*denglu* 灯录), records of the activities and teachings of illustrious Chan masters in a biographical form following a lineage framework, which formed the bases for Dialogue Records (*yulu* 语录), expanded records of the activities and teachings of individual Chan masters, and *Gong'an* 公案 Collections, excerpted events/episodes from the lives of individual Chan masters, raised for discussion and consideration as heuristic teaching devices. As records of the alleged words and activities of living Buddhas in China, Chan records served as an "alternate canon," representative of a presumably more authentic canon based on "mind-to-mind transmission" of the enlightenment experience of the Buddha than the one inherited from India and translated into Chinese.

The "reimagined Dharma", Chan as an interactive method involving the experience of living Chinese masters, literally remakes the experience of Chan as a Chinese experience. It sublimates the notion of meditation in the *samādhi* pillar in classical Buddhism in favor of a new sinified style predicated on mind-to-mind transmission. While the practice of sitting meditation (*zuochan* 坐禅) continued at Chan monasteries, it was augmented by the emulation of Chan masters as depicted in *denglu* transmission records and *yulu* dialogue records, and inculcated through *gong'an* practice under the direction of an authorized Chan master.

Zanning and the Buddhist Administrative Model[①]

Of all the figures considered in my paper, none exhibit the transition between Wuyue and Song to the extent of Zanning. Born and raised in Wuyue, Zanning rose to become a leading public figure in the Buddhist kingdom, serving as Buddhist Controller (*sengtong* 僧统). When King Qian Chu abdicated to the Song, Zanning accompanied him to the capital to negotiate a treaty to resolve a tense truce in 978. The Song emperor, Taizong (r. 976 – 997), was impressed with Zanning's knowledge and erudition, and immediately conferred honors on him and set out to employ his services at the Song court. As a scholar, Zanning compiled numerous works, most of which have not survived. His surviving Buddhist compilations, the *Song Gaoseng zhuan* 宋高僧传 and *Da Song Seng shilüe* 大宋僧史略, are our best sources for Zanning's understanding of Buddhism. The latter, in particular, offers a window into Zanning's strategies for the administration of Buddhism, to "ensure that the lasting presence of the True Dharma"(令正法久住).[②] It is for this secular aim that Zanning dedicates his focus on the role of the Buddhist clergy and the institutional structures and administrative positions supporting it.

For Zanning, erecting residences for Buddhist monks is not associated with establishing their Buddhist institutional independence, as one might

---

① This section represents a summary from the "Sangha Administration in the Imperial Bureaucracy" section of "Confucian Monks and Buddhist Junzi: Zanning's *Da Song sent shilüe* and the politics of Buddhist accommodation at the Song court", Thomas Jülch, Ed. , *The Middle Kingdom and the Dharma Wheel: Aspects of the Relationships between the Buddhist Saṃgha and the State in Chinese History* (Leiden: Brill, 2016): 222 – 277.

② T54. 254c14.

expect, but with subordinating Buddhism to the administrative structure of Chinese bureaucracy. The Chinese logograph *si* 寺, translated as "court" in the Court for Dependencies (*honglu si*) and "monastery" in the case of the White Horse Monastery (*baima si*), is the same in each case. As Zanning notes, *si* 寺 ("court" or "monastery" was originally the name for a government office (*si* 司), and when monks first arrived in China they were housed in public (i. e., government) offices (*gongsi* 公司) under the jurisdiction of the Court for Dependencies (*honglu si* 鸿胪寺)). Even after they were transferred to lodgings specially constructed for them, the new lodging retained the designation *si* 寺 as indication of their foreign origins. [1]

According to Zanning, even though the Buddhist "monastery" adopts the name for a government agency, this does not diminish the Buddhist work carried out inside it. [2] In other words, in spite of the fact that Buddhism is legitimized through subordination within the Chinese imperial bureaucratic structure, the integrity of its activities as a Buddhist institution remain intact. This lies at the heart of Zanning's dual system of Buddhist administration, external government oversight coupled with internal monastic administration. Chinese administrative practices do not impede (but rather, enhance) Buddhist institutional functions.

Accordingly, the internal administration of the monastery was a Buddhist matter, carried out by a monk in charge of monastery administration, the Sangha Administrator (*zhishi seng* 知事僧), or *Karmadāna*, translated into Chinese either as *zhishi* 知事, "administrator", or *yuezhong* 悦众, "[the one who] Brings Joy to the Assembly" (as he delighted the assembly through

---

① T 2126, p. 236c19 – 21.
② T 2126, p. 242b25 – 26.

administering its affairs). ① The term *zhishi* 知事 was also used for appointments to the imperial bureaucracy. Hucker translates the term as "Administrative Clerk"②, referring to a low-ranking official found throughout many agencies. It is also sometimes rendered as *charge d'affaires*.

While the appointment and selection of sangha administrators was an internal matter for the Buddhist order in India, the case was different in China where the Emperor, rather than the Buddha or any Buddhist representative, initiated (at least officially) the appointment of sangha officials. Zanning sees no problem with imperial control over Buddhism. It is the imperial prerogative for an emperor, after consolidating power over the empire, to make reforms in what influences affect the people; some emperors reform the rites and music (*liyue* 礼乐) of the empire;③ some make changes in the official bureaucracy (*guansi* 官司). ④ Each emperor has the right to establish the parameters of his rule, including the organization of his administration. ⑤

While sangha officials were ordained monks, they were appointed to their

---

① T 2126, p. 242b28 – 29. As examples of Sangha Administrators at the time of the Buddha, Zanning mentions Yinguang 银光 (Mahākāsyapa), who governed the clergy on Vulture Peak, Shenzi 身子 (Śariputra), who governed sangha activities in the Bamboo Grove, as well as Tapo Moluo 沓婆摩罗 (Dravya Mallaputra), who was granted the position by the Buddha himself and was reputedly responsible for establishing the order in which monks begged for food.

② Hucker no. 1050. In this case, the meaning has a more specific connotation, similar to the comments given by Hucker for the term *zhi...shi* (Hucker, no. 934), referring to an administrator of a specific agency, suggesting "a specially authorized appointment of someone with nominally different status to serve in a normally more prestigious post as administrator of an agency".

③ This is a similar sentiment to Zanning's claim that "the rites and music issue from the Son of Heaven" 礼乐自天子也(T 2126, p. 244a18).

④ T 2126, p. 243a20 – 21.

⑤ T 2126, p. 243a21. "Some use [the title of] Advisor (*nayan* 纳言) instead of Imperial Secretary (*shangshu* 尚书), and [some], use [the title of] Minister of War (*sima* 司马) instead of Defender-in-Chief (*taiwei* 太尉). " For detailed descriptions of these offices, consult Hucker, nos. 4079,5042, 5713, and 6260. There is frequently no consistency from one dynasty to the next in the way that titles are designated for particular responsibilities, and the same applies, according to Zanning, to the titles used for the administration of Buddhism.

positions and awarded ranks and salaries by the emperor, like any other member of the civil bureaucracy. From the outset, sangha monk-administrators were incorporated into the structure of the imperial bureaucracy as civil servants. Among the various administrative positions held by Buddhists, two stand out in terms of their importance for administrating the sangha in the Chinese context, Buddhist Rectors (*sengzheng* 僧正) and Buddhist Registrars (*senglu* 僧录).

The rationale for implementing the position of Buddhist Rector is outlined by Zanning: "After a Buddhist Section (*sengcao* 僧曹) [of the government bureaucracy] was established, the "pure assembly" (*jingzhong* 净众; i. e., Buddhist clergy)① was said to be regulated. The administrative methods (*guanfang* 官方)② that were instituted ultimately made [members of the Buddhist clergy] comply with Buddhist teaching."③ In China, the Buddhist clergy was often criticized by the government for its illegal or idiosyncratic practices, as a means to escape taxation, military service, criminal punishment, or simply as a somewhat legitimate escape for idlers, and so on. Institutionalization meant regulation, serving to rid the clergy of excesses, real or perceived, and make its members follow Buddhist teaching more devoutly. ④

---

① The Taishō ed. punctuation is incorrect here, and I follow Makita. For the meaning of *jingzhong* 净众 (pure assembly), see Oda Tokunō, *Bukkyō daijiten* 佛教大辞典 (Tokyo: Daizō shuppan, 1975 [originally published 1945]), p. 966b.

② According to Morohashi Tetsuji (*Dai kan-wa jiten* 大汉和辞典 vol. 3, p. 970c), *guanfang* 官方 refer to the methods through which officials administer their duties. Its use here and elsewhere in the SSL (see T 2126, p. 243c and T 2126, p. 245a) is connected to this meaning.

③ T 2126, p. 242c14.

④ As Zanning stipulates:

To rectify (*zheng* 正) is to administer (*zheng* 政). By rectifying oneself, one rectifies others. [The Buddhist Rector] is referred to as such because he successfully implements administrative directives (*zhengling* 政令) [aimed at rectifying the clergy]. In all likelihood, [this insti-　(转下页)

The Buddhist Registrar (*senglu*) was the leading Buddhist administrative position in the Chinese empire. The full title held by Buddhist Registrars was "Buddhist Registrar for [Monasteries Situated in] the Left (or Right) Precincts [of the Capital]" (*zuojie senglu* 左街僧录 or *youjie senglu* 右街僧录). In some cases, the same person held responsibility for both the left and right precincts, and was so designated (*zuoyoujie senglu* 左右街僧录). This was a title held by Zanning himself. The duties of the Registrar were to officially register the members of the clergy throughout the empire, in other words to oversee the entire Buddhist clergy. ①

One consequence of the successful embedding of Buddhism within Chinese bureaucratic structures was tighter administrative control. As Buddhist institutions and the Buddhist clergy became arms of the administrative system, they were compelled to abide by the bureaucratic rules and structures determined by that system. And as membership in the Buddhist clergy acquired prestige, procuring ordination certificates that legitimized one's status as an officially sanctioned monk (or nun) became increasingly desirable. As clergy bore the responsibilities and privileges of civil servants, they were administered in similar ways. In the Song dynasty, the examination system became firmly entrenched as the primary means to admission into the ranks of officialdom, and the means to entrance into the Buddhist clergy mimicked this system. The

---

(接上页)tution] is based on [the fact that] if bhiksus were free of the law, they would be like horses without bridles and bits, or like oxen without restraining ropes. As they gradually become tainted by secular customs (*sufeng* 俗风), they inevitably contravene the rules of refinement (*yaze* 雅则). That is why [the government] appointed [members of the Buddhist clergy] famed for their virtue (*dewang* 德望) to restrain them on the basis of laws, and ensure their devotion to rectitude (*zheng* 正). It is why they are called Buddhist Rectors. (T-2126 242c15-18)

① T-2126. 243c9-10.

Buddhist system entailed moving through five ranks (*wupin* 五品)：①

1. "Clergy Appointment" (*sengxuan* 僧选)：② one meets the required standards for scripture recitation (*songjing* 诵经) and obtains a passing grade in the administered test；

2. "Removing Ordinary Clothing [to assume official duties]" (*shihe* 释褐)；③ one receives tonsure and dons the *kasâya*；④

3. "Official Rank" (*guanwei* 官位)：one is granted the formal and formless precepts by official decree；⑤

4. "Tathâgata Representative" (*rulai shi* 如来使)：one lectures on the teachings of the tripitaka；

5. "Instructor of the People" (*limin* 理民)：one instructs people at both Buddhist and non-Buddhist assemblies.

Elite Buddhists form a special category of Buddhist nobility, whose designation in Chinese as Buddhist *junzi* (*famen junzi* 法门君子) reveals their

---

① My description here follows Zanning's comments in SSL II, section 37A (T 2126, vol. 54, p. 246a25 – b4). Officials in the Chinese bureaucracy were categorized into a total of nine ranks for purposes of determining prestige, compensation, priority in court audience, etc. Each rank was commonly divided into two classes (first and second) or grades (upper and lower). The lower five ranks (5 through 9) were eligible to Buddhist officials. However, judged by Zanning's comments, the reference here is to an alternate, quasi or unofficial ranking system specifically for Buddhist monks, and not part of the normal official ranking system. Following Zanning's description of the Buddhist ranks, he calls on the emperor to "confer clear dictates authorizing an array of specific offices (*guan* 官) and specific ranks (*pin* 品) [for the Buddhist clergy]."

② The term *xuan* 选 (Hucker no. 2653) indicates the process used by the Ministry of Personnel (*libu* 吏部) to choose men for appointment in the bureaucracy.

③ The term *shihe* 释褐 (Morohashi 40129 – 10) normally refers to the act of putting aside one's ordinary clothing and donning the robes of an official on the occasion of first assuming duties. Here the meaning is adapted to a Buddhist context.

④ The monk's robe donned here, the *kasayâ* (*jiasha* 袈裟) or Buddhist surplice, indicates official entry into the clergy.

⑤ Receiving the formal and formless precepts indicate full admission into the Buddhist order. The first three ranks indicated here may be taken as：admission into the Buddhist order；acceptance as novice in training；and status as a fully ordained monk.

association with the Confucian model of gentlemanly nobility, the *junzi* 君子, and moral exemplar. As in the case of Confucian officials and nobility, Buddhists are unwavering in their support for "king and country," and are resolved in carrying out the imperial will. The imperatives of the Buddhist clergy are to practice the Way for the sake of the country, to protect the people and alleviate disasters,[1] and in these ways, contribute to the execution of the imperial mandate. Officially ordained monks, as Buddhist "bureaucrats" at officially designated monasteries (i. e., government institutions), were charged with fulfilling these tasks, and government monasteries carried out routines that were determined by the imperial agenda.

As Buddhism faced its greatest period of crises in the early Song dynasty (960 – 1278), Zanning's proposals epitomize the strategy for survival in the face of mounting criticisms from a confident, resurgent Confucianism. While some Buddhists were wary of the degree to which official Buddhist monks and institutions were co-opted into the Confucian system of imperial protocols, Zanning vindicated imperial control over Buddhist affairs, believing that increased imperial oversight was beneficial to the Buddhist clergy as well.[2]

In terms of the *wen* 文 revival, which the Song dynasty staked its mandate on, Zanning argued against the exclusion of Buddhism from the category of Chinese *wen*. As a *Chinese* tradition, China's Buddhist literature deserved to be included. In the early Song, aided by the strong charismatic authority of Song emperors, support for *wen* was more uniform, and it was feasible to argue for the expansion of *wen* categories to include Buddhist *wen*. As views on *wen* became polarized, promoters of *guwen* 古文 (classical *wen*, i. e., Confucianism) defined *wen* in highly exclusive terms and restricted it to the

---

[1] T 2126, p. 246b2.

[2] T 2126, p. 246a24.

Confucian literary tradition of antiquity predating the arrival of Buddhism in China and the development of Buddhist literary traditions. In this new climate, Zanning's views seemed anachronistic and fell out of fashion with the strident anti-Buddhism of the *guwen* faction. As the dynasty progressed, officials advocating *guwen* made significant inroads at the Song court. Allies headed by Fan Zhongyan 范仲淹(989 – 1052) succeeded in promoting active (*youwei* 有为) governing based on *guwen* policies, denouncing Buddhist and Daoist sanction of quietistic, non-active (*wuwei* 无为) governing. They refused to accept Buddhism or Daoism as ethical teachings and strove to reform the examination system to promote those whose ethical behavior and political idealism conformed to *guwen* principles. Shi Jie 石介(1005 – 1045) set out to combat the pernicious effect of Buddhism and Daoism on "true" morality. Ouyang Xiu 欧阳修(1007 – 1072) made *guwen* criteria the pretext for passing the imperial exams when he was appointed director of examinations in 1057. To the extent that the *guwen* agenda gripped official opinion, Buddhism was excluded from positive consideration.

In spite of the advancing *guwen* Confucian agenda, Zanning's influence was felt in Buddhist literati circles. Qisong 契嵩(1007 – 1072), who resided at Lingyin si 灵隐寺, spoke of the compatibility of Buddhist and Confucian teachings in a way reminiscent of Zanning.

Confucianism and Buddhism are the teachings of sages. Although what they produced was not the same, yet they both revert to governing. For Confucians, the greatness of the sage was in action; for Buddhists, the greatness of the sage was in non-action. Action is for governing the world, non-action is for governing the mind. ①

儒佛者圣人之教也。其出虽不同,而同归乎治。儒者圣人之大,有为者也。佛者圣人之大,无为者也。有为者以治世。无为者以治心。

Qisong highlights the usefulness of Buddhism in a Confucian context, how they are both the teaching of sages and both about the Confucian concern for governing (*zhi* 治). While Confucian governing is directed at "action" (*youwei* 有为) or governing the world, Buddhist governing is directed at "non-action" (*wuwei* 无为) or governing the mind. In this effort, Confucian and Buddhism are united in a common aim.

> What Confucians call humaneness, righteousness, ritual, wisdom, and trust are what we Buddhists call compassion, charity, reverence, lack of self-pride, wisdom, no false talk or ornate speech. Although these designations are not the same, they were established to promote sincere practice. How do they differ in [their aim] to teach people to improve the world?②

儒谓仁义礼智信者。与吾佛曰慈悲曰布施曰恭敬曰无我慢曰智慧曰不妄言绮语。其为目虽不同,而其以立诚修行。善世教人岂异乎。

Like Zanning, Qisong's concern was to unite Buddhist teaching to Confucianism's secular aim of governing, insisting that Buddhist training could aid in this effort. In a manner not dissimilar to Zanning, Qisong advocated

---

① *Xinjin wenji* 镡津文集 fascicle 8; Chinese Text Project 中国哲学书电子化计划 https://ctext. org/wiki. pl? if=gb&chapter=199590 (21).

② *Xinjin wenji* 镡津文集 fascicle 8; Chinese Text Project 中国哲学书电子化计划 https://ctext. org/wiki. pl? if=gb&chapter=199590 (21).

tethering Buddhist thought to the norms of Confucianism. Echoing Zanning, Qisong advised the emperor that the fortunes of Buddhist teaching depend on the sagely wisdom of the emperor, and as a result, maintains that Buddhists make the teaching of engagement their stated purpose, and not "abandon themselves to grasses and thickets", the eremitic life, instead of relying on the emperor. [1] A secularized Dharma, in short, is the best way to ensure the longevity and prosperity of Buddhism. [2]

In a more indirect but nonetheless instrumental way, Zanning's call for strict administrative coherence may also be connected to the development of *qinggui* 清规 (Rules for Purification) prevalent in Song Chan monasteries. These were supplements to the formal monastic rules stipulated in the *Four Part Vinaya* 四分律, or Dharmaguptaka Vinaya, [3] and the *Brahmajāla Sūtra* 梵网经, [4] necessitated by the secularized culture of Song Buddhism. The

---

[1] 上皇帝书 "Letter to the Emperor", in *Chuanfa zhengzong ji* 传法正宗记 fascicle 1, T 51 - 2078. 715a：…闻佛经曰：我法悉已付嘱乎国王大臣者。此正谓佛教损益弛张。在陛下之明圣矣。如此则佛之徒。以其法欲有所云为。岂宜不赖陛下而自弃于草莽乎。

[1] In his *Yuanxiao* 原孝 (Origins of Filial Piety) 3, Qisong explains Buddhist inspiration for Confucian action：

Filial piety is both visible and invisible. Invisibility is the principle (*li*) of filial piety; visibility is the practice (*xing*) of filial piety. The principle is the means by which filial piety emerges; practice is the means by which filial piety is formed. If one cultivates its external form but does not cultivate it within oneself, one's service to one's parents is not genuine and one's kindness toward others is not sincere. If one cultivates it within oneself and also cultivates its external form, serving one's parents and being kind toward others would not only be genuine and sincere, but also shake [the forces of] heaven and earth and arouse the [powers of] demons and spirits! Heaven and earth share the same principle with filial piety. Demons and spirits share the same spiritual essence with filial piety. Consequently, heaven and earth and demons and spirits cannot but be influenced by filial piety, cannot be deceived by fake filial piety.

孝有可见也，有不可见也。不可见者，孝之理也；可见者，孝之行也。理也者，孝之所以出也；行也者，孝之所以形容也。修其形容，而其中不修，则事父母不笃，惠人不诚。修其中，而形容亦修，岂惟事父母而惠人，是亦振天地而感鬼神也。天地与孝同理也，鬼神与孝同灵也。故天地鬼神，不可以不孝求，不可以诈诈欺。

[3] T - 1428.

[4] T - 1484.

Chanyuan qinggui 禅苑清规（Rules for Purification at Chan Monasteries）stipulated numerous addendums to accommodate actual practices at Chan institutions in the Song, and therefore legitimize them. [①] Just as Zanning's *Seng shilüe* described the protocols to administer Buddhism from a macro level, the *Chanyuan qinggui* advised on how to administer the Chan monastery internally, at a micro level. One theme that unites both is the secularized aspect of Buddhist administrative protocols. Viewed together, the *Seng shilüe* and *Chanyuan qinggui* are bookends for the administration Buddhism during the Song period.

To summarize Zanning's impact in terms of the current discussion, Zannning imagined an administrative Buddhist model that incentivized its secularizing momentum, to provide a rationale for the presence of Buddhist institutions in the Chinese bureaucratic imagination. Embedded in the institutional structures of the Chinese state, Buddhism could exercise effective and positive benefit on Chinese culture and assume a valid and valued presence in Chinese society. The Chan institution in the Song dynasty inherited and built upon this rationale to form an indispensable network at the heart of Song culture and society. These developments contributed to a reimagined role for the saṃgha and the traditional role of the *śila* pillar in classical Buddhism.

Concluding Remarks: Song Neo-Buddhism and Buddhist Tradition

In this paper, I have attempted to address some key aspects of a

---

[①] The earliest extant version of the *Chanyuan qinggui* 禅苑清规 is that compiled by Changlu Zongze 长芦宗赜 and dated to 1103. There is a study and translation by Yifa, *The Origins of Buddhist Monastic Codes in China: an annotated translation and study of the Chanyuan qinggui* (Honolulu: University of Hawaii Press, 2002).

reimagined Buddhism that proved formative for the new Buddhism of the Song dynasty. I have tried to move beyond assumptions of an underlying continuity with Tang traditions or assumptions of consistency between Song Chan narratives and Tang Chan realities. I have not, however, gone to the other extreme to assert that the reimagined Buddhism of the Song dynasty is one of complete innovation without continuity or consistency with traditions that came before it. [1] While the Dharma was "reimagined", it was done so with ample references to Indian prototypes, concepts, and inspirations. The whole notion of Wuyue as a Buddhist kingdom, with its Peak that Came Flying in [from India], the famed Vulture Peak, its Tianzhu (India) monasteries, King Qian Chu's emulation of Aśoka to create 84,000 stūpas, and so on, underscore the importance of the Indian *imaginaire* to the new developments in Wuyue.

The "reimagined Dharma" that I suggest took its inspiration from three works associated with monks from the region: the *Zongjing lu* 宗镜录 by Yongming Yanshou 永明延寿, the *Da Song Seng shilüe* 大宋僧史略 by Zanning 赞宁, and the *Jingde Chuandeng lu* 景德传灯录 by Daoyuan 道原. To underscore both their provenance within the greater Buddhist tradition and to discuss their deviation from it in the bourgeoning Buddhist world of 10th century China and beyond, I looked at each of these as addenda to the three pillars of the Eightfold Noble Path of classical Buddhism: *śila* (moral training), *samādhi* (mental training), and *prajñā* (training in wisdom). Without casting the previous tradition aside, I view these addenda as foundational to the formulations that remade Chinese Buddhism with new frames for success in the Song environment. I term this remade Chinese Buddhism, "Neo-Buddhism", a term that admittedly finds no expression in the

---

[1] Yifa, *The Origins of Buddhist Monastic Codes in China*, invokes a similar methodology in chapter 2 of her work, "Genesis of *Chanyuan qinggui*: Continuity and Adaptation".

Chinese language of the period, but like its counterpart, "Neo-Confucianism", is an apt description of the transformations that characterized its redefinition.

Beyond the narratives of decline, of underlying continuity and consistency, or of innovation as invoked to explain Tang-Song Buddhist transitions, there is the issue of Buddhist transitions more generally. While this is hardly an unnoticed phenomenon, is there a methodology we might invoke to approach these transitions more systematically? And if so, what understandings might this yield regarding the consistency, adaptability, and innovation of Buddhist traditions more generally? What I have proposed here is using the tripartite pillar structure of the Buddhist Eightfold Path — *śila* (moral training), *samādhi* (mental training), and *prajñā* (training in wisdom) — as a method by which to address the issue of Buddhist transition. I leave to others to assess the viability of this method, and welcome their comments. Some may see this method as too broad and basic, and too alien to Chinese Mahayana Buddhism, to be of utility for this purpose. As I see it, this is its advantage. By employing a structure so basic to developments in Chinese Buddhism so far removed from the Indian context where the structure originated, in my view, speaks to its utility. If applicable in this instance, where might it not be?

Transitional moments in history, like the dynastic change in the background of my study here, force upon religious traditions like Buddhism challenges and opportunities to reframe and reinterpret their message. Indeed, such reframing and reinterpretation is essential to a tradition's survival. Yet, like any organism undergoing stress, a tradition must come to terms with its past (who and what it is) while assessing its future prospects (who and what it might be). A tradition's survival depends on how the community adapts to these pressures in the immediate presence of the lives of its members. There is no doubt that the Five Dynasties and Ten Kingdoms period of Chinese history, situated between the decline of the Tang and the Song resurgence, represented immediate challenges and opportunities to members of Buddhist communities. Faced with the collapse of civilizational norms around them and a wholescale transformation of society, Buddhist communities in Wuyue responded to the challengers of the era in the ways that I have described above. King Qian Chu, Yongming Yanshou, Daoyuan, and Zanning were all leading figures in a reimagined Buddhism that went on to thrive and prosper in the new Song environment. As such, they belong among the luminaries of the Hangzhou Buddhist tradition.

巨赞法师与禅宗研究

黄夏年[①]

（中国社会科学院世界宗教研究所）

　　摘　要：巨赞法师对禅宗的研究很有成绩，认为禅宗的宗风很重要，这是禅宗之所以能够发展做大的基础。禅宗最重要的是把印度传来的佛教真精神给鲜活起来了，这是禅宗之所以能够在我国佛教史上占据最重要一页的基本原因。临济宗是马祖、百丈、黄檗、睦州一系禅道的最高发展，也是禅宗在修持方面的最大革新，对后代禅风影响极为深广。但是禅法流行，却丢失了义理，佛教圆融过头，就会造成泛滥，禅宗的衰落即与此有关。

　　关键词：巨赞　禅宗　修持　宗风

　　1931 年 3 月在杭州经太虚法师介绍，巨赞法师从灵隐寺方丈却非和尚披剃，法名传戒，字定慧，后改名巨赞。同年在宝华山隆昌寺受具足戒。1984 年，巨赞法师圆寂于北京，享年 77 岁，生前曾任全国政协常委、中国佛教协会副会长、中国佛学院副院长。巨赞法师追求知识，热爱学术，以学问僧闻名佛教界内外。他与教内外文人、学者来往广泛，学术洞见频出，曾主编或编辑多种刊物，如解放前主编《狮子吼月刊》，解放后主编《现代佛学》等，是佛教界难得的学者型僧才。他读经 7000 余卷，撰写各种佛学专著、论文和其他著述等近 500 万字，读经笔记达 300 万字，影响巨大。这些著述主要包括：印度佛学研究、中国佛学研

---

① 作者简介：黄夏年，1954 年生，中国社会科学院世界宗教研究所研究员。

究、佛教现代化研究、佛学问题争鸣和佛教实践研究等方面，涉及佛学论著、佛教史传、教制改革、法海春秋、时事经纬、读经笔记、书信、诗词、年谱等九大类，熔历史、文学、教义、禅机、修行、证悟、考据于一炉，文辞畅达，理义精深，气韵飘逸，蔚为大观，身后留下8卷本800万字的《巨赞法师全集》。[①] 本文介绍巨赞法师与禅宗的因缘，以飨读者。

一、禅宗的宗风

禅宗是中国佛教民族化宗派之一，也是中国佛教最有生命力与最有影响的佛教宗派。禅宗以"不立文字，以心传心，教外别传，直指人心"为特点，在中国佛教里面独树一帜，影响深广。巨赞法师从小就喜欢思考人生问题，出家以后努力钻研佛学，遍读经典，撰写佛学文章和大量读经笔记，展现高深的佛学造诣。他曾经接受大学教育，受过较系统的学术训练，又在寺院里苦读佛书，有坚定信仰，故他的佛教研究主要侧重于教理，对于中国佛教各宗派义理皆有述及，特别是禅宗、唯识宗和空宗（三论宗）等几个基本派别有独特的研究。

巨赞法师对禅宗的研究很有成绩。他对禅宗祖师菩提达摩、慧可、僧璨、道信、弘忍、慧能诸位祖师作过比较系统的研究，撰写了不少论文。他认为禅宗的宗风很重要，这是禅宗之所以能够发展做大的基础。禅宗的宗风是"不立文字，直指人心"，直接指向了每个人解脱的心性，而这一"心性"也是"血性"。巨赞说："宋佛印了元禅师道：'三世诸佛，无非有血性的汉子'。这真是探骊得珠，一针见血之谈。上文所谓担当、胸襟和肝胆，其实都可以包括在'血性'这两个字内。有血性的汉子，不愿意随俗俯仰，空过一生，纵使没有读过书，不识一个字，也有胸襟。有血性的汉子以遮遮掩掩、将将就就为可耻，故有肝胆。有血性的汉子不把自己看得太起码，乃有担当。佛教史上像唐初的六祖慧能、明末的密云圆悟，开始都是目不识丁的钝汉，而终能'见性明心'，成为一代大师者，无非也是有血性

---

① 朱哲主编，《巨赞法师全集》（全8卷），北京：社会科学文献出版社，2008年版。

的关系。又如法显、玄奘、义净、鉴真等大师,功业彪炳,千古早有定论。从他们坚苦卓绝的行谊上研究起来,知道他们的成功,决不是偶然的。他们都有一段真精神,光芒四射,这也就是'血性'的表现。讲到这里,我们才知道禅宗大德,为什么要拿'皮下见血'的观点勘验学人。我们想,一个人皮下如果不见有血,那还成其为人吗?则所谓血性,实在就是人性,人之所以为人者在此。我们从这里立定脚跟,成佛作祖,绰绰有余。"①

血性即人性,即是人人所具的内在本性,也是儒家讲的浩然之气。做人离不开人格,而人格是来自于血性,"达摩西来,创造了不立文字的禅宗,北方的禅僧,嫉害他,几次几乎丧命,他咬定牙关,面壁九年,大道终于传下去。创造顿悟说的六祖的经过,也与达摩约略相同,而其法派则至今未绝,这都是很好的榜样或证据。"②禅宗的两位创始人坚持禅悟,直传心性,他们创立的禅风,给后来的禅宗子孙作出了榜样。特别是禅宗的集大成者六祖慧能禅师本来是不识字的人,"闻慧虽较差,而思慧则特别发达,灵活应用寻思的方法也达到了最圆熟的境地",③这是我国佛教其他宗派所没有的,特别是慧能出世之后,为了直指心性,语句都很质朴平实。后来的禅师们如青原、南岳、马祖、石头、百丈、药山等等,都亲自开山种地,参加劳动,所用语句也大都开门见山,质直无华,所以只要机缘凑合,村姑野老也可因而悟道。如马祖位下的凌行婆和以后的台山婆、烧庵婆等,见地透彻,机锋灵活,并不让得道的高僧。"可见当时的禅风,比较接近于人民大众。后来禅宗的影响不断扩大,士大夫们逐渐被吸引到禅宗方面来。"④

二、禅宗与中国化

20世纪60年代,用马克思列宁主义的方法论研究禅宗成为特殊亮点。毛

---

① 巨赞:《先立乎其大者——佛教的人生观之二章》。
② 巨赞:《两种精神》。
③《禅宗的思想与风范》。
④《禅宗的思想与风范》。

泽东对禅宗有过研究，对《坛经》与慧能发表过看法，他说："上层的佛经，也有劳动人民的佛经，如唐朝时六祖（慧能）的佛经《法宝坛经》就是劳动人民的。"①"唐朝佛经《六祖坛经》记载，惠（慧）能和尚，河北人，不识字，很有学问，在广东传经，主张一切皆空。这是彻底的唯心论，但他突出了主观能动性，在中国哲学史上是一个大跃进。惠（慧）能敢于否定一切。有人问他：死后是否一定升天？他说不一定，都升西天，西方的人怎么办？他是唐太宗时的人，他的学说盛行于武则天时期，唐朝末年乱世，人民思想无所寄托，大为流行。"②毛泽东的看法，代表了那个时代对禅宗看法的主流，也会影响到巨赞，如他认为佛教是彻底破除迷信的、革命的。"《景德传灯录》上告诉我们，唐代的禅宗寺院里，有许多简直没有大殿，不塑佛像。而当时那些继往开来的'祖师'，如马祖、百丈、黄蘗、灵祐，则大都采取生活自给的办法，参禅不忘种田。这和 1239 年佛罗伦斯的 San Donato Frael Torri 寺院，从事机织以自给的办法有点仿佛。就社会经济条件和慈悲平等的立场上研究起来，当然是值得称誉为'合理'的。"③

巨赞指出禅宗的禅风"比较接近于人民大众"，这实际上就肯定了禅宗是平民的宗教，是劳动人民的宗教。正因为此，禅宗建立了门庭之后，佛门优秀分子都趋向于禅宗。宋代王安石曾经说过："儒门淡薄，收拾不住英雄，故皆投入佛门，如道一、百丈皆是。"六祖慧能、马祖道一都跑到佛门里去，"王安石所说的佛门，其实就是禅门，所谓儒门淡薄，也可能就是缺乏发掘真理的工具，不能进而解决一般人所迫切要求的身心性命之学的意思。"④

学术界认为禅宗是中国化的佛教民族宗派，禅宗思想与中国传统思想有很重要联系。肖萐夫在《唐代禅宗慧能学派》一文中强调，禅宗所进行的活动是在革新中得到了相应的反映，慧能"以大胆的教义'革新'，在一般庶族地主的政治意识中，更找到了广阔的传播市场。"这表明了禅宗传教对象及其所依存的社会

---

① 转引自王兴国：《毛泽东与佛教》，北京：中国书籍出版社，1996 年版，第 99 页。
② 转引自王兴国：《毛泽东与佛教》，北京：中国书籍出版社，1996 年版，第 112 页。
③ 巨赞：《新佛教运动的回顾与前瞻》。
④ 《巨赞法师全集》，第 310 页。

基础,区别于旧有的佛教各宗而有所扩大的转移。"但慧能学派所以高举起'革新'佛教的旗帜,并不在于他们是所谓的'平民派',而在于当时寺院经济和佛教势力的发展,内部存在着严重危机。这是他们从事'革新'运动的真正动力。"①

吕澂在《禅宗——唐代佛家六宗学说略述之三》中指出,"以具备自觉圣智内容的如来禅为止观的最高层,契合于'如来藏心'(这在《楞伽经》里看成真如的异门)的攀缘如禅作它的阶梯,这样直接指示佛家实践的究竟和源头,便启发了当时讲究禅法的人去另辟途径。中国禅宗的思想即导源于此。"禅宗的基本理论始终以《起信论》一类的"本觉"思想贯穿着,又显然是凭借中国思想来丰富它的内容。巨赞不同意将禅定和禅宗的大彻大悟、明心见性分开,以及禅宗是"受了我国传统思想发生同化的一种表现"的看法,指出"但是按实研究起来,就知道不妥当的"。第一,"禅定"是人类心理和生理的一种普遍现象,佛教所要达到的觉悟离不开它。禅宗也不反对禅定,"并从一开始就按照释迦的遗教勤修禅道,称为禅宗,的确是名副其实。"第二,禅宗的思想是印度大乘般若思想在中国发展的一种形态,与我国传统思想关系不大。② 这是从禅宗思想与印度思想的继承性上来作出说明的,因为禅宗从来没有在思想上脱离印度佛教的思想而自成一家,"中国汉族地区禅师们的见解,平实简要,发语好像午夜的清钟和晴空的霹雳一样,旨在发人深省,使人警觉。他们灵活地运用正面、反面、侧面的各种讲话方式和各种姿态,显示般若思想的各个方面,深深地符合中国汉族地区佛教徒由博返约的要求,而得到广大的信众。禅宗自惠能以后,就逐渐掩盖了中国汉族地区佛教的其他宗派,就这一点看来,决不是偶然的。"③因此,禅宗最重要的是把印度传来的佛教真精神给鲜活起来了,"千经万论、三藏十二部的圣教,到了禅宗门下都成为活生生的有用的东西了。这是禅宗所以能够在我国佛教史上占据最重要一页的基本原因。"④

---

① 《武汉大学学报》(人文科学版),1962 年第 1 期。后收入《吹沙集》,成都:巴蜀书社,1995 年版。
② 《禅宗的思想与风范》,《现代佛学》,1955 年第 5 期、第 6 期。
③ 《般若思想在中国汉族地区的发展》。
④ 《禅宗的思想与风范》。

三、禅宗的思想

巨赞指出禅宗的生成是要有一定条件的,从我国佛教发展过程来看,在佛教刚刚传入,还和方术并行的时候,不可能有禅宗出现。又在禅修还保持着神秘的面貌,般若思想也没有普遍的时候,也不可能发展成为禅宗。"自达摩西来到六祖出家受戒的一百五十六年之间,正是我国佛教最兴盛的时代,印度大小乘各宗的重要经论已经都译出来了,三论、天台、慈恩、南山等宗已先后形成,华严宗的思想也正在酝酿,佛教思想非但风靡朝野,而且有渐趋烦琐之势。例如玄奘门下的著作,有很多是专门分疏名相,使人抓不到重心,其他许多注解经论的著作,也大都是各抒己见,标榜门庭,不容易在那里面找出正确的理路来。这时候的佛教信徒迫切需要一个简要易行的法门,作为安身立命的把握,禅宗就带着'单刀直入'的思想方法,应运而兴了。《坛经·机缘品》所载从六祖参叩的人,大都是在经教上花过苦功的,后来在南岳、青原以及马祖、百丈位下请益的禅僧,也有很多是'大讲得经论'的所谓义学沙门。所以'参禅'必须要有教理的基础或注重研究教理的时代环境,这是条件之一。"①"时代环境"四字,说出了佛教在中国发展的基本条件,没有合适的时代就不会有禅宗的发展。禅宗传入的时候,佛教的禅学已经发展到一定程度,禅经与安般禅一直在佛门里受到研习,出现了专以坐禅为务的禅僧。菩提达摩提出了"二入四行"的修禅理论,将修禅分为"理入"和"行入"两大范畴。四祖和五祖在禅寺组织僧人过着"一日不作,一日不食"的农禅并作的生活,六祖慧能针对中国社会,提出了即心即佛的思想,这些"条件"无疑为禅宗的发展提供了基础,而禅宗灵活应用寻思的方法"上契佛心",没有离开过佛教的根本思想,因为释迦世尊就是从寻思证悟无上菩提的,"沩山灵佑禅师称之为'单刀直入',通常所说的'教外别传'或'顿悟法门',应该也就是这个意思。"②所以达摩、慧可的思想,数传之后就逐渐得到佛教界的信奉而成为禅宗。

---

① 《禅宗的思想与风范》。
② 《禅宗的思想与风范》。

巨赞曾经在支那内学院跟从欧阳竟无学习几年佛教,对学问充满热情,按照他说的"龙树无著学"想法,佛教到中国以后,除不太重要经典之外,其余各家著述,都是以空有两宗理论为标准的。所以我们从这里可以深深地知道,无论是印度的还是中国的佛教思想,都以"龙树无著学"为中心,做根本;无论是三论,天台,法相,贤首,乃至禅与密净,都从"龙树无著学"流出。①

禅宗虽说是"教外别传","不立文字",而实际上并没有跳出空有两宗的圈子,达摩印心四卷《楞伽》是属于有宗的;五祖授徒、六祖从而悟道的《金刚经》是属于空宗的;……净土宗以老实念佛为第一义,一心不乱往生西方为目的,在《弥陀经》《观无量寿经》里没有讲到好多理论,不过莲池的《弥陀疏抄》,颇取贤首宗义,憨山论净土,也总不脱禅宗的口吻。② 总之,空有二宗是中国佛教理论与义学的基础,也是中国大乘佛教理论的标志,禅宗吸收了空有二宗理论并加以融合而形成了自宗义学,"禅宗的思想内容近于天台宗的圆教,而在日常生活上赤裸裸地付之实践,则比天台宗更为扼要进取。因此在禅宗盛行之后,天台宗就相形见绌了。这或者也就是当时佛教界一部分上流人士的意见,禅宗的祖师们就不能不考虑到修正作风以适合于佛教界条件的问题。经过修正了的禅宗门庭,树立起朴素的、活泼的、山林隐逸的作风,既符合于一般佛教信徒的宗教要求,也能够满足好谈玄学的士大夫们的需要。"③将禅宗的禅风归入到"山林隐逸"里面,恰恰说明禅宗是从山林佛教里面成长出来的。在山林寺院里面修习禅法的禅僧们把"入山修道,证果度生,后之学者,必效先觉之所为,乃可以明此一大事也,亦以深隐山居,思惟此事"④作为"诸佛盖为一大事因缘",禅宗后代在山林佛教里躬行看话禅与默照禅,从宋以后,经元、明、清三代以至于今,都继承不绝,但是随之而来的禅风也变得很浅薄了。⑤

① 巨赞:《新佛教运动的中心思想》,原载《狮子吼月刊》,1941 年第 1 卷第 8、9、10 期合刊。
② 巨赞:《新佛教运动的中心思想》。
③ 《禅宗的思想与风范》。
④ 《归元直指集》卷下。
⑤ 《禅宗》。

居士学者陈铭枢在《论惠能六祖禅》①里对禅宗力主应机方法作了强烈批判。他说："机锋倡导后，伪目乱真，末流至于不可究诘。重意好事者有意夸张谤佛谤法的恶报，在祖师说法的公案下附会无根之谈，制造由于说错了话而招致眼前非人为的惩罚的不合理事实……这两者是禅宗遭受的第一个厄运。第二个厄运，是舞文弄墨以欺世盗名的贩卖教条之流，就中，以洪觉范是最突出的代表者……第三个厄运是宋代大慧宗杲所提倡的参话头。此风一开，遂为后代读书人的思想懒汉敷设了一张偎侗瞒盰的温床以遨游其幻境，另一方面又为一般庸夫俗子咬一句佛号以寄托其消极人生，他就交互结合着这两方面，翻然自以为是禅净双修的无上方便和简易的法门，禅的末流至此，学与行修扫地以尽了。故大慧宗杲实禅宗末落的第一个大罪人。"巨赞不赞同这种观点，而是比较客观地指出禅宗在佛教史上的重要性，比清谈在儒家的领域里大得多了，"禅宗是佛教西来以后，外借玄学清谈的引发，内因迫切求真的要求，而洗炼出来的一点精华。他摄取了其他各宗派的特点而不板滞，不堆砌，深刻亲切，生龙活虎，很合于士大夫们的口味，所以王维、白居易、柳宗元、李翱等人都喜欢和禅僧往来，就是辟佛著名的韩昌黎，见到了大颠，也不能不说：'大颠颇聪明，识道理，实能外形骸，以理自胜，不为物所侵扰。虽不尽解其语，要自胸中无滞碍因与往还。'"②所以禅宗"自唐末至北宋，由于禅师们逐渐脱离人民大众以笼络士大夫们，禅风由质朴而变为讲究修饰语句，影响所及，极为深远，愈到后来就愈盛。"③

小乘佛教认为，信佛的教徒要超过佛是做不到的，顶多只能做到阿罗汉而已，但禅师们认为掌握了成佛的方法，觉得成佛并不是神秘不可企及的事情，就可能有"超佛越祖"的心量和气慨了。④ 禅宗的"末落"并不能全部怪罪于宗杲，相反还应该视为是宗杲把禅宗进一步做了推广，巨赞说宗杲毁了《碧岩录》的刻板，自己提倡"看话头禅"，把"敲门砖"给发心参禅的人，首先欢迎的可能是士大

① 《现代佛学》，1957 年第 3 期。
② 《东坡与禅——为东坡九百零五年生辰纪念作》。
③ 《现代佛学》，1960 年第 8 期。
④ 《关于佛教徒的信仰问题》。

夫们,如宗杲用佛教哲理对张无垢侍郎谈《论语》的"吾无隐乎尔",张无垢初不相契,继在游山之时闻到木樨香,宗杲随口念了"吾无隐乎尔",据说张无垢因而豁然大悟。宗杲用儒家语说向士大夫,接引后来学者,"这一事实,不但说明宗杲善于用'敲门砖',而且把'合流'的倾向扩大到佛教以外的儒家去了,宋明理学的形成,宗杲可能与有力焉。"①

巨赞把临济宗视为是马祖、百丈、黄檗、睦州一系禅道的最高发展,也是禅宗在修持方面的最大革新,对后代禅风影响极为深广。当禅宗在衰落情况下,"临济宗风在禅门更蔚为群星拱北之势。"临济禅发展线索反映,即"从达摩观禅一变而为南能顿悟禅,再变而演成为机锋语默禅,而临济禅在佛法禅宗继往开来中占有极其重要的地位。"但是其他宗门也不是一无长处,如沩仰宗以"寻思"而见"的","悟境与功行极于理事如如动即合辙之旨,机用全赅,条条通畗。似若平衍,实若一旦晴空涵虚无尽。奇峰异云有时突兀天际。禅趣深至,动容难测,处处练'禅',策进无休。醇厚之味,优游乐道之境,他家实难企及。"赵州与黄檗、沩山为同辈,示见不让沩山,机锋不下黄檗,直揭马祖禅旨。他的自说"使得十二时",像白云般自在,似春风样悠闲,门迁廓落,气象宏深,接机示人以本分,力避玄奥,教人就理自悟。其禅法是"继承了南泉所力避的'即心即佛'的话,转而倡导三祖《信心铭》的'至道无难,唯嫌拣择'之旨……贯彻了不离本分事,即贯彻在寻常生活中的'平常心是道'之旨。"

四、结语

但是巨赞也指出禅法流行,却丢失了义理,佛教圆融过头,就会造成泛滥,"不过受了时代的限制,禅师们贯彻真俗圆融的行动,也只能发展到这样的程度为止。同时参禅不能不求静,又过分强调了教外别传,不立文字,所以在禅宗成立的初期,表面上依然带着声闻、独觉的色彩,十几传后,完全忘掉了楞伽印心的

---

① 《禅宗》。

遗训,不注重研究教理,普请也成为具文,禅宗门下热爱劳动的优良传统不得发扬,禅僧们的生活情绪低沉,愈到后来,愈趋向于消极退避的途径,因而招致宗门的衰落。如果这个可以称为历史教训的话,那也就是我们佛教徒所应该记取的了。"①巨赞认为,禅宗的衰落与禅宗在理论上接受了外道数论派的"返本还源"思想的影响,所谓"返本还源"即为"真心"本净,被客尘烦恼所染污故名为杂染,离烦恼时转成无漏,恢复本来清净的真心,称之为佛,或名正觉。这种理论自唐末天台、贤首两宗合流之后就非常盛行,几乎成为佛教理论上的正流派,其实这是非常错误的。

因为这个理论是经不起检验的,真心既然为净,又要受到染污,还是不净。而这个染污又是从何而来? 众生恢复了本来清净的真心,成佛以后还有被客尘烦恼所染的危险,成佛又有什么意义? 所以"我国佛教徒,由于禅宗盛行之后,忽视教理的研究,认贼作父,误入歧途,致使佛教徒们为着返本还源而钻进牛角尖里去,和现实的社会与现实的人生完全脱离关系,当然也就无法体验社会与人生,进而改造社会与人生。所以愈是在返本还源的路上修行,愈是没有是非公道,结果不能不出之于互相欺骗。千余年来,我国佛教之所以每况愈下,直到现在还没有觉醒过来者此为重要原因之一"。② 最后巨赞强调:"从李唐到现在一千多年,生龙活虎,活泼泼的佛心,老早被打混的恶魔吞吃了。看,佛教界内无论是出家僧众,在家居士,有几人竖起脊骨梁,提起精神来学佛的。我说他们简直是在打混,这种人,在今日佛教徒中要占十之五六。因为大多数佛教徒在打混,佛教高深的真理,和真实修行方法,不能为他们所了解与接受。"③

---

① 《禅宗的思想与风范》。
② 《关于佛教徒的信仰问题》。
③ 《序乐观法师〈奋迅集〉》。

太虚与《大乘起信论》

张文良①

（中国人民大学佛教与宗教学理论研究所）

摘　要：在近代关于《起信论》的论争中，太虚是一位很活跃的人物。他多次公开讲演《大乘起信论》，留下讲演录，延续了传统的经典注疏的传统。同时，在《起信论唯识释》中，太虚又表达了会通《大乘起信论》与唯识思想的立场。在研究方法论上，太虚反对梁启超在《大乘起信论考证》中所使用的历史主义的立场，主张佛教思想是超历史的特殊存在，所以不能从思想史的角度把握《大乘起信论》的思想地位。关于《大乘起信论》的评价，太虚反对王恩洋从唯识学立场对此论的全盘否定，而是主张此论在理论上与唯识并不矛盾。太虚站在信仰的立场考察《大乘起信论》，对现代的学术理念持否定的立场。

关 键 词：太虚　《大乘起信论》　王恩洋

自杨文会居士在中国佛教复兴运动中提倡"马鸣宗"、高扬据传为马鸣菩萨所著的《大乘起信论》（下面略称《起信论》）和《大宗地玄文本论》以来，问世于公元六世纪中叶的大乘佛教重要论书《起信论》就重新进入佛教界的视野，引起僧俗两界的关注。这种思潮因为近代出现的两场学术论争而得以强化：一是日本学术界借用现代实证主义的理念，用历史学、文献学、思想史的方法对《起信论》

---

① 作者简介：张文良，1966 年出生于河北省石家庄市，现任中国人民大学哲学院教授，博士生导师，佛教与宗教理论研究所研究员。主要研究领域为中国佛教、日本佛教。代表作有《澄观的华严思想研究》（月文）、《批判佛教的批判》、《日本当代佛教》等。

的真伪提出质疑,从而展开了一场一直持续至今的大讨论;二是梁启超受到日本的《起信论》研究的刺激,先后发表关于《起信论》考证的著作,论证《起信论》是中国先人的撰述,进而对其思想表达了认同和崇敬之意。对此,支那内学院的欧阳渐、王恩洋等人站在法相唯识宗的立场,认为《起信论》的内容不符合唯识的教义,属于不究竟之法。当时有许多中国佛教界的知名学者卷入到这场关于《起信论》的真伪和评价的论争中。

在这种背景下,作为当时佛教界领袖之一的太虚自然不会置身事外。实际上,太虚也一直重视《起信论》,不仅多次讲解《起信论》,而且还著有《起信论略释》、《起信论别说》、《起信论唯识释》等著作。透过这些著作,我们可以窥见太虚关于《起信论》的基本立场。不仅如此,在关于《起信论》真伪和思想的论争中,每有重要著作问世,太虚都会写文章加以回应,表明自己的立场。从这个意义上说,太虚也是这场论争的重要一方。其关于《起信论》的观点构成近代《起信论》论争的重要侧面。值得关注的是,太虚还曾将中国学者撰写的论文集《大乘起信论研究》送给日本学术界,希望推动中日学术界在《起信论》研究方面的交流。总之,太虚与《起信论》的关系构成太虚佛学思想和佛教实践的重要侧面。

以下,通过太虚的相关讲学、著述和评论,对于太虚的《起信论》观略作考察,以期对太虚的佛教思想有一个更全面的把握,同时也对《起信论》在中国近代佛教中的嬗变轨迹有一个更清晰的理解。

一、太虚与《起信论》之间的因缘

根据《太虚大师年谱》的记载,太虚出家之初就接触到《楞严经》,此经可以说是太虚认知佛教的入门书①。众所周知,《楞严经》在思想上与《起信论》有密切联系,都属于肯定如来藏思想的"法性宗"的著作。太虚早年的求学经历,奠定了其一生为学的基调。虽然他后来大力弘扬唯识学,但他并不把唯识学所代表的

---

① 《太虚大师年谱》的"1907年"条,"在天童寺,听道老(道阶法师——笔者注)讲《楞严经》,阅《楞严经蒙钞》、《楞严宗通》,爱不忍释"。

"法相宗"的教义绝对化,而是力图融通"法相宗"和"法性宗"。而这种立场,显然与其早年对《楞严经》等"法性宗"经典的浸染相关。

1909年,太虚就读于南京杨文会创办的只洹精舍,与梅光羲、欧阳渐等同学。在这里,杨文会为学员讲授《楞严经》。关于大乘经典,杨仁山最推崇《起信论》。据《杨仁山先生年谱》记载,同治三年(1864年),即杨文会二十八岁时"忽大病,见马鸣菩萨《起信论》,一读,大好之"①。年轻时与《起信论》的相遇,成为杨文会对佛教产生信仰的契机。在《佛教初学课本注》中,杨文会认为《大乘起信论》的"一心二门"是佛教的总纲,构成大乘佛教理论的基石。一切大乘佛教宗派,无论是华严宗、天台宗等教门,还是律宗、禅宗、净土宗等实践法门,其思维构造都是"一心二门"。基于此,杨文会提倡"马鸣宗",力图以马鸣所著《起信论》和《大宗地玄文本论》为中心,统摄大乘佛教的教义。太虚在只洹精舍跟从杨文会学习期间,必然受到杨文会的《起信论》观的影响。

1914年10月,太虚在普陀山之锡麟书院闭关阅藏,据《太虚大师年谱》记载,太虚在闭关中,"初温习台贤禅净诸撰集,尤留意《楞严》《起信》,于此得中国佛学纲要"②。由此可见,太虚是将《起信论》和《楞严经》视为同一性质的经典,亦即"法性宗"的经典,而且太虚从一开始就不是孤立地看待这些经典,而是将其置于中国佛学的整体中去把握。在太虚看来,《起信论》和《楞严经》的思想贯穿于中国佛教的天台、华严、禅、净等诸宗派之中,是整个中国佛学的纲要性理论。

值得注意的是,《起信论》还与太虚早年的开悟体验有密切关系。在其《自传》中,太虚曾记述其开悟体验云:

> 于会合台贤禅的《起信》《楞严》著述,加以融通抉择。是(1914年——笔者注)冬,每夜坐禅,专提昔在西方寺阅藏时悟境,作体空观,渐能成片。一夜,在闻前寺开大静的一声钟下,忽然心断。心再觉,则音光明,圆无际。从泯无内外能所中,渐现能所内外、远近久暂,回复根尘座舍的原状。则心

---

① (清)杨文会撰,周继旨校点:《杨仁山全集》,合肥:黄山书社,2000年版,第593页。
② 释印顺:《太虚法师年谱》,北京:宗教文化出版社,1995年版,第35页。

断后，已坐过一长夜。心再觉，系再闻前寺之晨钟矣。心空际断，心再觉，渐现身器，符《起信》《楞严》所说①。

在宋代之后，禅教一致的思潮渐盛，以往被视为相互对立的禅宗和教宗（天台宗、华严宗）逐渐走向融合，到明代末期，这种禅教一致的理念普遍见于憨山德清、蕅益智旭等高僧著作中。参禅悟教、籍教明心遂成为禅林中的流行作法。太虚的开悟体验也体现了这种理念。他在坐禅时并不是舍弃一切经教，而是"专提"阅藏时的悟境，在坐禅有所悟入时，又以《起信论》《楞严经》所说的教义加以印证。

在太虚的讲经活动中，对《起信论》的宣讲集中于1918年至1920年的三年间。1918年9月4日至19日，太虚应邀在武汉讲《起信论》。其讲稿被整理为《起信论略释》，后由"觉社丛刊"出版。根据王国琛在《大乘起信论略释缘起》中的说法，这次讲经活动的发起人是王国琛，地点在扬子街的寄庐，正式听讲者只有李开侁、宜昌陈裕时、全敬存、王道芸、马中骥、黄安阮毓崧、松滋王国琛等七人。此外还有慕名而来的比丘四五人、居士六七人。虽然听讲者不多，但这是太虚最早公开讲解《起信论》。在讲座结束后，太虚与听讲者合影，太虚并作诗以纪其事云，"飞梦汉江尘，一谈微远因。影中同现影，身外独呈身。了了心无住，澄澄意更伸。随流得其性，来往海之滨"②。

1919年10月，太虚在北京讲完《维摩经》之后，又应李隐尘、吴璧华、刘崧生、蒲伯英、夏寿康、熊希龄等之情，在观音寺讲《起信论》。1920年5月，应陈性白、李馥庭等邀请，于武昌龙华寺开讲《起信论》，听众甚盛。其讲稿后编为《起信论别说》刊行。

1922年，欧阳渐在支那内学院讲《成唯识论》，在此之前，作《唯识抉择谈》，其中对《起信论》有所批判。太虚是年7月到南京，寓住毗卢寺，从友人处知道《唯识抉择谈》之后，作《佛法总抉择谈》，提出以"般若宗"、"唯识宗"、"真如宗"来

---

① 释太虚：《太虚大师全书：第十九卷》，北京：宗教文化出版社，2004年版，第215页。
② 释太虚：《太虚大师全书：第二十卷》，北京：宗教文化出版社，2004年版，第256页。

概括大乘佛教,认为《起信论》属于"真如宗"的代表性著作,其教义诠释"圆成实性",与"唯识宗"教义并行不悖。

1923 年 1 月 22 日,作"评(梁启超)《大乘起信论考证》",反对以西洋进化论观念治佛学。在中国近代的《起信论》研究中,梁启超于 1922 年出版的《大乘起信论考证》占有重要地位。梁启超的这部著作可以说开启近代以实证主义的方法研究《起信论》的先河。在此之前,日本佛教界关于《起信论》的争论已经持续了二十余年,已经有大量的研究成果。梁启超在大量参考和吸收日本学者的相关研究成果基础上,进一步论证了《起信论》为中国人撰述说。太虚在该文中,并没有针对梁启超提出的具体论据进行反驳,而是对梁启超研究《起信论》的方法论提出质疑。在太虚看来,佛学就是心学,一切佛教都是由佛菩萨的真如性海而流出,它们本质上是超越时空的。因此,研究佛学,不能采用西方所谓学术进化论的方法,通过材料的比对,找到思想嬗变的历史轨迹。而应该向内心熏修印证。所谓"一朝证彻心源,则剖一微尘,出大千经卷,一切佛法皆湛心海"。从这一立场出发,太虚认为不仅梁启超的《起信论》研究走向歧路,而且日本人近代以来的《起信论》研究也毫无意义。

1923 年 5 月,武昌印经所编辑了《大乘起信论研究》的论文集,收录了章太炎、梁启超、欧阳渐、王恩洋、太虚等人关于《起信论》研究的文章。太虚在为这本书所作的序言中,认为无论是梁启超吸收日本学界的研究成果主张《起信论》为伪作也好,还是欧阳渐、王恩洋站在唯识的立场批判《起信论》也好,实际上都是一种方便手段,也就是说,通过否定、批判《起信论》,唤起学界和佛教徒对《起信论》的重视。太虚并不认同梁启超、欧阳渐、王恩洋等人的具体观点,而是强调他们的相关研究具有正面的社会效果。从社会效果来看,的确,梁启超等人的研究给佛教界带来冲击,使得《起信论》的研究和讲习成为一时的风尚。

值得注意的是,大约在《大乘起信论研究》出版之后不久,太虚和日本禅宗学者井上秀天曾有书信往来,太虚在得到井上所赠《东洋文化禅之新研究》之后,回赠井上秀天三本著作，其中之一就是《大乘起信论研究》。① 太虚显然是希望日本学术界能够了解中国学术界在《起信论》研究领域的进展。但从后来的事实看，此书被束之高阁，并没有引起日本学术界的兴趣。

在 1924 年前后，王弘愿等在内地弘扬日本真言宗的教义，高扬"六大缘起"之说。太虚乃撰《缘起抉择论》，将缘起分为三种：色心缘起、意识缘起、心识缘起。其中的"心识缘起"就是真心缘起、法界缘起、藏识缘起。而《起信论》的缘起说，被太虚归入"心识缘起"。"起信论之缘起义，乃以登地以上菩萨心境而说。无漏无间续生无漏，无漏无间忽生有漏，可云真如缘起或如来藏缘起。有漏无间忽生无漏，有漏无间续生有漏，可云无明缘起"②。从等无间缘的角度阐释《起信论》的缘起说，是太虚对于《起信论》的独特理解，这一立场与翌年所著的《大乘起信论唯识释》的观点一脉相承。

撰述于 1924 年的《大乘起信论唯识释》在理解太虚《起信论》观方面尤其重要。如果说之前所撰《起信论略释》、《起信论别说》只是讲经记录，所体现的个人思想色彩尚不浓厚的话，那么这部著作则集中体现了太虚本人的思想特征。据《太虚大师年谱》记载，此书撰于宁波保国寺。1924 年 11 月，太虚应保国寺住持益斋的邀请，自雪窦寺到保国寺。益斋周到细致地照料了刚病愈不久的太虚的生活起居。太虚在此撰写了《大乘与人间两般文化》和《起信论唯识释》。并在从宁波返回上海之后，会晤了章太炎，两人讨论了《起信论》。③

章太炎是中国近代著名文化学者，其学术研究涵盖领域极广。在 1908 年，其学术兴趣一时转向大乘佛教的研究，陆续发表了《大乘佛教缘起说》、《辨大乘

---

① 2010 年，笔者访问日本驹泽大学时，该校佛教学部的石井公成教授将驹泽大学图书馆所藏《大乘起信论研究》示予。此书扉页附有太虚法师致日本井上秀天法师的短信，"井上先生大鉴，叠承赐教，并读《东洋文化禅之新研究》等大作，钦慕无似。但过蒙奖饰，殊以不堪克当为愧。敝院研究英日文者，陈维栋、陈济博等，拟将大著次第翻译，以谋中日佛教联合。兹奉近刊三种，幸存省焉，并讯起居无量释太虚"。
② 释太虚：《太虚大师全书：第十一卷》，北京：宗教文化出版社，2004 年版，第 566 页。
③ 《太虚大师年谱》："慈溪保国寺主益斋，邀往游憩，住可一月。日居无事，又作《大乘与人间两般文化》及《起信论唯识释》二书。大师由甬抵沪。以《科学的人生观》及《大乘与人间两般文化》，交泰东图书局发行。晤章太炎，与谈《起信论》义，及人乘阶渐佛乘义，颇得章氏激赏"。参考释印顺：《太虚法师年谱》，北京：宗教文化出版社，1995 年版，第 102 页。

起信论之真伪》、《龙树菩萨生灭年月考》等，力图以新的研究方法考察印度佛教史和中国佛教史的问题。章太炎的《大乘起信论辨》①从文献和思想两个方面论证了《大乘起信论》是印度的撰述而非如日本学者所说的中国撰述。章太炎可以说是用新的方法研究《起信论》的先驱。太虚与章太炎讨论《起信论》的细节不得而知，但两者关注《起信论》的角度显然是不同的。太虚是从佛教信仰的立场看待《起信论》，而章太炎则是从纯学术的立场探讨《起信论》。

在佛教界内部，太虚对《起信论》的理解也仅是一家之言。太虚对支那内学院系统的欧阳渐、王恩洋的《起信论》观多有批评，而欧阳渐、王恩洋对太虚的《起信论》观也多有批驳。如《大乘起信论唯识释》问世之后，王恩洋作《〈起信论唯识释〉质疑》，太虚又做《答〈起信论唯识释质疑〉》。双方围绕"真如是否受熏"等问题，往复辩难，成为近代佛教史上的一大公案。

二、《起信论》与唯识思想的会通

综观太虚的《起信论》观，最明显的特征是会通《起信论》与唯识思想。

隋代净影寺慧远在《起信论义疏》中，把《起信论》视为注释《楞伽经》的论书，指出两者在理论上的密切关联。② 这实在是一种深刻的洞见。《楞伽经》是中期瑜伽行派的著作，与其他瑜伽行派的唯识思想相比，其思想独具特色，属于非典型性唯识思想。之所以这么说，是因为《楞伽经》力图将唯识说和如来藏说加以会通。众所周知，在印度大乘佛教理论中，由于立论的侧重点不同，其理论一般被划分为《中论》、《大智度论》等所代表的中观系、《解深密经》、《瑜伽师地论》等所代表的唯识系、以及《胜鬘经》、《宝性论》等所代表的如来藏系等三系。唯识系以八识说为核心，构筑了万法唯识、转识成智的理论和修行体系，而如来藏系则

① 此文最早发表于 1908 年的《民报》，原名为《辨大乘起信论之真伪》。在收录到《大乘起信论研究》一书时篇名改为《大乘起信论辨》。参考武昌佛教弘化社(辑)：《大乘起信论研究》"大乘起信论辨"，武昌正信印务馆，民国十二年版，第 2 页。
② 《大正藏》(第 44 卷)，第 176 页上。

以如来藏说为核心,探讨众生与佛之间的同一性和差异性的问题。两种体系在理论的出发点和理论归趣方面皆有很大差异,但《楞伽经》通过"藏识"、"如来藏识"等概念,将两者糅合在一起。在《胜鬘经》等正统如来藏系经典中,如来藏只是万法所依因,而非所生因,而在《楞伽经》中,如来藏具有了生起一切世间、出世间法的功能。这是如来藏思想史上的重大转变。《起信论》承袭了《楞伽经》的这一思路,力图从如来藏和无明的相互熏习来说明妄心和染法的生起与还灭。

自法藏的《起信论义记》问世,唯识思想和如来藏思想分别被定位于"大乘始教"和"大乘终教",如来藏思想的位阶被认为高于唯识思想。而到华严宗四祖澄观那里,他用"法相宗"和"法性宗"的范畴概括唯识和如来藏思想,并从十个方面分析了二者之间理论上的差异,其中最核心的差异就是"真如凝然"还是"真如随缘"①。唯识思想认为真如属于"圆成实性"的范畴,是不生不灭的无为法,而在如来藏思想中,真如与如来藏同义,随缘而成万法。由于法藏和澄观对唯识和如来藏思想的判别,从性相别立的立场看待《起信论》和唯识思想的关系遂成为中国佛教思想家思考《起信论》的主流。这种观点,直到明末的藕益智旭的《起信论裂网疏》才发生改变。智旭没有明确的宗派意识,故能够不受法藏《起信论义记》立场的局囿,甚至直接批判法藏的"性相别立"的立场,认为《起信论》的立场原本就是"性相一致"。智旭的《起信论》观,具有大破大立、别开生面的特质。

延至近代,以弘扬唯识为职志的支那内学院一系的学者,从唯识的立场出发,对《起信论》的思想提出激烈的批判。其代表者就是欧阳渐和王恩洋。欧阳渐在《抉择五法谈正智》中谈到《起信论》时,认为其作者马鸣先学小乘,后入大乘,对大小乘的理解皆有很大问题,远远比不上后来的唯识学的大家。欧阳渐认为这与其说是马鸣的问题,不如说是马鸣所处的时代使然。② 太虚针对欧阳渐此论,撰写了《佛法总抉择谈》。太虚认为,如果欧阳渐仅仅把自己的观点局限于

---

① 《大正藏》(第35卷),第511页上。

② "《起信》作者马鸣,学出小宗,首宏大乘,过渡时论,义不两率,谁能信会? 故立说粗疏,远逊后世,时为之也。此证以佛教史实,无可讳也"。参考武昌佛教弘化社(辑):《大乘起信论研究》,武昌正信印务馆,民国十二年版,第58页。

唯识学内部,尚能够自圆其说,但如果把其见解放在整个佛教思想体系中去评价则需要再抉择一番。①

太虚之所以这么说,与他们两者对佛教的整体立场有关。欧阳渐将整个佛教分为"法相宗"和"法性宗",并认为两者之间的区别在于"立种子义"(法相宗)和"不立种子义"(法性宗)。欧阳渐认为只有从"法相宗"的"种子义"出发,才能对佛教的根本教义作出完满的解释,而不立"种子义"的"法性宗"在逻辑上是不能自恰的。因为"法性宗"承认真如能生万法,这说明真如的含义接近"种子义",但同时他们又认为真如是不生不灭的,是无为法,即又否定了真如是"种子"。

而太虚则将整个佛教分为"般若宗"、"唯识宗"、"真如宗",其中,"般若宗"和"唯识宗"在思想上分别对应于传统上的三论宗(吉祥吉藏等的思想)、法相唯识宗(窥基等的思想),而"真如宗"则又分为"全体真如"、"离垢真如"、"等流真如",分别对应于禅宗和天台宗、华严宗、密宗。从这一立场出发,太虚对《起信论》作出如下定位:

> 《起信论》等与《中》《百》论及《唯识论》,各为一宗,而其为圆摄法界诸法之圆教则同。虽同为圆教而胜用又各有殊。依此于诸教法抉择记别,可无偏蔽。转观竟无居士所瑕疵《起信论》者,亦可得而论决矣。②

由此可见,太虚和欧阳渐之间的分歧,首先在于如何界定唯识学的地位。欧阳渐显然将唯识学视为佛法中最究竟、最圆满的教义,而太虚则将唯识学视为整个佛法的一部分,并不将其绝对化。其次,关于唯识学与佛教其他流派之间的关系,欧阳渐是从诸宗别立的立场出发,将唯识学定于一尊,反对其他一切宗派之说。只有"法相宗"的"种子义"才是真理,"法性宗"的种种说法都是谬误。而太

---

① "顷获读竟无居士之《唯识抉择谈》,十之八九,与吾意吻合无间。然以之专谈唯识一宗,虽无不可,而置之佛法总聚中,则犹须做抉择之抉择焉。"参考释印顺:《太虚法师年谱》,北京:宗教文化出版社,1995年版,第78页。

② 释太虚:《太虚大师全书》(第六卷),北京:宗教文化出版社,2004年版,第1377页。

虚则是从诸宗圆融的立场出发,认为诸宗的教义都是佛法,只是立论的角度不同而已,从根本上说,诸宗的教义都是可以会通的。

如上所述,王恩洋与太虚之间曾就如何评价《起信论》的思想往复辩难,因此,太虚与王恩洋之间的争论更值得关注。

王恩洋(1897—1964),字化中,四川南充人。1919 年在北京大学学习哲学,师从梁漱溟研习印度哲学,1922 年入支那内学院,从欧阳渐学习唯识学。在欧阳渐门下,其唯识学造诣被誉为"第一",一生留下唯识学的著作有 35(篇)部。王恩洋从唯识的立场出发,对《起信论》批判甚烈。"自来相似正教、诸伪经论,虽无量种,而流行最广、立义最乖者,《大乘起信论》一书为最"①,对《起信论》的思想做了彻底否定。基于这一立场,王恩洋著《大乘起信论料简》,对《起信论》的理论进行了批判。如对于《起信论》所说的"四种熏习"中的"真如熏习",王恩洋云:

> 又汝所云,真如无明互熏故,染法净法起不断者,真如无为,既非能熏,亦非所熏。能熏所熏,义皆不立,如何得与无明相熏习起?倘云熏习应非无为,即非真如自性差别。如是乖返,甚可哂也②。

如上所述,在至少在中国华严宗的传统中,《起信论》所主张的"真如随缘"属于"法性宗"的范畴,在位相上是高于"法相宗"的。而王恩洋则从唯识本位的立场出发,对《起信论》的真如与无明互熏说("真如随缘"的另一种说法)提出严厉批判。在太虚发表《起信论唯识释》之后,王恩洋写"《起信论唯识释》质疑",反驳太虚的观点。针对王恩洋的批判,太虚在"答'《起信论唯识释》质疑'"一文中,特别就"真如熏习"之义,回答了王恩洋的质疑。在太虚看来,虽然唯识学和《起信论》都讲"熏习",但两者的内涵是不同的。概言之,唯识学以"种子"义和八识说为核心谈熏习,故限定前七识为能熏,第八识为所熏。而《起信论》所说的"熏习"则是指一切法之间辗转回互、相互影响的关系,所以这种熏习并不限于八识之

---

① 武昌佛教弘化社(辑):《大乘起信论研究》,武昌正信印务馆,民国十二年版,第 17 页。
② 武昌佛教弘化社(辑):《大乘起信论研究》,武昌正信印务馆,民国十二年版,第 22 页。

间,而是有"真如"、"无明"、"业识"、"妄境"等四法熏习。两种熏习义,一种是狭义的"熏习",一种是广义的"熏习"。不能以唯识学狭义的"熏习"去否定《起信论》广义的"熏习"。

关于《起信论》的"真如熏习",太虚做了如下概括:

> 真如熏习:一者、众生无漏相性内熏:从无始来具无漏法,即本具无漏种及菩萨无漏现,备有不思议业——指无分别智,作境界之性——即真如为无分别智所缘。无漏种现能为四缘,真如能为所缘、增上缘,具此四缘熏习力故——成唯识论专从因缘以说熏习,故唯前七能熏,及第八所熏——能令发菩提心,修菩萨行,名真如自体相熏习。问答之义,可知。二者、佛圣等流身教熏习:就佛菩萨等与众生夙世之差别冤亲关系,及佛圣之随类应化,名差别缘;就佛菩萨平等大愿及行人之自证境界,名平等缘。能作众生所缘、增上二缘,名用熏习。①

由此可见,在太虚看来,《起信论》所说的"真如熏习"包括两方面的内涵:一是"真如自体相熏习",指众生无始以来所具有的无漏种子,能令众生发菩提心,修菩萨行作为;二是"用熏习",指众生接受佛菩萨的感化、加持,而佛菩萨成为众生修行的"所缘""增上缘"。由此可见,《起信论》所说的"真如缘起"是修行论的概念,而不是王恩洋等所说的生成论的概念。如果把《起信论》中的"真如熏习"看成生成论的概念,的确如王恩洋等所说,就会产生自义相违的逻辑矛盾。因为真如是无为法,它不具有生起染法的功能。但真如作为修行论的概念,它是众生无始以来所本具的无漏种子,是众生舍染趋净、修行成佛的根据。这个意义上的"真如熏习"不仅在理论上是成立的,而且在众生的修行实践中是不可或缺的。

---

① 释太虚:《太虚大师全书》(第六卷),北京:宗教文化出版社,2004年版,第1444页。

三、关于《起信论》研究的方法论问题

太虚对于《起信论》研究方法论的见解，最鲜明地体现在他对梁启超的《起信论》研究的评价方面。太虚通过对梁启超《起信论》研究方法论进行批判的同时，阐述了自己的方法论立场。

梁启超在《大乘起信论考证》的前言部分罗列了日本持《大乘起信论》中国撰述说的松本文三郎、望月信亨、村上专精等人关于《大乘起信论》的著作和研究论文题。据他自己说，原本只是总结和梳理日本学者相关的研究成果，但在这一过程中又产生了新的看法，故最后的结论既包括日本学者的研究成果，也包含梁启超自己的思考。如关于《起信论》非马鸣所著，除了望月信亨等人提出的种种证据外，梁启超也补充了证据。他分析了《大乘起信论》的"对治邪执"部分的内容，中间所涉及到的法身有色无色的问题、如来藏有自相差别无自相差别的问题等，都是中国南北朝时代佛教界所争论的问题。在马鸣生活的年代，"如来藏"概念自身都还没有产生，遑论围绕这个概念的争论？从《大乘起信论》造论所针对的对象看，此论显然是针对中国佛教的某些流派而造，不可能是马鸣时代所造。

梁启超的《起信论》研究有两个鲜明特色：一是对先行研究的重视。梁启超可以说首次关注到日本学术界对《起信论》的研究，并积极吸收其研究成果，特别是参考和借鉴了日本学术界的实证主义的研究方法。二是从思想史的角度考察《起信论》的真伪。在梁启超看来，《起信论》的问世不是突如其来的，而一定有其特定的思想背景。通过对其内容的考察，就可以大体确定其出现的年代和成立的背景。具体到《起信论》的思想展开，因为关于法身问题和如来藏问题的争论不是发生在印度，而是佛教发展到中国南北朝时期才出现，所以，《起信论》不可能出现在马鸣的时代，而只能出现在南北朝时代的中国。

但太虚对这种所谓进化论的佛教史观从正面提出挑战。太虚认为，梁启超和日本学者之所以得出《起信论》为中国人撰述的理由，就是基于进化的历史观

和所谓科学的方法,因为看到《起信论》中包含有龙树的空的思想和无着的唯识思想,而马鸣一般认为生活在龙树和无着之前,所以就认为《起信论》不是马鸣的著作。而太虚认为,这种所谓进化的历史观或科学研究法不适合于佛学研究,因为佛教思想的出现是并不遵循所谓进化的原则:

> 一切佛法,皆发源从释尊菩提场朗然大觉之心海中所流出,后来任应何时何机所起波澜变化,终不能逾越此觉源心海之范围外;此于佛法具信心者,任何人当靡不承认之者。若并此不承认,则根本上且不承认有佛,更论佛法耶?于此信得及,则释尊不动寂场而与同证觉海诸大士说华严,当亦能信。此可知佛法初证、初说,即为最高之境矣。①

太虚认为科学的发展、一般的思想发展或许遵循进化的规则,即后出的理论是对先前理论的一种扬弃,它既保留了先前理论的合理因素,又增添了新的内容,故整体上,后出的理论一定胜出先前的理论。但佛教的教理教义则不是如此。因为一切教义都是从佛菩萨真如性海流出,所以先前出现的教义或许是最高的,如释迦牟尼在成佛的最初七日就讲了最究竟的《华严经》。之后出现的经典反倒是释迦牟尼为了度化众生、随机说法的产物,所以就佛法的究竟性和圆满性而言,后出的经典反倒比不上早出的《华严经》。正是从这一逻辑出发,太虚认为,虽然《起信论》在理论的完备性方面胜出龙树的中观、世亲、无着的唯识,但这并不必然说明《起信论》就出现在《中论》和《瑜伽师地论》等著作之前,也并不证明马鸣就生活在龙树、无着等人之后:

> 马鸣创始复兴大乘亦然,盖由自内深证大乘悟境,于久来隐没在小乘中诸大乘经,发见其精奥,宗造《大乘起信》、《大宗地玄文》。至龙树、则因大乘之根基以立,渐偏重对破外凡小,宗《般若经》,宏法空教。又数百年,

---

① 释太虚:《太虚大师全书》(第十六卷),北京:宗教文化出版社,2004年版,第29页。

至无着、天亲时，兼注重对破凡外小及大空，宗《深密》等，宏唯识教。又数百年，经清辨、护法至智光、戒贤，两派言纷义繁，从事调解和会，智光、戒贤各有三时教——此即《成唯识论》判教所本，原文谓判教唯中国所有，盖未详耳。①

太虚从佛教教义发展的独特逻辑出发，对印度的佛教史做了独特的考察和分析，认为马鸣生活在龙树、无着、世亲之前，而《起信论》也自然出现在《中论》《百论》《解深密经》之前。太虚的论述并没有任何历史考证做根据，完全是基于马鸣是《起信论》的作者、而马鸣生活在龙树等之前这一历史记载（值得推敲）而敷衍出来的结论。如果说现代的实证主义的研究方法讲究先有事实、后有结论，那么，太虚的方法实际上是先有结论，再去剪裁、组合"事实"。从这一立场出发，太虚对日本、西洋学者的佛教研究嗤之以鼻："吾以之哀日本人、西洋人治佛学者，丧本逐末，背内合外，愈趋愈远，愈说愈枝，愈走愈歧，愈钻愈晦，不图吾国人乃亦竟投入此迷网耶。"②

此外，实叉难陀所译《起信论》亦曾是佛教史上一部奇特的著作，围绕此论的来历和真伪，近代学术界曾有很多争论。关于唐译《起信论》，太虚曾云：

> 此中，唐译《起信论》虽二卷，而文义大同，实乃同本重译。闻玄奘时，印度已无此论，曾由奘师据梁译转翻为梵文，以传天竺。实叉难陀稍后玄奘三藏，或系据奘译梵本再译来华，亦未可知。③

根据太虚的说法，他倾向于认为"唐译"是实叉难陀根据梵本翻译过来，而且，梵文底本很可能是玄奘西游印度时翻译为梵文的版本。

在二十世纪二十年代，望月信亨就怀疑此论属于伪论。如果真谛三藏所译

---

① 释太虚：《太虚大师全书》（第十六卷），北京：宗教文化出版社，2004年版，第30页。
② 释太虚：《太虚大师全书》（第十六卷），北京：宗教文化出版社，2004年版，第29页。
③ 释太虚：《太虚大师全书》（第十九卷），北京：宗教文化出版社，2004年版，第13页。

的《起信论》属于中国人撰述,它就不可能有梵文原本,所以也就不可能有所谓实叉难陀的"再译"。但在道宣的《续高僧传》的"玄奘传"中,就有玄奘在古印度将《起信论》"译唐为梵"的说法。① 这说明,在道宣(596—667)的时代,《起信论》已经被认为是出自马鸣的真经。但"新译"《起信论》的影响力远比不上"旧译"《起信论》。历代《起信论》的注释书绝大多数是就"旧译"《起信论》作疏,只有中唐的昙旷和明末的藕益智旭的注疏涉及到"新译"。昙旷在《起信论广释》中,首次涉及到"新译"的内容,而藕益智旭的《裂网疏》则是以"新译"《起信论》为对象进行注疏的。

关于"新译"《起信论》,日本学者高崎直道考察了其中的若干特有的思想,认为"新译"《起信论》不可能是从梵文原典翻译出来。高崎直道举出的三种思想是:对于"相大"的解释、"求涅槃乐"的说法、水波之喻。"相大"表达如来藏与无量性功德之间的关系,在"旧译"中,这种关系被表达为"不离不断不异"的关系,这种表达与《胜鬘经》的"不离不脱不异"相近。但在"新译"《起信论》中,这种关系被表达为"非同非异"。"不离不断不异"是表达如来藏与无量性功德之间的关系,两者是"体"与"相"的关系。如果离开无漏的性功德,就不存在作为实体的如来藏。从这个意义上说,两者"不异",或者说"非异"(尽管在《宝性论》梵文本中没有与此相对应的梵文)。但"非同"则意味着有离开"相"和"用"、独立存在的如来藏之"体"。这种思考是不符合如来藏系经论的原意的。再结合"新译"《唯心论》中关于"求涅槃乐"、"水波之喻"的表达,高崎直道得出"新译"《起信论》不可能是对梵文《起信论》的翻译,而是中国人的撰述。②

高崎直道的研究基本上对"新译"《起信论》的性质做出了有说服力的论证,其研究方法是语言学、文献学、思想史的研究方法,也是近代以来学术界占主流地位的研究方法。但太虚关于"新译"《起信论》的论述,则只是祖述历史上已有

---

① 《续高僧传》卷 4"以《起信》一论,文出马鸣,彼土诸僧,思承其本。奘乃译唐为梵,通布五天。斯则法化之缘,东西互举"。《大正藏》50 册,第 458 页下。

② 高崎直道:"《起信论》研究的问题点——兼论实叉难陀译的性格"("『起信论研究の问题点』——实叉难陀訳の性格をめぐって),『印度学仏教学研究』69 号,1986 年,第 1—10 页。

的说法，认为实叉难陀的"新译"属于"旧译"的"同本异译"，同时，对《续高僧传》的说法无批判地接受，推测"新译"是实叉难陀将"奘译梵本"再译成汉文。实际上，"奘译梵本"就子虚乌有，实叉难陀的"新译"几乎可以肯定是后人假托实叉难陀之名的伪作。通过高崎直道和太虚研究"新译"《起信论》的思路，我们也可以看出两者完全不同的研究方法。

四、如何评价太虚的《起信论》观

美国著名科学哲学家托马斯·库恩在《科学革命的结构》一书中，提出著名的"范式"说，即在一定时期，研究者之间存在着共同接受的一组假说、理论、准则和方法。而学科的进步，往往表现为新的研究范式取代旧的研究范式，即研究范式的转换。这种范式的转换不仅存在于自然科学也存在于人文社会学科的发展史中。

自十九世纪末、二十世纪之初，日本学术界就开始引入欧美的语言学、历史学、思想史的研究方法，开始了人文学科研究的现代化转型。在《起信论》研究领域，日本学者也开始脱离传统的讲经式、注疏式研究，开始通过考辨《起信论》的真伪，重新评估其思想史价值。在这一领域，虽然我们对其研究成果可以重新评估，但不得不承认他们敏锐地认识到学术研究范式转型的必要，并在东方学术传统中率先进行了尝试。

在近代中国学术史上，章太炎和梁启超等最早意识到日本学界对于《起信论》研究的价值，并力图利用新的方法对《起信论》进行研究。应该说，他们的相关研究超出了传统的研究方法的局限，为中国学术界吹入了新风，起到了开风气之先的作用。而相较之下，太虚法师的《起信论》研究，仍然属于传统范畴中的研究，即以疏注和以经解经为主，缺乏现代研究方法论的自觉。

当然，由于太虚在中国近代佛教史上的地位和影响，其对《起信论》的关注本身，客观上，对推动学界关注和研究《起信论》有极大的正面作用，这是不可否认的。但从现代学术范式的确立的角度看，其《起信论》研究所发挥的作用，不能与章太炎、梁启超相比，甚至不能与后来的吕澂的相关研究相比。究其原因，太虚把《起信论》视为如何让众生对大乘生起信心、从而修行成佛的纲要书，而不是纯粹的学术研究的对象是一大要因。正是这一立场，使得太虚难以接受实证主义的研究方法论，也难以对日本相应的研究做出客观评价。

清代灵峰寺天台法系的延续及其历史地位①

杨维中

（南京大学哲学系）

　　摘　要：蕅益智旭是位超越宗派的"大师"级僧人，其特立独行的作为有纠弊除害的意图。但在以"学修分工"为特色的"宗派认同"的惯性下，蕅益智旭的弟子灵晟以及嫡孙警修真铭，以灵峰寺为基地，为智旭法裔贴上了天台宗的标签。然而，后世流传的"灵峰教观一支法派偈"，并非智旭所出，而是智旭的弟子辈所传出。当代僧界和教界一致认可的谛闲所出天台山万年寺的法系图，其实是将灵峰寺所出的前五代住持人的法号改为百松系的派字而成。笔者的上述研究表明，被谛闲所出的天台宗法系，并不能作为唯一的灵峰系法脉。

　　关 键 词：天台法系　灵峰派　灵晟　蕅益智旭　清代佛教

　　蕅益智旭自身不愿进入特定"宗派"之中的，其"不收徒众"的做派，理应超越于"宗派"和"法系"之辩的旋涡。但事实却并不如此，他被列入了净土宗法脉，也被列入了天台宗法脉。有学者力图超越宗派属性而评价"灵峰系"，认为"'灵峰派'虽与中国佛教天台宗、净土宗等宗派紧密联系，但其自身具有独特的历史背景、思想宗旨、法脉传承和固定的弘化中心，因此成为有别于'八大宗派'和'六家

　　① 基金项目：2017 年度国家社会科学基金重大项目"汉传佛教僧众社会生活史"（17ZDA233）阶段性成果。

　　作者简介：杨维中，1966 年生，哲学博士，陕西千阳县人，南京大学中美文化研究中心教授，南京大学哲学系教授、博士生导师，研究方向为中国佛学、佛教史等。

七宗'的一种宗派形态,既综合继承了明末之前的中国佛教,又开启了一种后世非常流行的佛教新形态"①。这一评价,如果单从当代学者对蕅益智旭的评价言之,似乎没有问题。但是,如果细究"灵峰系"在整个清代的历史活动和实际影响,如此评价其实缺乏事实支撑。现存的灵峰系法脉图中,蕅益智旭被列为传灯的法嗣,其弟子以为智旭继传灯后重兴天台教观,遂追继智旭为重兴天台教观第三世。笔者以为,准确地界定智旭大师历史地位,需要将其自身的作为与后世以"举旗帜"为弘教路径的宗系建构作出区隔。而北天目灵峰寺是智旭住锡最久的佛寺,由智旭高徒苍辉灵晟继承法位,此后历经警修真铭、履源、素莲等数代住持,均主弘天台教观。如果有一个"灵峰系"的话,如果不计蕅益智旭,"灵峰系"仍然以归属于天台宗最符合历史真实。本文拟在悉心梳理资料的基础上,重估智旭"灵峰天台法系"的形成过程及其历史影响。

一、智旭与北天目灵峰寺

蕅益智旭(1599.6.24—1655.2.26)与灵峰寺的因缘很值得探讨。

崇祯五年(1632),蕅益智旭于三十三岁时,进入灵峰山。当时,此寺有石峨禅师、雪航禅师、缘幻禅师等住锡此寺。

石峨禅师(？—1644),字颅道,越东蒋氏子。生年不详。"年二十,投杭之灵隐寺义如禅师受五戒律,复兴昭庆寺元觉禅师讲佛之宗旨,与雪航为友。"②《灵峰寺志》记载:"隆庆己巳年,有六如沙弥请师至灵峰说法。"③隆庆己巳即隆庆三年(1569)。从文中的语气,特别是一位沙弥礼请的情形推知,此时的灵峰寺相当不景气。至于后文所说"结社峰头,静参玄妙"④是指雪航到来之后的事情。雪

---

① 李利安、谢志斌:《佛教"灵峰派"的定位及归属问题新议》,《西北大学学报》(哲社版),2018 年第 6 期。

② (民国)王华编定、江谦补辑:《北天目山灵峰寺志》(卷四),白化文、张智主编:《中国佛寺志丛刊》第 96 册,扬州:广陵书社,2006,第 32—33 页。

③ (民国)王华编定、江谦补辑:《北天目山灵峰寺志》(卷四),白化文、张智主编:《中国佛寺志丛刊》第 96 册,第 33 页。

④ (民国)王华编定、江谦补辑:《北天目山灵峰寺志》(卷四),白化文、张智主编:《中国佛寺志丛刊》第 96 册,第 33 页。

航于万历（1573—1620）初年来到灵峰寺，据相关文献推测，智旭《灵峰寺净业缘起》所说，应该是二人相聚之后的事情。智旭写道："鄮南灵峰讲寺，石峨颀公请雪航楫公结社兹山。复有抱一粹沙弥、季清程居士，共禀弥陀弘愿，同阐势至法门。佛声浩浩，偕松风、乌语并显圆通；僧德雍雍，率牧竖、耕夫同入三昧，横超三界，无烦九次第修，竖彻寂光，不俟三僧只证，诚劫浊津梁，昏衢宝炬也。"①从文中看，人数不多。

雪航禅师（？—1643），字智槭，与智旭为道友。《灵峰寺志》说他"万历初，游灵峰"②，且与石峨禅师结社，修净土法门。然而从现存片段资料推知，雪航并未定居此山，而是继续云游诸寺诸山。

缘幻禅师（？—1644—？），来自北方。《灵峰寺志》说他"居灵峰三十五年。初，石峨、雪航两禅师结社此山，师为监院"③。也就是说，当时灵峰寺的住持是石峨颀道，缘幻禅师是监院。雪航禅师虽与石峨结社修净土，但仍然云游外地。

雪航也学习乃至宣讲过唯识学。《唯识开蒙问答》的刊刻，与雪航有关。现存大真《重刻唯识开蒙跋语》中说："粤自慈氏秉瞿昙之嘱，而天亲挈其枢。奘师得戒贤之传，而慈恩邑其秘，圆成妙理，昭揭支那。逮时运迁讹，古疏湮没，一线未坠，赖有《开蒙》二卷，亦复久失流通，人罕寓目。于是雪航楫公发心募刻，兼请灵源惠兄会其科，际五陈君校其谬。而募赀监梓者则王元建、王汝止，扬次弁等力也。刻既成，嘱余纪其始末。以告后之阅者。"④此序撰写于崇祯庚午孟春即崇祯三年（1630）正月。蔗庵净范禅师（1619—　）曾经听过雪航讲《唯识论》。《蔗庵范禅师语录》卷三十载蔗庵净范亲撰《自传》中说："二十，听雪航法师讲《唯识论》，如嚼木屑。"⑤同文又有文：此事发生于"崇祯己卯五月也。二十一，受具

① （明）释智旭：《灵峰蕅益大师宗论》（卷六），《嘉兴藏》第36册，第350页上—中。
② （民国）王华编定、江谦补辑：《北天目山灵峰寺志》（卷四），白化文、张智主编：《中国佛寺志丛刊》第96册，第33页。
③ （民国）王华编定、江谦补辑：《北天目山灵峰寺志》（卷四），白化文、张智主编：《中国佛寺志丛刊》第96册，第33页。
④ 《新纂卍续藏》第55册，第377页上。
⑤ （清）侍者本玉录：《蔗庵范禅师语录》（卷三十），《嘉兴藏》第36册，第1039页上。

于姑苏"①。崇祯己卯即崇祯十二年(1639)。可见,此年初,雪航宣讲《唯识论》,不过,地点不明。

崇祯四年(1631),蕅益智旭进入灵峰寺。"初,大师之入灵峰也,即有句云:'灵峰一片石,信可矢千秋。'"②智旭在《八不道人传》自述说:"三十三岁秋,惺谷、壁如二友去世,始入灵峰过冬,为作请藏因缘。"③智旭自己说,此年因为两位道友去世,智旭去灵峰寺过冬且为此寺请大藏经而撰文。现存《灵岩寺请藏经疏》说:"乃发心遍阅大藏,备采众药,自疗疗他。适欲先注《梵网》,提律学纲宗,以阐问佛,定安居处。乃九阄中,独得灵峰山灵岩寺之百福院。拟于此一年注经,仍向他方,完阅藏初心。有六具周沙弥,捐资若干,倡请大藏,留予久住。雪航法主,为集众缘,令此无佛法地,忽作六种震动,冤与魔而并遣,罔与殆而双祛,佛印儒宗,交芦倚树。信心缁素,谁不为之助喜也。"④此文说,智旭发心遍阅大藏,于是拈阄决定去灵峰寺住锡。是冬,智旭在灵峰讲《毘尼事义集要》七卷。第二年夏天讲完。听者十余人。崇祯四年冬,有温陵徐雨海居士,向大师说《占察》妙典。大师倩人特往云栖请得书本,一展读之,悲欣交集,撰读《持回向偈》。灵峰寺的六具周沙弥捐资倡请大藏以便留智旭久住灵峰寺。此时此寺中的石峨禅师、雪航法主、缘幻禅师等都参与赞助了此次请藏活动。崇祯六年春,为灵峰请的大藏经至。所请大藏经卷由缘幻禅师"装订成册,筑楼以藏之"⑤。至崇祯十五年,灵峰寺的大藏经方才装成。受晟所撰《灵峰蕅益大师传》写道:智旭在灵峰寺,"甘淡泊忘荣利,草衣木食,若将老焉"⑥,似乎是此时已经决定最终归养此寺。崇祯六年,智旭前往苏州金庭西湖寺结夏。《灵峰寺志》记载说:"崇祯丁丑,

① (清)侍者本玉录:《蔗庵范禅师语录》(卷三十),《嘉兴藏》第36册,第1039页中。
② (民国)王华编定、江谦补辑:《北天目山灵峰寺志》(卷四),白化文、张智主编:《中国佛寺志丛刊》第96册,第42页。
③ (明)释智旭:《灵峰蕅益大师宗论》(卷一),《嘉兴藏》第36册,第253页下。
④ (明)释智旭:《灵峰蕅益大师宗论》(卷七),《嘉兴藏》第36册,第381页上—中。
⑤ (民国)王华编定、江谦补辑:《北天目山灵峰寺志》(卷四),白化文、张智主编:《中国佛寺志丛刊》第96册,第33页。
⑥ (民国)王华编定、江谦补辑:《北天目山灵峰寺志》(卷四),白化文、张智主编:《中国佛寺志丛刊》第96册,第42页。

释智旭重修大殿，吏部沈炜撰记。"①此处说，崇祯丁丑即十年智旭重修大殿。而沈炜撰《灵峰重建大殿记》中叙述："明季有蕅益大师钞解渊深，真操冰洁，雅爱此山，人朴境幽，杖锡栖迟，不干人世。因睹佛宇颓圮，绀相淋漓，爰命堪舆，相地攸宜，别画寺式，拟大整新。不意天不遗愁，志未克伸，遽尔西逝。"②可见，殆至智旭圆寂，大殿还未建成，但可以肯定，智旭对重修灵峰寺是有所构划的。

智旭致力于阅读藏经，他叙述说："年三十，幻寓龙居，第二阅律，遂复发心遍阅大藏，于一夏中，仅阅千卷，旋以事阻。至三十三岁（1631），甫进灵峰。结冬时，山中无藏。癸酉（1633）春，藏至未装。"③智旭离开灵峰寺。至崇祯十五年（1642），"山中藏装成。癸未（1643），结制，简阅仅千余卷，又被他缘所牵。幻寓祖堂，及石城北，共阅二千余卷"④。依照此文叙述计算，智旭于崇祯六年离开灵峰寺，十年后，在灵峰寺藏经装成后的崇祯十六年，智旭又回到灵峰寺阅藏。清顺治二年（1645），智旭又离开灵峰寺。顺治六年，"五十一岁冬，从金陵归卧灵峰"⑤。此年，智旭于灵峰寺"述《法华会义》。次年，述《占察疏》，重治律要。五十四岁，住晟溪草《楞伽迦义疏》。……甲午（1654）二月后，褒洒陀日，还灵峰。七月有感，述《儒释宗传窃议》。八月，续阅大藏竟，九月成《阅藏知津》《法海观澜》二书。冬十一月，卧病。猎月初三，病问是日口授遗嘱，立四誓，嗣有求生净土偈一首。乙未正月二十日，复病。二十一日（1655.2.26）晨起病止。午刻，跌坐向西，称佛举首而逝"⑥。智旭圆寂于灵峰寺。

将现存史料加以分析可以推知，明代末年的灵峰寺主要的主事僧的顺序是石峨禅师、雪航禅师、蕅益智旭。石峨禅师和雪航禅师共同邀请蕅益智旭来灵峰

① （民国）王华编定、江谦补辑：《北天目山灵峰寺志》（卷二），白化文、张智主编：《中国佛寺志丛刊》第96册，第20页。
② （民国）王华编定、江谦补辑：《北天目山灵峰寺志》（卷六），白化文、张智主编：《中国佛寺志丛刊》第96册，第64页。
③ （明）释智旭：《灵峰蕅益大师宗论》（卷一），《嘉兴藏》第36册，第274页上。
④ （明）释智旭：《灵峰蕅益大师宗论》（卷一），《嘉兴藏》第36册，第274页上。
⑤ （明）释智旭：《灵峰蕅益大师宗论》（卷六），《嘉兴藏》第36册，第366页中。
⑥ （民国）王华编定、江谦补辑：《北天目山灵峰寺志》（卷四），白化文、张智主编：《中国佛寺志丛刊》第96册，第41—42页。

寺住,并且为方便智旭完成阅藏而请来大藏经。

《灵峰寺志》卷四《石峨禅师传》记载:"请大藏经百卷,与雪航、蕅益两禅师互相讲究。建皇枢坛,大开法戒,受摩顶者,凡一千五百人。功行圆满之后,退居寺之东升阁,日惟闭目趺坐诵佛而已。至崇祯末年逝世。"①石峨禅师在灵峰寺设立戒坛授戒,而在他想做的事务完成后,从佛寺住持位推举灵峰寺内的东升阁。《灵峰寺志》卷四《雪航禅师传》记载:"请大藏经入山,并力留蕅师主讲席着。有《读楞严经笔记》一册,玄关真蕴,毕露毫间。于崇祯年间没。"②此文中说,雪航力邀智旭住锡灵峰寺。而《灵峰蕅益大师宗论》中有数次提及智旭与雪航的友谊。智旭撰有《为雪航楫公讲律刺血书愿文》,文中说:"崇祯己巳春正月十有五日,菩萨戒比丘智旭,为同学比丘智楫,讲《四分戒本》。然香十炷,发十大宏愿,……又愿以此功德,令道友智楫,荡涤流俗知见,拔除尨侗邪思;赤历历荷担正法,不惜身命;真恳恳哀悯众生,善能度脱。"③从此文可见,雪航与智旭是亦师亦友的关系。《灵峰蕅益大师宗论》收载的智旭所撰《乐如法侄四十寿语》中说:"予壬戌夏,出家行脚,首至云栖,即与雪航楫兄盟出世交。"④壬戌夏即崇祯十五年(1642)夏,智旭和雪航在云栖寺结为至交。如前文所说,智旭第二年回到灵峰寺,而智旭撰有《雪航法主像赞二首》。第一首如后:"一世老婆心切,未免弄巧成拙。临行稳蹋莲衢,也是今时豪杰。西方公据现存,何必丰干饶舌!"第二首为:"好个伶俐汉子,惯要拖泥带水。虽然满地儿孙,未审阿谁得髓。临终不忘旧交,千里向予求毁。索性再骂一顿,果然是释迦文佛的奴仆婢使。"⑤此偈颂中的关键词"临行"、"临终"、"千里"等表明,雪航圆寂时与智旭相距较远,虽然"千里"属于夸饰,而《灵峰寺志》记载"崇祯年(1628—1644)间没",而崇祯十五年二人又见过面,结交为兄弟,因此,可以确定,雪航圆寂于崇祯十六年。如果《灵峰寺志》所

① (民国)王华编定、江谦补辑:《北天目山灵峰寺志》(卷四),白化文、张智主编:《中国佛寺志丛刊》第96册,第33页。
② (民国)王华编定、江谦补辑:《北天目山灵峰寺志》(卷四),白化文、张智主编:《中国佛寺志丛刊》第96册,第33页。
③ (明)释智旭:《灵峰蕅益大师宗论》(卷一),《嘉兴藏》第36册,第260页上。
④ (明)释智旭:《灵峰蕅益大师宗论》(卷八),《嘉兴藏》第36册,第393页下。
⑤ (明)释智旭:《灵峰蕅益大师宗论》(卷九),《嘉兴藏》第36册,第410页上。

叙述的石峨禅师和雪航禅师圆寂的时间段是准确的话，石峨禅师圆寂于"崇祯末年"就是崇祯十七年。

《灵峰寺志》记载，缘幻禅师"居灵峰三十五年。初，石峨、雪航两禅师结社此山，师为监院。所请大藏经卷手为装订成册，筑楼以藏之。着《灵峰山居诗》若干卷，《觉眼尘谭》一卷"①。《灵峰蕅益大师宗论》卷六《重治毗尼事义集要自序》中提及幻缘，崇祯六年（1633），智旭前往苏州金庭西湖寺结夏，"彻讲一遍，听者九人，能留心者，惟彻因自观及缘幻大德耳"②。在崇祯十六年，智旭回到灵峰寺时，幻缘很可能仍然住在灵峰寺，否则不会有三十五年住锡灵峰寺的记载。

以上的引述，笔者要强调的是，虽然蕅益智旭在明末佛教中的"大师"地位，是确定无疑的，然而，应该注意其地位有一个逐渐抬升的过程。其巅峰自然是于道光年间被悟开法师列入净土宗祖师系列，由此成为净土宗九祖。智旭晚年住锡灵峰，并且在崇祯十六年（1642）之后，相对固定地住锡于灵峰寺。尽管灵峰寺中主修净土或者以净土为归趣的僧人也很常见，然而，灵峰寺在蕅益智旭直传弟子灵晟住持时期，就是天台宗道场。

二、智旭后灵峰寺首任住持以及天台宗法系的确立

从天台宗的角度看，智旭最重要的弟子无疑就是苍辉灵晟，因为他直接继承了智旭在灵峰寺的职位，由此开创了清代灵峰寺的天台宗传承。

苍晖灵晟（？—1709），"灵晟"是其本来法号，《灵峰寺志》和智旭《灵峰宗论》相关文献中都作灵晟。而为与百松真觉所定法派派字一致，有些史籍中将其改为"受晟"。值得注意的是，史籍中记载"灵峰教观一支法派偈"为："智净真如行，全性起妙修。……"③依照此系，他应该为"净晟"。而百松真觉所定法派派字

---

① （民国）王华编定、江谦补辑：《北天目山灵峰寺志》（卷四），白化文、张智主编：《中国佛寺志丛刊》第96册，第33页。
② （明）释智旭：《灵峰蕅益大师宗论》（卷六），《嘉兴藏》第36册，第366页中。
③ 《百丈清规证义记》（卷七）之下，《新纂卍续藏》第63册，第498页上。

"真传正受，灵岳心宗"之第五代恰为"灵"。现存文献中，灵晟的徒弟警修真铭，恰与"灵峰教观一支法派偈"相合。笔者由此以为，"灵峰教观一支法派偈"很大可能定型于苍晖灵晟，也就是灵峰第三代开始使用。

《北天目灵峰寺志》有"苍辉禅师"小传："师为智旭徒，重修大殿与有力焉。而名山衣钵独得真传，后主灵峰讲席，又能缵述旧绪云。"①蕅益于清顺治十一年（1654）撰《大病中启建净社愿文》，文中说："甲午十二月十有三日，菩萨戒弟子智旭爱发虔心，敬就灵峰藏堂邀同志法侣（十人）及外护菩萨沙弥（五人）和合一心，结社三载。每日三时课诵，称礼洪名，二时止静，研究大藏，教观双修，戒乘俱急，愿与法界众生决定同生极乐。智旭从今以去，誓不登座说法，除同志执经问义，不敢倦苔。若敷文演义，自有照南、灵晟、性旦略可宣传。誓不背佛平坐，除稍偏及对像坐，誓不登坛授戒。若授戒学律，自有照南、等慈可以教授。"②甲午即顺治十一年十二月十三日（1655.1.20），结为"净社"，共有十五人，然文中提及的仅照南、灵晟、性旦、等慈等四位。智旭在圆寂前一年，即顺治十一年十二月三日，"口授遗嘱，立四誓，命以照南、等慈二子传五戒、菩萨戒，命以照南、灵晟、性旦三子代座代应请"③。这可以算作智旭对于弟子的传法的嘱托，照南④、灵晟、性旦三人特长在于弘法传教，照南、等慈则以传戒为主。《灵峰蕅益大师宗论》卷所收《八不道人传》前有灵晟的附记："先大师生平，不曾乞缁素一字。不唯佛法难言，知己难得，亦鉴尚虚名之陋习，而身为砥也。西逝时，诚勿乞言，徒增迸误。呜呼！冰操如彼，治命如此，安敢不遵。今刻老人自传一通，述其意于首。门人灵晟稽首。"⑤从这些资料分析，智旭晚年认定的几个弟子中，灵晟应该有重要地位。从其继任灵峰寺住持来看，他应该列蕅益智旭弟子之首。

《北天目灵峰寺志》卷四收载了灵晟禅师所撰《灵峰蕅益大师传》，署名"顺治

---

① （民国）王华编定、江谦补辑：《北天目山灵峰寺志》（卷四），白化文、张智主编：《中国佛寺志丛刊》第96册，第43页。
② （明）释智旭：《灵峰蕅益大师宗论》（卷一），《嘉兴藏》第36册，第274页中。
③ （明）释智旭：《灵峰蕅益大师宗论》（卷首），《嘉兴藏》第36册，第254页上。
④ 有关照南的资料很少，在《蕅益大师全集》里有数则资料，但仅涉及与智旭的关系。
⑤ （明）释智旭：《灵峰蕅益大师宗论》（卷一），《嘉兴藏》第36册，第253页上。

已亥中秋癸丑谷旦,门弟子灵晟稽首立石"①。顺治已亥中秋癸丑即顺治十六年八月十五日(1659.9.30),此距离智旭圆寂乙未正月二十一日(1655.2.26)近四年。文中所说:智旭灵峰后,"虽锱素叩请出山,皆不惬意。念念思归,哆年谢绝他缘,毕竟终于此地。因缘宿契,岂偶然哉!"②灵晟强调了智旭对于灵峰寺的抉择。

智旭发起修建大殿而未曾完成,"嗣是风霜日久,草莱渐生,庶姓遵从,罔不扼腕。于是上首苍辉晟公、圣可权公,慨与直院琦莲琼公谋曰:'大殿未建,何以仰酬大师之恩! 又何以为结伴清修之地!'乃选工伐木,卜日从事。一时诸师,矢愿坚忍,多向虎狼窟里,烟雨峰头,运材劝缘,遂觉神人悦赞。或以财施,或以力施。阅二年,余栋宇韦,新众目骇,观欢声载道。夫智者德动人主,而国清初创,不得经始于生前。今蕅益大师,名满天下而百福重恢,亦自假手于身后。由是观之,则功业废兴,必待因缘时节,岂惟人力所能为哉! 独苍、圣诸师,既研求教观,优入灵峰之域;又能誓营福业,不遗余力,则其志量,盖未可知也。"③此文以灵峰寺大殿的重修比拟智顗大师以及后嗣修造国清寺的历程,并且在文中称:"异日僧众雍雍,佛声浩浩,松风鸟语,同演法音,则灵峰遗光,更炽遍照寰中,当与天台并彰千古矣。可不纪其颠末,风厉后人乎?"④显示此时的灵峰寺确实是以天台宗裔自命的。文中的"天台"实指天台山,虚指天台宗。此碑撰者为吏部文选司沈炜。文中叙述了"上首苍辉晟公、圣可权公"与"直院琦莲琼公"以两年时间重修灵峰寺大殿的过程,碑石末尾署时间为清顺治十六年十一月十四日(1659.12.27),署名为"神溪后学灵晟暨同直院成琼等立石"。而《灵峰百福院重修殿宇重塑圣像碑记》叙述说:"苍辉晟师承蕅益大师遗范,继迹灵峰,邈思述作。十余年

---

① (民国)王华编定、江谦补辑:《北天目山灵峰寺志》(卷四),白化文、张智主编:《中国佛寺志丛刊》第96册,第43页,扬州:广陵书社,2008年版。

② (民国)王华编定、江谦补辑:《北天目山灵峰寺志》(卷四),白化文、张智主编:《中国佛寺志丛刊》第96册,第42页,扬州:广陵书社,2008年版。

③ (清)沈烨撰:《灵峰重建大殿记》,载《北天目山灵峰寺志》(卷六),白化文、张智主编:《中国佛寺志丛刊》第96册,第64—65页。

④ (清)沈烨撰:《灵峰重建大殿记》,载《北天目山灵峰寺志》(卷六),白化文、张智主编:《中国佛寺志丛刊》第96册,第65页。

来,有圣可权师、琦莲琼师及执事能乘、遍修,日与之计","始于戊戌①之季春,自大殿而藏经楼、大悲闺、天王殿、僧廛寮舍以次兴修。又与值院慧见、蜀僧纯一,经营化贴,重新妙相,而韦驮、罗汉、天王诸像未具,子捐资以完其愿力"②。文中的"戊戌之季春"应是顺治十五年(1658)三月。综合这些文献记载可知,灵晟从顺治十五年三月正式开始修建大殿,十多年的修造,灵峰寺"殿宇巍峨,绀容绚烂,人、天瞻仰,无不整肃。"③"今苍、圣诸公,嗣法灵岩,新其梵宫,法像告厥成功,使人瞻拜顶礼,而各见其心;重修净业,检阅藏海,使人课持讽诵而各见其心。有时月下风前,听泉声鸟语、松涛竹韵,使人悠然会悟,而各见其心。心以感而能灵,当其乐为之效,顽与不顽,岂有异哉勉矣。"④此碑立于"康熙乙卯年仲夏月谷旦"⑤即康熙十四年(1675)五月,刚好十九年修造,灵晟完成了其师的夙愿。

现存的智旭著述《楞伽经义疏》中收载有灵晟的跋文:"灵峰老人独深忧之,爰遍会三译,参互发明,述成《义疏》。甲午(1654)夏,遣(灵晟)同坚兄赴留都募梓,且命印行流通,俾语言灯遍照法界。于是计刻印,共募百有余金,而同心诸大缁素,亦皆随缘劝助。三阅月,刻印俱成。今录施资芳名,详列卷尾。伏愿助者、募者及法界众生,同开自觉圣智,咸证第一义心,续慧命以长荣,朗真灯而无尽。"⑥文后署"灵峰后学灵晟苍晖氏敬跋"⑦。

关于受晟的卒年,未见明确记载。不过,可以借《辩利院志》的一则记载作大致推定。《辩利院志》所载吴树虚(1702—1781)为乘超净怀(1689.4.27—1764.

---

① "戊戌",《北天目山灵峰寺志》卷六夹注"当系庚戌"(康熙九年)(白化文、张智主编:《中国佛寺志丛刊》第96册,第66页)。笔者以为,原文不错。这是叙述从大殿尔后的所有修造事项,因此,戊戌年是灵晟发起修造大殿的开始时间。

② (清)沈烨撰:《灵峰重建大殿记》,载《北天目山灵峰寺志》(卷六),白化文、张智主编:《中国佛寺志丛刊》第96册,第65页。

③ (清)罗为庚撰:《灵峰百福院重修殿宇重塑圣像碑记》,载《北天目山灵峰寺志》(卷六),白化文、张智主编:《中国佛寺志丛刊》第96册,第66页。

④ (清)罗为庚撰:《灵峰百福院重修殿宇重塑圣像碑记》,载《北天目山灵峰寺志》(卷六),白化文、张智主编:《中国佛寺志丛刊》第96册,第68页。

⑤ (清)罗为庚撰:《灵峰百福院重修殿宇重塑圣像碑记》,载《北天目山灵峰寺志》(卷六),白化文、张智主编:《中国佛寺志丛刊》第96册,第68页。

⑥ (清)释智旭:《楞伽经义疏》四,《新纂卍续藏》第17册,第600页下。

⑦ (清)释智旭:《楞伽经义疏》四,《新纂卍续藏》第17册,第601页上。

8.9)所撰《行业记》中说,乘超十八岁落发,受具足戒后,"赴孝丰灵峰寺,依苍晖大师听讲,强识忍受,尽通台衡教典。灵峰继席绍昙大师博学善诱,于时将宏唯识相宗,师复留数年。三藏慈恩之秘,又复该贯其义。"①吴树虚《行业记》中的这段话很重要,文中暗含了灵峰寺住持发生变更的信息。乘超受具足戒后,至灵峰寺跟从苍晖受晟大师学习天台教义,后苍晖大师圆寂,而绍昙大师将要在灵峰寺宣讲唯识学,乘超于是在灵峰寺又停留数年。如果以乘超二十一岁(1710)去灵峰寺计算,而一年多后苍晖大师圆寂,则可以得出苍晖灵晟圆寂于康熙五十年(1711)的结论。智旭圆寂于1655年。成时(1618—1678)在智旭门下年岁大些,然智旭弟子性旦(1630—1662)在智旭圆寂时年仅25岁,因此,受晟年龄介于二人中间也是可能的。尤其重要的是,上述《辩利院志》的记载属于当时的资料,《辩利院志》编订完成于乘超净怀圆寂的第二年。因此,即便以乘超净怀二十岁去灵峰寺②,且一年后受晟圆寂,受晟的圆寂时间也是1710年。如此,苍晖受晟的年寿至少80余岁。实际上,笔者以为,受晟圆寂于康熙四十八年(1709)的可能性最大。这一结论,也可从下文要论及的省庵的事迹中获得佐证。综合这些数据,可以肯定,在受晟圆寂不久,绍昙曾经短暂住持过灵峰寺。

现今的教界和学术界一直认为,清代天台宗核心派系是灵峰派,而核心寺域是北天目山灵峰寺。天溪受登及其弟子的相关文献中有"桐溪法祖"的记载,佛教史籍一般将其列入蕅益智旭法系。笔者以三篇系列论文③的形式论述,"桐溪法祖"的法名叫正性,号"雪松",是幽溪传灯的嫡传弟子。桐溪雪松正性出师后先至杭州奉先寺和南天竺寺,再住锡于今浙江海宁市盐官镇安国寺,晚年住于苏州北禅寺。桐溪雪松最重要的弟子是辩利院梓溪受我(1612.12.4?—1690.4.

---

① (清)瞿灏、吴颖芳编纂:《辩利院志》(卷一),杜洁祥主编:《中国佛寺史志汇刊》第3辑第13册,第58—59页。

② 唐代之前,僧人受具足戒后尚要学律二年左右方可外出参学。宋代之后,执行不严格,有许多刚受具足戒就外出参学的例子。

③ 拙文三篇:1.《幽溪传灯弟子"桐溪法祖"考索——明清时期天台宗"桐溪法系"考述之一》,《河北学刊》2017年第4期。2.《幽溪传灯嫡孙天溪受登行历考述——明清时期天台宗"桐溪法系"考述之二》,《西南民族大学学报》,2017年第5期。3.《杭州辩利院的天台宗传承考述——明清时期天台宗"桐溪法系"考述之三》,《宗教学研究》,2017年第2期。

6)、天溪大觉寺受登(1607.6.28—1675.7.31)和接续雪松住持安国寺的受汰(？—1652)等。安国寺、辩利院、大觉寺对明末清初的天台宗弘扬功效不亚于蕅益智旭开启的灵峰法系。天溪受登被列入蕅益智旭法系实际上是民国时期佛教界误解史料造成的。由于这一误解，将清代康熙、乾隆年间传扬天台宗教观很有作为，影响也很大的幽溪传灯的嫡传法系——"桐溪法系"隐没于灵峰法系之内，从而抬高了灵峰系的地位，造成幽溪传灯嫡传派系在清代天台宗后继乏人的印象。

笔者以为，准确地界定智旭大师历史地位，需要将其自身的作为与后世以"举旗帜"为弘教路径的宗系建构作出区隔。蕅益智旭"将出家，先发三愿：一、未证无生法忍，不收徒众。二、不登高座。三、宁冻饿死，不诵经礼忏，及化缘以资身口"①。他的特立独行，"不受徒众"、不登高座讲法等做法，直接的结果就是仰慕者众而见于文献的弟子不多，即便被后世当作其弟子，但并非严格意义上的嗣法弟子，譬如，编辑蕅益智旭文集的成时也署名私淑弟子。现存文献中能够查到的可以算作智旭弟子的有苍辉灵晟、照南、性旦、等慈、成时、允持、通玄等七位。而性旦先为桐溪雪松弟子，后又跟随蕅益智旭成为其门下高足。由于性旦没有徒弟，因此，其昔日同门受登以其弟子等庵代继性旦衣拂。而等庵又多病，无法嗣，灵耀使其弟子月子代传等庵衣拂。从这些史料可以看出，列名蕅益智旭门下的性旦、成时乃至本文重点叙述的灵晟，与幽溪传灯弟子、嫡孙关系密切。由此，笔者以为，智旭被其后代弟子列入天台宗法脉，其关键处在于智旭弟子性旦以及灵晟对天台宗的偏重，特别是苍晖灵晟住持灵峰寺时期，基本确定了灵峰法系的台宗属性。

本文的论述证明，蕅益智旭是位超越宗派的"大师"级僧人，其特立独行的作为有纠弊除害的意图。但在以"学修分工"为特色的"宗派认同"的惯性下，蕅益智旭的弟子灵晟以及嫡孙警修真铭，以灵峰寺为基地，为智旭法裔贴上了天台宗的标签。然而，后世流传的"灵峰教观一支法派偈"，并非智旭所出，而是智旭的

---

① （明）释智旭：《灵峰蕅益大师宗论》（卷二），《示用晦二则》，《嘉兴藏》第36册，第297页上。

弟子辈所传出。《灵峰寺志》所载高僧,至绍昙真成、警修真铭、履源如洪、素莲行珠符合这一派字规定。而慧觉全成、宏海性辅则与灵峰寺的关系,文献没有记载。当代僧界和教界一致认可的谛闲所出天台山万年寺的法系图,其实是将灵峰寺所出的前五代住持人的法号改为百松系的派字而成。笔者的上述研究表明,被谛闲所出的天台宗法系,并不能作为唯一的灵峰系法脉,从而忽略或否认清代灵峰寺第六、七代智朗和达轮在蕅益智旭法脉中的历史位置。

遵式大师与观音信仰

陈坚[1]

（山东大学佛教研究中心）

在中国佛教史上，对观音信仰贡献最大的宗派非天台宗莫属。首先，天台宗创始人智者大师（538—597）创"性具善恶"说，为观音菩萨的"化身救度"提供了坚实的理论基础，这是"理"上观音信仰的确立；其次，被称为"百本忏主"在宋代天台宗复兴事业中居功至伟的遵式大师（964—1032）制作了种种"观音行法"以指导信众如何做"观音佛事"，从而促进了观音信仰在社会上的流行，这是"事"上观音信仰的确立。就这样，智者大师实其"理"于前，遵式大师广其"事"于后，"前推后送"，"理事兼具"，观音信仰于焉而生根而开花，其中，智者大师与观音信仰的关系，集中体现在他的《观音玄义》（二卷）和《〈请观音经〉义疏》（一卷）中，需者往检，我这里将不作讨论。本文要谈的是遵式大师与观音信仰的关系。记得台湾法鼓山的圣严法师（1931—2009）曾说过："最受我重视的一部'大悲忏'，它的全名应该是'千手千眼大悲心陀罗尼忏法'，乃是出于宋朝的慈云忏主遵式大师。"[2]这个"大悲忏"就是遵式大师依据《千手千眼观世音菩萨广大圆满无碍大悲心陀罗尼经》——千古流传的《大悲咒》就出自该经——而制作的"观音忏法"。

---

① 作者简介：陈坚，浙江临海人，2000年毕业于南京大学哲学系，获哲学博士学位。现任山东大学哲学与社会发展学院副院长、宗教学系主任、教授、博士生导师。主要从事佛教基本理论、中国佛学、天台宗、中西宗教比较以及中国哲学方面的研究。发表佛教学术论文300余篇，著有《无明即法性——天台宗止观思想研究》《应用佛学——佛教对中国社会生活方式的影响》等。

② 转引自《慈云集》，天台山高明寺2010年印行，第2页。

后来,有好事者又顺着《大悲咒》和遵式大师"大悲忏"的宗教思路,演绎出了今天在佛教界依然大行其道的"《大悲咒》水"或"大悲水",大家且看如下一则佛门问答:

> 问:师父加持的《大悲咒》水,是现在喝呢?还是临命终喝?如果放到临命终再去喝,有效果吗?
>
> 答:当然要先喝,不能等到临命终喝。万一不小心打翻了,那连一滴都没有,拿到就赶快把它喝了。
>
> 傻瓜!为什么要放到临命终喝?要每天喝!常常喝!有空就持《大悲咒》水喝!等临命终再喝的观念是错的,不要等到临命终。①

我在这里之所以要引用这则有关"大悲水"的问答,没有其他目的,就是想让我们今天的读者,尤其是那些对佛教不感兴趣的读者,感受一下遵式大师"大悲忏"中所体现的穿越时空直贯于今的观音信仰的力量。

一

遵式大师之所以重视并力推包括"大悲忏"在内的事相层面的"观音行法",应该与他自己的"观音命"及其对这种"观音命"的高度认同不无关系。所谓"观音命",乃是我特地为遵式大师创作的一个概念,系指遵式大师一生与观音菩萨有着不解之缘。我们不妨就依天台宗史书《佛祖统纪》所记载的《遵式传》,来看看遵式大师的"观音命"。《遵式传》开篇曰:

> 法师遵式,字知白,叶氏,天台宁海人。母王氏,乞男于观音,梦美女以明珠与而吞之。生七月,能从母称观音名(太祖干德元年癸亥岁生)。②

---

① 释慧律:《参访问答(二)》,高雄文殊讲堂 2014 年印行,第 75 页。
②《大正藏》第 49 册,第 207 页上。

可见，遵式大师乃是得命于观音菩萨，真所谓是"送子观音"送的。也许正是有这样的"观音命"，遵式大师"稍长，不乐随兄为贾，潜往东山依义全师出家"，也就是不愿意跟哥哥去做买卖，偷偷"潜往东山"出家去了。出家后，遵式大师先学律，后学天台，"力行四(种)三昧"，因为用功过度，遂致大病，且看：

> 誓力行四三昧……以苦学感疾，至于呕血，毅然入大慈佛室，用消伏咒法自诅曰："若四教兴行在我，则其疾有瘳；不尔，则毕命于此。"至三七日，闻室中呼曰："遵式不久将死。"师益不懈，五七日见死尸盈室，师践之而行。其尸即没，满七七日，室中声曰："十方诸佛增汝福寿。"其名寐见一巨人，持金刚杵，以拟其口。又尝亲见观音，垂手于师，口引出数虫，复舒指注甘露于口，身心清凉，宿疾顿愈。既而顶高寸余，手垂过膝，声若鸿钟，肌如白玉。①

如果按照智者大师的佛学思路，如果在修习"四种三昧"的过程中出现病相（这是很常见的），那就在修习过程中来加以调整治疗，无需他适，也就是说，修习"四种三昧"所导致的疾病要靠"四种三昧"本身来加以治疗，无需题外的什么治疗。② 不过，当遵式大师"以苦学(四种三昧)感疾，至于呕血"时，他并没有泥古祖训，而是另辟蹊径，"毅然入大慈佛室，用消伏咒法"来加以治疗，并且"宿疾顿愈"，真的把病给治好了，其中的"大慈"，就是大慈大悲的观世音菩萨；"大慈佛室"就是供奉着观世音菩萨像的佛室；在"大慈佛室"中所用的"消伏咒法"，我们不妨称之为"观音疗法"。这样一个可以说是起死回生的疗病经历使得遵式大师对观音的神奇和灵验深信不疑，并且刻骨铭心，其结果就是使得他日后在宗教上有了强烈的观音信仰情结，以至于干什么事都会与观音结缘，并且最终创立了自

---

① 《大正藏》第 49 册，第 207 页上、中。

② "四种三昧"实际上就是天台宗各种止观修行方法的统称，或者说是止观的异名，或者说是止观的早期叫法。智者大师在《童蒙止观》中将止观修习分为十个步骤，即"具缘第一，诃欲第二，弃盖第三，调和第四，方便第五，正修第六，善发第七，觉魔第八，治病第九，证果第十"，其中就有"治病"一项。

己独特的"观音法门"①:

> 至道二年,结缁素专修净业,作《誓生西方记》。又自幸观音幽赞,命匠
> 刻旃檀像及自身顶戴之相,撰《十四誓愿》纳其腹,工有误折所执杨枝者,师
> 大惧,即手接之(此像今在天竺忏殿),不胶漆而合。咸正三年(真宗),四明
> 大旱,郡人请祈雨,师同法智、异闻师,率众行"请观音三昧",冥约三日不雨,
> 当焚其躯,如期雨大至,太守苏为建碑,以述灵异。四年,寓慈溪大雷山,治
> 定《请观音消伏毒害忏仪》。②

这里提到的《十四誓愿》以及遵式大师依据祈雨仪式"请观音三昧"制定而成
的《请观音消伏毒害忏仪》(亦称《请观音仪》或《请观世音菩萨消伏毒害陀罗尼三
昧仪》),乃是遵式大师"观音法门"的两大核心内容,具体详后。一如智者大师的
《摩诃止观》乃是他"说己心中所行法门",遵式大师的"观音法门"也是从他自己
的生命体验中汩汩流出的,正因如此,所以当遵式大师一期生命结束而圆寂的时
候,也是通过"观音法门"而入于"寂光净土"的,且看:

> 明道元年十月八日示疾,不用医药,唯说法以勉徒众。十日令请弥陀像
> 以证其终。门人尚欲有祷,以观音至,师炷香瞻像祝之曰:"我观观世音,前
> 际不来,后际不去,十方诸佛,同住实际。愿住此实际,受我一炷之香。"或扣
> 其所归,对以"寂光净土",至夜奄然坐逝。③

---

① 大家千万不要将遵式大师的"观音法门"与时下被定性为邪教的"观音法门"混为一谈。关于后者,不妨
　参见《"观音法门"头目释清海的巨额财富来源不明》,http://lawsocial. nmgnews. com. cn/system/
　2018/09/26/012573583. shtml, 2018 - 09 - 26。天台宗任何一个佛学名词都有"通义"和"别义",所谓
　"通义"就是这个词大家都可以用,比如"观音法门"谁都可以用,正教可以用,邪教也可以用;而所谓"别
　义",是指不同的人在用这个词的时候,其内容和含义是不同的,有着不同的佛学内涵。"通义"和"别
　义"有时也称为"通释"和"别释"。
② 《大正藏》第 49 册,第 208 页中。
③ 《大正藏》第 49 册,第 208 页中。

从"观音送子"来到娑婆世界"凡圣同居土",到"观音送终"去到"寂光净土"①,遵式大师真可谓是生也观世音,死也观世音,名副其实的"观音命"。一生"观音命"的遵式大师自然有很多与观世音菩萨有关的故事流传于世,略呈一二,其一是:

> 其建光明忏殿,每架一椽,甃一甓,辄诵大悲咒七遍,以示圣法加被不可沮坏之意,故建炎虏寇,积薪以焚,其屋俨然。暨方腊、陈通之乱,三经寇火,皆不能热,至今异国相传,目为"烧不着寺"。②

这里说的是遵式大师曾在杭州南天竺寺③自"建光明忏殿,每架一椽,甃一甓,辄诵大悲咒七遍",这样建起来的大殿,居然火烧不着,数经兵燹仍屹立不倒,这是为什么呢?就是因为念"大悲咒"——"大悲咒"乃是很著名的"观音法门"——而感得观世音菩萨的护佑。我们很多人可能不相信观世音菩萨真有这等"避火罩"④,但白纸黑字就是这么记载的,信不信由你,至于作为佛教徒而有

---

① "寂光净土"也叫"常寂光净土"或"常寂光土",乃是天台宗都有的说法,"按天台说,极乐有四土:凡圣同居土、方便有余土、实报庄严土、常寂光土。四土是一个土,只是证境不同,所见不一,如在山顶所见城市与地面所见城市之差别。"参见《西方极乐世界和常寂光净土是不是一个境界》,https://zhidao.baidu.com/question/419565022.html,2017 - 11 - 28。我们一般都说死后往生"西方极乐世界",但真正的天台宗信徒则说往生"常寂光土"。

② 《大正藏》第49册,第208页下。

③ 南天竺寺,也叫灵山寺,它是现在杭州"三天竺"中的下天竺法镜寺的前身,遵式大师与该寺有很深厚的因缘,"自北宋咸平六年(1003)至明道元年(1032)遵式涅槃的29年释道生涯中,(遵式大师)大部分时间在该寺讲经说法,创著经文,造就卓越。遵式是由杭州刺史薛颜从天台山邀请到南天竺寺主持。遵式自幼在天台出家,诚笃传承天台宗教义,竭力推行'净土忏法''金光明观音'等本忏仪。在此,著有《天竺云苑集》三卷、《采遗》一卷、《金园集》三卷、《正观集》若干卷,并收文昌等25弟子秉法,再传弟子百余人,受朝廷推崇。北宋天禧四年(1020),宰相王钦若奏请朝廷恢复南天竺寺旧额,宋真宗封该寺为十方讲院,并封主持遵式法号'慈云大师',以表其高行。时南天竺寺名闻朝野。"(参见潘国贤《遵式大师与下天竺法镜寺》,参见《宁海新闻网》,http://www.nhnews.com.cn,2017 - 11 - 20)南天竺寺在遵式大师的住持和经营,建立起了完整的天台宗寺院制度从而成为当时著名的天台宗寺院,并为天台宗在宋代的发展提供了制度保障和寺院范本。参见心皓《慈云遵式创立的天台寺院制度》,http://www.doc88.com/p-5475817030091.html。

④ "避火罩"出自《西游记》,原作"辟火罩"。《西游记》第十六回"观音院僧谋宝贝,黑风山怪窃袈裟(转下页)

着"观音命"的遵式大师,那肯定是深信不疑的,因为"大悲咒"所从出的《千手千眼观世音菩萨广大圆满无碍大悲心陀罗尼经》中就明确说念"大悲咒"诸多功德中就有"不为水火焚漂死"一条,再者《法华经·观世音菩萨普门品》中也说"若有持是观世音菩萨名者,设入大火,火不能烧,由是菩萨威神力故"。既然持观世音菩萨名号能灭火,那念观世音菩萨的"大悲咒"无疑也是灭火的,这都有言之凿凿的经典依据。再看第二个故事:

> 有贵官注《楞严》求师印可,师烹烈焰谓之曰:"合下留心佛法,诚为希有。今先申三问,若答之契理,当为流通;若其不合,当付此火。"官许之。师曰:"真精妙元性净明心,不知如何注释? 三四四三宛转十二,流变三叠一十百千,为是何义? (昔师注者云:'初变一为十,以三世四方互成十二;次变十为百,三世四方互成百二十;三变百为千,三世四方互成千二百,是为一根功德之数。总六根为七千二百,除眼、鼻、身三根,各亏四百,实得六千,为六根功德也。一为变生,十百千为三叠,凡三番织成其数。')二十五圣所证圆通,既云实无优劣,文殊何得独取观音?"其人罔措,师即举付火中,于是楞严三关自兹而出。①

有个学佛或寄心佛学的官员注释了《楞严经》,并拿着这个注释来找遵式大师,希望自己的注释能得到后者的印可。遵式大师说,你若能回答我提的三个问题,我就在佛教界推荐你的注释并使之流通,若回答不出来,那对不起,我一把火把它烧掉。是哪三个问题呢? 你听好了:(一)真精妙元性净明心,不知如何注释? (二)三四四三宛转十二,流变三叠一十百千,为是何义? (三)二十五圣所证圆通,既云实无优劣,文殊何得独取观音? 官员一听,顿时傻眼,答不上来,注释

(接上页)裟"说唐僧师徒"西天取经"途中,到观音院借宿,观音院老方丈看见唐僧的袈裟顿时起了贪心,于是夜间放火欲烧死唐僧师徒霸占袈裟。孙悟空知悉情况后,到天庭找广目天王借来"辟火罩""罩住了唐僧与白马、行李",从而逃过了一难。

① 《大正藏》第49册,第208页下。

自然也就被付之一炬了。遵式大师问的这三个问题后来成了中国佛教史上著名的"楞严三关",其第三关显然是在推崇观音菩萨,这个大家都能看得出来,限于篇幅我就不多说了。

二

知晓了遵式大师的"观音命",接下来我们就来看看他所创立的"观音法门",首先就是《十四誓愿》,也就是所谓"观音十四愿"。据前文所引《佛祖统纪》的说法,遵式大师因"自幸观音幽赞"——也就是觉得观音菩萨总在冥冥之中赞助自己——而请工匠刻了一尊观音菩萨旃檀像,并撰成"观音十四愿"塞入其腹中。我们都知道,"发愿"乃是佛教修行中很重要的一环,比如众所周知的"四弘誓愿",曰"众生无边誓愿度,烦恼无尽誓愿断,法门无量誓愿学,佛道无上誓愿成"①,其他常见的誓愿还比如《佛说无量寿经》中说的"阿弥陀佛四十八愿"、《药师琉璃光如来本愿功德经》中说的"药师佛十二大愿"以及《华严经》中说的"普贤菩萨十大愿"等,都非常有名。不过遵式大师所作的"观音十四愿"却鲜有人知,后人更无实践者,所以有必要在此作一介绍。

遵式大师在《大悲观音旃檀像记并十四愿文》中介绍了刻造观世音菩萨旃檀像的缘起、刻造经过、所刻旃檀像的模样以及自己带领僧众在此旃檀像前赞叹观世音菩萨并发"十四大愿"的情形,且看:

> 贤劫第四如来能仁氏,入大般涅槃,凡一千九百四十九载;腾兰度汉,大法东渐,凡九百三十三载;僧会来吴,道隆江表,凡七百七十一载。太岁巳

---

① 《坛经》据此提出了"心性"意义上的"四弘誓愿",曰:"自心众生无边誓愿度,自心烦恼无边誓愿断,自性法门无尽誓愿学,自性无上佛道誓愿成"。当然,"四弘誓愿"也还有别的版本,如"未度者令度,未解者令解,未安者令安,未涅盘者令得涅槃"也被称为"四弘誓愿"。谛观大师在《天台四教仪》中从佛教"四谛"说的角度对两种版本的"四弘誓愿"作了互通的解释,曰:"从初发心,缘四谛境,法四弘愿,修六度行,一未度者令度,即众生无边誓愿度,此缘苦谛境;二未解者令解,即烦恼无边誓愿断,此缘集谛境;三未安者令安,即法门无量誓愿学,此缘道谛境;四未得涅槃者令得涅槃,即佛道无上誓愿成,此缘灭谛境。"转引自教英《〈天台四教仪〉中的修行阶位说》,《东亚宗教》2018年第4号,第91页。

亥,巨宋仁孝皇帝即位之三祀,方帝之钦明文思,光宅天下亲族,授民上下咸袟,儒释之典,偕务进修。岁四月,四明沙门遵式刻檀写像曰"大悲观世音菩萨",惧晦于后世手题记云:幸哉!式也!出家学道,值天台智者所说妙悟法门,其法门大略直指身心而谓密藏。所宗之教,即《法华》《涅槃》醍醐之唱;所修之行,即《摩诃止观》圆顿之门。凡一言一理,皆囊括权实、偏圆、小大,三世佛法,蕴乎其中,高尚之宾,畴不蒙泽。式久学于四明,晚还天台,因手集《请观音仪》十科,即《摩诃止观》第四三昧法也。每身行此法,罔有敢怠,若自兼人,必借其力矣!钦哉!大圣人以无为之利,利厥我躬。我将引躬之利,利于他人。夫利之道,要也,莫盛乎明感召以诱之,格仪像以告之,赞皇国以绥之,敷正教以规之,四者备矣,可以臻于无为焉。肇十有四愿赞国敷教,以冠篇首,感召仪像,其愿次之。按《金棺嘱累经》,严一净场;按《十一面经》,以无隙白栴檀木用雕像身;《佛顶经》,七首六臂;按《大悲经》,捉《宝印宝经》、仙桃、莲华、杨枝、澡瓶。逮写巳像,长跪为座,顶载莲华,承接圣足,磴金为墨,书《宝箧印经》泊《消伏毒害咒》三章,内于香幢以实巳像之腹。若乃观像法门者,巳像表具缚之蕴,即如来藏,此世音境也。菩萨像,能观人也。七首,大者,观世音种智也;余,六波罗蜜也。圆修之度,种智为导,皆名首也。又首具多根,七觉也。大首即念觉,总于余六,乃居中也。《宝印宝经》,别表自行境智也;莲华、仙桃,因果上冥也;杨枝、澡瓶,定慧下化也;华总四十一叶,圆真因也;桃唯四实,常乐果也;杨枝拂动,慧也;瓶水澄静,定也;二足,慈悲也,经曰"大慈大悲,游戏五道",游足也;足下莲华者,总四十二叶,通表因果二地,无缘慈悲之所依也;华下宝云者,显慈悲相也;云阴而雨,阴除热拔,苦也;雨润泽与,乐也,故居巳像之顶,即所覆泽众生也。齿发之细,皆作法门冠佩之严,咸表万德,不复曲记也。比丘宝蟾,书金字经;遇灯,给像资调;居士沈净月,刻像相貌;章净修、洪净德、余净信,须像财物。像始成立于大法堂间,召郡僧百许,人落景至,且奉行经法,请观音而证之:"南无十方三世佛,南无本师大牟尼,南无西方安乐刹,阿弥陀佛十力尊,南无过去无数劫,彼世世灯观世音,诸佛慧眼第一净,以不二相观三界,如实见我归命礼,成就大愿护众生,南无一切法宝海,无边无尽解脱门,南无总持功德藏,三世十方诸佛印,消除三障无诸恶,五眼具足成菩提,未来际劫誓修行,普使众生获无畏,南无文殊普贤尊,一切智行圆满海,金刚藏及金刚手,得大势等诸大士,声闻辟支贤圣众,愿以慈眼普瞻视,我今南无赞三宝,为欲深游大悲海,南无大悲救厄者,昔曾值佛观世音,入彼如来所入门,故佛授与同名号,从闻解脱六尘缚,如声度垣不能碍,由斯遍入微尘国,普现微尘自在身,一一身宣总持句,施与众生无畏法,是故娑婆世界中,皆号为施无畏者,我昔经中值密言,能除三障名消伏,佛称功德难思议,故我常持不敢忘,誓向当来大劫海,遍将此句救诸苦,为求大士加持力,故造栴檀持咒形,烁迦罗首金色容,具足七数端严相,母陀罗臂百千福,次第有六捉持异,贝多叶经并宝印,华果澡罐及杨枝,无隙白檀雕所成,一一皆合契经造,及状我身长跪地,顶戴吉祥安乐人,观世音名依定实,必闻我今发大愿,牟尼经像比丘僧,愿住世间常不灭,护持国土与众生,普令摄取菩提愿,三宝神咒天龙等,大悲感应大誓力,一切同护圣尊仪,犹若金刚常不坏,如是成就十四愿,悉为菩提及含识,南无闻名救厄者,南无世间慈悲父,南无施我无畏力,南无令我满诸愿,闻名见身心念者,南无一切无空过,我今次第说所愿,尊应一一遍垂听:一护国土愿,二三四护三宝愿,五六七护众生愿,八未来护法愿,九至十一本菩提愿,十二至十四护香像愿。(以下乃是所发的十四愿)"①

在这里,遵式大师将自己请工匠刻观世音菩萨旃檀像的原因"自幸观音幽赞"具体化了,这就是他按照智者大师《摩诃止观》所说"四种三昧"中的第四种三昧"非行非坐三昧"而制定了《请观音仪》(亦即前文已经提到的《请观音消伏毒害忏仪》),并亲自实践,因为自己"每身行此法"莫不"必借其力"而"利厥我躬",也就是每次行此忏仪都非常灵验于我有大利益,于是乎,他慈悲为怀,本着大乘佛教"自利利他"的菩萨精神,现身说法,欲"将引躬之利,利于他人",让芸芸众生也

①《大正藏》第 57 册,第 30 页下—31 页上。

来实践《请观音仪》并从中得利获益。那如何才能让众生深信这一点呢？遵式大师说："夫利之道，要也，莫盛乎明感召以诱之，格仪像以告之，赞皇国以绥之，敷正教以规之，四者备矣，可以臻于无为焉。"其中的"格仪像以告之"，就是指刻造观音菩萨像。那究竟如何刻呢？刻个什么样的观音菩萨呢？遵式大师也不是自己拍脑门想个方案了事，而是将《十一面经》《佛顶经》《大悲经》所描写的观音形象组合起来请工匠在一个按照《金棺嘱累经》的要求特别清理过的"净场"中用"无隙白栴檀木"来刻，刻出来的结果乃是一个我们大家现在都没见过的"七首六臂"手"捉《宝印宝经》、仙桃、莲华、杨枝、澡瓶"的观音"巳像"。大家应该都见过千手千眼观音像，但这样一个"七首六臂"观音像，我没见过，你们肯定也没见过，这是遵式大师基于自己的"观音命"以及对观音菩萨的独特理解而创作的"表法观音"，比如"七首"表"种智"；"六臂"表"六波罗蜜"；"杨枝拂动"表"慧"；"瓶水澄静"表"定"，如此云云，整个观音像佛法充盈。

这个旃檀观音像刻好后，遵式大师乃斋戒沐浴，"长跪为座，顶载莲华，承接圣足，磓金为墨"，郑重其事庄严肃穆地"书《宝篋印经》泊《消伏毒害咒》三章"，并将其放进观音像的腹中，而不是《佛祖统纪》所说的遵式大师将"观音十四愿"塞入观音像腹中，后者应该是志磐误记，因为遵式大师在观音像刻造好后，这应该包括把观音像的腹也封好了，然后带领信众举行佛教仪式并面对观音像发十四誓愿。遵式大师不太可能发完愿后把再把观音像腹打开然后把十四誓愿纳入其中。遵式大师带领大家发的"观音十四愿"，愿景指向不完全一样，具体如下："一护国土愿，二三四护三宝愿，五六七护众生愿，八未来护法愿，九至十一本菩提愿，十二至十四护香像愿。"限于篇幅，我们取首尾两愿以飨读者。第一愿曰：

> 我所造像，为护皇国正法明王圣体康愈，天祚永久，慈临万国，哀济四生，妃后诸宫，忠心奉事，福祉所资，长守荣乐，诸土辅相，百司五等，保国安民，翼赞万世，四海被化，惇信明义，祥风甘雨，泽物以时，合穗连瓜，膺期表德，然后树信三宝，植善三田，国哲朝贤，推物就理，不诬正教，归向有在，劝助明王，同杨佛法，广兴塔像，深奉大乘，君子德风，万姓悦伏，率于上下，崇

正绝邪,五福施民,六度济物,举国清乐,如净佛土。①

第十四愿曰:

　　我所仰请,北方薛室噜末拿,摩诃啰闍也。摩诃室利提弊及摩诃药叉,一切眷属守护我像,常在世间,广作利益。若人暂时礼拜尽心供养者,诸天圣众,即为彼人降大吉祥,珍宝、官荣、眷属、寿命,一切满愿。若恶人、恶兽、恶鬼、恶龙,乃至雀、鼠、蚊、虻,欲侵毁者,药叉众急,于电光即兴救护,慎勿令损,如毛末许。善护众生,一切心念,令于我像,不起刹那不信之心。起不信者,得极恶报,以是因缘,当以慈心,常守护之。慈心护者,即是善护一切众生,亦是善护一切佛心,一切正法,一切菩提,一切善根,亦复如是。若我此像,化世缘尽,当愿薛室啰末拿,摄往天界,守护供养,弥勒像法,还复来此,乃至佛佛亦复如是。②

三

　　遵式大师的"观音十四愿"与天台宗先祖慧思大师(515—577)的《立誓愿文》一样,乃是体现愿主深刻宗教体验因而极富个性的佛教誓愿,与佛教界自古至今普遍流行的"四弘誓愿"、"普贤十大愿"等"普愿"有着不同的愿景和风格。若按天台宗"通别"的说法,"观音十四愿"乃是遵式大师的"别观音法门",此外,他还有个"通观音法门",那就是他制定的《请观音消伏毒害忏仪》,亦简称《请观音仪》,而其全称则是《请观世音菩萨消伏毒害陀罗尼三昧仪》。《请观世音菩萨消伏毒害陀罗尼三昧仪》分"叙缘起第一"、"明正意第二"和"劝修第三"之三章,其中第二章"明正意第二"又分为十科,分别是:"第一庄严道场"、"第二作礼法"、

①《大正藏》第57册,第31页下。
②《大正藏》第57册,第32页下。

"第三烧香散花"、"第四系念数息"、"第五召请"、"第六具杨枝净水"、"第七诵三咒"、"第八披陈忏悔"、"第九礼拜"和"第十诵经"。在这"三章十科"中，能帮助我们透彻理解遵式大师与观世音菩萨密切关系的是第一章"叙缘起第一"，在这一章中，遵式大师讲了自己为什么要制定《请观世音菩萨消伏毒害陀罗尼三昧仪》以及制定过程的一些来龙去脉，"凡四因缘"，共有四点，并且可以分别对应于"四悉檀"。

"一者，为国清始集之日，正欲于灵墟自修，既迫所期，遽取成就，其间事理，文句错杂，广略未允，一往难晓，依《百录》题《请观音忏法》是也。今之再治，务本有在，命用经题，以异众制及所治本"①，此对应于"世界悉檀"。我们都知道，隋代灌顶大师（561—632）所编纂的反映天台宗早期历史和智者大师佛教生涯的《国清百录》中就收录有智者大师制定的《请观音忏法》。不过，智者大师的这个《请观音忏法》，只是"直录其事，观慧别出余文"，也就是只列出了该忏法干巴巴的"外在行法"，而没有"内在观法"，也就是没有行忏过程中的观心内容，因而没有体现天台宗所特别重视的"观慧"。遵式大师在天台山国清寺修学期间，也就是他自己所说的"久学于四明，晚还天台"期间，本着"吾爱吾师，更爱真理"的精神，以智者大师的《请观音忏法》为底本，结合"《摩诃止观》第四三昧法"，也就是"非行非坐三昧"（亦称"觉意三昧"或"随自意三昧"），重新编集了一个能充分体现天台宗"观慧"的《请观音忏法》，我们不妨称之为"国清本"。这个"国清本"，遵式大师自认编得过于仓促因而有诸多难以令人满意的地方，于是乎后来又依据《请观世音菩萨消伏毒害陀罗尼咒经》本经对之进行修订与"再治"，从而形成了这本《请观世音菩萨消伏毒害陀罗尼三昧仪》，并在题下标注"宋东山沙门遵式始于天台国清集，于四明大雷山兰若再治"。

"二者，为国清集，多润色之语并削去之，悉用经疏'止观'等言，既援据有在，俾后之人增长正信"②，此对应于"各各为人悉檀"，说的是"国清本"《请观音忏法》，充斥着遵式大师个人对佛教的理解，修饰润色之语太多，给人以浮泛不实的

---

① 《大正藏》第 46 册，第 968 页上。
② 《大正藏》第 46 册，第 968 页上。

感觉，所以再治的时候，遵式大师文风转实，行文多采用天台经疏中诸如"止观"之类的专业术语，这样做的好处是，"既援据有在，俾后之人增长正信"。实际上，直到今天，我们很多人也都还有类似的看法，即如果你用自创的一套话语来言说佛教，即使你说得对，人家也有可能批评你是在说自己的意思而不是在说佛的意思，所以，你最好还是乖乖地用佛教经论中原有的那些四平八稳的佛学术语来言说佛教，这个比较稳妥，也比较容易让人产生信仰。

"三者，近得国清所集，晚学狂简于《忏愿文》后，更添《法华忏文》中四悔并音切梵字；又见一本删去诸仪及观慧等文，直写佛位并忏愿而已，题云《观音礼文》；又一本应是耄年书写，全行脱落，粗注不分，却于行间，私安注字，意欲区别。伤此等人，好而不习，辄便去取，毁甘露门，殃累非浅，今用再治，为远诸过"①，此对应于"对治悉檀"，说的是坊间颇有"狂简"②之徒，或随意涂改"国清本"，或添加，或漏抄，或夹带私货，把个好端端的《观音礼文》弄得面目全非，实乃"毁甘露门，殃累非浅"，所以遵式大师欲拨乱反正予以再治。

"四者，尽取观慧诸文，安于事后，令运念周备，免使行人，时有虚掷。应知大乘三种忏悔，必以理观为主。《止观》云：'观慧之本，不可阙也。'《辅行》释云：'若无观慧，乃成无益，苦行故也。'《禅波罗蜜》云：'一切大乘经中，明忏悔法，悉以此观为主，若离此观，则不得名大乘方等忏也。'《补助仪》云：'夫礼忏法，世虽同教事仪，运想多不周旋，或粗读忏文，半不通利；或推力前拒，理观一无。教精进之风，阙入门之绪，故言勤修苦行，非涅槃因。吾祖大医，明诚斯在"③，此对应于"第一义悉檀"，说的是遵式大师将天台宗的观法糅入观音忏法之中，从而使之成为有别于"苦行"以"三昧"为导向可以称之为"无观不成忏"的大乘忏法，这就是我们现在所见的《请观世音菩萨消伏毒害陀罗尼三昧仪》，它标志着中国佛教忏法的最终成熟并成为此后人们制定和修改各种忏法的标准范本。就拿遵式大师

---

① 《大正藏》第46册，第968页。
② "狂简"一词出自《论语·公冶长》：子在陈曰："归与！归与！吾党之小子狂简，斐然成章，不知所以裁之。"
③ 《大正藏》第46册，第968页上、中。

自己来说吧，比如他的《请观世音菩萨消伏毒害陀罗尼三昧仪》，其后面应该还有个括号说明，即《请观世音菩萨消伏毒害陀罗尼三昧仪（金光明最胜忏仪同）》，有人解释这个题名，说是《金光明最胜忏仪》乃是"《请观世音菩萨消伏毒害陀罗尼三昧仪》之异名"①，这完全是"望括号生义"的误解。《金光明最胜忏仪》乃是遵式大师的同门师兄弟知礼大师（960—1028）以《国清百录》中智者大师制定的《金光明忏法》为底本编集而成的。智者大师的《金光明忏法》也像他的《请观音忏法》一样，只是"直录其事，观慧别出余文"，也是只有外在行法而没有内在观法和观慧。不过，这个知礼大师呢，他并没有像遵式大师那样在编集《请观音忏法》的时候将观慧加入其中，而是在编集《金光明最胜忏仪》时候，一仍旧贯，依然只讲外在行法，不讲内在观法，只是量上增加了篇幅长度。对此，遵式看在眼里，急在心里，最终乃参照自己在制定《请观世音菩萨消伏毒害陀罗尼三昧仪》时增加观慧的思路来修订知礼大师的《金光明最胜忏仪》，这就是括号内"金光明最胜忏仪同"这句话的含义。修订的结果，就是遵式大师撰写了《金光明忏法补助仪》。所谓"补助"实在是遵式大师谦虚的说法，实际上他就是想用这个补助仪来取代知礼大师的《金光明最胜忏仪》，只是碍于师兄弟的情面而不好直说蛮干，即我不去动你的《金光明最胜忏仪》，我只是当个助攻手，提出个"补助仪"以助成你"最胜忏仪"。总之，遵式大师在忏仪上的非凡成就和满怀自信使他赢得了中国佛教史上独一无二的"百本忏主"的美名，而且确实也是名至实归，绝非浪得虚名，而这一切，在有着"观音命"的佛教徒遵式大师看来，乃是缘于观世音菩萨的特别加持，而这种原本只与遵式大师个人有关的巨大加持力后来被遵式大师泛化为旨在引导世人信仰观世音菩萨的《请观世音菩萨消伏毒害陀罗尼三昧仪》。接着，这个《请观世音菩萨消伏毒害陀罗尼三昧仪》又进一步引导天台宗乃至整个中国佛教的忏仪走向"无观不成忏"的大乘忏法康庄大道。这就是遵式大师与观音菩萨关系的中国佛教史意义。

---

① 参见《佛学大辞典》，http://foxue.911cha.com/NXp4Yw＝＝.html。

结语

纵观遵式大师的佛教人生,兹有三个关键词,一是天台教观,二是观音菩萨,三是佛教忏仪,这三者原本在天台宗中就有,但无疑是在遵式大师那里得到了极大的丰富,其表现,用天台宗的术语来说,就是遵式大师使它们成为"三而一,一而三"的"佛学共同体"。就"三"而言,(一)天台教观到了遵式大师所生活的宋代,已经由智者大师作为创教旗帜的"教观并重"或"教观总持"发展成了"以观为主,教在其中"的观心论,这在很大程度上与"山家山外之争"有关,"所谓天台宗的山家山外之争,是指在天台宗的内部,关于《金光明经玄义》广本中的《观心释》一章,究竟是不是智者创作的引发的争论。所谓《观心释》,就是智者大师对《法华经》进行诠释的文句,由于提倡通过观心来对佛陀所说的法义进行探究,所以称为'观心释'"。① (二)观音菩萨乃是中国佛教最为有名的宗教形象,很多中国人可能不知道释迦牟尼但却必定知道观音菩萨,从而使得观音菩萨信仰成为中国佛教最为大众化的信仰模式,这一宗教局面的形成,实在是与《妙法莲华经》以及将该经作为本经的天台宗有着不解之缘。首先,西晋竺法护(231—308)翻译的《正法华经》首次将大慈大悲救苦救难的观世音——当时是叫"光世音"——菩萨介绍到了中国。这《正法华经》乃是后来东晋时期鸠摩罗什(344—413)翻译的《妙法莲华经》的异译本。鸠摩罗什《妙法莲华经》的翻译,尤其是该经第二十五品《观世音菩萨普门品》的单独流通,对于观世音菩萨在中国社会的兴盛简直可以说就是锦上添花如虎添翼。最后,天台宗依据其所独创的"性具善恶"思想论证了观世音菩萨大慈大悲救苦救难何以可能,也就是观世音菩萨如何以"化身救度"来普度众生的问题,从而为观世音菩萨信仰奠定了坚实的佛学理论基础。②

---

① 《什么是天台宗的山家、山外之争?》,参见 http://www.360doc.com/content/14/0801/14/14982011_398606331.shtml,2014-08-01。
② 参见陈坚:《"烦恼即菩提"——天台宗"性恶"思想研究》,宗教文化出版社 2007 年 10 月版;陈坚:《天台宗"性恶"思想与观世音菩萨的"普门救度"》,河北永年甘露寺"观音文化与佛教中国化"学术研讨会参会论文,2018 年 9 月 28—29 日。

从这个意义上来说，天台宗乃是中国佛教中最为深刻的观世音菩萨信仰，若离开了天台宗的支撑，观世音菩萨就将"飞流直下三千尺"顿时沦落为与泰山奶奶一样的民间神祇。① （三）佛教忏仪并非始自天台宗，至少梁武帝萧衍（464—549）敕制的《梁皇宝忏》（亦称《慈悲道场忏法》）就早于天台宗而出现。不过，中国佛教史上流传至今的包括《请观世音菩萨消伏毒害陀罗尼三昧仪》内的各种主要忏法，不是直接出自天台宗祖师之手，便是经他们改造过的，其中的贡献卓著荦荦大者就是遵式大师。我的老家是浙江临海，那个地方及其周边地区大大小小佛寺很多，这些佛寺都盛行忏仪佛事，有的甚至只做忏仪佛事，我觉得这种佛教风气的形成或许与遵式大师经常在临海东掖山行化并极力推动忏仪佛事有些历史渊源。② 不过，话又得说回来，现在我在老家佛寺看到的忏仪佛事，那都是民间宗教的祭祀作法（全国佛寺可能也都是这种情况），其中了无遵式大师当初所特

① 比如下面这个例子中的观世音菩萨："最令我觉得不可思议的事情，是和他在同一个剧组拍戏发生的一件奇事。就是那一次吧，我开始萌发了信佛、念佛的信心。我们在天津拍戏，是最后一个重场戏，是个大场面，需要一个晴天拍完就可以杀青了（'杀青'就是这部戏结束了）。但是天公不作美，一连七天下雨，剧组困在那里，每天的开支非常大，制片人、导演都非常着急。他第八天去恭请了一张观音菩萨像和香回来，跟大家说，今天剧组到现场，我试试吧，大家非常好奇，都来看他热闹。只见他恭恭敬敬的把观音圣像贴到一个门上面，点香磕头念观世音菩萨圣号，嘱咐我们也跟着一起念，奇怪地是我们在场的人眼见着下着雨的空中像打开一个门帘似地，慢慢的雨就小了，半个小时雨真地停了！大家都傻眼了，为他使劲鼓掌。他跟个没事人似地说，快拍戏吧。那天拍戏那个顺，大家情绪高涨，这精彩的一幕我记忆犹新。当最后一个镜头拍完时，卡嚓一下，原来还晴朗的天空一下子又开始慢慢下起雨来。我记得制片人在最后吃关机饭时激动地宣布：'我相信有佛菩萨存在了，从今天起我信佛了！'我再四处找他，结果他早就走了。最后这个剧组80％的人都跟着他学佛了，这其中也包括我。"参见丁嘉丽：《我的学佛领路人》，《报恩》2018年第4期，第35页。

② 东掖山位于今临海市东塍镇。"遵式于宋真宗咸平五年（1002）离开四明宝云讲席，'归天台主东掖，以徒属之繁，即西隅益建精舍，率众修念佛三昧'。尽管遵式属下徒众繁多，但皆难堪担东掖能仁席位。北宋祥符四年（1011），遵式应杭州刺史薛颜之命入主灵山精庐（古天竺寺）。不久，灵山忏讲不绝、四远来归的繁荣情境，使他无暇顾及东掖山弘法事业，终于不得不放弃东掖能仁之席位。遵式专程赴知礼会下，求其举荐才俊继席东掖，法智曰：'当于众中自择之！慈云阅疏至师，即云：斯人可也！'本如旋即被遵式授以'东山学者'。自始本如在东掖能仁寺大开法筵，历30年，众常五六百，先后宣讲《妙法莲华经》《涅盘经》《金光明经》《观无量寿经》《请观音经》《摩诃止观》《观心论》《金刚錍》《观音别行玄记》六七遍。同时注重修忏，尝集百僧修法华忏长达一年，瑞验屡见，于北宋庆历二年（1042）七月，驸马李遵勖奏请朝廷，宋仁宗感念其德，赐'神照法师'之号及紫衣袈裟，并智者之教文四千五百卷，以资讲说。除讲忏之外，其晚年专行净土，慕庐山之风，与丞相章郇公及诸贤结社念佛，仁宗钦其道，遂赐'白莲庵院'匾额。白莲庵院位于能仁寺西南隅，由本如结屋为庵，六七年遂成巨刹。"参见本来本无《神照本如生平及其思想》，http://blog.sina.com.cn/s/blog_6025ebd50100g43z.html20091201,2018-07-25。

别强调的观法可言,因而都是"跑偏"了的佛教忏仪。我们今天在这里谈遵式大师,目的无非是想引起佛教界重视遵式大师"无观不成忏"的佛教忏仪,而这种忏仪的典型代表就是遵式大师制定的《请观世音菩萨消伏毒害陀罗尼三昧仪》,它以观世音菩萨为本尊并将天台宗的观法融合进了忏仪,从而实现了天台教观、观世菩萨和佛教忏仪的"三合一",这是宋代以后天台宗的最高成就,它体现了天台宗高超的圆融手腕。

宋代《大安塔碑铭》疏证
——兼论宋初皇族妇女与佛教

冯国栋[①]

（浙江大学人文学院）

摘　要：夏竦所撰《大安塔碑铭》，记述了宋代初年尼妙善、道坚师徒二人建立大安塔及寺院的经过。在兴建大安塔过程中，妙善、道坚动用了大量皇室与政府高层的力量，宋真宗、宋仁宗、明德太后、章献明肃太后皆参与其中，反映了宋代初年皇室与佛教之间的互动，通过这一个案可以透视宋代皇族，特别是皇族妇女与佛教之间的关系。

夏竦所撰《大安塔碑铭》（以下省称"塔碑铭"）详细记述了宋代初年尼妙善、道坚师徒二人历二十余年修建大安塔及寺院的经过。在大安塔的兴建过程中，宋真宗、仁宗两代帝王皆有参与，而皇室中明德太后、章献明肃太后、章惠太后等后宫也多有贡献。这一事件反映了宋代初年皇室、高层与佛教的互动，具有重要的意义。兹先录其文于下，后做详细之疏释，以见宋初皇室参与佛教的活动，以及皇室、高层妇女与佛教之关系。

---

① 作者简介：冯国栋，1974年生，现任浙江大学古籍研究所教授、博士生导师、人文学院副院长、古籍研究所副所长，2016年入选教育部长江学者青年学者。发表多篇学术论文，代表作有《佛教文献与佛教文学》《〈景德传灯录〉研究》等。

大安塔碑铭

有宋封禅后十祀,建大安塔于左街护国禅院,从尼广慧大师妙善之请也。今上宝元体天法道钦明聪武圣神孝德皇帝在宥之十有七载,诏史臣书其事,从尼慈懿福慧大师道坚之请也。妙善,长沙人,姓胡,字希圣。母既孕,不茹荤。妙善胜衣,志求事佛。马氏之乱,略为姬侍。尝被毁逢怒,忧在叵测,默诵普门名称,舍利见于额中,马氏异而礼之。国初,宣徽使兼枢密副使李处耘南定湘川,得之郡邸,尝以素誓未伸,断谷谢病,梦异人曰:"我文殊也,汝第食,胜缘近矣。"明年,处耘捐馆,遂依洛阳天女寺剃发受具,往来两京,高行著闻。太宗皇帝以椒涂之旧,锡以懿名,被之华服。大姓袁溥舍第起刹,赐额妙觉禅院,令妙善主之。自是肃禅仪,练律学,给瑜珈之会,演华严之说。五陟岱山,一汎泗水,皆中贵护送,傅舍供拟。皇帝巡狩河朔,刺血上疏,玺书褒叹。是时万年中参,恩爱异众,宸闱进见,礼数踰等。赠中书令忠武公李继隆每以保阿,尊事尤谨。洎元符降格,法御上封,妙善即朝日之郊,卜布金之地,讽甘露法品,祈东禅灵祐,帝意嘉之,赐名护国。

天禧元年,湘东邃谷有巨石,重累数十百丈,屹若浮图。昔隐今见,诏遣使案视,建寺度僧以旌其异。妙善志往瞻礼,有大弟子道坚以师腊既高,衡阳云远,恳留不已,先事以闻。翌日,妙善请告南游,真宗曰:"汝老矣,何遽远适?如来性海,随处现前,傥有至诚,皆可供养。"妙善遂求建今塔,特诏许之。会江宁府长干塔成,绘图来上,促召妙善于护国,将赐之。道坚在妙觉,地近先至,访对称旨,受图以归。首事创规,实始于此。由是涓日置臬,肇基宝甃,冶金磬石,作于地宫。将秘庄献明肃太后所赐驮都,逮妙善囊得佛骨。会妙善示灭,尽以塔事嘱累道坚。妙善享年七十有六,尼夏五十有五。宫闱震嗟,赗赠加品,建坊立刹,赐额宝胜,以道坚兼主之。

道坚尽礼苍筊,入谢扃禁,且陈妙善遗誓云:"此塔今世不成,来生愿就。"先帝恻然,赐以潜邸珍玩三千万直,仍命内侍分董其役。明年春,法坚制金衬宝函,纳前舍利等入奉于内道场，赞呗三夕。两街威仪道自滋福殿，帝荐香以送之。季商协吉，藏于石室。五年，继赐乘舆副物货镪万缗，以供余费。干兴初，又以塔心殿栋须合抱修干，既选未获，贲于皇帝。上方以天下为公，且重违其请，庄太后时为皇太妃，乃以佥金五百万输于内府，市材以施之。天圣改元，内出明德太后宝器价二百六十万洎庄献服用千余万付之公帑，易金铜铸轮盖以施之。美哉！四门九级，岌嶪天中，十盘八绳，晃曜云际。道坚又以圬墁虽毕，丹采剖劂未完，徧募檀信，获缗一万八百，洎法坚禀给余赀三百二十万以偿其工。

上继志有严，奉先惟孝，宅心凝觉，追福太宫。由二级而上，命奉安祢庙至宣祖皇帝四室神御，并列环卫，拱侍左右。自余缘塔功德未具者，皆省服御成之。由是贤劫之象，萨埵之容，五佐星纬，八部人天，分次峻层，罔不咸备，七年功毕，诏赐兹额。金榜始严，阗骈临视，谈赞五尼，赍紫方袍。并赐近院官舍九十区，傃直充供。明道二载，上给白金五十镒，俾营献殿。先有陈元虔舍僧伽像，张延泽施罗汉像，颇极精巧。道坚复建二殿夹峙于塔以奉之，又营讽《法华》《孔雀经》二殿以次之。景祐中，上赐钱千万，创二楼于塔前。右安特旨所赐龙藏，作香轮以转千函；左挂庄惠所舍钟，树雕格以维九乳。其斜廊壁绘罗汉、迦文像，亦庄惠之施。

粤自营创，逮夫圆成，则有宗藩施三门洎无量寿像，邓国贵主施报身像，尚宫武氏施法身像，朱氏施药师像，何氏施下生像。晋国夫人张氏施工绘献殿壁，颍川郡君韩氏舍圃于西，戈水杜航舍地于东。及其季尚继献金录，寿春王文献缗钱，义学比丘端琛指教相文字，比丘惟俨著塔录，吴门应德兴为匠石。皆道坚愿力所召，共周能事者也。

厥初，妙善尝梦塔相止于双足，谈者以为上足善继之祥也。塔成，忽一日远望如失，灵只环绕之异也。道坚，故通事舍人杜志儒之女，母明德从父姨，再适故殿前指挥使、武成军节度杨信，封陇西郡夫人。道坚生九岁即斋素，十有一求舍家，兴国八年，剃度得戒。明年，赐紫伽梨。十有六，授慈懿师名。嗣掌妙觉，月给俸料，三时赐衣，岁度僧、荐紫各二。陇西夫人随子剃染，期月归寂。道坚天机警悟，资性严整，有大丈夫风概。尝诵《法华》千卷、《华严》《首楞》《净名》《圆觉》

皆数百过,记忆教藏,该通大义。塔之规模,尽出智匠。总三院之务,安数百之众,以慈悲摄嗔恚,以精通摄懈怠。故能念举而物应,身动而众随。群鸞表异,纤鳞示应,作大因缘,终始圆就。明道中,诏加福慧之名。尝谈经于观文殿,有旨赐尼众食料。道坚以为出家分行,折伏骄慢,赴请之饭,犹起诸漏。仿徨移暑,切辞仰给。每院但受月廪,作糜米十斛,闻者与之,谓其知分。

夫以柔弱之赋,婉嬗之姿,其间具明淑之德,习师傅之训,不过佩服,诗礼蹈履,谦只体苹蘩之柔洁,法山河之容润而已。其能断弃爱染,脱离尘垢,以坚固为佛事,以勇猛趋实际。瀹发心华,坐空蕴树者,何其伟欤!古之后族,出入宫掖,凭借声势,狃怢恩泽,外交王侯,旁出姻援。不期骄而自速,靡羡侈而极怀,载之前闻,为鉴来辙者有矣。其能委远光宠,杜绝徼望,辞荣于宗属,等志于贫贱。以喜舍化俗,以高洁自持者,抑为难哉!宜乎万乘待遇,六宫景慕,成支提之上缘,到无生之彼岸者也。于戏!为塔庀功二十年,规平三百尺,高二引有六丈,经用一亿。旁庑佗舍,无虑五百楹。自非景祚和平,累朝信奉,设有大愿,乌可成邪!是知诸佛慧命,其待时而兴也。夫议者皆以为圣上于是塔大美者四:中出宝币,形民力也;日就胜因,畅先谟也;敦劝于下,使趋善也;命书厥劳,庸展亲也。所宜鬼神潜卫,海域延仰,永集纯嘏,施及怀生者焉。

臣早预翻经,尝更约史,仰被台札,靡敢固辞。谨按:塔者,梵云窣堵坡,此云灵庙。在于诸天,则藏佛爪、发、衣、钵;在于西度,则记佛降生、经行、演说、圆寂之所。一以表人胜,次以生地信,三以报重恩。四果之位,能超三界,故有初级至四级者。如来出十二因缘,故极于十有二级焉。迦叶灭后,婆罗奈王起七宝塔为作铭记,岂非刻石之识,抑有初邪!或问古今哲王之道黎庶,不专讲六艺,而参用三乘,岂其大抵同归于善乎?臣尝试论之:夫有生之源,本始清净,寂则绝待于一物,感则资始于万缘。至灵无方,至虚善应。觉者则圆通罔碍,湛寂自然,内不立于寸心,外无累于群境,不为世界之所流转,不为幻妄之所变移。迷者则奔驰万有,昏翳五欲,习动而不能静,入业而不能舍,失本明而不知,沉诸趣而不恨。所以能仁愍之,出现于世,法不广大不能包种性,喻不善巧不能破根蕴。穷理而至命,《象》《系》之旨也;率性而达道,《中庸》之意也。好生恶杀,仁义之均也;防非致和,礼乐之则也。圣人以为外可以扶世训,佑生民;内可以澡心源,还妙本。所以崇其塔庙,尊其教戒。自东汉以来,历世多矣。其间执分别之论,起归向之疑,废之而逾盛,毁之而逾信,岂非言底乎不诬,理冥乎至当者哉!昔有人云:百家之乡,一人持戒,则十人淳谨,百人和睦。夫能行一善,则去一恶而息一刑,一刑息于家,则百刑措于国。以此观之,则斯法之来裨我之治盖亦多矣!上具大智慧有大威德,神道以设教,文明以化人,晏坐蕭帷,铺观贝牒,信解出于天纵,悟入自于生知。指曹溪顿门,则言高达摩;览竺干半字,则义中悉昙。实玉毫之化身,托金轮而救物,未阶铺砌,孰望清光!而况投笔端闱,属鞬远戍,据案受简,摩盾操觚,但缘外护之仁,少叙重熙之德。谨裁二十有四,颂以勒铭云:

于铄帝宋氏,睿明继临照。百度恢大功,三归崇正法。辰居宪紫微,东郊配苍震。有大除馑女,肇营晏坐场。九级缔层楹,两朝施宝玩。八舾回日月,百寻切云霓。七佛俨金容,四圣崇睟表。瑑刻具千觉,图绘周万灵。钩槛苍璇题,高箐幕珠网。龙天乍来去,烟霞时蔽亏。我闻上帝宫,昔在庄严殿。八万窗牖柱,众宝极雕饰。曷若佛灭后,随缘崇庙貌。设利罗如芥,苏偷婆如果。有盘若枣叶,有像若鑚麦。其福已胜彼,无量千百亿。况惟此聚相,密迩于国城。楼观相飞注,康庄四通达。宰官引铙吹,公侯联斾旌。都人集袂帷,王姬传车水。流景启清旦,行月丽中宵。幡影铺九衢,铃风闻百里。我愿瞻仰者,应起大乘解。悟此见闻性,充满于十方。我愿供养者,应发菩提心。觉此烦恼焰,本是清凉源。我愿扫除者,应生精进力。反此尘劳身,径度禅定业。我愿旋绕者,应作三昧观。转此颠倒想,顿入清凉慧。寂念以为地,般若以为基。正受为花鬘,解脱为宝箧。藏此无价珍,非空亦非色。远谢修证垢,并祛照觉苍。水澄滓乃去,火尽灰亦飞。法缚既解除,神通自游戏。若于权实际,犹有一微尘。欲求见如来,尚隔须弥聚。佛祖秘密印,华梵微妙言。语默及思维,不越于此义。后之登塔者,应知建塔因。盖表调御德,起发净信心。掩日不为多,聚沙不为少。但能复本觉,即成无上道。朝家光四叶,尊重于宝乘。真祖创妙缘,鸿禧昌厥后。吾皇授襄记,成此殊胜果。寿考亿万年,永庇大千界。

一、妙善之生平

据《塔碑铭》，大安塔之兴建由妙善与其徒道坚二人前后主其事，并得到皇室、高官的大力支持，而妙善与道坚所以能发动如此大的社会力量，与二人之身份有很大关系。

（一）妙善之生卒年

《塔碑铭》载：天禧元年，妙善始有意建塔，而此时恰逢"江宁府长干塔成"，妙善、道坚即参考长干寺塔之图样经始大安塔，其后不久，妙善即圆寂。《塔碑铭》言："妙善享年七十有六，尼夏五十有五。"由此可知，妙善圆寂于江宁府长干塔建成后不久。若知长干塔之建成年代，则可知妙善之生卒年。

2007 年 12 月，南京市博物馆考古队在明代大报恩寺遗址发现了北宋长干寺真身塔的塔基，发掘出《金陵长干寺真身塔舍利石函记》及大量文物，证明长干寺塔始建于真宗大中祥符三、四年间，[①]然却未能确定其建成之年代。据《塔碑铭》天禧元年，妙善有意建塔，而后"江宁府长干寺塔成"，有学者据此推断长干寺塔成于天禧元年。然而，笔者认为此推断不确，长干寺塔之建成应在天禧二年。何以知之？

第一，据志磐《佛祖统纪》载：（天禧二年）"勅江宁府（升州）长干寺，改赐天禧，塔名圣感，即东土所藏阿育王舍利塔十九所之一也。"[②]（景定）《建康志》亦言："长干寺，按塔记在秣陵县东，今天禧寺乃大长干也。皇朝开宝中曹彬下江南，先登长干，北望金陵，即此地。天禧二年，改为天禧寺。"[③]据此可知，天禧二年，真宗将长干寺改为天禧寺，并赐塔名"圣感"，从这一系列的事件来看，当是长

---

① 关于北宋长干寺塔发掘情况，可参南京市考古研究所：《南京大报恩寺遗址塔基与地宫发掘简报》，《文物》2015 年第 5 期。祁海宁、周保华：《南京大报恩寺遗址塔基时代、性质及相关问题研究》，《文物》2015 年第 5 期。夏维中、杨新华、胡正宁：《南京天禧寺的沿革》，《江苏社会科学》，2010 年第 3 期。

② 志磐撰、释道法校注：《佛祖统纪》（卷四十五），上海古籍出版社，2012 年，第 1062 页。

③ 周应合撰（景定）：《建康志》（卷四十六），清嘉庆六年刊本。

干寺塔成上奏,才有真宗的相关勅命。

第二,无论是《塔碑铭》还是《佛祖统志》皆提及"江宁府长干寺",而志磐特意在"江宁府"后注出"升州"二字。江宁府原为升州,后升为江宁府。然而,升州何时升为江宁府?据《续资治通鉴长编》载:(天禧二年二月)"丁卯,以升州为江宁府,置军曰建康,命寿春郡王为节度使,加太保,封升王。"[①]可知,升州改称江宁府在天禧二年二月之后。联系真宗对长干寺的一系列勅命,以及天禧二年二月升州改江宁府这一事实,我们有理由相信,江宁府长干寺圣感塔之建成在天禧二年二月之后。

江宁长干寺塔建成后不久,妙善即圆寂,享年七十有六。既然现在可以推知长干寺圣感塔建成在天禧二年,那么妙善之圆寂或即在此年。天禧二年,当公元1018年,则妙善生于公元943年,当后晋天福八年,时楚文昭王马希范在位。

(二) 妙善与马楚、宋代皇室

妙善出家之前,与马楚、宋代皇室、高官有诸多的关联,这也是其后期能发动宋代皇室、高官修建大安塔的原因。据《塔碑铭》载:"妙善,长沙人,姓胡,字希圣。母既孕,不茹荤。妙善胜衣,志求事佛。马氏之乱,略为姬侍。尝被毁逢怒,忧在叵测,默诵普门名称,舍利见于额中,马氏异而礼之。"在此段叙述中,涉及到妙善与马楚皇室的关系。

马楚是由唐武安军节度使马殷建立的割据政权,自唐昭宗干宁三年(896)马氏任节度使至南唐保大九年(951)为南唐所灭,历二世五王,共56年。《塔碑铭》言:妙善,原名胡希圣,少时即有志出家。然"马氏之乱,略为姬侍"。据此可知,妙善曾做马氏之姬侍。然而马氏二世五王,妙善究竟为何王之姬侍?

考马氏二世五王,马殷自后梁开平元年(907)年封为楚王至后唐天成五年(930)在位;楚衡阳王马希声后唐长兴元年(930)至三年在位;楚文昭王马希范长兴三年至后晋开运四年(947)在位;楚废王马希广开运四年至后汉隐帝干祐三年

---

① 李焘:《续资治通鉴长编》(卷九十一),中华书局,1992年,第2098页。

(950)在位；楚恭孝马希萼自干祐三年至南唐保大九年(951)在位。如上所考，妙善生于943年，当后晋天福八年，时马希范在位。

据《三楚新录》载："希范媱而无礼，至于先王妾媵无不烝通。又使尼潜搜士庶家女有容色者，皆强取之，前后约及数百，然犹有不足之色。"①可知马希范曾派尼姑搜访民间女子，而妙善曾"志求事佛"，似乎妙善曾为马希范之姬侍。然而马希范死于947年，其时妙善仅有四岁，于理不合。《塔碑铭》言"马氏之乱，略为姬侍"，后汉隐帝干祐三年十二月，马希萼攻入长沙弑楚废王马希广自立，次年十月，其弟马希崇又囚马希萼于衡山，自立为楚王。②《南唐书》载：保大九年"十月，楚人徐威、陈迁、鲁公绾、陆孟俊执其君马希萼，囚于衡山，立王子希崇。十有一月，楚人廖偃等招合蛮獠复立希萼为楚王，楚国大乱。"③此当即是《塔碑铭》所言"马氏之乱"。马氏之乱发生于950—951年，其时妙善八九岁，被"略为姬侍"当在此时。然而，其为马希萼还是马希崇所略，则不能确定。总之，妙善曾为马氏之姬侍则为事实，后妙善出家，"太宗皇帝以'椒涂之旧'，锡以懿名，被之华服"，此处之"椒涂之旧"当即指此而言。

马楚败亡之后，妙善入宋，为宋初名将李处耘所得。李处耘次女为太宗明德皇后，妙善与宋代皇室、高官又产生了联系与瓜葛。《塔碑铭》载："国初，宣徽使兼枢密副使李处耘南定湘川，得之郡邸，尝以素誓未伸，断谷谢病，梦异人曰：'我文殊也，汝第食，胜缘近矣。'明年，处耘捐馆，遂依洛阳天女寺剃发受具。"记载了李处耘南定湘川，得妙善而归。处耘死后，妙善出家为尼。虽然其中所载有涉神异，然基本记述当属事实。

李处耘(920－966)，字正元，潞州上党(今山西长治)人，五代宋初名将。历任客省使、枢密承旨、右卫将军、羽林大将军、宣徽北院使、行营兵马都监、扬州知州、宣徽南院使、枢密副使等职。据《续资治通鉴长编》载：(干德元年正月)"庚申，以山南东道节度使、兼侍中慕容延钊为湖南道行营都部署，枢密副使李处耘

---

① 周羽翀：《三楚新录》(卷一)，文渊阁四库全书。
② 陆游：《南唐书》(卷二)：保大八年(950)"十二月，马希萼攻陷潭州，弑其君马希广"。
③ 陆游：《南唐书》(卷三)，文渊阁四库全书本。

为都监,遣使十一人,发安、复、郢、陈、澶、孟、宋、毫、颖、光等州兵会襄阳,以讨张文表"。①知李处耘南定湘川在干德元年,即公元 963 年,其时妙善二十一岁。又据《宋史·李处耘传》:"干德四年卒,年四十七。"②知李处耘之捐馆在干德四年,其时妙善二十四岁。由此可知,妙善之归李处耘在 963 至 966 年之间,历时四载。正是由于李处耘,妙善与宋代皇室、高官发生了联系。妙善在李家之时,李处耘之女明德皇后(960—1004),其时 4 至 7 岁。处耘之子李继隆(950—1005)其时 14 至 17 岁。妙善对二人皆有照顾,故《塔碑铭》言"是时万年中参,恩爱异众,宸闱进见,礼数踰等。赠中书令忠武公李继隆每以保阿,尊事尤谨"。

真宗即位之后,妙善也多次上书,在真宗生命的重要节点上,皆有所表现。《塔碑铭》言:"皇帝巡狩河朔,刺血上疏,玺书褒叹。""皇帝巡狩河朔"即指景德元年(1004)真宗亲征契丹,订立澶渊之盟事。景德元年闰九月,萧太后与辽圣宗入寇,时寇准劝真宗亲征,而参知政事王钦若、签枢密院事陈尧叟皆有不同意见。③当时朝中意见纷纭,妙善"刺血上疏",当是劝真宗不要亲征。大中祥符元年(1008)十月,真宗东封泰山,"妙善即朝日之郊,卜布金之地,讽甘露法品,祈东禅灵祐,帝意嘉之,赐名护国。"妙善新建寺院,为真宗封禅祈福,真宗赐额护国院,以示嘉许。妙善于真宗为祖母辈,亲征辽国、东封泰山皆是真宗一生中之大事,妙善"刺血上疏""祈东禅之灵祐",皆足见其对真宗之爱护。

二、道坚之出身与生平

妙善弟子道坚,与其师一样,与宋代皇室、高层也甚有关系。《塔碑铭》言:"道坚,故通事舍人杜志儒之女,母明德从父姨,再适故殿前指挥使武成军节度杨信,封陇西郡夫人。道坚生九岁即斋素,十有一求舍家,兴国八年,剃度得戒。明

---

① 李焘:《续资治通鉴长编》(卷四),中华书局,第 81 页。
② 脱脱等编:《宋史》(卷二百五十七),中华书局,1977 年,第 8962 页。
③ 李焘:《续资治通鉴长编》(卷五十七):(景德元年闰九月)"契丹主与其母举国入寇","先是,寇准已决亲征之议,参知政事王钦若以寇深入,密言于上,请幸金陵,签书枢密院事陈尧叟请幸成都。"第 1265、1267 页。

年,赐紫伽梨。十有六,授慈懿师名。嗣掌妙觉,月给俸料,三时赐衣,岁度僧、荐紫各二。陇西夫人随子剃染,期月归寂。"由此可知,道坚为杜志儒之女,杜志儒生平不详。然其母乃"明德从父姨",明德即明德皇后,李处耘之女,李继隆之妹。明德皇后从父,据《李继隆墓志》,李处耘兄弟三人,长曰李处畴,次为处耘,还有一弟姓名不详。① 可知,明德从父即李处耘之兄李处畴,或其不详名字的弟弟。所谓"从父姨"即李处畴或处耘不知名弟弟妻子的姐妹,亦即李处畴或处耘不知名弟弟的妻子与杜志儒妻子为姐妹。那么道坚与明德皇后、李继隆则为广义的兄妹。

道坚父杜志儒亡后,其母再嫁殿前指挥使、武成军节度使杨信。杨信也甚受太宗之眷顾。据《续资治通鉴长编》载:(太平兴国三年五月)"殿前都指挥使、镇宁节度使杨信初掌兵,即瘖不能言。至是寝疾,瘖忽愈。上遽幸其第视之,信自叙遭逢,涕泗横集,且叩头乞严遍备。上慰勉之,赐赍甚厚,翌日信卒。优诏赠侍中。"② 由上分析可知,道坚本人出身官宦世家,其父杜志儒虽生平不详,然其母与李处耘兄弟之妻为姐妹,故道坚与明德皇后、李继隆实为同辈。其继父杨信,太宗时为殿前指挥使,颇得太宗之眷顾。

道坚虽生于官宦之家,然九岁即斋素,于太平兴国八年(983年)剃度得戒。次年,赐紫,十六岁得"慈懿"二字师号。至宋仁宗明道年间,又得"慈懿福慧"四字师号。而其母陇西夫人也"随子剃染",出家为尼。《塔碑铭》言:"道坚天机警悟,资性严整,有大丈夫风概。尝诵《法华》千卷,《华严》《首楞》《净名》《圆觉》皆数百过,记忆教藏,该通大义。塔之规模,尽出智匠。总三院之务,安数百之众,以慈悲摄嗔恚,以精通摄懈怠,故能念举而物应,身动而众随。""总三院之务",即妙善圆寂之后,道坚主持妙觉、护国、宝胜三院之事务。而大安塔之成,也尽赖道坚之主持。

---

① 杨亿:《宋故推诚翊戴同德功臣山南东道节度管内观察处置桥道等使特进检校太尉同中书门下平章事使持节襄州诸军事行襄州刺史判许州军州事上柱国陇西郡开国公食邑一万四百户食实封三千二百户赠中书令谥曰忠武李公墓志铭》,《武夷新集》卷十,文渊阁四库全书本。

② 李焘:《续资治通鉴长编》(卷十九),第429页。

另据悟明《联灯会要》载：李遵勖临终时，"鬲胃躁热，因尼道坚就枕问云：'都尉，众生见劫尽大火所烧时，切要照管主人公。'公云：'大师与我煎一服药来。'坚无语。公云：'这师姑，药也不会煎得。'"[1]李遵勖(988—1038)，字公武，李崇矩孙，潞州上党(今山西长治)人，尚太宗之女荊国大长公主。李遵勖与杨亿交好，为宋代著名佛教居士，曾撰《天圣广灯录》。《大安塔碑铭》撰于宋仁宗景祐五年(1038)年，[2]此时道坚尚在世，而李遵勖而正好卒于此年，从时间上讲，李遵勖临终之时，道坚与其有机缘问答是可能的。另外，道坚与皇族关系甚深，而李遵勖又为太宗之驸马。据此而言，与李遵勖临终问答之尼道坚当即是修建大安塔之道坚。

三、大安塔及寺院之兴建

据《塔碑铭》之记载：宋真宗天禧元年，湘东深谷中有巨石出现，状若浮图。妙善欲往瞻礼，真宗认为其年龄太大，不适合远游湘东，劝阻妙善南游。于是，妙善提出于东京建塔之动议，得真宗许可，开始建塔。如上所考，天禧二年，江宁府长干寺塔成，于是妙善、道坚即依长干寺圣感塔建造大安塔。

(一) 大安塔与长干寺塔

《塔碑铭》载："会江宁府长干塔成，绘图来上，促召妙善于护国，将赐之。道坚在妙觉，地近先至，访对称旨，受图以归。首事创规，实始于此。"可知大安塔即依江宁长干寺塔而建。2007 年，南京市博物馆考古队在明代大报恩寺遗址发现了北宋长干寺真身塔的塔基，发掘出大量文物，为大安塔与长干寺塔之关系提供了新的证据。长干寺地宫出土了由承天院住持德明撰并书的《金陵长干寺真身

---

① 悟明：《联灯会要》(卷十三)，《卍续藏》第 136 册，第 644 页。
② 《塔碑铭》言："今上宝元体天法道钦明聪武圣神孝德皇帝在宥之十有七载，诏史臣书其事。""宝元体天法道钦明聪武圣神孝德皇帝"即宋仁宗，宋仁宗登位于天圣元年(1023)，在位之"十有七载"即 1038 身，当仁宗景祐五年或宝元元年。故知此文作于 1038 年。

塔藏舍利石函记》,此记详细记述演化大师可政在守滑州助教王文支持下建造长干寺塔之经过。①《石函记》文末列助缘人之名,有:"塔主演化大师可政、助缘管勾赐紫善来、小师普伦。道首将仕郎、守滑州助教王文……舍舍利施护、守正、重航、绍赟、智悟、重霸、守愿、尼妙善、宝性……"②提及为长干寺塔施舍舍利者有"尼妙善"。而《大安塔碑铭》言道坚建大安塔:"粤自营创,逮夫圆成,则有宗藩施三门洎无量寿像,邓国贵主施报身像……及其季尚继献金录,寿春王文献缗钱……"可知,为大安"献缗钱"者有"寿春王文"。《石函记》文末有"砌塔都料应承裕并男德兴",知此塔之设计建造者为应承裕、应德兴父子。而《大安塔碑铭》载:"义学比丘端琛指教相文字,比丘惟俨著塔录,吴门应德兴为匠石。"联系《石函记》与《塔碑铭》,我们发现妙善、王文、应德兴皆出现于长干寺塔与大安塔的修造过程中,说明二者确有甚深之关系。③

(二) 建寺修塔的过程及檀越

妙善与道坚师徒二人致力于寺塔之修建,除大安塔外,先后兴建了妙觉院、护国院与宝胜院三所寺院。由于二人特殊的身份,所以在建塔修寺过程中动用了皇家、高层官员的力量,对建塔过程中外护檀越的梳理可能由这一事件看出当时皇室、高层参与佛教的活动。

妙善兴建的第一所寺庙为妙觉院。李处耘捐馆之后,妙善出家,"太宗皇帝以椒涂之旧,锡以懿名,被之华服。大姓袁溥舍第起刹,赐额妙觉禅院,令妙善主之。"妙觉禅院由大姓袁溥舍弟建造,太宗赐额"妙觉禅院"。袁溥生平不详,黄启江先生推测"袁溥之舍第,如非太宗情人授意,即是有意讨好官家"。④ 妙善兴建的第二所寺院乃是护国禅院。大中祥符元年,真宗东封泰山,"妙善即朝日之郊,卜布金之地,讽甘露法品,祈东禅灵祐,帝意嘉之,赐名护国。"由"卜布金之地"来

---

① 南京市考古研究所:《南京大报恩寺遗址塔基与地宫发掘简报》,《文物》,2015 年第 5 期,第 14—15 页。
② 南京市考古研究所:《南京大报恩寺遗址塔基与地宫发掘简报》,《文物》,2015 年第 5 期,第 15 页。
③ 参龚巨平、祁海宁:《『金陵长干寺真身塔藏舍利石函记』考释及相关问题》,《东南文化》2012 年第 1 期。
④ 黄启江:《北宋汴京之寺院与佛教》,氏著:《北宋佛教史论稿》,台湾商务印书馆,1997 年,第 106 页。

看，此寺当是新建，目的是为真宗东封祈福。寺成之后，真宗赐名为"护国禅院"。此二寺院皆为妙善修建。其中，护国禅院距皇宫较远，而妙觉禅院距皇宫较近。当时，妙善居于护国禅院，道坚居于妙觉禅院。① 天禧二年，妙善圆寂，"宫闱震嗟，赙赠加品，建坊立刹，赐额宝胜，以道坚兼主之。"此为第三所寺院，此院为纪念妙善而建，当是皇室出资修造。至此，妙善与道坚先后建造了妙觉、护国、宝胜三所寺院。妙善圆寂之后，道坚兼任三所寺院之主持，"总三院之务，安数百之众"正是道坚兼三院主持的写照。仁宗天圣二年，以真宗大祥，诏在京寺观特度童行，其中"护国院""妙觉院"皆度二人。② 神宗年间，宝胜禅院又建御书阁，安放仁宗皇帝之御书，并特许每年度童行一人。③

大安塔之兴建，作始于妙善。然先后护持，最终完成，则功归于道坚。道坚先后动用了不少皇室成员、高官、高僧，或纳缗捐资，或输力献功。

1. 真宗、仁宗

大安塔初建于真宗天禧元年（1017），终成于仁宗景祐五年或宝元元年（1038），前后历二十年，得到真宗、仁宗的赞助不少。《塔碑铭》载："先帝恻然，赐以潜邸珍玩三千万直，仍命内侍分董其役。明年春，法坚制金衬宝函，纳前舍利等入奉于内道场，赞呗三夕。两街威仪道自滋福殿，帝荐香以送之。季商协吉，藏于石室。五年，继赐乘舆副物货锱万缗，以供余费。"天禧二年，妙善圆寂，真宗以潜邸珍玩三千万资助大安塔之兴建。三年，大安塔地宫安放舍利，真宗供奉于内道场，并遣左右两街设仪杖自滋佛殿，亲送自地宫石室。天禧五年，又赐钱万缗。足见真宗对大安塔之重视。

---

① 《塔碑铭》："会江宁府长干塔成，绘图来上，促召妙善于护国，将赐之。道坚在妙觉，地近先至，访对称旨，受图以归。"

② 《宋会要辑稿》："仁宗天圣二年二月，以真宗大祥，诏在京寺观等第特度童行，其经行幸及所过，亦特剃度……太平兴国寺、天清寺……长庆院、护国院……妙觉院、上清宫、太一宫、建隆观、寿宁观、同真观、太和宫、崇真观各二人。"徐松辑，刘琳、刁忠民、舒大刚等点校：《宋会要辑稿》，上海：上海古籍出版社，2014 年，第 9986 页。

③ 《宋会要辑稿》（元丰六年）"十二月二十九日，文彦怀言：'仁宗皇帝赐臣御书，以卷轴甚繁大，私家难以宝藏。遂送功德院宝胜禅院安置。因建阁奉安，愈为精严。每年乞特赐披放童行一人。'从之。"徐松辑，刘琳、刁忠民、舒大刚等点校：《宋会要辑稿》，第 2867 页。

仁宗即位之后，继续支持大安塔之兴建。《塔碑铭》言："上继志有严，奉先惟孝，宅心凝觉，追福太宫。由二级而上，命奉安祢庙至宣祖皇帝四室神御，并列环卫，拱侍左右。自余缘塔功德未具者，皆省服御成之。由是贤劫之象，萨埵之容，五佐星纬，八部人天，分次峻层，罔不咸备，七年功毕，诏赐兹额。金榜始严，黼翣临视，谈赞五尼，赍紫方袍。并赐近院官舍九十区，僦直充供。明道二载，上给白金五十镒，俾营献殿。""自余缘塔功德未具者，皆省服御成之"，说明仁宗对大安塔兴建多有赞助。明道二年，又出白金五十镒，资助献殿的建设。除直接捐资之外，仁宗特将真宗、太宗、太祖、宣祖四代圣像安放于大安塔上，并为大安塔亲题匾额。另外，还赐胜安禅院谈赞等五位尼姑紫衣，又将靠近寺院的官舍供道坚等人经营、使用。"景祐中，上赐钱千万，创二楼于塔前。右安特旨所赐龙藏，作香轮以转千函；左挂庄惠所舍钟，树雕格以维九乳。"说明在景祐年间，仁宗又赐道坚等钱千万，用于建设大安塔前二楼。并赐大藏经，建转轮藏，安放于右边楼中。

由上述可知，真宗、仁宗对大安塔及相关寺院的建设非常积极，不仅数次施舍数量巨大的资财，且通过亲自迎送舍利（真宗）、安施四祖御容、新题塔寺匾额、特赐众尼紫衣（仁宗）等形式，提高大安塔与相关寺院的政治地位与影响。

2. 后宫、贵妇

妙善、道坚由于特殊的生平与尼众的身份，与后宫、命妇保持着天然的联系。寺塔建设中受到历代后宫、各级贵妇的支持：

（1）明德皇后

明德皇后李氏，为太宗皇帝之后，太平兴国三年入宫，雍熙元年立为皇后。真宗即位，至道三年（997）四月，尊为皇太后，居西宫嘉庆殿。景德元年崩，年四十五，谥明德。景德三年祔葬永熙陵。明德皇后为李处耘次女，幼时，曾得妙善照拂。而道坚之母又为明德皇后"从父姨"，故明德皇后与道坚又为姐妹行。可以说，明德皇后与妙善、道坚师徒皆有甚深之渊源。甚至可以推测，道坚之所以拜妙善为师，恐与明德之中介不无关系。

明德皇后崩于景德元年，未及见大安塔之兴建。《塔碑铭》载："天圣改元，内出明德太后宝器价二百六十万泊庄献服用千余万付之公帑，易金铜铸轮盖以施之。"说明仁宗即位之后，曾将明德太后身后遗物二百六十万，用于大安塔之修建。此次施舍，尚有庄献太后之捐资，故捐献明德太后遗物或由庄献刘后主持。

（2）庄献皇后①

庄献明肃刘皇后，为宋真宗之后。本太原人，后徙益州华阳。由蜀人龚美携至京师。年十五，为真宗悦纳。真宗即位，入为美人。大中祥符中为修仪，进德妃。章穆皇后崩，立为皇后。史载庄献"性警悟，晓书史"，真宗后期，事多决于后。真宗崩，尊为皇太后，并处分军国重事。仁宗初年，庄献"垂帘决事"，为实际权力的掌控者。明道二年（1032）崩，年六十五，谥曰章献明肃，葬于永定陵之西北。

庄献明肃皇后与大安塔之因缘，《塔碑铭》记曰："会江宁府长干塔成，绘图来上，……由是涓日置臬，肇基宝瓮，冶金砻石，作于地宫。将秘庄献明肃太后所赐驮都，逮妙善曩得佛骨。"驮都为梵语 dhātu 之音译，原为界、体、分之义，佛陀舍利为金刚不坏之身界，故又以驮都代称佛之舍利。大安塔始建，先做地宫，埋藏舍利。而所藏之舍利，即为庄献明肃皇后所赐。

（3）庄惠皇太后

庄惠皇太后，实真宗皇帝之杨淑妃。杨氏益州郫人，年十二，入皇子宫。真宗即位，拜才人，又拜婕妤，进婉仪。真宗对杨氏甚为宠信，东封泰山，西祀汾阴，皆随侍左右。后加淑妃。真宗崩，遗制以为皇太后。因其所居宫曰"保庆"，称"保庆皇太后"。景祐三年（1036），无疾而薨，年五十三。谥庄惠，②祔永安陵。③

《塔碑铭》载："乾兴初，又以塔心殿栋须合抱修干，既选未获，赍于皇帝。上方以天下为公，且重违其请，庄太后时为皇太妃，乃以飨金五百万输于内府，市材以施之。"据《续资治通鉴长编》载：（乾兴元年二月）"戊午，上崩于延庆殿，仁宗即皇帝位。遗诏尊皇后为皇太后，淑妃杨氏为皇太妃，军国事兼权取皇太后处

---

① 真宗之后，初谥皆为"庄"，后改为"章"。《宋史》卷二百四十二："真宗章怀潘皇后……谥庄怀……旧制，后谥冠以帝谥，庆历中礼官言：孝字连太祖谥，德字连太宗谥，遂改庄为章以连真宗谥云。"

② 李仲容：《庄惠皇太后谥议》，徐松辑，刘琳、刁忠民、舒大刚等点校：《宋会要辑稿》，第 1463 页。

③《宋九朝编年备要》（卷十）："景祐四年春二月，葬庄惠皇后，祔永安陵，神主祔奉慈庙。"

分。"①可知《塔碑铭》中所称"庄太后"实即是杨淑妃。综合可知,干兴元年,大安塔修建需塔心栋柱。其时,真宗晏驾,而仁宗初立,可能无暇顾及此事,文章婉言"上方以天下为公,且重违其请"。杨淑妃则以钱五百万购材以施。景祐年间,宋仁宗施钱于大安塔前建立楼阁二所,右边楼阁安放转轮大藏经,"左挂庄惠所舍钟,树雕格以维九乳。其斜廊壁绘罗汉、迦文像,亦庄惠之施"。可知,仁宗景祐年间,庄惠又施舍九乳梵钟于大安塔前。而寺院回廊墙壁上之罗汉、佛像壁画,也为庄惠皇太后所施。

（4）公主、宫中女官与命妇

除皇后之外,参与大安塔之修建者,还有公主、女官、命妇等高层妇女。《塔碑铭》言:"粤自营创,逮夫圆成,则有宗藩施三门洎无量寿像,邓国贵主施报身像,尚宫武氏施法身像,朱氏施药师像,何氏施下生像。晋国夫人张氏施工绘献殿壁,颍川郡君韩氏舍圃于西,戈水杜航舍地于东。"其中"邓国贵主"当为宋仁宗次女邓国公主。② 尚宫武氏、朱氏,黄启江先生认为:"按尚宫者,疑指仁宗之宠妃尚美人之洞真宫。尚美人于景祐元年与郭后同时被废入道,居洞真宫。武氏及下文之朱氏应是随其入道之宫女"。③ 然据《宋会要》,尚宫为宋代女官名,"太宗置尚宫及大监,并知内省事",宋代设尚宫二人,"掌道引皇后,管司记、司言、司簿、司闱,仍总知五尚须物出纳等事。"④由此可知,宋代之尚宫为负责道引皇后,总定五尚(尚仪、尚服、尚食、尚寝、尚功)所需物出纳之女官,并非尚美人之洞真宫。由《塔碑铭》之记载可知,武氏、朱氏、何氏此类宫中女官也多支持大安塔及寺院之建造,施舍了释迦牟尼像、药师佛像及弥勒之像。

除了公主、女官外,一些命妇对大安塔之建设也有赞助。"晋国夫人张氏施工绘献殿壁,颍川郡君韩氏舍圃于西"。晋国夫人从张氏资助了献殿壁画,而颍川郡君韩氏曾施舍园圃于寺院。晋国夫人张氏,有可能是仁宗第三子荆王曦之

---

① 李焘:《续资治通鉴长编》(卷九十八),第 2271 页。
② 黄启江:《北宋汴京之寺院与佛教》,氏著:《北宋佛教史论稿》,第 128 页。
③ 黄启江:《北宋汴京之寺院与佛教》,氏著:《北宋佛教史论稿》,第 128 页。
④ 徐松辑,刘琳、刁忠民、舒大刚等点校:《宋会要辑稿》,第 323 页。

夫人。《元宪集》有《皇叔荆王亡妻张氏可追封魏国夫人制敕》，言："荆王亡妻晋国夫人张氏，华基茂绪，淑操芳猷……"①颍川郡君韩氏，不详所指，然为高官之夫人则无可疑。

宋代初年，妙善与道坚师徒二人历二十余载，先后兴建了妙觉、护国、宝胜三所寺庙，并建造了"规平三百尺，高二引有六丈，经用一亿"的大安塔。由于二人特殊的经历与比丘尼之身份，他们与宋代皇室，特别是皇后、女官、命妇等高层妇女有甚深之联系，故在兴造过程中，得到这些高层妇女的支持与赞助。围绕大安塔的兴建，这些高层妇女结成了比较固定的联系，而这些寺院也为这些高层妇女的社会活动提供了空间。

---

① 宋庠：《元宪集》（卷二十六），文渊阁四库全书本。

妙湛思慧禅师生平探讨

徐文明①

（北京师范大学哲学学院）

摘　要： 妙湛思慧(1071—1145)，始作思睿，钱塘人，大通善本(1035—1109)门人，两宋之际云门宗著名禅师。他于杭州出家，并曾住持径山、净慈、临平显亲，长期在杭州弘法传禅，对于杭州佛教和禅宗的发展有很大贡献。

妙湛思慧是两宋之际云门宗的一代宗师，于患难之际弘法传禅，对于维持云门宗的盛况做出了很大的贡献。

据《嘉泰普灯录》卷八：

> 福州雪峰妙湛思慧禅师
>
> 钱塘人，族俞氏。俞氏方贵且富，师抗志慕出家为童子。大通见之，与语如流，即与染削。读《圆觉》，至"知幻即离，不作方便，离幻即觉，亦无渐次"，豁然自契。求证于通，通曰："汝试向未开口时道一句来。"师震威一喝而出，通大笑。于是道声蔼著。次谒真净，净一见，知非凡材，留三年，力烹

---

① 作者简介：徐文明，河南濮阳人，哲学博士，北京师范大学哲学学院教授、博士生导师。兼任中国宗教学会理事、中国佛学院研究生导师。研究领域是佛教哲学、禅宗、中国佛教史。主要著作有《中土前期禅学史》《轮回的流转》《出入自在：王安石与佛禅》《六祖坛经注译》《中国佛教哲学》《顿悟心法》《坛经的智慧》《维摩经译注》《唐五代曹洞宗研究》《维摩大意》《佛山佛教》《苦乐人生》《广东佛教与海上丝绸之路》《青原法派研究》《杨岐派史》《光孝寺与丝路文明》等。发表论文二百余篇。

炼之。因归礼大通。则曰："未始有异也，第人各行之耳。"故道俗争挽，出住雪川道场，法席不减二本之盛。继徙径山、净慈。诏居京师智海。又移补显亲、黄檗、雪峰。上堂曰："一法若通，万缘方透。"拈拄杖曰："这里悟了，提起拄杖海上横行。若到云居山头，为我传语雪峰和尚。咄！"上堂："布大教网，掩人天鱼。护圣不似老胡拖泥带水，只是见兔放鹰，遇麞发箭。"乃高声召众曰："中！"上堂："昔日药山早暮不参，动经旬月。一日大众集，药山便掩却方丈。诸禅德，彼时佛法早自淡薄，论来犹较些子。如今每日鸣鼓升堂，切切怛怛地，问者口似纺车，答者舌如霹雳。总似今日，灵山慧命殆若悬丝，少室家风危如迭卵。又安得个慨然有志扶竖宗乘底衲子出来，喝散大众，非唯耳边静辨，当使正法久住，岂不伟哉！如或捧上不成，山僧倒行此令。"以拄杖一时趁退。上堂："眼睫横亘十方，眉毛上透青天，下彻黄泉，且道鼻孔在甚么处？"良久，曰："札。"上堂："妙高山顶，云海茫茫；少室岩前，雪霜凛凛。齐腰独立，徒自苦疲；七日不逢，一场摩。别峰相见，落在半途；只履西归，远之远矣。"卓拄杖，下座。上堂："大道只在目前，要且目前难睹。欲识大道真体，今朝三月十五。不劳久立。"建炎改元，上堂："天地之大德曰生，圣人之大宝曰位。今上皇帝践登宝位，万国归仁，草木禽鱼，咸被其德。此犹是圣主应世边事。王宫降诞已前一句，天下人摸索不著。"上堂："一切法无差，云门胡饼赵州茶。黄鹤楼中吹玉笛，江城五月落梅华。惭愧太原孚上座，五更闻鼓角，天晓弄琵琶。"喝一喝，下座。上堂："南询诸友，踏破草鞋，绝学无为，坐消日月。凡情易脱，圣解难忘，但有纤毫。皆成渗漏。可中为道，似地擎山，应物现形，如驴觑井。纵无计较，途辙已成，若论相应，转没交涉。勉诸仁者，莫错用心，各自归堂，更求何事？"僧问："古殿无灯时如何？"曰："东壁打西壁。"云："恁么则撞着露柱也？"曰："未敢相许。"问："九夏赏劳即不问，从今向去事如何？"曰："光剃头，净洗钵。"云："谢师指示。"曰："滴水难消。"师住持四十余年，所至衲子不下万指，未尝干谒，而檀信向风。

绍兴甲子，罢寺居东庵。明年秋，绝食清坐，出二指示门人曰："更两日在。"至期,易衣俨然而逝,时七月甲寅也。寿七十五,塔全身于东庵。①

思慧(1071—1145),始作思睿,字廓然,号妙湛。钱唐人,俗姓俞氏,虽然家富且贵,却是早有道心,童子出家,礼大通善本(1035—1109)剃度。

元丰五年(1082),圆照宗本退居,以净慈命大通善本继任住持。

元丰八年(1085),神宗去世,召请名僧入京追荐,善本进京,因康国公韩绛奏请,得法涌大师之号。

元祐五年(1090)十月,法云法秀入灭,越国长公主和驸马张敦礼请善本继任住持,善本不欲行,经杭州太守苏轼多方敦请,始于六年(1091)到京。哲宗召对,问答称旨,授大通禅师之号。

妙湛思慧从大通善本出家,当在元丰二年(1079)至五年(1082)之间。

后来因读《圆觉经》有省,得到大通印可。

大通奉诏入京,住持智海之后,他又到外地游方参学。

绍圣三年(1096)至庐山归宗,参真净克文(1025—1102),与其门人惠洪相识,二人同年,志趣相投,能诗善文,故一见如故,莫逆于心,成为终身至交。是年张商英出镇洪州,路经庐山,至净名庵参真净克文,妙湛思慧也有可能此时结识张商英。绍圣四年(1097),张商英请真净克文移主马祖道场泐潭石门宝峰,妙湛思慧与惠洪随行。真净克文是当时天下闻名的大禅师,妙湛思慧从之三年,获益很多,真净克文对他也十分重视,有意予以锤炼。

元符元年(1098),大通善本请求归山,得允,回到杭州。妙湛思慧闻讯之后,也当即离开石门,回到业师身边。

据《禅林僧宝传》卷二十九:

东还,庵龙山崇德。杜门却扫,与世相忘,又十年。天下愿见而不可得,独与法子思睿俱。②

① 《续藏经》79 册,第 340 页中下。
② 《续藏经》79 册,第 549 页中。

大通从京城归来后,思慧复归杭州,陪伴大通。晚年的大通闭门却扫,不接宾客,只是与门人思慧在一起,可见他对思慧十分器重和信任。

陪伴大通期间,他还接待了好友惠洪。

元符三年(1100)初,惠洪来到杭州,参见大通善本,并与妙湛思慧结伴同游西湖,赋诗唱和。

据《石门文字禅》卷十一:

> 偶读《和靖集》戏书小诗卷尾,云:长爱东坡眼不枯,解将西子比西湖。先生诗妙真如画,为作春寒出浴图。廓然见诗大怒,前诗规我,又和二首
>
> 居士多情工比类,先生诗妙解传真。只知信口从头咏,那料高人作意嗔。云堕髻垂初破睡,山低眉促欲娇春。何须梦境生分别,笑我忘怀叹爱频。
>
> 轻狂举世谁非伪,迟钝知余却甚真。未把僻怀投俗好,且将狂语博君嗔。已嗟心折垂垂老,忍看花飞片片春。满眼闲愁图不得,江南无奈到心频。①

妙湛思慧与惠洪有很多相同点,都是当时才华横溢的僧中才俊,然而二人又有根本的区别,妙湛思慧严守戒律,有才有德,是故后来成为一代宗师,而惠洪免不了恃才傲物,轻狂放纵,故一生命运多舛。

据《罗湖野录》卷二:

> 崇宁二年,诏州郡建禅苑,以万寿配纪元为额。于时有致法门兴衰之庆于妙湛禅师,妙湛谢之曰:"乃今而后,安得明眼尊宿三百六十员布于天下耶。第恐法门衰由是矣。"②

---

① 《嘉兴藏》23册,第624页下。
② 《续藏经》83册,第497页中。

徽宗初期是崇信佛教的,故于崇宁二年(1103)诏天下各州都建立崇宁万寿禅寺,这对于佛教当然是一件好事,然而妙湛思慧却想得更远,他认为根本没有那么多的明眼宗师,有寺无僧,必然会滥竽充数,对于佛教的长远发展未必是好事。后来的事实证明他这种预见是正确的,徽宗后来崇道贬佛有多种原因,其中一个就可能是他本来对佛教期望很高,后来有些僧人的作为让他感到失望。

崇宁三年(1104),出世湖州道场护圣寺,法席之盛,不减大本、小本之时。

妙湛思慧住持四十余年,这是截止到他绍兴十四年(1144)退居雪峰东庵为止,是故应始于是年。另外,其门人月堂道昌(1090—1171 年)是年十五岁开始游方,首次本郡湖州道场,恰好也在本年。

他在湖州道场住持七八年,后住径山。

据方勺《泊宅篇》:

> 思慧住道场山,予常往见之。一夕,梦谒师不见,但于禅床上大书"一龙绝地"四字。明日入山,知师已授帖,移径山,而不省所梦。绍兴壬戌,始游径山,首见长老觉明,云:"此山本龙所居,因一禅师行脚过山下,龙化老人,与语契合,因劝师营居演化,云:'此山东天目也,吾当迁西天目,但留一穴出入,它日勿以僧供为虑。'至今寺无寸土,而常聚千众。"予《赠明老诗》,断章云:三十年前曾见梦,兹游端可冠平生。盖谓此也。[1]

方勺长期寓居湖州,故他经常参见妙湛思慧。一夕梦见道场禅床上书"一龙绝地"四字,不明其义,次日往见,故已有径山之命。他在绍兴十二年(1142)始到径山,见觉明长老,方知其梦有故。既然妙湛思慧迁径山在三十年前,故应在政和三年(1113)前。

据《石门文字禅》卷十六:

---

① (宋)方勺撰,许沛藻.杨立扬点校:《泊宅编》,北京:中华书局,1983 年版,第 53 页。

心上座，余故人慧廓然之嗣而规方外之犹子也，过予于湘上，夜语，有怀廓然、方外，作两绝

风骨东瓯语带吴，见君满眼是西湖。径山河上（当作"和上"）今佳否，想见年来鬓亦枯。

十年不得吴中耗，凋尽耆年付等闲。闻道瘦规颜愈少，独余此老殿湖山。①

这两首诗作于政和元年（1111），时惠洪被流放海南，路过湖南，妙湛思慧闻讯，特意派门人了心前去探望，惠洪作诗二首，以怀故友。当时妙湛思慧已经住持径山，故称为径山和尚，有规继之住持湖州道场，他可能身体偏瘦，故戏称瘦规。

据《嘉泰普灯录》卷十二：

归省湛于净慈，俾掌藏，为众说法，道声蔼著（时年二十三）。②

妙湛思慧门人月堂道昌于政和二年（1112）二十三岁时净慈归省，命为知藏，为众说法。这表明是年妙湛思慧已经在净慈住持了。

妙湛思慧政和元年（1111）从径山移净慈，于此住持五载，政和五年（1115），佛鉴慧勤退智海，是年净慈思慧迁智海。宣和二年（1120）退智海，三年（1121）移居杭州临平显亲。

宣和末年，妙湛思慧于育王西塔闲居，时门人道昌住持育王。

绍兴初，往福州黄檗，于此住持近十年。

据《雪峰志》卷五：

---

① 《嘉兴藏》23 册，第 653 页中。
② 《续藏经》79 册，第 367 页上。

第十八代惠禅师,绍兴十年当山。凡十五年示寂,塔于东庵之西。①

绍兴十年(1140),妙湛思慧从黄蘖移雪峰,十四年(1144)退院,十五年入灭。

前引思慧上堂法语数则,初两三则是住湖州道场护圣禅院时,强调一法若通,万缘方随,识得一,万事毕,识得拄杖子,则海上横行,如暹道者,雪峰也不奈何。释迦布大教网,捞人天鱼,也是拖泥带水,不如见兔撒鹰,遇兽放箭,直下捕得,一发便中。

思慧对于当时禅门陋习进行了批评,每日所谓升堂说法、机锋应对,问者如疾风,答者如闪电,只图一时痛快,有如做戏一般。如此下去,佛祖慧命,少林宗风,危在旦夕。不如像药山大师一样,令学者自修自悟,不必经常上堂说法,装模作样。

思慧强调,大道就在目前,偏偏目前不睹,欲识大道,平常便是,日用之际,至理在焉。若是光顾着东望西望,看山看水,反不知自家巴鼻,则是贪食他人苗稼,忘了本命元神,得不偿失,谬之远矣。

云门赵州,法门无差,玉笛梅花,鼓角琵琶。

修学之人,厌染求净,凡情易消,圣解难忘。纤毫念生,便成渗漏。此中为道,如石含玉,似地擎山。应物现形,大须仔细,如驴觑井,睹影成病,虽不计较,途辙已成,若论相应,了无交涉。

古殿无灯,贫无一物,怎奈东壁打着西壁。盲人撞著露柱,未敢轻易相许。日常修行,不过光剃头,净洗钵,于此错会,滴水难消。

据《续古尊宿语要》卷二:

> 妙湛慧和尚语　嗣法云大通
> 上堂云:"板韵才终,鼓声三迭;人天交接,龙象回旋。祖佛家风,一时漏泄。到这里不肯休去,又更踏步向前,致使击玉敲金,翻作葛藤露布。"以拄

---

① 《大藏经补编》24 册,第 609 页中。

杖一划云:"划断了也。末后句作么生道?"良久云:"驴事未去,马事到来。"卓拄杖,下座。

拈起拄杖云:"天地一指,万物一马,踏倒系驴橛,清风满天下,庄生亦是悠悠者。"

叶尚书宅设斋,请升座。

师云:"玄机未兆,影响难寻;一句才宣,十方普应。所以圆音落落,该亿刹以顿周;主伴重重,极十方而齐唱。"乃拈起拄杖云:"拄杖子说法,衲僧听,衲僧说法,拄杖子听,乃至墙壁瓦砾说,森罗万象听,森罗万象说,墙壁瓦砾听。不是神通妙用,亦非法尔如然。要会么?牛皮鞔露柱,露柱啾啾叫;凡耳听不闻,贤圣嘻嘻笑。住,住,不是韶阳门下客,便随船子下扬州。"

举:"开口不开口,切忌犯灵叟。智海无这个忌讳,要开便开,要合便合,要打便打,要喝便喝,一切智通无障碍,十方世界横该抹。灵叟灵叟,快活快活。"

谢首座、书记云:"透得荆棘过,枯木堂中第一座;拈得笔头挥,长连床上第二机。"拈起拄杖云:"这个是第几机?"良久,云:"若向个中论胜劣,得便宜是落便宜。"卓一下。

举:"教中道:何者名为义,应当秘密说。山僧今日,不负从上诸圣,对人天众前,待为诸人,作秘密说。"良久,云:"上大人,丘乙己,化三千,七十士。还会么?会乃佳作仁,不会,可知礼也。"

"山僧二十年前,横担拄杖,独步四方,自谓尽十方世界,觅个伴侣不可得。后来无端披毛带角,向荒草里走,有时随波逐浪,看楼打楼;有时向三家村里,东卜西卜。世间鄙事,无不为之。如今到这里,摘脱不下也。"拈起拄杖,云:"适值五兆在手,更为诸人掷一卦看。"乃抛下,云:"还会么,吉无不利。"

"青春易过,白日难留,始见新年,又将一月。生死事大,人皆知之,了得生死,能有几个?"拈拄杖,云:"拄杖子,了得死生,古今日月,磨礲他不得;天堂地狱,笼罩他不得;六道四生,留连他不得;祖师言句,羁绊他不得。如师子王,自在无畏,哮吼一声,群狐屏迹。"遂横按拄杖云:"有时横按孤峰顶,铁眼铜睛不敢窥。"

一法既通,万法无碍。拈起笊篱,放下布袋。

"显亲上堂,打皷说禅,北郁单越,合掌顶戴,乃高声赞言:稽首如空无所依,只个世间观自在。咄,是何言欤?"

"正说知见时,知见俱是心;当心即知见,知见即如今。咄,用许多葛藤作么?但管风以时,雨以时,时和岁稔,主上无为,亦不用麒麟出现,凤凰来仪。自然农夫鼓舞,野老熙怡。若问承何恩力,但道百姓日用而不知。"

"闰年节候晚,六月始梅蒸。一番云过一番雨,半日阴来半日晴。草鞋烂却浑闲事,苦是禅人眼不醒。"蓦拈拄杖云:"大众,惺惺著,后五日去,免被拄杖子热瞒。"卓拄杖,下座。

"闻声悟道,见色明心。虾蟆塞破衲僧耳朵,梅雨滴烂诸人眼睛,东西不辨,南北不明。争似今朝见天日,水自流兮山自青。"①

此处所录语要,前半部分主要是在京城住智海禅院时所述,后半部分,主要是在杭州显亲时所述。

当行即行,当止即止,踏步向前,葛藤露布,云门早就批评过了,当休即便休,莫待雨淋头。

在叶尚书斋说法,当是住京城智海时。其说法要,贯穿华严无尽圆融与无情说法之教义,或许叶尚书喜欢《华严经》,故以此教化之,但又加了云门宗的禅法。

"开口不开口,切忌犯灵曳"一句,出自唐末洞山灵曳之《灵曳吟》,本以此上玄沙师备,玄沙有答。一切智通无障碍,是云门之语,后世引者颇多。一切无碍,十方横该,纵横自在,自然快活。

首座透得荆棘,书记挥得笔头,莫论第一第二,丛林皆不可舍。

宋代有密宗抬头之势,云门内部,也有定光古佛与真觉大师师徒引密入禅。

---

① 《续藏经》68 册,第 397 页上、398 页上。

妙湛对此不以为然，何者是秘密，上大人等是大密咒，是无上咒。

思慧回忆二十年前二十多岁行脚时事，表明此时他尚在智海。游方时独行独步，自由自在，为人时则随波逐流，入泥入水，不得不做一些违背个人意愿的事，但也像孔子一样，多为鄙事，学了不少本事，如为人占卜等。

了得生死，则往来自在，如师子王，一切不能奈何。思慧拄杖子话，委实精彩，可与云门、汾阳媲美。

下面则是回到钱唐凤山显亲时之语。最后一则法语，是在宣和三年（1121）梅雨时节，是在恰好闰五月，故有"闰年节候晚，六月始梅蒸"之说。他或在是年之初回到显亲。

稽首如空无所依，出自《维摩经》。正说知见时一偈，为师子比丘所说。无论佛言祖语，都是葛藤。思慧是一个有政治头脑的禅师，他认为风雨以时，无为而治，比制造祥瑞、粉饰太平重要得多，真要学习道教和老子的智慧，就要善待百姓，不随便干预。这显然是对徽宗的批评。不过在国家危亡之际，他又表现了高度的爱国主义精神，在建炎元年（1127）升堂时，对于临危受命的高宗极力支持。

思慧在其生前便已经获得了很高的评价，他在四十多岁时便因名声显赫而被召入京师，成为智海住持，这是当时第一流宗师的一个官方标准，一般熬到晚年才有这一机会，其师叔法真守一在他之后担任智海住持，这是相当罕见的。

在丛林内部，他也是公认的第一流禅师。

据《石门文字禅》卷十九：

临平慧禅师赞二首

钉空露痕迹，补云留罅隙。目机铢两中，思虑所不及。象王卓立回旋，师子翻身跳踯。眼光常盖人天，对面识与不识。识则火外有热，不识则水中无湿。劈破云门一字关，个中干燥如琼液。

叻气秋脵雪，秀目椹口。其骨临济，其髓雪窦。袖手俨然，不落渗漏。

一千龙象之冠,七世云门之后。君看一句当机,笑中脱略窠臼。①

惠洪是一个自视甚高的人,看得上的人很少,但对思慧却屡屡称赞,一方面是由于二人曾经是同学,同在克文门下,更重要的是思慧确实高人一等,得两宗之精髓,如师子象王,为一千龙象之冠,云门七世之首。

又据《石门文字禅》卷二十三:

> 临平妙湛慧禅师语录序
>
> 传曰:虽无老成,尚有典刑。典刑且次之,则老成盖前人所甚贵也。又曰:恶夫碔砆之乱玉。则似之而非者,又其所甚疾也。贵老成,疾似之,而非者一人之情,千万人之情是也。近世禅学者之弊,如碔砆之乱玉,枝词蔓说似辩博,钩章棘句似迅机,苟认意识似至要,懒惰自放似了达。始于二浙,炽于江淮,而余波末流,滔滔汩汩于京洛荆楚之间,风俗为之一变,识者忧之。俄有丛林老成者,崭然出于东吴,说法于钱塘,诸方衲子愿见,争先川输云委于座下,法席之盛,无愧圆照大通。于是天子闻其名,驿召至京师,住大相国寺智海禅院,是谓妙湛禅师慧公。未尝贬剥而诸方屈伏,不动声气而万僧让雄。彼似之而非者,不攻而自破,如郭中令之单骑见虏,孔北海之高气奢魏。以其荷负大法,故称法窟龙象;以其搏噬邪解,故称宗门爪牙也。
>
> 余与禅师游旧,且少相好,不见之二十年。宣和三年十月初吉,有仲怀禅者过余湘上,出其示徒语为示。昔莲花为聪道者作礼,曰云门儿孙犹在,余则以手加额,望临平呼曰:岂雪窦显公复为吴人说法乎,何其似之多也。②

这是宣和三年(1121)十月惠洪为思慧语录所作序言。他借机对当时禅宗(主要是云门宗)的流弊进行了尖锐的批评,一是以言语枝蔓为博学善辩,二是以

---

① 《嘉兴藏》23 册,第 669 页上。
② 《嘉兴藏》23 册,第 688 页上中。

记取章句为机锋迅疾，三是以错认意识为关键宗要，四是以懒惰破戒为放达超然。这些风气，始于两浙，流于江淮，祸害天下，其代表不只一人，不过很多方面都与佛印了元相似。思慧被惠洪视为老成的代表，破邪显正，丕变宗风，有如雪窦重显再世，这种评价确实很高。

规约的"条例"化与忏仪的"节目"化：
云栖袾宏与晚明佛教之职能定位落实

吴忠伟①

（苏州大学政治与公共管理学院）

摘　要：为对治明代佛教寺院道场的芜杂无序以及"忏仪"的形式化、经忏"释子"的职业化，确保佛教"职能"的定位落实，云栖袾宏主要从两个方面展开其整顿工作：一是重建"丛林"清规，以"条例"化的"规约"形式对道场职能予以"专门化"，"检束"释子；二是修订"忏仪"文本，通过包括"情节化"、"角色"分工在内的"节目"化之设置，使得静态"忏仪"文本呈现为一动态"表演"性，以此克服忏仪施行的无效性。袾宏的努力具有一调停性，其意在切断寺院道场与行忏的捆绑关系，确立道场清修之本位，可视为是在既有政教关系维持与江南商品经济生活活跃之双重因素格局下，晚明佛教基于自治原则对自身职能定位落实有效性的诉求。

关 键 词：云栖袾宏　规约条例化　忏仪的节目化　佛教职能　自我规训

从宋明佛教演化的态势看，总体而言，佛教逐渐由相对"自主"性地位转向一依附政治权力，随应俗世之格局，此特别表现就是佛教职能之"定位"。佛教在宋代尚呈现出"多元"化职能履行，而至明代，由于外在政治权力的介入，对佛教实施了更为工具性利用的宗教政策，整体性佛教狭隘化为单一的职能承担。明代

---

① 作者简介：吴忠伟，1970 年生于赣之豫章。南京大学哲学博士、苏州大学哲学系教授。主要研究兴趣为哲学形态学、演化心智理论、历史理论等。著有《结盟之心——"已"与早期中国哲学》《宋代天台佛教思想研究》等。

佛教职能的"狭隘"化重要背景在于明政府对"教寺教僧"的划分①，通过明初一系列的诏书文告，明政府将元代已实施的禅、讲、教之界划制度更为行政化地推行，尤其突出教寺教僧之地位，将应付世俗社会需求之佛事活动专门归属"教僧"，并将"教僧"的资格培训、认证予以行政规划。② 明政府的这一佛教政策举措虽然意在整饬元末以来佛事泛滥之格局，而其滋生之弊端则在于"由于这一类寺僧可以堂而皇之地有更多机会接触世俗社会，而为世俗方面视之为佛教的代表，可是此类教寺教僧则随着法事的功能化而泛职业化现象越来约严重"③。由于佛教职能的职业化，传统复杂的"忏仪"日渐形式化，最后演变成为一"谋食"的经忏之行。对于"忏仪"的形式化、"释子"的职业化，明代佛教界内部是有反思，试图制止这一倾向，其中尤以云栖袾宏的工作最为重要。云栖袾宏（1535—1615）为晚明四大高僧之一，其时袾宏驻锡杭州云栖寺，以持戒精严、整顿僧团而名扬海内。针对佛教"职能"的定位落实问题，袾宏主要从两个方面展开其工作：一是重建"丛林"清规，以"条例"化的"规约"形式"检束"释子；二是修订"忏仪"文本，通过"节目"化之设置使得"忏仪"合法有效地实施。

一　规约的"条例"化

众所周知，清规本为唐之禅师百丈首创。至宋，随着禅宗寺院获得一主导性地位格局，清规逐渐发展成为佛教之普遍制度之法，出现了一个清规编撰的高潮，不仅禅宗有更趋完备的清规，天台亦有《教苑清规》之制定。不过到了明代，由于佛教自治空间的压缩，内部的良莠不齐，寺院道场运作的有效性出现了问题。针对于此，明代寺院清规的建设愈发"规约"化，进而突出了以"条目"、"事规"的形式规范僧众行为，以维持道场的清净。袾宏的《云栖共住规约》可以说最典型地反映了此点。

---

① 周齐：《明代佛教与政治文化》，北京：人民出版社，2008 年版。
② 周齐：《明代佛教与政治文化》，北京：人民出版社，2008 年版，第 118 页。
③ 周齐：《明代佛教与政治文化》，北京：人民出版社，2008 年版，第 119—120 页。

《云栖共住规约》(以下简称《规约》)中对"规约"的制定极为繁复细致，主要涉及不同职能道场(堂约)、寺院制度运作(寺约)、僧人日常事务行住坐卧(人约)三大领域。从其目录看，包括了上集、下集、别集、附集四个方面。其中上集是有关各堂的规约，可谓"堂约"：一大堂、二西堂、三律堂、四法堂、五老堂、六病堂、七各房、八下院。显然，这里的规约主要是关于不同职能"道场"之设置，强调"一堂""一职"。如"大堂"，其一便是"堂中四时止静，三时礼诵，一时入观。……"①尤其是《规约》还特别指出，"众中或有杂居净业堂而不修念佛三昧作别行者，今本堂专一念佛，恐相耽误，不敢强留。后倘发心念佛，可以再来无妨"②，可见大堂为专修"念佛"法门者，不留修他法门之人，故有此"规约"之设。再如"老堂"，其规约之一便是"老堂年满七十，在寺慎修无过者，方可送入。八十者量处，九十者径送"③，故老院为安置年老退院者。需要特别指出的是，无论哪堂道场，其规约之执行是有相应之保障机制，即以"罚钱"的形式来惩罚不如约而行者，如"律堂"规约之一"各具本受戒经、《沙弥律仪》、《四分戒本》、《戒疏发隐》，缺一罚钱三十文；各具衣钵，缺一，罚钱三十文"④。以"罚钱"形式对治不如约者，此确为"处罚条例"，除其条例化特征外，还反映了明代后期商品经济发展对寺院生活的渗透。

下集则是关涉寺院运作的"寺约"，包括：一直院事宜、二额定人数、三节省财费、四出应期会、五暂到客众、六外住法眷、七十方云水、八众事杂式。这些涉及寺院日常运作的"寺约"包括寺院的值班管理、开销计划、安置各色人员等诸多方面。如第一"直(值)院事宜"，乃指寺院僧众之轮班值日制度，十分重要，如《规约》云"嘱语请解行具足人作丛林主，如无其人，姑循戒次权直(值)。力薄者，二人共之。全无力者，纳银一两免之。力堪而求免者，哪银四两八钱免之。七十以上者，径免。直(值)年不满者，一月纳银四钱。虽当戒次而其人素行不端，众所

---

① 袾宏：《云栖共住规约》(上集)，《莲池大师全集》(八)，第4799页。
② 袾宏：《云栖共住规约》(上集)，《莲池大师全集》(八)，第4805页。
③ 袾宏：《云栖共住规约》(上集)，《莲池大师全集》(八)，第4813页。
④ 袾宏：《云栖共住规约》(上集)，《莲池大师全集》(八)，第4807页。

厌恶者,置之不用。不肯依诫言立誓愿者,令照例纳银四两八钱免之"①。"直(值)院"乃是寺院制度运作的重要一环,本意在让全体僧众共同参与寺院管理,发挥其主动性,故原则上寺僧均有"轮值"之义务。然由于或身体,或能力态度或戒行上的种种原因,有些僧人免于此义务,为此,还是采取"经济"手段,以"纳银"的形式作为免行的条件。既立"直(值)院",则赋予其相当权限,故"众中凡事俱白直(值院),不白径行者,事小罚钱三十文,事大罚钱一百文,误事罚以出院。而直(值)院亦不得因而任意独专,不与耆老众执事共议。轻则罚,失事罚已退换"。这里对"直(值)院"权限有明确规定,当然也指出其不可任性而为。事实上,"直(值)院"之设意在共同管理,而非只任其一人独"值",所以其有相应之补充条款,故云"事难独成,功在夹辅,以一人之闻见有限故也。今将合山大众挨次轮日,各陈其所欲言,名曰僧直(值)。又复关系丛林大事,不可迟误者,无论僧行老幼一切人等,皆得即言无隐,不必要待轮该僧直(值)方说。而直(值)院人不受善言,当行不行,每一事罚钱二十文,大事倍罚,失事罚已出院"②。可见直(值)院只是一"权设",僧众不必拘泥于此而只在任直(值)院时贡献其言,反之直(值)院者亦当尊重此职,认真履行其之权利,否则亦有失职之问。从"直(值)院"之设不难看出,《规约》确乎有一恢复丛林"共议"传统之考虑。自然,丛林规矩亦不外在于整个社会运作机制,晚明江南一带有新兴的商品经济活动与活跃的市民生活,其对既有政治运作形式当有某种冲击,也当间接地对寺院制度设计产生一定影响。

再有便是别集、附集部分,乃是对僧人日常事务、行住坐卧的规范,故谓"人约"。因为"人约"乃关涉僧众的日用之行,所以最为繁多,现不惮繁琐,将之列之于下。别集:一十种僧约③、二修身十事、三直(值)院诫言、四堂铭、五库铭、六厨房铭、七浴室铭、八定香铭、九受食偈、十誓神偈、十一老堂警策、十二病堂警策、十三生所警策、十四诵戒仪、十五听讲嘱语、十六善罚例、十七免例、十八摈式、十

---

① 袾宏:《云栖共住规约》(下集),《莲池大师全集》(八),第 4823 页。
② 袾宏:《云栖共住规约》(下集),《莲池大师全集》(八),第 4824—4825 页。
③ 关于袾宏的《僧约十章》,参见陈永革撰、赖永海主编:《中国佛教通史》第 12 册第六章第一节,佛光文化事业有限公司,2014 年。

九序礼式、二十年考式、二十一求住式、二十二剃发式、二十三学戒式。以上所列二十三项规约，不仅有对僧人日常职守与个人行为的具体规范，还涉及到处罚、摈除等执行的规定，所以十分"条例"化。我们试以"库铭"为例。所谓"库铭"，即是以"铭"之形式所制定的仓库物品保管条例，"物属招提，丝毫难犯，守在尔躬，必敬必悚。清若澄潭，正如正直，无曲无私，何忧何患。一有差池，龙天较勘，凛凛遐风，买生姜汉"①。显然，"库铭"以警句格言的形式将库房职守之要求表达出来，不仅清楚而且易入人心。至于附集部分，其所列条例有：一各执事条约、二斋堂条示、三调理行人、四晚餐偈、五僧直（值）凡例、六半月誓神说、七赴请三约、八云栖流通藏本法宝条约、九藏经堂事宜、十水陆道场规约、十一水陆道场议、十二诵经礼忏不诚敬罚例、十三学经号次、十四僧籍次、十五求戒启式、十六授衣式、十七受戒式、十八拾遗式、十九过犯忏悔式、二十责问帖式、二十一板帐清式、二十二津送式、二十三建塔式、二十四上方善会约、二十五鱼池事宜、二十六建塔所费议、二十七勿纳沈氏子孙出家议。附集所列条例类型有同于别集部分者，如斋堂条示、晚餐偈等大致类同别集中的受食偈，但还有其特别之处，如关于各执事的条约、水陆道场规约等。所谓"执事"，即各职能部门负责人，对此，《规约》列出了二十九个，如当家、知库、知客、书记等等，并一一予以相应规约。如"当家"之规约，"当家是大众所依，须发大好心，扶持丛林，弊要革，利要兴，不可糊涂过日，只图限满而已"②，此要求当家者有一锐意进取、扶持丛林精神。此外，"大小执事尽皆有人承受，当家管何事，须是总理一切，时时觉察，处处巡行，早晚用心，莫误大众修行大事"③，此对"当家"之职能所在又作了确定，不当日理众务，而当总揽全局，为丛林发展作擘画。至于"水陆忏仪"，也是附集部分特别重要的。如在《水陆道场议》中，袾宏提出了"水陆道场"不应频作，否则无益而反致患，其具体有五过："频作则劳，劳则倦，种种当办之事或不周备，其过一也。偶一为之，生难遭想，兢兢业业，频作则视为寻常，或亏于诚敬，其过二也。春夏秋

---

① 袾宏：《云栖共住规约》（别集），《莲池大师全集》（八），第4857页。
② 袾宏：《云栖共住规约》（附集），《莲池大师全集》（八），第4877页。
③ 袾宏：《云栖共住规约》（附集），《莲池大师全集》（八），第4877页。

时，送圣化纸，供具繁广，烧害虫蚁，其过三也。焰口太多，或有过差，因而反致招鬼惹祟，其过四也。不惟僧众怠慢，亦或斋主不恭，其过五也"，除此五过，尚有难以悉知觉察者。总之，"水陆"频作则失去诚敬之心，其行法的有效性得不到保证。于此我们看到，袾宏对水陆忏法形式化的对治。

二　忏仪的"节目"化

对道场清规的"条例化"整顿意在确立道场清修的优先性，对治忏仪的形式化与职业化。在上文中我们已述及《云栖共住规约》对"水陆忏法"的规约，即行者当保持"诚敬"之心，同时不当频作。事实上，袾宏对"经忏"问题的思考不只是在一"规约"层面上，而是与其对"僧德"的要求相关联，即"经忏"为僧人"不应为"之事行。① 因此，袾宏乃是要从佛教之"职能"履行与"僧人"之身份定位来处理"忏仪"的形式化，这体现了袾宏思考的深刻性。不过必须指出的是，虽然袾宏再三强调"经忏"非僧人之所应为，但其并非是一般性地绝对反对经忏，因为"他所戒的是已经沦为商业化、形式化、世俗化的经忏。即僧人以经忏为业，它成为谋生赚钱的工具，换言之，即所谓的'赶经忏'"②。事实上，如宋代天台忏法所示，"忏"乃是内含"观心"之法，其有理忏、事忏（礼忏）之别，后者当以前者作为指导原则，否则即堕入事相形式，乃至本末倒置。因此，袾宏虽否认僧人行"经忏"的合法性，但并未否定忏法的合法性，相反，其对传统忏法特别是"忏仪"还作了相当的整治工作。不过，虽然袾宏的工作于"忏仪"的商业化、形式化有一定程度的对治之功，然其并不取消忏法，相反，通过在"技术"层面确保忏法的有效施行，袾宏是将"忏仪"进一步"节目"化。可以说，袾宏乃是继遵式之后，水陆忏仪最重要

---

① 释见晔：《明末佛教发展之研究——以晚明四大师为中心》，台北：法鼓文化事业股份有限公司，2007年版，第89页。

② 释见晔：《明末佛教发展之研究——以晚明四大师为中心》，台北：法鼓文化事业股份有限公司，2007年版，第91页。

的修治者。①

我们以《法界圣凡水陆胜会修斋仪轨》说明之。《法界圣凡水陆胜会修斋仪轨》本为宋元之际的天台史家志磐所撰，属于所谓的"南水陆仪轨"②，袾宏则在原本基础上作了一"重订"工作。然此重订不只是文献学意义上的，更有一诠释学意义上的。借对"忏仪"文本③的注释说明，袾宏将"文本"予以扩展甚至予以新的"组织"，从而开出新的文本义涵。根本来说，《法界圣凡水陆胜会修斋仪轨》原本更多只是一静止的"文本"格式，而袾宏则将此"文本"给予了"动态"性的演绎，以"节目"化的形式使之成为一"施行"的文本。具体来说，这一"节目"化可以从以下两个方面来分析：文本的情节化、忏仪角色的职能分工。

我们首先看文本的情节化。

在志磐《法界圣凡水陆胜会修斋仪轨》的文本中，我们看到的只是对"忏仪"的静态"叙述"，其中并无有一"情节"性的展开。譬如卷首初云，"行晨朝开启法事，至心归命，礼十方法界诸佛法僧常住三宝"④，然后是"法性湛然周法界，甚深无量绝言诠释。……"几段偈颂，紧接着就是"我佛如来有净三业真言，谨当宣读"，继之以真言。显然，此几段文字是讲述行此水陆忏法的前奏，突出了归命三宝，受持真言之仪式环节，然我们于其中看不出具体忏法之如何实施。对比此一静态的文本叙述，袾宏在原本中加入了许多文字说明，此不但是为了作一具体解释，更有将文本串联，使之构成一有"情节"之忏仪施行之意。如相应于以上几段，袾宏分别补入相关文字。于"行晨朝开启法事"之前，先加上"先一日，大众沐浴更衣，预戒众人。次日早起，候明相现，小食罢，便行开启法事，不可延缓，以致失时。若在伽蓝中，施主宜先期预至"。此段文字说明了行法事之前的具体注意

---

① ［美］太史文：《幽灵的节日——中国中世纪的信仰与生活》，侯旭东译，杭州：浙江人民出版社，1999年版。

② 牧田谛亮：《水陆法会小考》，杨曾文、方广锠编：《佛教与历史文化》，北京：宗教文化出版社，2001年版。

③ 利科云，"我们把所有通过文字（écriture）固定下来的话语（discours）叫做文本"。见保罗·利科著：《从文本到行动》，夏小燕译，上海：华东师范大学出版社，2015年版，第148页。

④ 志磐撰、袾宏重订：《法界圣凡水陆胜会修斋仪轨》第1卷，《莲池大师全集》（五），第2701页。

事项，尤其指出"不失时"的重要性。在"行晨朝开启法事"之后，袾宏补入"法师领施主入道场，次第上香法事。众动铙钹，表白唱言"，此段文字的补入很重要，因为其正起到了承上启下之用，将"行晨朝开启法事"与"至心归命，礼十方法界诸佛法僧常住三宝"衔接起来，从而展示了一"情节"性。显然，从静态的"行晨朝开启法事，至心归命，礼十方法界诸佛法僧常住三宝"叙述，我们看不出一"情节"的展开，因为并无对行为"主体"的说明，而只有一般性地行事要求。而一旦加入上述之"补语"，则因不同行为"主体"的出现，此"行事要求"就转为一具体之行为实施，因为"至心归命，礼十方法界诸佛法僧常住三宝"不是与"行晨朝开启法事"平行之句，前者是"表白"这一职能主体之"唱言"之内容，后者主要是对法师主持法事之职务要求。所以接着"至心归命，礼十方法界诸佛法僧常住三宝"一句，袾宏马上补入"大众和云"一句，意即对"表白"之"唱言"的应和。进而在"常住三宝"一句下，袾宏再加入"表白执炉振铃，述净土三业偈咒，每偈四句，一鸣鼓钹，宜简雅，不宜繁俗"，此补入仍是承前启后，用以说明后面的偈颂乃至真言乃是"表白"之所述。

从以上列举分析，我们可以看出，袾宏以"补语"形式加入志磐之正文，在原有文本之间制造了一种"隔断"，甚至区分出不同的语句层次；而同时，"补语"又作为一"中介"，衔接、连通了这一由"补语"制造的"隔断"、"分层"，从而将原有文本"扩展"成一新的文本，生成新的具有"情节"性的动态文本。

其次是忏仪角色的职能分工。

与文本的情节化相应的是，我们注意到袾宏"补语"中对忏仪施行角色的职能分工，可以说，后者是前者的前提，若没有此"角色"意识的突出与职能的分工，文本的情节化很难实现。我们还是以列举的形式予以分析。如在一段真言咒语与"上来奉请诸佛菩萨明王诸天，各以威神加被我辈……"之间，袾宏插入一段"表白捧水盂，诵咒七遍。法师想十方如来环坐道场，共放眉间玉毫光入此水中，以彰圣用。世人传诵字句多不正，今依藏中不空《绢索经》录出善本。表白白言"[1]。此段

---

① 志磐撰、袾宏重订：《法界圣凡水陆胜会修斋仪轨》（第 1 卷），《莲池大师全集》（五），第 2721 页。

文字中出现了两个角色形象，其一是"表白"，另一是"法师"，二者分工有别。就"表白"①来说，其职能十分明显，主要是承担忏式施行中的"言语"表述，如"诵咒"与"白言"。不过，"表白"之职虽主要以"言语"表述为主，但似乎也不只限于此，还有其他一些相关的职能履行。其一是拨动铙钹。如袾宏"补语"中在在可见的"诵咒三遍毕，动鼓钹"之句，此表明拨动铙钹乃是"表白"专司之职，且总是配合着诵咒之行后给出。再有便是"表白"之"洒净水"之行。如"大众同诵咒七遍毕，表白洒净水于食上"②，"诵咒三遍动钹，表白散花净道上及以水洒四方上下净道等"③，此类文字也是所在多是。显然，"洒净水"也是由"表白"所司，且是与"表白"之"诵咒"、"动钹"之行相配合的，可以说，"表白"乃是口手并用，要同时负责"言"与"身"二业，其之职能可谓重矣。

与"表白"相比，"法师"之职能似乎更为明确单一，其根本之职主要在"想"（观想）。如"大众同诵咒七遍毕，表白洒净水于食上。法师想此供食出生六尘，种种妙供一时奉上，无所乏少"④，表白是洒净水于"食"上，而法师则是继之观想此"食"，若前者"洒水"之功在将对象之物"食"予以"法物"化的话，那么后者"观想"之用则在于对"食"作一"符号"象征性想象，令一"有限"之物得有"无限"之用。自然，法师所"想"者非限于一般器物，无论是香云经券还是佛菩萨众生形象，均可成为法师所观想者，如"诵咒三遍动钹，法师想此香云遍满法界，一切圣贤悉皆觉知，生欢喜心"⑤。事实上，法师"观想"之功，其原理在于天台的"一心三观"，因为任何一法均可作"三谛"分析，破其自性而达其"具法"。对此，袾宏自己即作了说明，"诵咒三遍动钹，法师当想前所奉种种供事，妙观观之，皆三谛理，是则一一无非真法供养。此理虽易通，人或未达，故今更修法供养者，使义理俱彰，则三谛一体，生佛咸同，法施迷流，可开佛智。作此想时，三宝圣贤咸皆喜之，

---

① 一般义的"表白"乃指法事行为，"法会及修法之际，于佛前申诉其愿望与目的而乞请三宝照鉴，称为表白。又称启白，见星云大师监修、慈怡主编：《佛光大辞典》(4)"表白"条，北京图书馆出版社据台湾佛光山出版社 1989 年 6 月第 5 版影印。
② 志磐撰、袾宏重订：《法界圣凡水陆胜会修斋仪轨》(第 1 卷)，《莲池大师全集》(五)，第 2733 页。
③ 志磐撰、袾宏重订：《法界圣凡水陆胜会修斋仪轨》(第 1 卷)，《莲池大师全集》(五)，第 2739 页。
④ 志磐撰、袾宏重订：《法界圣凡水陆胜会修斋仪轨》(第 1 卷)，《莲池大师全集》(五)，第 2733 页。
⑤ 志磐撰、袾宏重订：《法界圣凡水陆胜会修斋仪轨》(第 1 卷)，《莲池大师全集》(五)，第 2727 页。

冥密护念"①。法师之"观想"供事,只是以"行事"之形式对"三谛"之理作彰显,其可视为将天台之"一色一香无非中道"原则落实到特定的法事活动中。

除《法界圣凡水陆胜会修斋仪轨》之外,袾宏对忏仪的修订还包括《修设瑜伽集要施食坛仪》、《修设瑜伽集要施食坛仪补注》等,表现了袾宏对忏仪的高度重视。总结袾宏的修订忏仪工作可知,其乃是通过在原有忏仪文本中插入"补语",或指出行为主体之职能分工,或点示某一行为的仪式要求,从而赋予"忏仪"以一"情节"性,将"静态"之忏仪文本扩展为一"动态"性文本。袾宏的工作意在对治明代形式化之经忏,通过突出忏仪的"节目"性,袾宏一定程度上将"忏仪"予以"戏剧化",使之呈现一"表演"性,然袾宏的努力未根本改变"佛教礼学"形式化为"经忏佛教"的发展方向。

结语

在晚明佛教复兴运动中,云栖袾宏的工作主要着眼于僧团的建设、道场的整顿,故而关注佛教职能的确立及其落实、履行议题。"规约"的"条例化"意在规范"职能"道场,明确执事之角色权限,以确保道场的清净与有效运转;忏仪的"节目"化则突出了忏仪施行的"情节"性,通过将"静态"之忏仪文本扩展为一"动态"性文本,以对治经忏佛教的形式化。通过这些工作,袾宏试图切断寺院道场与行忏职能的捆绑关系,突出以"戒"为中心的道场清修之本位。显然,袾宏的努力具有一调停性和紧张感,其试图在佛教职能的专门化与寺院道场事务繁复之间保持某种平衡,在对内的"自我规训"②与对外的化他行忏之间做一结合,故可视为是在既有政教关系维持与江南商品经济生活活跃之格局下,晚明佛教基于自治原则对自身职能定位落实有效性的诉求。

---

① 志磐撰、袾宏重订:《法界圣凡水陆胜会修斋仪轨》(第2卷),《莲池大师全集》(五),第2794页。

② 袾宏对"规约"的"条例化"处理颇有一"自我规训"之意涵,似反映了佛教对来自于外在权力规划、整治的一"内在化"接纳。关于"规训"理论,参见米歇尔·福柯:《规训与惩戒》,刘北成、杨远婴译,三联书店,1999年。

毋谓南华胜儒佛

——莲池大师云栖袾宏的庄子观

韩焕忠①

（苏州大学宗教研究所）

摘　要：莲池大师云栖袾宏最先代表佛教界对有些僧人研读《庄子》做出了回应。他将《庄子》胜于佛经的言论斥为"俗士村学"。他不仅不同意《庄子》相对于佛教经典具有优越性，而且明确表示，即便相对于儒家的六经四子，即通常所说的五经四书，《庄子》也没有任何的优势可言。古代祖师大德们疏解佛教经典、撰写佛教著述之所以经常引用《庄子》，是因为《庄子》在中土是最为优秀、最为流行同时也广受欢迎的经典之一。云栖袾宏最早意识到《庄子》的兴起必将对佛教的发展产生深刻的影响，这充分表明其思想还是很具有前瞻性和敏锐性的。

关　键　词：云栖袾宏　庄子　佛经

明中叶后，在阳明心学的鼓荡下，佛道二家都呈现出振兴之势。道家之学中，尤以《庄子》最受世人青睐，常有人谓南华妙义远胜佛经。时风所染，甚至有些僧人也开始研读《庄子》，这不能不引起一些高僧大德的担忧。最先代表佛教界对此做出回应的，则是莲池大师云栖袾宏。

---

① 作者简介：韩焕忠，山东曹县人，哲学博士，苏州大学宗教研究所教授，博士生导师，苏州戒幢佛学研究所研究部主任，主要研究中国佛教与传统文化。

云栖袾宏(1535—1615)，字佛慧，自号莲池。俗姓沈氏，浙江仁和（今杭州）人，十七岁补邑庠，历试冠诸生，后信奉净土宗，志在出世。三十一岁投性天理和尚出家，既而于杭州昭庆寺受具，学教参禅，历游诸方。三十七岁返回杭州，结茅安居于古云栖寺旧址，日久渐成丛林，同门尊之为云栖大师。云栖袾宏住持云栖寺四十余年，期间他严持毗尼，制定规约，披阅三藏，注释经典，著有《戒疏发隐》、《弥陀疏钞》、《具戒便蒙》、《禅关策进》、《竹窗随笔》、《竹窗二笔》、《竹窗二笔》等二十多种行世，后来编成《云栖法汇》。云栖袾宏教崇华严，但同时主张各宗并进，戒律为基础，弥陀净土为归宿，后世尊之为华严圭峰下第二十二世，莲宗第八祖。①

《竹窗随笔》中有三篇题为《庄子》的短文，这是云栖袾宏《庄子》观的集中体现。为了行文上的便利，本文就以这三篇短文作为最基本的分析文本。

一、崇庄者不过俗士村学

莲池云栖袾宏身为一代高僧，他近乎本能地将《庄子》胜于佛教经典的言论斥为"俗士村学"。其《庄子（一）》云：

> 有俗士，聚诸年少沙弥讲《庄子》，大言曰："《南华》义胜《首楞严》。"一时缁流及居士辈无斥其非者。夫《南华》，于世书诚为高妙，而谓胜《楞严》，何可笑之甚也！士固村学究，其品猥细，不足较，其言亦无旨趣，不足辨，独恐误诸沙弥耳。然诸沙弥稍明敏者，久当自知。如言鍮胜黄金，以诳小儿，小儿既长，必唾其面矣。②

中晚明时期，出家僧众的素质良莠不齐。一些经济比较富裕的寺院为了提高本寺僧众的素质，往往会延聘塾师，向年轻的沙弥讲授一些五经四书以及《老

---

① 有关云栖袾宏生平，参见明河：《补续高僧传》卷5，《卍新续藏》第77册，第401页上—402页上。
② 云栖袾宏：《竹窗随笔》，《嘉兴藏》第33册，第26页中-下。

子》、《庄子》之类的儒道经典。当时,宋代儒生林希夷的《庄子口义》及明代道士陆西星的《南华副墨》在读书人中比较盛行,有些塾师们就将其作为讲授《庄子》的重要参考书目。但由于这两部著作的作者均非佛教信徒,书中不免带有一些《庄子》的思想义理胜过佛教经典的言论,不经意间引起了佛道之间孰优孰劣的辩论,由此也引起了云栖袾宏的不满。上揭之文基本就是这种不满情绪的体现。不过在这里,云栖袾宏对于《庄子》优越于当时非常流行的佛教经典《楞严经》的说法所作的反驳完全是信仰主义的,缺乏必要的学理分析;如果站在今天的立场来看的话,不加分析地将持不同思想观点的人直斥为"俗士"、"村学究",谓"其品猥细",即人品猥琐、不值得重视等,似乎有些人身攻击的嫌疑;而谓"其言亦无旨趣,不足辨",这种不屑一辩的态度也缺乏详细解说的耐心和兴趣;最后以"必唾其面"相威胁,更是有失学者和一代祖师大德应当具有的雍容器度。如果单纯地从佛道两家学理辩论的角度来说,云栖袾宏如此的武断和蛮横,基本上意味着佛教的彻底失败。但是,云栖袾宏曾经参过禅,深知禅师家善于运用棒喝的方式打断学者向外寻求的路子。由此我们也可以说,如果从参禅悟道的角度而言,云栖袾宏此法颇得禅宗棒喝截流之妙,直接将那些在《庄子》玄风中迷醉不已的沙弥们的思路拉回到佛经之中,不与对方较论彼短此长,为此确实可以省却许多不必要的口舌之辨。

但有些辩论还是必要的,因此云栖袾宏还有《庄子(二)》的写作,如上所论,也就仅为首先的开宗明义而已。

二、庄子义劣于六经四子

在《庄子(二)》中,云栖袾宏不仅不同意《庄子》相对于佛教经典具有任何的优越性,而且还明确表示,即便是相对于儒家的六经四子,即通常所说的五经四书,那些儒士大夫平素习为业的功利之书,《庄子》也没有任何的优势可言。他说:

　　或曰:"《庄子》义则劣矣,其文玄旷疏逸,可喜可愕,佛经所未有也。诸为古文辞及举子业者咸靡然宗之,则何如?"曰:"佛经者,所谓至辞无文者也,而与世人较文,是阳春与百卉争颜色也,置勿论。子欲论文,不有六经四子在乎? 而大成于孔子。吾试喻之。孔子之文,正大而光明,日月也;彼《南华》,佳者如繁星掣电,劣者如野烧也。孔子之文,渟蓄而汪洋,河海也;彼《南华》,佳者如瀑泉惊涛,劣者如乱流也。孔子之文,融粹而温润,良玉也;彼《南华》,佳者如水晶琉璃,劣者如玟珂碔砆也。孔子之文,切近而精实,五谷也;彼《南华》,佳者如安南之荔,大宛之葡萄,劣者如未熟之梨与柿也。此其大较也,业文者宜何师也? 而况乎为僧者之不以文为业也。"①

　　如上所说,云栖袾宏对于《庄子》义胜佛典的否定和驳斥未经任何的分析和辩解,完全是一种信仰主义的权威独断论。也许是慑服于其高僧大德的身份和威望,主张《庄子》胜于佛经者于是又后退了一步,对云栖袾宏所说的《庄子》的思想义理远较佛典为低劣的断言表示接受和认可,但对方同时也表示,《庄子》的辞藻非常美妙,行文极为流畅,熟读其文,对于学习撰写文章和参加科举考试的人来说,还是很有用处、很有必要的。

　　云栖袾宏继续运用"夺饥者之食,驱耕夫之牛"的禅师作略,决计对任何有利于《庄子》或为《庄子》留有任何余地的说法都予以彻底剿绝,以使对方对《庄子》彻底灰心,直至完全放弃。云栖袾宏指出,佛教经典是"至辞无文",即不需要任何文饰的最好的文章,犹如阳春一般;《庄子》虽然文采绚烂至极,但无论如何都不过是诸多花卉中的一种,花卉中的一种怎能与阳春相媲美呢! 也就是说,云栖袾宏从来就没有把佛教经典与《庄子》放在相互对等的地位上,因此断然拒绝将二者加以比较。

　　在云栖袾宏看来,学习撰写文章,为参加科举考试做些准备,这不过是些世俗的利禄之事罢了,因此,如果非要以某些经典文本与《庄子》进行相互对比的

_____

① 云栖袾宏:《竹窗随笔》,《嘉兴藏》第33册,第26页下。

话，也只能是与那些世俗的儒家经典相比。不过，即便是退到世俗论文的地步上，云栖袾宏也不认可《庄子》有多大的意义和价值。他指出，就算是仅仅为了世俗的目的学习撰写文章，那些儒家的经典，即以六经四子为主要内容的所谓"孔子之文"，也比《庄子》要强得多。为了证明自己的观点，他对儒道两家的经典进行了简单的相互比较，他指出"孔子之文"如日月一般"正大而光明"，如河海一般"渟蓄而汪洋"，如良玉一般"融粹而温润"，如五谷一般"切近而精实"。相对而言，《庄子》则优劣互见，良莠不齐，如繁星掣电中参杂着野火，如瀑泉惊涛中充斥着乱流，如水晶玻璃中混入些玟珂碔砆，如荔枝、葡萄中装了些未熟的梨子与柿子。总之，与五经四书等"孔子之文"相比，《庄子》实在是差得太远了，因此他坚定主张，即便是撰写文章，还是应该向孔子和儒家经典学习，何况出家为僧又不用撰写文章，因此就更没有必要学习《庄子》了。

很显然，与评定佛教经典所蕴含的思想义理优于《庄子》一样，云栖袾宏运用诸多的譬喻和对比，得出了五经四书等"孔子之文"远胜于《庄子》的结论，仍然是非常缺乏学理的思辨和分析的独断论，完全是在凭自己的感觉说话，因此谈不上有多少的客观性，但是他联合儒家对抗道家特别是《庄子》的致思倾向却是非常明显的。这是因为儒家作为当时居于主流地位的意识形态，对国家政令与社会风俗具有主导的作用，无论是在政治上所具的优越性还是社会生活中所发挥的影响力，都是任何宗教和思想流派所无法比拟的，而佛道两家则在一定程度上处于相互竞争之中，因此儒家就成为佛道两家争相援引和倾诉的对象，云栖袾宏的联儒抗道就是佛教在这种文化环境中经常运用的一种思想斗争策略。

云栖袾宏希望人们，入世求名求利时，就去学习儒家的经典；出世希望得到解脱时，就要遵循佛经的教诲。但是在事实上，却还有为数不少的一批人，既对世俗的人们沉醉其中的功名利禄怀有深恶痛绝之心，又不愿沉入到青灯古佛的寂静和孤独之中，他们更愿意追求人间世的逍遥和徜徉，这是《庄子》在历代都能得到风行影从的基础。云栖袾宏似乎没有意识到这一部分人们和这一种心理现象的存在，故而要求人们出入于儒佛之中，殊不知儒道佛三家并立和共存为人们提供心灵翱翔的思想空间更为广阔。后来的高僧大德们，如憨山德清、吹万广真、觉浪道盛等人，都意识到了这点，因此走上了对《庄子》进行同情理解的思想道路，其思想器度显然要比云栖祩宏更为开阔、疏朗和通达得多。

三、引庄语仅是仿佛而已

云栖祩宏对《庄子》的评价既然这么低，那么他便面临着这样一个问题，即古代的祖师大德们在疏解佛教经典、撰述佛学著作的时候，为什么却频频地引用《庄子》呢？其《庄子(三)》就是解答这个问题的。

> 曰："古尊宿疏经造论，有引《庄子》语者，何也？"曰："震旦之书，周孔老庄为最矣。佛经来自五天，欲借此间语而发明，不是之引，而将谁引？然多用其言，不尽用其义，仿佛而已矣，盖稍似而非真是也。南人之北，北人不知舟，指其车而晓之曰：'吾舟之载物而致远，犹此方之车也。'借车明舟，而非以车为舟也。"①

这就是说，在云栖祩宏看来，《庄子》在义理上虽然远不及佛教经典那么高深，那么殊胜，在文辞、内容和作用等方面也不如儒家经典那么纯粹，但是，《庄子》毕竟还可以算得上是中国最为优秀的著作之一。而佛教经典作为一种从印度异域传来的翻译文本，要想在中土获得理解、认同和信仰，就必须要借助于人们所熟知的中土固有经典中的词语、概念和范畴，才能将自身蕴含的深刻思想和丰富义理展现出来。《庄子》既然是中土最为优秀、最为流行同时也广受欢迎的经典之一，其情趣、文风和辞采深得中土士大夫之喜爱，可谓是早已浃肌沦髓，那么自然也就成为古代祖师大德们疏解佛教经典、撰写佛教著述经常引用的重要典籍了。不过云栖祩宏同时还指出，古代的祖师大德们对《庄子》的引用，只是引用其语言和辞藻而已，对于其语言辞藻之中的思想内涵，还是有所保留的，其与

---

① 云栖祩宏：《竹窗随笔》，《嘉兴藏》第33册，第26页下。

佛教经典只是具有一定程度上的相似性而已，在本质上还是有着重大区别的。为了进一步阐明这个道理，他打比方说，一个南方人到北方去，北方人不知道船是什么样子，这位南方人就以北方人司空见惯的车作为比喻，向北方人说明船的乘载功能，但这并不意味着船就是车，或者船和车就是完全一样的。云栖袾宏认为，祖师大德们在翻译佛教经典和撰写佛教论著时引用《庄子》的情况就与此相似，只是为了方便那些不懂佛教的人产生理解而已。我们说，云栖袾宏虽然极力批驳《庄子》相对于佛教具有任何优越性的言论，但在此处，他仍然不得不承认《庄子》是中国最重要和最优秀的经典文本之一，不得不承认《庄子》对于理解佛教经典具有不可替代的重要作用。

云栖袾宏修行艰苦卓绝，真切实落，而且又知识渊博，因此成为当时僧俗两界都非常景仰的大善知识，受到人们的无比尊崇，晚明佛教也因为他的住持而为之一振，开始呈现出某种程度的复兴态势来。在纷纭复杂的中晚明思想界，面对僧俗两界纷纷为《庄子》所吸引的思想状况，云栖袾宏非常希望通过联合儒家，将《庄子》拒斥于佛门之外，既可以减轻佛门所受到的竞争压力，又能够纯洁和净化佛教信众的信仰。我们对云栖袾宏如此评论《庄子》的出发点和目的虽然可以理解，但是却不得不说，云栖袾宏对《庄子》的看法是有其狭隘性的，这样做不仅无法将《庄子》拒之于门外，反而很有可能使佛教与当时的思想潮流隔离开来，倒不如憨山德清、吹万广真、觉浪道盛等人以佛解庄，使佛教与《庄子》实现深度融合，使《庄子》能够为佛教所用，更有利于佛教的发展。但在晚明佛教界中，云栖袾宏最早意识到《庄子》的兴起必将对佛教的发展产生深刻的影响，这充分表明他的思想还是很具有前瞻性和敏锐性的，后来诸多高僧的以佛解庄，在某种程度上也是在云栖袾宏式的拒斥之外，对这一问题的另一种回应而已，这也是云栖袾宏这三篇讨论《庄子》的短论在中国庄学史的意义之所在。

南朝时期的讲经与讲经僧钱塘真观

邱高兴①

（中国计量大学人文社科学院）

摘　要：佛教传入中土后，高僧大德远秉佛之遗训，近寻佛教中国化之良方，遂形成了僧讲与俗讲同重，转读与唱导并行等丰富多样的宣讲形式，并逐渐影响到中国世俗社会的方方面面，构成了源远流长的中国佛教讲经历史。南朝时期从讲经内容看，以《成实论》《涅槃经》为主，兼及《华严经》《法华经》，形成了师说传统。从讲经形式看，僧讲、唱导、斋讲等各种讲经方式并举。在杭州地区，尤以钱塘真观唱导讲经最为知名。

关 键 词：讲经　南朝　真观

佛教讲经是指以佛典解释与理解为前提，以经典讲说为手段，以众生教化与佛教弘扬为目标的一种宗教活动。释迦牟尼在世时，自说教化，弟子亲受。涅槃后，依法不依人，众弟子结集成经律论三藏。以此为基础，后世的佛弟子迭代讲诵与弘传，形成了印度佛教经典讲习的传统。

中土讲经始于汉桓帝时期的安清、安玄。"安世高善《毗昙》学，译经时随文讲说。"乃至于两晋时流行的格义之法，也是受了安世高讲经方式的影响。② 中国讲经制度的建立，有赖于道安和慧远两位高僧的贡献。道安确立了定座上讲之法：

---

① 作者简介：邱高兴，中国计量大学人文社科学院院长。主要研究方向为中国佛教史、华严宗哲学。
② 汤用彤：《汉魏两晋南北朝佛教史》，武汉：武汉大学出版社，2008 年，第 76 页。

安既德为物宗学兼三藏,所制僧尼轨范佛法宪章,条为三例:一曰行香定座上讲经上讲之法,二曰常日六时行道饮食唱时法,三曰布萨差使悔过等法。天下寺舍遂则而从之。①

道安所指定的三种佛教制度中,第一种即为讲经之法。《续高僧传》中僧旻也说:"昔弥天释道安每讲于定坐后,常使都讲等为含灵转经三契。此事久废。"②也说明了道安所确立的这种制度曾经实行过,但在南朝时期已经失传。南朝时,师说兴起,讲经盛行,僧讲俗讲并重,是中国佛教发展史上的一个重要时期。

一、南朝时期以《成实论》《涅槃经》为主的讲习

南北朝是佛教师说盛行的时期。师说指的是和隋唐时期的宗派相比较来说,"不像三论宗、天台宗、华严宗等定于一尊,所以称他们为师说,而不称宗派。"汤用彤先生虽未使用"师说"一词,但也曾指出:"惟唐代之争,已立宗派。而六朝之世,佛学只有师法,尚未成立教派。……依史实言之,南北朝仅有经师,如一代大师研通经论,而于《成实》特所擅长,复依此论发明佛学,则谓之《成实论》师也。据此则法师可兼善数经,而不必即宗一经。"③从这个角度看,所谓师说就是高僧因讲说和精通某些佛典而形成的一个佛教义学群体,这个群体从讲主和听众都不固定。讲主可以兼讲几种经典,听众当然也可以同时跟随几位讲主学习。

当时的讲经者虽涉及多种经典,但尤以讲习《涅槃经》《成实论》为主,"宋时贵道生,顿悟以通经;齐时重僧柔,影毗昙以通《论》"。以成实师来说,这些学者兼通各种经论,讲习不限于一经一论,"这种学风,与隋唐时期的定于一尊,因而构成了宗派的有所不同,所以只能叫他们作成实师说。"④

---

① 《高僧传》(卷5),《大正藏》第50册,第353页中。
② 《续高僧传》(卷5),《大正藏》第50册,第463页中。
③ 汤用彤:《汉魏两晋南北朝佛教史》,武汉:武汉大学出版社,2008年版,第491页。
④ 吕澂:《中国佛教源流略讲》,北京:中华书局,1979年版,第125页。

《成实论》的翻译者是鸠摩罗什,最早讲习此论的也多是鸠摩罗什的弟子。僧叡是鸠摩罗什得力弟子,"门徒三千,入室唯八,叡为首领。"于是《成实论》翻译完成后,命僧叡开讲。据说,僧叡讲《成实论》也颇得罗什赞扬。罗什对道融说:"此诤论中有七处破阿毗昙,在言小隐,能不问我,可谓英才!"①

南朝时期又出现了一批讲习《成实论》的高僧,大致同出于罗什门下的僧导和僧嵩。僧导在寿春讲《成实》,跟随学习者约有千人,僧导弟子中最为知名的是道猛。释道猛,原为西凉州人,少年游历燕赵之地,后常住寿春,"力精勤学,三藏九部大小数论皆思入渊微,无不镜彻,而《成实》一部最为独步。"元嘉二十六年(449),东游至京城,并在东安寺大开讲席。刘宋太宗即位前即和道猛熟识,即位后特为道猛建造兴皇寺,并敕令在寺中开讲《成实论》,开题之日,宋太宗亲临讲场,并下诏云:"猛法师风道多济,朕素宾友,可月给钱三万令、吏四人、白薄吏二十人、车及步舆各一乘。"②

道猛的弟子知名的有道慧。释道慧,俗姓王,余姚人,寓居建业。11 岁出家,在灵曜寺拜僧渊为师。14 岁时,读《庐山慧远集》后,慨然与朋友智顺同赴庐山,并在庐山西寺修行三年。其后返回京师,跟随道猛学习。有一次,道猛讲《成实》,曾任司徒左长史的张融提了很多尖锐的问题,道猛称病不答,命道慧代自己回答。张融看道慧年纪轻轻,所以就没太把他放在心上,"慧趁机挫锐,言必诣理","讲说相续,学徒甚盛"。另外道慧法师还有一个重要贡献是在讲经过程中,"区别义类,始为章段"。道慧英年早逝,去世于齐建元三年(481),寿龄仅 31 岁。"临终呼取麈尾授友人智顺。顺恸曰:'如此之人年不至四十惜矣。'因以麈尾内棺中而敛焉,葬于锺山之阳,陈郡谢超宗为造碑文。"③当时和道慧同在庄严寺的僧人有一个叫玄趣僧达,以学解称名当世,精通内外各种典籍,讲经时风度翩翩,辩才无碍,特别善于和听众往复问答互动。因为年少而头发花白,人称"白头达"。

---

① 《中论序疏》,《大正藏》第 42 册,第 1 页上。
② 《高僧传》(卷 7),《大正藏》第 50 册,第 387 页上。
③ 《高僧传》(卷 8),《大正藏》第 50 册。

释僧钟，姓孙，鲁郡人。曾至寿春学习，善讲《成实论》《三论》《涅槃》《十地》等。后住京城中兴寺，"盘桓讲说，禀听成群"，多次为齐竟陵文宣王所请讲经。与他同时齐名者，尚有昙纤、昙迁、僧表、僧最、敏达、僧宝等，"迭兴讲席"。

僧嵩一系以彭城为重镇，僧嵩的弟子授《成实论》《毗昙》给释僧渊。僧渊则有好几位知名弟子：昙度从僧渊法师受《成实论》，"遂精通此部，独步当时"。并受北魏元宏的征请，到平成大开讲席。在北魏皇帝支持下，跟随他学习的人有上千人之多。撰有《成实论大义疏》八卷，在北方颇为流行。此外尚有慧纪、道登，多见重于北地。在南方知名的则有在"荆楚之间，终古称最"的慧球法师。释慧球，本姓马，扶风郡人。十六岁出家，在荆州竹林寺事道馨为师，后来到湘州的麓山寺修习禅定，不久后与同学慧度一起赴京城寻访经典，最后到彭城僧渊那里接受了《成实论》。三十岁时返回了荆州，成为当地弘扬成实的大家，"讲集相继，学侣成群，荆楚之间，终古称最。"①

上述皆为刘宋时期讲《成实》的名家。至南朝梁时，《成实》更盛，"宣武法宠、光宅法云、庄严僧旻、开善智藏，一时名宿，均研《成实》。"②

讲《涅槃经》者，也有一批高僧。如释宝亮，俗姓徐，祖上为东莞大族，后避战乱于东莱弦县。十二岁出家，拜青州道明法师为师。道明也是当时知名的义学高僧，宝亮跟随老师学习后，进步很快，并且受了具足戒。二十一岁时到京城，住在中兴寺，颇得时任宰相袁粲的赏识，"自是学名稍盛"。其后，因亲人去世，南北交通受阻，不能奔丧，于是"屏居禅思，杜讲说绝人事"。齐竟陵王亲自邀请宝亮出山，宝亮才重新"续讲众经，盛于京邑"成为当时知名的讲经者。他曾"讲《大涅槃》凡八十四遍，《成实论》十四遍，《胜鬘》四十二遍，《维摩》二十遍，其大小品十遍，《法华》《十地》《优婆塞戒》《无量寿》《首楞严》《遗教》《弥勒下生》等亦近十遍，黑白弟子三千余人，咨禀门徒常盈数百。"③梁武帝于天监八年（509）命宝亮作《涅槃义疏》，并亲自作序。梁武帝以帝王之尊，对《涅槃经》也很重视，不仅为宝

---

① 《高僧传》（卷8），《大正藏》第50册，第381页上。
② 汤用彤：《汉魏两晋南北朝佛教史》，武汉：武汉大学出版社，2008年版，第495页。
③ 《高僧传》（卷8），《大正藏》第50册，第381页下。

亮疏作序，也听智藏讲《涅槃》。他自己也曾作疏并公开讲经。

当时南朝讲经，正所谓"《涅槃》《成实》之唱，处处聚徒"。当然除了这两部典籍之外，《法华》《维摩》等也颇受重视。

二、南朝时期的唱导与僧讲

唱导是在斋会中举行的通俗讲经形式。

> 唱导者，盖以宣唱法理开导众心也。昔佛法初传，于时齐集止宣唱佛名依文致礼，至中宵疲极，事资启悟，乃别请宿德升座说法，或杂序因缘，或傍引譬喻。其后庐山释慧远，道业贞华，风才秀发。每至斋集辄自升高座，躬为导首。先明三世因果，却辩一斋大意。后代传受遂成永则。

作为一名合格的唱导师，有"声""辩""才""博"四种素质的要求：

> 唱导所贵，其事四焉：谓声、辩、才、博。非声则无以警众，非辩则无以适时，非才则言无可采，非博则语无依据。至若响韵钟鼓则四众惊心，声之为用也。辞吐后发，适会无差，辩之为用也。绮制雕华，文藻横逸，才声之为用也。商榷经论，采撮书史，捕之为用也。[1]

"声"：声音洪亮，铿锵有力，如同演奏用的钟鼓，一出声就令四众警觉，吸引听众的注意力；"辩"：口齿伶俐，表达清楚，随机应变，少有口误；"才"：口若悬河，文采飞扬，才华横溢；"博"：知识渊博，内外典兼通，说法过程中广征博引，经论史书，善于旁征博引。这四点构成了一名唱导者所应该具有的四种基本功。具备了声、辩、才、博四种基本功后，还需要具有因材施教的能力，即根据不同的对象，

---

[1] 《高僧传》（卷8），《大正藏》第50册，第417页下。

来区别地采用不同的唱导方式：

> 若能善兹四事，而适以人时。如为出家五众，则须切语无常苦陈忏悔；若为君王长者，则须兼引俗典绮综成辞；若为悠悠凡庶，则须指事造形直谈闻见；若为山民野处，则须近局言辞陈斥罪目。凡此变态，与事而兴，可谓知时知众，又能善说。①

这就是说，针对出家五众的宣导，要以一切皆苦、诸行无常，自恣忏悔等佛教经典中的教义为中心；针对帝王长者，则不能局限在佛教典籍，还要适当引用世间的典籍，讲究辞藻，方能引起他们的重视；对于广大的一般信众来讲，讲法则要通俗易懂，以街谈巷议的各种闻见、以发生于身边的各种故事来引导他们；至于那些居住在偏僻之地的山民愚夫，则可以直陈其罪过，促其改正。这些都是唱导师需要具备的能力。当然，这些能力固然重要，更为重要的是能够以真情感人，"故以恳切感人，倾诚动物，此其上也。"这才是最为根本的一点。

在《高僧传》中，慧皎列举了十位著名的唱导师。如"独步于宋代之初"的释道照，"披览群典，以宣唱为业。音吐寥亮，洗悟尘心。指事适时，言不孤发。"如"以善诱为先"的释昙颖，"属意宣唱，天然独绝。凡要请者，皆贵贱均赴，贫富一揆。"如"唯以适机为要"的释法愿，"善唱导，及依经说法，率自心抱。无事宫商，言语讹杂。"这些唱导师"则擎炉慷慨，含吐抑扬，辩出不穷，言应无尽。谈无常则令心形战栗，语地狱则使怖泪交零，征昔因则如见往业，核当果则已示来报，谈怡乐则情抱畅悦，叙哀戚则洒泪含酸。于是阖众倾心，举堂恻怆，五体输席，碎首陈哀，各各弹指，人人唱佛。爰及中宵后夜，锺漏将罢，则言星河易转，胜集难留，又使人迫怀抱，载盈恋慕。当尔之时导师之为用也。"

当然，唱导这种讲经形式，注重通俗易懂，更多地是面向普通信众，虽然原则上要求声、辩、才、博，但一般上说，声、辩更为重要。因此才出现了评论一些唱导

---

① 《高僧传》(卷8)，《大正藏》第50册，第417页下。

僧时"虽义学功浅而领悟自然""言语讹杂"的说法。释僧旻也曾有"寺僧多以转读唱导为业,旻风韵清远了不厝意"的经历。

与唱导比较而言,僧讲是比较正式的讲经,是为培养僧徒所进行的弘法活动。南朝时僧讲之制,因资料缺乏,不能详述。但其中一些重要环节,可略窥一二。

讲经时需要有主讲的讲经僧外,还需要有一个都讲。都讲是讲经活动中的一个重要角色,其主要承担两种职责,一是提出疑问,不断辩难。如东晋时期支道林与许洵之间就是一个为讲师,一个为都讲。二是负责颂经,供讲经者来解释。

> 支道林、许掾诸人共在会稽王斋头,支为法师,许为都讲。高逸沙门曰:"支通一义,四坐莫不厌心;许送一难众人莫不抃舞。但共嗟咏二家之美,不辩其理之所在。"①

南朝时,僧讲大致也遵循这种制度。如释僧慧,俗姓皇甫,原为安定朝那人,后避难襄阳。后出家拜昙顺为师,昙顺乃庐山慧远弟子。25 岁时,能讲《涅槃》《法华》《十住》《净名》《杂心》等,"性强记不烦都讲,而文句辩折宣畅如流","年衰常乘舆赴讲,观者号为'秃头官家'"。与玄畅同时,时谓"黑衣二杰"。显然,僧慧是主讲法师,因为他本人出色的记忆力,讲经过程中都不需要有都讲来配合诵出经文。

讲经过程中,辩难、论议是常见的,有的是都讲提出,有的则是其他听众提出。如释法瑗,俗姓辛,陇西人。法瑗既精通经论,又擅长术数之学。元嘉十五年,先到成都,后至京城跟随道场寺慧观学习大乘经论,并对外典颇有研究。他除了佛教经典,还善讲《孝经》《丧服》。有一天,刺史王景文去拜访他,正值他在讲《丧服》,王提出了很多问题,"问论数番,称善而退"。这表明法瑗不仅讲佛经,

---

① 《世说新语·文学》。

儒家的经典也十分精通。

《高僧传》之〈僧旻传〉中生动地记录了一个"论议"过程。

> 文宣尝请柔、次二法师,于普弘寺共讲《成实》,大致通胜,冠盖成阴。旻于末席论议,词旨清新,致言宏邈。往复神应,听者倾属。次公乃放麈尾而叹曰:"老子受业于彭城,精思此之五聚,有十五番以为难窟,每恨不逢勍敌,必欲研尽。自至金陵累年始见竭于今日矣,且试思之晚讲当答。"及晚上讲,裁复数交,词义遂拥。次公动容顾四坐曰:"后生可畏,斯言信矣。"

在僧柔、慧次两位法师讲《成实》的发挥上,僧旻虽居末席,但论议到位,问题尖锐,使得慧次不得不放下麈尾表示认输。麈尾是南朝名士必备的道具,是名士身份的重要象征。僧人在讲经中也借用了这一个工具,通常由主讲者所持。都讲或听众提出问题后,要拿起麈尾开始回答,如果长时间不举起麈尾,就意味着这个问题主讲者无法回答,表示认输。慧次在此次辩论中当场无法回答僧旻的问题,所以推到晚讲时再回答。从南朝讲经的情况看,晚讲也很常见。吉藏在评论《华严经》讲习历史时,曾说:"江南讲此经者亦须知其原首,前三大法师不讲此经,晚建初彭城亦不讲。建初晚讲,就长干法师借义疏;彭城晚讲不听人问未讲之文。前三大法师,后二名德,多不讲此经。讲此经者起自摄山。"①三大法师指梁代时期三位讲《成实论》的大师:法云、智藏、僧旻。建初指乌琼法师,彭城指白琼法师,皆为当时讲《成实论》的名家。当时论议还有一个特色就是"自晋宋相承,凡论议者,多高谈大语,竞相夸罩",但僧旻论议不同常人,"旻为师范,棱落秀上,机变如神,言气典正"。

南朝时期,俗讲与僧讲活动的界限可能并非十分严格,僧俗二众常常混杂在一起。僧旻曾经虽然不屑于唱导,但是也热衷于俗讲活动。比如他曾拒绝了一次让他担任仅有 30 名僧人参加在宫廷中举办的讲经活动的法主的安排,他给出

---

① 《华严游意》(卷1),《大正藏》第 35 册,第 1 页上。

的理由便是"此乃内润法师，不能外益学士，非谓讲者。"

此外，南朝时期还在已很长时间无人实行的都讲诵经三契制度的基础上，作了变更，令大众在落座后各诵《观世音经》一遍，成为后来讲经前诵经制度之开端。

（僧旻）又尝于讲日谓众曰："昔弥天释道安，每讲于定坐后，常使都讲等为含灵转经三契，此事久废。既是前修胜业，欲屈大众各诵《观世音经》一遍。"于是合坐欣然，远近相习，尔后道俗舍物，乞讲前诵经，由此始也。[①]

三、陈隋时期杭州著名的讲经僧——钱塘真观

真观（538—611），字圣达，钱塘人，俗姓范。祖父范延蒸担任给事黄门侍郎，为皇帝侍从和诏令传递的官员。父亲范兑，担任散骑侍郎。五岁时，真观就能吃斋，善于讲谈，或者站立衣柜之上，或者手持扇子扫帚，侃侃而谈。八岁，能作诗，"和庾尚书《林檎》之作"。十六岁时，儒道各家经典，都有所了解，又学习琴棋诗文。后来倾心于佛法，专心于《维摩诘经》《般若经》等经，跟随义兴生法师剃度。时值一位贞律师来当地弘法，真观跟随他学习《十诵律》。又跟随华林园法师学习《成实论》。后来在学习《法华经》，日诵一卷，仍意犹未尽。后随兴皇法朗学习三论，"质疑明难，唐突玄门"。法朗很欣赏他，说："吾出讲八年，无一问至此。使妙义开神，真吾师矣。"跟随法朗学习期间，曾随始兴王陈陵书到会稽一带讲法。其后江夏王陈伯义镇守越地，再次请他同行。法朗希望他能住京城，挽留他说："能住三年，讲堂相委。"但因陈伯义坚邀，故而随其赴越地讲经。当时，智者大师正在天台山弘法，二人同岁，相谈甚欢，为法兄弟。智者大师被诏入京后，真观大师仍在当地讲说不辍。永阳王陈伯智曾有意邀请他回京师讲法，但恰值陈朝灭亡，故此事不了了之。隋朝建立后，曾短暂返回京师，不久返回钱塘，住众善寺。

[①] 《续高僧传》（卷5），《大正藏》第50册，第463页中。

后来,在信徒陈仲宝的帮助下,率领同道,在灵隐一带建造精舍,号南天竺。随后便将众善讲堂交给弟子玄镜管理,自己远离都市,住在山谷之中。大业七年(611)七月一日半夜时分,在众善寺去世。至二十六日安葬于灵隐一带。

真观多才多艺,沙门洪偃(504—564)对其赞誉有加。洪偃是南朝陈善讲《成实》的高僧,时人称他有四绝:貌、义、诗、书。他说:"我有四绝,尔(真观)具八能,谓义、导、书、诗、辩、貌、声、綦是也。"时人对他一个极高的评价说"钱塘有真观,当天下一半。"

真观善于讲经,他早期跟随兴皇法朗学三论,也以讲三论成名,在一次高僧云集的讲经会上,真光登高座,讲说二谛之理,一举成名,为金陵道俗所知。后来又讲《涅槃经》,听众云集。去世之前一直在讲《法华经》,前后讲各类典籍四十余年,善唱诵、口才好,唱导之功为当世一绝。"初观声辩之雄,最称宏富,江表大国莫敢争先。""自正法东流,谈导之功,卫安为其称首,自尔词人莫不宗猷于观。"

真观善于唱导之法,《宋高僧传》也有记载:

> 唱导者始则西域上座凡赴请,呪愿曰:二足常安,四足亦安。一切时中皆吉祥等,以悦可檀越之心也。舍利弗多辩才,曾作上座,赞导颇佳,白衣大欢喜,此为表白之椎轮也。……据《寄归传》中云:焚香胡跪,叹佛相好,合是导师胡跪尔。或直声告,或诘曲声也。又西域凡觐国王,必有赞德之仪,法流东夏,其任尤重。如见大官谒王者,须一明练者通暄凉序情,意赞风化,此亦唱导之事也。齐竟陵王有导文,梁僧祐著《齐主赞叹缘记》及《诸色呪愿文》。陈隋世高僧真观深善斯道,有道文集焉。从唐至今,此法盛行于代也。

由此可知,唱导之法源于印度及西域一带的佛教做法或风俗。高僧大德受请赴斋会时,常为施主说一些祝愿词,如说"二足常安"等。西域一带在觐见国王时也有一套赞叹颂扬的仪式,这些仪式传入中国后,讲经或举行法会时,就需要找一个"声""辩"俱佳的人承担唱导之事。真观在陈隋之时就是一位著名的唱导师,还著有诸导文二十余卷,可惜不存。现存有南朝梁简文所著的《唱导文》,可

资参考:

> 夫十恶缘巨易惑心涂,万善力微难感灵性,是以摩钳赴火立志道场,萨埵投身必之妙觉,众生积染流浪不归,苦海易沈慈波空荡。渴爱与生死共门,无明与结网同路。各趣百非缠兹四苦,人思勠力昭彼三明,是以如来因机致化,如大医王随病施药。当今皇化之基,格天网地,扇仁风于万古,改世季于百王。覆载苍生慈育黎首,天涯海外奉义飡风,抱嗉吹唇含仁饮德,民无贤肖爱均一子,众等宜各克己丹诚澄心慊到。……①

此外,真观尚有一些诗赋存世,其中《愁赋》《梦赋》南朝时期重要的僧人赋作,《愁赋》之创作更是富有传奇色彩。开皇十年(590),婺州汪文进、越州高智慧等相继反叛隋朝。隋文帝派杨素帅兵平叛,"整阵南驱,寻便瓦散,俘虏诛剪三十余万。"杨素因为"观名声昌盛,光扬江表,谓其造檄,不问将诛"。临到行刑时,杨素质问真观和尚:"道人当坐禅读经,何因妄忏军甲,乃作檄书。罪当死不?"真观否认作了檄文,指出文中错乱之处,自称如他作,必定强过此文。杨素乃命真观作文证明,真观提笔写成了如下的《愁赋》,部分文字如下:

> 若夫愁名不一,愁理多方,难得觇缕,试举宏纲。或称忧愤,或号酸凉,蓄之者能令改貌,怀之者必使回肠。尔其愁之为状也,言非物而是,谓无象而有象。虽则小而为大,亦自狭而成广。譬山岳之穹隆,类沧溟之滉瀁。或起或伏,时来时往。不种而生,无根而长。或比烟雾,乍同罗网。似玉叶之昼舒,类金波之夜上。尔乃过违道理,殊乖法度。不遣唤而辄来,未相留而忽住。虽割截而不断,乃驱逐而不去。讨之不见其踪,寻之靡知其处,而能夺人精爽,罢人欢趣,减人肌容,损人心虑。至如荆轲易水,苏武河梁,灵均去国,阮叔辞乡。且如马生未达,颜君不遇。夫子之咏山梁仲文之抚庭树。

---

① 《广弘明集》(卷15),《大正藏》第52册,第205页上。

并懑懑于胸府,俱赞扬于心路。是以虞卿愁而著书,束皙凭而作赋。又如荡子从戎倡妇闺空,悠悠塞北,杳杳江东,山川既阻,梦想时通。高楼进月,倾帐来风。愁眉歇黛,泪睑销红。莫不咸悲枕席,结怨房栊,乃有行非典,则心怀疑惑。未识唐虞之化,宁知禹汤之德。雾结铜柱之南,云起燕山之北。箭既尽于晋阳,水复干于疏勒。①

赋文后面部分,道宣的《真观传》中"文多不载",故不得其详。但从现存文字看,大段文字释愁名,和讲经中"释经题"有类似之处,其文学创作的风格也受到了他唱导和讲经的影响。

总体言之,南朝时期是讲经比较活跃的时期,一大批高僧因讲习某种经典而成名,形成"师说"。从讲说形式上看,除了面向僧众的专门化的僧讲外,听众上千人的唱导、斋讲也不鲜见。在当时杭州地区中,真观因声辩之才,唱导之能,名噪一时。

---

① 《续高僧传》(卷30),《大正藏》第50册,第703页中。

似浅而深

——莲池大师论净土法门

李勇①

（辽宁大学佛学研究中心）

释迦一代时教，广大精微。其中净土法门表面看来最为浅显，往往被认为是愚夫愚妇所为："浅净土者，以为愚夫愚妇所行道。"净宗八祖莲池大师引天如禅师之说予以驳斥："非鄙愚夫愚妇，是鄙马鸣、龙树、文殊、普贤也。"为此大师特作《弥陀经疏钞》，阐发净土法门"似浅实深"奥义。有学者认为大师只是一个宗教实践家，在佛学上的创见不大："袾宏的著作虽多，却多谈往生净土、谈解脱之道以及因果报应、生死轮回等教义的，思辩性的内容极少，而且往往不能自圆其说。他主要是净土的实践家而不是一位佛教的思想家。"②其实大师宗教俱通，为汉传佛教的净土法门奠定了坚实的思想基础，只是不喜谈玄说妙，而以凡夫自谦：袾宏下劣凡夫，安分守愚。平生所务，唯是"南无阿弥陀佛"六字。今老矣，倘有问者，必以此答。犹恐无征，涉于臆见。况复衰病，艰于语言。谨将佛菩萨所说经论，及古今诸大知识、大居士等种种著述，题名开后。幸随所见，详阅而深玩焉。可信与否，唯高明裁之。③

---

① 作者简介：李勇，辽宁大学佛学研究中心教师，研究方向为中国佛学、宗教哲学。
② 陈扬炯：《中国净土宗通史》，南京：江苏人民出版社，2000年，第505页。
③ 《云栖净土汇语》卷一，《续藏经》（卷62），第11页中。

事一心与理一心

元代天如大师说：净土法门"以其广大而简易,故闻者不能不疑焉。"这也成为净土法门弘传中的一个难题。莲池大师生活的时代,持名念佛往往看作是专接顿根的法门:"世人稍利根,便轻视念佛,谓是愚夫愚妇勾当。""净土者,以为愚夫愚妇所行道。"大师转引天如禅师所言:"非鄙愚夫愚妇,是鄙马鸣、龙树、文殊、普贤也。"并作《弥陀经疏钞》,发其甚深旨趣,却被认为过于艰深,大师感叹：佛谓此经难信之法,不其然乎?① 在大师眼中,念佛法门有其独特之处:"此净土法门似浅而深,似近而远,似难而易,似易而难。"②

当然确有愚夫愚妇口诵佛名、心游千里,但这并非真正的念佛法门。在大师看来,不过是"读佛",而非"念佛"。"念佛"之"念"从"心",心思忆而不忘,才名为"念"。③ 也就是要做到《弥陀经》所说的"一心不乱"。净土法门之所以"似浅实深",大师也主要是从《弥陀经》的"一心不乱"来展开的。如妙喜说"愚人终日掐数珠求净业。"大师回应:"妙喜但言愚人终日掐数珠求净业,不言愚人终日一心不乱求净业也。"④孤山以为持名念佛只是散善,大师也提出异议:持名若得一心,持即成定。不在观想持名,而在一心。并引用智者大师的看法为证:智者大师于《观经》,以三种净业属散、十六妙观属定,未闻以持名为散也。孤山判此经为散善,予不腆彼说。《弥陀经》与《观经》同说一心,不可判《弥陀经》为散、《观经》一心为定。《弥陀经》所说的"一心不乱",有事、有理,"事一心,已非全散,何况理一?"⑤至于理一心则不仅是定,而且具足空假中三观:

今经执持名号,一心不乱,则能持所持,了不可得,是名空观。正当空

---

① 《云栖净土汇语》(卷一),《续藏经》(卷62),第16页中。
② 《净土疑辩》,《大正藏》(卷41),第420页中。
③ 《云栖净土汇语》(卷一),《续藏经》(卷62),第14页下。
④ 《云栖净土汇语》(卷一),《续藏经》(卷62),第20页上。
⑤ 《弥陀疏钞》(卷一),《续藏经》(卷22),第614页。

时，能所历然，是名假观。非假非空，常空常假，不可思议，是名中观。良以单提圣号，直下一心，有何次第？正三观圆修之义也。是则彼经以心观为宗，此经以心念为宗，观即念也，念即观也。①

佛法理事并重，"事依理起，理得事彰，事理交资，不可偏废。"从理上说，即佛即心，无佛可念。但从事上说，心不即是佛，于无可念中固念之。"以念即无念，故理事双修，即本智而求佛智，夫然后谓之大智也。"②但凡夫大多不能理事圆融，不是"执理"便是"执事"："奈何守愚之辈，着事而理无闻。小慧之流，执理而事遂废。着事而迷理，类蒙童读古圣之书。执理而遗事，比贫士获豪家之券。"③比较而言，大师认为执事好于执理："然着事而念能相继，不虚入品之功。执理而心实未明，反受落空之祸。"④着事虽信心不切，若专持名号，念念相继，无有间断。虽不明谛理，已能成就净身，品位虽底，必能往生。如果执理而心实不明，"骋驰狂慧，耽着顽虚，于自本心，曾未开悟，而轻谈净土，蔑视往生，为害非细。所谓豁达空拨因果，莽莽荡荡招殃祸者也。"⑤

智者大师在《普门品疏》中，曾说持念观音圣号可达到理事一心：释一心称名，有事有理，存念观音，无有间断，名事一心。若达此心，四性不生，与空慧相应，名理一心。同样，持名念佛也分理一心与事一心："一心向往，即事一心。执持名号，还归一心，即理一心也。"⑥"同名一心，有事有理。如《大本》云：一心系念，正所谓一心不乱也，而事理各别。初事一心者，如前忆念，念念相续，无有二念，信力成就，名事一心。属定门摄，未有慧故。"⑦

---

① 《弥陀疏钞》（卷一），《续藏经》（卷22），第614页。
② 《弥陀疏钞》（卷一），《续藏经》（卷22），第614页。
③ 《弥陀疏钞》（卷一），《续藏经》（卷22），第606页下。
④ 《弥陀疏钞》（卷一），《续藏经》（卷22），第607页上。
⑤ 《弥陀疏钞》（卷一），《续藏经》（卷22），第607页上。
⑥ 《弥陀疏钞》（卷二），《续藏经》（卷22），第659页下。
⑦ 《弥陀疏钞》（卷二），《续藏经》（卷22），第661页中。

事持与理持

事一心是定的境界,理一心是慧的境界,是执持名号时忆念与体究的不同结果。"忆念"即闻佛名号,常忆常念,以心缘历,字字分明,前句后句,相续不断,行住坐卧,唯此一念,无第二念,不为贪嗔烦恼诸念之所杂乱,如《成具光明定意经》所谓"空闲寂寞,而一其心","在众烦恼,而一其心","乃至褒讪利失,善恶等处,皆一其心者是也。"这种境界是定的境界,可以调服烦恼,但在理上未能通达,还不能断除烦恼,所以称为"事一心"。① 与"忆念"不同,"体究"是在定的基础上,通达诸法实相的道理,从而断除烦恼,入见道位,"获自本心,故名一心"。体究的方法也有两种:一、了知能念所念,更非二物,唯一心故;二、非有非无,非亦有亦无,非非有非无,离于四句,唯一心故。体究是理观,不专事相,"观力成就,名理一心。属慧门摄,兼得定故。"②

忆念与体究通常也称为"事持"与"理持"。大师在谈到持名念佛的方法时,强调不论明持、默持、半明半默持(金刚持),还是记数持、不记数持,都可分为"事持"与"理持"两种:忆念无间,是谓事持;体究无间,是谓理持。事持与理持的结果分别是"事一心"与"理一心"。很多人以为念佛只被钝根,只有参禅才能悟道,便是不理解"理一心"的缘故:不知体究念佛(理持)与禅师举话头、下疑情,意极相似。所以参禅不须别举话头,只消向一句阿弥陀佛上着到。③

所谓"理持"也就是体究念佛,在持名的同时,思维佛法真理:

> 体究者,闻佛名号,不惟忆念,即念反观,体察究审,鞫其根源。体究之极,于自本心,忽然契合。中二义者,初即如智不二,能念心外,无有佛为我所念,是智外无如。所念佛外,无有心能念于佛,是如外无智。非如非智,故

---

① 《弥陀疏钞》(卷二),《续藏经》(卷22),第661页中。
② 《弥陀疏钞》(卷二),《续藏经》(卷22),第661页下。
③ 《弥陀疏钞》(卷三),《续藏经》(卷22),第659页下。

惟一心。二即寂照难思,若言其有,则能念之心,本体自空。所念之佛,了不可得。若言其无,则能念之心,灵灵不昧。所念之佛,历历分明。若言亦有亦无,则有念无念俱泯。若言非有非无,则有念无念俱存。非有则常寂,非无则常照。非双亦,非双非。则不寂不照,而照而寂。言思路绝,无可名状。故唯一心。斯则能所情消,有无见尽,清净本然之体,更有何法而为杂乱。以见谛故,名理一心也。言慧者,能照妄故。兼定者,照妄本空,妄自伏故。又照能破妄,不但伏故。[1]

显然"理一心不乱"是在持名念佛达到"事一心不乱"(得定)时候,进行慧的修行,达到由凡入圣的见道位。这与参禅的证悟是同样的境界。

大师也谈到由浅至深的四种念佛方法:称名、观像、观想、实相。虽然"后后深于前前,但前前彻于后后。"因为持名念佛达到"理一心",即实相念佛。[2] 所以"持名虽在初门,其实意含无尽。事一心则浅,理一心则深。即事即理,则即浅即深。故曰彻前彻后,所以者何? 理一心者,一心即是实相,则最初即是最后故。"有人质疑持名能证入实相,大师回应到:

> 问:岂得称名便成实相?
>
> 答:实相云者,非必灭除诸相,盖即相而无相也。经云:治世语言,皆与实相不相违背。云何万德洪名,不及治世一语? 一称南无佛,皆已成佛道,何况今名理一心也? 又观经第九,观佛相好疏,直谓观佛法身,相好既即法身,名号何非实相?[3]

净土与圆教

"理一心"也可说是《文殊》的一行三昧,《华严》的一行念佛、一时念佛,以及

---

[1]《弥陀疏钞》(卷二),《续藏经》(卷22),第661页下。
[2]《弥陀疏钞》(卷二),《续藏经》(卷22),第662页上。
[3]《弥陀疏钞》(卷二),《续藏经》(卷22),第662页上。

《起信》的真如,《大品般若》的法身等。具体而言,文殊一行是以般若智专持佛名。华严一行念佛,是"观其法身,以如为境,无境非佛。"一时念佛,强调不历次第(化身、报身、法身)。《起信论》的真如,即"若观彼佛真如法身,常勤修习,毕竟得生,住正定故。"《摩诃般若经》也强调念佛时,不以色念,乃至不以四智、十八不共法念。"何以故?是诸法自性空故。自性空,则无所念。无所念,是为念佛。"①这些境界都与"理一心"的境界相同。也可以说"理一心"即达摩直指之禅:

> 寻常说禅者讳净土。今谓达摩说禅,直指灵知之自性也,此理一心,正灵知自性故。门庭施设不同,而所证无两心也。善哉中峰之言曰:禅者,净土之禅。净土者,禅之净土也。有味乎言之也。或谓直指之禅,不立文字。今持名号,若为会同,不知传法以四句之偈,印心以四卷之经。较之四字名号,文更繁矣。盖非以断灭文字为不立也,不即文字,不离文字,达者契之。②

经中常说"至心念阿弥陀佛一声,灭八十亿劫生死重罪。"也正因为理一心的缘故,如《法华经》所说。当然如仅仅念佛一声就能灭多劫罪,"因微果巨,固所不信。"但经中所说是"至心念佛","至心"即一心。如能达到事一心,"虽能灭罪,为力稍疏,罪将复现,多多之念,止可灭少少之愆。"还不能灭除多生累劫重罪,所以还要进一步达到理一心的地步:"一心既朗,积妄顿空,喻如千年暗室,岂以一灯,暗不速灭。故一称南无佛,皆已成佛道。不独妙法莲华有之,法华三昧观经云:十方众生,一称南无佛者,皆当作佛。"③之所以一称成佛,是因为"归命一心,无不成佛。以离自心一相一门外,更无有法可作归依,毕竟空寂。"理一心已证入诸法实相,可以说"五欲自断,乃至六度万行,悉皆成就。"因此《佛名经》说:"一闻佛

---

① 《弥陀疏钞》(卷二),《续藏经》(卷22),第662页上。
② 《弥陀疏钞》(卷二),《续藏经》(卷22),第662页上。
③ 《弥陀疏钞》(卷二),《续藏经》(卷22),第663页中。

名,灭无量劫生死之罪。"一闻佛号而不称念,也灭无量生死重罪,不止八十亿劫,所以"但患心之不一,何虑罪之不灭"?

对此大师也有具体的解释:今一心念佛,万缘自舍,即布施波罗蜜。一心念佛,诸恶自止,即持戒波罗蜜。一心念佛,心自柔软,即忍辱波罗蜜。一心念佛,永不退堕,即精进波罗蜜。一心念佛,余想不生,即禅定波罗蜜。一心念佛,正念分明,即般若波罗蜜。推而极之,不出一心,万行具足。① 既然具足六度万行,便可涵摄宗门与教下:即念即佛,则念佛何非宗? 析空而念,藏也;体空而念,通也;次第而念,别也;一心而念,圆也,则念佛何非教? 一举双得,谁谓无成?② "故知念佛一路,即是入理妙门,圆契五宗,弘该诸教,精微莫测,广大无穷。钝根者得之而疾免苦轮,利智者逢之而直超彼岸。似粗而细,若易而难。普愿深思,慎勿忽也!"③

从"事一心"到"理一心"正体现了净土法门似浅实深的特点。如从往生净土而言,即使达到事一心,也可往生上品。如永明大师说九品上下,不出二心:一者定心,如修定习观,上品上生。二者专心,如但念名号,得成末品。今谓既云但念,但之一字,正唯得事,未得理故。所以说只有愚人才求生净土,不仅不指理一心,也不指事一心,只能是散心持名之人。"则知事一,已非愚人,何况理一?"④

大师认为"一心不乱"体现了净土法门的似浅实深,涵盖了华严五教与天台四教,因而是圆顿之教:

【疏】又此一心不乱,亦分五教。今不叙者,以正指顿圆故。

【钞】亦分五教者。以莲分九品,则小大浅深,自有差等。如小教以缘心造业而感前境为一心,始教以阿赖耶识所变为一心,终教以识境如梦、唯如来藏为一心,顿教以染净俱泯为一心,圆教以总该万有即是一心。而佛说此

---

① 《弥陀疏钞》(卷一),《续藏经》(卷22),第608页上。
② 《普劝念佛往生净土》,《续藏经》(卷61),第506页上。
③ 《答净土四十八问》,《续藏经》(卷61),第512页下。
④ 《弥陀疏钞》(卷二),《续藏经》(卷22),第663页下。

经,本为下凡众生,但念佛名,径登不退,直至成佛,正属顿圆。又二乘种不生,故略前三,不复分五。天台四教例此。[①]

净土决疑

大师判净土法门为圆顿之教,遭到各种反对意见。有人质疑往生净土仅是自利而非利他,落入小乘境界。大师在《弥陀疏钞》中自设问答:

【疏】问:菩萨捐弃五欲,虽轮王不以为乐。悯念众生,虽地狱肯代其苦。何得舍苦众生,自取乐土?

答:智者十疑论中详明,又更有取舍多说,不可不辩。

【钞】菩萨未得无生法忍,不能度生。喻如破舟拯溺,自他俱陷。求生净土,得无生忍已,还来此世,救苦众生,乃克有济。故初心菩萨,必先舍此苦处,生彼乐处。据此,则舍苦者,正欲拔众生之苦。取乐者,正欲与众生以乐也。自利利他,是菩萨道。岂二乘独善之可俦乎?[②]

大师在智者大师《净土十疑论》基础上,强调是初心菩萨没有能力度化众生,一定要往生西方证无生法忍后再回入娑婆,正是菩萨道自利利他的体现。而且"理一心","岂不即是菩提心?"[③]

也有人质疑《弥陀经》中对极乐世界的描写,体现的似乎是声闻教法,大师也自设问答:

问:净土水鸟、树林,演说无常、苦、空、无我之义,此殆非了义也。彼佛

---

① 《弥陀疏钞》(卷二),《续藏经》(卷22),第664页上。
② 《弥陀疏钞》(卷二),《续藏经》(卷22),第637页上。
③ 《弥陀疏钞》(卷四),《续藏经》(卷22),第782页上。

既欲法音宣流，何不流一圆音，使随类得度，而必此音乎？倘摄定性声闻来归此土，更作是音，不令旧病增剧欤？

答：无常、苦、空之法，非局小也，盖是彻上彻下，亦偏亦圆。观夫不生不灭之谓无常，五阴不起之为真苦。菩萨而闻此义，弥广其心。声闻而解此音，顿忘其小。不曰圆音，谓之何哉？①

无常、苦、空、无我是大小乘佛教的共同基础，并非定性声闻法，反而可以摄化声闻进入菩萨乘，如观不生不灭之无常、五阴不起之真苦。

也有人以唯心净土反对西方净土，大师指出：唯心净土（心净土净）从理上说，"谓心即是土，净心之外无净土也。"从事上说，"谓心为土因，其心净者其土净也。"如果执理而废事，如世俗上常说"清闲即是仙"，但并非"清闲之外无真仙"。真正理事圆融，则心佛不二，"若夫悟心外之无土，则一真湛而万法泯，谁是西方？了土外之无心，则七宝饰而九莲开，何妨本寂。"②所谓"自性唯心"就是《弥陀经》的"理一心不乱"。利根之人可以当下承当，钝根之人不能领荷，但"事一心"则人人可行，所谓"夫妇之愚不肖，而与知与能者也"。③

也有人以《般若经》之空质疑西方之有，大师反驳道：《般若心经》独告身子，则知身子之智，在乎解空，不在净土。《经》中说"色即是空，空即是色"。同理可说"净土即空，空即净土"。"若拨净土，则非真空。不解真空，则非正智。身子之智，必不如是。"④同样，《金刚经》说："庄严佛土者，实非庄严，是名庄严。"而《弥陀经》说"广陈依正"。似乎彼此冲突。大师回应道：性相不殊，所宗异故。所谓"性相不殊"，从圆教上看，全性起相，全相归性，性相本非二物，只是二经的侧重点有所不同。《金刚经》以无相为宗，唯说第一义相、不取形相。实则清净心中，身土自现。所说之性，是即相之性，非弃相而取性。《弥陀经》以劝生净土为宗，

① 《答净土四十八问》，《续藏经》（卷61），第512页下。
② 《答四十八问序》，《续藏经》（卷62），第505页中。
③ 《弥陀疏钞》（卷一），《续藏经》（卷22），第606页下。
④ 《弥陀疏钞》（卷二），《续藏经》（卷22），第628页下。

故对极乐依正种种庄严，反复开明，令起忻慕。实则相本自空，唯心唯识。所说之相是即性之相，非离性而言相。二经在终极旨趣上并无差异。①

也有人认为极乐世界是权非实，并非究竟了义之教。大师认为从随机说法而言，权实不定。如针对未悟法空实理的取相凡夫，说弥陀佛土，使其专心忆念，其心分净，得生净土，是权非实。如果是证悟法空实理之人，则即权即实。如从四土立论，也不可但执寂光，真正"若证寂光，于下三土，随心寄托，自不拨无。"相反，如"未证寂光，拨无下三，则无复所居之土。错之甚矣。"所以不信他方有金色世界，为《楞严经》所深呵也。当然从佛的境界上可说佛无净土，八地菩萨以上，"永脱色累，照体独立，神无方所，用土何为？况复诸佛？佛实无土。""而言有者，以众生解微惑重，故以福乐引之行善，盖圣人接物之近迹耳，故曰不妨说土。"②

有人质疑，随处净土，何必专往西方？大师指出，"此说语甚高、旨甚深、义甚玄。然不可以训。"并引经云："譬如弱羽，止可缠枝。"随处往生"非初发菩提心者所能也。"所以"世尊示韦提希十六观法，必先之落日悬鼓以定志西方。而古德有坐卧不忘西向者。岂不知随方皆有佛国耶？大解脱人，任意所之。如其不然，恪遵佛敕。"③十方世界皆有净土，何为独示西方，教生彼国？大师引《随愿往生经》言"佛国无量，专求极乐者何？一以因胜，十念为因，即得往生故。二以缘胜，四十八愿，普度众生故。"④

有人质疑往生净土十舍秽取净，是分别执着，大师强调如分割理事圆融，则无取舍也是取舍，真正理事不二，无取舍而取舍宛然："何但舍婆婆垢，取极乐净，为取舍也。纵谓我土惟心，而舍境取心，亦取舍也。纵谓我无取舍，而舍此有取舍，取彼无取舍，亦取舍也，亦轮回生死业也。宁知理无分限，事有差殊。理随事变，则无取舍处，取舍宛然。事得理融，则正取舍时，了无取舍。故菩萨虽知一切法平等不二，而示苦乐境，开取舍门，权实双行，理事无碍。"⑤

---

① 《弥陀疏钞》(卷二)，《续藏经》(卷22)，第643页下。
② 《弥陀疏钞》(卷二)，《续藏经》(卷22)，第634页中。
③ 《云栖净土汇语》(卷一)，《续藏经》(卷66)，第17页上。
④ 《弥陀疏钞》(卷二)，《续藏经》(卷22)，第634页。
⑤ 《弥陀疏钞》(卷二)，《续藏经》(卷22)，第637页下。

也有人以《六祖坛经》质疑净土法门：东方人造恶，念佛求生西方。西方人造恶，念佛求生何国？又云：愚人愿东愿西。大师据理事二门回应：六祖所说，是以理夺事门。若以事夺理门，则佛事门中，不舍一法，安得拨无净土？禅与净土理无二致，只是门庭施设不同而已。[1]

莲池大师的一个最大贡献，在于把净土法门真正做到三根普被、利顿全收，对后世的净土思想影响深远。如行策大师这样评价：

> 然诸经论虽广赞扬，此国众生，初无知者。唯晋远公，崛起匡庐，肇兴莲社。一时名贤巨儒，不期自至，如刘遗民及宗、雷等，皆服膺请教，道遂大振。继自唐、宋以来，禅学寖盛，士大夫有智识者，多雅慕宗门，趣尚高异。然上下千百年间，其真能见性者，不过杨亿侍郎、李遵勖驸马，及许式郎中辈数人而已，余皆游戏门庭者耳。遂令不思议胜异法门，委为愚夫愚妇勾当。中间虽有三、五尊宿，递相祖述，然未必多接高流，广度群品。延及明季，乃有云栖宏大师出，承宿悲愿，以醇儒脱俗，专宏净业。当世名贤，归信者固多，疑毁驳难者，亦复不少。大师以宏才妙辩，百战不屈，翻成法喜之乐。由是缁素悦服，几如远公复生、永明再世，净土之道，复得大振。是则起千余年已坠之法门，厥功不既伟欤！乌呼！乃今往矣。末法昏衢，众生垢重，险恶道中，失此良导，可不为长太息者哉！予生也晚，弗获亲炙大师，宝其遗言，奚啻圭璧，每一展读其书，辄不禁涕泗横流，心意勇发。[2]

大师以"宏才妙辩"，改变了世人对净土法门"不接高流"、"委为愚夫愚妇勾当"的状况，接续了慧远、永明等祖师的精神。太虚大师也高度评价莲池大师对净土思想的重大贡献：

> 莲池《弥陀疏钞》，即专奉《华严疏钞》为家法。莲池重律，后宝华律宗亦

---

[1]《弥陀疏钞》（卷四），《续藏经》（卷22），第675页下。
[2] 行策：《净土警语》，《续藏经》（卷62），第388页下。

近贤净。师固曾参禅悟入,然未据禅席,但开云栖专修念佛。《云栖法汇》百余卷,皆教宗贤首行专净土而融通禅律及各家教义之至文。不惟明季来净土宗风之畅盛得力于师,亦为净土宗上下千古最圆纯的一人。念佛七礼祖,至今亦多仅礼至八祖云栖者,对师从无间然。①

① 太虚:《中国佛学》,第744页。

云栖袾宏与晚明佛教生态

王公伟[①]

（鲁东大学马克思主义学院）

摘　要：云栖袾宏是晚明佛教四大师之一，其生涯是晚明佛教生态的产物。袾宏的佛教思想主要有两个显明的特点：一诸宗并重，净土为尊；二佛耶互竞，佛教为先。袾宏的态度基本上是晚明佛教界的态度，袾宏是晚明佛教的指标性人物。

关 键 词：云栖袾宏　晚明佛教

晚明是中国佛教发展的小高潮，出现了著名的四大师，云栖袾宏就是其中之一。袾宏佛教生涯与晚明佛教是息息相关的，从某种程度上讲是晚明佛教生态的产物，当然也可以说是袾宏等佛教大师塑造了晚明佛教的生态。

一、云栖袾宏的佛教信仰

晚明时期的中国佛教已经进入了一个崭新的历史阶段。它既不同于早期佛教发展的随机性和偶然性，也不同于隋唐时期的宗派性，当然与宋元时期的三教融合也存在一定的差别。这个时期的中国佛教有自己的特点，这个特点就是融合性。表现于袾宏身上那就是诸宗并弘，首倡净土。

第一，袾宏用华严的思想来解释净土经典。

---

① 作者简介：王公伟，哲学博士，鲁东大学教授。

华严宗是中国义学佛教中非常中国化的一个佛教宗派,它的理事观是比较突出的特征。与其他义学佛教宗派一样,在唐武宗灭佛之后,华严宗也受到了严重的打击,发展的态势并不是特别好,甚至有消亡的趋势。这种局面到晚明时期有了一定的改善,特别是云栖袾宏更为明显。云栖袾宏作为净土宗的祖师,对于净土的经典非常重视。但是,净土宗的佛教经典在理论上则是比较薄弱的。这一点,不断受到人们的质疑。云栖袾宏作为净土宗方面的大师,自然要想办法弥补这一短板。因此,云栖袾宏便引进华严宗的思想体系为净土宗论证,其中最为典型的就是以理事观会通"唯心净土"。云栖袾宏说:"心净土净,语则诚然。此语有二义:一者约理,谓心即是土,净心之外,无净土也。二者约事,谓心为土因,其心净者,其土净也。若执理而废事,世谓清闲即是仙,果清闲之外,无真仙乎?至如揽身分而言净土,此则邪见尤甚。苦报弥深,盖吾佛唯明一心,而谬人恒执四大,是顾认肉络为宝罗,指妄想为真佛。肺属西便名金地,舌生津而遂号华池。鄙伪千途,莫可枚举。岂知革囊不净,幻质非真,徒费辛勤,终成败坏。而复迷醉无知,窃附于心净土净之说,不但愚夫愚妇惑之,士大夫亦有受其害者,良可叹也。"①袾宏的这段话是其关于净土的典型论述。在袾宏看来,"唯心净土"可从"理"和"事"的角度来理解。从理的角度来理解,就是心即净土,净土即心,心、净土不能分离。理与事,是典型的华严宗的思想。袾宏用这套话语体系来解释净土经典是比较成功的,以至于华严宗人还将其看作是自己宗派的祖师。

第二,关于禅净关系。

就禅、净关系而言,袾宏实际上是主张禅净双修的,只不过其重心是落在净土念佛上面而已。中国佛教到隋唐时达到了高峰。但随着唐武宗的灭佛措施,佛教遭到了极大的挫折,原来依托在庞大寺院经济和繁琐教义经典基础之上的天台、华严、唯识等佛教宗派一蹶不振。只有"以心传心"的禅宗和"称名念佛"的净土宗对寺院经济和繁琐教义经典的依赖相对较少,因而并未由于武宗的灭佛而遭到根本性的破坏。在宋以后,禅宗和净土成为中国佛教发展的两股主要思

---

① 《净土四十八问》,《卐续藏经》第 108 卷,第 383 页下、384 页上。

潮。在发展过程中,禅宗由于其自身的理论和实践的需要,逐渐兼容净土,并最终导致了禅净合流。在这一过程中,禅宗是主动的一方,净土是被动的一方。禅净合流的形成过程实际上就是禅宗如何一步步地容纳净土思想的过程。在这一过程中,五代的永明延寿是比较突出的。永明延寿提出了著名的四料简,那就是"有禅有净土,犹如带角虎,现世为人师,来生做佛祖。无禅有净土,万修万人去,若得见弥陀,何愁不开悟。有禅无净土,十人九蹉路,阴境若现前,瞥尔随他去。无禅无净土,铁床并铜柱,万劫与千生,没个人依怙。"①永明延寿对净土的推崇极大地影响了后世的禅宗人士,于是禅净双修就成为传统。

袾宏作为净土宗的祖师在这一方面当然是不遑多让的。

首先,袾宏并不反对参禅。

袾宏曾经解释参禅说:"参疑二字不必分解,疑则参之别名,总是体究追审之意,但看念佛是谁,以悟为则而已。"②参就是疑,疑就是参,都是体究追审之义。这就分清了念与参的意义,批判了当时那种误念为疑的作法。

其次,和会禅净。

在袾宏看来:"禅宗、净土殊途同归,所谓参禅只为明生死,念佛惟图了生死,而要在一门深入。近时性敏者喜谈禅,徒取快于口吻。而守钝念佛者,又浮念不复观心,往生双失之。高见盖灼然不惑矣。今惟在守定而时时切勿忘耳。"③因此,禅宗与净土并不存在什么优劣的问题。他说:"归元性无二,方便有多门。今之执禅谤净土者,却不曾真实参究;执净土谤禅者亦不曾真实念佛。若各各做功夫到彻底穷源处,则知两条门路原不差毫厘也。"④这就是说,禅宗的参禅与净土的念佛都是达到一个最终目的的手段,只要真参实悟,功夫到家,都可达至最高境界。既然参禅与念佛没有优劣高下的问题,那么自然彼此之间就不应该相互排斥。袾宏说:"有自负参禅者,辄云达摩不立文字,见性则休。有自负念佛者,

---

① 据顾伟康考证,四料简非延寿所作,乃是后人伪作。参见顾伟康:《禅净合一流略》,台北:东大图书股份有限公司,1997年版,第183—196页。

② 《云栖遗稿》卷3〈示闽中李居士〉,《明嘉兴大藏经》第33册,第149页中。

③ 《云栖遗稿》卷2〈答袁沧孺治中广晏〉,《明嘉兴大藏经》第33册,第128页下。

④ 《云栖大师遗稿》3,《明嘉兴大藏经》第33册,第145页下。

辄云止贵直下有人，何必经典。此二辈人，有真得而作是语者，且不必论。亦有实无所得而漫言之者，大都不通教理而护惜其短者也。予一生崇尚念佛，然勤勤恳恳劝人看教，何以故？念佛之说，何自来乎？非金口所宣，明载简册。今日众生何由而知十万亿刹之外有阿弥陀也。其参禅者，借口教外别传，不知离教而参是邪因也，离教而悟是邪解也。饶汝参而得悟，必须以教印证，不与教合，悉邪也。是故学儒者必以六经四子为权衡，学佛者，必以三藏十二部为楷模。"①当然，念佛并不妨碍参禅。"古谓参禅不碍念佛，念佛不碍参禅。又云：不许互相兼带。然亦有禅兼净土者，如圆照本真歇了、永明寿、黄龙新、慈受深等诸师，皆禅门大宗匠。而留心净土，不碍其禅。故知参禅人虽念念究自本心而不妨发愿，愿命终时往生极乐。所以者何，参禅虽得个悟处，倘未能如诸佛住常寂光，又未能如阿罗汉不受后有，则尽此报身，必有生处。与其生人世而亲近明师，孰若生莲华而亲近弥陀之为胜乎？然则念佛不惟不碍参禅，实有益于参禅也。"②

虽然云栖祩宏继承了历史上的禅净双修思想，但他毕竟是净土宗的祖师，因此，从根本上讲，还是要坚持净土宗的念佛的。虽然祩宏并不反对人们对多种佛教经典的学习，也不反对人们涉猎各种佛教宗派，但他认为净土是最为基础的，应该具有优先的地位。

首先，祩宏强调了众生修行念佛法门的必要性。

祩宏认为，净土法门在所有的修行法门中最为殊胜，它是佛为末法众生所开启的易行道。众生应根据时、机相应的原理，修行净土念佛法门。祩宏认为在末法时代，每个人的素质都是很低的，只有依靠净土念佛法门才能脱离苦海。如祩宏就这样判定自己："祩宏下劣凡夫，安分守愚，平生所务，惟是南无阿弥陀佛六字。今老矣，倘有问者，必以此答。"③祩宏自己以劣根人自居，当然他认为在当今的世界上已经不存在佛时代根基高明的信徒，因此，人们应该修行简单易行的净土法门。这样才能使自己与时代一致，才有出离之期。

---

① 《竹窗随笔·经教》，《明嘉兴大藏经》第33册，第32页上。
② 《竹窗二笔·念佛不碍参禅》，《明嘉兴大藏经》第33册，第50页中、下。
③ 《云栖净土汇语·劝修净土代言》，《卍续藏经》第109册，第150页下。

其次,修习念佛法门是可行的。

袾宏认为任何一个人都可以通过修习念佛法门而往生西方极乐世界。简单易行的称名念佛,不仅是佛教的纯净信仰,而且具有灵活的适应性:"夫学佛者,无论庄严形迹,止贵真实修行。在家居士,不必定要缁衣道巾,自可常服念佛。不必定要敲鱼击鼓,好静之人,自可寂默念佛。不必定要成群做会,怕事之人,自可闭门念佛。不必定要入寺听经,识字之人,自可依教念佛。千里烧香,不如安坐家堂念佛;供奉邪师,不如孝顺父母念佛;广交魔友,不如独身清净念佛;寄库来生,不如见在作福念佛;许愿保禳,不如悔过自新念佛;习学外道文书,不如一字不识念佛;无知妄谈禅理,不如老实持戒念佛;希求妖鬼灵通,不如正信因果念佛。以要言之,端心灭恶,如是念佛,号曰善人;摄心除散,如是念佛,号曰贤人;悟心断惑,如是念佛,号曰圣人。"①袾宏认为,净土念佛法门,可以在家修行,也可以独自修行,这样既可以避免引起政府的疑虑,又不影响众生的修持。所以,念佛法门是一个非常理想的解脱之道。

再次,袾宏的念佛是参究念佛。

念佛是佛教中很早就出现的一种修行方式,在早期它只是一种禅定的手段,直到北魏的昙鸾才将称名的思想纳入到念佛中来。后来的道绰与善导不断完善,使得称名念佛成为净土宗的典型修行方式。并且由于称名念佛非常简单易行,进而促进了净土宗的发展。因此,称名就与净土宗划上了等号。这对于那些知识层次比较高的修行者来说是不够的。因此,不断有净土宗的学人引进它宗的思想来完善净土宗的念佛。云栖袾宏就是其中比较典型的一位,云栖袾宏当然不反对称名念佛,但在此基础上,它将念佛推进了一步,那就是参究念佛。袾宏参究念佛思想最明确的表述就是他对《阿弥陀经》中"一心不乱"的解释。《阿弥陀经》中说:"舍利弗,若有善男人、善女人,闻说阿弥陀佛,执持名号,若一日,若二日若三日若四日若五日若六日若七日,一心不乱,其人临命终时,阿弥陀佛与诸圣众,现在其前。"②对经文中"一心不乱"之"一心",袾宏分为理与事两个方

---

① 《云栖净土汇语·普劝念佛》,《卐续藏经》第109册,第134页上。
② 《阿弥陀经疏钞》卷3,《卐续藏经》第33册,第440页上。

面作了解释,其中对"理一心"的解释,就是体现袾宏的参究念佛思想。由于上文已经对此作过论述,在此只简单陈述。袾宏认为,理的一心是从诸法实相的角度来讲念佛。事物的实相靠理性的力量是无法得到的,只有依靠人的本来的直觉才会得到。袾宏认为,一心称名的念佛也具有这方面的作用。在人们持续不断的念佛过程中,声声相次的过程中就是使人凝心于一处,不受其他外境的干扰。这样,事物的本相就会逐渐显露出来。袾宏认为这就是参究念佛的过程,这样,参禅与称名就融为一体了。袾宏的这一观点贯彻到现实生活中就是强调念佛即是参禅。他说:"人道多门,直截简要无如念佛。念佛一门,上度最胜利根,下至极愚极纯。盖是彻上彻下之道,勿以俗见摇惑。古来尊宿教人看话头、起疑情以期大悟,或看'无'字,或看'万法'等,不一而足。今试比例,假如'万法归一、一归何处'与'念佛是谁'极相似。若于'是谁'处倒断,'一归何处'不著问,人自然豁然矣。古人谓念佛人欲参禅,不须别举话头,正此意也。念佛数声,回光自看这念佛的是谁。如此用心,勿忘勿助,久之当自有省。如或不能,直念亦可。使其念不离佛,佛不离念,念极心空,感应道交,现前见佛,理必然矣。"①这就是说念佛既是适合上智利根之人,也能满足下智钝根之人。念佛是贯通一切的法门,不要因为世俗的偏见而动摇对念佛的信心。参究念佛与口称念佛有很大的不同,参究念佛是将念佛看作一种参禅行为,参"这念佛的是谁",以求得到解悟。口称念佛则是单纯的一心不乱,口诵阿弥陀佛名号。袾宏继承并发展了参究念佛观念,在袾宏看来,参究念佛不是参"这念佛的是谁",而是在口称佛名的过程中作理观,以了解事物不生不灭的真如实相。实际上,袾宏认为称名本身也可以作为参禅的对象。这一观点既不同于禅宗的参禅,也不同于净土宗的念佛。

二、云栖袾宏与耶稣会的冲突

明代社会末期,基督教的传入使佛教遇到了一个强大的对手。佛教与基督

---

① 《云栖大师遗稿》卷2〈与南城吴念慈居士广翊〉,《明嘉兴大藏经》第33册,第136页中。

教之间彼此缺乏真正了解，以致形成冲突。袾宏撰写了与基督教直接交锋的《天说》四篇，阐述了对基督教的看法。由于袾宏年岁已高，他没有机会参与对基督教的"辟邪"运动。但袾宏却是明末四高僧中最早扛起"辟邪"大旗的人。

　　基督教在中国的历史是比较长的，早在唐代基督教就已进入中国，当时称之为景教。后来由于武宗灭佛，导致景教也一起被灭。元代基督教重新进入中国，这时称之为也里可温教，但不久也在中国土地上消失了。到了明代，基督教重新进入中国。这次进入中国与过去相比有了一个很大的不同：此时欧洲已经处于资本主义的发展时期，中国却还是封建社会的晚期，中国与欧洲之间出现了一个发展的落差。这就使得进入中国的基督教传教士有了一个传教的利器：近代的科学技术。基督教的这次传播，还采取了比较明智的传播手段和策略，从而取得了不俗的成绩。基督教是由各种派系构成的，当时来华传教的教派很多，但最重要的是耶稣会，耶稣会最早进入中国传教的是罗明坚。罗明坚刚进入中国的时候，利用佛教进行传教，认为这样能够减少阻力。但他很快就发现佛教在中国的地位是无法与儒家比拟的。因此，他便采取了附儒排佛的传教策略。这样一来就必然与当时的中国佛教发生冲突。当然真正与佛教发生实际冲突的是利玛窦。利玛窦作为一名极具传教热忱的传教士，在中国很快打开了局面，与南京的一些官员关系密切，并且得到了他们的支持，进而通过他们进入了北京城，耶稣会的传教取得了很大的成功。在这个过程中，以耶稣会为代表的基督教与佛教发生了比较激烈的冲突。在基督教方面，因为是一神教的关系，对佛教的信仰是非常排斥的。因此，对佛教采取了坚决的打击措施。在佛教方面，佛教在当时的中国并不是很在意人们信仰的纯粹性，因此，对基督教的传播并不特别的在意。所以说，基督教与佛教的冲突本质上是基督教造成的。也正是因为这样的原因，基督教方面是比较积极的进攻的，而佛教则是漠不关心的，最多不过是采取了守势。这一点，我们可以从袾宏与基督教之间的关系观察得很清楚。

　　第一，利玛窦等外来传教士对佛教的批判。

　　首先，利玛窦在《天主实义》嘲笑了那些企图让生灵出自无或空的观点，他指责佛教的目的仅在于无或者空。其次，利玛窦劝告人们说佛教经典的毒害很大。

佛教经典是伪经,基督教的经典才是真经。佛教窃取了希腊人的轮回理论,加上六道理论,构成了佛教的六道轮回思想。但佛教的认识是错误的,人并没有什么前身,所以说轮回完全是没有道理的。再次,对佛教的戒杀的戒律也不认同。认为如果戒杀成立,那么不但是动物不能杀,植物也不能杀,因为植物也是有生命的。最后,利玛窦还从社会作用方面来批判佛教。利玛窦认为就是在道德方面,佛教也是无用的。佛教传入中国历史很久了,但是中国社会的道德水平并没有比唐虞时代高,相反还下降了。利玛窦认为,西方信奉基督教的国家,人们的道德水平和社会风气却很好。

第二,袾宏对利玛窦等耶稣会理论的批驳。

面对基督教的咄咄逼人的批判,佛教为了自身的生存与发展不可能不反击。当时江浙一带只有袾宏有号召力,于是以袾宏弟子虞德园为首的一些人,便试图依靠袾宏的影响力来展开对基督教的反击。于是袾宏写了《天说》四篇,捍卫佛教理论。首先,对于基督教的天主观念,袾宏是不认同的。袾宏认为基督教的天主没有什么了不起,袾宏说:"统此三千大千世界者,大梵天王是也。彼所称最尊无上之天主,梵天视之,略似周天子视千八百诸侯也。彼所知者,万亿天主中之一耳,余欲界诸天皆所未知也。"①其次,袾宏还以他所理解的儒学为基础,反对基督教的"天主"观念。认为"天"中国自古有之,不需要从外引进一个"天主","复次南郊以祀上帝,王制也。曰钦昊天,曰钦崇天道,曰昭示上帝,曰上帝临汝,二帝三王所以宪天而立极者也。"②再次,袾宏还以自己的信仰为依据对基督教进行反驳,批评基督教注重灵魂不灭,又反对轮回是矛盾的:"彼书杜撰,不根之语,未易悉举。如谓人死,其魂常在,无轮回者。既魂常在,禹、汤、文、武,何不一诚训于桀、纣、幽、厉乎?先秦、两汉诸君,何不一致罚于斯、高、莽、操、李、杨、秦、蔡之流乎?既无轮回,叔子何能前生为某家子,明道何能忆宿世之藏母钗乎?羊哀化虎,邓艾为牛,如斯之类,班班载于儒书,不一而足,彼皆未知,何怪其言之舛

---

① 《竹窗三笔·天说一》,《明嘉兴大藏经》第33册,第71页下。
② 《竹窗三笔·天说三》,《明嘉兴大藏经》第33册,第72页中。

也。"[1]最后,关于基督教对佛教戒杀的批判,袾宏进行了反批判。袾宏针对基督教人士引用《梵网经》对戒杀的疑问解释说:"《梵网》只是深戒杀生,故发此论。意味恒沙劫来,生生受生,生必有父母,安知彼非宿生父母乎,盖恐其或己父母,非决其必己父母也。若以词害意,举一例百,则儒亦有之礼禁同姓为婚,故买妾不知其姓,则卜之,彼将曰,卜而非同姓也,则婚之,固无害。此亦曰娶妻不知其为父母为非父母则卜之,卜而非己父母也,则娶之,亦无害矣。《礼》云,倍年以长,则父事之。今年少居官者,何限其异轿引车,张盖执戟,必儿而后可,有长者在焉,是以父母为隶卒也,如其可通行而不碍。佛言独不可通行乎。夫男女之嫁娶,以至车马童仆,皆人世之常法,非杀生之惨毒比也。故经只云一切有命者不得杀,未尝云一切有命者不得婚嫁、不得使令也。"[2]在这里,袾宏是说明《梵网经》中的说法是为不杀生提供论据,而由于轮回的存在,任何一个有生命的存在都可能是自己前生父母,因此不能杀生,杀生就意味着可能是杀自己的父母。但这并不是说,所有的生命都是自己的父母。

《天说》四篇是袾宏的晚年之作,当它刊刻发表时,利玛窦已经在北京去世。尽管袾宏的批判不是特别严厉,但由于袾宏在晚明丛林中的地位,这种批判依然显得醒目。因此,基督教人士对于袾宏的《天说》及其中反映的问题是作了积极的回应,并以利玛窦之名发表了《利先生复莲池大和尚竹窗天说四端》,来批驳袾宏的观点。

以上简单陈述了袾宏为代表的晚明佛教与基督教之间的冲突过程,事实上,佛教与其他宗教之间的冲突是经常发生的。在佛教发展史上,不但与儒家有过冲突,也与道教有过冲突,历史上也与早期传入的基督教有过冲突。但是,晚明时期的佛教与基督教的冲突则具有完全不同的意义。

晚明的基督教进入中国,使得佛教面临着一个非常严重的局面,这是一个宗教市场竞争的问题。也就是说,一种宗教的特质是什么,其有什么是不可替代

---

① 《竹窗三笔·天说二》,《明嘉兴大藏经》第33册,第72页上、中。
② 《竹窗三笔·天说二》,《明嘉兴大藏经》第33册,第72页上。

的,二者之间的替代性又是什么,所依靠的力量又是什么等等。

基督教进入中国之后的最大的问题是二者的体系是不一样的。这对于佛教来说是有优势的地方。但是我们从祩宏等人与基督教人士之间的辩论,基本上可以说是鸡同鸭讲,二者根本不在一个频道的。基督教所采用的方式和所运用的证据根本不是佛教所能了解的。应该说,这不是佛教的问题,这是整个中国的问题。从这个角度来说,佛教的中国化应该是比较彻底的。但是,佛教要维持自己的地位,就必须保持自身的不可替代性。这个不可替代性不是在官方而是在民间。民间百姓对于佛教的信仰已经形成了惯性,从某种程度上讲构成了一定的壁垒。另外,对于佛教来说,其真正给普通民众所带来的是什么,是一种希望,是关于未来的希望。而且这种希望是通过一定的手段来保证。以祩宏所倡导的净土宗来说,西方极乐世界就是佛教为信仰者的一种未来的希望或者是一种最终结果,而实现这一目标的基本手段就是通过念佛。念佛这种修行手段之所以有效,又是通过一定的佛教经典中的理论。而佛教的理论的正确性又必须通过一定的神异来保证。所以,才有祩宏等人的神异的表现。而对于基督教来说,同样可以给人以天国的希望,而实现这种期望的手段是什么,这一点是基督教不如佛教的地方。也就是修行的方法不够中国化。而为什么能够上天堂,一个根本的原因在于神意,也就是上帝本身的意志。这种神意自然也必须有外在的表现。所以,从根本上讲,二者之间的竞争是必然的。当然,从长远来说,这涉及到两种信仰体系的竞争。所以,祩宏等人无法保持沉默,佛教的那种坐等别人上门的方式恐怕是存在问题的。同时,要积极的服务于社会。否则,佛教无法在竞争中取得优势,那就将面临不断被边缘化的窘态。

结语

中国佛教经过几百年的发展,到隋唐时期达到了高峰,但是武宗灭佛从根本上摧毁了原有的发展模式。从此之后,那些理论性比较强的佛教宗派逐渐丧失了发展的空间,因为他们是严重地依靠国家和贵族的力量的。只有禅宗和净土宗得到了发展。这是因为他们的力量在于一般的民众，是在于庶民。袾宏的佛教是庶民佛教的代表。

袾宏作为晚明四大师之一，也是华严宗的代表性人物，更是净土宗的九祖，同时也是与基督教进行辩论的核心人物。袾宏的地位的形成是晚明佛教生态的具体体现。

佛教经历了初期的发展，到后来的高潮以及最后的转折以及低谷，晚明佛教呈现了完全不同的面貌。晚明的佛教生态与袾宏本人的特质结合在一起，诞生了一代大师。

首先，这个大师是庶民佛教时代的大师。云栖袾宏所生活的时代与过去是不同的，这是一个新时代的曙光已经呈现的时代。换句话说，就是新的生产方式即将到来的时代。这个新的生产方式就是工业化的生产方式，它与过去传统的农业的生产方式有巨大的不同。这种不同也引发了人们的生活方式的不同。原来的封闭的保守的农村的生活方式开始转向开放的城镇方式，现代社会常见的世俗的生活形态开始出现。特别是苏杭为代表的江浙地区这一趋势更为明显。这种生活方式为佛教的发展带来很大的困扰。佛教要发展就是必须适应这个时代，云栖袾宏是被动地进入这种状况的。云栖袾宏不得不在当地民众的要求下参与一些他自身没有兴趣也不愿意的活动，比如求雨、民间法会等。但是，其寺院的生存模式是依靠普通民众的，因此，他不可能拒绝民众的要求。这就是社会的大势，云栖袾宏虽然是被动适应，但毕竟没有逆历史的潮流而动，因此，我们说他是庶民时代的佛教大师。

其次，这个大师也是宗教市场竞争时代的大师。晚明社会的相对开放性，使得多种宗教并存的局面形成。在云栖袾宏的时代，基督教已经进入中国，活跃于民间的罗教也在迅猛发展，传统的道教也在争取自身的生存空间。在这种状态下，作为晚明佛教的代表性人物，云栖袾宏不得不参与宗教的竞争。云栖袾宏以净土宗的称名念佛为竞争的工具，为佛教的发展打开了一片新天地。称名念佛简单易行，适应性强，自身的特质非常明显。同时，西方极乐世界的最终目标也足够高远。因此，云栖袾宏在他那个时代是获胜者，他获得了应有的地位。这个地位不是凭空而来的,是在激烈的宗教市场中获得的。

再次,这个大师还是传统宗教时代的大师。与以往不同,袾宏等人所面临的时代,已经是一个新时代即将到临的世代,并且新的因素已经侵入的世代。但是,受制于中国社会的发展状况,云栖袾宏所能运用的知识和工具仍然是传统的。这使得他在与耶稣会的辩论中底气不足。但是,我们所说的底气不足是从今天的观点而言的,但在当时的中国,云栖袾宏并没有这种感受,他仍然有着自己的骄傲,有着足够的自信。并且,云栖袾宏的做法是与当时中国整体的发展状态一致的。因此,他得到了人们的认同,获得了晚明佛教大师的称号。这是时代的背书。遗憾的是,当时的中国是落后于世界的。新的时代就要来了,而云栖袾宏是旧时代的发展,是中国传统佛教的一抹夕阳而已。

南宋末年杭州偃溪广闻禅师及其与
日本藤原实经的交往

张云江①

（华侨大学海外华人宗教与闽台宗教研究中心）

摘　要：偃溪广闻，南宋末年杭州地区著名禅师，"五山"曾主持其四，望重一时、名倾朝野。本文梳理了偃溪的生平，认为杭州历代僧人之中，无论是生前尊崇还是死后哀荣，能达到偃溪这个地位的并不多见。本文并分析了偃溪主持径山寺时与赠送佛经、观音像给径山的日本左大臣藤原实经的交往，分析了新近拍卖的偃溪《行书诗偈四首》纸本流入日本的过程，并对其中的《示书沙字道人》一诗做了解读。

关 键 词：杭州佛教　偃溪广闻　藤原实经

偃溪广闻（1188—1263），南宋末年杭州地区一位望重一时、名倾朝野的著名禅师。当时的"五山十刹"②，偃溪曾主持其"五山"之四即径山寺、灵隐寺、净慈寺与阿育王寺，及"十刹"之雪窦寺。③

---

① 作者简介：张云江，宗教学博士，华侨大学海外华人宗教与闽台宗教研究中心教授，博士生导师，宗教文化研究所所长。

② 据宋濂《住持净慈禅寺孤峰德公塔铭》，"五山十刹"系因史弥远之奏请而创始于南宋嘉定年间（1208—1224）。五山为杭州之径山、灵隐、净慈寺，宁波之天童、阿育王寺；十刹为中天竺、湖州万寿寺、蒋山太平兴国寺、万寿山报恩光孝寺、雪窦寺、江心寺、雪峰寺、宝林寺、灵严寺、国清寺。

③ 宋濂云："其服劳于其间者，必出世小院，候其声华彰焉，然后使之拾级而升，其得至于五名山，殆犹仕宦而至将相，为人情之至荣，无复有所增加。"偃溪个人的经历符合这一制度。

时间	年龄	主持寺庙	事迹
淳祐五年 1245	57	宁波雪窦	应梦名山
淳祐八年 1248	60	宁波阿育王寺	
淳祐十一年 1251	63	杭州净慈寺	教禅之争
宝祐二年 1254	66	杭州灵隐寺	
宝祐四年 1256	68	杭州径山寺	回赠《行书诗偈四首》纸本给藤原实经
景定四年 1263	75	杭州径山寺	去世。皇帝赐钱助葬,派专人守护灵塔

2017 年 2 月 25 日至 28 日在日本东京举办的"中央 2017 春季拍卖——中国古代书画"上,杭州西泠印社拍回了一件藏品,即南宋偃溪广闻禅师的一件《行书诗偈四首》纸本。这位南宋末年著名禅师重新回到了人们的视野之中。

(一)

偃溪,福建候官人,俗姓林,十五岁随三叔智隆在宛陵(宣城)光孝寺出家,十八岁受具足戒。首参铁牛印、少室睦、无际派禅师,后至明州(今宁波)天童寺参访如琰禅师。如琰号"浙翁",嗣法师为育王佛照,佛照的嗣法师则为大慧宗杲。

偃溪初参浙翁,机缘不契。其后浙翁主持径山禅寺,偃溪跟随而至。《续高僧传》云:

> 翁笑迎曰:"汝来耶?"一夕坐檐间,闻更三,转入室,曳履而蹶,如梦忽醒。翌朝造翁室,翁举"赵州洗钵盂话",师将启吻,翁遽止之,平生疑情,当下冰释。[①]

丛林从此称有"两浙翁"。

绍定元年(1228 年),偃溪四十岁,在庆元府(今宁波)显应山净慈禅寺出世。塔铭云:

---

① 明河:《补续高僧传》(卷十一),续藏经第 77 册,第 447 页。

绍定戊子，四明制闽胡公，以小净慈致之。郡有贵公，谋窆寺后。时安晚当国，师以颂驰白，即行，相苦留之，事遂止。①

"窆"，挖地造墓穴的意思。元代熙仲辑《历朝释氏资鉴》卷十一云：

师先住明之小净慈日，相国郑公清之，拟就寺后营寿穴。师因献偈云："黄蘗山中话裴相，独龙岗畔忆舒王。相公留得溪边寺，千古佳名在郑卿。"公即别营迁。②

《偃溪和尚语录》中有一首诗题名《上安晚郑丞相，为免坟地》：

黄蘗山中话裴相，独龙冈上忆舒王。
相公留得溪边寺，千古佳名在郑卿。③

按音韵，应为"郑乡"。按此说法，当时"谋窆寺后"的"贵公"就是郑清之。郑清之籍贯为"庆元之鄞人"，是有可能"谋窆寺后"墓地的。塔铭中"安晚"即郑清之，绍定元年时任端明殿学士、签书枢密院事。此处说他"当国"有些不确，因为绍定六年史弥远死后，他才任右丞相兼枢密使。撰写《塔铭》的林希逸曾受到郑清之的格外赏识，此处为尊者讳，故意有些语焉不详。

偃溪禅师是在绍定元年七月二十四日入院，不久就有郑清之"谋窆寺后"：墓地之事。偃溪写上述偈句转交郑清之，准备辞院而去。因众人苦留，才没有走成。这件事情在年底终于得到解决。《偃溪和尚语录》中，主持净慈禅寺期，在佛成道上堂（腊月初八）之前，有一段"蠲免坟事上堂"，故此事大概在绍定元年十二

---

① 《偃溪广闻禅师语录》（卷二），续藏经 69 册，第 753 页。
② 熙仲《历朝释氏资鉴》（卷十一），续藏经 76 册，第 244 页。
③ 《偃溪广闻禅师语录》（卷二），续藏经 69 册，第 748 页。

月前后得到解决。①

因为这一件事情,郑清之认识了偃溪禅师,其后更成为偃溪的得力外护。偃溪在净慈寺主持了大概五年时间,绍定五年前后,移住庆元府香山智度禅寺;再住庆元府(宁波)万寿禅寺。《塔铭》云:"又移城之万寿,贵卿名士,争先游从。(安)晚每至忘归,为师作序,此时也。"②

在万寿禅寺,当朝贵卿名士与偃溪禅师交往者颇多。郑清之时来拜访,每至忘归,并为偃溪作序。有可能是为其语录作序,盖当时丛林有此风气也。其后为偃溪撰写塔铭的林希逸,也是因为读到了这篇序言,才知道有偃溪其人。林希逸,福建闽清人,解试、省试第一,历官翰林权直兼崇政殿说书同直秘阁知兴化军,郑清之去世十七年之后,曾为其文集写序,序中有"以余受公异知"之句,可见林希逸当初曾受到郑清之的格外赏识,因而有机会阅读到郑为偃溪所写序,进而知道有偃溪其人,其后壬戌年,更成为方外知交。

(二)

林希逸《塔铭》云:

> 乙巳,雪窦虚席,制闻颜公以师闻如奏。勅下,此山给勅,自师始。上又亲洒"应梦名山"四字以赐。③

"乙巳"为理宗淳祐五年(1245),偃溪时年五十七岁。关于"应梦名山"之事,元代熙仲辑《历朝释氏资鉴》卷十一云:

> 宋理宗梦游一山寺,诏天下名山寺院各图其所进入。上观,即明之雪窦寺,乃大书"应梦名山"四字以赐。时偃溪广闻禅师主是席,特旨敕黄

---

① 《偃溪广闻禅师语录》(卷二),续藏经 69 册,第 727 页。
② 《偃溪广闻禅师语录》(卷二),续藏经 69 册,第 753 页。
③ 《偃溪广闻禅师语录》(卷二),续藏经 69 册,第 753 页。

住持。①

雪窦寺此后一段时间的名称即为"庆元府应梦名山雪窦资圣禅寺"。此事发生在淳祐五年年底至六年年初之间。《偃溪和尚语录》记载云：

> 御书至，上堂。拈香祝圣罢。……（臣）僧（广闻）恭奉圣旨，特赐本寺"应梦名山"四大字宸翰。（臣）僧领众迎接归寺，永镇此山。②

理宗赐书"应梦名山"之后，才再"敕黄"给偃溪禅师的。一般禅师主持禅寺，多是出于地方州府之任命，"敕黄"则是中书门下所发牒文，规格最高。

《塔铭》接着说到：

> 戊申（1248），移育王；辛亥（1251），移净慈。时教家有挟坐禅宗上，师奏数百言，条析明备，上是之，诏仍旧时。珰（宦官）焰方炽，师以理析，闻者敬服。③

淳祐八年（1248），偃溪禅师移住阿育王山广利禅寺，与主持雪窦山一样，是中书门下发牒，即有住山"敕黄"；淳祐十一年（1251），偃溪离开宁波，来到杭州，住持临安府净慈报恩光孝禅寺，开始进入京都之地，主持净慈寺，仍是有"敕黄"的。值得注意的是，不久，偃溪禅师就参与了当时的教禅之争。"教家挟坐禅宗上"，"挟"有"挟势"之意，从后文看，可能是联络了几位得势的宦官（珰）以此运动朝廷，谋求教家地位凌驾于禅宗之上。偃溪禅师上奏数百言，分析是非，理宗最后下诏，禅、教地位不宜更改。

《塔铭》云：

----

① 熙仲：《历朝释氏资鉴》（卷十一），续藏经 76 册，第 244 页。
② 《偃溪广闻禅师语录》（卷二），续藏经 69 册，第 732 页。
③ 《偃溪广闻禅师语录》（卷二），续藏经 69 册，第 753 页。

甲寅(1254)移灵隐,丙辰(1256)移径山。①

　　偃溪主持灵隐寺,时年六十六岁;宝祐四年(1256)移住径山,时年六十八岁。主持径山期间,修复缺漏建筑,革除地租痼疾,径山寺得以全面恢复。景定二年(1261),十一月初六日,理宗皇帝特赐"佛智禅师"号。

　　可能因为"应梦名山"的缘分,理宗皇帝非常信任偃溪禅师。自淳祐五年(1245)御书"应梦名山"并得到朝廷"敕黄"之后,偃溪步步升迁,六十岁进入五山方丈行列,而后从宁波阿育王寺到杭州净慈寺、灵隐寺,六十八岁出任"五山"之首的杭州径山寺方丈,直至七十五岁去世。

　　景定四年(1263),理宗唯一的爱女周汉国公主去世。公主在景定二年(1261)下嫁杨镇,礼文之盛,轰动杭州。没想到,仅过去二年就死掉了。受邀为公主下葬撒土说偈的是偃溪禅师。②

　　偃溪临终前上理宗皇帝《遗表》云:

　　　　臣僧(广闻)一介草野,出自远方,幸际明时,复遭圣世,然五山敕命,臣领其四。乃者伏蒙　陛下,念臣衰老,锡以徽号,怜臣食众,蠲免和籴,臣之荣遇,可谓无涯矣,虽历百千万亿劫,不足以酬陛下之洪恩,演八万四千偈,不足以尽微臣之恳切,臣今疾病危惙,命在顷刻,不能多辞以谢,惟愿圣算与天齐休,为民父母,为佛金汤,是臣祷颂之忱,下情无任瞻天望圣,激切屏营之至。③

　　景定四年(1263)六月十四日,偃溪去世,寿七十五岁。景定五年(1264)三月,林希逸为撰《塔铭》,其末云:

---

①《偃溪广闻禅师语录》(卷二),续藏经69册,第753页。
②《偃溪广闻禅师语录》(卷二),续藏经69册,第752页。
③《偃溪广闻禅师语录》(卷二),续藏经69册,第753页。

（师）住世七十五年，坐五十八夏，其寿若腊与佛日同，金书庵名，共一明字，闻者异之。师襟量素宏，与人和易，所至缁徒云集、敬慕之，没齿无疾声遽色。遇事虽剧，处之如如，不逼而成，随愿必应，他人不可学也。或疑其主法过慈，其弊也弛。余曰：百丈规则严，南阳门户大，临济峻峭，雪峰粹夷，教虽不同，其道一也，师以身率，何弛云？……皇帝悼惜，赐钱助葬，塔在大明山下。以"大明"名庵，御书其扁，且给田以食守者。①

生前出任"五山"之中四座禅寺的方丈，死后皇帝赐钱助葬，且派人专门守护其灵塔。杭州历代僧人之中，无论是生前的尊崇还是死后的哀荣，能达到偃溪这个程度的盖不多见。

（三）

偃溪禅师语录中另有一首题为《答日本国丞相令公》的诗：

> 人言千里本同风，何似如今一信通。
> 万浪千波浑不涉，新罗元在海门东。②

"日本国丞相"即藤原（一条）③实经。之前有日本僧人圜尔④在天童禅寺参禅，开悟后回归日本，为先摄政藤原道家见知，特加师礼。藤原道家的儿子藤原

---

① 《偃溪广闻禅师语录》（卷二），续藏经69册，第753页。
② 《偃溪广闻禅师语录》（卷二），续藏经69册，第749页。
③ 一条实经（1223—1284），九条道家的第四个儿子。藤原是祖姓，原属藤原氏北家的藤原兼实（1149—1207）曾在京都九条居住，从而得来了"九条氏"家名，道家是兼实的孙子，故称"九条道家"。1242年，九条道家将一条室町的宅邸让给了儿子实经，从此实经也开始被称为"一条实经"。实经为后世"一条氏"的始祖。
④ 圜尔辨圆（1208—1280），日本僧人，1235年四月来中国，在杭州径山随无准师范（1178—1240）禅师学习临济宗禅法；1241年回日本，在九州建崇福寺和承天寺。1243年受关白九条（藤原）道家（1193—1252）邀请，到京都东福寺，接受公家（朝廷、公卿）皈依，后又以镰仓。死后谥号"圣一国师"。圜尔直接得到了藤原家族的直接资助，如道家仿照家庙兴福寺规模，在京都东山月轮别庄建造了东福寺，迎请圜尔为寺主，在此弘扬临济禅法，实经的五弟圆实甚至对圜尔执弟子礼。

实经让儿女昆弟书写《法华经》等共四部三十二卷。圆尔禅师感念师父无准师范禅师的恩德,想将四部经加一尊"四十二臂旃檀大士"像送给径山禅寺圆照塔院,无准逝于淳祐九年(1250 年),"圆照"是无准禅师之赐号,其舍利塔正在圆照塔院。藤原实经同意了,于是在宝祐三年(1256)将这些礼物送抵杭州。天童寺主持西岩了惠禅师曾写有《日本国丞相藤原公舍经记》记录此事。①

藤原实经派遣使者送手书的《法华经》等四部佛经及观音像至径山寺,当时偃溪禅师刚从灵隐寺移住径山,他负责接待使者、接受礼物。为答谢藤原实经,才写了以上这首诗。可以想见,偃溪另外必然还要回送答礼,托日本使者转交藤原实经。这次西泠印社拍卖的偃溪行书立轴,应是当时偃溪回赠藤原实经的答谢礼之一种。因对方所送礼物是日本显贵人物手书的佛经,则由身为"五山"之首的径山寺主持、当时中国佛教界地位最高的偃溪禅师手书自己所作的诗偈回赠,可说是十分恰当的回礼。故笔者倾向于认为,这四首诗应是偃溪从以前诗作中挑选出来的得意之作,现写成后交付给日本使者。

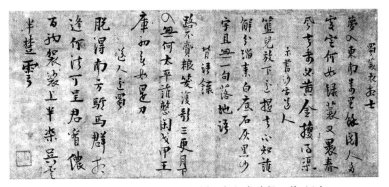

图 1　2017 年春季日本拍卖的偃溪《行书诗偈四首》纸本

---

① 《日本国丞相藤原公舍经记》:公重为先摄政藤原道家见知,特加师礼。而道家之子,左丞相实经,禀父之志,崇笃教门,欲报先姚准三后太夫人之德也,相与聚族而谋之,课其儿女、昆弟,亲书《法华》等经四部,总三十二卷,贮以层匣,贯以霞缭,缕金钿螺,极窥天巧。尊经也,衰升济之具,报罔极之恩,率本于孝。噫! 不事外慕而手书佛经,可谓知所向矣。圆尔重惟先师之恩德一豪亡报,陈请是经,归镇径山正续先师圆照塔院。如经所谓是已有如来全身舍利者,岂纽故哉。丞相欣然诺之,其亦喜法宝之有所归,而圣善之有所托矣。《西岩了慧禅师语录》(卷二),续藏经 70 册,第 504 页。

偃溪回诗名曰《答日本国丞相令公》,所谓"日本国丞相"其实是有所误会。早在二十年前亦即 1247 年,实经受牵连而被罢免摄政、关白职位,十六年间赋闲在家;1263 年始任左大臣。他让家人抄写《法华经》,就在赋闲在家这一时间段内,尤其是其父亲去世之后的那一段时间①。偃溪称实经为"丞相令公",是根据中国官职制度的猜度之词,难免有些不伦不类,盖实经担任过"左大臣",但这一官职小于"摄政"与"关白",故准确的说应该是"日本国前摄政、关白,现复任左大臣藤原实经";且在幕府时期,所谓的"摄政"、"关白"等并没有多少实际权力。因为半个世纪前代表武士利益的幕府势力崛起,尤其是承久三年(1221)的"承久之乱"中,后鸟羽上皇举兵倒幕,武家政权与藤原家族所属公家政权之间迎来了第一次面对面的碰撞。结果公家败北,从此,日本国家统治的大部分权限事实上已经落入了北条家族掌控的幕府手中。在朝廷中,藤原氏还是拥有至高无上的权力与地位的。可惜的是,中世之后,天皇本身的威望低下,朝廷也随之变成徒有其名的政府,实权掌握在武家手中,因此公卿们整体没落了,这其中也包括了那曾经辉煌的藤原一族。

与偃溪有所交往的藤原实经的生平、履历如下:

仁治元年(1240 年)10 月 20 日,晋升右大臣,时年十七岁;

宽元元年(1243 年)8 月 10 日,以右大臣兼任皇太子久仁亲王(即其后的后深草天皇)的东宫傅。

宽元 2 年(1244 年)6 月 13 日,升任左大臣兼东宫傅,时年二十一岁。

宽元 4 年(1246 年)1 月 28 日升任关白,时年二十三岁。

     1 月 29 日以关白兼任东宫傅、摄政。

     12 月 14 日,辞任左大臣。

宽元 5 年(1247 年)1 月 19 日,受牵连,在幕府强迫下,辞职。

赋闲十六年,为报母亲准三后纶子之德,课其儿女、昆弟,亲书《法华》等

---

① 1252 年二月,九条道家在悲愤中离世。

经四部总三十二卷。

弘长 3 年(1263 年)8 月 12 日,还任左大臣。时年四十岁。

文永 2 年(1265 年)4 月 18 日,再度出任关白。10 月 5 日,辞左大臣。

应圆尔之请,将其家人手书的四部佛经加一尊观音像送给径山寺,偃溪赠诗并回礼,回礼中有新写的《行书诗偈四首》。

文永 4 年(1267 年)12 月 9 日,辞任关白。

弘安 7 年(1284 年)5 月 19 日出家,法号"行祚";

7 月 18 日,去世,享年 62 岁。①

其后随着藤原家族势力的逐渐衰落,其所保存的文物古迹大多落入他人之手。例如这件偃溪所书行书,四百年后即在黑田长政(1568—1622)手里。黑田长政,江户时代初期武将,筑前福冈藩第一代藩主。他的父亲是丰臣秀吉的军师黑田孝高,因九州岛征伐的功绩成为中津的大名,后在关原之战立下赫赫战功,被德川家康赐予筑前名岛。不久之后,这件行书又为长谷川左兵卫所收藏。他是江户时期的豪商,德川家康的重臣,负责管理对外贸易。当时的大德寺住持、著名鉴藏家江月宗玩(1574—1643)曾亲眼见到这件古迹,并著录于其鉴定日记《墨迹之写》之中。

(四)

偃溪《行书诗偈四首》纸本中,《示书沙字道人》未见于其偃溪语录及其他文献中,故尤为珍贵。其诗云:

> 篮儿放下还提去,不知谁解分缯素。
>
> 白底石灰黑沙字,且无一句落地语。

---

① 维基百科·一条实经。

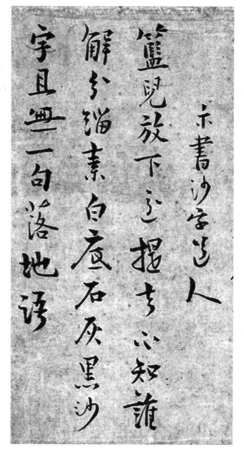

图二 偃溪《行书诗偈四首》纸本中的《示书沙字道人》

从诗意看,"书沙字道人"应是书"沙"字的道人,他随身带着一个篮子,里面盛有书写用具,在他认为合适或有人请求的地方书写"白底石灰黑'沙'字",从其着装外貌来看,还不好界定他是一个和尚还是俗人。

这位僧人行持的可能是一种"语言陀罗尼法门"。更具体而论,"沙字"为《观察诸法行经》之"十六字门所出陀罗尼"、《般若经》之"(四十二)字等语等诸字入门"或《华严经》"四十二华严字母"之一。如《观察诸法行经》云:

得十六字门所出陀罗尼。何者是彼十六种陀罗尼?所谓"阿"字,不生义故，"波"字最胜义故，……"沙"字超过义故，……此是得十六字所出陀罗尼。

《大般若经》：

何等为字等语等诸字入门？阿字门，一切法初不生故。罗字门，一切法离垢故。……沙字门，诸法六自在王性清净故。……

《华严经》：

善知众艺童子告善财言："我恒唱持此之字母，入般若波罗蜜门。我恒唱持此之字母：唱阿字时，入般若波罗蜜门，名以菩萨威力入无差别境界；……唱沙字时，入般若波罗蜜门，名为海藏；……"

《翻译名义集》云：

沙，秦言六。《大品》云："沙字门，诸法六自在，王性清净故。"论曰："即知人身六种相。"《华严》唱"沙字门"名为"海藏"。疏云："悟一切法无挂碍，如海含像。"

《大方广佛华严经随疏演义钞》卷第八十九：

"沙"字别译为"洒"字。《大品》、《放光》等皆为"沙"字。文中先释义，后"如海含像"者会经。像之与水，不相碍故。《智论》云："若闻沙字，即知人身六种相。"以"沙"此言"六"故。释曰："以大品云沙字门诸法六自在王性清净故"，即内六处为六自在王。心海湛然，不碍见闻觉知，犹如湛海不碍像故。

此"沙字门"，重在"悟一切法无挂碍"。当年杭州的这位书"沙"字道人，即以书写"沙"字作为一种行持法门。

如果没有偃溪此诗，我们无从知道历史上曾有这么一位特立独行的僧人，也无从知道中国佛教史上还有这样一种行持法门。

元代杭州禅宗略论

——以灵隐寺、净慈寺为中心

黄昆威[①]

（陕西省社会科学院宗教研究所）

摘　要：蒙元朝廷奉行的民族政策，成为影响佛教发展的重要因素，流行于江南地区的禅宗在汉传佛教乃至全国佛教中的地位受到前所未有的冲击。元代江南禅宗各支均属临济宗，分别出自大慧宗杲和虎丘绍隆两系，主流总体可归为"功利禅"和"山林禅"两种类型。功利禅凭借政治权势带动禅宗发展，"五山十刹"主要由这类禅师住持；山林禅型则于此相反，大多数禅师选择山居隐修，与元廷关系疏远，拒绝应征。由于灵隐寺与净慈寺的特殊地位，故从元代中期开始，朝廷对住寺一些高僧采取怀柔政策，借以安抚僧徒。然此时，杭州佛教重心已转移至西天目山。门庭中落，与两宋时期已不可同日而语。

关　键　词：元代杭州禅宗　灵隐寺　净慈寺　功利禅　山林禅

前言

1271 年忽必烈完成全国统一，定国号元，建都大都。1279 年南宋灭亡。蒙元王朝采取了在历史上有别于唐、宋的民族政策，按照民族的不同与地区被征服的先后，把全国人民划分为蒙古、色目、汉人、南人四个等级。在这种民族等级制

---

① 作者简介：哲学博士（中国哲学）、博士后，陕西省社会科学院宗教研究所副研究员。

度的前提下，也就形成了与之相应的独特的文化意识形态结构，民族因素成为影响佛教发展的重要因素。由于南人处于最低等级，流行于江南地区的禅宗在汉传佛教乃至全国佛教中的地位受到前所未有的冲击。

蒙元统治阶层崇奉藏传佛教，对汉地佛教施行压制政策；在汉传佛教管理上，以"尊教抑禅"策略区别对待。元初，"江南释教总统"杨琏真伽原奉密宗，对禅宗不予过问；特别是至元年间，元廷有意识地歧视和打击作为当时汉传佛教主流的江南禅宗。出于民族情感，江南宗门下对于异族统治，普遍采取消极抵制的态度。那些不堪忍受蒙古贵族压迫的禅和子们大多保持民族气节，纷纷隐遁山林。高峰原妙、中峰明本、孤峰明德都是名震南宋京师的禅门耆宿，他们先后离开杭州，对朝廷避而远之，千岩元长禅师等人都追随高峰、中峰禅师转入浙西山区修持弘法，孤峰禅师则隐遁西天目山。元代中后期，朝廷对江南禅宗逐渐加强怀柔政策，开始着意拉拢有影响的禅师，借以安抚僧徒。为笼络人心显示朝廷崇佛，一批大臣仿效前朝遗风纷纷与佛门结方外交，并采取护教措施。如浙江行省的达识贴木尔丞相和康里公丞相等与平山处林、愚庵智及、清远怀渭等禅师常有来往，互通信函。由于高峰原妙、中峰明本在南方佛教界声名卓著，元廷屡次征召，原妙前后十五年以"死关"相拒，明本则屡辞帝室及宰执大臣之请。丞相脱欢崇尚明本之德，命理问官阿德，访明本、乞法语。另有蒙元贵胄如院使般剌脱因（号同庵居士）、丞相别不花（号容斋居士）等，扣问法语。元仁宗、英宗、文宗三代帝王对中峰明本禅师都有封赠，并赐号"智觉"，圆寂后又追谥他为"普应国师"。石屋清珙禅师以"清苦自守"闻名，断绝外缘，但元至正年间，朝廷也"降香币以旌"，皇后亲赐金衲衣。元室对千濑善庆禅师（人称"濑翁"）大加封赏，除授以金襕衣外，并封号"慧光普照文明通辨禅师"。而千濑禅师毫不动容，置之度外。本源善达禅师还和其他禅师相约"誓不历职"，这在当时佛教界无形中造成了很大影响。甚至还有禅师选择为南宋"殉葬"，如"珂座下有首座某，年八十余。叹曰：我生于宋，老于宋，乃不得死于宋。遂绝粒而死。"①但也不乏"识时务为俊杰"

---

① （清）纪荫编纂：《宗统编年》（卷二十六），《卍续藏经》第86册，第257页。

者,几经邀请,居简系的晦机元熙禅师于至大元年(1308)重来杭州住持净慈寺,入寺之日,书中省、宣政院大批官员俯伏迎请,竭尽尊礼。愚庵智及就由达识贴木尔推举为净慈寺住持;平山处林于元后期至元五年(1339)由枢密使高纳麟推荐并由元惠宗下诏命其住持净慈寺,在将归寂前还不忘"肩舆入城别丞相"。千濑上堂说法,元仁宗亲下玺书表彰护教。悦堂颜明在南屏设四大道场,树大法幢弘法,"名闻京国","藩王大臣无不函香问道,黑白骏奔,如众归市",而元帝也遣使者"再下玺书护其教",可谓盛况空前。晦机元熙的法嗣笑隐大䜣(1284—1344)是元代地位最高的江南禅师。天历二年(1329),元文宗将金陵潜邸改建为龙翔大集庆寺,地位要高于前代的五山十刹,大䜣奉诏为开山第一世,领五山寺院,授三品文阶太中大夫,赐"广智全悟大禅师"。顺帝时,由于大䜣曾在百丈山师从元熙禅师,深受《百丈清规》影响,又奉敕校正《敕修百丈清规》。大䜣禅师强调禅和子必须重视清规兼及旁通经教外典,他说:"百丈作《清规》而丛林大备,有书状、有藏主、有首座,将使禅者兼通经教外典,欲其他日柄大法,可以为全材,而御外侮也。"①大䜣认为,元朝的统一使"四海已归皇化",他深知只有获得元廷帝室的支持,借助世俗政权的力量,才能复兴禅门。所以他每每于上堂说法时,对"今上皇帝"致以不遗余力地颂扬,如:"今上皇帝""示现王宫,主持世界,利益有情","为佛法之津梁,作人天之眼目","今上皇帝,以兴龙潜邸改创梵宫,复命禅宗发扬向上宗旨,与天帝释所成功德,何啻百千万亿倍"等。(《笑隐大䜣禅师语录》卷二)江南禅宗因笑隐大䜣禅师渐为朝廷所重,而稍得恢复,他也因此受到天下禅和子的推崇。然而,宗门下日趋衰落之势是无法挽回的,大䜣禅师也无奈地说:"近时丛林稍能识字,便不留心宗乘。又或宗门略具一知半解,而短于应酬。或惟事虚言,而内行不检。虽能聋瞽初学,难逃识者检责矣。宗纲陵迟一至于此。"②崇岳系的昙芳守忠与古林清茂也都是显赫一时的江南禅师。守忠禅师住持过金陵崇因寺、蒋山寺、集庆寺等大刹,受赐"佛海普印大禅师""大中大夫广慈圆悟大禅师",与大䜣禅师一同受到元文宗的诏见。清茂禅师则先后住持过平江

①《笑隐大䜣禅师语录》(卷四),《卍续藏经》第 69 册,第 719 页。
②《笑隐大䜣禅师语录》(卷四),《卍续藏经》第 69 册,第 719 页。

府天平山白云寺、开元寺、饶州（江西鄱阳县）永福寺、建康（南京）宝宁寺等，在有元一代"道契王臣，名喧宇宙"。特别值得一提的是，在这些选择与元廷合作的禅师著作中，有大量对于中峰明本禅师的赞誉、溢美之辞，而在明本禅师的著作中，却没有对这些人只言片语的记载。①

元代江南禅宗均属临济宗，分别出自大慧宗杲和虎丘绍隆两系。宗杲弟子育王德光之后，出现了灵隐之善和北磵居简两支；绍隆的再传弟子密庵咸杰之后，出现了松源崇岳和破庵祖先两支。这四支构成了江南临济宗的主流，总体可归为"功利禅"和"山林禅"两种类型。功利禅型，指以功利为目的，积极靠拢朝廷，凭借政治权势带动禅宗发展的派别，其代表主要有之善系和居简系，"五山十刹"主要由这类禅师住持；山林禅型则于此相反，大多数人山居隐修，个别影响很大，但与元廷关系疏远，拒绝应征，最重要的代表是祖先系统。②

二 元代灵隐寺

有元一代的灵隐寺家道中落，与两宋时期已不可同日而语。寺院长年失修，破败不堪，大都靠寺僧募化自理。元武宗至大元年（1308），南宋理宗曾经赐号的"觉皇殿"蠹朽倾颓，由寺僧慈照、住持正传与平章张缔重修，历时四年，于元仁宗皇庆元年（1312）竣工落成。元顺帝至元四年（1338），竹泉法林禅师自净慈寺迁往灵隐，一度宗风甚炽，朝廷授其金襕衣。不久，因他长期云游会稽山中，行院具疏奏请朝廷下旨并多次请他回归灵隐，他勉强答应住了三年，就退居了幻庵。元顺帝至正十九年（1359），寺毁于兵燹，损失惨重，尽管住持辅良于至正二十三年（1363）重修，但仅建了方丈室与伽蓝堂，灵隐寺"五山十刹"时代的昔日盛况已不再，衰相于元代初露端倪。元末张士诚割据江南，到处拆毁寺庙修建防御工事，许多名蓝甲刹包括灵隐寺在内皆毁于劫难。

根据《灵隐寺志》记载，元代"住持禅祖"分别为虎岩净伏禅师、如因禅师、悦

---

① 纪华传：《江南古佛——中峰明本与元代禅宗》，北京：中国社会科学出版社，2006年版。
② 魏道儒：《中华佛教史·宋元明清佛教史卷》，太原：山西教育出版社，2013年版，第222页。

堂祖阇禅师、玉山德珍禅师、正传禅师、元叟行端禅师、独孤淳朋禅师、圆通竹田禅师、东屿德海禅师。(《灵隐寺志》卷三下)

虎岩净伏禅师

虎岩净伏禅师是江苏淮安人,家世及生卒年不详。他在虚舟普度禅师座下契悟后,出任中天竺首座,后演法于潭州(湖南长沙)石霜山。元世祖至元年间,赴大都参加《至元法宝勘同总录》的编修、校勘,并作序。至元二十六年(1289)奉敕住持灵隐寺。曾获诏见,有偈进上,"过去诸如来,安住秘密藏。现在十方佛,成道转法轮。未来诸世尊,一切众生是。由妄想执着,结烦恼盖缠。迷成六道身,枉受三涂苦。惟念过、现佛,不敬未来尊。与佛结冤仇,或烹宰杀害。不了众生相,全是法性身。昔有常不轻,礼拜于一切。言我不轻汝,汝等当作佛。若能念自他,同是未来佛。现世增福寿,生生生佛国。"皇上览毕大悦,问:"从上帝皇有戒杀者否?"净伏禅师答:"昔宋仁宗一日语群臣曰:朕夜来饥甚,思欲烧羊。因虑后来,遂为常例,宁耐一时之饥,不忍启无穷之杀。群臣皆呼万岁。"皇帝听罢欣许,净伏禅师即为皇帝授戒。[1] 至元三十年(1293),净伏禅师移徙径山,出任第四十四代住持。

悦堂祖阇禅师

悦堂祖阇禅师是婺州双林石朋禅师之法嗣,俗姓周,南康(今江西境内)人,祖阇禅师十三岁辞亲落发。一日,祖阇禅师在室中阅读《华严经》,至"惟一坚密身,一切尘中现"[2]这一句时,忽然有省,于是前往蒋山参礼别山智禅师。初礼蒋山,别山智禅师便问:"近离何处?"祖阇禅师道:"江西。"又问:"马大师安乐否?"[3]祖阇禅师便叉手进前,说道:"起居和尚万福。"别山智禅师于是留他在座下参学,并让他住进了侍者寮,这样祖阇禅师就有了更多的机会亲近别山智

---

① (明)通容集《续灯存稿》(卷六),《卍续藏经》第84册,第719页。
② 实叉难陀译:《大方广佛华严经》(卷六),《大正藏》第10册,第31页。
③ 马大师即马祖道一禅师,其道场在江西。此处所问,意思是说,你见到了自性吗? 你的心安稳了吗?

禅师。

不久，祖闿禅师又前往杭州净慈寺，参拜断桥妙伦禅师。妙伦禅师问："临济三遭黄檗痛棒，是否？"祖闿禅师道："是。"又问："因甚么大愚肋下筑三拳？"[①]祖闿禅师道："得人一牛，还人一马。"妙伦禅师遂点头称许。妙伦禅师圆寂后，双林石朋禅师补其住持之缺。一日，祖闿禅师入室请益，石朋禅师遂举赵州和尚庭前柏树子之公案[②]诘问他。祖闿禅师正要开口拟对，石朋禅师突然大声喝道："何不道黄鹤楼前鹦鹉洲！"祖闿禅师言下顿悟，于是石朋禅师便给予印可，并令他充当烧香侍者。

元成宗元贞初年（1295），祖闿禅师奉诏入禁中说法，成宗皇帝大悦，遂赐通慧禅师之号及金襕法衣。大德九年（1305），祖闿禅师出世于灵隐，说法化众。一日，有一僧新到，祖闿禅师问："何处来？"那僧道："闽中。"又问："彼处如何住持？"答："饥即吃饭，困即打眠。"祖闿禅师道："错"。那僧便问："未审和尚此间如何住持？"祖闿禅师一听，便拂袖归方丈。

祖闿禅师在灵隐寺住了四载，后示疾，说偈辞众云："缘会而来，缘散而去。撞倒须弥，虚空独露。"说毕，便跏趺而逝。[③]

元叟行端禅师

元代中期以后，江南禅宗中出现不少"道契王臣"者，其中以元叟行端禅师具

---

① 临济义玄禅师来到大愚禅师坐下。大愚禅师问："甚处来？"临济禅师道："黄檗来。"大愚禅师又问："黄檗有何言句？"临济禅师道："某甲三度问佛法的大意，三度被打。不知某甲有过无过？"大愚禅师道："黄檗与么老婆心切，为汝得彻困，更来这里问有过无过？"临济禅师一听，言下大悟，惊喜道："元来（原来）黄檗佛法无多子！"大愚禅师一把揪住他，问道："这尿床鬼子，适来道有过无过，如今却道黄檗佛法无多子。你见个甚么道理？速道！速道！"临济禅师便向大愚禅师的肋下筑了三拳。大愚禅师推开临济禅师，说道："汝师黄檗，非干我事。"

② 有问赵州禅师："如何是祖师西来意？"师曰："庭前柏树子。"曰："和尚莫将境示人？"师曰："我不将境示人。"曰："如何是祖师西来意？"师曰："庭前柏树子。"

③ （清）超永编辑：《五灯全书》（卷五十二），《卍续藏经》第 82 册，第 178 页；《五灯全书》卷五十四，《卍续藏经》第 82 册，第 192 页；（明）文琇集：《增集续传灯录》（卷三），《卍续藏经》第 83 册，第 293 页；（清）聂先编辑：《续指月录》（卷四），《卍续藏经》第 84 册，第 51 页；（清）性统编集：《续灯正统》（卷十二），《卍续藏经》第 84 册，第 479 页；（明）通问编订、施沛汇集：《续灯存稿》（卷三），《卍续藏经》第 84 册，第 689 页。

有一定的代表性。

临安径山元叟行端禅师，大慧派径山藏叟善珍禅师法嗣，俗姓何，台州临海人。其祖上世代以儒为业，母王氏（亦说陈氏）亦书香出身，博通五经，于南宋理宗宝佑三年（1255）生行端禅师。行端禅师生而秀拔，自幼即不茹荤腥，有出世志。刚满六岁，母亲便教他诵《论语》《孟子》。行端禅师虽然能咿咿成诵，但不想汩没于世儒章句之学。行端禅师的叔父有茂上人出家为僧后，住余杭化城院，有一年回故里省亲，行端禅师即趁此机会，从之落发，当时他才十二岁。行端禅师器识渊邃，夙负大志以道自任，一切文字不由师授自然成诵，并且经常宴坐思维，竟至于废寝忘食。行端禅师十八岁受具足戒后，便投径山藏叟善珍禅师座下参学。善珍禅师是灵隐妙峰之善禅师法嗣，育王佛照德光禅师之法孙。初礼径山，善珍禅师便问：“汝是甚处人？”行端禅师道：“台州。”善珍禅师于是大喝一声，行端禅师便展开坐具；善珍禅师又喝一声，行端禅师便收起坐具。善珍禅师于是道：“放汝三十棒，参堂去！”行端禅师言下顿悟。

一日，行端禅师侍立次，善珍禅师道：“吾泉南无僧。”①行端禅师道：“和尚聻？”善珍禅师拈起拄杖便打。行端禅师接住拄杖道：“莫道无僧好！”善珍禅师于是点头印可，并让他住进侍者寮。当时，善珍禅师座下徒众近千人，除了行端禅师外，无一人能契其机者。善珍禅师圆寂后，行端禅师一度徜徉于西湖山水之间，自称“寒拾里人”（按：寒山、拾得家乡的人）。后至仰山，参礼雪岩祖钦禅师。初至雪岩，祖钦禅师便问：“驾发何处？”行端禅师道：“两浙。”又问：“因甚语音不同？”答：“合取狗口！”祖钦禅师道：“獭径桥高，集云峰峻，未识阇黎在。”行端禅师于是拍手道：“鸭吞螺蛳，眼睛突出。”祖钦禅师笑着回顾侍者，吩咐说：“点好茶来。”行端禅师道：“也不消得。”于是行端禅师便留在祖钦禅师座下，祖钦禅师亦以上礼待之。三年后，祖钦禅师圆寂，行端禅师回到径山任首座。元成宗大德四年（1300），行端禅师于湖州翔凤山资福寺开法接众，一时学徒奔凑，声振京师。大德七年（1303），元成宗特赐行端禅师慧文正辩之号。后又移住杭州万寿、灵隐

---

① 善珍禅师是福建泉州南安人，故有斯语。

二寺。元廷于金山寺设水陆大会，命行端说法，事毕，受皇帝诏见，加赐"佛日普照"。元英宗至治二年（1322），行端禅师奉宣政院之命，又回径山补住持之缺，获"大护持师"玺书。其间，三度受赐金襕袈裟。其座下人才之盛，不亚于当年大慧宗杲禅师，其中最有名者当推楚石梵琦、梦堂昙噩等人。

行端禅师平时接人多呵叱怒骂不从人情，然道俗于其呵骂中得旨者甚多。宗杲禅师尝自谓"我平生好骂人"，行端禅师禅风与宗杲颇为相似。在帮助别人的时候，他总是默默而行从来不张扬，故其德望极高，为朝廷所推服。虽然帝王频施宠敬，人皆以为荣，而行端禅师却平淡视之。宋濂在《元叟行端禅师语录》序中是这样描述行端禅师的为人，"公平顶古貌，眼光铄人，颔下数髯，磔立憬然，雪后孤松。坐则挺峙，行不旋顾，英风逼人，凛如也。所过之处，众方欢哗如雷，闻履声，辄曰'端书记来矣'，嗫默如无人。宾友相从，未尝谈人间细事，舍大法不发一言。秉性坚凝，确乎不可拔。自为大僧至化灭，无一夕脱衣而寝。"

元惠宗至正元年（1341）八月，行端禅师将示寂，问侍者："呼之曾已休，吸之尚未舍。寄语诸苦源，来者不来者。如何是来者不来者？"侍者茫然无对。行端禅师于是默然良久，说道："后五日看。"五天以后，行端禅师沐浴更衣，书偈别众云："本无生灭，焉有去来。冰河发焰，铁树花开。"掷笔，垂一足而化。世寿八十八，僧腊七十六。①

元叟行端禅师法统继承"大慧之流风余韵"，而他本人也对大慧宗杲亦崇敬有加，他说："大慧老祖在宋南渡，光明如十日丽天，音吼若千雷震地。阿修罗手，干阖婆城，虽不无蔽亏，亦岂伤其耀古腾今，警聪发聩者哉。不因蟠根错节，不足以别利器；杞梓连抱，必有数寸之朽，其斯之谓也。当其梅衡二阳时，为法忘躯之士，负大经论者有之，博极书史者有之，诗词高妙者有之，翰墨飘逸者有之。非其平生道眼明白，高出死生之表，能使之不自疲厌如此。""大慧老人，黑暗崖照夜之

---

① （明）净柱辑：《五灯会元续略》（卷二），《卍续藏经》第 80 册，第 480 页；（明）通容集：《五灯严统》（卷二十二），《卍续藏经》第 81 册，第 275 页；（明）文琇辑：《增集续传灯录》（卷三），《卍续藏经》第 83 册，第 290 页；（明）通问编订、施沛汇集：《续灯存稿》（卷三），《卍续藏经》第 84 册，第 686 页；（明）元贤辑：《继灯录》（卷二），《卍续藏经》第 86 册，第 514 页。

火炬也,浊恶海济人之津筏也。尝自誓云:宁以此身代大地众生受地狱苦,终不将佛法当人情。烧乃翁碧岩之板,揭洞上密传之榜,排郑尚明默照之非。其以天下至公,为无上大法施主,有祖以来,一人而已。"①元叟行端禅师充分肯定了大慧禅对临济禅法的贡献,他说:"上堂提唱,务在单提个事,开悟人天。前则马祖、百丈、德山、临济;后则大慧、应庵,纵横波辩,直达心源,得大自在。"②"济北之道至大慧,如朗日丽天,何幽不烛;如疾雷破山,何蛰不醒。咶咶动其喙,腾妒谤之敠者,非盲与聋,则不为也。一时文章巨公,弃所学,执弟子礼。……其光明俊伟,绝出古今矣。"③元叟行端禅师对大慧禅法的接续,在江南宗门下是公认的。如妙道禅师在《元叟行端禅师语录后跋》中说:"今观径山元叟禅师《四会语》,一一从自己胸中流出。其妙用也,如鼓百万雄兵于远塞,蔑有当其锋者。其方便也,如聚珍怪百物于通衢,至者随所探焉。收放纵横,得大自在。大慧云:如将福州名品荔枝剥了皮、去了核,送在你口里。自是你咽不下。以此知,禅师得大慧五叶之正传,能大其家世者也。"④笑隐大䜣禅师也由衷地赞叹道:"今我径山法叔,再世妙喜也。小侄曾闻于朝,请为兹寺开山,而未果所愿。遗书忽临,如睹象驾之至,堂堂正体,俨金锡之横肩。琅琅法音,闻虚空之振铎。四众攀恋,不胜哀感。既是生死无间,未免宾主相见去也。传家只个金刚王,留与儿孙作标格。"⑤元叟行端深得禅门神髓,如他说:"尽十方世界,无一人不大坐其中。""尽十方世界是个自己,尽十方世界是个烜赫虚空,尽十方世界是安居之所。"⑥"尽十方世界是个大光明藏,从古至今,无一法可增;尽十方虚空是个大解脱门,从古至今,无一法可减。"⑦

元叟行端禅师虽然"道契王臣",但他对中峰明本禅师却非常敬仰。他曾作《中峰和尚真赞》:"巍巍堂堂,炜炜煌煌。言无舌而充塞乎五湖四海,名无翼而轩

---

① 《元叟行端禅师语录》(卷七),《卍续藏经》第71册,第543页。
② 《元叟行端禅师语录》(卷五),《卍续藏经》第71册,第533页。
③ 《元叟行端禅师语录》(卷八),《卍续藏经》第71册,第544页。
④ 《卍续藏经》第71册,第547页。
⑤ 《笑隐大䜣禅师语录》(卷二),《卍续藏经》第69册,第709页。
⑥ 《元叟行端禅师语录》(卷一),《卍续藏经》第71册,第516—517页。
⑦ 《元叟行端禅师语录》(卷五),《卍续藏经》第71册,第533页。

羕乎九有八荒。其廓彻也,似备头陀契机雪峰之球室。其痛快也,如忠道者悟旨佛眼之磨坊。由是四十年,不下西天目。即青山白云,为宝华王狮子高广之座。与森罗万像,同一敷扬。斯所以钟普明一门之秀,联慧朗三世之芳也。"①又作《题子昂赵学士所书中峰和尚钟铭》:"昔拘留孙佛,于竺干造青石钟,顶类诸天,腹陷众宝,其中可容十斛。有化如来,随日出没,明宣秘演,或闻不闻,教典至今传焉。古杭为东南第一都会,天目则高出古杭众山,狮岩禅苑,则又高出天目西顶。比丘志彰,冶青铜万斤,而成一钟,虡于寺岩之后冈。其化如来,霜朝月夕,常为吴浙梦境众生,作大佛事。将使声尘所至,登正法楼,悟无生忍。臻自觉圣智之妙,殊勋胜烈,非独不在拘留孙下。幻住之记,子昂之书,亦将与此钟音吼同不磨也。"②暗示江南禅宗的重心,已经由两宋时代的杭州,转移至天目山。

独孤淳朋禅师

独孤淳朋禅师,俗姓杨,浙江临海人,虎岩净伏禅师法嗣。

上堂:"晃晃焉于色尘之内而相不可睹,昭昭然于心目之间而理不可分。古人垂示处不妨明白,后人领解处多是颟顸,天宁今日矢上加尖去也。一夜落花雨,满城流水香。"

上堂:"因妄说真真无自相,从真起妄妄体本空。妄既归空,空亦不立。"良久,云:"荡荡一条官驿路,晨昏曾不禁人行。"

上堂:"会即事同一家,不会万别千差。不会则且置,如何是事同一家?鸡寒上树,鸭寒下水。"

上堂:"毕钵岩前风清月白,曹溪路上浪静波平。灵鹫山中从苗辨地,三段不同收归上科。"

上堂:"春风吹春雨滴落,花满地、春狼借。云外青山青又青,独立寥寥筇何极。诸人要识朱顶王,者汉从来头脑赤。"

元仁宗延佑元年(1314)住持灵隐寺,元惠宗至元丙子(1336)秋入寂。寿七

---

① 《元叟行端禅师语录》(卷六),《卍续藏经》第71册,第539页。
② 《元叟行端禅师语录》(卷七),《卍续藏经》第71册,第542页。

十八,全身葬普光庵后。①

东屿德海禅师

东屿德海禅师,净慈石林行巩禅师之法嗣,俗姓陈,浙江台州临海人。他十四岁出家,后投承天石林行巩禅师座下参学。一日,德海禅师入室参礼,行巩禅师见他便问:"如何是你自己?"德海禅师正要开口,行巩禅师一把将他推出丈室。他心中顿时疑云密布,朝思暮想精进地参究,乃至夜不展被。过了一段时间,他又入室请益。行巩禅师问:"尽大地是金刚正体,何处着上座?"他正要拟对,行巩禅师一拄杖打过来,德海禅师当下顿然有省。行巩禅师后来移住净慈寺,德海禅师亦随师前往,入住侍者寮。一日,行巩禅师举"忠国师三唤侍者"公案,诘问德海禅师:"南阳慧忠国师唤侍者,侍者应诺;慧忠禅师如是三唤,侍者三应。慧忠国师道'将谓吾孤负(辜负)汝,却是汝孤负吾。'"德海禅师道:"不是失却猫儿,定是失却狗子。"行巩禅师问:"是孤负,是不孤负?"德海禅师道:"瞒人自瞒。"行巩禅师举起竹篦边打边说道:"冘(庇护、光耀)吾宗者,海子也!"

当时横川禅师住持育王寺,德海禅师去亲近他。一次横川禅师在室中说:"南山笙笋,东海乌鲗。"德海禅师急忙上前掩其口,说:"请师更道。"横川禅师推开他说:"朝看东南,暮看西北。"德海禅师拂袖便出,横川禅师遂以藏钥留之。

德海禅师悟道后,于元世祖至元二十七年(1290),开法于天台寒岩,不久迁姑苏寒山、昆山东禅等道场。延佑二年(1315),德海禅师奉诏住持净慈寺,至山门,曰:"清净慈门,一湖秋水。入得不? 入得。虎咬大虫,蛇吞鳖鼻。"末后又移住灵隐。

德海禅师曾于室中垂语,曰:"手握利刃剑,因甚猢狲子不死。"曰:"咬破铁酸豏,因甚路上有饥人。"曰:"波斯去帽,蔗咬甜头。"又曰:"鱼以水为命,因甚死在水中。"众答皆不契。僧问:"如何是佛。"师云:"牯牛背上立乌鸦。"僧云:"如何是祖师西来意。"师云:"真州望长芦。"僧云:"如何是法身。"师云:"德山卓牌。"僧

---

① (明)文琇辑:《增集续传灯录》(卷六),《卍续藏经》第83册,第340页。

云：“如何是法身向上事。”师云：“劈来也好做柴烧。”僧问：“如何是衣线下事。”师云：“仙人礼枯骨。”僧云：“作么生是仙人礼枯骨。”师云：“六脚蜘蛛上板床。”僧问：“描貌不得处，如何是无位真人。”师云：“不厌笋斜出岸，悬花倒生。”僧云：“提掇不起处，如何是吹毛剑。”师云：“早地千寻浪，青天一阵雷。”僧问：“如何是宗门极则事。”师云：“眼里瞳人踢绣球。”僧云：“学人不会。”师云：“人心似铁，官法如炉。”

上堂：“白玉阶前舞癞牛，虚空背上看扬州。眼中瞳子吹长笛，纸画仙姑踢气球。”

上堂：“古今佛法尽知，古今机用尽会，按下云头，不如无事好。释迦掩室不是无事，净名杜口不是无事，达摩面壁不是无事，黄檗掩耳不是无事，佛与祖师皆非无事底（的）人，觅个无事底（的）也是腊月莲花。”颂俱胝，竖指，曰：“深深无底，高高绝攀。思之转远，寻之复难。”

东屿德海禅师于泰定四年（1327）（按：一说延佑四年〈1317〉九月初三日）圆寂，世寿七十二，僧腊五十七。赐号明宗慧忍禅师。生前著有《六会语录》行世。[1]

另据《灵隐寺志》载，元代与灵隐寺交游来往密切的文人、居士有赵孟頫、虞伯生集（按：应为“虞集”）、邓文原、张天雨、黄晋卿潜（按：应为“黄潜”）、项可立等。（《灵隐寺志》卷五下）

赵孟頫（1254—1322），字子昂，号松雪道人，又号水晶宫道人，湖州吴兴人。宋太祖赵匡胤第十一世孙，秦王赵德芳后裔，五世祖秀安僖王是南宋孝宗的父亲，四世祖赵伯圭为孝宗之弟，赐府邸于湖州。至元二十三年（1286），元世祖为安定江南民心，派侍御史程钜夫到江南寻访遗贤，赵孟頫应诏北上，受到忽必烈礼遇，使坐右丞相叶李之上，第二年，又授以兵部郎中，后累迁至翰林侍读学士、集贤侍讲学士、翰林学士承旨、荣禄大夫、知制诰兼修国史，从一品下。卒后，封

---

[1] （明）文绣集：《增集续传灯录》（卷五），《卍续藏经》第 83 册，第 314 页；（明）净柱辑：《五灯会元续略》（卷三），《卍续藏经》第 80 册，第 505 页；（清）超永编辑：《五灯全书》（卷五十），《卍续藏经》第 82 册，第 166 页。

魏国公,谥文敏。

赵孟頫一生身受元世祖至元英宗五位皇帝的恩遇,在元代南人地位低下的背景下实属罕见。这一方面是他作为赵宋皇族后裔受到新朝政治笼络的需要,另一方面得益于他的才艺成就。赵孟頫才华横溢,在元代汉族士人阶层中亦无人与之匹敌,据《元史》载,他于诗词、书法、绘画、音律等方面皆造诣精深,元仁宗"尝与侍臣论文学之士,以孟頫比唐李白、宋苏子瞻。又尝称孟頫操履纯正,博学多闻,书画绝伦,旁通佛、老之旨,皆人所不及。"元仁宗对他多方面造诣的肯定,是蒙元皇室阶层对汉文化接受、认可,元代民族大融合、文化融汇的一个侧影。

大德三年(1299)赵孟頫外放江浙儒学提举,在任十年期间,他与江南禅僧多有来往。赵孟頫敬仰中峰明本禅师,成为他的俗家弟子。关于禅要,明本禅师示以"防情复性"之旨,"性起为情,情生为业,业感为物。夫万物由情业之所钟,当处出生,随处灭尽;荣枯祸福等一梦幻,此吾佛之教。之所以示,群生虽一本乎性,而有世闲出世之殊。世间之学,防情之谓也。出世之学,复性之谓也。防情,有为也。复性,无为也。二说不可相滥。苏公子由《注老子序》,以六祖不思善、不思恶之说配《中庸》'喜怒哀乐未发之谓中'之意,一也。又谓:中也者,即佛氏之言性也;和也者,即佛氏之六度万行也。'致中和,天地位焉、万物育焉。'非佛法何以当之? 此说颇类妙喜以'三身'答子韶之甥所问'天命之谓性,率性之谓道,修道之谓教'之说。盖一时善权方便,破彼情执而已。岂三身之理止于是哉? 窃闻儒之所谓中庸者,必使人之情合乎至中,则经常之道可传之无穷也。岂特人心为然? 至若天地万物一禀中庸而生化,微中庸则至渺之物亦不能自育也。内而治身,外而治国,谓中庸者不可斯须忽忘之也。使中庸之不在,则天地万物寻而变灭。且人焉得而独存乎? 盖中庸乃建立生化之枢机。故圣贤举而明之,为教化之本也。中庸施之于亲则谓孝,达之于君则谓忠,及之于物则谓仁,布之于人则谓教,以至传之于世则谓道也。是道即指中庸之体而言之,含容于喜怒哀乐未发之初,发而皆中节之谓和。言中节者乃中,中庸之节也。惟过与不及则不中节矣。既中,中庸之节,则知万物不期育而育,天地不期位而位。故情业无尽,则生死何有已也。世间之说极于此矣。吾佛祖治出世之说,乃异乎其所闻。何则?

如六祖谓不思善、不思恶之际，孰为本来面目？乃复性之大旨也。子思谓喜怒哀乐未发之谓中，发而皆中节之谓和之说，乃防情之极论也。然致中和、位天地、育万物，盖情业所感，非性理之有是事也。惟子由未尝不知。而曲引此说者何也？子思言'天命之谓性'，指中庸之体也；'率性之谓道'，指中庸之用也；'修道之谓教'，欲人依体用而契中庸也。道也者，不可须臾离。可离非道者。必使其举念动心，无斯须不在中庸之域。防情之论，极于此矣。彼清净法身，即圣凡同禀之性元也；圆满报身，即法身所具之神通光明也；千百亿化身，即法身遍在一切处也。然法身如日轮也，报身如日之光也，化身乃由光而普。性无知也，性无为也，谓复性之说理穷于是。似未易与率性修道者同日而语也。妙喜以复性之学会防情之教，子由以防情之教会复性之学。一儒一释各秉善权而融会之，使二家之说不相悖。惑不之辩，则至理不胜其悖矣。惑者以余说为然。"[1]中峰明本禅师会通儒佛，诠释禅要。这也是自北宋明教契嵩禅师以来，禅法思想的诠释路径。赵孟頫又咨以《金刚经》妙用，明本禅师著《金刚般若略义》一卷以答。明本禅师有《劝修净业偈》一百八首，赵孟頫为作赞云："三千大千世界中，恒河沙数之众生。一一众生一一佛，一一惟心一净土。而诸众生无始来，因痴有欲增爱浊。根尘缠染不自觉，流转生死堕恶趣。"[2]

赵孟頫与许多江南禅师有文字之交，如《灵隐寺志》载，独孤淳朋禅师"常（尝）以定武兰亭赠赵子昂，欲与重结（接）翰墨缘。"（《灵隐寺志》卷三下）

三　元代净慈寺

元初，"江南释教总统"杨琏真伽原奉密宗，对禅宗不予过问。至元二十七年（1290），净慈寺火焚后，都由各代住持募化重建。经古田德昌、愚及至慧、方山文宝等禅师悉心筹划，先后修建了蒙堂、两库司、观音殿、大殿、罗汉殿、法堂，最后重建山门，才恢复了旧观。对于异族统治，净慈寺僧大多采取消极抵制的态度。

---

① 《天目明本禅师杂录》（卷三），《卍续藏经》第 70 册，第 744 页。
② （明）心泰编：《佛法金汤编》（卷十六），《卍续藏经》第 87 册，第 444 页。

元初,晦机元熙禅师为净慈寺书记,其兄唐元龄原系南宋临江通判,随文天祥起兵抗元而战死。当时,杨琏真伽曾邀晦机元熙禅师同去阿育王寺取舍利,他就托辞探母避往江西。元室对净慈寺第六十代住持千濑善庆禅师(人称"濑翁")大加封赏,除授以金襕衣外,并封号"慧光普照文明通辨禅师"。而千濑禅师毫不动容,置之度外。住持本源善达禅师还和住寺高僧及庵法师等相约"誓不历职",这在当时佛门中形成了很大影响。几经邀请,晦机元熙禅师于至大元年(1308)重来杭州住持净慈寺,入寺之日,中书省、宣政院大批官员俯伏迎请,竭尽尊礼;在晦机禅师上堂说法时,参加的僧众数以千计,其中还有来自高丽、日本等国的佛教徒。此后,元朝廷对净慈寺历代高僧都常加封赏,如大辨希陵禅师,因他是宋末净慈寺住持东叟促颖禅师和石林行巩禅师门下的内记和外记(都是书记),他在径山寺说法时,云峰法就曾称他有"诸老遗风",于是元世祖、元成宗、元仁宗三代皇帝都有封赏,前后封号就有"佛鉴""大圜""慧照"等。原叟行端禅师亦因他是宋末石林行巩禅师门下弟子,除元成宗赐号"慧文"外,元仁宗又赐号"普照师"。高峰原妙、中峰明本禅师等都是当时住净慈寺的大德耆宿,他们先后上西天目山,元仁宗、元英宗、元文宗三代帝王对中峰禅师也都有封赠,并赐号"智觉",中峰禅师均回避拒受。圆寂后又追谥他为"普应国师"。其他如悦堂、会堂、孤峰等高僧也都受过朝廷封赏,分别封号为"慧通""普济""圆明定慧"。而石屋清珙禅师以"清苦自守"闻名,断绝外缘,但元至正年间,朝廷也"降香币以旌",皇后亲赐金衲衣。此时,杭城佛教重心已转移西天目山。当时人称"净慈三峰"的高峰原妙、中峰明本、孤峰明德禅师都是名闻南宋京师的高僧,都先后离开净慈寺,对朝廷远而避之,千岩元长禅师等都追随高峰、中峰禅师转入浙西山区修持弘法,孤峰禅师则离杭游历名山,不再返回。愚庵智及由达识贴木尔推举为净慈寺住持;平山处林于元后期至元五年(1339)由枢密使高纳麟推荐并由元惠宗下诏命其住持净慈寺。平山则在朝廷支持下重建殿堂,修饰罗汉堂群像,"尊而祖堂、幽而三塔,凡所宜有,焕然一新",而他不论冬夏,布衲一领,一时"学徒云集,动以万指"。而平山处林将归寂前还不忘"肩舆入城别丞相"。千濑上堂说法,元仁宗就亲下玺书表彰护教。悦堂颜明在南屏设四大道场,树大法幢弘法,"名闻京国"，"藩王大臣无不函香问道，黑白骏奔，如众归市"，而元帝也遣使者"再下玺书护其教"，可谓盛况空前。

元代统治近百年，净慈寺研习佛学之风逐渐衰微。除徐玉冈、蒙润著有《四教仪集》为天台宗学徒入门之书，千濑善庆禅师遗有《扶宗显正论》外，即使被当时名流称颂学行甚高，"奇采烂然"，曾受元文宗封为三品官阶的笑隐大欣和为元代学者宋濂等尊崇的悦堂颜明等高僧都没有遗世之作。元代后期，佛门风行参禅语录，大多名僧都以问法参佛时论述的言论编辑成语录，如平山有《四会法语录》，大辨、石屋、高峰等都有以自己法号命名的《语录》，成为有别于历朝的一代佛门文风。另一方面，净慈寺在元代后期的寺规礼仪也有所废弛。据挂单僧恕中无愠所见：元泰定初(1324)，净慈寺寺规严肃，上堂僧人五百多人，不准围炉闲谈，不准检阅外书(指佛教经典以外书籍)，不准外人随便出入；恕中在阅读《庄子》时曾受到严厉斥责。但二十年后(约于元至正年间)他再度到净慈寺时，但见"人员丛杂""寮舍围炉""抚琴奕棋"，却很少有寺僧研习功课。反映了元代汉地佛教的衰落现象。

高峰原妙禅师

杭州天目高峰原妙禅师(1238—1295)，南宋临济宗杨岐派破庵派僧，袁州(今江西宜春)仰山雪岩祖钦禅师法嗣，俗姓徐，苏州吴江人。其母生他之前，曾梦见一僧人乘舟前来投宿，因而生师。原妙禅师刚离开襁褓，就喜欢结跏趺坐，每遇见僧人入门化缘，便爱恋不舍，想跟对方走。原妙禅师十五岁从嘉禾(今浙江嘉兴)密印寺出家，十六岁落发，十七岁受具足戒，十八岁学习天台教法，二十岁投净慈寺，立三年之死限，学习参禅。二十二岁依断桥妙伦禅师请益。妙伦禅师是径山无准师范禅师之法嗣。在妙伦禅师座下，原妙禅师谨遵师教，一心参究"生从何来，死向何去"之话头，以至于胁不至席，口体俱忘。但是，却未有发明。

当时，雪岩祖钦禅师住在北涧塔。原妙禅师于是怀香(即袖中笼香，以示求法之诚)前往礼谒。刚问讯完毕，祖钦禅师便拈挂杖将原妙禅师打出丈室，然后闭门不出。如此者再三，原妙禅师终于得以入室请益。祖钦禅师于是教他看

"无"字公案。从此以后,原妙禅师便精勤参究"无"字公案,无有虚日。后来,每次入室请益,祖钦禅师便问:"阿谁与你拖个死尸来?"原妙禅师刚要开口,祖钦禅师便一拄杖打过来。如是情形,发生过好多次。后来,祖钦禅师赴处州(今浙江丽水)南明传法,原妙禅师便上双径结夏。在禅堂里,原妙禅师刚用了半个月的功夫,一天晚上,梦中偶然忆起断桥妙伦禅师室中所举:"万法归一,一归何处"之话头,忽然疑情大发。在这种疑情的推动下,原妙禅师精进参究了三昼夜,目不交睫。后逢少林忌时,原妙禅师忽然抬头看见五祖和尚的真赞(画像题赞),"百年三万六千朝,反复元(原)来是这汉",蓦然打破"拖死尸的是谁"这一疑情。当时,原妙禅师才二十五岁。坐夏结束后,原妙禅师便前往南明,拜见祖钦禅师。祖钦禅师一见他,便问:"阿谁与你拖个死尸到者(这)里?"原妙禅师于是大喝一声。祖钦禅师便拈拄杖要打。原妙禅师遂接住拄杖云:"今日打某甲不得。"祖钦禅师便问:"为甚打不得?"原妙禅师一听,便拂袖而出。第二天,祖钦禅师见了原妙禅师,便问:"万法归一,一归何处?"原妙禅师道:"狗舔热油铛。"祖钦禅师道:"你那里学者(这)虚头来?"原妙禅师道:"正要和尚疑着。"祖钦禅师于是便走开。从此以后,原妙禅师机锋竞辩,不让于师。

第二年,原妙禅师前往江心度夏。其间,他礼谒了雪窦希叟绍昙禅师。绍昙禅师问:"那(哪)里来?"原妙禅师没有正面答话,却拖出蒲团。绍昙禅师又问:"狗子无佛性,上座作么生?"原妙禅师道:"拖出大家看。"绍昙禅师于是站起来,亲自送他回堂中歇息。

祖钦禅师后来移住道场和天宁,原妙禅师亦皆随而前往,殷勤执侍。一日,祖钦禅师问原妙禅师:"日间浩浩(纷纷扰扰)时还作得主么?"原妙禅师道:"作得主。"祖钦禅师又问:"睡梦中作得主么?"原妙禅师道:"作得主。"祖钦禅师再问:"正睡着时,无梦无想,无见无闻,主在甚么处?"原妙禅师便默然无语。祖钦禅师于是嘱咐道:"从今日去,也不要你学佛学法,也不要你穷古穷今,但只饥来吃饭,困来打眠。才眠觉来,却抖擞精神,我者(这)一觉,主人公毕竟在甚么处安身立命?"原妙禅师于是谨遵师旨,奋志入临安龙须隐修。他暗自发誓道:"拌一生做个痴呆汉,决要者(这)一着子明白!"就这样,原妙禅师默默地修行了五载。一天晚上睡觉的时候，同室道友睡着了，将枕头推到地上，"冬"的一声，原妙禅师终于豁然大彻。他欣喜地自言自语道："如往泗州（今江苏盱眙）见大圣①，远客还故乡，元（原）来只是旧时人，不改旧时行履处。"

原妙禅师悟道后，咸淳二年（1266），隐龙须寺。期间，生活极为艰苦，"缚柴为龛，风穿日炙，冬夏一衲，不扇不炉，日捣松和糜，延息而已"。南宋咸淳十年（1274），原妙禅师迁浙江武康双髻山，开法接众，一时学徒云集。景炎元年（1276），元军南下，为避兵乱，衲子四散，唯原妙禅师独掩关危坐自若。兵乱之后，信众又纷至沓来，原妙禅师每天都应接不暇。元世祖至元十六年（1279），原妙禅师遁于西天目狮子岩隐修。此地壁立千仞，崖石林立。原妙禅师于中经营了一座洞室，进退丈余许，名曰"死关"，不越户达十五年之久。他将侍者打发走了，以破瓮为铛，日中一食。要进入他隐修的洞室，必须借助梯子。所以一般人是找不到他的，即便是他的弟子也难得见他一面。

在洞室中，原妙禅师曾设"六则垂问"，以验学人："一曰大彻底人，本脱生死，因甚命根不断？二曰佛祖公案，只是一个道理，因甚有明有不明？三曰大修行人，当遵佛行，因甚不守毗尼？四曰杲日当空，无所不照，因甚被片云遮却？五曰人人有个影子，寸步不离，因甚踏不着？六曰尽大地是火坑，得何三昧，不被烧却？"凡此六问，来参者倘若下语不契，原妙禅师即闭关不出。因此，自非通关具眼者，莫不望崖而退。

后来，原妙禅师的弟子发动信众，就在他隐居地附近，创建了师子禅院，请他出来开堂说法。当时恰好祖钦禅师迁住仰山，给原妙禅师寄来了表示得法之信物——竹篦和拂子。这样，原妙禅师才肯出来拈香说法。

曾有上堂法语云："尽十方世界是个钵盂。汝等诸人，吃粥吃饭也在里许，屙

---

① 淮海原肇禅师投径山如琰禅师座下参学。初礼径山，如琰禅师便问："汝何处人？"原肇禅师道："淮东。"如琰禅师又问："泗州大圣为什么在扬州出现？"原肇禅师道："今日又在杭州撞着。"如琰禅师道："且喜（只可惜）没交涉。"原肇禅师便道："自远趋风。"此后，每次原肇禅师前来请益，如琰禅师便问："下一转语来。"原肇禅师只要一伫思拟对，如琰禅师大喝一声，将他赶出丈室。如是者再三，原肇禅师终于有省，后呈偈颂给如琰禅师，其最末一句云："空教回首望长安"。如琰禅师览其偈后，便问："者（这）里是什么所在？"原肇禅师道："谢和尚挂搭。"

屎放尿也在里许,行住坐卧,乃至一动一静,总在里许。若也识得,达磨大师,只与你做得个洗脚奴子。若也不识,二时粥饭,将甚么吃?参!"

关于如何参禅,原妙禅师曾作一段较为精彩的开示:"此事只要当人的(确实)有切心,才有切心,真疑便起。疑来疑去,不疑自疑,从朝至暮,粘头缀尾,打成一片,撼亦不动,趁亦不去,昭昭灵灵,常现在前。此便是得力时也。更须确其正念,慎无二心。至于行不知行,寒热饥渴,悉皆不知,此境界现前,即是到家消息。也巴得构,也撮得着,只待时刻而已。却不得见怎么说,起一念精进心求之,又不得将心待之,又不得纵之弃之。但自坚凝正念,以悟为则。当此之时,有八万四千魔军,在汝六根门头侍候,一切奇异善恶等事,随汝心现。汝若瞥起毫厘着心,便堕他圈缋,被他作主,受他指挥,口说魔话,身行魔事。般若正因,从兹永绝;菩提种子,不复生芽。但莫起心,如个守尸鬼子,守来守去,疑团子欸然爆地一声,管取惊天动地。"

原妙禅师很久以来就得了胃病,晚年尤甚。元成宗元贞乙未年(1295)十二月三十日早晨,原妙禅师升座辞众云:"西峰三十年,妄谈般若,罪犯弥天,末后有一句子,不敢累及诸人,自领去也。众中还有知落处者么?"说到这里,便沉默良久,接着又说道:"毫厘有差,天地悬隔。"半上午的时候,原妙禅师突然说偈云:"来不入死关,去不出死关,铁蛇钻入海,撞倒须弥山。"说完,便泊然而逝。谥号"普明广济禅师",门下有中峰明本、断崖了义、大觉祖雍、空中以假等人,世称高峰和尚,有《高峰妙禅师语录》一卷、《高峰和尚禅要》一卷行世。[①]

中峰明本禅师

杭州天目中峰明本禅师(1263—1323),高峰原妙禅师法嗣,号中峰,法号智觉,俗姓孙,钱塘人。明本禅师九岁丧母,十五岁出家,曾燃臂礼佛,誓持五戒,日

———————

① (明)文琇辑:《增集续传灯录》(卷五),《卍续藏经》第83册,第318页;(明)净柱辑:《五灯会元续略》(卷三),《卍续藏经》第80册,第503页;(明)通容集:《五灯严统》(卷二十一),《卍续藏经》第81册,第265页;(明)元贤辑:《继灯录》(卷四),《卍续藏经》第86册,第529页;(明)朱时恩:《佛祖纲目》(卷四十),《卍续藏经》第85册,第787页。

诵《法华》《圆觉》《金刚》等经。后登灵洞山顶修习禅定。一日，明本禅师阅读《传灯录》，当他读至"庵摩罗女问曼殊，明知生是不生之理，为甚么却被生死之所流转"这一段时，忽然疑情顿起。后在明山禅师的指点下，前往天目山参礼高峰原妙禅师。当时，原妙禅师于西天目狮子岩隐修。此地壁立千仞，崖石林立。原妙禅师于中经营了一座洞室，讲退丈余许，名曰"死关"。高峰原妙禅师一向以孤峻严冷著称，从不假人颜色，因此前往参学者都非常害怕他。可是，他一见明本禅师，却非常高兴，如同故友相逢，并许诺将来为他举行落发仪式。一日，明本禅师诵《金刚经》至"须菩提，以要言之，是经有不可思议、不可称量、无边功德。如来为发大乘者说，为发最上乘者说，若有人能受持读诵，广为人说，如来悉知是人，悉见是人，皆得成就不可量、不可称、无有边、不可思议功德，如是人等，即为荷担如来耨多罗三藐三菩提"这一段时，恍然开解。从此以后，凡内外典，只要一过目，即能通晓其义。当时是元世祖至元二十三年（1286），明本禅师才二十四岁。第二年，原妙禅师便为明本禅师剃发。受具足戒后不久，明本禅师一直留在"死关"，执侍原妙禅师。白天，他尽心尽力地从事打柴、挑水、做饭等各种体力活儿，晚上，自己则修习禅定，十余年，胁不至席。后来有一天，明本禅师外出，在山间行走，不经意间听到流泉的声音，恍然有省。于是他匆匆地赶回"死关"，请求原妙禅师印证。原妙禅师却将他打出"死关"。

从此以后，明本禅师用功越发精进。当时，民间讹传官府要选童男童女，用于治水祭神之用，当地的老百姓都人心惶惶。一日，明本禅师问原妙禅师："忽有人来问和尚讨童男女时如何？"原妙禅师道："我但度竹篦子与他。"明本禅师一听，言下大悟。

原妙禅师于是书真赞（画像上所题诗赞），交给明本禅师，以示付法，赞云："我相不思议，佛祖莫能视。独许不肖儿，见得半边鼻。"曾有人问及原妙禅师关于座下弟子之优劣，原妙禅师道："如义首座，固是茎老竹，其如七曲八曲，惟本维那（明本禅师当时为维那师），却是竿上林新篁，他日成材，未易量也。"从这里可以看出，原妙禅师对明本禅师非常器重。不仅如此，原妙禅师后来还令座下弟子，经常向明禅师请益。明本禅师悟道后，有很长一段时间，居无定所，或船或庵,所住之处,皆名"幻住"。一时僧俗二众争相瞻礼,被称为"江南古佛。"元仁宗因敬慕明本禅师之道德,曾赐金襕袈裟及"佛慈圆照广慧禅师""高峰佛日普明广济禅师"等封号。

明本禅师对当时丛林学者多尚言说、不求真修实证的风气,颇为不满。他说:"今之参禅不灵验者,第一无古人真实志气,第二不把生死无常当作一件大事,第三拌舍(扫除)积劫以来的积习不下,又不具久远不退转心。毕竟病在于何? 其实不识生死根本故也。凡见学者,辄问曰'汝唤甚么作生死?'或者茫然无对,或者谓'生不知来,死不知去,是生死'。师曰:'直饶知得亦生死,所知亦生死。'或指'一念忽起是生,一念忽灭是死'。师曰:'离一念起灭,亦生死也。'是说皆枝叶耳,非根本也。夫根本者,性真圆明,本无生灭去来之相,良由不觉,瞥起妄心,迷失本源,虚受轮转,以故道'迷之则生死始,悟之则轮回息'。当知山河大地,明暗色空,五阴四大,至于动不动法,皆是生死根本。若不曾向真实法中,脱然超悟,更于悟外别立生涯,不存窠臼,岂堪向生死岸畔劄脚? 或纤毫不尽,未免复为胜妙境缘,惑在那边,起诸异想,虽曰晓了,其实未然。惟有痛以生死大事为己任者,死尽偷心,方堪凑泊。直下倘存毫许善恶取舍爱憎断续之见,则枝末生矣。可不慎乎?"这一段话,既指出了普通人参禅易犯之毛病,同时又指出在参禅过程中,悟明生死根本之重要性。关于生死的问题,明本禅师特别强调,要在当下一念心性之中去体悟,而不要等到肉体迁凋时才考虑。他说:"尽不迷坠生死,业不系不受形质,爱不重不入娑婆,念不起不生业累。盖因迷起妄,由妄生执。顺其所执,则爱之之念纷然而兴,逆其所执,则憎之之习勃然而起。爱憎之情作,则死生之迹动转迁流,新新不住,念念相续,以至一刹那间具八百生灭,岂待百年气泯、然后为生死者哉?"

在"三教关系"上,明本禅师力倡圆融不二之说。如云:"儒之道治心者也,修心者也。佛之道明心者也,悟心者也。治与修,渐之之谓也。明与悟,顿之之谓也。""禅即离文字之教,教即有文字之禅,觅一毫同相了不可得,复何别之有耶?""净土外别有禅耶? 使果有之,则佛法二字自相矛盾,安有会入圆融之理哉? ……净土,心也;禅亦心也,体一而名二也。"明本禅师儒释不二、禅教不二、禅净不二思想，上呈明教契嵩禅师，下讫明末四大高僧，代表了宋以后中国佛教界的主流意识。

元英宗至治三年（1323），明本禅师临终示疾。有人前来探望，明本禅师语笑如常，说道："幻住庵，上漏旁穿，篱坍壁倒，不可久住矣！"八月十四日，明本禅师书辞众偈云："我有一句，分付大众。更问如何，本无可据。"写完便置笔，安坐而逝。春秋六十一岁。①

中峰明本禅师是有元一代最为杰出的禅僧之一，元朝统治者尊奉藏传佛教，对汉地佛教原本没有多少敬意，却前后数代，先后多次对中峰明本禅师表示礼敬。元仁宗为太子时，就尊明本禅师为"法慧禅师"，即位后，又赠明本禅师为"佛慈圆照广慧禅师"，又赐金襕袈裟；元英宗时，又赐金襕僧伽黎衣；明本禅师圆寂后，元文宗又追谥为"智觉禅师"，塔号"法云"；到了元顺帝初年，更册封中峰明本禅师为"普应国师"，并敕令将其三十卷的语录与文集收入《大藏经》中。而王公贵族，文人士大夫更趋之若鹜拜入明本禅师门下。

禅宗发展到宋代，由于朝廷和士大夫的尊信，逐渐从唐末五代时的山林进入了庙堂，五山十刹及天下丛林的兴盛，带动了禅文化的全面繁荣。而这种繁荣，恰恰又使宗门下难免陷入矛盾和困境之中——与"不立文字，顿悟成佛"的本质难以相容；文字禅的兴起，必然与单刀直入、真参实悟难以协调。与士大夫们一起低吟浅唱，在庙堂上为人君祝圣祈年，毕竟不是幽寂独朗的禅光本身。蒙古人灭宋，也一举灭掉了众多禅师和士大夫那雍容雅致的禅意，带来的却是血与火的洗礼。在这国破家亡，精神无寄之时，中峰明本禅师以其精纯清澈的禅悟，荦确不凡的风骨气节和离世出尘的文风，振奋了一代士大夫失落的心，为走入穷途的禅宗开启了一方新的天地，赢得了天下衲子和士大夫的尊崇，也赢得了蒙古贵族乃至元朝皇帝的尊崇。明本禅师的老师高峰原妙禅师，是一位通古今之变的高

---

① （明）文琇辑：《增集续传灯录》（卷六），《卍续藏经》第83册，第341页；（明）净柱辑：《五灯会元续略》（卷三），《卍续藏经》第80册，第506页；（明）通容集：《五灯严统》（卷二十一），《卍续藏经》第81册，第268页；（明）元贤辑：《继灯录》（卷五），《卍续藏经》第86册，第534页；（明）朱时恩著《佛祖纲目》（卷四十），《卍续藏经》第85册，第790页；（明）通问编订、施沛汇集：《继灯存稿》（卷七），《卍续藏经》第84册，第726页。

僧,他首革宋代禅宗积弊,不住寺庙而隐居山林,先后在浙江湖州的双髻峰和余杭的西天目山庵居二十余年。特别是在西天目山狮子岩筑"死关"独居,十余年足不出户,行头陀之行,一扫宋代禅宗的富贵和文弱之气,令天下丛林耳目一新。明本禅师是高峰禅师门下最杰出的弟子,高峰禅师示寂时,明本禅师已是一代宗师。对于官府和各大丛林的纷纷迎请,明本禅师东走西避,在近三十年的岁月中,流离无定。他常常以船为居,往来于长江上下和黄河两岸,亦或筑庵而居,皆以"幻住庵"为名,聚众说法。当时的文坛领袖如赵孟頫、冯子振等,无不拜归于明本禅师门下。明本禅师与高峰禅师一样,毕生以清苦自持,行如头陀,虽名高位尊而不变其节,风骨独卓,众望所归,被尊之为"江南古佛"。在禅法的传授上,中峰明本禅师继承了五祖法演禅师——大慧宗杲禅师——高峰原妙禅师一路的"话头禅",以苦苦逼拶,时久功成并传授禅宗心法的方略,呵斥盲棒瞎棒一类的狂禅及文字禅,清冷孤硬,不近人情,故其得法者如天如惟则、千岩元长等禅师皆铜头铁额,享誉中外。千岩元长禅师又传法于万峰时蔚禅师,明本一系,遂成明清两代中国禅宗的主流,如今禅宗丛林,无不是中峰明本禅师的后世儿孙。蒙古人本信藏传佛教,云南(元以前为南诏、大理,立国五百余年,不归唐宋版图)唯有南传佛教,因明本禅师之力,禅宗方流布于蒙古、云南,并出现了一批禅宗高僧。明本禅师在世之时,影响就遍及海外,朝鲜、日本、越南等国的众多僧人均前来参学。朝鲜国王、元帝驸马王璋亲自归拜于明本禅师门下,明本禅师的禅法,对日本足利时代有着相当的影响。

明本禅师有语录、诗文若干,大部分被收入了《天目中峰和尚广录》三十卷和《天目明本禅师杂录》三卷之中。其语录和文集,表现出他的深悟、睿智和学问,为明清习禅之人所必读;他的诗偈,也多达千余首,表现出他的风骨、灵异和清淡的佛教"隐士"情怀。特别是他的那一百零八首怀净土诗和一百首梅花诗,不论对禅宗还是净土宗,都是一笔独特和绝佳的文献。明本能诗善曲,在文学上有相当造诣,尤其表现在作诗方面。当时元代著名的散曲家冯子振名极一时,对明本意颇轻视。明本与书法家赵孟頫一起拜访冯,冯出示《梅花百韵诗》,明本接过一览,当即"走笔和成",并出示自己所作的《九言梅花歌》。冯子振阅罢大服,从此两人成了至交。明本擅书法，手书遗迹留院中者甚多。明代陈继儒在《书画史》中称明本"书类柳叶，虽未入格，亦自是一家"。不少真迹当时由日本留学僧带回，现珍藏在日本。事迹还收录于《松江志》《石渠实笈续编》。①

石屋清珙禅师

湖州福源天湖石屋清珙禅师，湖州道场寺及庵信禅师法嗣，俗姓温，苏州常熟人，南宋度宗咸淳八年（1272）出生。清珙禅师幼时即断酒肉，为人素朴清癯。长大后，投本州兴教崇福寺惟永禅师出家，二十岁落发，二十三岁受具足戒。一天有一位行脚僧，持杖戴笠，从寺前经过。清珙禅师问他欲往何方，行脚僧道："吾今登天目见高峰和尚，汝可偕行否？"于是，清珙禅师便欣然同往。初礼天目，原妙禅师便问清珙禅师："汝为何来？"清珙禅师道："欲求大法。"原妙禅师道："大法岂易求哉！须然指香可也。"清珙禅师道："某今日亲见和尚，大法岂有隐乎？"原妙禅师一听，遂默而器之，教他参"万法归一，一归何处"话头。这样，清珙禅师便留在原妙禅师座下，服勤三年，一心参究，可是最终却无所契入。于是，清珙禅师便想辞别高峰，前往他方参学。原妙禅师知道他的悟道因缘不在此处，便指点道："温有瞎驴，淮有及庵，宜往见之。"湖州道场寺及庵信禅师，是高峰原妙禅师之法嗣，初住建阳之西峰。清珙禅师遂前往礼谒。初见及庵信禅师，清珙禅师便展具礼拜。信禅师祖襟危坐，默而受之，问："何来？"清珙禅师道："天目。"信禅师道："有何指示？"清珙禅师道："万法归一。"信禅师道："汝作么生会？"清珙禅师默然无语。信禅师便道："此是死句，什么害热病的，教汝与么（这样做）？"清珙禅师于是礼拜，请求指示奥旨。信禅师道："有佛处不得住，无佛处急走过，意旨如何？"清珙禅师虽然作了回答，但是未能契旨。信禅师道："者（这）个亦是死句。"清珙禅师听了，不觉通身汗下。过了一段时间，清珙禅师又入室请益。信禅师依旧举"有佛处不得住，无佛处急走过"诘问他。清珙禅师道："上马见路。"信禅师一听，便呵斥道："在此六载，犹作者（这）个见解！"经过这么长时间的修行，仍然

---

① 纪华传：《江南古佛：中峰明本与元代禅宗》，北京：中国社会科学出版社，2006 年版。

没有得着个入处，清珙禅师感到非常愤懑和绝望，于是便离开西峰，前往他方。在途中，清珙禅师不经意间，抬头看见了风亭，忽然有省。于是他又匆匆回到西峰，告诉信禅师道："有佛处不得住，也是死句，无佛处急走过，也是死句。某今日得活句了！"信禅师便问："汝作么生会？"清珙禅师道："清明时节雨初晴，黄莺枝上分明语。"信禅师一听，遂予印可。

清珙禅师此后又在信禅师座下住了很久，才离开。临走前，信禅师送他至山门口，说道："已（以）后与汝同龛。"不久，信禅师移住湖州道场寺。清珙禅师又来到他的座下，掌管藏经阁。信禅师曾当着大众的面，赞叹清珙禅师道："此子乃法海中透网金鳞也！"从此以后，清珙禅师道名远播。后偶游霞雾山，清珙禅师喜其山势峻秀，于是卓庵而居，名曰"天湖"。他乐在其中，自云："山名霞幕泉天湖，卜居记得壬子初……就泉结屋拟终老，田地一点红尘无。……山中居，没闲时，无人会，惟自知。绕山驱竹觅寒水，击石取火延朝炊……隔林幽鸟忽唤醒，一团红日悬松枝。今日明日也如是，来年后年还如斯……虚空落地须弥碎，三世如来脱垢衣。"并吟诗自娱"我年三十余来此，几度晴窗映落霞。""历遍干坤没处寻，偶然得住此山林！""深山僧住处，端的胜蓬莱。"可见其隐逸之趣。清珙禅师本想从此隐居天湖，终老一生。当时，嘉禾当湖福源禅寺刚刚创建缺少住持，大家于是前往天湖恳请清珙禅师出山，清珙禅师却坚卧不起。后来他的同参平山处林禅师责备他说："夫沙门者，当以弘法为重任，闲居独善何足言哉！"清珙禅师一听，遂前往福源，盛开炉鞴，锻炼学人。一时龙象来归，云涌涛奔，或恐落后。清珙禅师在福源寺住持了七年，纲宗大振。既而以老归隐，复归天湖。清珙禅师隐居天湖，前后共四十余年："四十余年独隐居，不知尘世几荣枯。夜炉助暖烧松叶，午钵充饥摘野蔬。""山色溪光明祖意，鸟啼花笑悟机缘。"足见其山林志坚，格操之清。元顺宗至正年间，朝廷闻清珙禅师之道名，特赐金襕袈裟，众人皆以为荣，而清珙禅师却淡然处之，宁愿过着"幽居自与世相分，苔厚林深草木熏"，"瓦灶通红茶已熟，纸窗生白月初来。古来谁解轻浮世，独许严陵坐钓台"的隐修生活。至正十二年（1352），清珙禅师临终示疾，与众人诀别。其徒众问："和尚后事如何？"清珙禅师遂索笔书偈云："青山不著臭尸骸，死了何须掘土埋。顾我也无三昧火，光前绝后一堆柴。"写完便投笔而化。春秋八十一岁。[①]

石屋清珙禅师在中国禅学史上具有重要地位，日本学者称其为"僧中之仙"。清珙禅师厌弃世事，淡于名利，一生持戒特别精严，他经常用《楞严经》中的"四种清净明诲"告诫大众，"吾佛世尊，有四种清净明诲，所谓摄心为戒，因戒生定，因定发慧……淫杀盗妄，既已消亡，戒定慧学，自然清净。若太虚之云散，如大海之波澄，得到这般田地了，方可以参禅，方可以学道……为法忘躯，参禅学道第一样子……有决定信，无疑惑心，参禅学道第二个样子……为众竭力，不废寸阴，参禅学道第七个样子。更有第八个样子，此是微尘佛一路涅槃门；过去诸如来，斯门已成就；现在诸菩萨，今各入圆明，未来修学人，当依如是法。"清珙禅师又曾为僧众上堂作如此开示："佛涅槃上堂：身口意清净，是名佛出世。身口意不净，是名佛涅槃。人情不能恰好，世界难得团栾。昼长夜短，秋热冬寒，一把柳丝收不得，和烟搭在玉阑干。"

清珙禅师有高丽弟子普愚太古。元至正七年（1347）七月初，普愚太古禅师离大都燕京（今北京）大观寺，至湖州霞雾山拜访清珙禅师，求法十五天后于八月初一离开，带走了"蒙授正印，传衣法信"的袈裟、禅杖。普愚禅师归国后，高丽王尊为国师，他常在高丽王面前说起清珙禅师德行，高丽王十分仰慕。清珙禅师圆寂后，高丽王上表元朝廷，诏谥清珙为"佛慈慧照禅师"，并移文江浙，净慈寺平山禅师前往天湖，取清珙禅师的一半舍利，送往高丽建塔供奉。

清珙禅师禅修之余喜欢吟诗作偈，以诗释禅："本有天真非造化，现成公案不须参。""尽道凡心非佛性，我言佛性是凡心。"他在诗歌创作上，颇有建树，山居诗尤甚。因字浅义深，被人评为"章句精丽，如岩泉夜响，玉磐晨鸣"而广为传诵。著作有：《石屋清珙禅师山居诗》《石屋清珙禅师语录》《石屋珙禅师诗集》。另《古今禅藻集》录清珙诗作二十五首，《元诗选》和《宋元诗会》则各录三十三首与十二首。清珙禅师诗作大部分是在隐居年间创作的，所致诗作多为山居诗。依

① （明）净柱辑：《五灯会元续略》（卷三），《卍续藏经》第80册，第508页；（明）通容集：《五灯严统》（卷二十一），《卍续藏经》第81册，第270页；（明）元贤辑：《继灯录》（卷五），《卍续藏经》第86册，第536页；（明）通问编订、施沛汇集：《继灯存稿》（卷七），《卍续藏经》第84册，第730页。

歌诗对象分,其山居诗又可分为生活诗、劝世诗、言理诗和景物诗。

"生活诗"如:

《天湖卜居》

"吾家住在雪溪西,水满天湖月满溪。未到尽惊山险峻,曾来方识路高低。蜗涎素壁沾枯壳,虎过新蹄印雨泥。闲闭柴门春昼永,青桐花发画胡啼。"

《山居》

"柴门虽设未尝关,闲看幽禽自往还。尺璧易求千丈石,黄金难买一生闲。雪消晓嶂闻寒瀑,叶落秋林见远山。古柏烟消清昼永,是非不到白云间。"

"岳顶禅房枕石台,白云飞去又飞来。门前瀑布悬空落,屋后山峦起浪堆。素壁淡描三世佛,瓦瓶香浸一枝梅。下方田地虽平坦,难及山家无点埃。"

"优游静坐野僧家,饮啄随缘度岁华。翠竹黄花闲意思,白云流水淡生涯。石头莫认山中虎,弓影休疑杯里蛇。林下不知尘世事,夕阳长见送归鸦。"

"禅余高诵寒山偈,饭后浓煎谷雨茶。尚有闲情无著处,携篮过岭采藤花。"

"半窗松影半窗月,一个蒲团一个僧。盘膝坐来中夜后,飞蛾扑灭佛前灯。"

"茅屋青山绿水边,往来年久自相便。数株红白桃李树,一片青黄菜麦田。竹榻夜移听雨坐,纸窗晴收看云眠。人生无出清闲好,得到清闲岂偶然。"

《山中天湖卜居》

"林木长新叶,绕屋清阴多。深草没尘迹,隔山听樵歌。自耕复自种,侧笠把青穰。好雨及时来,活我亲栽禾。游目周宇宙,物物皆消磨。既善解空理,不乐还如何?"

《山中吟》

"莫谓山居便自由,年无一日不怀忧。竹边婆子常偷笋,梦晨儿童故放牛。栗蟥地蚕伤菜甲,野猪山鼠食禾头。施为便有不如意,只得消归自己休。"

《重岩之下》

"重岩之下,目对千山。一根返源,六处皆闲。白雪飘飘,绿水潺潺。动静自忘,别是人间。"

"劝世诗"如:

《闲咏》

"相逢尽说世途难,自向庵中讨不安。除却渊明赋归去,更无一个肯休官。"

"风樯来往寒官塘,站马如飞日夜忙。冒宠贪荣谋仕宦,贪生重利作经商。人间富贵一时乐,地狱辛酸万劫长。古往今来无药治,如何不早去修行。"

《山中吟》

"口体无厌宜节俭,光阴有限莫贪求。老僧不是闲忉怛,只要诸人放下休。"

"言理诗"如:

《山中吟》

"百岁光阴过隙驹,几人于此审思维?已躬下事未明白,死生岸头真险巇。衲定线行娇妇泪,饭香玉粒老农脂。莫言施受无因果,因在果成终有时。"

"逐是挨排过了休,明朝何必预先忧。死生老病难期约,富贵功名不久留。湖上朱门萦蔓草,洞边游径变荒丘。所言皆是目前事,只是无人肯转头。"

"禅趣诗"如:

《闲咏》

"卧云深处不朝天,只在重岩野水边。竹榻梦回窗有月,砂锅粥熟灶无烟。万缘歇尽非他遣,一性圆明本自然。湛若虚空常不动,任他沧海变桑田。"

《山中吟》

"百年日月闲中度,八万尘劳静处消。绿水光中山影转,红炉焰上雪花飘。"

"著意求真真转远,凝心断妄妄犹多。道人一种平怀处,月在青天影在波。"

"临机切莫避刀枪,拚死和他战一场。打得赵州关子破,大千无处不皈降。"

"道人缘虑尽,触目是心光。何处碧桃谢,满溪流水香。草深蛇性悦,日暖蝶心狂。曾见樵翁说,云边雪书房。"

"景物诗"如:

《山中吟》

"扶杖出松林,闲行上翠岑。鹤群冲鹊散,树影落溪沉。野果棘难采,药苗香易寻。淡烟斜日暮,红日半岩阴。"

《登霞雾山》

"晴明无事登霞峰,伸眉望极开心胸。太湖万顷白潋滟,洞庭两点清蒙茸。初疑仙子始绾角,碧纱帽子参差笼。又疑天女来献花,玉盘捧出双芙蓉。明知此境俱幻妄,对此悠然心未终。徘徊不忍便归去,夕阳又转山头松。"①

石屋清珙禅师的诗作充满了"烟霞"之气,不染凡尘,与"文字禅"不可同日而语。正所谓"言为心声",文学创作是思想的延伸,这些清新扑面的隽永篇章亦可称之为"禅言诗",于高冷峻厉的棒喝交织之外,凸显"慈故能勇,俭故能广"的温凉玉斝之意。

结语

灵隐寺和净慈寺于元代的境遇是彼时江南禅宗发展的一个缩影。受元初民族歧视政策的影响,江南禅宗虽遭打压,但正如否极泰来,一改南宋末期宗门虚浮、衰弊之风,焕发出新的活力。从佛教与民族关系的视角,"元代佛教、禅宗对促进入住内地的蒙古族接受汉人文化,加深各兄弟民族彼此之间的理解、沟通和融合,进一步充实丰富和发展中华民族文化起到了积极的作用。"②

---

① [日]忽滑谷快天:《中国禅学思想史》,上海:上海古籍出版社,1994年版,第700页;《元诗选》初集卷六十八;《古今禅藻集》(卷第十三)。
② 杨曾文:《宋元禅宗史》,北京:中国社会科学出版社,第22页。

济公传说事迹的入世风貌与临济宗风

姚彬彬[①]

（武汉大学中国传统文化研究中心）

摘　要：济公这位佯狂化世的南宋高僧的后世民间传说层出不穷，并保留在明清话本文学的创作中。这些作品中的济公形象，虽可能未必均有史实上的依据，却不乏颇具禅宗思想神髓的精彩段落。从禅宗思想的入世性与禅宗机锋特色的角度，剖析济公传说事迹中的相关意蕴。并指出，这种现象应是禅宗文化在宋代以后广泛渗透于社会各阶层，至上而下全面影响乃至重铸中国文化的一种表现，同时也深切符合禅门临济宗宗旨。

关 键 词：济公　禅宗　入世性　临济宗

南宋高僧济公之种种传说事迹在中国民间妇孺皆知，他出家于灵隐寺，因其好以嬉笑怒骂之举讽喻众生，貌似癫狂实则慈悲济世之风范，而有"济颠"之名。明清两代，济公传说大规模发展，小说话本中种种事迹之情节，往往戏剧性元素颇多，故前人亦有疑济公其人是否曾实存于历史者，若蒋瑞藻《小说考证》和钱静方的《小说丛考》中皆作是说。[②] 实则，查诸佛教有关典籍，在《北涧集》、《净慈寺志》、《武林梵志》、《五灯会元补遗》、《灵隐寺志》、《补续高僧传》等书中，多有济公之记载。经学界考证，济公确为南宋时出家于灵隐之高僧，这一点应无疑义，理

---

① 作者简介：姚彬彬，湖北省武汉市武汉大学中国传统文化研究中心副教授。
② 赵景深：《关于济公》，见《海峡两岸济公与济公文化研究文萃》，北京：中国文史出版社，2007年版，第180页。

据要之如下：

其一，据《武林梵志》记载："宋道济，台州李氏子，年十八赴考，因过灵隐，适瞎堂远公开席，其间济以宿缘求度，遂为沙门。"

其二，《净慈寺志》亦称："济字湖隐，天台李茂春子，母王氏梦吞日光而生，年十八就灵隐瞎堂远落发。"

其三，《灵隐寺志》也有相类似的记述："济颠禅师，名道济，台州李氏子，初参瞎堂远，知非凡器，然饮酒食肉，有若风狂。"

其四，《天台山方外志》亦说："济颠禅师，天台人，父李茂春。……母王氏梦吞日光生师，年甫十八二亲继丧，投灵隐寺出家。"

其五，据宋代《北礀集》中《湖隐方圆叟舍利铭》记载："叟天台临海李都尉文和远孙，受度于灵隐佛海禅师，狂而疏，介而洁。……叟名道济，曰湖隐，曰方圆叟，皆时人称之。嘉定二年（1209年）五月十四日死于净慈。"①

至于济公之生卒年岁亦有不同说法，陈垣先生曾在《释氏疑年录》考证，其生于宋高宗绍兴十八年（1148年），卒于宋宁宗嘉定二年（1209年），世寿六十二，此说为学界多所认可。此外，考诸南宋禅师之传世语录中，亦偶见语涉济公者，且赞叹之意，溢于言表。如运庵普岩禅师（1156—1226）有偈颂云：

> 毁不得，赞不得。天台出得个般僧，一似青天轰霹雳。走京城，无处觅，业识忙忙，风流则剧。末后筋斗，背飜煅出，水连天碧。稽首济颠，不识不识。挟路相逢捻鼻头，也是普州人送贼。②

其中"水连天碧"，有人认为便是后世济公小说中的辞世偈"六十年来狼借，东壁打到西壁。如今收拾归来，依旧水连天碧"中之语词。③ 此外，著名禅师天

_____

① 赖永海：《净慈道济与后期禅宗》，见《中国佛教与哲学》，北京：宗教文化出版社，2004年版，第127—128页。

② 《运庵普岩禅师语录》，见《卍续藏经》，第70册，第121页。

③ 张忠良：《济公故事综合研究》，台北：秀威资讯科技股份有限公司，2007年版，第30页。

童如净(1163—1228,日本道元禅师之师)也对济公有赞颂曰:"天台山里五百牛,跳出癫狂者一流。赛尽烟花瞒尽眼,尾巴狼借转风流"①,此"五百牛"之语,有人认为便是后世传言济公为五百罗汉之一转世说法之始。② 天目礼禅师(1166—1250)亦有颂赞济公曰:"随声逐色恣遨游,只要教人识便休。逻供得钱何处去,堂堂直上酒家楼"③——济公任运逍遥、饮酒佯狂之风貌,在此已一语道尽。

以这位佯狂化世的高僧为题材,后世民间传说层出不穷,并保留在明清话本文学的创作中,今之传世者要之以四种为代表,分别为《钱塘湖隐济颠禅师语录》(不分卷),《济颠禅师全传》(十二卷)、《济颠大师醉菩提全传》(二十回)及《济颠大师全传》(三十六则),除了这些,清末还出现了《评演济公前后传》与卷轶浩繁的续作。④ 这些民间传说故事中,虽可能大多并无史实依据,不过正如有论者所言,"在这个疯疯癫癫的和尚身上,较集中地体现了市民阶层对佛教圣人的认识以及他们的思想愿望"⑤,尤其值得注意的是,在这些济公传说事迹的创作中,还比较全面地反映了禅宗本身的思想风貌,尤其符合济公所在的临济宗宗旨,这也应是禅宗文化在宋代以后广泛渗透于社会各阶层,至上而下全面影响乃至重铸中国文化的一种表现,以下本文便尝试对种种济公传说中所蕴涵的禅宗思想略作探析。

一、济公传说中的禅宗入世性思想与临济家风

中国禅宗之正式创立,于慧能而肇始。其门人弟子记录其平生思想语要的《坛经》,在中国佛教史上地位尊崇,为后世禅宗的发展奠定了基础,《坛经》其一重要思想史意义,便是标志着此后中国佛教的"人间性"转向之发展向度。慧能

---

① 《卐续藏经》,第72册,第161页。
② 张忠良:《济公故事综合研究》,台北:秀威资讯科技股份有限公司,2007年版,第31页。
③ 《卐续藏经》,第65册,第60页。
④ 胡胜:《济公小说的版本及流变》,见《海峡两岸济公与济公文化研究文萃》,北京:中国文史出版社,2007年版,第229页。
⑤ 周巩平:《〈醉菩提〉校点说明》,见《海峡两岸济公与济公文化研究文萃》,北京:中国文史出版社,2007年版,第244页。

尝谓:"法元在世间,于世出世间,勿离世间上,外求出世间。"①钱穆先生曾敏锐地指出,禅宗之出现,诚中国佛教由出世之观念返于入世之一大思想史转捩,宋明儒学之复兴,最先的契机实始于此。②钱氏且指出,慧能则为此一大转捩中之关键人物,慧能所撰之《坛经》中之要领便是佛之自性化与人间化,他说:

> 慧能讲佛法,主要是两句话,即"人性"与"人事"。他教人明白本性,却不教人屏弃一切事。所以他说:"恩则孝养父母,义则上下相怜,让则尊卑和睦,忍则众恶无喧。"所以他又说:"若欲修行,在家亦得,不由在寺。"又说:"在家能行,如东方人心善。在寺不修,如西方人心恶。"又说:"自性西方。"他说:"东方人造罪念佛,求生西方,西方人造罪念佛,求又生何国?"又说:"心平何用持戒,行直何用修禅。"这些却成为佛门中极革命的意见。慧能讲佛法,既是一本心性,又不屏弃世俗,只求心性尘埃不惹,又何碍在人生俗务上再讲些孝弟仁义齐家治国。因此唐代之有禅宗,从上是佛学之革新,向后则成为宋代理学之开先,而慧能则为此一大转捩中之关键人物。③

禅宗中这种佛法不离世间,于人间修行佛道的思想,可以说全面地体现在济公民间传说故事中,济公饮酒佯狂,无外教化世人积善成德,而时时示现神通,则皆旨在救度民间疾苦。诚如赖永海先生指出的,济公"不像传统佛教(乃至传统禅学)那样注重隐遁潜修,而是亦入世亦出世,主张混俗和光,做一个红尘浪里的本源自性天真佛"④,斯亦诚可印证于大慧宗杲所谓"入得世间,出世无余。世间法则佛法,佛法则世间法也"⑤者。《济公传》中曾有诗曰:

① 杨曾文校写:《敦煌新本六祖坛经》,北京:宗教文化出版社,2011年版,第40页。——按,传世宗宝本《坛经》之"佛法在世间,不离世间觉。离世觅菩提,恰如觅兔角"亦此意义,且更为人所熟知。
② 钱穆:《中国思想史》,台北:学生书局,1988年版,第170—171页。
③ 钱穆:《〈六祖坛经〉大义》,见《中国学术思想史论丛》(四),北京:生活·读书·新知三联书店,2009年版,第156—157页。
④ 赖永海:《净慈道济与后期禅宗》,见《中国佛教与哲学》,北京:宗教文化出版社,2004年版,第133页。
⑤ 《大慧普觉禅师语录》,见《大正藏》第47册,第929页。

着意求真真转远，痴心断妄妄犹多。

游人一种平怀处，明月青山影在波。

此中意境，盖以任运为道，无修为修，这也就是中国禅宗智慧之特色。读此诗，很容易想到《五灯会元》中那首张拙秀才的诗偈：

光明寂照遍河沙，凡圣含灵共我家。

一念不生全体现，六根才动被云遮。

断除烦恼重增病，趣向真如亦是邪。

随顺世缘无挂碍，涅槃生死等空花。①

烦恼即是菩提，生死即是涅槃，故在禅者看来，妙谛当然不离于世间，刻意避世求之，反更成一重执着而为"禅病"，这也正是禅宗"即世间求解脱"的入世性思想之表现。——吾人尚可玩味《评演济公传》中如下故事：

那边穿蓝的员外说："我也是久闻圣僧大名，特地前来请问禅机，我来问机。"济公道："饥者饿也。饿了吃一块狗肉。"那员外说："我二人原本是来问禅机妙理并非是馋饥。乃是音同字不同。"济公道："这二人原来问馋饥二字，我和尚可知道。"那二位员外说："只要师父说对了，我二人情愿修盖大碑楼，如说不对，善缘不巧，我二人往别的庙施舍去。"济公道："你二人听着。山里有水，水里有鱼，三七共凑二十一。人有脸，树有皮，萝卜快了不洗泥。人要往东，他偏要向西，不吃干粮尽要米。这个名字叫馋饥。"②

济公以"馋饥"谐音"禅机"，其一番言语，看似荒诞，其实，熟悉禅宗语录者都可看出，其中充满了机锋智慧。我们可印证于这则禅师语录：

---

① 见《五灯会元》，《大正藏》第 80 册，第 127 页。

② 郭小亭：《济公传》（上），北京：中华书局，2001 年版第 67 页。

　　僧问："何是三宝?"

　　师曰："禾、麦、豆。"

　　僧曰："学人不会。"

　　师曰："大众欣然奉持。"①（潭州三角山总印禅师）

　　佛门三宝本为佛、法、僧,此所共知。来僧以之发问,盖欲禅师详释其义。而禅师所答,亦应机而说,意指如执着于"三宝",亦是一种迷情,遂成一重"法执"。禅师为破其执,而以"禾、麦、豆"应之,其中深意,当暗示来僧禅境不离于吾人之人情日用,乃至大众不可须臾离之的食粮之中,无处不是法界流行也。——类似斯意的,古德之语录如谓"日日是好日"、"平常心是道"、"寒便向火,热即摇扇。饥时吃饭,困来打眠"、"神通及妙用,运水与搬柴",包括赵州"吃茶去"之公案,皆可体现禅宗不离于现世,关注于当下的人间性思想特征。济公"馋饥"之语,似亦不妨如是理解。

　　从传说事迹中所记载的济公形象上看,总是"身上穿着一领破直裰,脚上著一双破僧鞋,赤条条露双腿"②这种邋里邋遢的模样,显然与号称"威仪三千"的理想型僧人形象大相径庭,《评演济公传》有更形象的描述:

　　　　脸不洗,头不剃,醉眼捏斜睁又闭,若痴若傻若癫狂,到处诙谐好戏耍。破僧衣,不趁体,上下窟窿钱串记。丝绦七段与八结,破僧鞋,只剩底,精光两腿双胫赤。③

　　济公的此种形象,早已深入人心。其虽不符正统佛门的清规戒律,倒是颇与文人士子所乐道的魏晋风度颇有异曲同工之妙。魏晋时期的名士们,多不好清洁,常以扪虱谈玄为佳话,甚至不乏酒后裸衣而奔,状似疯癫者,时人亦不以为

①《五灯会元》,《大正藏》第 80 册,第 82 页。
②《济颠语录》,北京:人民文学出版社,1999 年版,第 49 页。
③ 郭小亭:《济公传》(上),北京:中华书局,2001 年版,第 6 页。

忤。此种行径，寄托了他们出入道家庄老玄理后所向往的任性逍遥的理想人格。魏晋时期的这种不拘形迹的名士风度与标榜"得意忘言"的玄理哲学，深刻影响了后世禅宗的发展。

值得注意的是，济公其师瞎堂慧远禅师系临济宗法嗣，济公的这种形象特征，也深切符合临济宗机锋峻烈、棒喝交驰的风格宗旨。与曹洞宗绵密温和的宗风相对，自古有"临济将军，曹洞士民"之说。禅宗史上，"临济喝"最为有名，与"德山棒"共同构成了当时禅宗应对参学者的著名手段。——"德山棒"是说唐代德山宣鉴禅师面对来学之发问，经常以棍棒相加而不做言语；"临济喝"则是说临济禅师面对学者请教时常常大喝一声，谓"有时一喝如金刚王宝剑，有时一喝如踞地金毛师子，有时一喝如探竿影草，有时一喝不作一喝用"。胡适称禅宗为"发疯的方法"，抛开其略有贬损的价值取向不论，倒是确与临济家风乃至济公所代表的这种典型形象暗合。

对此，我们亦可印证于《济公传》中的这首山歌：

> 走走走，游游游，无是无非度春秋。今日方知出家好，始悔当年作马牛。想恩爱，俱是梦幻。说简单，均是魔头。怎如我赤手单瓢，怎如我过府穿州，怎如我潇潇洒洒，怎如我荡荡悠悠，终日快活无人管，也没烦恼也没忧，烂麻鞋踏平川，破衲头赛缎绸。我也会歌也会舞，我也会刚也会柔。身外别有天合地，何妨世上要髑髅。天不管，地不休，快快活活做王侯。有朝困倦打一盹，醒来世事一笔勾。装疯扮傻行颠狂，到处诙谐好耍戏。破僧衣，破僧鞋。涉水登山如平地，干坤四海任逍遥。[1]

张中行在其《禅外说禅》一书中，也注意到了禅宗思想立足于庄子境界的肯定现世生活的维度，他说："我有时想，禅法到慧能，作为一种对付人生的所谓道，是向道家，尤其庄子，更靠近了。我们读慧能的言论，看那自由自在、一切无所谓

---

[1] 郭小亭：《济公传》（上），北京：中华书局，2001 年版，第 7 页。

的风度,简直像是与《逍遥游》《齐物论》一个鼻孔出气。"①对于现世生活总体上持达观自在的肯定态度,这也是禅宗入世性思想的整体风貌,在临济宗那里体现得尤为淋漓尽致。

二、济公传说与禅宗机锋

禅宗自慧能数传而后,渐形成一套独特的教学方法,多以寄寓深刻、无迹象可寻,乃至看似吊诡的言语来表现自身的境界或考验对方,"运用许多奇怪、有时似是疯狂的姿势、言辞或动作去传达一种真理"②。就临济宗而言,更是机锋棒喝,甚至呵佛骂祖亦无非佛道了。禅门的这种风格,在济公的有关传说故事中,亦时时可见,且有颇含妙味者,如以下这则:

> 道济曰:"弟子自礼长老为师之后,并不曾开发,如何得成正果。"长老曰:"汝忒性急,既如此可近前来。"道济向前。被长老扯住,只一掌道:"此人必悟"。只见道济扒将起来,看着长老胸前,只一头将长老撞番跌下禅椅,径奔走了,长老高叫有贼。忽众僧云集,问曰"偷去甚物?"长老曰:"禅门大宝。"众僧问:"兀谁偷了。"长老曰:"道济。"众僧曰:"不妨,某等即便拿来。"长老曰:"且休,老僧明日自问他。"众皆散讫。惟道济一径直入云堂内,口言好好,扒上禅床。看着上首坐的和尚。只一头撞去,道:"妙妙。"和尚曰:"道济甚么道理?"道济曰:"闲耍何妨。"须臾,又将次首坐的和尚亦撞一头。道:"妙妙,好耍好耍。"众曰:"道济风了。"道济曰:"我痴则痴自家知。"③

师徒之间,可谓拳打脚踢,棒喝交加,济公将长老撞翻后,长老不仅不以为

---

① 张中行:《禅外说禅》,北京:中华书局,2006 年版,第 112 页。
② 胡适:《禅宗在中国:它的历史和方法》,《20 世纪佛学经典文库·胡适卷》,武汉:武汉大学出版社,2008 年版。
③ 《济颠语录》,北京:人民文学出版社,1999 年版,第 25—26 页。

忤，且加以印可，谓济公得了"禅门大宝"。吾人可对观百丈与希运二大师之间的这则语录：

> 丈一日问师："甚么处去来？"曰："大雄山下采菌子来。"丈曰："还见大虫么？"师便作虎声。丈拈斧作斫势。师即打丈一掴。丈吟吟而笑，便归。上堂曰："大雄山下有一大虫，汝等诸人也须好看。百丈老汉今日亲遭一口。"①

显然，无论是思想意蕴还是禅师的行事风格，与济公这则传说几乎如出一辙，结果亦都是师资相契。我们还可以看下一则故事：

> 长老升法座，念了一遍净土咒，众僧焚香。长老曰："众僧听看。
> 昨夜三更月正明，有人晓得点头灯。
> 蓦然思起当时事，大道方知一坦平。"
> 念罢道："大众有记得当时事者么？"道济此时在浴堂洗浴，听得道："我却理会得。"连忙系了浴裙，穿上直裰，直奔入云堂，问讯道："弟子记得当时事。"长老曰："既然晓得，盍从大众之前发露。"道济就法座前，打一根斗正露出当面物事。众僧掩口而笑，长老曰："真乃吾家之种。"②

长老令济公"发露"，即当众显露表白。济公却翻了一个跟头露出下体，长老随即赞叹印可。此中禅机深蕴，"真正的禅机，不过给你一点暗示。因为不说破，又要叫人疑，叫人自己去想，所以道一以下诸禅师而又想出种种奇怪方法来，如打、笑、拍手、把鼻等等；又有所答非所问，驴唇不对马嘴的话头。这种方法，名曰'禅机'"③。此种风格于临济宗尤其多见，不仅弟子妙悟至理，长老亦是具眼明

---

① 《景德传灯录》，《大正藏》第51册，第266页。
② 《济颠语录》，北京：人民文学出版社，1999年版，第26页。
③ 胡适：《中国禅学的发展》，见《20世纪佛学经典文库·胡适卷》，武汉：武汉大学出版社，2008年版。

师,读之实令人赞叹。——诚如有论者指出的,禅宗自五祖分灯之后,其修行风格的最大特点,就是在"平常心是道"的基础上,提倡纯任自然、无证无修,随缘放旷,任性逍遥。济颠修行理论之特质,则以"颠"为中介,"颠"出自性天机,"颠"出本来面目。①

三、结语

明清以来话本文学中的济公形象,虽亦未必毫无史实上的依据,但其主体当是文人乃至民间艺人们的想象与创作,殆无疑问。不过,在有关的传说故事中,我们却能看到颇具禅宗思想神髓的精彩段落,这应该反映出明清时期禅宗文化,尤其是临济宗旨广泛渗透社会文化诸领域的事实。这些可能是不知名作者所述的"济公语录",妙味无穷,几可乱真,表现出对禅学极高明的理解。此外,济公传说中其平生惩恶扬善、嘲弄权贵之种种事迹,亦应是彼时民众寄托于佛法的慈悲平等精神,对丑恶社会现状的一种揭露和批判。"济公活佛的生活是多管闲事的生活,是专和罪恶分子龌龊分子宣战的生活"。② 显然,南宋以来济公传说流传至今,且脍炙人口经久不衰,原因亦当在此。

---

① 赖永海:《净慈道济与后期禅宗》,见《中国佛教与哲学》,北京:宗教文化出版社,2004 年版,第 133 页。
② 《申报》1920 年 6 月 22 日,转引自张忠良:《济公故事综合研究》,台北:秀威资讯科技股份有限公司,2007 年版,第 160 页。

北宋天台宗的放生实践

——以慈云遵式、四明知礼为中心的考察

张 凯

摘 要：放生是佛教慈悲济世精神与和谐共生理念的集中体现。中国佛教的放生实践与天台宗僧的推动密切相关，北宋初年天台宗代表人物慈云遵式、四明知礼利用与精英士大夫的交游先后促成了将杭州西湖、四明南湖立为放生池的善举，开启了佛诞日放生为皇帝祝寿的先河，使放生活动逐渐扩展为一种政治传统与地方民俗。此外，遵式《放生慈济法门》、知礼《放生文》所制定的放生仪轨，也为后世的放生实践提供了较为规范的仪式范本，影响至今不衰。

关 键 词：天台宗 放生 慈云遵式 四明知礼

一、问题的提出

放生是佛教护生戒杀、慈悲济世、和谐共生精神的集中体现，也是佛教的重要习俗之一。虽然放生在中国古已有之，如"成汤解网"①、"正旦放生"②、"子产

---

① 《史记·殷本纪》："汤出，见野张网四面，祝曰：'自天下四方，皆入吾网。'汤曰：'嘻，尽之矣！'乃去其三面。祝曰：'欲左，左；欲右，右；不用命，乃入吾网。'"

② 《列子·说符篇》："邯郸之民以正月元旦献鸠于简子。简子大悦，厚赏之。客问其故，简子曰：'正旦放生，示有恩也。'客曰：'民知君之欲放之，竞而捕之，死者众矣。君如欲生之，不若禁民勿捕。捕而放之，恩过不相补矣。'简子曰：'然。'"

畜鱼"①等故事皆表达了中国古人仁德好生、保护自然、爱护生命的价值追求,然而持续、广泛的放生习俗的形成,是在印度佛教传入中国之后,尤其是六道轮回观念为人们所普遍接受之后才渐得展开。出家人基于悲悯众生的大乘佛教精神,戒杀茹素,乃有救护放生之举。此外,佛教的放生思想与中国传统的好生理念相契合,加速了放生活动在社会上的普及与流行。

考察佛教传入中国后的放生发展史,南北朝以来,在皇权贵族的支持下,逐渐以天然海湾为放生池的屏障,形成中国佛教的放生习俗。梁武帝曾作《断酒肉文》,下诏禁止杀生,又废止宗庙供献牺牲之制。时谢征作放生文,述武帝的戒杀放生。梁元帝时荆州立有放生亭碑。放生亦与天台宗僧关系密切,隋代天台宗创始人智顗居天台山时,为令临海居民莫以捕鱼杀生为业,曾自舍身衣,并劝募众人购置放生池(或为最早设置的放生池),复传授池中族类三归戒,为彼等说《金光明经》《法华经》等,以结法缘,是为天台放生之滥觞。② 其后,唐肃宗于干元二年(759)下诏,在山南道、剑南道、荆南道、浙江道等地设置放生池。③ 北宋真宗天禧元年(1017),敕令复兴天下放生池。④ 自此以降,放生活动蔚然成俗,

① 《孟子·万章上》:"昔者有馈生鱼于郑子产,子产使校人畜之池。校人烹之,反命曰:'始舍之,圉圉焉,少则洋洋焉,悠然而逝。'子产曰:'得其所哉!得其所哉!'"

② 关于智顗放生活动的相关研究,可参考:佐藤哲英《天台大师の研究》第一篇第三章第十节"放生池の设定",京都:百华苑,1961 年(中译本:释依观译《天台大师之研究》,台北:中华佛教文献编撰社,2005 年版);道端良秀《中国仏教と社会福祉事业》九"动物爱护运动",京都:法藏馆,1967 年(中译本:关世谦译《中国佛教与社会福利事业》,高雄:佛光出版社,1981 年版);苗村高纲《智者大师の放生池について》,《宗学院论辑》22,1976 年;王及《中国佛教最早放生池与放生池碑记——台州崇梵寺智者大师放生池考》,《东南文化》2004 年第 1 期增刊;陈坚《论智者大师的"生态放生"及其对当代佛教"放生"的启示》,觉醒主编《佛教与生态文明》,北京:宗教文化出版社,2009 年版,后收入氏著《天台学研究》,北京:宗教文化出版社,2017 年。

③ 《佛祖统纪》卷四十:"(干元)二年三月,诏天下州军,临江带郭上下五里,置放生池,凡八十一所;升州刺使颜真卿撰碑。"(《大正藏》第 49 册,第 376 页上;释道法校注《佛祖统纪校注》,上海:上海古籍出版社,2012 年版,第 955 页)碑文载于《佛祖历代通载》卷十三、《全唐文》《唐文粹》卷六十五等。

④ 《宋史·真宗本纪》:"天禧元年十一月壬寅(初八,1017 年 11 月 28 日),诏淮浙荆湖治放生池,禁渔采"。刘筠撰《勒延庆院放生池碑铭(并序)》:"天禧元之初,诏淮南、江浙、荆湖之地有放生池者,俾缮完而增新之。"(宗晓编《四明尊者教行录》卷一,《大正藏》第 46 册,第 864 页下;王坚点校《四明尊者教行录》,上海:上海古籍出版社,2010 年,第 21 页;俞信芳校注《四明尊者教行录校注》,杭州:浙江大学出版社,2015 年,第 48 页)《佛祖统纪》卷四十四:"(天禧元年(1017))十一月,诏天下州郡复 (转下页)

宋代官方设置的放生池,其数量与规模超过任何王朝,因而留下的放生池碑记等也较多,仅《全宋文》中所收就有近20篇之多。

作为北宋初期中兴天台宗的中心人物,慈云遵式与四明知礼在放生的理念、实践、仪轨等方面皆有所推进,为后世放生活动的合理规范发展奠定了坚实基础。然而,学界虽对中国古代的放生活动多有讨论①,但对两人的放生活动多在论述放生发展史时一带而过,较少进行专门探讨。故笔者不揣谫陋,试图就此问题专文讨论,以期在梳理两人放生实践的相关史实、解读两人所作放生仪轨特点的基础上,从放生发展史与忏法发展史两个视角概括两人放生实践的重要意义与贡献,就教于方家。

二、遵式、知礼的放生实践

遵式(964—1032),天台宁海(今浙江宁波宁海县)人,长居杭州天竺灵山寺,宋真宗赐号"慈云",于天台忏法贡献尤多,世称"百本忏主"。知礼(960—1028),四明(今浙江宁波鄞州区)人,长居四明延庆寺,宋真宗赐号"法智大师",天台宗第十七祖,天台宗山家派代表人物。由于两人同为宝云义通弟子,故关系密切,同为北宋初年天台宗山家派的崛起做出了重要贡献。关于遵式与知礼的放生实践,最著名的事件有二:其一,真宗天禧四年(1020),遵式、王钦若奏请以杭州西

(接上页)放生池,无池之处,沿江淮州郡近城上下水五里,并禁渔捕。"(《大正藏》第49册,第406页上;释道法校注本,第1061页)

① 关于中国古代放生的相关研究,可参考:道端良秀《中国仏教と放生思想》,《宗教研究》170,1961年;《中国仏教放生思想の展开》,《带広大谷短期大学纪要》8,1971年;《莲池大师の戒杀放生文について》,《佛教福祉》4,1977年,后收入氏著《中国仏教思想史の研究》,京都:平乐寺书店,1979年;千叶照观《中国における放生思想の展开:施食思想との関连を中心に》,《天台学报》36,1994年;桑谷祐颐《放生思想における共生》,《日本仏教学会年报》64,1998年;《中国における放生思想の系谱:特に天台僧の関わりを中心に》,《叡山学院研究纪要》22,2000年;明成满《中国古代的放生文化》,《中国宗教》2007年第7期;冯军《中国"放生"习俗渊源简论》,《五邑大学学报(社会科学版)》2010年第2期;段玉明《佛诞放生的来龙去脉》,《中国宗教》2012年第2期,后收入段玉明主编《佛教与民俗》,北京:宗教文化出版社,2014年;赵容根《宋代放生与放生文研究》,《上饶师范学院学报》2012年第2期;《清人放生观述评》,《南京林业大学学报(人文社会科学版)》2012年第4期;圣凯《佛教放生习俗的形成及其流行》,《中国宗教》2013年第12期。

湖为放生池,自制《放生慈济法门》,于每年四月八日举行放生活动,为天子祝圣;其二,仁宗天圣三年(1025),知礼、曾会奏请以四明南湖为永久放生池,于佛诞日行放生活动祝寿,并撰《放生文》以定其仪轨。以下分而论之。

遵式奏请西湖为放生池事,当与王钦若关系密切。王钦若(962—1025),临江军新喻(今江西新余)人,是北宋初期政坛的重要人物,真宗、仁宗时期两度为相(宋朝第一位南人宰相),"好神仙之事",亦敬重佛法,曾兼任译经润文使。王钦若与遵式的交往起于王氏,因与道士交往而获罪,出判杭州失意之时。[①] 史载天禧三年(1019)八月至十一月间,"丞相王文穆公抚杭(名钦若,相真宗),首率僚属访师山中,请讲《法华》及心佛众生三法如义,才辩清发,衣冠为之属目。公对众嗟赏曰:'此道未始闻,此人未始见也(《别集》中有讲题)。'师以天台宗教本末具陈于公。"[②]两人从此交往日深,王钦若后为遵式弘法出力甚多:"(天禧)四年,公为奏赐'天竺'旧名,复其寺为教,而亲为书额,复与秦国夫人施财六百万以建大殿。公致书问天台立教及解经义旨,与今古孰为优劣。师先答立教大义,次出诸子索车之文,录古义一二,及慈恩破天台义,对智者正释,并决是非,以为古今诸师无一可取。公览文识义,益加信喜(文见《别集》)。师以智者昔于天台江上护生事白于公,因奏请西湖为放生池,为主上祝寿。后文穆尹应天府,因微疾梦与师会,疾即除愈,遂奉书道其事。及移镇江宁(升州),迂师府舍,朝夕问法,一留三月,因为著《十法界观心图》《注南岳心要偈》。会干元节,公以其道闻于上,乃赐'慈云'之号。"[③]可见在恢复"天竺"寺名及天台道场、营建寺院、以西湖为放生池、赐遵式"慈云"尊号等事件上都有王钦若的荐请之功。

遵式在奏请西湖为放生池前,已有护生戒杀之善举,如其早年弘化时,"道经黄岩,有豕奔伏于前,推其来,乃逸于屠肆者,偿其直而豢于妙喜寺,名之曰遇善夫豕。赤山寺濒海而高,师遽谓人曰:'此宜建塔。'先是山巅有异光,中有七层浮

---

① 《宋史·王钦若传》:"再下一年(七年后两年),商州捕得道士谯文易,畜禁书,能以术使六丁六甲神,自言尝出入钦若家,得钦若所遗诗。帝以问钦若,谢不省,遂以太子太保出判杭州。"(《宋史·卷二百八十三·列传第四十二》)

② 《佛祖统纪》卷十,《大正藏》第49册,第208页上;释道法校注本,第268页。

③ 《佛祖统纪》卷十,《大正藏》第49册,第208页上;释道法校注本,第268—269页。

图之形,光照海上,周四十里,皆渔人之簒梁。或以语师,师喜其有先兆,遂建塔焉。于是居人感化,不复为渔。"①后入杭弘法,"杭俗好以酒肴会葬,师为说佛事之胜,卒变荤为斋,因为著《戒酒肉慈慧法门》。"②因此其提出辟西湖为放生池的出发点无疑是佛教的慈悲理念,然奏请西湖为放生池的成功却不无迎合真宗的考虑,"师(遵式)奏请西湖为放生池,每岁四月八日,郡人会湖上,纵鱼鸟,为主上祝寿。"③由于佛教传入中国后逐渐将佛教五戒与儒家五常相对应,"不杀则仁"的观念渐入人心,王钦若在上奏中将西湖、放生与佛诞、祝寿进行关联,借此彰显圣上仁德颇合真宗心意。真宗在位期间(997—1022)虽重视道教,但也大力支持佛教的发展,并将佛教看作稳定政治、教化黎民的重要手段,"敬佛重法,过于先朝。"④史载"(景德)三年(1006),诸王府侍读孙奭奏请减损修寺度僧,上曰:'释道二门,有助世教,人或偏见,往往毁訾。假使僧道时有不检,安可即废?'"⑤因此志磐对真宗评价甚高:"真宗可谓仁圣之君矣!初践祚,制《圣教序》(谓新译藏经为圣教也。为圣教制序,始于唐朝),造《崇释论》。陈恕论罢译经则不许,孙奭请减度僧则不听。而又能下诏,鬻酒肉于僧道者,论其罪意,此秽业不当渎圣境也。"⑥此外,真宗执政后期迷信祥瑞,而佛教与祥瑞关系密切,真宗认为崇奉佛教能感召祥瑞,故对佛教尤加青睐,大臣更是迎合上意,"当时儒贤如王旦、王钦若、杨亿、晁迥辈,皆能上赞圣谟,共致平世。君臣庆会,允在兹时,稽之前古,未有比对。"⑦皇帝、大臣、僧侣各取所需,众缘和合,始有西湖辟为放生池之举。

在遵式、王钦若奏请以杭州西湖为放生池五年后,知礼亦有请求以四明南湖

---

① 《佛祖统纪》卷十,《大正藏》第49册,第207页中-下;释道法校注本,第267页。
② 《佛祖统纪》卷十,《大正藏》第49册,第207页下;释道法校注本,第267页。
③ 《佛祖统纪》卷四十四,《大正藏》第49册,第406页中;释道法校注本,第1062—1063页。潜说友《咸淳临安志》卷三十二亦载:"西湖,在郡西,旧名钱塘湖……天禧四年(1020),郡守王钦若奏以为祝圣放生池,禁采捕。""西湖有不可废者五,天禧中,故相王钦若始奏以西湖为放生池,禁捕鸟鱼,为人主祈福。自此以来,每岁四月八日,郡人数万会于湖上,所活放羽毛鳞介以百万数,皆西北向稽首,仰祝千万岁寿。若一旦埋塞,使蛟龙鱼鳖同于涸辙之鲋,臣子坐观,亦何心哉!此西湖之不可废者一也。"
④ 《佛祖统纪》卷四十四,《大正藏》第49册,第406页下;释道法校注本,第1063页。
⑤ 《佛祖统纪》卷四十四,《大正藏》第49册,第403页上;释道法校注本,第1046页。
⑥ 《佛祖统纪》卷四十四,《大正藏》第49册,第403页上;释道法校注本,第1047页。
⑦ 《佛祖统纪》卷四十四,《大正藏》第49册,第406页下;释道法校注本,第1064页。

为放生池事。知礼早在天禧元年(1017)前后即以誓修法华忏法三年、忏满焚身供养《妙经》事件轰动朝野,经翰林学士杨亿、驸马都尉李遵勖等人劝阻而止。天禧四年(1020),李遵勖录知礼行实奏上获赐"法智大师"尊号,可见知礼与杨亿、李遵勖等人素有交好,为士人所重。知礼早年即重视放生,景德四年(1007)孟冬,诸暨县令潘华由于行放生善举,在离任时梦见鱼哭,故作《梦鱼记》以告其继任者继行放生之事。知礼得知此事后,于天圣元年(1023)作跋(《跋梦鱼记》)解释之。因此,在天圣三年(1025),乘真宗天禧初年下诏重修天下放生池之契机,以为登基不久的仁宗祝圣之名为辅翼①,始有请将南湖设为放生池之举:"(天圣)三年,先是天禧初诏天下复放生池,四明南湖法智法师,每于佛生日,集众行法,放鱼鸟以祝圣。是年郡以事闻,勅枢密刘筠撰文以纪,郡守曾会立碑寺门(文见《光教志》)。"②由此可知,在立南湖为放生池的过程中,明州郡守曾会前有上奏请荐,后有立碑寺门,对促成此事起到了重要的推动作用。曾会(952—1033),泉州晋江(今福建泉州市)人,曾出知明州,卒后赠楚国公。知礼与曾家素有往来,关系密切,史曾载一则趣事:"师(知礼)一夕梦伽蓝神告曰:'明日相公至。'已而曾会领子公亮入寺。师告以梦,母夫人谢曰:'后贵无敢忘。'及公亮入相,乃买田辟屋,岁度其徒(有曾相公舍田帖载《教行录》)。"③曾会次子曾公亮(999—1078),青出于蓝,仕仁宗、英宗、神宗三朝,累封鲁国公,赐谥"宣靖",为昭勋阁二十四功臣之一。由于曾公亮后果官至宰相,故拜相后置田兴寺,请朝度徒,延庆寺遂为望刹,名播天下,故寺僧图像立祠以表纪念,《四明尊者教行录》卷六收有

---

① 仁宗生于农历四月十四日,去四月初八佛诞日不远,按照北宋习俗,皇室诞节需在节前一月于寺开建祝寿道场。于是佛诞放生祝寿顺理成章地纳入到了诞节庆贺的内容中,佛诞、人诞重叠合一。这是不同于真宗时期佛诞放生祝寿的最大之处,也是仁宗何以高度褒奖知礼的原因所在。(段玉明:《佛诞放生的来龙去脉》,第42页)

② 《佛祖统纪》卷四十五,《大正藏》第49册,第409页上;释道法校注本,第1067—1068页。《四明尊者教行录》卷一亦载:"(天圣)三年乙丑,真宗天禧初,有诏天下立放生池。师欲广圣化,每遇佛生朝,募众行放生业,于是立放生碑。枢密刘筠撰文,太守殿撰曾会立石。天圣三年七月十五日,雪溪僧(仁岳)书。"(《大正藏》第46册,第858页中;王坚点校本,第7页;俞信芳校注本,第15—16页)

③ 《佛祖统纪》卷四十五,《大正藏》第49册,第409页上;释道法校注本,第1068页。《四明尊者教行录》卷一亦载:"师是年(天圣三年)一夜忽梦相公入院,翌日即曾太守之子到,后果符此梦,乃鲁国宣靖公也。由此楚国黄夫人置恒产供众,又上书曾太守乞申奏后园地,永在伽蓝,亦此年也。"(《大正藏》第46册,第858页中;王坚点校本,第7页;俞信芳校注本,第16页)

《曾鲁国宣靖公祠堂记》、《四明图经纪宣靖公祠》、《曾相公府延庆寺置庄田帖》三文。此外，撰写《敕延庆院放生池碑铭》的刘筠（971—1031），大名（今属河北）人，文与杨亿齐名，当时号称"杨刘"。知礼建放生会，弟子智环数次催请刘筠撰碑记述，遂得成文。① 亦因众缘和合而功成。

三、遵式、知礼放生仪轨之比较

遵式与知礼在放生实践的过程中，均著有放生仪轨且保存至今，《金园集》收录有遵式的《放生慈济法门（并序）》，《四明尊者教行录》收录有知礼的《放生文》，为我们了解两人的放生实践及其理念提供了珍贵史料。两人师出同门，关系笃好，交往密切，在放生仪轨中的论述又颇多言语相似之处，由此推断两文之间必有参照之关系。笔者推测知礼《放生文》很可能借鉴参考了遵式《放生慈济法门》，究其原因，史载"延庆法智于佛生日纵鱼鸟，述《放生文》，郡守曾会以闻，勅枢密刘筠撰文立石寺门。"②可知知礼写作《放生文》的时间是奏请南湖为放生池的天圣三年（1025）。《放生慈济法门》虽具体作于何时未见明确的史料记载，但遵式在序文中叙述创作缘起时说："（予）因将二三子往翠岩练若修法华三昧，路由舟楫，众买水属放之，兼广《流水品》疏，讲经独不果也，但临生类，口授法句，观者饰谬，谓伦贯尽旨，山行之次，请析简书之。（予）曰盖出我衷，非由旧章，适时之言，那可承用？ 辞之不已，备而端覩，目为《慈济法门》，作七章分别，事理聊足。"③"翠岩练若"当指明州鄞县东之翠岩山，虽无法确知此事发生于何时，但从遵式一生行迹来看，他在天禧元年（1017）54 岁之前多往来于天台、四明、杭州、

① 《佛祖统纪》卷十二："法师智环，学于法智。杨文公功法智止焚躯，作书与慈云，令师往劝住世。法智建放生会，请枢密刘筠撰碑记述，师迭书催之，遂得成文。"（《大正藏》第 49 册，第 216 页上；释道法校注本，第 301 页）
② 《佛祖统纪》卷五十三，《大正藏》第 49 册，第 466 页中；释道法校注本，第 1272 页。《佛祖统纪》卷二十三亦载："天圣三年，先是天禧初，诏天下立放生池。师（知礼）始于佛生日，纵鱼鸟为放生事，自述《放生文》。是年郡守曾会以事闻，勅枢密刘均撰文刻石，仰宣圣化。"（《大正藏》第 49 册，第 249 页下；释道法校注本，第 446 页）
③ （宋）遵式述、慧观重编：《金园集》卷中，《卍新续藏》第 57 册，第 8 页中。

苏州等地,游方弘化,天禧元年后则常居杭州天竺寺,直至去世鲜有远涉,即使天圣六年(1028)好友知礼去世时也仅遣弟子前往吊唁,未曾亲赴①,因此可以推断遵式带领其徒前往翠岩山修法华三昧的时间当在天禧元年之前的青壮年时代,那么《放生慈济法门》的撰写时间自当早于知礼《放生文》。此外,"盖出我衷,非由旧章"也侧面反映了遵式此文的原创性质。以下据两部文献阐述两人放生仪轨之特点及其异同。

就结构而言,《放生慈济法门》由七章组成:叙由、呪水、请加、归依、称佛、说法、忏愿,文本条理性较强,《放生文》的论述则较遵式文本简略,且没有分章。②就内容而言,两文的论述中均可见作为放生重要文本依据的《金光明经·流水长者子品》的深刻影响。《金光明经·流水长者子品》记载了流水长者子及其二子救济放生十千鱼而得善报的故事,智顗即受此故事启发而有设置放生池之举,后来的天台宗僧亦多重视此品及智顗的注释。

例如,《放生慈济法门》称佛章中称诵宝胜如来名号、说法章中为所放生之物宣说十二因缘等内容均来源于此品,此品记载流水长者子在运水并供给食物解救十千鱼后又思维:"曾闻过去空闲之处有一比丘,读诵大乘方等经典,其经中说,若有众生临命终时,得闻宝胜如来名号,即生天上,我今当为是十千鱼解说甚深十二因缘,亦当称说宝胜佛名。"③使鱼命终后生忉利天。值得注意的是,两文皆将十二因缘与涅槃三德相连接,《放生文》说:"此十二法体是三德大般涅槃。"④《放生慈济法门》的论述较《放生文》详细,更将其与三障进行了关联:"无

---

① 关于遵式游历场所与年代的图表统计,可参见:吕淑玲(释果镜)《慈云遵式の研究序说:特に遵式の生涯について》,《佛教大学大学院纪要》31,2003 年,第 38—40 页,亦收入氏著《慈云遵式の研究》,佛教大学博士学位论文,2005 年;圣凯《中国佛教忏法研究》,北京:宗教文化出版社,2004 年,第 348—350 页。

② 这种差别在遵式、知礼所制相同体裁的忏法中也有明显体现,释大睿即指出两人所制忏法的不同特质:知礼所制仪法,以掌握忏法精神,阐扬中心思想为主要目标,至于细节部分,不一定皆作详述。而遵式则对于仪轨细节悉心谨慎,不但组织分明,且事行、理观皆明确掌握。(释大睿《天台忏法之研究》,台北:法鼓文化事业股份有限公司,2000 年,第 331 页)

③ (北凉)昙无谶译:《金光明经》卷四,《大正藏》第 16 册,第 353 页上。

④ (宋)宗晓编:《四明尊者教行录》卷一,《大正藏》第 46 册,第 863 页下;王坚点校本,第 19 页;俞信芳校注本,第 44 页。

明爱取名烦恼障,行有二缘名业障,余悉是报障。如是三障,性实三德,烦恼即般若德,业障即解脱德,报障即法身德。法身究竟,般若解脱亦究竟;般若清净,法身解脱亦清净;解脱自在,法身般若亦自在;一究竟一切究竟,乃至一自在一切自在。"①从三德、三障的角度解说十二因缘明显受到了智顗解释《金光明经》的影响。② 遵式在忏悔章中还将三障、三德与三学(戒定慧)进行了链接:"上来为汝受三归依,称佛十号,说深妙法三种障义,结成行者。翻邪恶心,即成戒义;称号念佛三昧,结成定义;闻法解了,此即慧义。应行此戒定慧,名究竟一乘之行,非历三乘渐次之位。戒成断德,三昧成解脱,慧即般若,一相三宝,于是复成。"③此外,关于归依三宝,遵式在归依章中提到了两种三宝:总相三宝(一相三宝)、别相三宝④,知礼提及了一体三宝(总相三宝),这些范畴均是南北朝隋代佛教讨论较多的主题,可见深受智顗思想的影响。

受《金光明经·流水长者子品》影响,两部放生仪轨均体现出浓厚的忏法性质。中国佛教的忏法起源于晋代,渐盛于南北朝,中国佛教忏法体系、组织模式的真正确立自隋代智顗开始,进入宋代迎来其全盛时代,可见天台宗与忏法发展关系甚大。⑤ 遵式、知礼等北宋天台宗僧继承智顗遗法,对忏法给予了极大关注,重视制忏、礼忏,认为礼忏是修习止观的重要行法,在忏法理论上有极多建树。知礼为宋代天台忏法奠定了理论基础,遵式则完成了天台忏法实践的系统化,并以更为圆融的形式表达⑥,宋代天台忏仪由此奠定了宋以后中国佛教礼忏

---

① (宋)遵式述、慧观重编:《金园集》卷中,《卍新续藏》第57册,第9页下。
② (隋)智顗说、灌顶录:《金光明经文句》卷二:"今近因三业规矩,远成三德妙义,可不信哉? 洗浴法身能禳报障,摄耳缄口能禳烦恼障,至心能禳业障(云云)。从是经威德下四结成也。能悉消除者,明三障转也。今其寂灭者,三德成也。寂灭只是涅槃,涅槃只是三德。前三业方法既成,三障理数应转,三障既其已转,理数成于三德。报障转成法身德,烦恼障转成般若德,业障转成解脱德。前寄事相,将浅以表深,后明寂灭,将深以浅浅。经文绣密,见之者寡(云云)。护世四王下叙流通中品,皆如上说。"(《大正藏》第39册,第53页中)
③ (宋)遵式述、慧观重编:《金园集》卷中,《卍新续藏》第57册,第10页上。
④ 遵式在《授菩萨戒仪式十科》中还提到了三种三宝:住持三宝、别相三宝、一体三宝。(遵式述、慧观重编:《金园集》卷上,《卍新续藏》第57册,第2页上)
⑤ 释大睿认为中国忏法的精神意涵与实践要领皆源于天台的教观思想。(释大睿:《天台忏法之研究》,自序第5页)
⑥ 潘桂明、吴忠伟:《中国天台宗通史》,南京:江苏古籍出版社,2001年,第539、560页。

制度的基础。① 遵式在《放生慈济法门》忏悔章中说："帝释一念忏悔，灭永劫傍生之难；慈童刹那惭愧，顿离地狱之苦。是知忏悔名第一法。"②注重在放生（拯救生命）的同时为放生之物消业去障（拯救慧命），遵循天台智顗"事理相融"的忏法特色，在事仪中同时重视"理观"，体现出"事"与"理"的有机统一（遵式序中所谓"事理聊足"）。知礼在遵式的基础上更强调放生者获得的利益："亦冀放生弟子（某甲），从今日去，菩提行愿念念增明，救苦众生常如己想。以是因缘，得生赡养，见弥陀佛及诸圣众，早证无生，分身尘刹，广度有情，同成正觉。"③体现了化他（利他）与自行（自利）的结合，强调在受三皈依、称佛十号、说深妙法等"自力"行为中生发智慧、获得解脱。

此外，两文亦皆重视"他力"，提倡通过诵秽迹神呪获外力加持，得身心清净。遵式在呪水章中说："当以净器盛水，摄定自心，诵秽迹呪七遍或多遍，诵已，将杨枝散酒生命，诵呪前作此言。所言秽迹呪者，大圆满陀罗尼神呪秽迹真言：唵咈咶喼啤摩诃钵罗合恨那啺吻什吻微唶微摩那栖呜深暮喼啤铧泮泮娑诃。"④知礼也说："法师当执水盂，默念想云，一心奉请大秽金刚圣者潜降道场，加持此水，有大功勋，洒沾异类，令其身心清净，堪闻妙法，即默诵秽真言一七遍，再三洒之。"⑤关于修持秽迹神呪的功德利益，主要依据的经典是唐译《秽迹金刚说神通大满陀罗尼法术灵要门经》、《秽迹金刚法禁百变法门经》，遵式、知礼将秽迹金刚呪法列入放生仪轨中，可知此法在北宋初年的流行。两人非常重视密教经典及诵呪，常将其应用于忏仪当中。⑥

---

① 潘桂明、吴忠伟：《中国天台宗通史》，第580页。关于中国佛教忏法的研究，较重要的专著有：镰田茂雄：《中国の仏教仪礼》，东京：大藏出版社，1986年；汪娟：《敦煌礼忏文研究》，台北：法鼓文化事业股份有限公司，1998年；释大睿：《天台忏法之研究》，台北：法鼓文化事业股份有限公司，2000年；圣凯：《中国佛教忏法研究》，北京：宗教文化出版社，2004年。

② （宋）遵式述、慧观重编：《金园集》卷中，《卍新续藏》第57册，第10页上。

③ （宋）宗晓编：《四明尊者教行录》卷一，《大正藏》第46册，第864页上；王坚点校本，第20页；俞信芳校注本，第45页。

④ （宋）遵式述、慧观重编：《金园集》卷中，《卍新续藏》第57册，第8页下。

⑤ （宋）宗晓编：《四明尊者教行录》卷一，《大正藏》第46册，第863页上-中；王坚点校本，第18页；俞信芳校注本，第41页。

⑥ 释大睿：《天台忏法之研究》，第331页。

四、结语

综上所述，遵式、知礼的放生活动导源于佛教戒杀护生、慈悲济世的大乘精神与天台宗祖师的放生传统，两人利用与上层文人士大夫的交游促成了杭州西湖、四明南湖先后立为放生池的善举，开启了借佛诞日放生为皇帝祝寿的先河，使放生活动逐渐扩展为一种政治传统与地方民俗。知礼《放生文》很可能借鉴参照了遵式《放生慈济法门》，两篇文献的论述虽有详略之别，但其中的仪轨因素明显受到《金光明经·流水长者子品》与智𫖯学说的影响，主张拯救生命与拯救慧命相结合，同时带有浓厚的忏法性质，提倡通过诵咒获得外力加持，体现出事与理、自力与他力、自行与化他的有机统一。其所确定的放生仪轨，为后世的放生实践提供了较为规范的仪式范本，影响至今不衰。

瞎堂慧远与华严禅

稂荻[①]

（中国计量大学哲学研究所）

摘　要：瞎堂慧远是南宋佛教史中影响深远的高僧大德。师从克勤圆悟，与师机锋参禅而或"铁舌远"之名号，大慧宗杲曾惊叹"老师暮年有子如是耶？"主持灵隐期间，先后九次奏对孝宗，深受敬重，"礼数视诸师有加"，赐号"佛海禅师"。与宋代很多禅师一样，慧远在表述其禅学思想时，经常使用"华严禅"的方式，即糅合华严思想于说理之中，特别是事事无碍在平常生活中的应用，并且更显灵活机变，在当时影响颇深。

关 键 词：慧远　华严禅　事事无碍

据《灵隐寺志》载：道济"初参瞎堂，知非凡器，然饮酒食肉，有若风狂。监寺至不能容，呈之瞎堂。批云：'法门广大，岂不容一癫僧耶？'人遂不敢言。及远公既寂，出居净慈寺，累显神通，奇异多端……"[②]当初，道济拜瞎堂慧远为师，因其不喜诵经打坐，不戒酒肉，行为不甚检点，为其他僧众告到其师面前。瞎堂慧眼识珠，知道济和尚根机不凡，故以"佛门之大，岂不容一癫僧！"为其庇护。韩文公曾言：千里马常有，而伯乐不常有。能识得活佛济公的不凡，并可因材施教，慧远禅师必有其不凡之处，巨赞曾感慨道：（慧远道行）实比济公为高，而世反不知其名。可见瞎堂慧远非但不是泛泛之辈，更可谓灵隐或南宋佛教的扛鼎大德，只

① 作者简介：稂荻，女，哲学博士，现就职于中国计量大学哲学研究所。研究方向为中国哲学、佛教哲学。
② 孙治：灵隐寺志（卷三下），香港：百通出版社，2003年版，第9页。

不过相较于徒弟道济,有关慧远的记载并不常见于后世。目前有迹可查的典籍,最重要的当属法寿等汇编的《瞎堂慧远禅师广录》,其他则散见于几部僧宝传记中,如正受之《嘉泰普灯录》、熙仲之《历代释氏资鉴》、居顶之《续传灯录》、明河之《补续高僧传》、自融之《南宋元明僧宝传》等。

慧远曾有首《点绛唇》广为世人称叹:"来往烟波,此生自号西湖长。轻风小桨,荡出芦花港。得意高歌,夜静声偏朗。无人赏,自家拍掌,唱彻千山响。"一页扁舟荡漾于西湖,即使无人应和,依然独乐其中,此等洒脱随性,绝非俗人所能及。

一、瞎堂其人

慧远号瞎堂,眉山金流镇人,俗姓彭。十三岁为求解脱法,于成都药师院出家、受具足戒,从宗辨学法、听习经论,后随峨眉山灵岩寺绍徽禅师。《续传灯录》有载:慧远刚到徽禅师处时,恰好禅师刚刚饭罢,在庭院里散步。远才见即放下背包请教,"文殊为七佛祖师,未审什么人为文殊之师?"禅师答道:"金沙溪畔马郎妇",以断喝阻其继续思辨。从此慧远随师学习两年,某日听闻一僧自语:"假四大以为盖覆,缘六尘而生心,忽遇六尘顿息,唤什么作心?"[1]忽有所省悟,获得体会,遂别师而去。绍兴初年,逢圆悟克勤回成都主持昭觉寺,慧远前往伴之左右修习。悟公惊奇于慧远的造诣,感慨道:"吾道未衰也!"遂器重之,准许他可以非时入室请益。一日圆悟普说,"举庞居士问马祖:不与万法为侣者是什么人?马祖云:待汝一口吸尽西江水即向汝道。"[2]慧远豁然大悟,在众人面前扑倒在地,并自言犹如大梦方醒。当晚,慧远与圆悟小参:"师(慧远)出问曰:净裸裸空无一物,赤骨律贫无一钱,户破家残,乞师赈济。答云:七珍八宝一时挈。师曰:争奈贼不入谨家之门。答云:机不离位堕在毒海。师随声便喝,悟以拄杖击禅

---

① 居顶:续传灯录,大正藏(第 51 册),第 660 页上。
② 居顶:续传灯录,大正藏(第 51 册),第 660 页中。

床云：吃得棒也未？师又喝，圆悟连喝两喝。师礼拜，悟大喜以偈赠师。"①此后，慧远便获"铁舌远"的名号，机锋之境，无人能抵。

南宋绍兴乙卯年(1135)圆悟示寂，慧远感叹曰：哲人云亡，继之者谁乎？既满怀着对先师的尊崇之情，亦抒发了弘法的抱负。在之后的35年间，"师东下抵淮南，出住蟠龙，迁琅琊，又移婺普济，衢定业……后居南台。未几，过天台，历护国、国清、鸿福三寺。尚书沈公介守平江，以虎丘久废，邀师振之。乾道乙丑，敕居崇先。明年(南宋乾道六年，1170)，被旨补灵隐。"②在此期间，圆悟禅师的另一位高徒大慧宗杲，曾在听闻慧远的偈颂提唱后惊喜道："老师暮年有子如是耶？"进而与慧远寓书通诚，并将圆悟所付法衣寄赠给慧远。时南宋孝宗留心空宗，乾道七年召见禅师入对于选德殿，"必延坐进茶，称师而不名，礼数视诸师有加。"此后与之酬酢，或禁中或灵隐，前后九次之多，《补续高僧传》载文道："师一身系法门之望，奇言妙句，传播诸方，学者云奔川委，视师所在为归正，如一佛出世。"③乾道九年(1173)，赐号"佛海禅师"，后世亦称佛海慧远。

二、华严禅之缘起

禅宗倡导不立文字，直指心性，强调自心的觉悟和主体的能动性。历代禅师也都追求以参禅酬对甚至机锋棒喝的形式表达自己的理论见解，不过为了给参禅实践提供理论支持，诸多禅师还是借鉴了华严思想来证明修行活动的合理性。从宗派角度，华严宗的法界观在很大程度上影响了禅宗，并为后者吸收到禅观体系中，由此孕育出华严禅。关于华严禅，董群先生曾指出："宗密的华严禅是十分广泛的融合体系，是以真心为基础，以华严宗理事圆融论为重要方法之一，内融华严宗和荷泽宗、顿宗和渐宗，中融禅教(三总三教融合)，外融三教，已很难用传统的标准来区分其是禅还是教，称其为华严禅，既表示和传统禅宗的区别，也

① 居顶：续传灯录，大正藏(第51册)，第660页下。
② 正受：嘉泰普灯录，续藏经(第79册)，第385页上。
③ 明合：补续高僧传，续藏经(第77册)，第434页中。

表示和传统的华严宗的区别。而后世的华严禅基本上体现为禅宗对华严方法的具体运用,是禅,是籍教悟宗,而非华严。"①相较而言,禅宗虽然很大程度上也吸收了华严理事观,但更多情况则是以理事观为基础,侧重于事事无碍的应用,也就是从义理层面辨析参禅实践的标准,服务于个体修行。故从总体上来说,华严事事无碍观对禅宗话语的滋养则更为明显,散见于诸多禅师语录中,比如"即事而真"的客体方面、"本心即佛"的主体方面以及无分别的随心布道,都揭示了事事无碍的观点对禅宗参禅修行的借鉴意义。

我们选取青原希迁和临济克勤、宗杲为例,一窥禅师们的华严禅。

希迁吸收华严十玄门的观点,以理事无碍观为出发点,总说众生觉悟的前提。"灵源明皎洁,枝派暗流注。执事元是迷,契理亦非悟。"②灵源是心本,枝派是现象,情执本就是迷,执著于契理也并非真正的觉悟,这说明只有理事融通,性相融合的不执著,才是真正的觉悟。接着他又从事事无碍的多角度融合考察诸法,概括一切事物的相互关系为"回互"和"不回互":"门门一切境,回互不回互。回而更相涉,不尔依位住。"③回互即诸法互相涉入,不相妨碍;不回互,即诸法各住其位,不相混杂。万法虽互不混淆,又相即相入,表现出事事无碍的融通关系。万法皆得真理,故不可偏废一法,法法皆真,各有其用,是故不可坏本而逐末,亦不可废末而偏本,"万法自有功,当言用及处"。由此一来,众生修行不偏不执,即事而真,一切法皆有真理在其中,不多不少,平等一味;万法虽有差别相状,却皆是理体的体现,回互又不回互,表现出理事融通,事事无碍的观点。以此来指导修行实践,即有酬对问答时的一语中的,好比飞箭穿过靶心,一语即达真理。

克勤也曾在《碧岩集》中谈及事事无碍法界,不过他几乎是照搬了华严宗教义的表述。他说:"事事无碍法界,明一事遍入一切事,一切事遍摄一切事,同时交参无碍故。所以道,一尘才举大地全收,一尘含无边法界,一尘既尔,诸尘亦

---

① 董群:《融合的佛教》,北京:宗教文化出版社,第310页。
② 希迁:参同契,道原:景德传灯录,大正藏(第51册),第459页上。
③ 希迁:参同契,道原:景德传灯录,大正藏(第51册),第459页下。

然。"①这说明了正因为事事无碍，故诸法自性具足，众生自性具足。他借善财访德云和文殊采药的事例，用"颂古"的形式表达"一一皆真，一一皆全"、禅宗的教法是应机设教、随心布道的理论。基于此种观点，克勤将酒肉穿肠过、佛祖心中留的布袋和尚推举为彻悟真谛的榜样："如何是佛？干屎橛。如何是佛？麻三斤。是故真净（克文）偈曰：事事无碍，如意自在。"②只有到了事事无碍的境界，才是真正的悟道，因为此时"法界量"已灭，再无分别心，故而："理事全真，初无假法。所以即一而万，了万为一，一复一，万复万，浩然莫穷。心佛众生，三无差别，卷舒自在，无碍圆融。此虽极则，终是无风匝匝之波。"③克勤强调说，通晓事事无碍还没有得道，"始是半提"，这只是理解禅法的前提，"始好说禅"；若要通达禅法，须借助契机，即"全提时节"，始可成就，即与机锋棒喝的实践诉求相一致。

克勤的高徒大慧宗杲似乎选了一条与其师不同的修行路径。宗杲是禅宗史上第一个大力提倡参话头的人，以此反对当时流行的两种"流弊"禅风。"今时学道人，不问僧俗，皆有二种大病，一种多学言句，于言句中作奇特想。一种不能见月亡指，于言句悟入。"④此其一，其二则为"默照邪禅"，他认为默然静坐，乃困于枯禅，"向黑山鬼窟里坐地，先圣诃为解脱深坑，极为可怖。"禅不应只是静坐，静坐只是通向觉悟的手段，修禅的目的是不坏世间法的同时求证实相，因此宗杲说：禅乃般若之异名。关于言句，宗杲非但不取"颂古"之法，更指出若执著于各种经纶、记诵章句，只会反落入文字障中，忘记最终的目的，是故言句亦是方法，学习过程要时刻提醒自己是为解脱而就文字，基于此，《碧岩录》中曾记载，宗杲甚至焚烧了其师克勤的《碧岩集》，只留《碧岩录》流传后世。由此，为对治由默照禅和文字禅引起的枯坐和文字障，宗杲主张看话禅，如其评价"赵州狗子无佛性"的话头时有言"只这一（无）字，便是断生死路头的刀子也。妄念起时，但举个无字，举来举去，蓦地绝消息，便是归家稳坐处也。"⑤他以参一个"无"字的话题，深

---

① 克勤：佛果圆悟禅师碧岩录，大正藏（第48册），第214页中。
② 晓莹：罗湖野录，续藏经（第83册），第377页中。
③ 晓莹：罗湖野录，续藏经（第83册），第377页下。
④ 宗杲：大慧普觉禅师语录，大正藏（第49册），第894页下。
⑤ 宗杲：大慧普觉禅师语录，大正藏（第49册），第903页下。

蕴一即一切的道理，直指本心。同理，"万法归一，一归何处？"的话头亦具备了事事无碍的内涵。开济在《华严禅——大慧宗杲的思想特色》一书中，将宗杲思想的最大特色归于华严禅，并认为其禅法是以华严禅为本体论，以"看话禅"为方法论，"以'华严禅'作为禅宗心性思想的归宿，以看话禅对治偏枯的默照禅。"很明显，此处的"华严"绝非局限于华严名相的借用，而是将事事无碍的华严思想蕴藏于话头之中，参一话头，而明心性，这是宗杲所趣向的归宿，因此若纠结于"华严"的修饰语不放，反倒陷入文字障中了。当然，若将看话禅仅限于对治"默照邪禅"，则有些低估了宗杲的志向。

总而言之，事事无碍观中蕴含的一即一切、一心法界和圆融无碍等观点是禅宗钟情于它的主要原因，对于号称不立文字、教外别传的禅宗，它不仅能够弥补禅宗义理方面的不足，还可以为其无念、无相、无住的参禅修行提供学理基础，是故很多禅师在讲学时都热衷于引用华严思想，也就不足为奇了，当然也包括慧远。

三、慧远之华严禅

同其他禅师一样，慧远禅学中的华严思想亦散见于其语录之中，特别是与孝宗的几次《奏对语录》和与其他僧友的书信，多数情况也是应机作答，我们挑选几个主要问题，展开对慧远之华严禅的解读。

其一，何为"得悟"？

干道七年，慧远入对选德殿，"上曰：如何免得生死？奏云：不悟大乘道，终不能免。上曰：如何得悟？奏云：本有之性，但以岁月磨之，无不悟者。上曰：悟后如何？奏云：悟了始知……悟后，千句万句，乃至一大藏教，只是一句。上曰：是那个一句？奏云：好语不出门。"①本有之性亦即真心，实乃清净无染，悟道正是回归本心的过程，所谓"好语不出门"并非要人坐禅，而是在生活中离言绝

---

① 慧远：奏对语录，瞎堂慧远禅师广录，续藏经（第69册），第571页上。

行地随顺、随喜。千句万句与一句的关系,恰如一切即一。正如慧远在开化禅院时曾举"杨岐拈拄杖"示众云:"一即一切,一切即一,画一画云,山河大地,天下老和尚百杂碎,作么生是诸人鼻孔?剑为不平离宝匣,药因救病出金瓶,喝一喝,卓一卓。大众非唯短贩贱卖,亦能舍重从轻,而今一一与你诸人,宗本算利了也,要见杨岐老汉转身吐气处么?(将拈拄杖掷下)鹤立松梢月,鱼行水底天,风光都买尽,不费一文钱。"①众生皆自性具足,依于每个人的真心显现,如同鸟在天上飞、鱼在水里游,恰如其分地展现自性、不矫揉造作,即是得悟的正途。万法随缘,实相则一如,且一一具足,这样一来,自不必执着于得悟的具体形式了。因此慧远在《答陈郎中》的信中写道:"圆悟老师尝云:千句万句,只是一句;千言万言,只是一言。山僧又且不然,只而今尽十方虚空,无量妙义;百千法门,只作一句分付,只贵脚踏实地。初机后学,欲作偈颂,乃神通游戏边事,有何不可?但只要本领正当,则一切处扑不破。常向兄弟道:参须参那坐断天下人舌头底禅,方为种草。亦多令兄弟,多作偈颂。虽未十成,要他揩磨心识做得了。却与他一槌击碎,大事明了,偈颂亦不用做,如风吹水自然成纹。"②初机后学可能要纠结于文字的偈颂来展现禅意和修为,但具大根器的"大解脱人"能够"离见闻、超情识,于日用中急着眼看,断知无上妙道",自然不用做什么偈颂便可明了心性。这是运用事事无碍的思想阐释顿悟之理,且不论大根器之人,芸芸众生又要如何修禅呢?慧远有云:"不在日用处着到,如疾雷破山。于一念未萌已前,识得破佛及众生,也无著处,须是实证实悟,方可向千圣顶。"③

其二,如何"修禅"?

怎样才能实证实悟呢?借助孝宗与慧远的三问三答,途径便逐渐清晰起来。首先孝宗提出观行,但疑惑于"观者是观想,妄想颠倒相持何时得了"?慧能认为此法不可行:以贼捉贼,将心觅心,并举《楞严经》破斥:想念不可脱,云何获圆通?孝宗再提出文字禅:"如金光明经要妙,只在偈赞处,争如十地顿超。"慧远

---

① 慧远:滁州琅琊山开化禅院语录,瞎堂慧远禅师广录,续藏经(第69册),第556页中。
② 慧远:答陈郎中,瞎堂慧远禅师广录,续藏经(第69册),第583页上。
③ 慧远:答陈郎中,瞎堂慧远禅师广录,续藏经(第69册),第585页下。

又否定道:"如华严经偈赞,只闻得四句,则八十一卷华严,一时了毕。"孝宗又提:修禅定者如何?慧远则详细地分析了坐禅的利弊:"初机若有所习,则不名大定。大定等虚空,了无修习处,亦无起灭出入处。"①你看现在修习禅定的人,都是未能证得觉悟智慧的凡夫,即使能够达成四禅八定的境界,也不是究竟的解脱,圭峰宗密曾云:非想定后,还作飞狸之身。而且,坐禅还充满着风险且费时费力,"一边顿证,则一念作佛;一边差别,则堕在二乘。穷空不归,四六二万十千劫,修行再入轮回。"②既然观想、偈颂、坐禅都不可行,如何才是修禅的妙道呢?慧远给出观点:"繁兴永处那伽定,那伽常在定,无有不定。时乃至风动尘起,云行雨施,悉皆在定。傅大士云:欲学诸三昧,是动非坐禅,心随境界流。云何名为定?此乃是不动真智也。"③培养心随境界流而不动的真智慧,才是修禅的主旨,如此一来,重点则在于无住空观。为了阐明如何无住,慧远揭示了禅机的奥秘。"禅者禅机,多明格外之机,兵者兵机,眼观东南,意在西北。如人着棋相似,谓之机行。"兵家讲求声东击西,禅机则重言外之空意,若以眼观,就会陷入迷雾之中,只有随机轮转而了无住着,才能体会真智慧。"是故华严经云:住着世间,成凡夫行。金刚经云:应无所住而生其心。维摩经云:从无住本,立一切法。又楞伽:以佛语心为宗,无门为法门。是也,所以道:善用佛眼莫窥,善窃鬼神莫知。"④佛眼即无住之心,随万物而不生贪著,为此,慧远更做《华严经普眼不见普贤》,诗云:"飘飘一雁落寒空,步步追空觅雁踪。蹋破草鞋跟已断,巍然独坐大雄峰。"⑤禅机如此,习禅之人就要注意避免思辨、断除知性分析的思维,由此显示了机锋的重要性。

其三,如何"机锋"?

机锋是临济的主要教学方法,通过充满深刻寓意的对话来验证对象的境界,并引导学者顿悟。慧远就如何教学的问题,曾与上篮乘长老沟通,并表达了自己

---

① 慧远:奏对语录,瞎堂慧远禅师广录,续藏经(第69册),第573页上。
② 慧远:奏对语录,瞎堂慧远禅师广录,续藏经(第69册),第573页上。
③ 慧远:奏对语录,瞎堂慧远禅师广录,续藏经(第69册),第573页中。
④ 慧远:奏对语录,瞎堂慧远禅师广录,续藏经(第69册),第576页下。
⑤ 慧远:颂古,瞎堂慧远禅师广录,续藏经(第69册),第590页下。

的意见："若菩萨断障，如染一綖丝，一染一切染，如斩一綖丝，一斩一切斩。有甚么共语分？如为方来，挂牌入室，升座小参。直须放出毒手，快下锋刃，一时截断，无令相续。更须揭起脑盖，倒转舌头，滞向寻言者，教他一个个觅起灭，蹲坐处不得，始有自由分。然后，拈东家钵盂，吃西家粥饭，用自己钱，本使他人利息，打杀有甚么过？遇境逢缘，倒使司农正印，与从上佛祖，抗庪而行。"①机锋的目的在于断障，切断念念相续的思辨，一断一切断，不再生起念头，进而息灭妄念，随缘方便，做到无念、无住，以至无相。

其四，何为"华严经"？

淳熙元年(1174)，慧远入内向孝宗介绍了华严和圆觉两部经，并以无相非空来解释《圆觉经》的经名。"上曰：如何是圆觉？师奏云：离相即圆，非空故觉。上曰：非空只是不落断灭处？师奏云：忧落断灭者是谁？圆觉谓之小本华严。上曰：如何是大本？师奏云：华严总有上中下三本，世尊七处九会说。今人间见传者，乃是下本，其余两本，尚镇龙宫，流通未到。上曰：七处九会者如何？师奏云：普光明殿说三会，后一会广作三处，其他共成九处九会，后李长者，及诸宗师，广作十处十会。上曰：只有九处九会，如何是那一会？师奏云：即今对陛下说底。上首肯之。"②慧远将《圆觉经》称作小本《华严经》，定然是受到宗密的影响，而接受李长者关于《华严经》十处十会的说法，在当时也很常见。由此看来，慧远非常熟悉华严思想，可谓信手拈来。

四、结论

与圆悟禅师侧重"颂古"、宗杲禅师力倡"看话禅"相似，慧远擅长在应机性的对话中融入华严、特别是事事无碍的思想以辅证观点，在这点上，他与以往禅师并无不同，使用方法上也没有更多的特点。只是在运用华严名相、意蕴、经文来增强理论的说服力时，慧远显得更加灵活机变，其华严禅的最大特点，就在于机

---

① 慧远：答上蓝乘长老嗣书，瞎堂慧远禅师广录，续藏经(第 69 册)，第 584 页中。
② 慧远：奏对语录，瞎堂慧远禅师广录，续藏经(第 69 册)，第 574 页中。

变。因此当面对皇帝的各种提问亦能从容淡定,获得首肯。他的灵活机变引出不拘一格的教学方式,如此方可教导出道济和尚这般"癫僧"出来。

淳熙三年(1176),慧远禅师圆寂。辞世偈曰:"拗折秤钟,掀翻露布,突出机先,鸦飞不度。"

遵式大师净土思想研究

心悟

（法门寺佛学院）

摘　要：遵式大师是北宋著名佛教高僧，在宋代天台宗的发展史中，占有举足轻重的地位。其与知礼大师同受学于宝云义通大师门下，师兄弟二人分别以理论与实践分化一方，使会昌法难中一蹶不振的天台宗重新焕发生机，成为当时流行最广的宗派之一，被后世誉为"宝云门下二神足"。大师教在天台，毕生修忏，导归净土，其德业影响了后世台宗千余年，有慈云忏主的美誉。为了更好地把握遵式大师的净土思想内容，挖掘祖师的修行心要，利益更多的有缘众生，故本文以其整体著作为视野，净土思想为研究对象，分别从生平、与净土之渊源、净土思想的主要内容以及后世的具体影响等角度具体阐释。借着笔者概括性的研究，让后人了知一代台宗祖师净土思想之全貌，为自我的修行提供借鉴与标榜。

关 键 词：遵式　净土　理论　实践　后世影响

一、问题的提出

遵式大师，是北宋佛教的关键人物。凡是涉及天台与净土，必然要对其进行研究。当前学术界，对于遵式大师思想的研究，主要分为如下几个方面，第一，对慈云遵式的整体思想进行研究,如吕淑玲的《慈云遵式的研究》①,作者以整体著作以及旁人相关著作为核心,详细的说明遵式大师的佛学思想与宗教实践。第二,与之相关的天台忏法研究,遵式大师是忏法的集大成者,被后世称为慈云忏主,凡研究天台忏法,必然涉及遵式大师,譬如大睿②、董平③、圣凯④等人的专著,皆会对其忏法进行研究。第三,对遵式大师与建筑的关系进行研究,如谢鸿权的《慈云遵式与金光明忏殿》⑤及《宋代天台宗的净土信仰建筑探微》⑥等,作者以金光明忏殿为主线,说明天台寺院的建筑特点。第四,对遵式大师推动天台宗发展进行研究,如曾其海的《略评遵式在天台宗中的地位》⑦,作者从三个方面说明遵式大师对天台的贡献,并指出其推动了"台净合一"的发展。第五,对遵式大师致力于天台教典籍的整理和编目进行研究,如牛卫东的《遵式〈天台教观目录〉的编辑特色及缘起》⑧,作者认为遵式大师多次整理编目,使天台典籍完整,教义坚固,确保了山家派历传不衰。第六,对遵式大师的杂著进行研究,如周庭安的《慈云遵式〈金元集〉之思想研究》⑨等,作者在前人研究成果的基础上,对文集中的忏仪、净土、戒律等整体思想进行研究,有助于了解大师思想之全貌。第七,对遵式大师的个别忏仪作深入研究,如坂本道生的《〈金元集〉中遵式大师的施食思想》⑩、陈孟卿的《慈云遵式〈往生净土忏愿仪〉之研究》⑪等,其中陈孟卿的研究最为细致,作者在中日研究文献的基础上,对遵式大师的《往生净土忏愿仪》做深入

---

① 吕淑玲:《慈云遵式的研究》,《博士学位论文概要审查的结果要旨》,《文学部论集》,2005 年 3 月 1 日,第 166 至 168 页。
② 大睿:《天台忏法之研究》,台北:法古文化出版社,2000 年。
③ 董平:《天台宗研究》,上海:上海古籍出版社,2002 年。
④ 圣凯:《中国佛教忏法研究》,北京:宗教文化出版社,2004 年。
⑤ 谢鸿权:《慈云遵式与金光明忏殿》,《中国建筑史论汇刊》第十二期,清华大学出版社,2015 年。
⑥ 谢鸿权:《宋代天台宗的净土信仰建筑探微》,《中国建筑史论汇刊》第一期,清华大学出版社,2012 年。
⑦ 曾其海:《略评遵式在天台宗中的地位》,《台州学院报》2009 年 10 月第五期。
⑧ 牛卫东:《遵式〈天台教观目录〉的编辑特色及缘起》,《洛阳师范学院学报》2015 年 1 月第一期。
⑨ 周庭安:《慈云遵式〈金元集〉之思想研究》,佛光大学佛教学系硕士学位论文,2014 年。
⑩ 坂本道生:《〈金元集〉中遵式大师的施食思想》,《印度哲学佛教学》第 23,2008 年 10 月,第 46 页至 60 页。
⑪ 陈孟卿:《慈云遵式〈往生净土忏愿仪〉之研究》,台湾南华大学宗教学研究所硕士学位论文,2012 年。

的研究,分别对作者的生平、忏仪教义阐释系统与修行实践系统、后世的具体影响等做了深入的研究,为了解忏仪之全貌,提供了全面且深入的说明。第八,对遵式大师的净土释疑进行研究,如黄启江的《〈净土决疑论〉——宋代弥陀净土的信仰与辨义》①等,作者以宋代宗晓《乐邦文类》中相关文献为中心,以历史为顺序,将元照、知礼、遵式等人对于净土的释疑为研究对象,对相关问题进行梳理,认为诸师的释疑以"信仰至上论"为核心,为我们揭示了宋代诸师弘教的根本旨趣。以上是笔者在能力有限的范围内,收集到与遵式大师相关的研究资料,诸多学者对于遵式大师的研究,不外乎忏法、净土等范畴,但研究的过于分散,大多偏于某个著作,并未对其整体著作中的净土思想做深入研究。有鉴于此,本文以遵式大师的整体著作为核心,以净土思想为研究对象,详细的说明其生平、与净土之渊源、净土思想的主要内容以及对后世的具体影响,以此来概括其净土思想全貌,为后人修行提供借鉴与参考。

二、遵式大师的生平

遵式大师,俗姓叶,字知白,天台宁海人。其母祈男孩于观世音菩萨前,后梦美女授明珠吞之而怀孕。七月大时,便能随母诵观音菩萨名号,稍长不乐随兄做生意,遂去东山依义全大师出家。二十岁时,于禅林寺受具足戒。二十一岁依守初律师学戒。二十六岁时,宝云大师圆寂,返天台修行,因苦行感疾口吐鲜血,毅然修《请观音忏》七七日,并自发誓言:"若四教兴行在我,则其疾有瘳,不尔则毕命于此。"②修三七日、五七日时,出违逆境界,不为所动,继续用功。七七日功德圆满,圣相显现,"室中声曰:'十方诸佛增汝福寿'。其夕寐见一巨人,持金刚杵,以拟其口。又尝亲见观音,垂手于师口引出数虫。复舒指注甘露于口,身心清

① 黄启江:《〈净土决疑论〉——宋代弥陀净土的信仰与辨义》,《佛学研究中心学报》第四期,1999 年七月出版。

② 志磐大师:《佛祖统纪》卷十,《大正藏》第 49 册,第 207 页上。

凉,宿疾顿愈。"①后顶高寸余,手垂过膝,声若鸿钟,肌如白玉。三十四岁时,结僧俗念佛修净业,作誓生西方记。三十八岁时,四明大旱,师与同门知礼、异闻二师同修《请观音忏》三日祈雨,第三日大雨倾盆,太守为写碑文流芳后世。三十九岁时,居慈溪大雷山治定《请观音忏》。四十岁时,归天台主东掖,建精舍率众修念佛三昧。

四十九岁时,受章公请入景德镇讲止观。五十二岁时,受众人请入杭州昭庆寺大开讲席,弘扬台宗。五十三岁时,苏州太守请师于开元寺建讲,后受刺史薛颜请居下天竺寺。五十四岁时,天台僧正慧思诣京盛称师道,始赐紫服。五十五岁时,师应侍郎马亮所问,为撰《往生净土诀疑行愿二门》《净土略传》。又应崔育才之问,作《施食法门观想文》。五十七岁时,王丞相抚杭率众人访师,师为讲心佛众生三无差别义,并具陈天台教始末。五十八岁时,因丞相为奏,复寺为教。并应其所问,说台宗大意,奏请西湖为放生池,为主上祝寿。六十岁时,因师修行精进,章懿太后遣使资金百两,命于山中修忏为国祈福,师为著《金光明忏》。六十一岁时,内臣杨怀降香入山,敬师道德,面圣奏请天台教部入藏事宜,获得恩准,师写《教藏随函目录》。六十四岁时,谏议大夫胡则任郡守,屡次入山请教,并施金造山门。六十六岁时,四明尊者圆寂,派遣学徒往四明拜祭,并作祭文悼诗。六十九岁时,讲《净名经》,预知圆寂时间,为往生做最后准备。七十岁时,初冬示疾,不用医药,说法勉众,请阿弥陀佛像以证其终,并最后说法云:"我观观世音,前际不来,后际不去,十方诸佛同住实际,愿住此实际,受我一炷之香。"②夜间奄然坐逝,入殓七日,形貌如生,寿六十九,夏腊五十,后追谥号法宝大师、忏主禅慧法师,葬于寺东月桂峰下,嗣法弟子慧才、悟恩、祖韶、本融、法涧、文昌、清鉴等,主要著作有《金园集》、《天竺别集》、《金光明护国仪》、《往生净土忏仪》、《法华三昧忏仪》、《请观音忏仪》、《炽盛光忏仪》、《小弥陀忏仪》,另有诗集《采遗》、《灵苑》等行世。

---

① 志磐大师:《佛祖统纪》卷十,《大正藏》第49册,第207页中。
② 志磐大师:《佛祖统纪》卷十,《大正藏》第49册,第208页中。

三、与净土之渊源

为了准确的理解遵式大师的净土思想,本文从遵式大师所处的社会环境、佛教自身的发展、天台祖师的影响等角度进行说明,力图从这些复杂的因素中,揭示其为何一生钟情于净土、弘扬于净土、命终归于净土。

(一) 所处的社会氛围

社会的环境,是佛教发展的第一推力。社会的政治、经济、文化,是影响和决定宗教传播走向的重要决定因素。为了准确的把握遵式大师的净土思想,先将其生活的社会环境进行简单的说明,分别从政治、经济、文化三个维度考察。从政治的角度言,赵匡胤陈桥兵变,取代后周建立大宋,建国初期宋太祖为完成统一大业,通过三次战争,将地方势力纳入宋土,建立了大宋王朝。又通过"澶渊之盟",稳定边境,消除动荡。以"杯酒释兵权"为手段,解决内部危机,加强中央集权控制。重文轻武,提倡儒家文化,建立稳健国家管理系统,强化皇权权威性。如此诸多政治手段,营造了良好的社会氛围,为后期的兴盛与发展,奠定了坚实的基础。从文化的角度言,在良好政策的引导下,宋代对科举制度进行适当改革,将考试分为解试、省试、殿试三种。考试层层递进,殿试中考取进士,即可获得官爵。考试的公平,使民众获得均等机会,促进了社会阶层的流动,使士大夫成为国家管理机构中的重要组成部分,促进了文化的繁荣,诗歌、绘画、书法、戏曲、哲学等领域人才辈出,造就了中华文明的第二次文化思潮。从经济的角度而言,宋朝建立初始,经济空前繁荣。宋太祖以禅让方式取代后周,建立大宋帝国。又通过战争,使后蜀、南唐等国投归。后周经济繁荣,皇帝年轻有为,宋接手后国库充盈。又蜀国、南唐等国,经济富饶,征伐过程中,未遭受拼命对抗,故接手后财富具足。得益于良好的政策、稳定的社会的环境、文化的蓬勃发展、国库的充实富足,农业社会开始向工业社会迈进,国民经济高速发展,工商业欣欣向荣,生产力水平大幅度提升,民众的社会地位平等。社会、政治、文化三者交互组成的超稳定结构,缔造了宋朝的繁荣富强,故陈寅恪云:"华夏民族之文化,历数千载之演进,造极于赵宋之世。"①如此良好的社会环境,给佛教的弘法利生,带来了新的契机,佛法面临着再次复兴。

(二)佛教的发展趋势

佛教的发展,与帝王的扶持有重大关系,佛教素有"不依国主,则法事难立"的传统。宋代佛教的全面发展,得益于良好的国家政策。宋太祖在未称帝前,就喜与僧人交往,成为开国皇帝后,认为佛教有裨于社稷,故废除周世宗显得年间的废佛法令,度童行八千人出家,表示对佛教的重视。在对待佛教的态度上,既有佛教徒的热情,又不失政治家的理智。在其执政生涯中,相续废除后周的毁佛法令,大力推广佛教事业,严惩谤佛的士大夫,派遣高僧西行求法,建立译经机构,雕刻流通藏经,禁止私建寺庙,规范僧人数量,出家试经得度,严惩违法乱纪,如此诸多的政策施行,为佛教的发展提供了机遇。后世的宋代诸帝,纵有崇信道教,但对待佛教的态度上,皆以太祖为准绳,由此奠定了佛教的全面中兴。

宋代佛教的发展,与良好的社会环境紧密相关。在传播途径上,以精英文化与大众文化为传播媒介,禅宗与净土宗成为佛教的主流思想。宋朝重文轻武,士大夫成为国家中坚力量,知识分子在学习儒家的同时,还学习佛家、道家以及其他诸家学说,文化上多样性与包容性似乎是那个时代的鲜明特色。又从知识分子的人生际遇而言,"儒门淡薄,收拾不住""官场受挫,遁入空门""与禅僧诗文相筹"②是其真实写照。禅宗不立文字、直接作佛的教化宗旨,单刀直入、不拘一格的教化方式,禅僧潇洒自在的解脱形象,开拓了士大夫的眼界,丰富了其思想内涵,使其得到了现世关怀。通过士大夫阶层的传播,禅宗成为宋代精英阶层的主流信仰。宋代佛教注重实践,与社会环境有直接关系。宋代虽然繁华,但靖康之变后,敌对威胁仍然存在,人们的忧患意识普遍较强,急需精神信仰慰借内心伤痛,故佛教的实践之风得到重视。相对于禅宗的现世关怀,净土宗三根普被、利

---

① 陈寅恪:《邓广铭〈宋史职官志考正〉序》,《读书通讯》,一九四三年三月。

② 潘桂明:《宋代居士佛教初探》,《复旦学报》(社会科学版)1990 年第 01 期,第 53 至 60 页。

钝全收、十念得生、生后不退等临终关怀思想,更容易被普通百姓接受,故净土宗成为大众阶层的主流信仰。在良好国家政策的扶持下,诸宗在不同地域均得到良好的传播与发展,但与禅宗、净土宗相比,仍然不占主流。但在向民间传播时,禅净合流、台净合流,似乎是一种必然的发展趋势。

(三) 自身师承的影响

天台智者大师,灵山亲承,大苏妙悟,以五时八教,判释东流一代圣教,创立天台宗。从此诸祖相传,法脉延续千年不绝,众生得益者不计其数。天台宗的后继者,秉承智者大师的遗教,修习止观与忏仪,以圆教初住位为毕生所求。智者大师在后继者心中的地位,犹如佛陀一般,屹立千余年不倒,由此可见其影响之巨大。智者大师在临命终时,听《法华经》、《无量寿经》为最后闻思,听《无量寿经》,从为他说的角度,赞叹此经的殊胜功德,如其所云:"四十八愿庄严净土,华池宝树易往无人,火车相现能改悔者尚复往生,况戒慧熏修! 行道力故,实不唐捐。梵音声相,实不诳人。"①此中说明净土法门不可思议,临终罪相现前,念佛忏悔即可得生;修行功德真实不虚,若平时戒定熏修,定可往生极乐刹土。受《智者大师别传》的启发,委托之作《净土十疑论》的影响,湛然大师后唐代祖师就已有台净合流的倾向。遵式大师之所以钟情净土,除与智者大师的倡导有关外,还与宝云大师的影响有直接关系。遵式大师二十二岁随宝云大师受学,宝云在遵式大师的心中,具有崇高的地位,如《佛祖统纪》卷十云:"来学四明,道中梦老僧谓曰:'吾文殊和尚也'。及见宝云,正所梦僧,即北面受业。"②此中说明遵式大师前往四明求学的途中梦见文殊和尚,见到宝云大师后,宝云即梦中文殊和尚,故执弟子礼虔诚受学,由此可见宝云大师修行功德的不可思议,此梦境也表明遵式大师定然深受宝云大师的影响与洗礼。又宝云大师讲经时,常称呼大家为乡人,如《佛祖统纪》卷八云:"常呼人为乡人,有问其故,曰:吾以净土为故乡,诸人

---

① 章安大师:《天台智者大师别传》,《大正藏》第50册,第196页上。
② 志磐大师:《佛祖统纪》卷十,《大正藏》第49册,第207页上。

皆当往生，皆吾乡中之人也。"①此中说明宝云大师是虔诚的西方净土信仰者，因大家皆当往生于净土，故称大家为乡人。与遵式大师为同学的知礼大师，也是虔诚的西方信仰者。故我们梳理天台祖师的生平时，基本可以肯定，遵式大师钟情于净土，与宝云大师的影响有直接关系。

如上所述，我们将遵式大师所处的时代背景进行了简单的分析，从生活的社会环境而言，政经、经济、文化三者构建的超稳定结构，为佛教自身的发展，迎来了新的契机。从佛教自身的发展走势而言，宋代佛教，禅宗透过精英文化传播，净土宗透过大众文化传播，禅净成为当时的佛教主流。佛法的传播，离不开大众的支持，当时民众的忧患意识较强，为慰借内心的苦楚，得到现世关怀与临终关怀，故佛教的实践之风盛行。诸宗在面向民间弘扬时，必然与净土合流，如禅净合流、台净合流等，此是社会发展的必然趋势。从祖师的影响而言，宗派佛教取代学派佛教，完成了印度佛教的中国化，成为中国佛教的主流。在长期流行的过程中，祖师崇拜贯穿其发展历程，故遵式大师受智者大师的启发，宝云大师的影响，在弘法责任的担当下，顺应时代潮流，选择修行净土，弘扬净土，促进台净结合，光复天台宗，也是那个时代下身为僧人的本分与担当。

四、净土思想的主要内容

遵式大师是虔诚的净土信仰者，与净土相关的著作散见于《金园集》、《天竺别集》、《往生净土决疑行愿二门》、《往生净土忏愿仪》等著作中。梳理这些著作，其净土思想主要由理论、实践两部分构成。理论部分，主要体现在《净土决疑行愿二门》之决疑门中，以断疑生信为主；实践部分，主要体现在《净土决疑行愿二门》之行愿门以及《往生净土忏愿仪》中，以散修和专修为主。下面将根据这些内容，详细说明如下。

---

① 志磐大师：《佛祖统纪》卷八，《大正藏》第 49 册，第 191 页下。

（一）断疑生信

《往生净土决疑行愿二门》，其内容由"决疑门"与"行愿门"构成。"决疑门"的主要作用是，断除他人对净土的疑惑，分别从疑师、疑法、疑自等三个方面说明。三疑来源于《摩诃止观》《次第禅门》等著作，因智者大师将世人对佛法的疑惑以三疑概尽，故遵式大师以此为中心论述净土释疑，通过法理辩证说明，让净业行人了知净土法门的殊胜与究竟。

（1）疑师

师的作用，是传道、授业、解惑。在佛法的修行中，特别强调师的重要性，认为师是成就佛道的全部因缘。遵式大师为破迷启信，生起净业行人希慕之心，在说明疑师时，分为邪外等师与正法之师系统论述。说明邪外等师时，仅用"倒惑化人，非所承也"等八字说明，并未具体阐述，联系上下语境，参考其他著作，此中的"邪外等师"包含甚广，应指佛法外道、附佛法外道、学佛法外道。说明正法之师时，分因位与果位进行阐释。说明因位之师时，以弥勒菩萨为对象，认为其龙华后方成究竟正觉，现前还不可为究竟依止。说明果位之师时，以弥陀为对象，如其所云："今显示西方令回向者，唯果佛圣师，释迦如来及十方诸佛，出广长舌说诚实言，赞劝往生更何所惑？"①此中说明西方极乐世界教主弥陀如来是果佛圣师，能教导众生成就究竟正觉，故应念佛求生彼国。又释迦如来以及十方诸如来出广长舌相劝导众生求生彼国，故众生应深信诸佛言教修学净土不应疑惑。通过二者的对比，说明西方极乐世界教主弥陀是果位圣师，可为众生究竟依止，彰显了彼土修学的圆满与究竟。

（2）疑法

释迦如来灭后，圣弟子将佛陀在世时的言教，以文字记载传于后世，故经书是住持三宝之一。后世弟子通过经书，熏习教法，入耳存心，在生活中践行佛法，圆满自我的修行。遵式大师为了彰显净土教法的殊胜与了义，在说明疑法时，从

---

① 遵式大师：《往生净土决疑行愿二门》，《大正藏》第47册，第145页中。

大小乘法为立脚点重新阐释净土,将其定位为大乘了义教中了义法。从小乘经典的角度言,小乘被大乘判为不了义,经律论内不谈及净土,并引用世亲菩萨《往生论》中二乘不生净土为依据,说明净土是大乘法。从大乘的角度言,分别从天台通、别、圆三教论述净土,说明净土是大乘中了义教。从大乘通教的角度言净土,如遵式大师云:"一者三乘通教,此则门虽通大,类狷二乘。又当教菩萨,虽复化他净佛国土,化毕还同二乘归于永灭,净土深理非彼所知,非了义也。"①此从通教的角度说明净土,通教是大乘初门,正化菩萨,旁化二乘,利根通后别圆。但于当教内,以无言说道入门,修体空观,最后还同二乘,证偏真之理,故净土深理,非彼所知。从大乘别教的角度言净土,如遵式大师云:"二者大乘别教,此明大乘独菩萨法,虽谈实理,道后方证,因果不融,净土则理外修成,万法乃不由心具。虽尘劫修道,广游佛刹,指彼净土因果,但是体外方便,斯亦未了。"②此中从大乘别教的角度说明净土,别教教化三界外钝根众生,不涉及界内二乘,以无量四谛为观境,修次第三观。虽上求佛道,下化众生,但不知圆教当体即是之理,认为别有烦恼可断,佛道可成。虽具道种智,破尘沙惑,但福智未圆满,执净土是体外方便,不由心具,故亦不知净土深妙之理。

从大乘圆教的角度言净土,分别从圆教主旨、经典引证、料简问答等方面说明。从圆教的主旨言,其所诠的因果理体,是法界湛然常住之理,顿足十方三世一切佛法,是佛法中最圆满、圆妙之法,如遵式大师云:"是则大乘中大乘,了义中了义。十方净秽,卷怀同在于刹那。一念色心,罗列遍收于法界。并天真本具,非缘起新成。"③此中说明圆教的特质,圆教是大乘中大乘,了义中了义,一念色心遍具诸法,十界依正不离一念,所诠理体天真本具,非缘起新成。圆教之理,是法华所明佛之知见,是诸经所明中道实相,是释迦金口极谈。遵式大师以圆教性具理论诠释净土,如其所云:"如此则方了回神亿刹实生乎? 自己心中孕质九莲岂逃乎? 刹那际内苟或事理攸隔净秽相妨? 安令五逆凡夫十念便登于宝土?

---

① 遵式大师:《往生净土决疑行愿二门》,《大正藏》第47册,第145页中。
② 遵式大师:《往生净土决疑行愿二门》,《大正藏》第47册,第145页中。
③ 遵式大师:《往生净土决疑行愿二门》,《大正藏》第47册,第145页下。

二乘贤辈回心即达于金池也哉？信此圆谈，则事无不达。昧斯至理，则触类皆迷。"①此中以天台圆教为立脚点诠释净土，因净秽同在刹那，色心遍收法界，弥陀是自性弥陀，净土是唯心净土，故回神实生亿刹，自心便孕九莲，净秽无有间隔，十念可登宝所，二乘回心可达金池。从经典的引证言，为进一步论证自性弥陀与唯心净土，引用《华严经》中一切唯心造以及心佛众生三无差别；《大乘起信论》中法是众生心，出生世出世间一切法；《观无量寿佛经》中佛是我心，是我心见佛，是我心作佛等进行说明，净土法门可急速成佛，如其所言："是知弥陀因地，观此理而大誓普收。释迦果成，称此理而广舌赞叹。十方三世，莫不咸然。"②此中说明应以圆解来修行净土法门，遵式大师认为唯心净土、自性弥陀等性具之理，是诸佛之极谈，大乘经中处处宣明。故弥陀因地观此理，发大誓愿，普度众生；释迦佛成道后，宣扬此理，诸佛赞叹。此中的理，即是以性具之理修念佛行，知唯心净土，自性弥陀，故不生而生处处生，不念而念处处念，生一佛土见一切佛土，念一佛即念十方一切佛。从料简的角度言，站在对方的角度上提出反问，以自问自答的方式，进一步阐释净土主旨，如遵式大师云："问：如上所明妙理圆极，为世人尽须观行然始生耶？答：此不然也。今但直决疑情，令知净土百宝庄严，九品因果，并在众生介尔心中。理性具足，方得今日往生事用，随愿自然。是则旁罗十方，不离当念。往来法界，正协唯心。免信常流执此非彼，其行愿之相正在次门，非此所问。"③此中从料简的角度言，以天台理具与事造为出发点，对上文"唯心净土、自性弥陀"进行阐释。从理具的角度言，因自性弥陀，唯心净土，故极乐世界百宝庄严、九品往生，皆在介尔心中。从事造的角度言，因理具方有事用，净业修行，是顺性起修，故深信净土，真为生死，发菩提心，念佛求生，即可业感相应，随愿往生，成就正觉。

（3）疑自

疑是修行的最大障碍，若无信心，则修学佛法没有任何利益。遵式大师为了

---

① 遵式大师：《往生净土决疑行愿二门》，《大正藏》第47册，第145页下。
② 遵式大师：《往生净土决疑行愿二门》，《大正藏》第47册，第145页下。
③ 遵式大师：《往生净土决疑行愿二门》，《大正藏》第47册，第146页上。

建立行人对净土的信心,让人接受圆满且究竟的净土理论阐释系统,以问答为方式答疑解惑,如其所云:"问曰:我是博地凡夫,世缘缠盖,云何此身生诸净土,入贤圣海同正定聚耶?释曰:若了如上法性虚通,及信弥陀本愿摄受,但勤功福,宁俟问津?况十念者得生,唯除五逆及谤正法。又定心十念,逆谤亦生。今幸无此恶,而正愿志求,夫何惑矣!"①此中以问答的方式,将世人对净土的疑惑以问的方式呈现,净土虽究竟圆满,但佛教中每一修行方法,皆有其修行相貌以及内在理路,业障深重的凡夫,此生通过念佛修行,真的可以生到极乐世界?与诸上善人聚会一处吗?遵式大师从如下几个方面进行答疑,第一,法性虚通:心不可思议,介尔之心,具足佛道全部理体,一念佛即极乐,一念疑即六道,若发广大心,定可念佛成佛。第二,弥陀愿力:佛是真实语,释迦佛劝导众生往生,十方诸佛赞叹往生,弥陀愿力不可思议,摄受念佛众生,若念佛求生,定可生彼国土。第三,经中明证:净土三经,说明往生的具体方法,十恶五逆,临终十念皆可往生,若此生不犯重罪,诚心念佛,求生彼国,定可往生,不必怀疑。遵式大师,通过简短的语言答疑解惑,生起他人对净土的信心,鼓励他人念佛求生西方,在一生中完满菩萨道修行。

(二)为散修者制定净土略版仪轨

遵式大师为了更好的推广净土法门,满足居家学佛者的信仰诉求,根据诸大乘经作《往生净土决疑行愿二门》。此中的行愿门由四个部分构成,分别是礼忏门、十念门、系缘门、众福门。此四门中每一门皆具行愿,各自又成小系统,随个人修行时间,可每门独修,也可四门合修,非常适合居家散修。下面依据《往生净土决疑行愿二门》之《行愿门》,简单的说明行愿门的内容。

（1）礼忏门者

礼忏门,是行愿门第一门,分别由恭敬、供养、赞叹、礼拜、忏悔、行道、皈依等部分构成。此部分是具体的仪轨,参照《法华三昧忏仪》适当删减而成,保留了一

---

① 遵式大师:《往生净土决疑行愿二门》,《大正藏》第47册,第146页上。

家传承的不共性,在仪式的庄严中践行信仰。说明恭敬时,以顶礼常住三宝为主。说明供养时,观想香云周遍十方法界,供养无量诸佛菩萨,愿法界眷属皆成佛道。说明赞叹时,对如来种种殊胜、不可思议功德进行赞扬,如《往生净土决疑行愿二门》中云:"如来妙色身,世间无与等;无比不思议,是故今顶礼。如来色无尽,智慧亦复然;一切法常住,是故我归依。大智大愿力,普度于群生;令舍热恼身,生彼清凉国。我今净三业,归依及礼赞;愿共诸众生,同生安乐刹。"①说明顶礼时,主要礼拜常寂光净土清净妙法身阿弥陀佛、实报庄严土微尘相海身阿弥陀佛、方便有余土、凡圣同居土解脱相严身阿弥陀佛以及万亿紫金身观世音菩萨、无边光智身大势至菩萨,并法界同等证量一切诸佛菩萨。说明忏悔时,忏悔六根所造一切罪业,愿临终蒙佛接引,往生极乐国土,如《往生净土决疑行愿二门》中云:"至心忏悔:我弟子(某甲),及法界众生,从无始世来,无明所覆,颠倒迷惑。而由六根三业习不善法,广造十恶及五无间,一切众罪,无量无边,说不可尽……我无始来,六根内盲,三业昏暗,不见不闻,不觉不知;以是因缘,长流生死,经历恶道,百千万劫,永无出期……今始觉悟,今始改悔,奉对诸佛、弥陀世尊,发露忏悔……我忏悔已,六根三业,净无瑕累。所修善根,悉亦清净,皆悉回向,庄严净土,普与众生,同生安养……面奉弥陀,与诸圣众,手执华台,接引于我。一刹那顷,生在佛前,具菩萨道,广度众生,同成种智。忏悔发愿已,归命礼阿弥陀佛及一切三宝。"②此中揭示了六根造业的原因、忏悔的方法以及后续修行,点明了忏悔的核心意趣。行道时,以念诵阿弥陀佛为主,围绕佛像或殿堂顺时针绕行一圈、或三圈、或七圈;末圈时,念诵观世音菩萨、大势至菩萨以及清净大海众菩萨圣号,并如法旋绕。后三皈依,皈依佛、皈依法、皈依僧。仪轨结束后,若想诵经、念佛、拜佛皆可。相较于前代的净土仪规,此中的理忏门更为简单,更加突显出弥陀的愿力,同时也弥补了行法上摄机之不足,降低了修行的难度,使天台教真正的吸收净土,丰富了天台仪规的内容,使教义更为圆满。

---

① 遵式大师:《往生净土决疑行愿二门》,《大正藏》第47册,第146页下。
② 遵式大师:《往生净土决疑行愿二门》,《大正藏》第47册,第146页下至147页上。

（2）十念门

十念门，是行愿门第二门，分别由方法与回向文构成。说明方法时，每日清晨，洗漱干净，穿着整洁衣服，向西面正立合掌，连续不停地称念"阿弥陀佛"名号，一口气能念多少声"阿弥陀佛"就念多少声。一口气念完，再吸第二口气继续念，这样连续十口气称念"阿弥陀佛"，称为十念。随呼吸长短称念佛号，呼吸绵长，称念佛号则长；呼吸短促，称念佛号则短；以气尽为一念，不限定佛号数量。念佛的声音不高不低，不快不慢，速度适中，十气连续不断，借着呼吸收摄散乱，使心念精专。早晨十念后，再发愿回向。说明回向时，主要是念诵回向文，如《往生净土决疑行愿二门》中云："我弟子（某甲），一心归命极乐世界阿弥陀佛，愿以净光照我，慈誓摄我……若临欲命终，自知时至，身不病苦，心无贪恋，心不倒散，如入禅定，佛及圣众，手持金台，来迎接我，如一念顷，生极乐国，华开见佛，即闻佛乘，顿开佛慧，广度众生，满菩提愿。"[①]此中说明念佛求生的目的，临命终时，心不贪恋，意不颠倒，自知时至，佛来接引，往生佛国。此中的回向文，简明扼要的说明修行主旨，不仅是未来的修行目标，更是当下努力的方向。

（3）系缘门

系缘门，是行愿门第三门。遵式大师首次将《楞严经》中《念佛圆通章》作为此中的行法，并给予高度重视，开启了后世天台宗重视楞严的传统。系缘门，将《圆通章》的内容全部照搬。《圆通章》中，大势至菩萨宣说念佛三昧的修证原理，由忆佛念佛，得净念相继，入念佛三昧，彻证圆通。此中的忆佛念佛是观想念佛，净念相继是实相念佛，但遵式大师受善导派的影响，以持名念佛消释经文。系缘门中的修行，在行住坐卧、穿衣吃饭、语默动静中，随时随处心系念佛，如若失念，数数之后，警觉自我，重回念佛。其要点是，无论忙于任何事物，内心皆不忘念佛及忆念净土，久而久之，做任何事皆会念佛，如《大势至菩萨念佛圆通章》云："譬如有人，一专为忆（譬佛常念众生），一人专念（譬众生念佛），二人相忆，二忆念深，如是乃至从生至生，同于形影，不相乖异……若众生心忆佛念佛，现前当来，

---

① 遵式大师：《往生净土决疑行愿二门》，《大正藏》第47册，第147页上至中。

必定见佛。去佛不远，不假方便，自得心开。如染香人，身有香气。"①此中说明日常生活中应时时处处念佛及忆念净土，将"阿弥陀佛"名号牢牢记在心中，无论行住坐卧语默，念佛之心时常现起，久而久之，佛时时在心，佛不离心，心不离佛，不失正念，长期坚持必能证念佛三昧，定中见佛往生西方净土。因任运念佛，善根增长，遮止恶念，培值正因，故佛号连续不断，临终自可心不颠倒，意不贪恋，预知时至，蒙佛接引，往生西方。如此用功的修行，上根之人，任运常遮挡一切恶业。② 中根之人，设欲作恶，忆佛之故，恶不能成。③ 下根之人，纵使随恶，作恶业时，心常下软。④ 在具体的运用上，遵式大师认为，系缘门修行最为重要，能转一切善恶境界为西方正因，如其所云："凡历一切境界，若善若恶，由心忆佛，皆心念作愿，故普贤愿王云：作一切恶皆不成就，若作善业皆悉和合，即此意尔。如是相续念佛在心，能办一切净因功德，恐烦披览不复具说，诚哉此门为益最大。"⑤此中说明忆佛念佛的运用方法，凡遭遇一切善恶境界，皆应保持忆佛念佛，作愿发菩提心，譬见他人受苦时，心中应念佛作愿："愿其离苦，修行净业，出离苦轮。"若能如是行持，即使造了恶业，恶业也不会成就，还能成就善事，转恶为菩提修因，故遵式大师说，系缘门修行最为重要，能成就一切净因，迅速累集菩提资粮，增上往生品位。此中以持名念佛的立场，诠释《圆通章》中观想念佛与实相念佛，明显是受善导派的影响，在修行的实践者，重视持名念佛修行。在广义的分类上，下根人修持名念佛，中根人修观想念佛，上根人修实相念佛，似乎已是一种常识。但随着根机转进，修行境界提高，修持名念佛，可见观想念佛，可证实相念佛。从根机的普被上，持名念佛更适合大众，故此中以持名念佛为主。

（4）众福门

众福门，是行愿门第四门。根据《佛祖统纪》记载，遵式大师于五十五岁时，应侍郎马亮所问，著《往生净土决疑行愿二门》。为了照顾其官员身份，故遵式大

---

① 般剌密谛：《楞严经》卷五，《大正藏》第19册，第128页上至中。
② 遵式大师：《往生净土决疑行愿二门》，《大正藏》第47册，第147页中。
③ 遵式大师：《往生净土决疑行愿二门》，《大正藏》第47册，第147页中。
④ 遵式大师：《往生净土决疑行愿二门》，《大正藏》第47册，第147页中。
⑤ 遵式大师：《往生净土决疑行愿二门》，《大正藏》第47册，第147页中至下。

师根据《普贤观经》中忏悔五法,说明日常生活中如何忏悔业障,如《往生净土决疑行愿二门》中云:"《普贤观经》云:若国王大臣,欲忏悔重罪者,当修行五事:一者、但当正心,不谤三宝,不障出家,不为梵行人作恶留难。二者、孝养父母,奉事师长;三者、正法治国,不邪枉人民;四者、于六斋日,勒诸境内,力所及处,令行不杀。五者、当深信因果,信一实道,知佛不灭。"①此中说明国王大臣,若要忏悔业障,应修五种法。第一,端正心态,不诽谤三宝,不障碍他人出家,不为难修梵行人。第二,孝敬赡养父母,卑下奉事师长。第三,依法治国,公正待民。第四,于六斋日,管辖境内人民,奉行不杀。第五,深信因果,信诸法实相,信佛法身常在。帝王群臣,奉行五法,即可忏悔业障。遵式大师引用此经,亦有深意,希望侍郎等官员,拥护佛法,正法治国。

又在净土法门中,通常以《观无量寿经》中净业三福为净土资粮,如《观无量寿经》云:"欲生彼国者,当修三福:一者、孝养父母,奉事师长,慈心不杀,修十善业。二者、受持三皈,具足众戒,不犯威仪。三者、发菩提心,深信因果,读诵大乘,劝进行者。"②此中说明往生西方极乐世界,需要修孝养善业、受持皈戒、修行大乘等三种福德。此三福,被后世称为净业三福,是净土行人必修之行。《普贤观》五法与《观经》三福,两者有异曲同工之妙,两者都强调在现实生活中行善事、种善根、孝养父母、深信因果、敬重三宝、不杀生等,以此来培植福德。但在观《无量寿经》中,净业三福以出家众为主;而《普贤观经》中五事以国王大臣为对象。对此遵式大师云:"此与《十六观经》三福大同,但普贤观正为王臣故,特引用此亦是三世诸佛净土正因。若出家四众应具依《观经》三福为行,当自检文,但随作一福,并须实时,若心念若口言,作意回向方成净因。"③此中说明《普贤观》五福与《观经》三福大同,但二者在受用对象上有异,若出家人应以观经三福为主,但遵式大师嘱咐,无论修任何福,皆应心念口言,作意回向,如此方可就净业资粮。

① 遵式大师:《往生净土决疑行愿二门》,《大正藏》第47册,第147页下。
② 畺良耶舍译:《佛说观无量寿佛经》,《大正藏》第12册,第341页下。
③ 遵式大师:《往生净土决疑行愿二门》,《大正藏》第47册,第147页下。

（三）为专修者制定广版修行仪轨

为了更好的使人专注修,克期取证,证念佛三昧,遵式大师以净土三经为依据,《法华三昧忏仪》为参考,作《往生净土忏愿仪》,将净土行法概括为十科。受智者大师四悉檀的影响,分别从世界悉檀与对治悉檀两个角度阐释行法内容。从世界悉檀的角度言,主要的作用是通过法义的说明,生起众生修学净土法门的慕乐之心。遵式大师从功德利益入手,盛赞修净土法门得十方诸佛赞美;能灭除比丘、居士五逆、十恶、破根本戒以及一切罪业;能清净大小乘戒律得念佛三昧;能临终远离颠倒感西方三圣接引等殊胜功德。通过种种功德慰愈身心,激发行者勇猛践行十科行法修念佛三昧。从对治悉檀的角度言,行者要践行十科行法,调整身心与净土法门相应、相续,故遵式大师综合净土教典,制定严净道场、明方便法、明正修意、烧香散华、礼请法、赞叹法、礼佛法、忏愿法、旋诵法、坐禅法等十科行法。

（1）严净道场：选取空闲寂静堂室为修道处所,除去屋内旧土,勿用瓦石、秽土填地,以香泥涂地极令清净。室内悬挂宝盖、幡幢使其庄严,坐西朝东安置佛像,左边安置观世音菩萨,右边安置大势至菩萨,圣象前罗列莲花等好花。铺设垫席,防止地面潮湿。行人沐浴净身,穿着新衣。若无新衣,浣洗干净旧衣也可。修道十人以内,多则杂乱,不利修行。于六斋日中任选一天,为修忏第一天,每日竭尽供养三宝。

（2）明方便法：属预习修忏,行者应提前预备好房间,置办修道器具,日夜温习忏法尽力修行,背诵五悔反复修观,调整思想不念世俗五欲,当念："不久定生净土,一心求忏无有留难,各自克期不惜身命,定取净业实时成就。"①并反思自我,何习气偏重,应速求舍离,不为修忏障碍。如是预修调心,能为后续的修行注入动力,保证忏法的功能力用。

（3）明正修意：说明修行用功的方法,遵式大师在此中分为三个部分说明。

---

① 遵式大师：《往生净土忏愿仪》,《大正藏》第47册,第491页中。

首先确立时间,以《大集经》中七七日、《鼓音王经》以及《大弥陀经》十日十夜、《十六观经》以及《阿弥陀经》七日七夜等为根据,将修行的时间规定为一百天、四十九天、七天,分别对应不同的根性。第二,根据世亲菩萨的《往生论》,以礼拜门、赞叹门、作愿门、观察门、回向门等为修行的主要内容,以求生净土见阿弥陀佛为主要目的。第三,以五念门为修行正意,外加忏悔减少往生障缘,训诫行者应在修行时间内礼十方佛以及弥陀世尊,行住坐卧不得散乱,为求净土应一心精进。最后告诫行者,应以事一心和理一心为修行要领。

(4)烧香散华:也可称为三业供养,礼拜十方法界常住佛、法、僧三宝,然后观想:"愿此香华遍十方,以为微妙光明台,诸天音乐天宝香,诸天肴膳天宝衣,不可思议妙法尘,一一尘出一切尘,一一尘出一切法,旋转无碍互庄严,遍至十方三宝前,十方法界三宝前,皆有我身修供养,一一皆悉遍法界,彼彼无杂无障碍,尽未来际作佛事,普熏法界诸众生,蒙熏皆发菩提心,同入无生证佛智。"①观想结束后唱诵供养文,通过身礼拜,意业如法观想供养,可发起众生的虔诚心、恭敬心、供养心、广大心,为修后面的行法作铺垫。

(5)礼请法:前胡跪合掌,手执香炉,端意勤重,此中应迎请三宝光临道场。此中奉请本师释迦牟尼佛、过去久远劫中定光佛、光远佛、龙音佛等五十三佛、过去灭度世自在王佛、十方现在不动佛等尽十方恒河沙净土一切诸佛以及阿弥陀佛;奉请大乘《四十八愿无量寿经》、《称赞经》等,及彼净土所有经法,十方一切尊经,十二部真净法宝;奉请文殊师利菩萨、普贤菩萨、无能胜菩萨、不休息菩萨、观世音菩萨、大势至菩萨、极乐世界一生补处菩萨、清净海众菩萨等十方三世一切菩萨;此土舍利弗等一切声闻缘觉得道贤圣僧;梵释四王、天龙八部等一切护法;并根据观念文的内容如法观想。

(6)赞叹法:赞叹弥陀的殊胜功德,行者起立恭敬合掌,正身面对弥陀,念诵赞叹文:"色如阎浮金,面逾净满月;身光智慧明,所照无边际;降伏魔冤众,善化诸人天;乘彼八正船,能度难度者;闻名得不退,是故归命礼。"②然后以此叹佛功

---

① 遵式大师:《往生净土忏愿仪》,《大正藏》第47册,第491页下。
② 遵式大师:《往生净土忏愿仪》,《大正藏》第47册,第492页下。

德,修行大乘无上善根,奉福上界天龙八部,一切守护三宝善神;并愿国王帝主、土境万民、师僧父母、善恶知识、造寺檀越、十方信施,广及法界众生,愿借此善根平等熏修,功德智慧二种庄严,临命终时俱生乐国。

(7)礼佛:行者奉请已,开始顶礼所请之佛,主要礼拜的对象有释迦牟尼佛、过去久远劫中定光佛、光远佛、龙音佛等五十三佛,过去久灭世自在王佛以及东方、东南方、南方、西南方、西方、西北方、北方、东北方、上方、下方等十方法界诸佛;此土本师佛所说净土三经以及他土佛菩萨所说清净法典;观世音菩萨、大势至菩萨、文殊师利菩萨、普贤菩萨等极乐世界一生补处菩萨、新发道意菩萨、清净海众等一切菩萨,并根据观想文的内容依次作观。

(8)忏悔:即忏悔三业所造一切罪业,遵式大师在此中分为事和理进行说明。约事而言,主要修忏悔、劝请、随喜、回向、发愿等五悔。忏悔,志心忏悔三业所造一切恶业,今对十方诸佛、弥陀世尊生重惭愧,愿诸佛慈悲摄受哀愍于我,受我忏悔;愿我重罪消灭,诸恶消除,诸佛净土如愿往生。劝请,观想面对十方佛,劝请十方所有现在佛,转于法轮演说妙法,度化苦难沉沦众生;诸佛若欲示现涅槃,我志诚劝请久住世间,宣说正教度于群迷。随喜,随喜十方一切众生所作善根福德;因善根福德,能令见者生起欢喜,故我随喜彼善法功德。回向,将上所修忏悔、劝请、随喜等诸菩提资粮,回向众生以及佛道。发愿,愿三业所修一切善,感净业福智显前,愿西方三圣为我现身,放净光明照触我身,临终时心不颠倒,往生极乐国土蒙佛受记,回返娑婆度化众生脱离苦轮。约理而言,即是观顺流十心和逆流十心,顺流十心说明业的造作过程,逆流十心说明忏业性空了不可得。

(9)旋绕诵经法:行者忏悔发愿后,站立想三宝充满虚空,各坐法座现身,后称念:"南无佛、南无法、南无僧、南无释迦牟尼佛、南无世自在王佛、南无阿弥陀佛、南无观世音菩萨、南无大势至菩萨、南无文殊师利菩萨、南无普贤菩萨、南无清净大海众菩萨摩诃萨。"[1]旋绕三圈,后念诵《弥陀经》、《观无量寿经》,诵经时口读的清楚、眼睛看的清楚、心里想的清楚,观照声名句文了不可得,身口意三业

---

[1] 遵式大师:《往生净土忏愿仪》,《大正藏》第 47 册,第 494 页上至中。

如幻如化，念诵完毕后三称前绕佛名号，后念诵三皈依文三拜。

（10）坐禅法：行者修行上九科行法，当于空闲寂静居室跏趺而坐，调和气息，定住其心，修行两种观法。第一，扶普观意，坐已想所修一切善法功德皆回向极乐世界，观想自我跏趺坐于莲花上作开合想；当莲花开时，观想五百色光照触自身，见极乐国土依正庄严，于弥陀世尊前听闻妙法。作此想时，应坚固令心不散，内心观想清楚明了，然后起坐继续修忏。第二，直观白毫相光，观想阿弥陀佛丈六金身坐于莲花上，专门缘于弥陀眉间白毫相，其豪长一丈五，周围五寸外有棱，眉间右转晶莹剔透，光明映照无有齐限。作此想时，内心专注，不可转移，观想应如实分明。两种观想，无论成、未成，应知一切皆唯心所现，因缘和合而有，性相如镜中像，水中影，了不可得，当下即空、即假、即中。

如上所述，我们将遵式大师净土思想的内容进行了详细的说明，因遵式大师以修忏驰名当世，故其净土思想相对而言比较朴素。理论部分体现在《决疑门》中，以信仰至上论为核心，三疑为论述方式，化法四教为框架，性具思想为内在依据，强调净土法门的究竟与圆满。实践部分，主要体现在《行愿门》与《往生净土忏愿仪》中，分别对应散修者与专修者。散修者，修《行愿门》礼拜、十念、系缘、众福等四门，礼拜消除业障，十念勤观无常，系缘净念相继，众福万善同归。四门中的每一门，又具有行和愿。四门可独立修，也可以单修。《行愿门》的设立，能有效的保障居家散修者，临终正念现前，蒙佛接引往生极乐世界。专修者，修《往生净土忏愿仪》，通过七天、四十九天、百天等时间，三业践行严净道场、明方便法、明正修意、烧香散华、礼请法、赞叹法、礼佛法、忏愿法、旋诵法、坐禅法等十科行法，以事一心达理一心，证得念佛三昧，了唯心净土、自性弥陀宗旨，念一佛即念十方三世一切佛，生一土即见十方三世一切土，如此修可保证行人临终花开见佛，迅速的完善菩萨道的修行。

五、后世的影响

在中国佛教的传播历史上，净土宗不能称为严格意义上的佛教宗派，因其没有直接的法脉传承，祖师大多被后世推举出来，间隔的时间跨度大，缺少构成佛教宗派的要素。谈及遵式大师对净土宗的影响，我们无法给予确切的说明。历史人物对后世的影响，尤其是宗教领袖，影响后人的不外乎是思想与德行。通过文献的梳理，我们发现遵式大师对净土宗的影响，主要是其修行事迹与净土仪规。最早给遵式大师写传记的人是契嵩，契嵩与祖韶相识三十余年，受祖韶以及慧辩所托写《杭州武林天竺寺故大法师慈云式公行业曲记》记录其生平事迹。后志磐大师，在契嵩与宗鉴的基础上，删减而成《佛祖统纪》卷十《遵式传》。遵式大师的修证事迹，根据《佛祖统纪》的记载，大致可分为祈梦降生、燃指传道、修忏得道、瑞相证转、断相自复、修忏祈雨、施济穷鬼、为国修忏、才以治国、常寂归真、火不着殿等。

从遵式大师的修证历程中，我们可以归纳出其影响后世的特质，第一，降生时有瑞相，非同凡人，这一点符合历代高僧传的规律，因历代高僧出生时皆有瑞相，如天台智者大师、六祖慧能大师等。第二，修行历程不可思议，遵式大师于普贤菩萨像前燃指弘道，修《请观音忏》感观音菩萨现身摩顶等，说明其修行刻苦且天资非凡。第三，神迹之影响，高僧的影响与神迹有密切关系，遵式大师的神迹故事，如断相自复、修忏祈雨、火不着殿等，被传为千古佳话，满足了后世的好奇心，成为崇拜的对象。第四，临终瑞相，一个人是否有修行，临终时的生死自在是最好的证明，遵式大师在临终时，感观世音菩萨亲自接引，并以实相法供养观音菩萨，明确说明自己将往生到常寂光净土，如此的自在与潇洒，古来的高僧也不多见。如此的诸多特质叠加到一起，说明其修行功德的不可思议。因人的修行会面临诸多磨难，不仅要直接面对先天根性的局限，还要忍受自身的内在烦恼与外在的环境制约，修行有成是一件很难的事情，故遵式大师的德行事迹，不仅是修行励志的榜样，还是未来修行的目标，故受到千古的崇拜。正是基于这样的修行特质，遵式大师的其他优点全部被德业掩盖，如苏州太守许端夫评价云："慈云之诗，文贯于道，言切于理，酷似陶彭泽，盖合于情动形言，止乎礼义之意。昔贯休作《禅月集》，初不闻道，而才情俊逸，有失辅教之义。中庸子作《闲居编》，言虽鸣道而文句阔冗，有失诗人之体。慈云则不然，文既清丽，理亦昭显，雅正简淡,有晋宋之风。盖其道业宏大,故诗名不行也。"此中说明苏州太守对遵式大师诗词的评价,文字清丽脱俗,贯通于道理,有魏晋之风,远超于贯修与智圆,因其修行德业宏大,故诗词不流行于世间。此中的评价可谓中肯,因其修行成就高,德行不可思议,体现了道人超然物外的特质,故后世对其思想关注不够,皆崇拜其德行与神迹。

后世对其评价,如宋契嵩《杭州武林天竺寺故大法师慈云式公行业曲记》中赞叹云:"然慈云聪哲,志识坚明,故以其佛法大自植立,卓然始终不衰,虽古高名僧不过也。世以方之真观,不其然乎? 天台之风教益盛于吴越者,盖亦资夫慈云之德也,吾恨不及见其人。"①此中说明慈云大师的德行,因大师聪哲,修道笃实,道业有成,受其感召,故佛法大兴,台宗盛行,古德高僧亦不过如此。莲池大师在《往生集》中评价遵式大师云:"克勤忏法,自行而垂宪万世,古今一人而已。至于宝手出虫,甘露灌口,非精诚之极畴能然乎!"②此中说明遵式大师的修忏成就,从宋到明修忏精诚刻苦者,可以说大师是古今第一人。如其感观音现身,宝手摩顶口出三条毒虫等瑞相,更是精诚修行之结果。蕅益大师编辑《净土十要》,将其自作《弥陀要解》列为第一卷,遵式大师所著《净土忏愿仪》与《往生净土决疑行愿二门》列在第二卷,并有中肯的评价,如其所云:"今禀斯义,谨奉慈云忏主遵式所制《往生净土忏愿仪》及《决疑行愿二门》,继《弥陀要解》而列,行者得要之后,更能于此尽心焉……《行愿仪》世传为《大净土忏》,《二门》中行法世传为《小净土忏》,及晨朝十念、系缘众福二行,皆修净业者必不可离,声者作之于前,明者述之于后,我等如何冒自弃也。"③此中说明蕅益大师将遵式大师的净土著作列为《净土十要》卷二,《弥陀要解》卷一之后,这样编排的目的是依理起行,使行者明白要旨后,尽心修行,由此可见其净土仪规之重要性。北宋后的历史著作,如《释门正统》、《佛祖统纪》、《乐邦文类》、《新修往生传》、《诸上善人咏》、《净土贤胜录》、《西方汇征》等书,无论是往生类著作,还是佛法编年类著作,皆会写遵式大

---

① 契嵩大师:《镡津文集》卷十二,《大正藏》第52册,第715页下。
② 莲池大师:《往生传》,《大正藏》第51册,第134页上。
③ 蕅益大师:《净土十要》卷二,《卍新续藏》第61册,第659页中至下。

师的修行事迹,将其列为重要人物,为后世修行树立表率。在清代编辑的《禅门日诵》中,还将其净土发愿文列为晚课流传至今,被天下丛林僧人诵习,可见净土德业影响之深远。故遵式大师的对净土宗的影响,主要是其永垂不朽的修行事迹,其苦行忏法,感菩萨摩顶成就,终生以修忏念佛为自利利他要行,临终感观世音菩萨接引往生常寂光净土,更是生前寂后屡现神迹,其修行历程以及人格魅力,与历代《高僧传》所倡导的菩萨僧格相一致,可为万世表率,对后世具有启发与引导意义,故后世的净土历史著作皆将其列入其中,记录其生平修行事迹,启迪后学安心修行净土,导归西方极乐世界。

六、结语

综上所述,我们将遵式大师的净土思想进行了大致的说明,从遵式大师与净土的渊源而言,其之所以钟情净土,修行净土,导归净土,与社会的环境、佛教的自身发展、自身的师承有密切关系。从社会发展而言,宋代经济发达,政治昌明,文化包容,一系列崇佛政策的开展,为佛教的发展提供了机遇。从佛教的自身发展而言,禅宗征服了士大夫阶层,净土宗征服了大众阶层,禅净合一是主流趋势。从自身的师承而言,智者大师临终倡导众生修行念佛法门往生净土,其师宝云义通亦归宗净土,受其师承的影响,遵式大师也归心净土。种种因素际会,其与净土结下了深厚的缘分,成为毕生努力的方向。为了更好地推广净土,促进天台与净土的融合,遵式大师以净土三经为依据,天台教法为依托,《法华三昧忏仪》为参考,作《往生净土决疑行愿二门》、《往生净土忏愿仪》等著作,将天台教法与净土修行紧密结合,丰富了天台教的摄法内涵。以遵式大师的整体著作为视野,总结其净土思想,主要内容由理论与实践构成。理论部分,主要体现在《净土决疑行愿二门》之《决疑门》中。《决疑门》以智者大师三疑为契入点,分别从疑师、疑法、疑自等角度论述净土的究竟与圆满,从理论上扫清了后世众生的疑惑。在肯定唯心净土的前提下,重视弥陀愿力与持名念佛,给人以信心的鼓舞和启迪。还运用理具与事造思想,说明性具诸法,净秽不离当下一念,故自性弥陀,唯心净土。因理具方有事用，事用是顺性起修，以修显性，故念佛极乐可生，正觉可成。

实践部分，主要体现在《决疑行愿二门》之《行愿门》以及《往生净土忏愿仪》中。此两种仪轨的制定，针对散修居家学佛者与专修励志出离者。《行愿门》主要针对散修群体，以礼忏门、十念门、系缘门、众福门等为修行窍诀，礼忏门以念佛灭罪为主，十念门是十口气念佛为主，系缘门以转境念佛为主，众福门以万善同归为主，此四门是修行念佛三昧的正因。《往生净土忏愿仪》，主要针对专修群体，通过世界悉檀、为人悉檀说教，规定严净道场、明方便法、明正修意、烧香散华、礼请法、赞叹法、礼佛法、忏愿法、旋诵法、坐禅法等十科行法，规范人的身论开遮、口论说默、意论止观，以事一心证理一心，更好地证念佛三昧，保证临终往生极乐世界见佛闻法。实践门的制定，彻底使弥陀信仰与天台教和谐统一，真正的做到了台净合流，丰富了天台忏法系统，为后世弥陀信仰的实践，提供了完整的修行仪规，真正的落实了净土三根普被的特质。遵式大师一生修忏念佛，以弘扬净土为毕生事业，其瑞相证转、修忏祈雨、火不着殿等神奇事迹被后世传为佳话。因笃实修忏，感观世音菩萨摩顶成就慧业，临终往生常寂光净土。其修道历程，与历代《高僧传》树立的崇高形象相一致，故无论是净土类历史著作，宗派类历史著作，还是编年体佛教史著作，皆为其树立传记传芳后世，启迪后学，树立正信，由此可见其修行德业的不可思议。遵式大师的净土思想，不仅是天台宗的宝贵遗产，更是汉传佛教界的修行财富。研究其净土思想，不仅能启迪信心，迅速找到修行的最终归宿。还可指导自我与化他修行，彰显佛教的出世特征。

孤山智圆法统思想探析

郭敏飞[①]

（中山大学哲学系）

摘　要：中国佛教自唐代以来，有意识地建立"法统"是各宗立说的一项重要内容，宋代天台僧人亦通过注疏经论，编撰佛教史书等方法作为教争的手段。与此同时，天台宗内部的法统争夺也没有停止过。学界普遍认为以钱塘天台僧为主的"山外"一系逐渐被边缘化，与其法统意识薄弱有关。其实，早在宋初，"山外"代表孤山智圆法师便已开始了关于法统的撰写，提出"异代相师"的法统观，认为"得古人之旨，行古人之道"方为传授。对智圆法师的法统思想的探析，不仅可以发现"山外"系关于天台宗立宗合法性的论述，还可以从中找出天台宗内部法统地位争夺的形势变化。

关　键　词：智圆　法统　异代相师　《天台祖图》

释智圆（976—1022），字无外，自号中庸子，又称潜夫，俗姓徐，钱塘（今浙江杭州）人，隐居于西湖孤山。圆法师年少多病，读书甚博，"以高世之才，弥天之笔，著十疏以通经，述诸钞以解疏"[②]，人称"十疏论主"。他"兼通孔墨，旁涉庄老"，"以三观之旨，会同群经，几百万言，以广其道"[③]。智圆一生著述宏富，他在著书立说，注疏经纶的同时，一面应对外宗对天台宗法统的质疑，一面回应内部山家山外之争，逐步开始了对天台宗，特别是对钱塘系"法统"的建立。

---

① 作者简介：郭敏飞，中山大学哲学博士，讲师，研究方向为中国思想史。
② （南宋）志磐撰：《佛祖统纪》（卷第一），《大正藏》册49，第205页下。
③ （南宋）宗鉴集：《释门正统》（卷第五），《续藏经》册75，第317页上。

一、天台宗法统建立情况简介

佛教自两汉之际传入中国,与中国文化融合,经数百年的发展,至庐山慧远,已基本完成了中国化的转变,[①]至唐代,开演出六宗七家,更是佛教本土化的深入的表现。随着各宗教义的演发与争论,证明自宗存在的合法性与正统性,成为各宗阐发本宗义理的理论根基,多采用建立"法统"的方法进行。所谓"法统",本质上是一种历史谱系的话语撰写,通过罗列佛教发展史上一些"传法功臣",并指出真正的释尊法脉仅在这些"功臣"中传递,他们不仅担负起摄持与弘法的责任,也会成为宗派的领导者,成为佛法的表率与准绳,并受到世代法系后人的供奉与膜拜。于是有意识地建立"法统",将师承关系追溯至释迦,成为各宗立说一项重要的内容。

天台宗自章安灌顶(561—632)始,也开始积极地建立区别于其他宗派的"法统"。汤用彤先生言:"章安大师作南岳、智者传记,当已渐有法统思想。天台宗推龙树为高祖,亦为其所宣传(见《摩诃止观》)。且曾叙北齐(慧文)、南岳(慧思)、天台(智顗)之相承,宗派之念尤著。"[②]灌顶法师在《摩诃止观》序论中把天台从西土的传承直接推演至释迦,共二十四人,称"二十四祖",被天台宗追为高祖的龙树为二十四祖中的第十三祖,龙树之后为北齐慧文、南岳慧思、天台智者。

至荆溪湛然(711—782),法统说又有了进一步的发展。湛然法师在《止观辅行传弘决》卷一之一中正式提出"金口相承"、"今师相承"两种传法分类。把从前向后的西土二十四祖传承称为"金口相承",把从后向前的智者推至龙树的传承称为"今师相承",曾言:

> 先明祖承付法由渐,若不先指如来大圣(释迦),无由列于二十三祖,若不列于二十三祖,无由指于第十三师(龙树),若不指于第十三师,无由信于

---

① [荷]许理和:《佛教征服中国》,李四龙译,南京:江苏人民出版社,2003年版。
② 汤用彤:《隋唐佛教史稿》,《汤用彤全集》卷二,第145页。

衡崖（慧思）台岳（智顗），故先譬其由，如寻源讨根……由是而知台衡慧文宗
于龙树，二十三圣继踵坚林，实有由也，良可信也。①

这些关于"法统"的撰写，表明的是天台宗作为一个宗派在历史上的"真实"存在，
并且遥接"如来大圣"，是具有正统性与合法性的。

然而，天台宗所建立的法统，实际上是遇到困难的。在这个法统中，龙树是
天台宗承接西土与东土法脉的关键人物，西土十三祖如何成为中土高祖？另外，
天台二祖慧文与龙树并非同时代之人，且地缘相差数千里，绝无金口相承的面授
之机，如何建立法统上的师承关系，成为其他宗派质疑天台法统的一个重要问
题。另一方面，唐末五代战乱，屡经法难，法脉断裂，宋代儒家纷纷质疑佛教，特
别是天台宗文本在中土毁于一旦，②法统延续的正统性再一次受到严峻的质疑。

另外，台宗发生在宋初的"山家山外之争"③，由最初"义理"之争逐渐被书写
为"法统"之争。法统特具的排他性，在此尤为凸显。以正统性自居的山家有非
常强烈的宗门意识，在山家文献中常见具有正统性意志和宗派意识的修辞，如
"共扶正教"、"作传天台教观之院"、"辟异端而隆正统"等，④在此之后，"山家"一
称已不仅仅是某种天台教法的统称，更成为天台"正统"的代名词，并且强调唯有
这个法脉才具正统性，只有从属于这一谱系，才能算是真正的天台僧。那些被排
斥在谱系之外的，即便是本宗法嗣，也会被斥为"非法"，是"离经叛道"。于是，与
之相对的，逐渐"塑造"出一个具有贬斥意义的"山外"学派，山家也通常把山外注
经中的观念作为"异端"（heterodoxy）。⑤ 钱塘孤山智圆法师，便是"异端""山外"

---

① （唐）湛然述：《止观辅行传弘决》（卷一），《大正藏》册46，第143页中。
② 自会昌法难及唐末五代之乱，天台典籍残毁不全。五代宋初，天台典籍从日本、高丽复还。可参见沈海
　波：《北宋初年天台教籍重归中土史实》，《中华佛学研究》，2000年3月第四期；张风雷：《五代宋初天
　台教籍复归中土问题的再检讨》，《江西师范大学学报》，2004年第6期。
③ 山家山外之争的发端，在于天台文献版本的混乱，典籍的回归存在着去伪存真的问题。其中对《金光明
　经玄义》广略本的真伪问题的不同看法，成为山家、山外论争的开端。
④ 分别参见（宋）知礼撰：《四明十义书》（卷下），《大正藏》册46，第856页上；[南宋]宗晓编：《四明尊者
　教行录》卷第五，"四明付门人矩法师书"，《大正藏》册46，第904页下；《佛祖统纪》（卷第八），"十七祖
　四明法智尊者大法师"《大正藏》册49，第194页中。
⑤ 龚隽：《北宋天台宗对〈大乘起信论〉与〈十不二门〉的诠释与论争》，《中国哲学史》，2005年第三期。

派的代表人物。

二、智圆"异代相师"论

孤山智圆具"高世之才"，虽不喜交接，"时有一顾者，皆名僧巨儒耳"，[1]在钱塘一带影响甚深，其法统说的建立，首先在于"异代相师"理论的提出。在智圆现存的著作当中，我们发现，智圆最初对传承问题的回应，是源于在讲经过程中，由于特别重视《涅槃经》，而遭到友人的质疑，谓其"于涅槃不闻师授，而撰记且讲，以传后学，众以是疑，传不习乎，不知其可也。"[2]智圆则在《对友人问》一文中，乘势阐发了自己对天台道统传承的看法。在文中，他首先阐述儒家道统的发展，并非一定是面授而师的，其文如下：

> 宗古还淳，以述周孔轲雄王通之道也，以是观之，异代相师矣。代异、人异、辞异，而道同也。不闻周公面授于孔子，孔子面授于孟轲也。

这是智圆法师第一次提出"异代相师"的法统观，认为面授并不是传承道统的必要条件。只要"道同"即可，"代异"、"人异"、"辞异"都不是阻碍法脉传承的障碍。师徒之间重在传其"道"，而非是否有面授之礼。智圆法师在论述中列举儒家虽面授而不传其道的例子。其言：

> 若以面授，则可传道者，荀卿面授于李斯，而相秦始也，焚书坑儒。亡名师而面授于元嵩，而佞周武也，灭释毁佛，岂面授能传道哉？

智圆法师回观释统，认为儒释两家在传"道"传"法"方面是具有一致性的，于是进一步阐述道：

---

① （宋）智圆：《送庶几序》，《闲居编》（卷二九），《续藏经》册56，第908页上。
② （宋）智圆：《对友人问》，《闲居编》（卷十六），《续藏经》册56，第889页中。

　　在吾释氏亦然也。文殊一性宗不闻面授于龙树也，龙树三观义不闻面授于惠文也，而天下咸云龙树师于文殊，慧文师于龙树矣。

可以说，"异代相师"法统说的提出，不但巧妙地回答了二祖慧文禅师与龙树菩萨之间的传承关系，也回答了诸位友人对自己涅槃之学传承问题的质疑：

　　龙树慧文之道，至南岳天台，而张大之，引而伸之。后章安宗其道，撰涅盘疏，年将二百，至荆溪治定之，然后得尽善矣。吾于涅盘，寻疏而自得微旨者，吾师荆溪也。谁云无师授耶？……吾以得古人之旨，行古人之道，为传授，不以目其人，耳其声，不知其所以美者，为传授也。①

可见，智圆认为，法统传承的真意在于"得古人之旨，行古人之道"。我们看到智圆所描述的法统传承关系为，龙树传慧文、慧文传南岳慧思，后章安灌顶撰《大涅槃经疏》、《大涅槃经玄义》，二百年后荆溪湛然再尽善其道，而智圆本人则传道于湛然之后。此处，智圆对法统的撰写是跳跃式的，并将自己立于湛然之后，是因为"天台宗教自荆溪师，没其微言，奥旨坠地，而不振者多矣。虽行而说者，违道背义亦众矣"，于是他"留意于笔削，且有扶持之志"。② 因此，在智圆看来，道的传承是可以追溯的，是可以"异代相师"的，不受时间空间和语言的限制，并非绝对刻板严格，只要解其真意，便可得其衣钵。因此在智圆法师其他篇章中，我们亦可以清楚地看到他对钱塘法系的建立，所留下的细腻笔触。

　　智圆法师于大中样符九年（1016）九月，在孤山造慈光阇梨塔，天禧二年（1018）十月塔成，于是率众祭其祖慈光晤恩，

　　伊昔龙树传文殊之道，辞而辟之，故一性之宗，盛乎天竺；智者传龙树之

---

① 以上四段皆引自智圆：《对友人问》，《闲居编》（卷十六），《续藏经》册56，第889页中-下。
② （宋）智圆：《中庸子传中》，《闲居编》（卷十九），《续藏经》册56，第893页下。

学,引而伸之,故三观之义盛乎震旦。智者灭后,章安嗣之,二威继之,左溪
说释之,荆溪记述之,而其道益大,故后世得其门而入者,或寡矣。惟吾祖蕴
逸群之才,彰独断之明,训乎来学,必造渊极,滞文异论,由是退息,天台之
学,由是光大,其潜利密益,可量也哉?①

此处,智圆法师对法脉的描述更为清晰,分别为龙树传文殊之道,智者传龙树之
学,后章安灌顶、智威、慧威、左溪玄朗,再传给荆溪湛然、慈光晤恩。值得我们注
意的是,此处,智圆法师强调了湛然之后"其道益大",然"后世得其门而入者,或
寡矣",只有"吾祖"晤恩法师,方使得"滞文异论,由是退息;天台之学,由是光
大",其功绩,不可量矣! 智圆法师对慈光晤恩"法统"地位的树立,用意十分
明显。

在《祭祖师文》中,智圆以"法孙"自称,言"昔禀法于奉先。奉先传道于慈光,
则我谓慈光为祖,慈光谓我为孙"。在智圆的论著中,自称法孙者,非此一处。其
在《智者十德礼赞序》中自称为"(智者)一十六世之法孙";《书智者大师碑后序》
中自称为"(智者)十四世法孙";《书荆溪大师碑后序》中自称"荆溪九世之法孙
也";在《涅槃经疏三德指归序》中自称"荆溪十世之法孙也";在《大宋高僧慈光阇
梨塔记》中自称"法孙智圆"。② 在这几处自称中,我们发现,其称谓有着细微的
变动。

首先让我们从时间上对这几处自称进行考察。《智者十德礼赞序》撰于大中
祥符八年,即年 1015 年;《书智者大师碑后序》作于宋天禧二年六月十日,即
1018 年;《涅槃经疏三德指归序》写于"癸丑九月二十六日于大慈山崇法寺",即
1013 年;《书荆溪大师碑后序》时天禧二年六月五日,即 1018 年。其先后顺序见
下表:

---

① (宋)智圆:《祭祖师文》,《闲居编》(卷十七),《续藏经》册 56,第 890 页中。
② 以上五处分见于智圆著《闲居编》(卷十七),第 890 页中、《闲居编》卷第八,第 878 页上、《闲居编》卷一
二,第 882 页下、《闲居编》(卷一二),第 883 页上、《闲居编》卷一五,第 887 页中。

篇目	时间	称谓
《涅槃经疏三德指归序》	1013 年 9 月 26 日	荆溪十世之法孙也
《智者十德礼赞序》	1015 年	（智者）一十六世之法孙
《书荆溪大师碑后序》	1018 年 6 月 5 日	荆溪九世之法孙也
《书智者大师碑后序》	1018 年 6 月 10 日	（智者）十四世法孙

在祭晤恩之后的两年，即天禧二年（1018 年）六月，智圆再次率众于玛瑙院佛殿之旁先后立荆溪碑及智者碑，以表尊师重道之心。此时，智圆自称为智者十四世、荆溪九世。如果前追龙树、慧文、慧思。按照智圆的描述，天台前九祖十分明确，分别为龙树——慧文——慧思——智者——章安——智威——慧威——玄朗——湛然。此时，天台前九祖已基本确立，与之后天台宗的史籍所撰写的九祖并无多大的出入。至于湛然之后到智圆的传承如何，则没有写明。尽管如此，我们根据这条法脉，可推知智圆为天台宗十七世。不过，在此之前的《涅槃经疏三德指归序》与《智者十德礼赞序》中，智圆自称为"荆溪十世之法孙"，"（智者）一十六世之法孙"，较之后的确立的法脉，其在智者与湛然之间，多列出一世，在湛然与智圆之间，又多列出一世。可见，智圆对天台宗法统的撰写，并不是一开始即确定下来的，存在着不断的修正。那么，引起我们好奇的是，1013 年 9 月至1018 年 6 月，这五年不到的时间里，是什么引发智圆对天台法脉的修正与确立？下文我们将作进一步的考察。

三、智圆《天台祖图》考

智圆一生著述甚宏，著述有四十九种，内容涉及儒释道三家，总约为二百六十卷左右。[①] 其中现存有十二种，散佚为三十七种，不得不叹为憾事，而《天台祖

[①] 参照《大正藏》、《续藏经》、智圆自述、《闲居编》附录、《释门正统》、《佛祖统纪》"智圆传"、"山家教典志"、义天《新编诸宗教藏总录》、《宋史·艺文志》及其他残存等统计。参见韩剑英：《"宋学先觉"孤山智圆思想研究》，中国人民大学博士学位论文，2007 年。

图》即为众多散佚著作中的其中一部。如前所述，智圆多次以"法孙"自称，但其称谓却略有不同。可见智圆对天台宗法统的撰写，有一个修正的过程。《天台祖图》可视为智圆将天台法统最终确定下来的"定稿"。

史料中对《天台祖图》的记录并不多，《释门正统》中留有两处引用，其一于《天台高祖龙树菩萨本纪》中引用"孤山《祖承》云：佛灭度后十有三世，至龙树大士，始用文字"①；其二于《山门记主荆溪尊者世家附四人·梁肃》条中引"故孤山《祖承》云：朝廷中得其道者，唯梁学士一人而已。"②宋以后的佛教史籍中，更多地是以"孤山"来称呼智圆法师，在《释门正统》中亦是如此。③ 因此，可以确认，此处"孤山《祖承》"之"孤山"应为智圆法师代称。

另外，日本求法僧成寻在其《参天台五台山记》中，亦留有一条，云：

> 五曰，辛亥，天晴。有元表白斋，有日本日延诗，有《天台祖图》，杭州孤山智圆阇梨造也。借取还房，见合《西山祖图》，互有得失。④

此处，"孤山《祖承》"与《天台祖图》应为同本异称。成寻文中所记录的是北宋熙宁五年（1072）闰七月五日，距智圆圆寂已五十载，当时成寻正在天台祖庭国清寺学习，一次偶然的机会，他看到了智圆法师所作之《天台祖图》，便"借取还房"。《天台祖图》乃成寻在天台山随意可见，并非是向某位法师恭敬请得的罕见文本，可见该文本在北宋中叶的天台祖庭的流布已是毋庸置疑。成寻在阅读中将此书与另一部《西山祖图》进行对比。而《西山祖图》为何人所作，我们亦不得而知。从题目看，此两部"祖图"应皆为对天台山"法统"的撰写文本。成寻称此二本"互有得失"，可见，这两本"祖图"对法脉的撰写，并不完全一致，存在着差

---

① （南宋）宗鉴集：《释门正统》（卷第二），《续藏经》第 75 册，第 261 页下。
② （南宋）宗鉴集：《释门正统》（卷第二），《续藏经》第 75 册，第 277 页上。
③ 《释门正统》中出现"孤山"字样 26 处，在卷一目录中就直接以"孤山"代称智圆，行文中单独以"孤山"代称智圆法师共 19 处之多，另有 3 处为"孤山圆"，3 处为地名。参见《释门正统》，《续藏经》第 75 册。
④ ［日］成寻：《参天台五台山记》（卷第二），第 34 页，《大日本佛教全书》卷一一五，佛书刊行会编普及会刊。

异。而成寻对评判"得失"之标准并没有细说。《西山祖图》在哪里所见,成寻在他的日记中并没有交代,或是其在日本所见。我们或可推知,在当时至少有两种以上对天台宗法脉的撰写。

至此,不由联想,智圆在其论著中屡次提出的一个不同于传统的儒家"道统"。他从儒学发展的脉络上,将儒家道统上延至唐、虞、禹、汤、文、武,并在各个时期寻求儒家具有代表性的人物,以其对儒学发展的贡献来评判,从而形成一个完整的儒学谱系。

> 仲尼得唐、虞、禹、汤、文、武、姬公之道,炳炳然犹人之有形貌也。仲尼既没,千百年间,能嗣仲尼之道者,唯孟轲、荀卿、扬子云、王仲淹、韩退之、柳子厚而已,可谓写其貌、传其神者矣![1]

在这个道统中,智圆对荀子、杨雄、柳宗元的推崇,并没有被当时的宋儒完全认同。智圆认为,道统的传承,非但不以面授为必要条件,即便禅位,也只是"授其名器"而已,[2]更不能以子弟是否贤德仁义为衡量的标准,"安可以李之不仁,责荀之不贤耶?"[3]认为荀子能对"下愚"李斯"来而不拒"地传道教诲,才是对道统代代相传的担当。

其次,尽管韩愈在历史上以排佛著称,但作为释门弟子智圆并没有将其排除出儒家道统之外,且给予极高的评价:

> 韩愈冠儒冠,服儒服,口诵六籍之文,心味五常之道,乃仲尼之徒也。由是摈黜释老百家之说,以尊其教,固其宜矣![4]

---

① (宋)智圆:《叙神传》,《闲居编》(卷二十七),《续藏经》第 56 册,第 906 页中。
② (宋)智圆:《辨荀卿子》,《闲居编》(卷二十五),《续藏经》第 56 册,第 902 页下。
③ (宋)智圆:《辨荀卿子》,《闲居编》(卷二十五),《续藏经》第 56 册,第 902 页下。
④ (宋)智圆:《师韩议》,《闲居编》(卷二十八),《续藏经》第 56 册,第 907 页中。

因而智圆所提出的儒家道统被当今儒家学者评价为"较为客观,也较为宽广和准确"。[1] 虽然我们很难推断智圆这种"宽广"的治学态度,是否也带入到《天台祖图》的撰写中。但分析到这,智圆"异代相师"、轻"名器"、重"传神"的法统思想,已大致清晰,因而在《天台祖图》的撰写上具有其独特性,与其他"祖图"不同,也是情理之中的事。

智圆之后,天台宗后人为维护其正统地位,编撰了各种佛教通史著作,具有很强的宗派意识。[2] 志磐在《佛祖统纪通例·叙古制》部分,对各书有简略介绍,[3]但其对智圆法师所撰谱系绝口不提。如前所述,《释门正统》中有两处引用"孤山《祖承》"的文字,可见在南宋时期,智圆法师的《天台祖图》尚存。这两部确立知礼十七祖地位的重要史书,[4]对《天台祖图》不约而同的冷处理应是出于其法统立场的考虑。虽然我们无法推断智圆是用哪种史书撰写体例来处理《天台祖图》。根据《释门正统》中对《天台祖图》的两处引用,我们可以探知,智圆的祖图不只记述了法统主轴线上的人物,而应该是对天台法嗣传承的系统地撰写,对他们的得意门生,也有着墨。

智圆法师在法脉的撰写上有所出入,若《天台祖图》为其对天台"法统"的"定稿",则成书时间应于 1015 年之后至 1018 年前后。智圆在这三年里,身体愈发"困踬癃瘵",并于大中祥符九年(1016)春,三月二十九日买山于孤山玛瑙坡,"闭

---

① 漆侠:《宋学的发展和演变》,石家庄:河北人民出版社,2002 年,第 155 页。
② 宋代佛教史书的撰写达到历史高峰,陈垣先生《中国佛教史籍概论》中著录中国佛教史籍有三十五部,宋代佛教史籍就有十一部之多。参见陈垣《中国佛教史籍概论》。
③ 北宋徽宗政和间(1111—1117),吴兴元颖创撰《宗元录》一百卷,记叙"北齐至北宋元祐年间(1086—1093)传承实录及图谱";宁宗庆元中(1195—1200),吴克己对《宗元录》进行增广,易名为《释门正统》;吴克己的侄子志昭法师绍绪其业,撰成《释迦谱历代宗承图》;南宋嘉定间(1208—1224)镜庵景迁法师"取元颖本及铠庵新图重加诠次,增立新传六十余人",取名《宗源录》(以上诸书均佚);良渚宗鉴法师于理宗嘉熙初(1237)对吴本进行增益,勒成八卷,仍袭名《释门正统》(今存);宝祐戊午至咸淳五年(1258—1269),四明福泉志磐历时近十二年"取镜庵本材料之全,取宗鉴本体例完善之",用成一家之书,撰写《佛祖统纪》(今存)。
④ 宗鉴在《释门正统》中还较为保守地称知礼法师为"中兴教观法智大师",而志磐则在《佛祖统纪》中直接称知礼为"十七祖法智尊者"。

户养疾,弗与时俗交"①,"草屋竹床,怡然自得"②,时年四十一岁,这件事在《闲居编》中多有诗文记之。这段时间,智圆虽"杜门穷居,箪食瓢饮,不交世俗"③,然多次组织或参加建塔立碑祭祖活动。如大中祥符九年(1016)"收(慈光)灵骨于孤山之玛瑙坡,累石为塔"④,天禧二年(1018)十月塔成,撰《大宋高僧慈光阇梨塔记》;又如天禧元年(1017)四月二十六,"山外"代表庆昭法师圆寂,法嗣咸润等人"琢石为塔",天禧四年五月五日,塔成,智圆作《故梵天寺昭阇梨行业记》;再如天禧二年(1018),六月五日,"立(荆溪大师碑)石于孤山玛瑙院佛殿之右",六月十日,"纠同志立(智者大师碑)石于钱塘孤山玛瑙院佛殿之左"。孤山智圆抱病进行的这一系列祭祖祭师活动,无不在暗示其"法统"的合法性与正统性。前文已分析智圆在天禧二年(1018)所作的《祭祖师文》中明确了天台前九祖的线索,这与其同年六月在《书荆溪大师碑后序》、《书智者大师碑后序》中自称"荆溪九世之法孙"、"(智者)十四世法孙"相一致。也是目前我们在智圆著作中所能见到最晚的一次关于法统的记录。如果这是智者大师最终确立的天台宗法统撰写,那《天台祖图》中的法脉概与此一致。

在此,我们不禁疑惑,具有高世之节,不群于众的智圆法师,在养病期间,特别是在天禧二年(1018),为何如此迫切地进行这些祭祀活动,并确定天台法统的撰写,且编著成书。当我们把视角移至"山家"代表人物知礼身上时,这个问题或许可以得到解答。

根据《四明法智尊者实录》记载,大中祥符九年(1016),知礼"年至五十七,位同志十一人,誓愿要期,修法华忏,三年期满日共焚身,供养妙经,求生净土"。⑤这件事在当时就引起了极大的反响,翰林学士杨亿"连书请住世"⑥。在杨亿的

---

① (宋)智圆:《宁海军真觉院界相榜序》,《闲居编》(卷一三),《续藏经》第 56 册,第 884 页下。
② (宋)智圆:《中庸子传》,《闲居编》(卷一三),《续藏经》第 56 册,第 895 页中。
③ (宋)智圆:《病夫传》,《闲居编》(卷三四),《续藏经》第 56 册,第 915 页中。
④ (宋)智圆:《祭祖师文》,《闲居编》(卷一七),《续藏经》第 56 册,第 890 页中。
⑤ (南宋)宗晓编:《四明尊者教行录》(卷第七),"四明法智尊者实录",《大正藏》第 46 册,第 920 页上。
⑥ 杨亿致知礼请其住世的书信共 6 封,参见《四明尊者教行录》卷第五,《大正藏》第 46 册。

推动下，此事影响进一步扩大，惊动了宋真宗。① 并于天禧元年（1017）"诏赐紫衣"②，天禧四年（1020）"真宗特赐法智大师"③。很显然，知礼与朝廷的亲密关系，已经隐隐威胁到寡居孤山的钱塘一系在法统上的地位。因此，智圆法师确立天台法统，在当时，对钱塘一系的天台法脉来说的确有着迫切的需要，其轻"名器"、重"传神"的法统思想，在法统的建设中显得尤为关键。

另外，智圆法师在《书智者大师碑后序》中自称为"（智者）十四世法孙"，如前追述龙树、慧文、慧思，则智圆应为天台宗第十七世。而在天台宗的法统撰写历史中，天台十七祖，也即被后人尊为"山家"代表的四明知礼，直至南宋天台宗人撰写的两部佛教史书——《释门正统》与《佛祖统纪》——中才逐渐被确立，其间经历两百余年。在这个时段天台法统说一直是一个空白，④在天台流传的"山外"代表智圆所撰《天台祖图》，很可能在这一时期占据着主导地位。

四、小结

基于以上分析，智圆法师有着完整的法统思想，并积极地完成其对天台宗法统的撰写——《天台祖图》。虽然大多数学者认为山家在历时七年的"山家山外之争"中取得了胜利，但无可否认的是，在当时，钱塘一系的实力与影响都远远大于山家。⑤ 然而，在南宋之后，钱塘一系的天台法脉被逐渐边缘化，最终沦为异端"山外"。究其原因，恐为智圆一系偏重义学，与朝廷、民众的关系过于疏远所致。智圆法师一生体弱常病，"甞患脾病，语久食饱，辄气喘、汗流、耳鸣、目眩不堪，其苦也。"⑥只能在书斋中专研义理，没有更多的体力参加社会公众活动。另

① （南宋）宗晓编：《四明尊者教行录》（卷第五），"真宗皇帝谕旨留四明住世"，《大正藏》第 46 册，第 897 页下。
② （南宋）宗晓编：《四明尊者教行录》（卷第七），"四明法智尊者实录"，《大正藏》第 46 册，第 920 页上。
③ （南宋）宗晓编：《四明尊者教行录》（卷第七），"四明法智尊者实录"，《大正藏》第 46 册，第 920 页上。
④ 关于天台宗十七祖的确立，参见秦瑜：《天台宗十七祖的成立及其思想史问题研究》，中山大学博士论文，2007 年。
⑤ 潘桂明、吴忠伟：《中国天台宗通史》，南京：江苏古籍出版社，2001 年版，第 396—399 页。
⑥ （宋）智圆：《病赋》，《闲居编》（卷三四），《续藏经》第 56 册，第 915 页下。

一方面,智圆法师"雪骨冰心,傲然物外"①,"高卧西湖之滨,权势不得屈,贵骄不得傲,世俗不得友"②,正如其在《孤山颂》中所言,"山以卑狭不附于众峰而皆悦之,士有居下位不附媚于权要,不托附于形势者,虽包仁抱义耸出伦类,众必睚眦之,凌侮之,由是名不能显,道不见用"③。无论与朝廷的关系,还是与民众的关系都较善于"交际"的"山家"疏远。

然而思想的"正统性"并不是完全超然物外、纯粹独立的,思想合法性论争的背后隐含了"超哲学的关切"(extra-philosophicalconcern)和与政治力量的权力关系。④ 在法统的传承上,虽如智圆所言重"神传"、"轻名器",但不可否认的是其不得不依靠经典、制度、礼仪等其他现实层面的内容。在经典注疏方面,知礼或不如智圆法师,但由知礼与遵式所创的"天台忏法"具有很强的影响力与号召力,为山家在之后二百多年的发展中奠定了民众基础,同时也顺应了宋代佛教向世俗转化的历史潮流。⑤ 虽然智圆法师在天禧二年(1018)前后,或受知礼修忏自焚事件的影响,组织与参加了四次祭祖活动,然其规模,参加人数都只限于钱塘一系而已,其影响力也只限于孤山一带。而后的几年,智圆法师病情加重,天禧三年(1019)手书《遗嘱》,并悬诸于讲堂之左,天禧五年(1021)以病辞王随邀约"同泛方舟啜茶话道",天禧六年(1022)二月十九日圆寂。即便有心为确立法统做更多的事,也只能止步于孤山玛瑙坡。

---

① (明)明河撰:《补续高僧传》,《续藏经》第77册,第318页上。
② (宋)昙秀辑:《人天宝鉴》,《续藏经》第87册,第7页中。
③ (宋)智圆:《孤山颂》,《闲居编》(卷十六),《续藏经》第56册,第889页上。
④ 龚隽:《北宋天台宗对〈大乘起信论〉与〈十不二门〉的诠释与论争》,《中国哲学史》,2005年第3期。
⑤ 刘浦江:《宋代宗教的世俗化与平民化》,《中国史研究》,2003年第2期。

《提谓波利经》对宋代禅宗之影响

——以契嵩儒佛融合论为例

侯广信①

（南京行政学院）

摘　要：契嵩为云门宗高僧，曾融合儒家思想撰写《辅教编》积极回应宋儒排佛，对后起之理学产生影响。本文以五戒、五常、孝道为线索，分析其儒佛融合论与《提谓波利经》之间的关联，进而探究该经对宋代禅宗之影响。

关 键 词：提谓经　禅宗　契嵩　五戒　五常

北魏太武法难后，昙靖在文成帝与沙门统昙曜支持下，以一卷《提谓经》为基础，融合儒家阴阳五行、伦理纲常、天人感应与道家增寿延命、天神伺察等思想，撰《提谓波利经》二卷。② 该经以"五戒十善""人天果报"为特色，符合民众心理需求，在社会各阶层广为流传。北宋初年"天下之士，学为古文慕韩退之排佛而

---

① 作者简介：侯广信，南京行政学院教师，研究方向为南北朝与中国传统文化，曾在《宗教研究》等国内外刊物发表论文，主持国家社科基金一项，参与国家社科基金一项。

② 该经被隋唐及以后经录列为"疑伪"或"伪录"未能入藏；故目前仅五个写本残卷存世：一为大英博物馆所藏斯坦因掠取本（英藏 S. 2051 敦煌《佛说提谓经卷下》）；二为法国国家图书馆所藏伯希和掠取本（法藏 P. 3732 敦煌本）；三为中国国家图书馆所藏敦煌本（《敦煌劫余录》霜字十五号、《敦煌宝藏》BD03715 号《佛说提谓五戒经并威仪卷下》）；四为俄罗斯东方研究所圣彼得堡分所所藏敦煌本（俄藏Дx-2718 敦煌本）（牧田谛亮：《疑经研究》；五为吐鲁番本断片 Ch. 2317（新田优：《对〈提谓波利经〉二件新出资料的介绍——Ch. 2317 与身延文库藏〈大乘义章抄〉所引四条逸文》，《第五回佛教文献与文学国际学术研讨会》，四川大学，成都，2018 年 11 月 10 日—11 日，第 403 页）。

尊孔子"①,以李觏等人为代表的文人士大夫掀起一场排佛运动。契嵩认为其因在于儒者自认佛教"与己教不同"②,加之三代以来民风浇薄,礼义之法"将不暇独治",而佛传华夏正可"与儒并劝"③补其不足,因此愤然而"作《原教》《孝论》十余篇,明儒释之道一贯,以抗其说"④。他将"五戒""五常"相比附,并与"孝道"相关联,对后世理学产生影响。本文认为契嵩的儒佛融合论与《提谓波利经》存在关联。

近年来对契嵩儒佛思想研究成果颇丰。郭朋从佛教中国化角度认为其本质是"佛教儒化"⑤,是儒家影响和改造佛教。方立天在论述佛教伦理中国化方式与特色时分析了契嵩通过"比附""衍生"等方式将"五常""忠孝"纳入佛教的做法;认为这在取消佛教伦理与世俗伦理的界线的同时,又形成中国佛教伦理区别印度佛教伦理之特征。⑥ 郭尚武在撰写年表基础上指出他是"援佛入儒"的代表。⑦ 魏道儒从伦理学与心性论两个角度分析认为他开辟了"儒释融合"学说全新阶段。⑧ 陈雷从"义理""治事"论证其"儒佛一贯"内在逻辑后⑨;又以佛教世俗化视角从伦理意蕴、时代意义、历史价值三个维度对其《孝论》做梳理与研究⑩。董群从伦理学角度以"礼""忠""孝"三个范畴为基点对其进行考察时认为他是站在儒学立场上讨论孝。⑪ 韩焕忠分析了其以四书辅助佛教的思想特色,认为其目的是从儒家经典寻找佛教中国化之合理性并借助儒家圣贤权威以辅助佛教传播。⑫ 陈坚从宗教实践角度认为他"以儒入佛"是"方便法门",是佛教中国化过

① (宋)陈舜俞:《镡津明教大师行业记》,《大正藏》第52册,第648页,中,第03行。
② (宋)契嵩:《原教》,《大正藏》第52册,第652页,下,第24行。
③ (宋)契嵩:《原教》,《大正藏》第52册,第653页,上,第02行。
④ (宋)陈舜俞:《镡津明教大师行业记》,《大正藏》第52册,第648页,中,第06行。
⑤ 郭朋:《从宋僧契嵩看佛教儒化》,《孔子研究》,1986年01期。
⑥ 方立天:《佛教伦理中国化的方式与特色》,《哲学研究》,1996年第6期。
⑦ 郭尚武:《契嵩生平对〈辅教编〉研究》,《山西大学学报》(哲学社会科学版),1994年第4期。
⑧ 魏道儒:《从伦理观到心性论——契嵩的儒释融合学说》,《世界宗教研究》,1996年第2期。
⑨ 陈雷:《契嵩"儒佛一贯"说的逻辑理路》,《南京农业大学学报》(社会科学版),2008 8(1)。
⑩ 陈雷:《契嵩〈孝论〉的伦理意蕴、时代意义与历史价值》,《广西社会科学》,2018年第11期。
⑪ 董群:《略论禅宗对儒家伦理的会通——以礼、孝、忠为个案的考察》,《东南大学学报》(哲学社会科学版),2008年8月第2卷第3期。
⑫ 韩焕忠:《明教契嵩与儒家四书》,《五台山研究》(总第107期),2011.2。

程"儒佛圆融"的重要策略。[1] 这些研究成果从不同角度对契嵩儒佛思想进行研究，但未对"五戒孝蕴""孝为戒端"等观点的源流及依据进行分析。本文认为这与《提谓波利经》"五戒五常""五戒忠孝""五戒成佛"相关。

一、五戒与五常

"五戒"是佛教伦理的重要内容，"五常"是佛家伦理的重要基石；将二者比附的事例自古有之，但此种做法始自何时何处却不甚明了。郭朋认为契嵩将"五戒""五常"相配的做法承自北齐颜之推，从而将颜氏作为说之肇始[2]，大概是其未见《提谓波利经》的缘故。据僧祐《出三藏记集》载，该经由北魏昙靖于宋孝武帝（公元453年至公元464年）时所撰。而《颜氏家训》著作过程同作者生平相关，并无确定划一之界线[3]；又颜氏生卒年为公元531年至公元590年。所以从时间上讲《提谓波利经》产生与传播都远早于《家训》。又该经是针对在家居士所作，且在社会各阶层广为流传，并形成专门修习之社邑[4]；又颜氏一族虽"以儒雅为业"，然世信佛教而之推尤甚；则他在家训《归心篇》将"五戒""五常"相配之法当来自《提谓波利经》。方立天先生在论述佛教伦理中国化方式与特色时曾分析《提谓波利经》与《辅教编》，指出这种"五戒""五常"相"比附"的方式取消了佛教伦理与世俗伦理的界线，但未指明二者是否存在关联。[5]

《提谓波利经》以"五行说"为中心，将"五戒"与"五方""五星""五岳""五帝""五藏"相互勾联，形成一个五行格局总图式。据P.3732敦煌写本[6]可将其具体

[1] 陈坚：《"妥协论证"与"方便教化"——牟子和契嵩对于儒学的不现抉择》，《宜春学院学报》，第37卷第5期。

[2] 郭朋：《从宋僧契嵩看佛教儒化》，《孔子研究》，1986年01期，第109页。

[3] 朱明勋：《〈颜氏家训〉成书年代论析》，《社会科学研究》，2003年第4期，第154页。

[4] 拙稿：《〈提谓波利经〉敦煌写本基础研究》，张风雷主编《宗教研究》2015（春），北京：宗教文化出版社，2016年4月第1版，第77页。

[5] 方立天：《佛教伦理中国化的方式与特色》，《哲学研究》，1996年第6期，第60页。

[6] "（煞戒）治在东方，盗戒治在北方，婬戒治在西方，酒戒治在南方，两舌戒治在中央。在天为五星，在地为五岳，在世为五帝，在阴阳为五行，在人为五藏。"拙稿：《〈提谓波利经〉敦煌写本基础研究》，张风雷主编《宗教研究》2015（春），北京：宗教文化出版社，2016年4月第1版，第82页。

配比关系表示如下①：

五戒	煞戒	酒戒	两舌	婬戒	盗戒
五方	东方	南方	中央	西方	北方
五星	始星(岁星)	明星(荧惑)	尊星(镇星)	金星(太白)	辅星(辰星)
五岳	太山(岱岳)	霍岳	和山(崇山)	老岳(华岳)	长生山(恒岳)
五帝	太皞(青帝)	炎帝(赤帝)	五帝(黄帝)	浩明(少帝)	振翕(颛顼)
五行	木	火	土	金	水
五藏	肝(木)	心(火)	脾(土)	肺(金)	肾(水)

各要素通过"五方"相互传递构成有机整体，实质上是"五行说"的延伸与扩展。这种依据儒家阴阳五行与天人感应的思维方式把"五戒"与各要素相配合、比附，从而为佛教伦理找到宇宙论与生理学之证明。② 此外各要素亦有其内在逻辑，即"五戒"既是天地万物形而上之本原，又是作用于各层面形而下之器物。这种生成与被生成的关系是决定其相互关联之核心所在。③ 该经在此基础上将"五戒"与儒家"五常"直接比附；还将"五戒""五藏"相配④、"五藏""五常"相配⑤，并

① 拙稿：《儒家思想对〈提谓波利经〉之影响——以"五行说"为例》，张风雷主编《宗教研究》2016(春)，北京：宗教文化出版社，2017 年 7 月第 1 版，第 80 页。

② 方立天：《佛教伦理中国化的方式与特色》，《哲学研究》，1996 年第 6 期，第 60 页。

③ 拙稿：《儒家思想对〈提谓波利经〉之影响——以"五行说"为例》，张风雷主编《宗教研究》2016(春)，北京：宗教文化出版社，2017 年版，第 80 页。

④ "佛告长者：五戒神在外分为使者，汉言八卦，内治五藏，生长七体。煞戒属东方，使者名震木，神于人为肝；肠气推动，万物支干，故谓之肝也。酒戒属南方，使者名离火，神于人为心；心者仁也，成养万物，怀任米，故谓之心。婬戒属西方，使者名兑金，神于人为肺；肺者五藏之盖，万物覆盖万物，故谓之肺。盗戒属北方，使者名坎水，神于人为肾；肾者万物终成，藏去万物，故谓之肾。两舌戒属中央，使者名坤土，神于人为脾。脾者分气授与四藏，故谓之脾。"(拙稿：《〈提谓波利经〉敦煌写本基础研究》，张风雷主编《宗教研究》2015(春)，北京：宗教文化出版社，2016 年版，第 82 页)"使者"实际是将"八卦"之"五卦"与"五行"配拟而成。"五戒"由万物本原内化为人体内之神圣形象，又外化为五"使者"，进而内辖五藏六腑、外生七体肢脉。因此"五戒"通过"五方"与"五藏"在逻辑上相匹配。

⑤ "佛言：五藏之神，所任各异。肝行仁，心行礼，肺行义，肾行智，脾行信。(第 3732 页)"(拙稿：《〈提谓波利经〉敦煌写本基础研究》，张风雷主编《宗教研究》2015(春)，北京：宗教文化出版社，2016 年版，第 85 页)这是该经吸收道家《太平经》《抱朴子》"五藏神"概念后，将之与儒家"五常"相比附的表现。"五戒神"内化到"五藏"后成为主宰人体之"五藏神"，而"五藏神"分别依儒家伦理之"仁""义""礼""智""信"运行成事。

通过"五藏"间接实现"五戒""五常"相配。

契嵩认为"以五戒之导世俗"可修"身"养"神"，"一为而两得"；①所以"以五戒十善，通儒之五常"创作《原教》②。他先将"五戒"与"五常"相配，再将其扩为"十善"并与儒家伦理观念比附；得出佛之"五戒十善"与儒之"五常仁义""异号而一体"。③

现将《提谓波利经》与《辅教编》关于"五戒""五常"的内容摘录如下：

	《提谓波利经》(第 3732 页)	《辅教编》
一	佛言：人不持五戒者，为无五行。 杀煞者为无仁，饮酒为无礼，淫者为无义，盗者为无知④，两舌者为无信。	夫不杀，仁也；不盗，义也；不邪淫，礼也；不饮酒，智也；不妄言，信也。⑤
二	煞、盗、淫、欺、忘⑥言、两舌、恶口、呪咀、饮酒醉乱、不孝父母、为臣不忠、为父不仁、为母不慈、为君不平、为臣不顺、为弟不恭、为兄不敬、为妇不礼、为夫不贤、奴婢不良、死入地狱，不孝师父，其罪不请。⑦	不杀必仁，不盗必廉，不淫必正，不妄必信，不醉不乱，不绮语必诚，不两舌、不谗、不恶口、不辱，不恚不仇，不嫉不争，不痴不昧。⑧

在第一部分，二者都将"五戒""五常"比附，但具体配比关系存在差异：都将"不杀"配"仁"、"不妄语"配"信"，却在"不盗""不邪淫""不饮酒"与"智""义""礼"的匹配上不同。这种现象在《辅教编》之前早已存在。昙靖在《提谓波利经》分别将"不杀""不盗""不淫""不酒""两舌"与"仁""智""义""礼""信"相配。北齐颜之

---

① （宋）契嵩：《广原教》，《大正藏》第 52 册，第 657 页，中，第 09 行。

② （宋）契嵩：《广原教》，《大正藏》第 52 册，第 654 页，中，第 07 行。

③ （宋）契嵩：《原教》，《大正藏》第 52 册，第 649 页，中，第 12 行。

④ 通"智"。

⑤ （宋）契嵩：《孝论·戒孝章》，《大正藏》第 52 册，第 661 页，中，第 21 行。

⑥ 原文为"忘"，通"妄"。

⑦ 通"轻"。

⑧ （宋）契嵩：《原教》，《大正藏》第 52 册，第 650 页，上，第 04 行。

推认为这种匹配方式并不完善,遂在家训《归心篇》进行调整,形成"不杀""不盗""不淫""不酒""不妄"与"仁""义""礼""智""信"相配的格局。这种配比方式较前者似乎更为合理。① 隋天台智𫖮则完全采纳这两种配比关系:在《仁王护国般若经疏》遵循《提谓波利经》,在《金光明经文句》则承袭《颜氏家训》。② 宋代契嵩则取二者较合理者用之。由此可见,自《提谓波利经》至《辅教编》,"五戒""五常"配比关系虽有变化发展,但其逻辑思路却一脉相承。

在第二部分,《提谓波利经》于"十恶"之外论及"忠""孝""仁""慈""平""顺""恭""敬""礼""贤""良"等观念。而这都是处理君臣、父子、兄弟、夫妇、主仆关系的基本原则与道德规范,是"五伦"的扩展与延伸,亦是儒家伦理纲常核心所在。该经由此将佛教伦理与儒家伦理紧密融合在一起。《辅教编》则从"十善"出发,论及"仁""廉""正""信""诚""不乱""不辱""不仇""不争""不昧"十个范畴。不盗他人必不贪,不贪则清心自守,义之所在,则"廉"为"义"。不邪淫合人伦礼法,合礼则正而不偏,则"正"为"礼"。不醉酒必不乱心智,则"不乱"为"智"。这都与儒家伦理纲常、修身之法、追求境界相关,从而实现了佛教伦理儒学化。从"十恶"到"十善",从"五伦"到"五常",从论证方法到论述内容,《提谓波利经》与《辅教编》都相互关联。

二、五戒与孝道

中国以血缘关系为纽带建立起来的宗法社会以家庭为本位,以家族为中心,强调养亲、事亲、尊亲、孝亲,重视祖先崇拜。③ "孝"成为各层共同遵守的基本原则。佛教徒毁发伤形、出家不娶、悖祖绝嗣,对儒家伦理纲常产生重大冲击。因此部分僧人积极寻找二者突破点进行调和,主动在孝道上做文章。方立天先生

---

① 方立天:《佛教伦理中国化的方式与特色》,《哲学研究》,1996 年第 6 期,第 60 页。
② 拙稿:《〈提谓波利经〉对天台宗之影响——以智者大师为例》,可祥主编:《首届天台佛教学术研讨会——唐宋天台佛教论文集》,上海:上海书店出版社,2018 年 8 月第 1 版,第 399 页。
③ 方立天:《佛教伦理中国化的方式与特色》,《哲学研究》,1996 年第 6 期,第 61 页。

将这种佛教伦理中国化的方式称为"衍生"。

昙靖以这种方式将佛教"五戒"与儒家"忠孝"相融合①撰《提谓波利经》。他先以"戒具乃成为道"论证"戒"的重要性，以"戒具道根，众行之主""是诸佛母"②使"戒"具"般若"义③；以"诸佛持五戒，积德本，自致佛道"④使"五戒"具"佛性"义⑤；从而提出"五戒成佛"⑥。该说从理上确立了"五戒"在修行中的地位，并将其抬到前所未有之高度；因而也必然成为修行实践的准则，故"有犯五戒者非佛弟子"⑦。该经还引入儒家忠孝观念论述如何持守五戒，从而使"五戒"衍生新涵义。"忠孝"与"五戒"成为一种对等关系。这是中国佛教以社会现实及儒家孝道为取向并结合印度佛教五戒加以引申、衍生的体现，亦是佛教伦理的儒学化的表现。

契嵩认为世人论孝尊儒抑佛的原因在于"见儒而未见佛"⑧，为此"著《孝论》一十二章"阐明佛教孝道思想⑨。他认为儒佛会通的逻辑可能性在于二者"同于为善"⑩，又"圣人之道以善为用，圣人之善以孝为端"⑪，从体用论"孝""善"关系：

---

① 拙稿：《从〈提谓波利经〉看北朝儒佛思想之交融》，邱高兴主编：《江浙文化》（第二辑），上海：上海三联书店，2017年版，第117页。

② 拙稿：《〈提谓波利经〉敦煌写本基础研究》，张风雷主编：《宗教研究》2015（春），北京：宗教文化出版社，2016年版，第97页。

③ 拙稿：《智者大师与〈提谓波利经〉——以"人天教"判释为例》，《第二届天台佛教学术研讨会——"四明知礼与宋代天台佛教"论文集》，宁波，2018年11月10日—11日，第333页。

④ 拙稿：《〈提谓波利经〉敦煌写本基础研究》，张风雷主编：《宗教研究》2015（春），北京：宗教文化出版社，2016年版，第97页。

⑤ 拙稿：《智者大师与〈提谓波利经〉——以"人天教"判释为例》，《第二届天台佛教学术研讨会——"四明知礼与宋代天台佛教"论文集》，宁波，2018年11月10日—11日，第334页。

⑥ "佛告长者提谓波利等五百人：善听思念，内着心中。佛戒，天地之根，万物之主，众生之母，太一之子，道之始。从五戒养之，自致得佛。（第3732页）"（拙稿：《〈提谓波利经〉敦煌写本基础研究》，张风雷主编：《宗教研究》2015（春），北京：宗教文化出版社，2016年版，第91页。）

⑦ 拙稿：《〈提谓波利经〉敦煌写本基础研究》，张风雷主编：《宗教研究》2015（春），北京：宗教文化出版社，2016年版，第97页。

⑧ （宋）契嵩：《孝论·广孝章》，《大正藏》第52册，第661页，中，第05行。

⑨ （宋）契嵩：《孝论》，《大正藏》第52册，第660页，中，第09行。

⑩ （宋）契嵩：《原教》，《大正藏》第52册，第649页，中，第28行。

⑪ （宋）契嵩：《孝论·必孝章》，《大正藏》第52册，第661页，上，第09行。

善始于孝，"孝出于善"①。他还引《梵网经》论证"孝戒一体"②，提出"孝为戒端"③。据学者考证《梵网经》是北魏太武帝灭佛后在汉地形成的一部菩萨戒经④，深受儒家孝道影响。该经将"戒""孝"放在同等位置，甚至将"孝"看作"戒"之本质，符合了契嵩以孝通儒的论证需要。关于"孝""戒"具体关系，他指出"子与戒而欲亡孝，非戒也；夫孝也者，大戒之所先"⑤，即"孝"在"戒"先，无"孝"非"戒"，戒不自戒，因孝而戒；并在此基础上引《佛说菩萨睒子经》论证"孝德成佛"⑥，将"孝"抬到至高无上的位置。此外，他还将"五戒""五常"比附，衍生"五戒"与"孝"的关系⑦：持"五戒"即行"五常"，即达到儒家孝道"立身行道""以显父母"的最高目标。从中亦可看出他以此为线索将佛教伦理与儒家伦理打通的逻辑思路，所以最后发出"五戒有孝之蕴，而世俗不睹忽之，而未始谅也"⑧的感叹。方立天先生认为契嵩这种将"孝""戒"合二为一的做法是中国佛教学者为了与中国重孝观念相协调而对佛教戒规的内涵和精神所作的根本性调适。⑨ 现将《提

① （宋）契嵩：《孝论·戒出章》，《大正藏》第 52 册，第 661 页，下，第 07 行。
② "尔时，释迦牟尼佛，初坐菩提树下，成无上觉。初结菩萨波罗提木叉……孝顺，至道之法；孝名为戒，亦名制止。"（(后秦)鸠摩罗什《梵网经·卢舍那佛说菩萨心地戒品》，《大正藏》第 24 册，第 1004 页，上，第 23 行）另，陈雷在《契嵩〈孝论〉的伦理意蕴、时代意义与历史价值——基于佛教世俗化视角的探讨》（《广西社会科学》，2018 年第 11 期）中亦指出契嵩引《梵网经》之事。
③ "吾先圣人其始振也为大戒，即曰'孝名为戒'，盖以孝而为戒之端也。"（宋）契嵩：《孝论·明孝章》，《大正藏》第 52 册，第 660 页，中，第 15 行。
④ 夏德美：《晋隋之际佛教戒律的两次变革——〈梵网经〉菩萨戒与智𫖮注疏研究》，北京：中国社会科学出版社，2015 年版，第 131 页。
⑤ （宋）契嵩：《孝论·明孝章》，《大正藏》第 52 册，第 660 页，中，第 17 行。
⑥ （宋）契嵩：《孝论·明孝章》，《大正藏》第 52 册，第 660 页，中，第 19 行。此处引自《佛说菩萨睒子经》。魏晋南北朝，从《增一阿含》摘录而译之《父母恩难报经》与儒家以敬为主的孝道思想相冲突而不能用，《佛说菩萨睒子经》则成为佛教宣扬孝道最好经典且流传广泛；但传至唐代便由中国人所编且更符合孝道之《父母恩重经》所取代。（广兴：《魏晋南北朝时期的佛教孝道研究——以〈睒子经〉和〈盂兰盆经〉为主》，张凤雷主编《宗教研究》2016（春），北京：宗教文化出版社，2017 年版，第 21 页）另，陈雷在《契嵩〈孝论〉的伦理意蕴、时代意义与历史价值——基于佛教世俗化视角的探讨》（《广西社会科学》，2018 年第 11 期，第 115 页）中亦指出契嵩引《佛说睒子经》之事。
⑦ "五戒，始一曰不杀，次二曰不盗，次三曰不邪淫，次四曰不妄言，次五曰不饮酒。夫不杀，仁也；不盗，义也；不邪淫，礼也；不饮酒，智也；不妄言，信也。是五者，修则成其人显其亲，不亦孝乎？是五者，有一不修，则弃其身辱其亲，不亦不孝乎？"（(宋)契嵩：《孝论·戒孝章》，《大正藏》第 52 册，第 661 页，中，第 21 行）
⑧ （宋）契嵩：《孝论·戒孝章》，《大正藏》第 52 册，第 661 页，中，第 26 行。
⑨ 方立天：《佛教伦理中国化的方式与特色》，《哲学研究》，1996 年第 6 期，第 60 页。

谓波利经》与《辅教编》关于"五戒"与"孝道"内容对比如下：

	《提谓波利经》(P. 3732)	《辅教编》
一	持戒当行忠孝，不行忠孝者为不持戒。	即曰：孝名为戒。盖以孝而为戒之端也。① 子与戒而欲亡孝，非戒也。②
二	先能行忠孝，乃能持五戒。不能行忠孝者，终不能持五戒。不忠，不义、不孝、不至，非佛弟子。	夫孝也者，大戒之所先也。③ 五戒，……是五者，修则成其人显其亲，不亦孝乎。是五者，有一不修，则弃其身辱其亲，不亦不孝乎。④
三	佛戒，天地之根，万物之主，众生之母，太一之子，道之始。从五戒养之，自致得佛。	五戒有孝之蕴。使我疾成于无上正真之道者，由孝德也。⑤

在第一部分，《提谓波利经》提出"持戒忠孝等同"，以忠孝为戒，戒即忠孝。《辅教编》引《梵网经》"孝名为戒"论证"孝戒一体"。值得注意的是《梵网经》晚于《提谓波利经》。⑥

在第二部分，《提谓波利经》提出"忠孝先于五戒"，并将其作为修佛的必要条件；《辅孝编》提出"孝先于戒"，并将其与"五戒"相联系。从宏观上讲二者都在"孝即为戒"的基础上确立"孝在戒先"，并与"五戒"相关联。

在第三部分，"五戒"在《提谓波利经》成为"万物之主"和"诸佛之母"，因而提出"五戒成佛"说。《辅教编》"五戒有孝之蕴"把孝戒合二为一⑦，又引《佛说菩萨睒子经》"孝德成佛"；实际承认了"五戒成佛"。而《提谓波利经》晚于《佛说菩萨

---

① （宋）契嵩：《孝论·明孝章》，《大正藏》第 52 册，第 660 页，中，第 15 行。
② （宋）契嵩：《孝论·明孝章》，《大正藏》第 52 册，第 660 页，中，第 17 行。
③ （宋）契嵩：《孝论·明孝章》，《大正藏》第 52 册，第 660 页，中，第 17 行。
④ （宋）契嵩：《孝论·戒孝章》，《大正藏》第 52 册，第 661 页，中，第 21 行。
⑤ （宋）契嵩：《孝论·明孝章》，《大正藏》第 52 册，第 660 页，中，第 19 行。
⑥ 日本学者佐藤达玄在《戒律在中国佛教的发展》中认为《梵网经》成立于齐初 482 年左右；镰田茂雄在《中国佛教通史》卷四详认为该经可能出现于 5 世纪末到 6 世纪初之南朝；而《提谓波利经》成立于 460 年左右。
⑦ 方立天：《佛教伦理中国化的方式与特色》，《哲学研究》，1996 年第 6 期，第 62 页。

睒子经》。

《提谓波利经》在《佛说菩萨睒子经》"孝德成佛"基础上,吸收儒家"忠孝"观念,提出"五戒忠孝等同"与"五戒成佛";后被《梵网经》采纳并提出"孝名为戒";契嵩则在吸收二者基础之上提出"孝为戒端"及"五戒孝蕴"等观点。

三、人天判教

判教又称判道,是南北朝佛教内部兴起的一种社会思潮。它将佛陀一生教化按照标准辨别高下深浅。《提谓波利经》依说一切有部主五道轮回[①],并突出强调"天""人"。"五戒十善""人天果报"成为该经特色学说,为南北朝判教奠定了基础。[②] 南朝隐士刘虬便将其判为"人天教"。[③] 塚本善隆[④]、牧田谛亮[⑤]、汤用彤[⑥]、曹凌[⑦]皆对其做过概要性研究;韩焕忠分析了天台智𫗉对它的批判[⑧];张雪松分析了从慧观到智𫗉"五时判教"四个发展阶段,并对各家关于"人天教"的批判做了研究,认为这与佛陀生平传说和中国汉代以来谶纬思维模式有关。[⑨]

---

① "佛亦不分明说五道,说五道者是一切有部僧所说,婆蹉弗妬路部僧说有六道。"(龙树、鸠摩罗什:《大智度论》卷十,《大正藏》第25册,第135页,下,第22行)

"五趣谓捺落迦、傍生、鬼、人、天趣。……有余部立阿素洛为第六趣。"((唐)玄奘:《阿毗达磨大毗婆沙论》(卷一百七十二),《大正藏》第27册,第864页,下,第23行)

"婆蹉弗妬路部"指"犊子部","捺落迦"指"地狱","傍生"指"畜生","阿素洛"是"阿修罗"音译。"五道"又称"五趣",指众生由善恶业所感应趋往之处所,即天、人、畜生、地狱、饿鬼。印度部派佛教时期,说一切有部主五道;而犊子部、正量部、大众部则从"天"中分出"阿素洛",主六道。

② 拙稿:《〈提谓波利经〉与南北朝判教——以"五时判教"为例》,《2018"三论宗与栖霞山学术研讨会"论文集》,南京,2018年6月8日—10日,第167页。

③ 拙稿:《〈提谓波利经〉与南北朝判教——以"五时判教"为例》,《2018"三论宗与栖霞山学术研讨会"论文集》,中国佛学院栖霞山分院"三论宗研究所",南京,2018年6月8日—10日,第167页。

④ [日]塚本善隆:《北朝佛教史研究》,《塚本善隆著作集》(第二卷),东京:大东出版社,1974年版,第211页,第229页。

⑤ [日]牧田谛亮:《疑经研究》,东京:日本京都大学大学人文科学研究所,1976年版,第150页。

⑥ 汤用彤:《汉魏两晋南北朝佛教史》,北京:昆仑出版社,2006年版,第697页—第703页。

⑦ 曹凌:《中国佛教疑伪经综录》,上海:上海古籍出版社,2011年版,第85页。

⑧ 韩焕忠:《天台判教论》,成都:四川出版集团巴蜀书社,2005年版,第15页,第27页。

⑨ 张雪松:《试论'五时判教'的产生与演变——从陈寅恪论解经体例说起》,张风雷主编:《宗教研究》2016(春),北京:宗教文化出版社,2017年版,第58页,

　　契嵩将佛教判为"五乘"①,尤重"人""天"二乘;并将"五戒"称为"人乘"②、"十善"称为"天乘"③,原因在于持"五戒"得人身,行"十善"得生天。他认为"五戒十善"与"五常仁义"相通,从判教上讲儒家教化与佛家"人天乘"等同;因而会通二教并无障碍,故"不必僧不必儒,不必彼不必此"④,"不可无儒""不可无佛"⑤,儒佛应"相望而出,相资以广"⑥。

　　现将《提谓波利经》与《辅教编》关于"人天乘"的内容对比如下:

	《提谓波利经》(第 3732 页)	《辅教编》
一	佛言:作天行得生天;作人行得生人;作奴婢畜生行,生奴婢畜生;作饿鬼行则为饿鬼;作地狱行则堕地狱。	曰人乘者,五戒之谓也。⑦ 曰天乘者,广于五戒,谓之十善也。⑧
二	佛言:持五戒为人行,行十善得生天,负债不偿、借贷不归、抵突无道、作畜生奴婢,悭贪不肯布施则作饿鬼,不信有佛、不信有法、不信有比丘僧……死入地狱。	夫五戒十善者,离之所以致天,合之所以资人;⑨ 兼修其十者,报之所以生天也;修前五者,资之所以为人也。⑩ 治人治天,莫善乎五戒十善。⑪

　　从历史发展上讲,"人天乘"始于南北朝判教。南朝隐士刘虬在道场寺慧观"二科五时"判基础上提出"五时七阶"判,从而将《提谓波利经》判为"人天善根";隋净影慧远将其称为"人天教";天台智顗与三论吉藏又将其论为"人天乘";后被

---

① (宋)契嵩:《原教》,《大正藏》第 52 册,第 649 页,上,第 11 行。
② (宋)契嵩:《原教》,《大正藏》第 52 册,第 649 页,上,第 18 行。
③ (宋)契嵩:《原教》,《大正藏》第 52 册,第 649 页,上,第 23 行。
④ (宋)契嵩:《广原教》,《大正藏》第 52 册,第 657 页,上,第 18 行。
⑤ (宋)契嵩:《广原教》,《大正藏》第 52 册,第 660 页,上,第 10 行。
⑥ (宋)契嵩:《广原教》,《大正藏》第 52 册,第 660 页,上,第 07 行。
⑦ (宋)契嵩:《原教》,《大正藏》第 52 册,第 649 页,上,第 18 行。
⑧ (宋)契嵩:《原教》,《大正藏》第 52 册,第 649 页,上,第 23 行。
⑨ (宋)契嵩:《广原教》,《大正藏》第 52 册,第 655 页,上,第 02 行。
⑩ (宋)契嵩:《原教》,《大正藏》第 52 册,第 649 页,上,第 29 行。
⑪ (宋)契嵩:《广原教》,《大正藏》第 52 册,第 654 页,下,第 29 行。

历代高僧沿用,为各宗判教奠定了基础。[①] 契嵩的"人天乘"即来源于此。

从具体内容上讲,《提谓波利经》分述"五道本"与"五道行"。"五道本"指要想投生"五道"必须做五种"事(行)";"五道行"则对每道之"行"做具体解说。该经"五戒为人""十善生天"的学说完全被《辅教编》承袭。

四、结语

从"五戒""五常"配比关系之变化,到"五戒""五经"比附内容之创新,再到"五戒""五伦"探讨深度之延伸;昙靖、颜之推、智顗、契嵩之逻辑理路一脉相承;《提谓波利经》、《颜氏家训》、《仁王护国般若经疏》、《金光明经文句》、《辅教编》之论证内容息息相关。

从"忠孝即持戒"到"孝名为戒",再到"孝为戒端";从"五戒忠孝"到"五戒孝蕴";从《提谓波利经》到《梵网经》再到《辅教编》;中国佛教在印度佛教伦理基础上吸收儒家孝道观念衍生新伦理之进程绵绵不绝。

从隐士刘虬"五时七阶"之"人天善根"到净影慧远之"人天教",到天台智顗、三论吉藏之"人天乘",再到云门契嵩之"人乘天乘";其判教之法代代相承。

通过对比研究发现,契嵩儒佛融合论受到了《提谓波利经》的影响;又因其为云门宗高僧,是宋代援儒入佛之代表,在宋代禅宗思想史与文化史上占有重要地位;因此可以说《提谓波利经》通过契嵩对宋代禅宗产生了影响。此外,契嵩儒佛融合论既减缓了北宋排佛运动的影响,又为佛教发展争取了生存空间;既推动了佛教伦理的新发展,又为宋儒理学发展提供新资源;既标志中国佛教伦理发展达到新高度,又突显佛教中国化进入新进程。

---

① 拙稿:《〈提谓波利经〉与南北朝判教——以"五时判教"为例》,《2018"三论宗与栖霞山学术研讨会"论文集》,中国佛学院栖霞山分院"三论宗研究所",南京,2018 年 6 月 8 日—10 日,第 167 页。

杭州理安寺箬庵通问禅师及其法裔在清代佛教中的影响

黄公元[①]

（杭州师范大学宗教与社会发展研究所）

摘　要： 临济正宗三十一世箬庵通问禅师，从明末崇祯九年到清初顺治三年住持杭州理安寺达十年之久，作为该寺开法始祖，奠定了理安寺成为清代重要禅宗道场的坚实基础。箬庵法裔中高僧辈出，在清代佛教中颇有影响。本文先以行策所撰箬庵禅师《行状》为基本依据，兼及其他相关资料，考察评析箬庵生平事迹中值得关注的若干方面，彰显其特色、贡献与影响。再以箬庵之后五世禅师中晓庵行昱、天笠行珍、截流行策，独超超方、梦庵超格，迦陵明音、调梅明鼎，法南实胜、智朗实月，彻悟际醒等十位高僧为典型案例，以及康熙、雍正、乾隆（关键是雍正）对理安寺及箬庵一系高僧的青睐和重视，说明箬庵及其法裔对清代佛教（尤其是禅宗和净土宗）的重要影响。

关 键 词： 通问禅师　理安寺　箬庵法系　清代佛教

明清之际，从明末崇祯九年（1636）到清初顺治三年（1646）住持杭州九溪南涧理安寺达十年之久的临济磬山派二世箬庵通问禅师（1604—1655），作为理安寺开法始祖，不仅使其剃度恩师、重开山祖[②]佛石大师法雨仲光（1569—1636）复

---

① 作者简介：黄公元，曾任杭州师范大学宗教与社会发展研究所所长，教授。研究方向为浙江佛教文化思想等。

② 杭州理安寺，溯其源，乃吴越国时法眼宗僧伏虎志逢在杭州的卓锡地之一，忠懿王钱弘俶为其建寺，名涌泉禅院。南宋理宗幸寺内，祝国泰民安，敕改理安寺。明弘治年间废于洪水，涤荡无余，六（转下页）

兴的理安寺更加庄严辉煌,还奠定了理安寺成为清代重要禅窟的坚实基础,其法裔中龙象辈出,群星璀璨,磬山派南涧理安一支在清代佛教中具有不容忽视的影响。本文试对理安寺开法始祖箬庵通问禅师的生平行迹、特色贡献及其法系(以"行、超、明、实、际"几个字辈为重点)在清代佛教中的影响,作初步的梳理与探析。

一、理安寺开法始祖箬庵通问禅师

箬庵通问(1604—1655),是临济宗磬山派天隐圆修法嗣,玉林通琇法兄弟。关于他的生平行迹,清代及其后的僧传与灯录等,有详略不同的记载,而以其法嗣之一、后被尊为莲宗十祖的截流行策所撰的《行状》最为详实。此 3000 余字的《行状》,载录于《理安寺志》卷五(禅宗),标题为"开法始祖、传临济正宗第三十一代——箬庵通问禅师",文末标注"门人行策撰《行状》"。《新续高僧传》四集卷九的通问传,虽主要源自此文,标题却写作"清润州金山寺沙门释通问传",且个别地方似有歧解。而行策在其师晚年随侍左右,亲眼目睹师之相关行迹,所记自然真实可靠。遗憾的是,此文似未引起后人足够重视,已出版流通的行策文集中,均未收录。故这里不妨先全文引录,然后以此为主要依据,兼及其他相关资料,略作点评与分析。

行策所撰之箬庵禅师《行状》全文如下:

> 师讳通问,号箬庵,姓俞氏。本松溪人,世居荆溪。父安期,字羲长,博

(接上页)十年无有过而问者。万历二十二年(1594),佛石大师法雨仲光喜其地幽奥清净,遂挂瓢岩壁间,诛茅垒石,结且住庵于此静修。后在掘地时偶得残碑旧迹,方知乃伏虎禅师开山之古寺旧址。得郡人吴之鲸、黄汝亨及方伯吴用先等护法檀越倡议推动劝募捐助,万历三十九年(1611)起,佛石大师领众重兴之,诸废俱举,四方衲子与清流竞相聚集于此参禅念佛,遂成几与云栖寺齐名的一大丛林。天启七年(1627),箬庵通问于佛石大师座下落发。崇祯九年(1636),佛石大师迁化,众弟子一致荐请箬庵继席,通问于此一住十年,宏开临济宗禅法。故《理安寺志》以伏虎志逢为开山始祖,法雨仲光为重开山祖,箬庵通问为开法始祖。

学著书，名重当代。晚年无子，就佛寺建无遮大会百日，应祷而生。

幼失怙。弱冠，偶过僧舍，阅《首楞严经》至"此身及心，外洎虚空，山河大地，咸是妙明真心中物"，疑不自释。闻天隐师翁居磬山，乃往谒。翁门庭孤峻，终日不措一言。因投诚恳示，翁示以本来面目话，未能死心参究。已复叩翁，适翁立涧边，与客论及《金刚经》，师曰：《金刚经》洵妙，不应住色生心，不应住声香味触法生心，应无所住而生其心。翁蓦顾师曰：如何是其心？师爽然自失，遂矢志参决。

年二十四，将就婚。夜梦神人力振之起，寤而惊悔，潜去武林，投南涧理安寺佛石大师落鬓。

痛惜光阴，决计参方。拟上博山，不果。遂往金粟山参密云和尚，怀香请益曰：某甲久看未生前面目话，不得入处，乞和尚慈悲指示。密曰：你但看到未生前，便是入处。师方作礼，密与蓦头一踏。师归堂一夜不睡。迟明复入方丈曰：昨蒙慈悲，一夜不睡。密嘱声曰：正好睡在。师拟进问，又被打出。得此一番淬砺，时中孤危绝倚。

乃上磬山，翁喜命参堂，住半月，坐夜闻风声，豁然有省。作偈曰：千玄万妙隔重重，箇里无私总不容。一种没弦琴上曲，寒崖吹落五更风。呈翁，翁征曰：玄妙即不问，如何是不隔底句？师拟对，翁便打。师到此去不得，偶因众颂百丈"并却咽喉唇吻"话，师亦颂曰：并却咽喉唇吻，三人口阔一尺。夜半露柱相逢，横吹无孔铁笛。呈翁，翁曰：露柱，还有口么？师曰：炽然长说。翁曰：道得一半。师曰：和尚又如何？翁曰：此问复何来？师直下如团火相似。次日，入室举似翁。翁曰：不得烧却眉毛。师便喝，翁曰：烧却了也。师曰：看者老汉，一场败阙，便出。从此，机用自在，差别因缘，一一透露。后复于室中请益，洞明宗要。崇祯癸酉，翁度夏法济，以偈嘱师，有"他年起我临济宗，杀活纵横开天日"之句。翁后每激师荷负大担，三度委任报恩院事，皆力辞。乙亥九月，翁治后事讫，走东明，为山茨和尚慰留，卷茅山后，榜曰"死心"，事翁遗景，期毕心丧，不失古人庐塔之意。

丙子秋，南涧佛石大师迁化。众心注师，荐请继席。一住十年，家风严冷,条令森然。同居衲子,戒抑狂见,唯尚实行真参。稍杆鞭斥,不稍假借。居亡何,院宇日整。檀越汤母法荣道人,恭迎龙藏,供螺月楼中。梵策庄严,遂擅南山最胜。一日,檀越营斋,真囊金于客寮,求之勿得。师曰:是山僧蔑德所致。集众诣伽蓝祠,深自检责。随有虎踞三门,哮吼三日。一客僧怀金,上方丈悔谢。师密遣去,虎乃遁伏。师之在洞也,虽容众参请,而一关常楗,志尚隐晦。慨念禅宗近季统系失铨,欲定《续灯录》,虑有挂漏。适华亭有施别驾笠泽居士者,内外典籍袭藏甚富,闻斯举,欢然来谒,延师至其家,因留半载,得遍搜历祖遗编,手为裒集。师谓此书之成,施之功不可泯也。

甲申,师至余杭,入龙须,迤逦登天目两峰,礼诸祖塔,穷历奇胜。寻还武林,而兵燹横起,骚动江干,邻比村间,悉遭焚掠。一日,振旅上山,俄大雷雨,及门而反。师唯杜缘掩室,面壁山头而已。

京口晦夫和尚与师同门,重开夹山法席。丙戌冬,以讣闻,遗命驻龛客堂,虚席迎师,师于是移锡焉。逾年,欲反浙。金山若公法师知师将引退,合众耆德,奉郡县疏,乘机劝请往金山之龙游寺,师应之。戊子春正月,入院。先一夕,山顶塔放大宝光,睹者叹异。住后,宗风渐被大江南北,参徒鳞集,数逾万指。山有韩蕲王祠,春秋祀典,例用牛豕,就寺烹割。是春,师弘毗尼法,率秉戒弟子千人,严净坛址。适县役至,预期办事。师曰:此山如是戒坛,讵容同日宰割乎?乃诣祠告祝,授以净戒。明日,太守委丹徒广文黄公主祀。到山即谒师,师述上意,请以面代牲。黄难之,忽众役趋白:顷者载牲渡江,将发舟而牲忽脱缚奔逸,追蹑不得。黄大骇异,始欣从师请。当事遂奉为常祀焉。有山车老衲者,由燕都来,以巨舰载沁金大士,南上普陀。抵瓜渚,像忽沉江。车募众力,百计挽之得出。既登岸,夜梦神人告曰:金山有大禅师演法,就彼供养,胡涉远邪?车觉而奇之。拟上山,以非初心未果。时甘露、海门诸山,金来礼请。车卜像前,重与梦协,于是舁送至山。江渡称险,风作辄覆舟。师愍之,设救生船,篙师活人者,计功酬之。遇重雾冥晦,即鸣板山椒,俾长年审所趋向,且免奔崖触石之虞。本山遵行,迄今弗怠。是岁中元,建水陆法会,利诸沉溺。

会荆溪众檀护,以磬山祖席久虚,邀师主之。师领众往,洒扫祖室,躬亲香火。冬夏与众衲安居,二时参请,无忝先规。后因事去武林,乃栖迟南涧。

庚寅春,复循禾人之请,住西河古漏泽寺。盖自申酉之变,禾遭兵燹尤甚。漏泽居郡之东偏,殿宇俱烬,唯铁佛一躯,巍然露立于瓦砾中。兵退,居民亡归者,环而视之,见血泪从佛眼出,群心恻然,竞为传播。有三学禅德,盟诸同志图复。即先成铁佛殿,以次庄严佛身,而泪迹弗灭。布漆饰金,终不可掩。则慨然曰:吾辈鲜德,必欲兴起,其唯善知识乎。遂举海内说法荷众道腊并尊者数人,卜之得师。于是诸山耆宿,暨宰辅金公、阖郡绅士,同力坚挽,师不得已赴之。既至,畚剔荒秽,营构堂庑。半载拮据,郁成丛席。师尝统众出队,多获钱米,即以赈饥乏。所历屠肆家,募百钱为赎生命。嘉秀两邑宰,感师道化,每乐从游。士大夫问法者,时盈筹室。师随机善诱,不倦接纳。

淮镇恭顺侯吴公,钦师道望,驰书敦请,愿师为降锡说法。师一过淮甸,就向署升座。复延居文通院,问道请法,执礼甚恭。淮去河较近,师拟溯河而上,不果。决意深入磬谷,高卧云堂,永谢世缘酬酢之事。

甲午,特走南涧,自卜片地于理安左,营建窣堵。苟完即还磬室。乙未夏,忽顾谓策曰:老僧殆不久于世矣。今此祖席,未可轻委,吾同法,唯报恩玉和尚,吾将诣金车托院事。且吾不欲委息于此,唯应随寓而逝。汝等可即日于当处烧却,囊负吾骨送塔中便了。切勿效诸方随例作佛事也。策闻语,悚栗逡巡而退。越翼日,解众武林之棹,路遇风林月渚,辄屡日泊舟,乃作《旅泊偈》二章,自称旅泊老人。秋抵南涧,九月到报恩。值师翁讳日,扫塔后,与报恩和尚深叙别惨,谈笑彻夜,且重以磬山祖庭勉托。并涉浔溪,别金少师次公跂宋,谢其两世护法之谊。凡湖山道旧,一一告辞。委顺之日,舟泊吴江应天寺。午刻,手勒岂翁少师书,犹谆谆以弘护为嘱。饭食如平时。晡时,微示腹疾,剃发澡身,寻命更衣,语左右曰:吾行矣。遂右胁吉祥而化。旅次仓皇,亟令传讣。时跂公始晤师诀别语,骇叹无已。随至申供,力荷后事。十月,诸弟子迎龛归南涧。越明年丙申普门成道日,依法阇维,缁白会送者千余人,奉遗骼入师所营之寿藏中。

师生明万历甲辰五月二十日亥时,寂于清顺治乙未九月二十七日酉时。阅世五十有二,坐五十七夏。所说诸会语录十二卷,又《磐室后录》一卷,外著《续灯录》若干卷,并行于世。嗣法弟子自晓庵昱而下,有若古眉山、无海学、千仞冈、汝风杲、梅谷悦、子山如、贵庵彻、一庵月、禾峰颖、别峰秀、天章玉、天笠珍、密传能、斯瑞法、铁舟海、用中睿、明明灯、隐明纶、济水洸、大禅永、隐谷仰、云峰授、赤水玭、乳石泓、雪眉鉴、绍隆祖,皆亲历法会,受师记莂。或披衣得座,导利人天;或一钵孤骞,目视云汉。至若古石藏、六吉谦及予小子策,则又依师得度而亲承法乳者也。师凡五坐道场,去留信缘,脱然无滞,丛林咸高其风。性峻急,遇物率真。体极羸弱,斋粥不过半盂。然神意卓越,燕居无惰容,见者不威而慑。至据坐当轩,虽迅机雄辩,号称一时俊衲者,不自知其气奢缩矣。然师未尝以高迈奇伟,略慢细故,即瓦埏木植、羹菹茗药之间,必尽其虑力,盖务为众所观式也。门人行策撰行状[①]

此《行状》之行文,撰写者以自称"小子策"的口气娓娓道来,使读者油然生起一种亲切感,颇具感染力,也更具可信度。木陈道忞应请撰《南涧箬庵问禅师塔铭》,即以此《行状》为依据,撮成七十八则铭辞。[②] 下面谨以此《行状》为主,并联系其他相关资料,对传主箬庵通问的生平行迹值得关注的若个方面,略作点评与分析。

1. 箬庵出生与早年经历,即佛缘深厚。父晚年无子,施设法会诚祷而得。弱冠偶闻《楞严经》,即有所触动,而发学佛参究之心。年二十四将就婚,夜梦神人惊寤而毅然潜去出家。这些皆是其夙世深厚佛缘的显发。

2. 自出家始,所历诸道场中与理安寺因缘最深。这体现在诸多方面,首先是出家于理安寺,由佛石大师落髮。而这又与其父俞安期曾游居理安寺,与重开

① 参见《理安寺志》卷五,《中国佛寺志丛刊》第 77 册,成都:广陵书社,2006 年版,第 212—224 页。
② 道忞在《塔铭》序中言:"其(箬庵)门人晓庵辈来天童丐铭住山。僧道忞谨撮其截流策公之状,而为之铭曰。"参见道忞:《布水台集》(卷第十四)。

山祖佛石大师的方外交有关。① 二是他出世宏开法席的首个道场就是理安寺，且一住十年，使之成为西湖南山最胜道场。三是迁住其他道场后，凡经杭州，必往南涧理安。四是晚年特走南涧，自卜片地于理安寺左，营建窣堵。五是圆寂后龛归南涧，塔于寺左。六是他的数代法裔中多有住持理安寺者，②故被奉为理安寺的开法始祖。

3. 同磬山圆修的甚深法缘及师徒谊重。亦体现于多个方面，如未出家前，闻佛经有疑不能自释，即往磬山谒天隐圆修，经点拨而矢志参决。投理安寺出家后，决计参方，拟上博山未果；往金粟参密云圆悟，经一番棒喝淬砺，时中孤危绝倚，但未开悟；遂再上磬山，圆修喜命参堂，坐夜闻风声而豁然有省，作偈以呈，又经一番机锋棒喝，而获证悟；复于室中请益，而洞明宗要；圆修付法于他，有"他年起我临济宗，杀活纵横开天日"之赞语。接法后深得圆修器重，曾三度委任磬山派重要道场报恩院事，因通问力辞，而由玉林通琇住持。③ 崇祯八年(1635)圆修示寂，通问处理完后事，经东明山，为师兄山茨通际挽留，卷茅山后，榜曰"死心"，奉事天隐遗像，期毕心丧，不失古人庐塔之意。④

4. 将磬山祖席郑重托付玉林通琇。通问示寂之前所处理的最重要法务，就是磬山祖席的托付，他与行策言，唯有报恩玉和尚可担此重任，将亲往金车山托付院事。故在最后的旅泊途中，于顺治十二年(1655)九月到报恩，正值天隐讳日，扫塔后，与通琇"深叙别悰，谈笑彻夜，且重以磬山祖庭勉托。"行策作为亲历此过程的见证者，郑重记录此事，说明通问对磬山祖庭法席的高度重视，及对师

---

① 俞安期(字美长)，儒释兼通，曾游居杭州，不仅与冯梦桢、虞淳熙、黄汝亨、吴之鲸、王稚登等名流多有交往，且同佛石大师等亦有方外之交。如《武林梵志》卷五，护国仁王寺条中释文石《无门洞记略》述及，冯梦桢等游无门洞，遇虞长孺、俞美长，分韵赋五言古诗；《理安寺志》(卷八)，录有俞安期唱和访理安方丈的诗一首。

② 按《理安寺志》卷五记载，箬庵法裔中住持过理安寺者，在乾隆三十六年(1771)之前，即有"行"字辈八位，"超"字辈八位，"明"字辈五位，"实"字辈四位，共二十五位。

③ 圆修于崇祯七年(1634)移主湖州报恩禅院，故报恩院成为磬山派重要道场，《新续高僧传》四集卷二十一的圆修传记，因此而题为《湖州上柏山报恩禅院沙门释天隐传》。上柏山在武康(今德清)境内，亦称金车山。

④ 东明山位于余杭安溪，《东明山志》中有通问撰之通际《行状》。《新续高僧传》通问传中，略去"师治后事讫，走东明，为山茨和尚慰留"句，可能会引起误解，似乎是在天隐示寂地山后卷茅为庐。

兄弟通琇的高度信任，两人法谊之深非同一般，不愧为磐山派的两大台柱。这也表明，通问在磐山派中的地位与影响，决不逊于通琇。① 尽管通琇因被顺治帝尊为国师，后来的知名度更高些，但通问的影响及其一支在清代的兴旺发达，绝不能小视。

5. 预知时止，临终洒脱。一年前即预作准备，走南涧择塔址。末后旅泊行前，即嘱于途中随寓而逝，当处烧却，囊骨送塔便了，切勿效诸方随例作佛事。旅泊途中一路潇洒，妥善处理磐山祖席托付等要务，与湖山道旧一一告辞，委顺之时说走就走，毫不拖泥带水。这是勘破生死、究竟解脱、来去自由的禅师非凡风采的形象展示。

6. 制订规约，注重道风，以身作则，高尚僧格感天动地。鉴于行脚诸方时历览教内重重积弊，痛心彻骨，故自开法理安始，即非常重视丛林制度建设和道风建设，且身体力行，凡其所主道场无不管理谨严，道风整肃，誉满禅林。以理安寺为例，寺志卷六录有他制定的同住规约、禅堂规约、结制规约、客堂规约、浴规、厨房规约、两序规约、接引庵规约及其列职规约等一系列规章制度，凡事皆有章可循，条令森严。而且身体力行，律己尤严，堪为表率。《行状》中有好几则慈悲利生、僧格高尚而感天动地的事迹记录，如对檀越囊金置于客寮而不见一事发生后，深自检责、妥善处理的案例，充分体现了严于律己、悲智待人的高僧风范，不仅感人至深，还感应护法之虎大显神威。

7. 说法不倦，著述丰硕。凡五坐道场，虽身体羸弱，斋粥不过半盂，但处处说法不倦，提纲挈领，不威而慑，化导无数。弟子辑有《五会录》《磐室后录》等，后精编为《重刻箬庵禅师语录》行世。另外，有感于禅宗近季统系失铨，遍搜历祖遗编，辑成《续五灯存稿》（简称《续灯录》）。

8. 法嗣三十，清初颇有影响。前后记荊的法子共三十位，"或披衣得座，导利人天；或一钵孤骞，目视云汉。"据《理安寺志》，其中相继住持过理安寺的，即有晓庵行昱、梅谷行悦、济水行洗、天笠行珍、斯瑞行法、汝风行杲、子山行如、六吉

---

① 关于这一点，《箬庵语录》蔡联璧撰于崇祯丁丑的序中，言磐山法嗣，特别提出的是林皋、箬庵两位，可为佐证。（参见《理安寺志》卷七）林皋通豫（1588—1646）示寂较早。

行谦八位,均对理安寺成为重要禅窟卓有贡献。而不管是否住持过理安,数坐道场、多会说法者,亦不乏其人。这一群体,对清初的佛教有重要影响。

二、理安寺箬庵通问法系在清代佛教中的影响

箬庵通问法子众多,法系兴旺,在清康、雍、干时期影响不小,"通"字辈下的"行、超、明、实、际"几辈均有颇为杰出的高僧,且对禅净二大法门均有甚大影响。其中有的与清皇室关系密切,还受到雍正、乾隆的青睐,理安寺也因此而受到康、雍、干三帝的重视。

(一)箬庵法系有影响高僧举例

按"方广正圆通,行超明实际"的法脉源流偈,临济正宗三十一世通问之下,依次是"行、超、明、实、际"五世(磐山三世到七世),其中俊才辈出,不乏各具特色、颇有影响的高僧。限于篇幅,下面按字辈分别列举几位,以窥一斑。

1. 临济正宗三十二世"行"字辈的晓庵行昱、天笠行珍、截流行策

晓庵行昱(1607—1685),龙游人。箬庵大弟子。在南涧参学并得法,侍师二十年,箬庵赞其"悟境不异高峰、断崖,而德业深厚。"相继在理安寺任首座、夹山竹林寺分座说法,众皆敬服。箬庵屡以理安院事嘱托,皆苦辞,顺治六年(1649)将集众命摄方丈事,连夜远遁。应请开法于武功山之灵溪。十一年(1654)夏,值箬庵五十寿庆,领众东还,复命秉拂代座,至秋继席南涧,为理安寺第二次住持,提纲挈要,条令森严,即宿学饱参,辄不敢撄其锋。后投老浏阳山黄昙寺,江楚衲子,闻风趋附,一住二十载,影不出山,唯不忘所自,梓板箬庵《续灯录》,编印《箬庵语录》,每岁必派专人至理安祖庭熏塔。有《三会录》《黄昙拈颂》若干卷,盛行于世。①

天笠行珍(1624—1694),上海人。箬庵诸法嗣中子孙最兴盛者。在南涧参

---

① 据天笠行珍所撰塔铭(参见《理安寺志》卷五)兼及行昱为箬庵《续五灯存稿》、《箬庵和尚语录》所撰序(参见《理安寺志》卷七)。

学而得法于镇江竹林寺。箬庵印证偈云"吹毛不犯当头令,出窟金猊果俊哉。"还于众中赞曰"珍虽年少,悟处确实,法门令器。"自题肖像授之,命掌竹林寺书记。顺治十五年(1658)出世菩提寺,越三载迁德章,康熙六年(1667)应同门行洗之邀继南涧祖席,后又历主湖州道场、宜兴龙池、天童、磬山、金山、东禅等名刹,九坐道场,说法十二会,开堂三十七年,所至随机接引,说法瓶泻,辩才无碍,宗风大振。而自奉甚薄,一衲补缀终身。其中与南涧法缘特深,曾四住理安,殿宇寮舍焕为一新,道风孤迈,衲子非谋道真切、痛念生死者,不敢登其门,故有"生死理安"之称,末后归寂于南涧。有《楚萍集》《天笠语录》等行世。法嗣三十人,南北称大禅师者,强半是其子孙。法嗣中相继住持理安者即有八位(第十到十七次住持),有北上京都弘法者,与清皇室法缘匪浅。①

截流行策(1626—1682)②,宜兴人。既是箬庵剃度弟子,又是其入室法子,且是其法嗣中禅教净融合导归净土最有影响者。投南涧理安出家,当与其父与佛石仲光、箬庵通问的方外交有关。③ 行策剃度后,胁不至席五年,参究得力,功夫胜进,顿彻法源。继而随侍箬庵多年,是其晚年经历的见证者和《行状》撰写者。后一度移住报恩寺,遇同参息庵瑛,劝修净业。又遇钱塘樵石法师,同入净室,修法华三昧,宿慧顿通,穷彻教髓。康熙二年(1663),到西溪河渚间结河渚草堂(莲树庵)潜修并著述,证得念佛三昧。九年(1670),应请开法于虞山普仁寺,倡兴念佛莲社,起精进佛七,领众念佛,莲风大扇,住寺十三载。示寂后,不仅普仁寺有其墓塔,理安寺亦建有截流大师塔。④ 著述有《宝镜三昧本义》《金刚经疏记会编》《净土集》等。由于其对净土法门的巨大贡献,后来被尊为莲宗十祖。

---

① 据祥符令毛际可撰塔铭、法嗣梦庵超格撰行状(见《理安寺志》卷五),兼及其《语录》诸序等(见《理安寺志》卷七)。天笠法嗣中相继住持理安的是:独超超方、铁眉超元、睦庵超孝、梦庵超格、毗卢超月、越鉴超彻、翰如超学、远涵超著;上京都弘法的有独超超方、梦庵超格。

② 行策生年,有标为1628年的;但据记载,他是其父蒋全昌(字鹿长)于憨山大师示寂(天启三年,1623)之第三年,梦憨山杖锡入室而诞,以此计,当为1626年。

③ 蒋全昌曾居理安寺,与佛石、箬庵一起参禅念佛,还有不少诗文酬唱,《理安寺志》中多有载录。

④ 《理安寺志》卷六"迦陵禅师规约"中,言及墓塔的择地建造时,特别提到截流大师塔,有关文字曰:"开山大师头结,箬祖中结,天笠老人旁结,再普塔,截流大师塔,常住甚平稳。"天笠老人,亦曾短期住持过虞山普仁寺(据《普仁寺志》)。

2. 临济正宗三十三世"超"字辈的独超超方、梦庵超格

独超超方(1643—1710)，武进人。天笠行珍在镇江竹林寺时付嘱之法嗣。历主金坛东禅、南涧理安、临安东天目、京城柏林、山阴宝寿等名刹，四方衲子云蒸辐辏。康熙四十一年(1702)多罗贝勒胤禛分府城东，毗邻柏林寺，时正值独超主柏林，两人多有交往，谈法甚契。次年(1703)胤禛还为独超《语录》作序(署曰皇四子多罗贝勒书)。后独超苦辞南归。四十九年(1710)八月独超示寂于宝寿，远近缁素涕泪悲泣，如丧考妣。时在藩邸的雍亲王胤禛应请为撰《塔铭》，明年还遣官择吉日建塔奉事。铭词中有句曰："禅语之学，上乘大雄。及其弊也，著有谈空。师独不然，中流之屹。"这是箬庵一系与清皇室建立甚深法缘的重要一环。独超著述除《语录》外，尚有《净土格言》。

梦庵超格(1639—1708)，芜湖人。天笠行珍主禹门(宜兴龙池)时付嘱之法嗣。梦庵登庐山五老峰豁然悟彻，往禹门参天笠以印证。天笠门风孤峻，学者惮之，梦庵横机不让，一众侧目。不久遂受嘱，有"微笑争看第一枝"之偈。天笠住南涧、夹山、东禅，梦庵皆充第一座，四方来参者，皆服其机用之敏。后历住嘉善东禅暨慈云，武林南涧及清波，最后主京都柏林，咸能以道示人，本色接人，称性说法，拣辨精当，所化殊广。著有《五会录》《宝伦集》，诸方莫不推重。法嗣十一人，其中迦陵性音、调梅明鼎后来与雍正关系密切，正是缘自梦庵之主柏林寺。梦庵《塔铭》是明鼎主柏林时恭请和硕庄亲王所撰。

3. 临济正宗三十四世"明"字辈的迦陵明音、调梅明鼎

迦陵明音(1671—1726)，亦称性音，沈阳人。梦庵超格法嗣，与在藩邸时的雍亲王关系非同一般。他出家受具后，曾参济洞下诸多名宿，皆不契机。至南涧理安谒梦庵，命掌记室。每有垂问，横机不让，遂授衣拂，升任西堂。康熙四十六年(1707)梦庵受请住持柏林，以书招其入京修觐，分座接众，勘验接引真切简要，无不倾服。次年梦庵示寂，众请继席，不允，遁去西山，缁素以大千佛寺敦逼出世，据座提唱达六载，诸方英俊，纷至沓来。后补住京都柏林、武林理安三载。一度栖息庐山归宗。不久而应和硕雍亲王之命主西山大觉寺。在京期间，雍亲王

常与其谈禅论道,十分投契。清廷发帑重修理安寺,亦得益于此。① 雍正登基
(1722),迦陵谢院事,飘然南下,居无定止。雍正四年(1726),示寂于庐山。上谕
依玉林加恩之例追赠国师,谥号圆通妙智大觉禅师。后迁塔于大觉寺。迦陵著
述甚丰,《十会语录》《宗鉴法林》《宗统一丝》《杂毒海》等盛行于世。有意思的是,
雍正对迦陵的评价,前后大相径庭,先是推崇有加,令其语录入经藏;后来却大加
挞伐,削去国师封号,语录入藏者亦令撤出。内中涉及有关政治的诸多隐情,不
得而知。但无论褒贬,皆是迦陵禅师具有重要影响的一种特殊表现。其著述思
想及其制定的规约都是值得研究的。他为理安寺制定的规约,对理安寺道风建
设有重要意义。

调梅明鼎(1680—1751),黄梅人。梦庵超格住南涧时记莂的法嗣。与登基
后的雍正依然关系密切。梦庵主柏林时,随专使入京。梦庵入灭,载枢南还,庐
塔五载。继而出世苏州永宁寺。康熙五十二年(1713),入京师集云堂,与雍亲王
机缘相契。次年起,相继住持磐山(七载)、理安(八载)。期间雍正登基,密旨进
京引见,上谕有"小心行道,勿彰声势"之训。雍正五年(1726)冬特旨进京,次年
正月奉旨主柏林,尝召见便殿,问答称旨,赐紫衣、玉如意、金转轮藏等。皇族、大
臣问道无虚日。十一年(1733)退柏林而南还,守梦庵塔院,请和硕庄亲王撰《塔
铭》。十三年(1735),奉旨参与藏经刊修。乾隆三年(1738)修藏事毕,急欲南还,
庄亲王奏补万寿寺住持,并掌僧录。十六年(1751)因疾退万寿院,于旃檀寺安坐
而化。塔于磐山,庄亲王撰塔院碑铭。

4. 临济正宗三十五世"实"字辈的法南实胜、智朗实月

法南实胜(1690—1752),益阳人。调梅明鼎住理安时记莂的法嗣。亦与雍
正有缘。雍正五年(1727)冬调梅奉诏主柏林,法南随侍进京充堂主,后又兼维
那。七年(1729)应请开法于瑞征寺,于此领众多年,履亲王、庄亲王俱赐匾额。
十一年(1733)初,调梅传恩旨引见,命主杭州理安,法南跪辞,上云"尔为人老实,
道风甚好,住三年,来请朕安。"遂南下,入院日食堂万余指人,盛况空前。次年,

---

① 康熙四十八年(1709),理安寺因杭州饥荒严重甚清苦,方丈越鉴超彻进城化缘,示寂于万安桥侧。迦陵
　得此噩耗,哭奠师叔甚哀,雍亲王询知有关情况,奏闻父皇,清廷遂发帑重修,并置柴山、斋田。

虞山普仁寺坚请，不得已而兼摄之。十三年（1735），上命来京引见，曾遣问功夫两次。八月雍正去世，哀痛罔极。乾隆登基，奉旨令圆明园僧人回本山，遂归普仁寺，启建报恩道场四十九昼夜。后应请相继住持镇江竹林寺和磐山祖庭，卓有建树。

智朗实月（1711—1771），佛日明羲法嗣，天笠行珍下越鉴超彻法孙。[①] 禅教净兼融是其明显特色。秉具戒后，曾参天目晦日、磐山若水等禅老，后依灵峰素莲法师习台贤经论。继而至杭州理安，参佛日明羲，投机相契。一度遁迹临江辩利院。后应请住持定香古刹，百废俱举，座下常绕二千指。乾隆十八年（1753），奉圣旨住理安，次年夏进院后，提纲挈纪，大振宗风，四方参叩，殆无虚日。激扬本分外，兼讲诸大经论。乾隆三次驾幸理安，奏对称旨，赏赐颇丰。平时持戒精严，一衲外无余衣。晚年得无师智，贯通诸子百家，杭州缙绅皆乐与之游。预知时止，沐浴更衣，集众念佛，半趺而逝。有《语录》《禅宗秘要》《南涧吟草》《示众偈》等行世。遵先师遗命，组织编纂《理安寺志》。[②]

5. 临济正宗三十六世"际"字辈的彻悟际醒

彻悟际醒（1741—1810），丰润人，粹如实纯法嗣，调梅明鼎法孙。粹如曾主京都广通寺、万寿寺。乾隆三十年（1765）冬，彻悟于广通寺参粹如，明向上事，师资道合，印心接法。三十八年（1773）粹如迁万寿寺，彻悟继席广通寺，领众参禅，策励后学，声驰南北，宗风大振。四十二年（1777），多诸病缘，辍参念佛，由禅归净。五十七年（1792）迁主觉生寺，住持八年，百废尽举，开导说法，与众精修，道俗归心，莲风大扇。嘉庆五年（1800），退居红螺山资福寺，因衲子追随者众多，为法为人故，又复领众念佛，大阐净土教达十年之久，红螺山遂成著名净土道场。其法语著述辑为《彻悟大师遗集》流通于世。后来贯通和尚、印光大师将《彻悟语录》附录于《净土十要》。由于其对净土法门贡献巨大，后来被尊为莲宗十二祖。

---

① 越鉴超彻，理安寺第十五次住持；佛日明羲，理安第二十四次住持；智朗实月，理安第二十六次住持。

② 实月在《理安寺志》序中言："壬申秋，先师示寂，门弟子问后事，独顾余曰：'法南胜公曾致书老僧，请作《理安寺志》，今已矣。汝其识之。'甲戌夏，余得承乏祖席而一惟遗命之言，辄不禁鹿头心撞。……"（编志前前后后的曲折历程，此略）可见，《理安寺志》的编撰，历代住持多有关注者，但好事多磨，实月住持理安时终于成书刊行，其功不可没也。

以上虽仅列举十位,但窥豹一斑,箬庵一系(磐山三世—七世)在清代佛教中不可小觑的影响,已无可置疑矣。且这种影响,不限于禅宗一家,还扩及教下与净土,对净土法门影响尤大,不仅多有禅净兼行并宏者,更有二位后来被尊为莲宗祖师。如今普遍公认的莲祖仅十三位,箬庵一系即占二席,其影响实非一般也。

(二)康、雍、乾三朝对理安寺的青睐

正是由于箬庵通问及其一系在清初佛教中的重要影响,理安寺也因之而成为清代具有重要影响的大丛林。特别是天笠行珍一支的独庵超方、梦庵超格、迦陵性音、调梅明鼎与清皇室关系密切,理安寺深得康、雍、乾三朝的青睐,从康熙五十三年(1714)始,到乾隆五十四年(1789),七十多年间多蒙朝廷的恩宠赏赐。其中关键人物是雍正。雍正虽未亲幸理安寺,但其父康熙、其子乾隆对理安寺的重视,皆缘由胤禛对理安寺僧的器重和对理安寺的特别关注。《理安寺志》第一卷专志"恩宠",正是理安寺在清初具有重要影响的显著证明。

1. 康熙与理安寺的因缘

康熙五十三年(1714),圣祖玄烨关注理安寺,是因时为和硕雍亲王的胤禛上闻父皇之故。具体缘由前面介绍迦陵性音时已有所提及,即理安寺清苦,方丈越鉴超彻竟在化缘时示寂于万安桥畔。朝廷遂发帑命僧越宗至寺重修,命僧成鉴为置柴山、斋田共八百余亩,并命迦陵性音住持理安。康熙御书寺额及"石磬正音"额和墨宝、对联等,赐《金刚经》一册及内府制造的佛像、巨钟等。这是理安寺受清帝重视之始。

2. 雍正与理安寺的因缘

雍正与理安寺结缘最早,在藩邸时,因柏林寺与雍王府毗邻,喜与僧人谈禅论道的胤禛,先是与箬庵法孙、天笠法子独超超方,继而与梦庵超格及其法子迦陵性音、调梅明鼎等有所交往,登皇位后与调梅明鼎、法南实胜等还有联系。他曾为独超语录撰序,又为其制塔铭。康熙五十三年(1714),除奏闻父皇关注理安

寺外,他在藩邸亦赐额、对联及万寿袍、锦衣与香板等。[1] 他与迦陵性音的关系,在藩邸时非常密切,性音住持西山大觉寺、柏林寺及理安寺,均与他有关。性音圆寂后,雍正四年(1726)上谕中还赞"惟性音深悟圆通,能阐微妙。其人品见地,超越诸僧之上"。令追赠国师,著述入藏。调梅明鼎、法南实胜住持理安寺,亦与雍正的赏识有关。

虽然雍正勤于政务,未曾南巡而亲临理安寺,但他与理安寺的关系实在是非同一般,就外缘而言,理安寺在清初的兴盛及其重要地位,雍正的关注与护持起了关键作用。

3. 乾隆与理安寺的因缘

正是由于雍正对理安寺的高度重视,乾隆对理安寺也特别青睐。乾隆三年(1738),即赐卷首有雍正偈语的全套藏经。九年(1744)又赐雍正御制传赞的三十二帧禅宗祖师像,成为理安镇寺之宝。乾隆多次南巡,乾隆十六年(1751)到四十五年(1780)间,曾五次巡幸理安,制诗题额,赏赐墨宝、法物及钱物等,恩宠有加。时任住持的佛日明羲、智朗实月,先后接驾谢恩。此后,又多次颁赐佛经、佛菩萨像及御制诗等。可见,乾隆对"路尽九溪十八涧,境奇三竺两高峰""树最胜幢"[2]的理安寺情有独钟,也是理安寺当年在杭州佛刹中的地位和影响不可小觑的重要见证。

三、余话

乾隆在理安寺所作的诗中,有"理安传自理宗定,其代偏安理岂安"、"尔时早失中原半,于理安乎抑未安"等发思古之幽情的诗句,[3]则是与佛教并无直接关系的借题发挥,似有以南宋之偏安衬托所谓乾隆盛世辉煌之意蕴在,当时以圣君

---

[1] 雍亲王赐理安寺之四额为"来机亦赴""螺髻峹翠""慈悲自在""曹溪人瑞",二副对联是"杖履得回游子脚,葛藤灰尽老婆心""作佛念轻纵然自在还为妄,度生心切须信慈悲也是贪"。
[2] 这是乾隆十六年(1751)初次巡幸理安寺时所作的诗句及所赐之额。
[3] 前一句作于乾隆四十五年(1780),后一句作于五十四年(1789)。

自居的乾隆踌躇满志,也许不会想到百年之后的大清也将处于风雨飘摇之中,对当时就已埋下的有些隐患毫无察觉。此后的变局正印证了佛教所谓的诸法无常。理安寺也同样摆脱不了无常的命运,曾经庄严辉煌的南涧禅窟,后来历经灾难,大量珍贵文物早已灰飞烟灭。如今仅是一个徒有虚名的景点而已,除塑有志逢骑虎的一座造像外,箬庵及其一系高僧大德,在此遗址景点中似无丝毫信息的提示介绍,未免是个遗憾。

不过,古刹虽然已被废弃,但相关的历史记忆不会完全消失,因《理安寺志》和箬庵及其一系高僧的行状、塔铭、语录和著述等,还有不少存世。更重要的是,箬庵一系余音不绝,其影响不限于清代,一直延续到现当代。更有二个方面的突出体现,一是当代人间佛教的杰出代表佛光山星云大师的法脉,就可以追溯到铁舟行海、箬庵通问。星云乃箬庵下十七世"镜"字辈的法嗣。"通"字辈以下到星云的传法世系依次为:行、超、明、实、际、了、达、悟、真、清、显、密、印、惟、心、月、镜,"镜"字辈是临济四十八世,法券上的法名全称为星云镜慈。① 佛光山开山宗长星云大师所传的佛光山第二代法子,同时也是临济正宗四十九世,箬庵下十八世,故箬庵一系,不仅传承不绝,而且影响广泛,遍及台海两岸及世界许多地方。二是箬庵一系中后来被推尊为莲宗十祖、十二祖的截流行策、彻悟际醒两位大师,在净土法门中一直具有重要影响,他们的思想与行持,至今仍被净业行人奉为圭臬。②

---

① 星云大师的法脉传承世系,见台湾佛光山星云大师宗史馆内所展示的乙丑(1985)夏历八月八日星云授法心平智宗的正法眼藏。

② 如净土祖庭庐山东林寺的《净土》杂志,2018年第四期特设截流大师佛教思想专题栏目"宗教洞达智如海,首创佛七心慕西",第六期特设彻悟大师佛教思想专题栏目"通宗达教病难除,一句弥陀出生死"。

契嵩《辅教编》的书写意识与宋初佛教世俗化

陈　雷①

（浙江理工大学马克思主义学院）

摘　要：宋初，佛教世俗化的态势蔚为壮观。儒者群起而拒佛，成为推动佛教世俗化的重要的社会力量；佛家对儒者拒佛所作出的回应或反应，则成为推动佛教世俗化不可小觑的宗教力量。明教大师契嵩无疑是后一种力量的代表。在撰写《辅教编》的过程中，他表现出了自觉的书写意识。他着意于会通儒佛，拉近了儒佛之间的距离。从“义理”、“治事”切入是其通会儒佛的运思理路。为推动佛教世俗化，他采用了多种策略，譬如，“以其人之道还治其人之身”，与宋学的发展遥相呼应，借助世俗的力量传播和固化世俗化的成果，等等。坚持固本与会通相统一，是其推动佛教世俗化所坚守的根本原则。于此，还昭示了这样一个事实：佛教世俗化的逻辑终究是现实逻辑（尤其是儒佛关系的逻辑）的折射和反映。

关 键 词：契嵩　《辅教编》　书写意识　世俗化

两汉之际，佛教自印度传入中国。自此便与“中国化”与“世俗化”结下了不解之缘。细究起来，“中国化”涉及佛教的本土化问题，“世俗化”则涉及佛教的入世性问题，二者有着不同的问题指向。当然，二者也是有着诸多交集的，此当别论。随着隋唐佛教宗派的形成，佛教中国化大体上告一段落。入宋以后，佛教世

---

① 项金项目：浙江省社科规划项目“两宋佛教世俗化趋势研究”（项目编号：17NDJC257YB）。
作者简介：陈雷，生于1963年，男，江苏泗阳人，浙江理工大学教授，博士，硕士研究生导师。

俗化的特征逐渐彰显出来,它表现为佛教在与世俗社会的互动中,适时地调整存在形态,顺应、服务乃至引领世俗社会的过程。① 宋初,为了抗拒儒者之拒佛,明教大师契嵩撰写了《辅教编》,其中表现出了自觉的书写意识,这从其着意、运思理路、策略选择以及原则坚守等方面可以看出。拒佛与反拒佛的较量,客观上推动了佛教世俗化的进程,契嵩无疑用力甚勤。

一、拒佛、反拒佛:撰写《辅教编》之当下语境

契嵩,生于宋真宗景德四年(1007),卒于宋神宗熙宁五年(1072),俗姓李,字仲灵,号潜子,藤州镡津(今广西藤县)人。其年幼出家,得法于洞山晓聪,属云门宗五世法孙。庆历年间(1041—1049),他游至钱塘,因乐其湖山,便遁入灵隐。作为宋初著名的高僧,其毕生致力于两件大事:一是撰写《辅教编》,力倡"儒佛一贯";二是编订《传法正宗记》、《传法正宗论》、《禅宗定祖图》等,厘定了禅门传法世系。② 两件大事,均体现了佛教世俗化的某些特征。限于篇幅,本文仅探讨前者的世俗化问题。

儒者以文拒佛、佛道浸衰的现实,是契嵩撰写《辅教编》的当下语境。

契嵩之时,伴随着儒学复兴运动,儒者拒佛之声不绝于耳。据陈舜俞《镡津明教大师行业记》所言:"当是时,天下之士学为古文,慕韩退之(韩愈)排佛而尊孔子。"③这些"天下之士"中,包括孙复、石介、欧阳修、张载、程颢、程颐、李觏、范仲淹、富弼、文彦博、韩琦等人,他们和契嵩大体上同处于一个时代。他们视韩愈为精神导师,在拒佛的过程中,借助了"古文"这一形式,并希望借此恢复或修补儒家的道统。

---

① 关于"佛教世俗化",有学者作出如是解释:"所谓中国佛教世俗化的历史过程,至少包括两层意思:其一表现为世俗社会存在对佛教弘化力量的影响或控制,此为佛教世俗化的客观向度(或社会向度);其二则是基于佛教观念立场对此所作出的回应或反应,此为佛教世俗化的主观向度(或宗教向度)。"(陈永革:《晚明佛教思想研究》,北京:宗教文化出版社,2007年版,第104页)

② 《大正藏》(52卷),第648页。

③ 《大正藏》(52卷),第648页。

以欧阳修为例,其"(文)学韩退之,诸篇皆以退之为祖"①,为了更好地"明道",将由韩愈倡导的古文运动推向了高潮,创造了骈散结合的古文新体制。从《本论》可以看出,其拒佛言辞颇为严厉。在其看来,"佛法为中国患千余岁"②,于政治教化有害无益。又认为,佛教"弃其父子、绝其夫妇",不讲孝道、灭绝人性。面对佛教"攻之暂破而愈坚,扑之未灭而愈炽,遂至于无可奈何"的局面,③他摒弃韩愈"人其人、火其书、庐其居"的拒佛策略,力主"修其本而胜之。"④此"本"无疑当属儒家的政治教化之本。"修本"的具体要求,就是"补其阙、修其废,使王政明、礼义充,则虽有佛,无所施于吾民也"。⑤ 鉴于欧阳修甚高威望,该思想在当时产生了不小的影响。据陈善《扪虱新话》所言:"此论(《本论》)一出,而(韩愈)《原道》之语几废。⑥ 李耆卿《文章精义》也予以了高度评价:"韩退之辟佛,是说吾道有来历,浮屠无来历,不过辨邪正而已。欧阳永叔辟佛乃谓修本以胜之(佛教)。吾道既胜,浮屠自息,此意高退之百倍。"⑦

据陈舜俞所言,在拒佛者当中,"李泰伯(李觏)尤为雄杰,学者宗之"。⑧ 其《富国策第五》曰:"缁黄存则其害有十。"⑨大意是,"缁黄"(僧、道)有碍农桑、有伤教化、有悖孝道、劳民伤财等等。又指出,儒家如能"自大其法",就会避免"匍匐于戎人(僧人)前"。⑩此主张与欧阳修"修本以胜之"的策略颇为一致。

二程(程颢、程颐)对学禅者也多有指责:"今之学禅者,平居高谈性命之际,至于世事,往往直有都不晓者,此只是实无所得也。"⑪

如果说上述诸人之拒佛侧重于从"治事"(政治教化等)层面立论的话,那么

---

① 李耆卿:《文章精义》,四部丛刊本。
② 欧阳修:《欧阳文忠公集》,四部丛刊书(17卷)。
③ 欧阳修:《欧阳文忠公集》,四部丛刊书(17卷)。
④ 欧阳修:《欧阳文忠公集》,四部丛刊书(17卷)。
⑤ 欧阳修:《欧阳文忠公集》,四部丛刊书(17卷)。
⑥ 陈善:《扪虱新话》,两江总督采进本。
⑦ 李耆卿:《文章精义》,四库全书本。
⑧《大正藏》(52卷),第648页。
⑨ 程颢、程颐:《二程集》,北京:中华书局,1981年版,第140—142页。
⑩ 李觏:《李觏集》,北京:中华书局,1981年版,第251—253页。
⑪ 程颢、程颐:《二程集》,北京:中华书局,1981年版,第196页。

张载等人之拒佛则是侧重于从"义理"(本体论、心性论等)层面立论的。

张载也以捍卫儒家道统、排斥僧道为己任。范育《正蒙序》说:"自孔孟没,学绝道丧千有余年,处士横议,异端间作,若浮屠老子之书,天下共传,与《六经》并行。而其徒侈其说,以为大道精微之理,儒家之所不能谈,必取吾书为正。……(子张子)闵(悯)乎道之不明,斯人之迷且病,天下之理泯然其将灭也,故为此言与浮屠老子辩,夫岂好异乎哉? 盖不得已也。"①为捍卫"天下之理(孔孟之道)",张载对佛教大加指责:"释氏不知天命而以心法起灭天地,以小缘大,以末缘本,其不能穷而谓之幻妄,真所谓(夏虫)疑冰者与!"又说:"释氏妄意天性而不知范围天用,反以六根之微因缘天地。明不能尽,则诬天地日月为幻妄,蔽其用于一身之小,溺其志于虚空之大,所以语大语小,流遁失中。其过于大也,尘芥六合;其蔽于小也,梦幻人世。谓之穷理可乎? 不知穷理而谓尽性可乎? 谓之无不知可乎? 尘芥六合,谓天地为有穷也;梦幻人世,明不能究所从也。"②对于张载之拒斥佛教,范育《正蒙序》作了精到的点评:"浮屠以心为法,以空为真,故《正蒙》辟之以天理之大,又曰:'知虚空即气,则有无、隐显、神化、性命通一无二。'"③

从"义理"层面拒佛,单就理论而言,较韩愈之拒佛显得更为精深,无疑是一个突破。当然就拒佛的实际效果来说,则未必胜之。纪晓岚在《阅微草堂笔记》卷十八记载五台山僧人的话说:"辟佛之说,宋儒深而昌黎浅,宋儒精而昌黎粗。然而披缁之徒畏昌黎而不畏宋儒,衔昌黎而不衔宋儒也。盖昌黎所辟,檀施供养之佛也,为愚夫妇言之也;宋儒所辟,明心见性之佛也,为士大夫言之也。天下士大夫少而愚夫妇者多。僧徒之所取给,亦资于士大夫者少,资于愚夫妇者多。使昌黎之说胜,则香积无烟,只园无地,虽有大善知识,能率恒河沙众枵腹露宿而说法哉! 此如用兵者,先断粮道,不攻而自溃也。故畏昌黎甚,衔昌黎亦甚。"④此说颇有见地,值得玩味。

---

① 张载:《张载集》,北京:中华书局,1978年版,第4—5页。
② 张载:《张载集》,北京:中华书局,1978年版,第26页。
③ 张载:《张载集》,北京:中华书局,1978年版,第5页。
④ 纪晓岚:《阅微草堂笔记》,嘉庆五年(1800)盛世彦合刊本。

二、通会儒释、以解毁谤:《辅教编》着意之所在

据陈舜俞《镡津明教大师行业记》所言,《辅教编》大体上形成于庆历年间(1041—1049)。它由《原教》、《广原教》、《劝书》、《孝论》、《坛经赞》、《真谛无圣论》等单篇所组成。各篇的写作缘由虽有差异,但颇有一致之处。

从时间上来说,《原教》完篇最早。在释题时,契嵩说道:"今《原教》等,大率推本乎圆顿大乘一实之教,乃世出世间一切教妙极之教也,兼较乎小乘若渐若权之教,所谓人天乘者也,表此乘与世儒之教略同,显吾小乘具有儒五常之义,使世学士识佛之大权大教之意无不在者也,故谓《原教》。"又说:"余为《原教》正欲劝世解毁。"①就是说,《原教》旨在显示佛教之根本道理,论证佛教为世间出世间最为奇妙之教,揭示儒佛的相通之处,劝导世人(尤其是儒者)停止讥毁佛教。《广原教》是《原教》的姊妹篇,关于题名,契嵩解释说:"广者,演也,演大乎《原教》,发明如来设教之大意也。"②就是说,《广原教》作为《原教》的扩充,同样旨在显示佛教的根本道理。契嵩总结道:"我之所以为《原教》、《广原教》之二书者,盖欲发明乎先佛圣人设教大统,以晓谕夫世之儒人不知佛者。"③

《劝书》之着眼点在于"劝"字上。契嵩解释道:"劝者,勉也,助也,教也。潜子(自称)适以其人(儒士)颇党学自蔽,不信佛法,沮毁过当,乃发意建言勉之,欲回其心。"④其欲劝毁谤佛法者"回其心"的用意,昭然纸上。

《孝论》仿照《孝经》而写。契嵩说道:"今《孝论》盖融会三教为孝之道……切欲显明佛有大孝与彼世教无异,以解毁谤,以广人天孝道。……若其起发章,明吾佛圣人至大孝之渊奥理道,微密意趣,以之会通乎儒家者。其所称之孝,近亦尽悉矣。"⑤就是说,《孝论》是基于孝道观的视角来说明儒佛无异,借以消解世人

① 契嵩:《夹注辅教编》,日本观应2年(1351年)刻本,东洋文库所藏。
② 契嵩:《夹注辅教编》,日本观应2年(1351年)刻本,东洋文库所藏。
③ 契嵩:《夹注辅教编》,日本观应2年(1351年)刻本,东洋文库所藏。
④ 契嵩:《夹注辅教编》,日本观应2年(1351年)刻本,东洋文库所藏。
⑤ 契嵩:《夹注辅教编》,日本观应2年(1351年)刻本,东洋文库所藏。

对佛教的毁谤。

契嵩的《坛经赞》对《坛经》称颂有加。释怀悟认为，契嵩之撰写《坛经赞》并非无的放矢，而是有着特殊用意的。有鉴于佛众们"尚绮饰辞章，而不知道本也，（契嵩）乃作《坛经赞》。"①就是说，其撰写《坛经赞》是想匡正这种重形式、轻根本的时弊。契嵩在释题时也曾表达类似的意思："赞，训佐也，明也，告也。谓佐辅发明《坛经》之道，告示于众也。"②《真谛无圣论》的撰写较晚。依释怀悟之见，《真谛无圣论》"显师之志在乎弘赞吾佛大圣人无上胜妙幽远渊旷之道，不存乎文字语言。其所谓教外别传之旨，殆见乎斯作矣。"③言下之意，该篇旨在弘赞佛教的根本道理，并说明禅宗不同于经教，它不立文字，属教外别传。

如前所述，《辅教编》各篇的写作缘由虽有差异，但颇有一致之处，这"一致之处"成为整个《辅教编》着意之所在。对此"一致之处"，释怀悟有着清晰的认识，认为其"志在通会儒释，以诱士夫镜本识心，穷理见性，而寂其妒谤是非之声也。"④

三、"义理"、"治事"：《辅教编》通会儒释之切入点

契嵩是在拒佛与反拒佛的过程中通会儒释的。上述儒者从"义理"与"治事"两个层面拒佛，直接规约了契嵩通会儒释的运思理路。"儒佛一贯"是其通会儒释的基本论题和结论，也是其推动佛教世俗化的重要路径，对儒佛"义理"的比附、对儒家心性论的接纳、对佛教教化功能的强调，均可视为佛教世俗化的重要表征。

"儒佛一贯"在"义理"层面的表达，主要包括两个方面的内容：首先，《辅教编》详尽论证了儒家之"微言大义"和佛教之"微密意趣"的一致性。《原教》认为

① 《大正藏》(52 卷)，第 747 页。
② 契嵩：《夹注辅教编》，日本观应 2 年(1351 年)刻本，东洋文库所藏。
③ 《大正藏》(52 卷)，第 747 页。
④ 《大正藏》(52 卷)，第 747 页。

《洪范》之"五福六极"关乎佛氏之"三界"。"五福"和"六极"谈的是善恶报应的事,"五福者,谓人以其心合乎皇极,而天用是五者应以向劝之。六极者,谓人不以其心合乎皇极,而天用是六者应以威沮之。夫其形存而善恶之应已然,其神往则善恶之报岂不然乎?"①故"此五福六极有奥旨似通贯乎(佛教)三世(三界)之报应也。"②又认为,佛教"五戒"与儒家"五常""异号而一体"。③《广原教》认为,儒家之"中庸"与佛教之"中道"虽都关涉到了"事中",但唯有佛教之"中道"能关涉到"理中","中有事中有理中。……夫事中,百家者皆然,吾亦然矣。理中者,百家者虽预中而未始至中,唯吾圣人正其中以验其无不中也。"④《孝论》认为,"孝名为戒"、由孝德而成佛,"孝名为戒,盖以孝而为戒之端也……夫孝也者,大戒之所先也。……使我疾成于无上正真之道者,由孝德也。"又认为"五戒有孝之蕴""(佛)圣人之孝以诚为贵也"⑤。此外,还认为佛教之孝为"大孝","儒佛谓孝,其名理虽同,而其预理行孝有浅深有远近。佛孝之理,即菩萨大状之体大戒,乃涅槃解脱、非净非垢、非持非犯,乃至诸佛妙觉大圣亦预此清净戒也。佛之行孝广及无始父母,略则七世所亲。故佛孝在乎名理特为深远者也。"⑥

其次,《辅教编》还极力论证儒佛心性论的一致性。在契嵩看来,心性具有二重性:一方面心性本觉,另一方面心有善恶。关于前者,《广原教》说道:"心也者,聪明睿智之源也。"⑦《坛经赞》曰:"夫妙心者,非修之所成也,非正所明也,本成也,本明也。"⑧关于后者,也有相关表述,譬如,《劝书》指出:"善恶常与心相亲。"⑨众所周知,心性善恶问题本是儒家的中心话语,与中国佛教的"心性本觉"(以及印度佛教的"心性本净")关联度并不太大。但在《辅教编》中,"心有善恶"

---

① 《大正藏》(52卷),第649页。
② 契嵩:《夹注辅教编》,日本观应2年(1351年)刻本,东洋文库所藏。
③ 《大正藏》(52卷),第649页。
④ 《大正藏》(52卷),第656—657页。
⑤ 《大正藏》(52卷),第660—661页。
⑥ 契嵩:《夹注辅教编》,日本观应2年(1351年)刻本,东洋文库所藏。
⑦ 《大正藏》(52卷),第656页。
⑧ 《大正藏》(52卷),第663页。
⑨ 《大正藏》(52卷),第632页。

却获得了与"心性本觉"相提并论的地位。细加探究，可以发现，契嵩的心性论还涉及到了"心理之辩"等议题。《广原教》曾追问道："夫心与道异乎哉？"①言外之意，心即理。此类议题与其时儒者（理学家）的心理之辩并无二致。

"儒佛一贯"在"治事"层面的表达，旨在表明佛家并非"高谈性命"、不晓世事的，相反，其心性论及其教化功能，均具有独特之处，并且都远胜于儒家。《广原教》指出，佛教之圣人也是"欲人为善"的，只是"为善之方"不同而已，"古之有圣人焉，曰佛，曰儒，曰百家，心则一，其迹则异。夫一焉者，其皆欲人为善也；异焉者，分家而各为其教也。圣人各为其教，故其教人为善之方，有浅，有奥，有近，有远。"②那么"为善之方"的"浅奥近远"体现在哪些方面呢？对此，《原教》说道："诸教也亦犹同水以涉，而厉揭有深浅。儒者，圣人之治世者也；佛者，圣人之治出世者也。"③又说道："然圣人为教而恢张异宜。言乎一世也，则当顺其人情，为治其形生之间。言乎三世也，则当正其人神，指缘业乎死生之外。"④然而，为教"三世"因有赖于"性教"，则非佛教莫属，对此，《劝书》指出："夫先儒不甚推性命于世者，盖以其幽奥非众人之易及者也，未可以救民之弊。姑以礼义统乎人情而制之。若其性与神道，恐独待乎（佛教）贤者耳。"⑤"性教"与"情教"毕竟是有着明显差异的，《广原教》指出："夫以情教人，其在生死之间乎。以性教人，其出夫死生之外乎。情教其近也，性教其远也。诞乎死生之外而罔之，其昧天理而绝乎生生之源也。小知不及大知，醯鸡之局乎瓮瓿之间，不亦然乎。"⑥又指出，佛圣人之"欲人为善"，无非是要人自信"聪明睿智"的自心而已，"心也者，聪明睿智之源也。不得其源而所发能不谬乎？圣人所以欲人自信其心也。信其心而正之，则为诚常，为诚善，为诚孝，为诚忠，为诚仁，为诚慈，为诚和，为诚顺，为诚明。"⑦

---

① 《大正藏》（52 卷），第 665 页。
② 《大正藏》（52 卷），第 660 页。
③ 《大正藏》（52 卷），第 648 页。
④ 《大正藏》（52 卷），第 649 页。
⑤ 《大正藏》（52 卷），第 654 页。
⑥ 《大正藏》（52 卷），第 655 页。
⑦ 《大正藏》（52 卷），第 656 页。

四、策略、原则：《辅教编》促进世俗化之选择和坚守

上述《辅教编》之通会儒释的过程，集中表现为佛教儒学化的过程。这一过程自然也是佛教世俗化的过程。不难发现，《辅教编》在推动佛教世俗化的过程中，采用了多种策略。

一是"以其人之道还治其人之身"。如前所述，"当是时，天下之士学为古文，慕韩退之（韩愈）排佛而尊孔子"，并且是基于"义理"和"治事"两个层面对佛教展开攻讦的，这对契嵩之反拒佛无疑具有启示意义。事实上，契嵩的《辅教编》便是用"古文"体写就的，并且也是从"义理"和"治事"两个层面立论的。其行文令人称羡，原旭夸赞说："不惟空宗通，亦乃文格高。"①另据云，宰相韩琦曾将之呈示于欧阳修，欧公阅后，便对韩琦说道："不意僧中有此郎，黎明当一识之。"次日，韩琦即偕欧阳修往见契嵩，"文忠（欧阳修）与语终日，遂大喜。自韩丞相而下，莫不延见尊重之，由是名振海内。"②其从"义理"和"治事"两个层面立论，时刻不忘"发明如来设教之大意"，则可视为是对儒者"修本以胜之"策略的一种回应。

二是与宋学的发展遥相呼应。邓广铭把萌兴于唐代后期而大盛于北宋初年的那个新儒家学派称之为宋学。进而分析道："因为要'致广大'，所以要经世致用；因为要'尽精微'，所以都要对儒家学说的义理进行深入的探索。这二者，可以概括为宋学家们所具有的特点。"③漆侠则指出，庆历新政前后（1043—1044）是宋学形成的阶段，又指出："以义理之学的宋学代替了汉学的章句之学，其主要的、基本的区别在于：汉儒治经，从章句训诂方面入手，亦即从细微处入手，达到通经的目的，而宋儒则摆脱了汉儒章句之学的束缚，从经的要旨、大义、义理之所在，亦即从宏观方面着眼，来理解经典的涵义，达到通经的目的。"④依他们二人

① 《大正藏》（52卷），第750页。
② 《卍续藏经》（第87册），第9页。
③ 邓广铭：《略谈宋学》，《宋史研究论文集》，杭州：浙江人民出版社，1987年版，第11—12页。
④ 漆侠：《宋学的发展与演变》，石家庄：河北人民出版社，2002年版，第5页。

对宋学的界说,前述的二程等人便属此学派。契嵩在通会儒释的过程中,对于儒佛经典"义理"的提炼、对儒佛"治事"功能的梳理,都体现出了宋学的特点。

三是借助世俗的力量传播和固化世俗化的成果。契嵩于习禅、著述之余,广为交往。就教外而言,所交往者不乏当朝权贵,甚至包括宰相乃至皇帝。《辅教编》等著述便是借助于权贵之力得以广为流布的。在《万言书上仁宗皇帝》中,契嵩言辞诚恳地说道:"诚欲幸陛下察其谋道不谋身,为法不为名,发其书(《辅教编》)而稍视,虽伏斧锧无所悔也。"①在《再书上仁宗皇帝》中,则极力劝说仁宗皇帝钦准《传法正宗记》、《传法正宗论》、《传法正宗定祖图》连同《辅教编》入藏。②《上韩相公(韩琦)书》说道:"幸阁下论道经邦之暇,略赐览之(《辅教编》)。……如阁下之大贤至公,拒而委之,则佛氏之法,漠然无复有所赖也已。"③《上富相公(富弼)书》说道:"窃尝著书曰《辅教编》,……已而乃因人姑布之京国,亦意其欲传闻于阁下听览。"④《上欧阳侍郎(欧阳修)书》则云:"适乃得践阁下之门,辱阁下雅问,顾平生惭愧,何以副阁下之见待耶!……其性命之书有曰《辅教编》印者一部三册,谨随贽献……"⑤嘉祐七年(1062),《辅教编》等书经开封府尹王素,达至仁宗皇帝手里。据惠洪所记:"仁宗皇帝览之加叹,付传法院编次入藏。下诏褒宠赐紫方袍,号'明教'。"⑥以上述方式流布其著述,绝非偶然之举。契嵩深知,佛教徒著书立说"欲谕于世之贤人君子",出发点固然很好,然而,"非资乎朝廷之圣贤,有高明之势力,有际天之识度,洞达圣人之深理远体者,则其书何以传也?"⑦

契嵩之推动佛教世俗化,并未放弃佛教之"根本"——"如来设教之大意",一味地迁就于世俗、混同于世俗,而是表现为固守"根本"("固本")基础上的世俗化。在《辅教编》中,契嵩借助于"判教"意识,巧妙地避开了是此非彼的对立性思

① 《大正藏》(52 卷),第 687 页。
② 《大正藏》(52 卷),第 691 页。
③ 《大正藏》(52 卷),第 692 页。
④ 《大正藏》(52 卷),第 694 页。
⑤ 《大正藏》(52 卷),第 696 页。
⑥ 《卍续藏经》(第 79 册),第 554 页。
⑦ 《大正藏》(52 卷),第 695 页。

维,较好地贯彻了固守根本与通会儒佛相统一的原则,维持了佛教世俗化与佛教神圣性之间的适度平衡。譬如,论及儒佛"义理"会通时,虽认为"善恶常与心相亲",从而表现出对儒家心性论一定程度的认同和接纳,但并没有放弃"心性本觉"的根本立场,更为重要的是,依然强调"先儒不甚推性命于世者……若其性与神道,恐独待乎贤者(佛教之贤者)耳。"虽认为儒家之"中庸"与佛教之"中道"相通——都关涉到"事中",但唯有佛教之"中道"能关涉到"理中"。虽认为儒佛都讲孝道,但又强调指出佛之孝为"大孝"。再譬如,谈及"治事"时,契嵩虽认为圣人百家"心一迹异",但又强调佛家之"神道设教"优于儒家之"人道设教",等等。

余论

历史地看,入宋以来,整个社会呈现出全新的图景:中央集权进一步强化;在自然经济发展的同时,城市经济有所兴起;作为正统的意识形态的儒学,调整自身的形态,形成了哲学化的儒学——理学;伴随着城市经济的兴起,市民社会得以形成……。上述因素在与佛教的交互作用中,规约着佛教世俗化的基本走向,成为佛教世俗化的社会力量或曰外在推力。作为对前述力量或推力的一种回应,佛教自身的世俗化是在多个向度展开的,使得其自身的存在形态有了相应的调整。寺院经济作为佛教赖以存在的物质基础,它力求与世俗经济在形态上保持一致,于是,由领主经济转变为地主经济,并且伴随着城市经济的发展,往往通过商业化运作等方式牟取利益。政权和教权之间的微妙关系,促使佛教不断强调自身的"修心"、"治世"等功能。儒佛义理之争促使佛教援儒入佛、以儒解佛。就修行方式而言,佛教接受社会选择,力求使之通俗、简便、易行,等等。于明教大师契嵩而言,其推动佛教世俗化,显然是基于义理、功能("治事"功能)层面展开的。其不懈的努力,最终取得了"排(佛)者浸止"的效果,据陈舜俞所言:"遇士大夫之恶佛者,仲灵(契嵩)无不恳恳为言之,由是排者浸止,而后有好之甚者,仲灵唱之也。"①总之,契嵩之撰写《辅教编》客观上顺应并推动了宋初佛教世俗化的进程。于此,还昭示了这样一个事实:佛教世俗化的逻辑,最终是现实逻辑(尤其是儒佛关系的逻辑)的折射和反映。

① 《大正藏》(52 卷),第 648 页。

中峰明本与禅林示范伦理的重构

王　蒙①

（白城师范学院政法学院）

摘　要：元代禅林威仪礼法繁冗复杂，功利主义色彩浓厚，破戒现象时有发生。中峰明本力求重构禅林示范伦理，并以此作为改造禅林的有效途径。本文发现，在追随原妙禅修的过程中，明本继承了原妙的苦行精神，培养了自身的禅林示范伦理观念。我们认为，百丈怀海别立禅居标志着早期禅林示范伦理构建的完成，明本将持戒融入禅修的理论促进了禅林示范伦理的新发展，明本别立庵居实质上是批判的继承了怀海别立禅居的做法。我们还发现，在幻住庵的伦理实践活动当中，明本将示范伦理与规范伦理相结合，用示范伦理统摄规范伦理，从个体性和规范性的双重角度建规立制，取得了较好的禅林治理效果。

关 键 词：中峰明本　示范伦理　规范伦理　幻住庵

中峰明本是元代临济宗山林禅的代表人物，他上承祖先系山林禅之家风，开启元代丛林发展之新气象，对后世禅林影响深远。明本在禅法思想上主张参无字话头，用参话头来抑制一切杂念，最终达到无念的境界。蒙古人入主中原后奉行"尊教抑禅"的佛教政策，禅宗各派在不同程度上受到影响。明本能够站在禅宗的立场上，提出禅净融合、摄教入禅的思想，回应净土宗和教宗的挑战。

学界对明本的禅法思想以及他对禅林的影响进行了比较深入的研究，并且

---

① 作者简介：王蒙，哲学博士，白城师范学院副教授。

取得了许多优秀的成果。学者们还注意到了明本提出的禅净融合、摄教入禅的主张，并对这些问题进行了探索，得出了一些值得关注的结论。我们发现学界对中峰明本的伦理实践研究较为薄弱，本文拟对明本重构禅林示范伦理的道德实践活动进行一些粗浅的探索，以引起学界对这一问题的重视，期望能够起到抛砖引玉的作用。

一、示范伦理观念的来源

示范伦理是儒家伦理的本质，是不同于规范伦理的另外一种伦理模式。示范伦理的重点在于强调榜样在道德实践中的示范作用，而不在于寻找或制定各种各样的道德礼仪规范。规范伦理强调伦理生活的公共性、普世性和一般性，示范伦理更加注重伦理生活的私人性、个体性和多样性。① 禅宗丛林自建立之日起就不断地引入示范伦理，明本则在庵居处众过程中完成了禅林示范伦理的重构。

明本的示范伦理观念来源于老师高峰原妙在禅林生活中的示范作用，是他在追随老师原妙学习的过程中逐步培养出来的。明本十五岁时"燃臂持戒，誓向空寂"②，二十五岁随高峰原妙剃染出家，二十六岁受具足戒，后在老师原妙的影响下一心修头陀行。《中峰和尚行录》云："余初心出家，志在草衣垢面，习头陀行。"③明本出家之时以原妙为榜样培养自己的道德习惯和道德情操，老师原妙对他后来的伦理实践产生了深远的影响。

高峰原妙热衷于习头陀苦行，他住龙须山九年，"缚柴为龛，风穿日炙，冬夏一衲，不扇不炉，日捣松和糜，延息而已"，曾经大雪没龛十几天，"路梗绝烟火，咸谓死矣"④。原妙和尚的衣食住行都具有头陀苦行的特点，移住天目山后苦行愈

---

① 王庆节：《作为示范伦理的儒家伦理》，《学术月刊》，2006年第9期，第48—50页。
② （明）明河撰：《补续高僧传》（卷13），《卍新纂续藏经》，第77册，第461页。
③ （元）祖顺录：《中峰和尚行录》，《天目中峰广录》（卷30），蓝吉富主编，台北：华宇出版社，1985年版，《大藏经补编》，第25册，第976页。
④ 《高峰大师语录》卷下《行状》，《卍新纂续藏经》，第70册，第699页。

加严苛。据《高峰语录·行状》载:

> 师乃造岩西石洞,营小室如舟,从以丈衡,半之。榜以死关,上溜下淖,风雨飘摇。绝给侍,屏服用,不澡身,不剃发,截罂为铛,并日一食,晏如也。洞非梯莫登,撤梯断缘,虽弟子罕得瞻视。①

明本参学原妙是在原妙移住天目山之后,此时正是原妙苦行生活最为严苛的时候。他受具足戒后追随老师十年,深受老师苦行生活的影响。明本在老师原妙头陀行式的修行生活中吸收了禅者的苦行精神,并将这一精神贯彻到后来的传禅、庵居、办道等一系列的禅修和实践活动之中,为他后来庵居定制、改造禅林奠定了思想基础。明本在原妙死后行脚游方于名山大川之间,虽没像老师原妙一样造石室而居,但其行脚游化同样极具苦行色彩,据《中峰和尚行录》载:

> "至大戊申,仁宗皇帝在东宫赐号法慧禅师,已而乞食勾吴,因谢院事,己酉,道仪真,即船以居";
>
> "渡江拟游少林,至汳隐其名,僦城隅土屋以居";
>
> "至治壬戌,结茅中佳山,将终焉";
>
> "隆暑病渴,肤腠汗腐,有遗细葛亵衣者,受之终不衣也,游淮汳井汲艰远,遂终身不复颒浴"。②

从这几段引文我们能够看出,中峰明本的游化活动具有四个特点:其一,居住条件极为简朴,或居茅屋,或居土屋,或即船以居;其二,条件具备时即行乞食;其三,衲衣汗腐亦不更换;其四,终身不复澡浴。我们从明本行脚游化的这些特点中能够看到其师凿石室而居的影子,能够体会到原妙这个榜样对于明本所具有的伦理示范作用。明本认识到了老师原妙的伦理示范作用的价值,将原妙作

---

① 《高峰大师语录》卷下《行状》,《卍新纂续藏经》,第70册,第699页。

② (元)祖顺录:《中峰和尚行录》,《天目中峰广录》(卷30),《大藏经补编》,第25册,第973—976页。

为伦理德行的典范保留在了他所制定的丛林清规中。《幻住庵清规·序》云：

> 心存乎道，不待礼而自中，不俟法而自正矣……其有真参实究之士，摄念于天真未散之顷，终日作而不见其劳，终日息而不知其佚，外忘礼法，内空能所者，以是编为疣赘，则我何敢辞焉？①

高峰原妙是《幻住庵清规》所说的"真参实究之士"的原型，明本认为这些实究之人"心存乎道"，已经达到了"外忘礼法，内空能所"的境界，繁冗的丛林礼法对他们来说只是疣赘而已。老师原妙是明本的榜样，是他通过道德实践所要达到的理想人格，明本要通过清规为丛林学众塑造一个像老师这样的参学典范。

高峰原妙的伦理示范作用对明本影响较为深远，老师的言行和教诲是明本后来在禅林中行事的依据。明本一次在提出自己对丛林礼法的看法之后指出，今日以戒示人者"皆先师诚谛之语"，偶因所问而"不觉打开布袋，诮诮若此"。②他在庵居处众等实践活动中自觉继承了老师高峰原妙的家风，把自己向原妙参学的师生关系树立为禅林示范伦理的典型，为后世学众的道德实践指明了方向。

《幻住庵清规》设有专门纪念高峰原妙的活动，每年三月"二十三日高峰和尚悯忌，半斋设位供养，大众《讽楞严呪》"，在"三月二十三日高峰和尚悯忌"和"十二月初一日高峰和尚忌"做回向法事，包括"营备香花、灯烛、茶果、珍羞以伸供养，谨集合庵僧道众讽诵《大佛顶首楞严神呪》，称扬圣号"等。③明本纪念老师原妙，一方面表现了他对老师原妙的敬仰和爱戴，另一方面说明他重视榜样在禅林生活中的示范作用。

在明本生活的时代，丛林中伦理失范严重，弥漫着功利、懈怠的风气，破戒、乱戒的现象时有发生，《山房夜话》卷中云：

---

① （元）明本：《幻住庵清规》，《卍新纂续藏经》，第 63 册，第 571 页。
② （元）明本：《山房夜话》卷中，《天目中峰广录》（卷 11），《大藏经补编》，第 25 册，第 810 页。
③ （元）明本：《幻住庵清规》，《卍新纂续藏经》，第 63 册，第 572、573、579 页。

思我初入众时，乃开庆景定间，如净慈、双径皆不下四五百众，其住持头首固不在言，众寮中间有一人半人饮酒，虽不常饮，而乡人邻单未尝不以此诮之。除饮之外，他事鲜有所闻。今则自上至下，荡而忘返，无所避忌。①

明本认为出家人本应遵守《四分》、《僧只》等律及三聚具足大戒，而当时的一些禅林僧侣连白衣五戒都守不住。他深知丛林伦理失范日久，并非通过制定礼仪制度能够补救，只有身体力行才能重构丛林秩序，才能从改变破戒频仍的丛林乱象。明本将苦行精神融入丛林示范伦理，在禅林修行和实践中作持守戒律的典范，是幻住庵学众乃至整个山林禅系学习的榜样。

二、禅林示范伦理的发展

明本不住大寺表明他渴望脱离旧的丛林伦理秩序，别立庵居则表明他向往重构禅林示范伦理秩序。禅宗丛林自达摩游化京洛就已经开始了示范伦理的建构，四祖道信和五祖弘忍则开辟了禅林伦理生活的新局面，他们的定居生活把禅林示范伦理推向了一个新高度。学者向长老参究请益，师徒之间传承法脉，都是禅林示范伦理的具体表现。百丈怀海别立禅居，使禅宗丛林有了自己独立的寺院制度，为禅宗示范伦理的发展奠定了制度基础。

在禅林示范伦理生活中，长老既是代佛扬化的当代祖师，又是禅林生活的道德典范。《禅门规式》表现了禅林示范伦理意涵，具体包括以下五个方面：其一，"凡具道眼有可尊之德者，号曰长老"；其二，"不立佛殿唯树法堂者，表佛祖亲嘱授当代为尊也"；其三，"除入室请教，任学者勤怠，或上或下不拘常准"；其四，"其阖院大众朝参夕聚，长老上堂升坐，主事徒众雁立侧聆"；其五，"行普请法，上下均力也"。② 百丈怀海本人在禅林生活中同样是大众学习的榜样，他遵循"一日不作一日不食"的日常行事准则，提出的普请法对后世禅林影响深远。

---

① （元）明本：《山房夜话》卷中，《天目中峰广录》（卷11），《大藏经补编》，第25册，第809页。
② （宋）道原纂：《景德传灯录》（卷6），《大正藏》，第51册，第251页。

《禅门规式》的制定标志禅林示范伦理构建的完成,同时也为禅林伦理日后向规范化转变埋下了伏笔。百丈制定清规是为了使禅林脱离律寺,这使《禅门规式》先天具有忽视戒律的弱点,以至于被质疑"《瑜伽论》、《璎珞经》是大乘戒律,胡不依随"。当丛林伦理失范时,高僧大德们一般试图通过修改规制进行补救,《禅门规式》的禅林示范伦理内涵没有受到应有的重视。

北宋宗赜强调"凡有补于见闻,悉备陈于纲目"①,南宋惟勉指出其所编撰清规"皆前辈宿德,先后共相讲究纪录"②,式咸认为清规变化的原因是"风俗屡变、人情不同"③。德辉等则企图建构使用于整个禅宗丛林的威仪礼法,《敕修百丈清规·序》云:"近年丛林清规,往往增损不一……期于归一,使遵行为常法"④,将禅林规范伦理推向了高潮。我们认为寻找"期于归一"的清规是一个难题,令家风各异的禅林各派共同遵守是另外一个难题。

事实上,禅林大德们没有从示范伦理的角度思考禅林清规问题,他们偏离了《禅门规式》的主旨,无法革除"人心之不轨道"的弊端。《幻住庵清规·序》云:"人心之不轨道久矣,半千载前已尝瓦解,百丈起为丛林以救之,迨今不能无弊。"⑤礼制只能对僧侣们进行外在规范,无法为禅林示范伦理建构道德典范。以建构礼法威仪的方式解决丛林伦理失范的问题,实质上是走错了解决问题的方向,必然会导致"迨今不能无弊"的结果。另据《山房夜话》卷中载:

> 如百丈建立许多威仪礼法,凡行住坐卧靡不周该而悉备,较之达磨直指人心之旨得非异乎? 或谓自安众以来,其丛林礼法不可使一日无也。殊不知戒律乃丛林礼法之根本,未有绝其根本而枝叶自能存者。嗟乎! 道体丧而戒力消,戒力消则丛林之礼法失矣。⑥

---

① (宋)宗赜集:《禅苑清规》,苏军点校,郑州:中州古籍出版社,2001年版,第1页。
② (宋)惟勉编:《丛林校定清规总要》,《卍新纂续藏经》,第63册,第592页。
③ (元)式咸编:《禅林备用清规》,《卍新纂续藏经》,第63册,第620页。
④ (元)德辉编:《敕修百丈清规》,李继武校点,郑州:中州古籍出版社,2011年版,第230页。
⑤ (元)明本:《幻住庵清规》,《卍新纂续藏经》,第63册,第571页。
⑥ (元)明本:《山房夜话》(卷中),《天目中峰广录》(卷11),《大藏经补编》,第25册,第810页。

通过对《禅门规式》分析，我们发现百丈怀海制定清规主要是倡导禅林示范伦理，并非单纯地建构外在礼法威仪。明本所言"百丈起为丛林以救之"、"百丈建立许多威仪礼法"并非实指，主要是说后世禅林中的伦理问题并没有得到有效解决。出自功利禅系的《敕修百丈清规》和《禅林备用清规》虽然看到了禅林中弥漫的功利主义气氛，但却没有勇气革除繁冗的威仪礼法，只能通过不断修订禅林清规以求补救。[①]

明本认为"道体本乎无为，善恶不可加损也"，道体即是"屏心绝虑，息念忘缘"所达到的"法消心寂"的境界。他在讨论禅戒关系时指出"参此话时不见有一众生而可度脱，乃非饶益而饶益也，此所参话虽不称三聚而具存三聚"。[②] 三聚即是三聚具足大戒，具体包括修善、断恶、饶益众生。参话头若"屏心绝虑，息念忘缘"，则可去善恶离分别。去善恶则没有善恶之分，离分别则无众生可度。没有善恶之分故不需修善断恶，无众生可度自然"非饶益而饶益"，所以参话头即可"虽不称三聚而具存三聚"。

明本将参禅与持戒融为一体，参话头自然遵守戒律，持三聚净戒也离不开真参实究。反过来讲，"道体丧而戒力消"，"戒力消则丛林之礼法失矣"。明本指出，倘若丛林离开禅修而空谈礼法，则会出现"礼出乎虚诈，法近乎仇敌"的局面，"虚诈易忘，仇敌生变"，难免导致"礼忘法变，并其心术亦大坏"的结果。在明本看来，持戒与禅修本为一体，二者同是建构禅林礼法威仪的前提。

明本看到了当时禅林道体不存、戒力丧失的弊端，深知单纯强调丛林威仪礼法必然于事无补。他多次力辞官寺、大寺住持，既符合他游离于官宦和权势之外的行事风格，又表现了他不想卷入繁冗禅林礼法之内的伦理观念。在功利禅大行其道的元代禅林中，明本不为名利所动的做法为他赢得了尊重，使他成为禅林之中的道德典范。明本多次拒绝丞相、中书的住寺邀请，老师原妙的法旨也没能使他从命，据《中峰和尚行录》载：

---

① 《敕修百丈清规》的编订者德辉、审订者大䜣都是出自临济宗的居简系，《禅林备用清规》的编订者式咸出自临济宗崇岳系。临济宗的这两系属于功利禅系，主张借助朝廷势力促进禅宗丛林的发展。

② （元）明本：《示明昶上人书华严经》，《天目中峰广录》（卷4），《大藏经补编》，第25册，第746页。

（元贞）乙未冬十一月，高峰将迁化，以大觉属师，师辞推第一座祖雍主之。

（大德）癸卯，瞿公坚请师还住大觉，师力辞避之。

（大德）丙午，领师子院。至大戊申，仁宗皇帝在东宫赐号法慧禅师。已而，乞食勾吴，因谢院事。

（至大）癸丑，瞿公霆发以两浙运使终，师还吊其丧。公之子时学奉宣政院忠疏复请师住大觉，师举首座永泰代已……丞相延师私第，恳请住持灵隐禅寺，师固辞。中书平章又请曰：师之道德，孚于人者博矣，宜顺时缘住一刹以恢张佛祖建立之心，无多让也……平章知师意坚，弗敢强，师辞以末疾还山中。

延佑丙辰春，上命宣政院使整治释教，距杭期入山候谒，师闻避之镇江。

至治壬戌，行宣政院虚径山席，强师主之。师贻书院官，卒不就，结茅中佳山。①

明本"随所寓草创庵庐"，而其所创庵庐"皆曰幻住"。②《中峰和尚行录》载有明本创庵的活动："（大德）戊戌，结庵庐州弁山学者辐凑，师虽拒之而来者愈众"；"（大德）庚子，结庵平江雁荡，众既伙，遂成法席"；"皇庆壬子，结庵庐州六安山"。③《行录》所记只是明本创庵活动的一部分，他实际所创庵庐要远多于此。结茅而居使明本能够脱离日益失范的丛林礼法，为他重构禅林示范伦理创造了有利条件，符合他持戒精严的一贯风格。

明本"结茅以居"与功利禅者"建伽蓝立塔庙"对比鲜明。伽蓝塔庙"或四至不周，或形势不足"，功利禅者"多财以取之，方便以求之，巧计以谋之，至若势力以临之"，明本认为这些做法"皆非满足菩提之旨"。修建伽蓝塔庙遇到困难"必待菩提胜行之满足"，到时"彼将持以奉献，惟恐不受"，这才是"菩提会于己也"。

① （元）祖顺录：《中峰和尚行录》，《天目中峰广录》（卷30），《大藏经补编》，第25册，第973—974页。
② （元）祖顺录：《中峰和尚行录》，《天目中峰广录》（卷30），《大藏经补编》，第25册，第976页。
③ （元）祖顺录：《中峰和尚行录》，《天目中峰广录》（卷30），《大藏经补编》，第25册，第973页。

明本指出"众生积贪备受诸苦"，参修之人多财则"甚彼之贪，益彼之苦"，与"菩萨修满足菩提"之旨相去甚远。① 明本对功利禅系"建伽蓝立塔庙"的批评切中要害，彰显了"结茅以居"的重要意义。

中峰明本别立庵居与百丈怀海别立禅居较为相似，二者有以下相同之处：首先，二者都强调长老在禅林生活中的道德示范作用，都是典型的禅林示范伦理；其次，二者都在一定程度上吸收和融入了头陀苦行思想，祖师们往往因为具有苦行精神而成为禅众学习的典范；复次，两者都努力摆脱旧制度的限制，都在制度创新上有所贡献；复次，二者都认为在丛林生活应围绕禅修展开，都以办道为先作为禅居原则；复次，明本和怀海本人都是禅居生活的榜样，对后世禅林生活具有示范作用。

明本别立庵居与怀海别立禅居有两点不同：其一，怀海别立禅居已经有了前人的实践基础，他只是在此基础之上制定了《禅门规式》，使别立禅居有了制度依据；明本则既是幻住庵居的实践者，又是丛林新规的制定者。其二，在对待戒律的问题上，怀海没有特别强调长老在护持戒律方面的示范作用；明本则将持戒与禅修融为一体，认为长老应成为禅修和持戒的典范。

明本将护持戒律融入榜样的示范作用，使戒律由外在的规范转变为禅者禅修的内在要求，在理论上是持戒和禅修具有了一致性。他批评百丈怀海的后继者们过度使用礼法，指出禅林礼法不能代替高僧大德的示范作用，本人身体力行作幻住庵禅林生活的示范者。明本对禅林伦理的修正具有重要意义，使禅林示范伦理重新焕发了生机，对整个禅林示范伦理的重构产生了深远的影响。

三、幻住庵的禅林伦理实践

明本强调禅林生活要以办道为先，指出庵居处众应以参修为主。《幻住庵清规》云："一庵之务以辨道为先，道无始终，起于日用，一日如是，日日皆同，惟日不

---

① （元）明本：《东语西话》卷上，《天目中峰广录》（卷18），《大藏经补编》，第25册，第891页。

足继之以夜,总名日用事也。"①学者参修包括悟道和行道:所谓悟道是指"纯以正念念所学之道,离凡圣绝憎爱,孜孜焉不敢斯须忽忘也",做到"如执至宝,如蹈春冰,操之益坚,履之益慎"方能开悟;所谓行道是指"忽焉开悟回观,能存所存之念,俱无定体,虽终日炽然作用,乃不拟存而存矣"。②

明本提倡真参实修的禅风,反对玩弄语言文字的风气。他认为学者愚陋"不求正悟而尚区区于文字之间",自作聪明而"不肯死心忘情以求正悟",不但"无补于理",反而会"增长识情分别,动违圣道",导致丛林正道衰微、风气日下。③ 明本与行端、大䜣等之善系禅师不同,反对"频施棒喝"的禅风。行端以"机锋峭峻"著称,如《塔铭》载:"即且置平实地上道将一句来,僧拟开口,师便打"④。笑隐大䜣同样提倡行棒行喝,他说"天下老和尚行棒行喝,种种方便,无非直指人心、见性成佛"⑤。

明本认为庵居办道关键在于庵主,庵主的才能和修为决定办道的成败,"凡庵门一切取舍营为必先谋之于心"。⑥ 庵主应具备道力、缘力和智力,道力是体,缘力、智力是用。明本指出"有其体而缺其用尚可为之",只是"化权不周,事仪不备";若"道体既亏,纵有百千神异苟欲资之益不相称"。⑦ 在明本看来,道力、缘力、智力齐备可成为理想的庵主;若只具备道力,在处理庵务时未必得心应手;若不具备道力,则必然无法胜任庵主。庵主是一庵之榜样,若不具备道力则会坏了办道为先的庵居原则。

明本批评"只求一时辨事"而不考查办事者"处心之真伪"的用人原则,认为"若存心于真实,虽拙亦可用;苟留心于虚伪,虽巧亦不可亲"。⑧ 知事头首在禅林中处于承上启下的伦理位置,是形成和改变禅林风气的重要因素。若知事头

---

① (元)明本:《幻住庵清规》,《卍新纂续藏经》,第63册,第571页。
② (元)明本:《东语西话》卷上,《天目中峰广录》(卷18),《大藏经补编》,第25册,第891页。
③ (元)明本:《山房夜话》卷中,《天目中峰广录》(卷11),《大藏经补编》,第25册,第808页。
④ (元)黄溍撰:《塔铭》,《元叟端禅师语录》(卷8),《卍新纂续藏经》,第71册,第547页。
⑤ (元)崇裕等编:《笑隐欣禅师语录》(卷2),《卍新纂续藏经》,第69册,第709页。
⑥ (元)明本:《幻住庵清规》,《卍新纂续藏经》,第63册,第582页。
⑦ (元)明本:《山房夜话》(卷下),《天目中峰广录》(卷11),《大藏经补编》,第25册,第814页。
⑧ (元)明本:《幻住庵清规》,《卍新纂续藏经》,第63册,第581页。

首存心于真实,则上以庵主为榜样,下可示范于学众,使禅林上通下达;若知事头首留心于虚伪,在行事过程中欺下瞒上,给禅众做出坏的示范,最终会带坏禅林风气。

禅林僧职名实不符会造成执事僧行事失职失范。元代禅林侍者因与住持人关系密切而受到重视,具有与两序相似的管理职权,造成了两序失职的情况。[①] 禅林侍者虽然没有像"内廷私臣"代替宰相[②]一样取代两序,但侍者的权力不断增大确是事实,而且侍者权力增大造成两序的失职也是事实。僧职名不副实还会造成丛林机构膨胀,使丛林中滋生留恋名利和权势的氛围。如《敕修百丈清规》卷 4 载,"近来诸方大小勤旧动至百数,仆役倍之,而僧堂阒无一人",以至于泰定间丞相脱欢不得不"额定岁请知事员数"令各寺遵行。[③]

明本针对禅林僧职名实不符的情况提出设置僧职要尽可能"随事立名,因名显分",认为只有"重轻得所,优劣无差"才能做到"功行以之而圆,法道因兹著"。[④] 名正则言顺,禅林执事僧只有名实相符才能提高办事效率,才能在禅林伦理生活中发挥出承上启下的伦理示范作用。因此,幻住庵仅设有庵主、首座、副庵、知库、饭头、互用、践履、外缘、内缘这九个名符其实的僧职,与功利禅林中动辄设置几十上百个僧职的情况形成了鲜明对比。

通过以上分析,我们发现《幻住庵清规》是以榜样示范的方式来管理丛林的,庵主的评价、僧职的确立等都与禅林示范伦理有关。禅宗丛林是一个宗教组织,既要在办道为先的前提下包容学者的个性,又要保持整个组织的一般性和共同性。禅林示范伦理在办道、禅林管理和保持成员的个体性方面具有不可代替的作用,但在保持禅林组织的一般性和共同性方面则需要建构规范伦理。

规范伦理不能代替示范伦理,示范伦理同样不能解决丛林中所有的问题。正如王庆节所说:"我们也不应对它(指示范伦理——引者注)、乃至对一般伦理

---

① (元)德辉编:《敕修百丈清规》(卷4),李继武校点,郑州:中州古籍出版社,2011 年版,第 100—101 页。
② 钱穆:《中国历代政治得失》,北京:生活·读书·新知三联书店,2001 年版,第 34 页。
③ (元)德辉编:《敕修百丈清规》(卷4),李继武校点,郑州:中州古籍出版社,2011 年版,第 111 页。
④ (元)明本:《幻住庵清规》,《卍新纂续藏经》,第 63 册,第 582 页。

学期待过高,好像伦理学能做所有的事情,这恰恰是泛道德主义导致的问题。"①
明本在看到禅林示范伦理的价值的同时,并没完全否定规范伦理在丛林治理中
的作用。明本认为禅宗丛林可以谨慎地使用礼法威仪,《东语西话续集》卷下云:

> 吾丛林揖让升降之谓礼,鞭笞摈辱之谓法。古之人欲行所得之道,必以
> 礼法辅之而道行焉。礼者,防于未然;法者,治于已然。其或道之所存,岂必
> 待礼而后正,法而后从哉?然丛林用礼法犹国家之用兵,盖不得已也,特假
> 此以规正学者之心术与其仪范耳。②

明本肯定威仪礼法在庵居生活中的规范作用,主张用规范伦理做示范伦理
的必要补充。庵居处众既不是凿石室而居,也不是单人游化,而是阖庵大众共同
生活。学者在庵中参禅悟道需要具备两个条件:其一,庵中要有供学者参请的
榜样;其二,要具备屏心绝虑、息念忘缘的庵居环境。前者是丛林示范伦理的范
畴,后者则是规范伦理要解决的问题。据《幻住庵清规·日资》载:

> 凡一日夜之间,四次坐禅之际,宜各屏心绝虑,息念忘缘,深究死生,力
> 穷道业。除大小便利外,不许共语,不许洗浣,不许补缀,不许看读,乃至一
> 应杂务,非公界普请,俱不许作。③

幻住庵居虽非凿室独处,但却要"屏心绝虑,息念忘缘"。禅者在庵庐中按照
"五不许"修行,既可使自己"深究死生,力穷道业",又可避免"使邻单知觉,动其
道心",阖庵大众自然会"内外相资,身心寂默"。④ "五不许"是对所有禅众行为
的规范,是规范伦理的具体应用。从明本的角度看,"五不许"是丛林之礼,其作

---

① 王庆节:《作为示范伦理的儒家伦理》,《学术月刊》,2006 年第 9 期,第 48—50 页。
② (元)明本:《东语西话续集》卷下,《天目中峰广录》(卷 20),《大藏经补编》,第 25 册,第 914 页。
③ (元)明本:《幻住庵清规》,《卍新纂续藏经》,第 63 册,第 571 页。
④ (元)明本:《幻住庵清规》,《卍新纂续藏经》,第 63 册,第 580 页。

用在于防患于未然,是丛林的辅道之方。

明本在丛林中推行示范伦理,用示范伦理来统摄规范伦理,庵主要身体力行做遵守规范的榜样。《毘尼母经》卷 4 云:"有二种法不可违:一佛法不可违;二转轮圣王法不可违。"①明本在丛林生活中严守朝廷的法令和制度,并且制定相关规制确保朝廷典章和法令的贯彻和执行。除了丛林清规制度之外,幻住庵中还有长老的示范作用,二者共同保障了朝廷典章和法令的实施。

例如,蒙元朝廷的法令和典章规定僧侣要在圣节启建道场祝延圣寿。据《大元通制条格》卷 8《仪制》载:"至元三十一年七月,中书省御史台呈:旧例,钦遇圣主本命日,所在官吏率领僧道、纲首人等,就寺观行香祝延圣寿。拟合遍行依例施行。都省准呈。"②元代朝廷除了要求官吏圣节赴寺观祝延圣寿外,还要求僧侣在"四斋日"焚香、讽经、祝延圣寿。据《元典章》卷 33 载,皇庆二年八月于前行省宣政院拯治僧人卷内照得:"凡遇四斋日,住持领众焚香,祝延圣寿,看念经文,不得怠惰。"③

明本制定了与祝圣相关的规制,并且由庵主来主导这些活动,以确保朝廷祝延圣寿的法令在丛林中得到执行。据《幻住庵清规》载:"一年十二月遇初一、十五是谓朔望,须就粥前讽大悲呪祝圣,周而复始又一年。内有六日是本命好日,此六日亦与朔望同,粥前讽大悲呪祝圣。"《幻住庵清规》载有启建天寿圣节道场、满散圣节道场、结制集众讽大悲呪祝圣、祝圣回向、国忌回向、岁旦普回向等仪式和活动,还载有《圣节启建疏》《圣节满散疏》《圣节式》等文书。④ 这些丛林规制是朝廷祝圣等法令在幻住庵得以实施的制度保障。

再如,蒙元时期盛行厚葬之风,世俗丧葬礼仪侈靡浪费严重。朝廷下诏云:"今后丧葬之家,除衣衾、棺椁依礼举葬外,不许辄用金银宝玉器玩装敛,违者以不孝坐罪。"⑤儒者认为当时厚葬流俗的表现有二:其一丧葬礼仪"铺张祭仪务为

---

① 《毘尼母经》(卷 4),《大正藏》,第 24 册,第 819 页。

② 《大元通制条格》(卷 8),郭成伟点校,北京:法律出版社,2000 年版,第 137 页。

③ 《元典章》(卷 33),陈高华等点校,北京:中华书局、天津:天津古籍出版社,2011 年版,第 1129 页。

④ (元)明本:《幻住庵清规》,《卍新纂续藏经》,第 63 册,第 572—573 页。

⑤ 《元典章》(卷 30),陈高华等点校,北京:中华书局、天津:天津古籍出版社,2011 年版,第 1068 页。

观美",甚至有人为此而倾家荡产;其二是"广集浮屠大作佛事",而不顾儒家正统丧礼。①

明本提倡俭葬薄葬,要求"幻者朝死夕化骨,便送归三塔",指出"停龛、祭奠、讽经、入祠、做忌"等不可循世礼。②《幻住庵清规》规定幻者随葬衣物仅包括"旧布中衣一腰,浴裙一腰,旧袜一双"、"旧布衫一领,旧布直裰一个,挂络一顶"和"寻常数珠一串"。③《幻住庵清规》所载的丧葬规制是禅林规范伦理的一个实例,它在制度层面保障了朝廷薄葬诏书的有效执行。

明本用禅林示范伦理统摄规范伦理,主要是以庵主的示范作用保障规范伦理的实施。例如,幻住庵主的丧礼与普通幻者的丧礼一致,没有法堂挂真、山门挂真等繁冗礼节,从示范伦理的角度保障了俭葬原则的施行。功利禅系清规所载的住持丧葬礼仪要比幻住庵复杂得多,挂真、奠茶汤、佛事等内容一应俱全。据《禅林备用清规》卷9载:"龛至山门首,彩亭挂真,有佛事,奠茶汤,有佛事。"④《敕修百丈清规》所载的住持人丧葬礼仪同样包括山门挂真仪轨仪式,只是将"彩亭挂真"改成了"奠亭挂真"。⑤ 住持人失范必然使禅林示范伦理受到破坏,僧侣们在榜样失范的情况下难免受厚葬风气的影响。

四、结语

明本深受老师原妙影响,继承了原妙的苦行精神,认识到了榜样示范的作用,形成了对参禅、戒律、礼法的独特看法。他将苦行精神融入到行脚游化、参禅悟道、制定清规、庵居处众等实践活动中,开创了别具一格的本分家风。明本清楚地认识到禅林功利色彩浓厚,存在破戒现象,认为单纯依靠礼法威仪无法革除禅林积弊,发现重构禅林示范伦理是解决禅林问题的正确途径。

---

① (元)谢应芳撰:《辨惑编》(卷2),《景印文渊阁四库全书》,第709册,第556页。
② (元)祖顺录:《中峰和尚行录》,《天目中峰广录》(卷30),《大藏经补编》,第25册,第974页。
③ (元)明本:《幻住庵清规》,《卍新纂续藏经》,第63册,第585页。
④ (元)式咸编:《禅林备用清规》(卷9),《卍新纂续藏经》,第63册,第654页。
⑤ (元)德辉编:《敕修百丈清规》(卷3),李继武校点,郑州:中州古籍出版社,2011年版,第87页。

明本真参实究、苦行修道,成为大众学习的楷模和榜样,为重构禅林示范伦理创造了有利条件。他在游化传禅的同时广建庵庐,不断为"布丛林崭新条令"①开拓空间。明本从庵居处众的实际情况出发,将示范伦理与规范伦理相结合,创造了独具特色的《幻住庵清规》,为幻住禅居提供了制度依据。明本将持守戒律融入真参实修,用示范伦理统摄规范伦理,从个体性和普遍性双重角改造禅林,取得了较好的禅林治理效果。

在元代禅林戒律废弛和蒙元朝廷重教抑禅的背景下,明本以身示范护持戒律,受到朝野上下普遍尊重,影响远至"西域、北庭、东夷、南诏"。② 明本强调"心存乎道不待礼而自中,不俟法而自正矣"③,榜样的示范作用则是使禅众"心存乎道"的有效途径。在功利禅大行其道的时代,明本身体力行别立庵居,扩大了山林禅的影响,给禅林注入了以身示范、真参实修的风尚,其价值和意义不在百丈怀海别立禅居之下。

---

① (元)明本:《幻住庵清规》,《卍新纂续藏经》,第63册,第581页。
② (元)祖顺录:《中峰和尚行录》,《天目中峰广录》(卷30),《大藏经补编》,第25册,第975页。
③ (元)明本:《幻住庵清规》,《卍新纂续藏经》,第63册,第571页。

论契嵩的治理思想

代玉民[①]

（南京大学哲学系）

摘　要：宋代佛教以人间化、社会化、生活化为主要特色，其主要任务在于肯定并接纳现实社会。契嵩禅师承此大势，提出了其治理思想体系：第一阶段，以礼乐为核心，以公私、赏罚、教化、至政为辅翼，旨在成就王道政治，安顿家国天下的秩序，满足人的基本欲求，但这一阶段的治理遗落了人类生命内在层面的安顿，即生存的基本焦虑与生命的终极诉求；第二阶段，以上达天道，下贯人道为主线，辅之以诚、信的功夫论，从而使将圣人化的过程推扩于天下人成为可能，因此完成了对生存的基本焦虑以及生命的终极诉求的满足。进而，契嵩禅师将两个具有儒家特色的治理阶段佛教化，使之与佛教义理相一贯。

关键词：契嵩；治理；礼乐；天道—人道；皇道；皇极

佛教自传入中国以来，经历了始自东汉的佛经翻译与格义理解的漫长阶段，直至东晋僧肇作《肇论》，才标志着汉传佛教的真正开端，隋唐以来，汉传佛教开始在与中国本土的儒道的交融视域中建立其理论及实践体系，可称得上是开宗立派的鼎盛时期。[②] 三论宗、天台宗、华严宗、唯识宗等佛教派别将佛教义理推

---

① 作者简介：代玉民，现为南京大学哲学系教师，研究方向为中国哲学、逻辑、形而上学等。

② 对于佛教中国化问题，国内学界聚讼不已。学界的主流观点是佛教自传入中国以来便开始了中国化的进程，例如，赖永海教授认为"佛教中国化的进程，实际上从佛教传入中土之后就开始了"，直到"超佛之祖师禅、越祖之分灯禅，对传统的佛教与佛教之传统进行革命性的改造。至此，印度佛教的中国化已发展成中国化的佛教"。（参见赖永海：《中国佛性论》，南京：江苏人民出版社，2012年版，第　（转下页）

向极致,而到唐中后期,以慧能及其弟子为代表的南禅宗因高扬"本心""自性",将发展到极致的佛教义理从偏重思辨的层面带入以身—体践履为主的层面,即由注重佛教经论的翻译、传注转为对内在心性的发明、保荐。① 这一转向,即对个人内在心性与身—体实践的重视,既是对东汉以来的禅学以及佛教修行本怀的高层次回归,同时又开启了宋代及以后佛教人间化、社会化、生活化的新阶段。

契嵩禅师(1007—1072),藤州镡津(今广西藤县)人,俗姓李,字仲灵,自号潜子,北宋云门宗高僧,著有《辅教编》、《传法正宗记》、《传法正宗定祖图》等,后辑为《镡津文集》十九卷传世。契嵩禅师正是承宋代佛教发展大势而继成之,以佛学为根基,广泛吸收、容纳儒学的礼乐刑政及孝、中庸等思想,力主儒佛融合、一贯,极大地促进了儒佛融合的进程,不但欧阳修说"不意僧中有此郎也"(《附录诸师著述序·卷十九》),连宋仁宗也赐其"明教大师"(《附录诸师著述序·卷十九》)之号,足以证明契嵩禅师融贯儒佛之力。② 就现代研究而言,自钱穆先生

(接上页)286—288页)。但牟宗三先生认为"般若是共法,系统之不同关键只在佛性一问题",并"以般若与佛性两观念为纲领",以此统摄中国佛教各义理系统,并且从义理发展角度看,佛教并未中国化,也就是说,佛教并没有因受中国文化影响而丧失其义学特质与实践品格。(参见牟宗三:《佛性与般若》(上),长春:吉林出版集团有限责任公司,2010年版)在笔者看来,佛教在其根本精神上与儒家、道家及道教固然有质的不同,但这不妨碍在各自的发展过程中出现重合之处,尤其到宋明时期,儒佛道三教各顺其义理发展至极,三教所达之最高境界本有相同之处,比如佛教的"平常心是道",儒家的"见在良知",道教的"神通自在"。并且,佛教作为一种社会性存在,在与儒道交涉过程中的确受到很大影响,如佛教仪轨、佛教艺术等都具有中国化的特点,同时,汉传佛教形态有别于诸如印度佛教、藏传佛教等其他佛教形态。

① 值得注意的是,作为教外别传的禅宗,虽历来主张身—体实践与明心见性,素有"不立文字"的宗旨,但"唯有真的实践,始能产生真智慧,而为大众说出究竟清净的不思议法,也唯有依靠正确的教义指导,始能实践正法,而明其自心见其本性。因此,中国禅宗,虽以'不立文字'为其特色,它所留下的禅籍,反而是中国佛教的诸宗派中最丰富的一流。"(参见释圣严:《明末中国的禅宗人物及其特色》,《华冈佛学学报》,1984(7);2)从禅宗史上看,唐代著名的有诸如弘忍的《最上乘论》、慧能的《六祖坛经》、《禅宗永嘉集》等禅宗著作,到宋代有大量的禅宗语录、灯录出现,甚至出现了以文字表达佛教至理的文字禅,宋代著名的禅籍有如《古尊宿语录》、《禅镜录》、《五灯会元》等。到了明代末期,禅宗著述更是有了大发展,禅师和居士们"不仅重视禅宗的语录及史书的创作和编撰,而且从事禅宗以外的经律论的注释疏解。"(参见释圣严:《明末中国的禅宗人物及其特色》,《华冈佛学学报》,1984(7);2)据圣严法师统计,明末禅者的著作既包括五十种三八六卷禅籍,又包括六十五种二六九卷对于经教所作的注释类著作。(参见释圣严:《明末中国的禅宗人物及其特色》,《华冈佛学学报》,1984(7);1)

② 诚然,宋代佛教以人间化、社会化、生活化的发展趋势为其特色,这一特色的形成固然有其义理方面的来源,即自唐中后期以来,以慧能及其弟子为主体的南禅宗开启了由以参究义理为主向以证悟实践为主的转型之门。从历史角度看,宋代佛教的这一特点与宋代皇室的佛教政策亦有关联,具体 (转下页)

《读契嵩〈镡津集〉》①以来,中国现代学者对契嵩禅师思想的研究不绝如缕,研究的重心在于其儒佛一贯说、孝论及以其《非韩》为代表的反排佛说,成绩斐然。但是,学界尚未对契嵩禅师的治理思想进行具体揭示,而契嵩禅师对此又多有阐述。鉴于此,本文尝试从治理思想的角度略述契嵩禅师视域中的治理体系,以见教于方家。

一、以"礼乐"为核心的治世体系

(一) 礼乐

宋代以来,汉传佛教开始正式面对作为世间权法的社会人生,同时将普度众生、涅槃成佛的宏愿落实于俗世生活。这一目标的实现,有赖于家国天下乃至个人身心修养的完善。因此,佛教亦须开出其以现实社会为对象的治理体系,以作为实现出世目标的必经途辙。鉴于此,契嵩禅师力主吸收儒家既成的礼乐体系并将其纳入佛教义理系统,从而形成其以"礼乐"为核心的佛教的治世体系。

首先,契嵩禅师指出礼乐与王道之间的辅成关系,以奠定礼乐在其治世体系中的核心地位。对此,契嵩禅师有言:

> 礼,王道之始也;乐,王道之终也。非礼无以举行,非乐无以著成。故礼乐者,王道所以倚而生成者也。(《礼乐》)[1]
> 夫礼,所振王道也;乐,所以完王德也。故王者欲达其道而不极(极或作及)于礼,欲流其德而不至于乐,虽其至圣,无如之何也。人君者,礼乐之所

(接上页)言之,"三武一宗"的灭佛运动对佛教的生存与发展打击巨大,宋太祖即位后开始实施一些平复法难的政策,如下诏保存未废的寺院,派遣僧人西行求法,处罚排佛之士以及雕版印刷《大藏经》。太祖的佛教政策,后世的皇帝多遵从之,但随着佛教的迅速发展,宋室开始其进行一定的限制,如下令禁毁铜佛像、严格限制僧尼、寺院数等。总体来说,宋代佛教政策既有保护,又有限制,是相对理性的佛教政策。(参见高慎涛:《论宋朝对佛教的保护与限制政策》,《洛阳师范学院学报》,2008年。)宋代佛教鉴于宋室既保护又限制的佛教政策,固然需要以标榜与儒学的一致性来保证自身存在与发展的正当性,这与宋代佛教人间化发展倾向的义理原因相契,可视为宋代佛教发展趋势的历史原因。
① 钱穆:《读契嵩〈镡津集〉》,//钱穆:《中国学术思想史论丛(三)》,台北:联经出版社,1998年版。

出者也。人民者，礼乐之所适也。所出不以诚，则所适以饰虚。所出不以躬，则所适不相劝。是故礼贵乎上行，乐贵乎下效也。（《礼乐》）

由此可见，在契嵩禅师看来，礼乐是贯穿王道始终的客观性治理结构。具体言之，礼是王道的开端，王道之为王道以客观的礼仪规范为基础，而礼仪的效力来源于对人情对治作用，"契嵩从佛教的立场出发，认为性是无善恶的，而情有善恶"[2]，因而社会治理的关节点就在于对人情的节制，"礼者，因人情而制中；王者，因礼而为政。政乃因礼乐而明效。"（《礼乐》）一旦礼仪不能对人情予以恰当的安顿、对治，则王道则不能推行、振兴。同时，音乐可以触及人之生命不可言传的"未发之中"，进而可与此生命内在形成一种和弦式的和谐状态，正如契嵩禅师所言"乐者，所以接人心而达和气也"，而王者在治理家国天下的过程中，鉴于音乐具有的和顺效用，而"王者待乐而纪其成政也"（《礼乐》）。

很显然，契嵩禅师的礼乐观取法于儒家，这是因为佛教本无所谓与王道相关的礼乐，正是佛教发展至宋代需要正面接纳现实社会，故而契嵩禅师对作为中国文化主流的儒家礼乐多有肯定。在儒家看来，"乐者为同，礼者为异。同则相亲，异则相敬。乐胜则流，礼胜则离。合情饰貌者，礼乐之事也。礼义立，则贵贱等矣，乐文同，则上下和矣。好恶著，则贤不肖别矣。刑禁暴，爵举贤，则政均矣。仁以爱之，义以正之，如此则民治行矣。"[3]可见，礼仪的本义在于区分贵贱差等，音乐主于和，二者相互赞助，这样人际间的尊敬亲爱才能得以保证，家国天下才能在一个和睦有序的体系中保茌大化流行的天道与诚敬不失。这一目的的达成有赖于政治上的君主承继天道，作为礼乐的主导者，天下之人是礼乐的受成者，君主与下民在礼乐体系中各安其位、各司其政，在差等有序的礼乐体系中得以实现和乐的王道政治。

契嵩禅师视域中的王道政治，正是儒家的所言之"礼之用，和为贵。先王之道斯为美，小大由之"（《论语·学而》）的境界。进而，契嵩禅师具体揭示了礼乐之于王道政治的具体效用。

夫宗庙之礼,所以教孝也;朝觐之礼,所以教忠也;享燕之礼,所以教敬也……斩衰哭泣之礼,所以教哀也。夫教者,教于礼也;礼者,会于政也。政以发乐,乐以发音,音以发义。故圣人治成而作乐也,因音以盛德也。因宫音之沉重广大以示其圣,因商音之刚厉以示其断,因角音之和缓以示其仁,因征音之劲急以示其智,因羽音之柔润以示其敬。律吕,正也,以示其阴阳和也;八风四气,顺也,以示其万物遂也。犹恐人之未睹,故舞而象之,欲其见;恐人之未悉,故诗以言之,欲其知也。感而化之,则移风易俗存乎是矣。是先王作乐之方者也。(《礼乐》)

礼作为治理社会的行为规范体系,通过规范人在扮演各种社会角色中的各种行为,来凸显这些行为本身的所表征的人与人之间的孝亲忠敬之情。如"宗庙""朝觐""享燕""斩衰"等礼仪分别表征着"孝""忠""敬""哀"等情感,以达到教化世道人心的目的。与礼仪相对客观化、体系化的教化、治理方式不同,音乐则以相对主体性、潜移默化的方式聚焦于人之各种内在德性,如宫商角征羽五音分别因其"沉重""刚厉""和缓""劲急""柔润"而表征"圣""断""仁""智""敬",这些皆为儒家治理世道人心的道德节目。契嵩禅师之所以似乎"全盘"肯定儒家学说,并非因为儒佛具有根本一致性,而是佛教要达成其对治社会的目标,它并不需要在佛教义理体系中完全创新地开出一套治理社会的体系,简便有效之法正是借鉴儒家成熟的礼乐体系。这一礼乐体系在儒家是社会治理的核心,在契嵩禅师的治世体系中亦居于核心地位。[①]

值得注意的是,宋代的欧阳修认为佛教之所以成为儒学之"患",其根本原因即在于儒家礼义的缺失衰败,"尧舜三代之际,王政修明,礼义之教充于天下。于此之时,虽有佛,无由而入。及三代衰,王政阙,礼义废。后二百余年而佛至乎中

---

① 礼乐体系起源于儒家,其在治理社会过程中必定主张以人文化成天下,所成就的是"父子有亲,君臣有义,夫妇有别,兄弟有序,朋友有信"(《孟子·滕文公上》)的道德境界,而佛教的最终目的是要出离世间,涅槃成佛,才算圆满。由此可见,契嵩禅师虽采纳以儒家的礼乐为核心的治世体系,但并非以此为归宿,而是以此为一通达最终目的的途径。

国。由是言之，佛所以为吾患者，乘其阙废之时而来，此其受患之本也。"[4]因此，在欧阳修看来，重振儒学、抑制佛教的根本方法在于"补其阙，修其废，使王政明而礼义充，则虽有佛无所施于吾民矣"[4]，有学者根据欧阳修的思想整体将其重振儒学的方法总结为，既"要让人们认识'礼义'乃为善之学"，又"要循序渐进，不要冒进"[5]。但从契嵩禅师对礼义的推崇看来，佛教已认识到礼乐对于治理社会的不可或缺的作用，并将其纳入佛教的视域范围内，因此，恢复儒家的礼义是否能够达到重振儒学、抑制佛教的目的，看来欧阳修的这一观点还有待进一步商榷。

（二）公私与赏罚

从社会治理角度看，以礼乐为核心的治世体系可视为一个治世的框架性结构，在具体操作阶段，则需要重视对公私观念的处理。

契嵩禅师有言：

> 公道者，导众也；私道者，自蹈也；公私者，殊出而共趋也。所谓共趋者，趋乎义也。公不以义裁（裁或作材），则无以同天下；私不以义处，则无以保厥躬。义也者，二道之阃阈也。公私之所以翕张也。是故君子言乎公，则专乎公道也；言乎私，则全乎私道也。不叛公而资私，不效私而乱公。故率人而人从，守己而己得。（《公私》）

公私在契嵩禅师处主要指"公道"与"私道"，二者之分很大程度上类似公众福利与个人福利之分，但是这一"福利"并非是与金钱相挂钩的经济利益，而是以"义"为标准的一种社会治理范畴。公私所宜之义与化成天下的王道相一致，因此，衡量公与私的标准则不能以强弱论，而应以是否与达到王道之正为重点，正如契嵩禅师所说"然公道不必强也，私道不必弱也，正而已矣。"（《公私》）然而，公道与私道的差异在于公道致力于引导公众趋于"义"与"正"，而私道则主要关注个人自我趋向与完善。值得注意的是，契嵩禅师将公道与私道一视同仁，即将二者平等地作为"义"之标准下的两种不同的"道",判断公私之道得与失的关键在于是否符合"义"。这与儒家公私观念很不同,义利之辨一直是儒家学说的重要部分,主流观点是高扬公道,贬低私道,从先秦时期孟子"舍生取义"(《孟子·告子上》),汉代大儒董仲舒"正其谊不谋其利,明其道不计其功"《汉书·董仲舒传》,到宋代新儒学兴起,倡导"革尽人欲,复尽天理"(《朱子语类》)的朱子与主张事功的陈亮往复辩论,直到近代以来,洋务运动、维新变法等近代相对功利性的革新皆受到传统势力的阻挠。但契嵩禅师将公私等而视之,在社会治理中较之于儒家的公私观,从功利性的层面看,具有很大的优势,这是因为将公道与私道置于平等地位,既可以保证公道一如既往地受到重视,同时,亦可在集体性的公众福利中,凸显个人福利的地位,使个人在于集体的交涉过程中,不再处于边缘化的地位。

具体来说,在社会治理层面,公私观念涉及的领域广泛且存在角色转换的空间。契嵩禅师指出:

> 夫公私也者,存乎大也,则国家朝廷之谓公也,百姓编户之谓私也。存乎小也,众人之谓公也,一身之谓私也。苟得义焉,虽其小者亦可尊也,苟不义焉,虽其大者亦可卑也。(《公私》)

由此可见,契嵩禅师认为公私观念并不是有特定对象的标签化名词,而是可以灵活运用于诸种不同情境中的范畴,运用的标准即为"义"。契嵩禅师举出"大""小"两种情境来说明其公私范畴。在"大"的情境中,"国家朝廷"是公,"百姓编户"是私,而在"小"的情境中,"百姓编户"代表的"众人"成为了公,而作为"一身"的个人相比之下成为私。契嵩禅师的这种公私观念亦上述其与儒家公私观念分歧的原因。相比之下,儒家公私观念所指涉的对象相对固定,即以家国天下为代表的公众领域视为公,将个人事务视为私,公私观的固定性加之儒家重义轻利的传统,故而儒家对公私观念不能等而视之。而契嵩禅师所重之"义"并非附加了很多道德意义的儒家之"义",其取的是"义"之本义,即"宜"。当打破了在某种程度上具有束缚性的道德原则，契嵩禅师打开"义"作为"宜"本身所容纳的自由场域，可以使公私之对象在不同情境中，自由切换，基于此，契嵩禅师的公私观念是平等的。也正是由于此，才有可能实现"率人而人从，守己而己得"的个人与公众福利皆得到保障的局面，这是契嵩禅师社会治理的一个内在要求。

公私观念是契嵩禅师以礼乐为核心的治世体系中的重要观念，在具体贯彻公私观念方面，契嵩禅师主要通过赏罚方式。

> 赏罚公，王道振也；赏罚私，王道熄也。圣王欲其道行，故理其公私也。赏罚以正善恶，公也；赏罚以资喜怒，私也。公之所以同天下也，私之所以异天下也。天下同之，其道不亦兴乎？天下异之，其道不亦寝乎？赏罚者，天下之大中也，宜与天下共之也。王政者，所以正善恶也。天下之善不可不赏也，天下之恶不可不罚也。赏罚中所以为政也。（《赏罚》）

契嵩禅师将礼乐视为辅成王道之始终，振兴王道的秩序性的治理体系，这是在一般意义上综括言之。当具体到在礼乐体系中落实公私观念时，契嵩禅师肯定了赏罚在成就公私、振兴王道方面的效用。赏罚若公正，即赏罚合宜、得当，则以礼乐为核心的治世体系可以良性运行，善恶得到应有的结果，可成就王道。若赏罚不中，则天下之善者得不到应有的奖赏，天下之恶人得不到应有的惩罚，易导致善恶不分，礼仪制度形同虚设。正如孔子所言"礼乐不兴，则刑法不中，刑罚不中，则民无所措手足"（《论语·子路》），而这一系列的后果，在契嵩禅师看来，不在于"名不正，言不顺"（《论语·子路》），而在于王者对赏罚处理不当。

对此，契嵩禅师有言：

> 非至公高明之人，不可授之以赏罚之权也。传曰：可与适道，未可与权，盖慎之至也。《洪范》曰：无有作好，遵王之道。无有作恶，遵王之路。盖戒之深也，周之季非无赏罚也，盖赏罚出其私也。出于私所以致天下之乱也。（《赏罚》）

由于赏罚之权涉及到公私观念的落实,甚至关系着王道政治的实现与否。因此,契嵩禅师提倡在治世过程中,当权的君主在授予他人赏罚之权时,要极其谨慎。因为君主做出的这一决定,即是关乎家国天下命运的选择。如果将赏罚视为适道之权法,则赏罚就是先王圣主推行其王道政治的大方便之权,此正如契嵩禅师所言"夫赏罚者,先王行道之大权也"(《赏罚》)。

此权法中包含这王道政治的至理,这一至理能否显现于当下,有赖于执行赏罚的当权者可以"遵王之道""遵王之路",避免"赏罚出其私",即"欲道之行,则不可俾赏罚之权须臾在私也"(《赏罚》)。进而,契嵩禅师亦指出执掌赏罚之权的当权者出于私意的具体后果:

> 小私以之,则渎是刑也;大私以之,则渎是兵也。渎兵则征伐出于诸侯,自是始也;渎刑则政令出于大夫,自是始也。故春秋诸侯专征而《春秋》罪之。春秋诸侯专封而《春秋》罪之,盖不与其诸侯之赏罚也。春秋之大夫专取而《春秋》罪之,春秋之大夫专与而《春秋》罪之,盖不与其大夫之赏罚也。《春秋》者,所以示王者之赏罚也。子曰:"罪我者其惟《春秋》乎?"圣人冒罪而作《春秋》,所以惧后世之赏罚者也。(《赏罚》)

若执掌赏罚大权的人出于私意执行赏罚,即不能做到善者得其赏、恶者得其罚的善善恶恶的后果。在初级阶段是渎职于刑,"政令出于大夫"具体的刑法影响范围相对较小,因而不会造成大范围的影响,也不会影响全社会的秩序。而高级阶段是"渎是兵""征伐出于诸侯",这是僭越的名教大罪,因为在儒家看来"天下有道,则礼乐征伐自天子出;天下无道,则礼乐征伐自诸侯出。自诸侯出,盖十世希不失矣;自大夫出,五世希不失矣;陪臣执国命,三世希不失矣。"(《论语·季氏第十六》)契嵩禅师举出"渎刑""渎兵"关于私意赏罚的两个例子,以及随之列出孔子所作之《春秋》记录并谴责这种错误行径。《春秋》是儒家五经之一,又是孔子亲自所作,其中所蕴含褒贬义随着后世的研究、解读,在历史情境中连续不断地得以诠释、发明,因而成为后世私意赏罚者的精神监督。这种以圣人及其经典著作的永恒化、超越化而来的社会精神监督作用,是契嵩禅师治世体系中不可或缺的心理因素。

(三) 教化与至政

在契嵩禅师的治世体系中,由礼乐这一核心出发,确立了作为治世指导原则的公私观念,并通过赏罚的方式将其落实于社会治理的实践中。进而,契嵩禅师揭示以礼乐为核心的治理体系在治世方面所达至的具体效果,即教化与至政。

首先,礼义教化是政府治理社会、化民成俗的一种重要形式。契嵩禅师有言:

> 礼也者,中也;义也者,正也。上不中正而下必欺邪焉。教化之感,盖其势之自然也,犹影响之从形声也。(《教化》)

由此可见,契嵩禅师将礼义视为中正之道的现实承载者,然而礼义并非强制性的社会规约,而是强调与人之内在心性、生命乃至终极诉求相感通的自然而然的教化形式。礼义本身合于人之为人的本质,亦有助于人的自我发展与实现,因而这种人与礼义在社会治理体系中的和谐互动关系,近乎一种音乐性的和乐关系。所以,在教化方面,契嵩禅师虽然没有明确点出礼乐之乐,但乐治的精神已经含蕴于礼义教化与人的互动过程中。值得注意的是,契嵩禅师指出"上不中正而下必欺邪",这说明礼义教化是按照自上而下顺序具体施行的。对此,契嵩禅师进而指出:

> 礼义者,教之所存也;习尚者,化之所效也。非所存则其教不至也,非所效则其化不正也,是故善教者必持厥礼义也,慎化者必防其习尚也。天下不可无教也,百姓不可不化也。为天下百姓上者,教化其可亡乎?教化风也,民飞物也,风其高下则物从之浮沉也。圣人虑人之流恶而不返,故谨于教化者也。夫教者生于官政也,化者成于民俗也,礼义者示于朝廷国家而见于天下也。(《教化》)

契嵩禅师将"礼义"与"习尚"作为推行教化以治理社会的互动结构,二者的互动并非两个平等对象的横向互动,亦非纵向互动,而是超越横向与纵向的划分的一种基于实践主体的内在互动。具体言之,礼乐是保存教化的精神载体,而习尚是这一教化的精神性内涵在由上而下的治理模式中贯穿于主体的具体实践的过程。在自上而下推动这一礼义教化的动力源头在于"官政",而从"圣人虑人之流恶而不返,故谨于教化者也"一句来看,这里的"官政"实际指的是为防止民风变坏而谨慎教化的"圣人",这里的"圣人"并非"随心所欲,不逾矩"(《论语·为政》)的上通下达式的圣人,而是治世体系中的当权者。契嵩禅师意在借助将当权者圣人化的方式,借助外王政治与圣人之德的双重方式来上行下效式地推行礼义教化。对此,契嵩禅师指出:

> 古之在官政者,必先修礼义以正其己,而后推诸其人焉。人未之从也,必自揣其教之未造邪,则加修以劝之。又未之从也,此其淫风邪俗者也,始可以举法以惩其犯礼违义者也。(《教化》)

契嵩禅师引用古代政治当权者的事例,以表明其对推行礼义教化之过程的理解。契嵩禅师肯定了为官之人先修己正己然后推之于人的这种教化方式。这说明契嵩禅师所坚持的自上而下的教化方式,虽然在外在形式上看是由官政推及民间,实际上,这一教化过程的完成并不依赖于政治权力的强力推行,而是为政之人通过以身作则、身先表率的方式感化并带动民众,从而达到移风易俗、教化民众的目的。正如汉代董仲舒所言"天生民性,有善质而未能善,于是为之立王以善之,此天意也。民受未能善之性于天,而退受成性之教于王,王承天意,以成民之性为任者也"[6],契嵩禅师所言的"古之在官政者"与董仲舒所言之"以成民之性为任"的王者具有一致性。进而,契嵩禅师具体揭示了"在官政者"推行礼义教化的三个步骤。第一步,居于官政的当权者以身作则,通过礼义修正自身行为,示范并带动民众。第二步,有民众并未遵从、仿效当权者的行为,则当权者要切己自省,发现自身不足,进一步提升自身水平,再教化民众。第三步,在当权者在礼义方面已达至最高水平,而仍有民众不仿效遵从,则可视为"淫风邪俗者",此时可借助刑法等强制手段规约之。从推行礼义教化的三个步骤可知,契嵩禅师的在治世过程中的两个特点,一是依赖政治体系中的当权者,形成官与民之间一种基于权力的势,二是并不依赖政治权力强制推行教化及社会治理,而是将政治权力所造成的势通过当权者的圣化过程而转变成生命内在感通的势。

在契嵩禅师的治世体系中,礼乐居于核心地位,辅之以公私观念、赏罚以及社会教化,从民间治理角度看,达到了移风易俗、化民成俗的效果,就家国天下整体言之,则实现了以"义"为特点的"至政"。契嵩禅师有言:

> 至政者,言其至义也。天下以义举,则政有所伸也(政或作正),邪有所抑也,善有所劝也,恶有所沮也。爱恶是非,其事万端有所决也。天权可以扶义,其权虽重,必行也。义可以行权,其义虽轻必举也。权不以义会,甚之则终贼。义不以权扶,失之则必乱。故古之擅大政者,必有其权也。操大柄者,必济其政也。(《至政》)

由引文可推知,"至政"可视为契嵩禅师的治世体系所达致的最高境界,因为"至政"的内涵是"至义",而"义也者何? 域大中而与天下同适者也。适之得其所,天下谓之有道也。适之非其所,天下谓之无道也。"(《至政》)由此可见,"至义"即将义向内推扩为符合天下之人之生命内在诉求的精神准则,同时向外推扩为家国天下一切方面的判断准则与实践准则,即政、邪、善、恶,乃至"爱恶是非"等万端之事都有得以决定的标准。当天下之人接纳此"至义"并将其内化为思虑行为的标准后,也就是"适之得其所",则可能成就有道的天下。不仅如此,政治上的权力必须与义相辅成才可能得到有效地行使,达到预设的目的。[①] 同时,契

---

① 在"行权"方面,契嵩禅师在解释《周易》"巽以行权"时,曾提示巽与权的关系,可作"义可以行权"的注脚。"君子乘大顺而举其事者也,时不顺虽尧舜未始为也。重正当位也,刚巽,顺之至也。阳得位而中正以用巽之之当也。故君子为之也,乘其顺,履其中,效其用。其道莫不行也,其物莫不与也。然则时之顺必大权,然后帅其正也。权之作必大人,然后理其变也。权也者,适变之谓也。"(《巽说》)通过对巽卦解释,契嵩禅师指出行权必要顺其时,"理其变","帅其正",这亦是以义行权的内在要求。

嵩禅师指出了权与义不能相符的两种后果,当重权轻义时,当权者可能因失去义的内在约束而流于专享私利,而当重义轻权时,义可能因权力的缺失而缺乏贯彻实行的能力。虽然前面说到,当权者通过以身作则的方式示范、引导民众已达到化成天下的效果,但也存在着需要用强制手段予以制裁的"淫风邪俗者"(《教化》)。具体言之:

> 圣人建厥中以正天下之所适也。其世变而人甚苟私,大则私其国,次则私其家,小则私其身。协义者少也,反义者多也,而后圣惧其争且乱也,示有刑非苟暴也,示有兵非苟杀也,欲驱人而驱其义者也。在执者与人不义,众得以而去之;与众不义,官得以而治之。是故禹汤文武周公,此五圣人者,谨大政,故不苟擅大权也;行大权,故不苟让大位也。(《至政》)

契嵩禅师指出,随着社会的发展,人世逐渐脱离民风淳朴、崇德尚义的古代社会,将"至义"逐渐从自身的行为的内在准则异化为与己身自然欲求相对的强制性规范,因此走向"协义者少也,反义者多也"的局面,人类社会逐渐私欲横行,从个人、家庭到社会、国家无不自私。此时的圣王通过"示有刑""示有兵"的方式禁断人类社会的自私,以重建大义在社会治理中与政治权力的对等作用。义的重建有利于将僵化的政治治理体系转变为一种具有自由调节的可能的活化机制,当执政者"与人不义"时,民众不必再苦苦忍受强权暴政的压制,可以通过离开的方式退出这一暴政下的权力游戏,同时,当"与众不义"时,拥有政治权力的当权者可以对治之。因此,契嵩禅师以"禹汤文武周公"为例,说明"大政""大权"与"大位"之间的内在关系,即兼具义与权的大政是大权得以合理施用的政治保障,大权的施用又有赖于大位的获得与维持,大位是大权的权力保障。因此,契嵩禅师肯定古代承当大政的王者权与义相结合的治理模式。

综而言之,"宋代一般佛教徒着重实践的倾向甚为显著"[7],契嵩禅师承佛教人间化、生活化、社会化的发展大势,主动将儒家所面对的世俗社会正面地纳入佛教体系。以礼乐为核心的治世体系,是契嵩禅师在借鉴儒家治理体系的基础上而提出的佛教视域下的治世体系。与儒家社会治理体系相比，契嵩禅师的治世体系有三个特点：（一）强调礼乐与王道的辅成关系，强化礼乐在社会治理方面的功能，淡化孔子所提倡的仁为礼乐之本的思想；（二）重视公私观念，将公私视为平等的范畴，淡化其预设道德优劣性；（三）强调"义"在社会治理体系中的重要作用，将其视为判断公私、赏罚、教化乃至成就至政的重要因素，而儒家历来主张"仁政"而非"义政"。

二、天道—人道及其工夫论

以礼乐为核心的治世体系可视为契嵩禅师治理体系的第一阶段，这一阶段旨在成就安顿家国天下的王者，但这只是在现实政治层面的成功，仅能安顿家国天下的秩序，满足人的基本欲求，对于人类生存的基本焦虑与生命的终极诉求，仅依赖契嵩禅师借助礼乐体系建构的"义政"，显然难以满足。[①] 进而，契嵩禅师指出其治理体系的第二阶段，即天道—人道及其工夫论，旨在将圣人化的过程从第一阶段少数的王者推扩到天下之人，这样，在安定有序的政治环境中，天下之人可以在践行人道的同时上达天道，从而安顿个人生存的基本焦虑与满足生命的终极诉求。

（一）天道与诚

契嵩禅师强调天是大公之道的根据所在，并且，大公之道在社会治理中达到的理想状态是"无苟且"的社会局面。契嵩禅师有言：

---

① 具体言之，这里的王者是就政治权力层面而言，但此王者不具有普适性，因为以血缘关系维系的君权传递消解了人人可成王者的普遍可能性。基于此，以礼乐为核心的秩序性、制度化的治世体系虽以成就天下之人为目的，但以外在的原则自上而下地来规约人的心思行为，难免会使天下之人缺乏一种为己的参与感与带入感，因此有遮蔽生命自觉与形上本体性存在的危险，而这一遮蔽反过来更会催化人的标签化、碎片化。由此可见，这一阶段的治理，胜在将社会治理体系化、规范化，有利于安顿社会民生，使家国天下有序运行。但这一阶段的治理，如果仅是对礼乐体系的片面强调，则可能导致对生命自觉与形上本体性存在的遮蔽，这样，以礼乐体系化成天下的理想便可能落空为霸者的权力游戏，个人的成就与政治上王者的达成皆成泡影。

大政言其大公也,大公之道在乎天。是君子不苟能也,小人不苟争也。德裕君则君之,德裕臣则臣之,何必苟能?得其生则生之,得其死则死之,何必苟争?世无苟且则法无所闲也,人无争夺则兵无所起也,尧舜之所以揖让治也。(《大政》)

由"大政言其大公也"可见,契嵩禅师开始探讨制度化的治世体系的深层根据,他认为,现实政治的良性实现有赖于对大公之道的体现,具体言之,"大公者何?推至诚而与天下同适也"(《大政》),契嵩禅师将"诚"作为实现大公之道的内在根据,而将"诚"推至极致则展现为"与天下同适"的境界。"与天下同适"既是"大公"的内在要求,又是"至义"的必然结果,之所以如此,是因为公与义契合了人之为人的根本心理结构与生命存在状态,其中,义侧重客观的政治制度方面,而公侧重主观的生命内在方面,因而才可以形成普遍认可的实践原则与方式。进而,契嵩禅师描画了"大公之道"实现后的社会图景。从道德区分角度看,君子、小人皆能够规避自身之不足;从政治体系角度看,君臣亦皆根据自身之德所达之程度而为,乃至生死及一切社会事务,皆因上达天道而依据天道来裁定,并顺承之,不以个人思虑营为违背天道。

按照契嵩禅师之意,天道是恰如其分地安顿一切的终极根据,因而通达天道的方式并不是借助以礼乐为核心的治世体系来达成,而是以"诚"这一内在超越的方式通达之。契嵩禅师有言:

圣人大诚,故其所为(一本无所)则大公也。诚以道则以道传天下也,诚以正则以正用其人也。诚为大则范法乎天地也,诚为小则察微乎神妙也,故能道成而不私其位也,政成而不有其功也,育万物而不显其仁也,周万物而不遗其智。故圣人大有为而无累也,大无为而化淳也。诚也者,天道也;公也者,人道也。圣人修天道而以正乎人道也。诚者不见也,公者见也。由所见而审所不见,则圣人之道明矣。(《大政》)

契嵩禅师将"大诚"视为圣人之所以为圣人的特质，并揭示圣人将"大诚"推至天下，从而实现"与天下同适"的样态。具体言之，"道传天下""正用其人""范法乎天地""察微乎神妙"分别是圣人之诚在"道""正""大""小"四个方面的具体显现，当然，这四者并不能体现圣人至诚所适用的全部领域，毋宁说，圣人之诚所面对的是一个无限性的开区间，随着圣人所处的社会历史情境而相应地呈现，而圣人却有成之而不有其功，这是一种"大有为而无累，大无为而化淳"的境界。就其内在之诚而言，为天道，就其外显之公而言，为人道，圣人即为内修天道外正人之人。于此，契嵩禅师所言之圣人，重在其通过内在之诚上达天道，同时外显为大公之人道的过程，而非侧重于圣人在政治体系中的实际权力。由此可见，在天道—人道的治理阶段，契嵩禅师的治理思想出现了一个转向，即由客观化的政治治理体系转向主体性的内圣过程，与此同时，在治理体系中处于主动地位的主体，由政治体系中少数的当权者扩展为天下之人，即人人皆可以通过内圣之路通达天道，即"诚者贯乎天地人物鬼神也"（《大政》）。因而圣王经过内在之诚的洗礼，已淡化了其政治权力色彩，而转向以天道充实内心，消解生存的基本焦虑与满足生命的终极诉求。

（二）人道与信

当人经由内圣之诚而通达作为终极根据的天道的同时，亦将此天道在其所处的情境中以人道的方式呈现出来。契嵩禅师指出，人以诚通达天道，以信推扩人道。[①]

> 人道，信为之端也。人无信虽道何以教乎？道推信所以行也，信导道所以达也。君子务道，是故谨于信也。君之信存乎政也，父之信存乎亲也，师

---

① 值得注意的是，钱穆先生认为初期宋学以明体达用为宗旨，"达而在朝，则为大政治家如范文正。穷而在野，则为大教育家如胡安定。此乃初期宋学所谓明体达用之最要标准也。"（参见钱穆：《初期宋学》，钱穆：《中国学术思想史论丛（三）》，台北：联经出版社，1998 年版，第 5 页。）从对契嵩禅师治理思想的考察可知，其以诚通达天道，以信推扩人道的治理思想亦包含明体达用的向度，由此我们可以在某种程度上推论，宋代初期明体达用的宗旨不仅适用于儒家，亦适用于佛教。

友之信存乎法也。政惑则民无所信也,亲欺则子无所信也,法失则宦学无所信也。故善为政者,正号令而其民不敢违也;善为亲者,正恩爱而其子不敢疑也;善为法者,正学行而其徒不敢不敬也。

契嵩禅师指出作为大公之道的人道的施行以信为开端,而信以通达天道的诚为内在基础。进而,道与信之间构成了一个良性的互助机制,即道是信得以推广的深层根基,信是道得以显现通达的动力之源。从社会治理角度看,信成就仁人君子的必备条件,因为在契嵩禅师的逻辑中,人虽然可以通过诚达于天道,但这仍是一种具有局限性的内在体验,与社会治理的现实之间存在差距,这亦是天道与人道之间的差距。而弥补这一差距,首先要转换治理观念,即在礼乐为核心的治世体系的基础上,将天道落实于人道的过程,不应仍依赖外在的条件促成一种自上而下的他者性的治理,而是促使被治理者的自觉,自觉到生存的基本焦虑与生命的终极诉求,并自觉到满足这一需求的过程并不因诚通天道而结束,它仍需要另外一个过程,即借助信将天道落实于人道,才能得以真正的完成。当人能够对信有生命的自觉,自然可以在承当社会各种角色时,保荏并发扬各个角色的精神内涵。如当有信之人在承当"君""父""师友"这些角色时,可以在"政""亲""法"这些与该角色相应的社会关系中保荏、发扬此信,从而做到"善为政""善为亲""善为法",达到社会治理、个人自治的效果。由此可以看出,契嵩禅师在人道与信方面,力图激发人的自治意识,形成自治局面。具体言之:

> 君子正信也,小人苟信也。正信故久行而不违其道也,苟信故久与而必失其义也。小人不信天命也,君子不信不义也。不信天命,故妄求而多过也;不信不义,故无妄而自裕也。然则正小人之信,莫若发乎君子之道也;奉君子之信,莫若免乎小人之过也。甚乎后世之无信也,然非人之无信也,其所以信者不足信故也。(《论信》)

在此,契嵩禅师对信作了"正信"与"苟信"的区分,正信代表在历时性的长久推行中不违背其中之道。根据契嵩禅师对天道与人道的论述,可知此处所不违背之道,既包括由诚所通达的天道,又包括以信为动力的人道。反之,苟信因为缺乏对道真正的诚信工夫,而在长久推行中必定不能坚守道义。据于此,契嵩禅师将前者视为"君子",将后者视为"小人",这里的君子小人的区分并不涉及道德修养水平的高低,而是视个人信道程度而定,这是与儒家君子小人之分的区别所在。进而,君子小人由于信道程度的不同而产生不同的行为及后果。小人因"不信天命",生存的基本焦虑与生命的终极诉求得不到解决,缺乏有效的引导,因而"妄求而多过也",而君子因"不信不义",天道之诚与人道之信使君子内心充实,自觉到了生命的终极归宿,因而在日用常行中不会被不义之事干扰,从而"无妄而自裕"。然而,君子小人之区分并非固化,君子之信可以救小人之信之失,信与不信的关键在于是否能真正地信足以信之者,即天道与人道。

综而言之,契嵩禅师在这一阶段主要对治的是个人内在维度的自我治理。在以礼乐为核心的治理中,只能安顿家国天下现实层面、身体层面,恰恰遗落了作为人内在层面的生存的基本焦虑与生命的终极诉求。通过对天道—人道的揭示,契嵩禅师在客观化的礼乐体系的基础上,将圣人化的过程由王者推扩至天下之人,即启发人之内在的诚与信,以诚上达天道,以信将天道落实于人道。契嵩禅师治理思想的第一阶段侧重于"义",这一阶段侧重于"诚","如果说'诚'是王道政治的内在的要求(内心要中正)的话,那么,'义'则可视为王道政治的外在的要求(推广中正)。君王若能内'诚'外'义',那么理想的政治就会变成现实的存在了。"[8]

三、皇道与皇极

以礼乐为核心的治世体系与以诚、信为工夫的天道—人道体系构成了契嵩禅师内外兼治的治理体系的基本框架,不可否认的是,这一治理体系是以儒家的治理体系为蓝本的。但契嵩禅师并非旨在肯定儒家治理观,将其纳入佛教体系这只是为适应宋代佛教人间化、社会化、生活化的发展大势所致,根本上看,契嵩禅师仍将这一儒家化治理体系佛教化,使之与佛教义理相一贯。

在论述"皇道"时,契嵩禅师透露出其对待孔子乃至儒家的根本态度,即孔子之学局限于"迹",未达于"道"。当有人向契嵩禅师询问儒学中大道与常道之分时,有这样一段对话:

> 曰:"孔氏云'伏牺神农皇帝之书,谓之三坟,言大道也;少昊颛帝高辛唐虞之书,谓之五典,言常道也。'今子也而论皇帝,而安见其所谓大道常道者耶?"曰:"彼孔氏者以迹其教化而目之也,吾本其道真而言之也。教化,迹也;道,本体也。窥迹则宜其有大有常,极本则皇与帝者宜一。孔氏可谓见其徼者也,乌乌足以知道渊邪?"(《皇问》)

契嵩禅师并未就着提问者所提的问题来回答关于儒学内部大道与常道的区分,而是转而只谈孔子之学,由此看来,契嵩禅师是将孔子之学视为儒学的代名词或者代表。他之所以没有谈及儒学内部大道与常道的区分,很可能是因为他认为儒学的内部差异与其所坚持的佛教思想之间的差异相比是微不足道的。在契嵩禅师视域中,孔子之学仅是"迹其教化",也就是仅仅局限于现实表象或世间假法的层面,这在佛家看来仍属于迷执状态。而契嵩禅师所坚持的佛教思想才是"本其道真"之学,这样,作为表象的儒学以作为本真之学的佛教思想为根本,这样才可能在践行儒家教化时自觉到其背后的大道与常道,达到极致状态,王道政治中的皇与帝都可以开显出同一境界。对于这一超越儒学之大道与常道的"本体",契嵩禅师将其视为"皇道"并予以解释:

> 夫皇道者,简大无为,不可得而言之也,县县默默合体乎元极。元也者,四德之冠也,五始之本也。体而存之,圣人之所以化也。推而作之,圣人之所以教也。

从契嵩禅师对"皇道"的解释中,我们可以把握三点:第一,"皇道"所表征的是一种超言绝相的客观性的终极存在，这类似于佛教中的"如来藏""自性清净心""一真法界"等；第二，这一本体性的"皇道"超越了儒家所坚持的道德本位，属于没有道德色彩的、"简大无为"的清净本体；第三，"皇道"的功夫论重在主体自身的体存涵养与在现实层面的横向推扩。基于此，契嵩禅师认为具备了这三个含义的"皇道"才是所应推行的圣人教化。由此可见，契嵩禅师虽然在此前吸纳以儒家礼乐为核心的治世体系与天道—人道及其诚、信功夫作为其治理体系的两个阶段，但是契嵩禅师并未将此视为彻底的、究竟的。从契嵩禅师对"皇道"的解读可知，契嵩禅师这一两个阶段的治理体系，仅仅是宋代佛教在面临人间化、社会化与生活化的时代任务时，正面应对世间社会生活的一种方便法门，虽然这一治理体系可以成就王道政治并解决人类生存的基本焦虑、满足人类生命的终级诉求，但在契嵩禅师视域中，这些成就只是一种痕迹、表象与执着，在根本上需要佛教智慧的融通淘汰。对于这种佛教智慧，契嵩禅师说道：

> 夫妙道也者，清净寂灭之谓也，谓其灭尽众累纯其清净本然者也，非谓死其生取乎空荒灭绝之谓也。以此至之，则成乎圣神以超出其世。冥权也者，以道起乎不用之用之谓也，谓其拯拔群生而出乎情溺者也。考其化物自化则皇道几之，考其权用应世则无所不至。言其化也，固后世不能臻之；言其权也，默而体之则无世不得。（《原教》）

在契嵩禅师的思想世界中，具有根本地位的仍是佛教"清净寂灭"的"妙道"，但这一"妙道"并非儒家素来认为的"陷于浮屠以山河大地为见病之说"[9]之类的虚无寂灭，而是漫去"众累"从而显现那纯粹无杂的清净本然状态。值得注意的是，此处的"众累"并非某些种客观的存在物附着于清净本体之上，这种意义上的"众累"，类似于朱子之理气关系的比喻，即"理搭在阴阳上，如人跨马相似"[10]或者浊水与明珠的比喻。契嵩禅师所言的"众累"是基于佛教立场而言的众生对于清净本体的"无明"，只有漫去无明妄执，才能在根本上使人自觉到清净本体成为可能。进而，这一可能却构成了契嵩禅师两层治理体系的存在境域与根本语境，也就是说,只有在去除了"无明"并自觉到清净本体的人,才能够在不同境域中有不同的权用。比如,在个人境界方面,可以超出世间有为法进而成就圣人、神人境界;在政治治理方面,可以将不用之大用的道用于警醒世人、拯救迷执的苍生;在物的层面,当人将物纳入其所自觉到的清净本然状态,则物可达至自化程度,近乎"简大无为"之皇道。

以此佛教之妙道为底色,契嵩禅师进而在"简大无为"之皇道的基础上,点出作为"天地素有之理"的"皇极",亦可以展现其佛教义理视域下的治理思想。

> 或曰:"皇极何道也?"曰:"天道也,地道也,人道也,贯三才而一之。"曰:"何谓也?"曰:"天道不中正,则日月星辰不明,风雨霜雪不时,五行错缪,万物不生。地道不中正,则山岳丘陵其崩,江河淮渎其凝,草木百实不成,城隍屋庐皆倾。人道不中正,则性情相乱,内作狂妄外作祸害,自则伤其生,他则伤其人也。故虽天之高明广大,微皇极孰为天乎?虽地之博厚无疆,微皇极孰为地乎?虽人得秀气而灵于万物,微皇极孰为人乎?故皇极非圣人为之也,盖天地素有之理也。故人失皇极而天地之变从之,圣人者先吾人而得皇极也。故因而推之以教乎其人也。伊尹曰:'予天民之先觉者也,予将以斯道觉斯民也。'圣人者其先觉之谓也,故圣人之所以谨于皇极者。"(《皇极论》)

契嵩禅师以作为三才之道的天道、地道、人道来具体解释"皇极何道也"的提问,这里的"皇极"在契嵩禅师看来是"天下中正之谓皇极,中正所以同万物之心也"(《皇极论》),而一旦三才之道"不中正",则会出现相应的自然灾害以示三才之道的错缪。之所以如此,源于契嵩禅师一方面将皇极推扩为客观的"天地素有之理",另一方面将这一"素有之理"与圣人之"先觉"联系在一起。于是,作为皇极之道之内涵的天道、地道与人道其祸福顺逆,在很大程度上取决于圣人之"先觉"与皇极之理的对应关系。而衡量这一关系对应与否的标准则为"中正",同时,契嵩禅师以例证的方式谈到了"不中正"状态下三才之道的混乱无序状态。

另一方面,这也成为承担以"先觉"觉其民的圣人对皇极保持谨慎态度的原因。

众所周知,"皇极"概念本出于《书·洪范》:"五,皇极,皇建其有极。"[11]是一个典型的儒学概念。进而,唐代孔颖达对此解释道:"皇,大也;极,中也。施政教,治下民,当使大得其中,无有邪僻。"[12]由此可见,"皇极"有两个涵义:(一)超越性的大中至正之道;(二)政教治民、经天纬地是其施行领域,与治理天地人密切相关。值得注意的是,"皇极"的第一个涵义与契嵩禅师所言的皇极是"天地素有之理"相应,第二个涵义与契嵩禅师以天、地、人三才之道解读"皇极"有关。由此可见,契嵩禅师在"皇极"问题上基本是吸取儒家"皇极"观,"皇极"既以天道、地道、人道为内容,说明契嵩禅师有意将"皇极"视为其两层治理体系的代名词,进而将其置于其佛教立场上。因为契嵩禅师所列举的天道、地道、人道的消极后果,以及"中正"与皇极之理的对应关系,尚未达到"纯其清净本然"的程度,仍受制于一种非此即彼的抉择关系中,不能在三才之道的具体情境中通权达变。

四、结语

总体来说,契嵩禅师的治理思想是以儒为客观架构,以佛为根本精神,可视为佛体儒用式的治理体系。具体言之,其具有三方面的特点。第一,肯定了儒家治理体系的合理性,并将其拓展至天道、地道、人道的范围。儒家以礼乐为核心的治世体系与以天道—人道及诚、信功夫为主的内在治理模式,历来在佛教视域中属于迷执于世间法的表现,而契嵩禅师肯定儒家的治理体系并以佛教义理对其进行升华,并将这一治理体系的对象范围由人道进而扩展至天、地、人三道,这突破了儒家素来坚持的敬畏天地的主流意识,是对儒家治理体系的新拓展。第二,为佛教治理现实社会提供了有效的方案,在一定程度上开启佛教社会化、人间化、生活化转型的具体步骤。自唐中后期以来,以慧能及其弟子为代表的南禅宗成为佛教的主流,在经历了由如来禅到祖师禅再到分灯禅的演进之后,佛教的入世精神已经甚为明显。宋代佛教则需要进一步将这一入世精神落实为具体的、可操作的社会治理体系,而契嵩禅师的这一努力正是为解决宋代佛教所面临的时代任务的成果，为佛教在治理现实社会方面提供了具体步骤。第三，突破了儒佛融合的传统领域，展现了儒佛融合的新面向。众所周知，宋明时期是儒佛道三教的大融合时期，尤其以儒佛融合为主。但传统观点认为，宋明新儒学的兴起，尤其是陆王心学的出现与发展，在某种程度上受到了佛教的启发，因此，儒佛融合也主要表现在心性层面。通过对契嵩禅师治理思想的阐述可知，儒佛融合，至少在宋代，不仅局限于心性层面，在治理层面亦能够找到儒佛的融合点。但是，在契嵩禅师的视域中，儒佛在治理层面的融合并非平等的融合，而是以佛教义理为根基肯定并利用儒家治理体系，这与宋明三教关系中以儒为主，佛道为辅的观点有所出入。

元叟行端禅师思想初探

李　聪[①]

（吉林大学哲学社会学院）

摘　要： 文章简要介绍了行端禅师的学思历程和弘法历程，并着重论述了其在佛教的世界观上先立其大，强调诸法无差别，生佛无差别，而人心有分别；在对实存主体的分析上彰显禅宗特色，强调实存主体的主人翁精神及其直指当下和不可替代的实存特性；在日用平常间将胜义谛真正地落实于世俗谛中，涤除分别心而代之以平常心，弘扬"日日是好日"与"平常心是道"的禅宗义理。

关键词： 行端　分别　实存

一

据黄溍为元叟行端禅师所撰写的《塔铭》记载，其为大慧宗杲禅师的"四世孙"，讳"行端"，字"元叟"。行端禅师于宋宝祐乙卯（1255 年）佛涅槃后一日（农历二月十六），出生于"世为儒家"的临海何氏家族，"生而秀拔，幼不茹荤，超然有厌薄尘纷之意"。其母王氏，不但通达《五经》，而且在禅师六岁之时便开始教以《论语》、《孟子》。行端禅师聪敏好学，虽然能够"辄能成诵"，但却"不欲汩没于世儒章句之学"。行端禅师 12 岁从族内叔父茂上人于余杭化城院出家，18 岁受具

---

① 作者简介：李聪，生于 1978 年，吉林长春人，哲学博士，吉林大学哲学社会学院副教授，硕士生导师，主要从事佛教哲学和现代中国哲学的研究。

足戒,览阅经典"不由师授"而"自然能通",并且"其器识渊邃,夙负大志,以斯道自任,宴坐思惟,至忘寝食"。

就行端禅师的求学经历来看,其最初于径山参学于藏叟善珍和尚。虽然当时"众满万指,莫有契其机者",但行端禅师却脱颖而出,得到善珍和尚的点头认可而"延入侍司"。善珍和尚圆寂后,行端禅师又至杭州净慈寺依石林行巩禅师修学,做书记,并且与"与虚谷陵、东屿海、晦机熙、东州永、竹阁真,为莫逆交"。此后,行端禅师"以灵隐山水清胜"而往之挂单,并自称"寒拾里人"。当时住宁波阿育王寺的横川如珙禅师以偈"寥寥天地间,独有寒山子"招行端禅师,但行端禅师"竟不渡江",而是去承天寺拜谒觉庵真公。之后,行端禅师又去仰山参学于雪岩祖钦禅师三年,因与祖钦禅师禅机相契,被祖钦禅师安排至"蒙堂"。及至祖钦禅师圆寂,行端禅师"乃还浙右",并应当时住径山的虎岩伏公之请任"第一座",但之后不久就"退处楞伽室",撰写寒山子诗百余篇,因诗文"皆真乘流注",所以当时的僧众"多传诵之"。

就行端禅师的弘法经历来看,他最初于元成宗大德四年(1300年)在湖州翔凤山资福禅寺,且"瓣香酬恩,卒归之藏叟焉",一时"学徒奔凑,名闻京国";元成宗大德七年(1303年)被"特旨赐慧文正辩禅师"。随后,由于当时出任行宣政使的书平章政事张闾公的举荐,行端禅师出任杭州中天竺万寿禅寺的住持。元仁宗皇庆元年(1312年),行端禅师迁杭州灵隐景德禅寺,奉旨于金山设水陆大会,并"陞座说法",时候于"便殿"觐见元仁宗,"从容奏对,深契上衷",被"加赐佛日普照之号",但在"陛辞南归"后却"即拂衣去,养高于良渚之西庵"。元英宗至治二年(1322年),行端禅师受"三宗四众"之请主持杭州径山兴圣万寿禅寺,并于泰定甲子(1324年)受"降玺书,作大护持"。至此,行端禅师已经"三被金襕袈裟之赐"。之后的20年间,行端禅师虽然"足不越阃",但仰慕其道者却如"鳞萃蚁聚",致使寺内无以能容;以致到了饥荒之年,其仰慕者"皆裹粮而来,以得见为幸"。《塔铭》指出,径山自从大慧宗杲禅师中兴之后,"代有名德,得师而其道愈光"。

据《塔铭》记载,行端禅师于元顺帝至正辛巳(1341年)七月二十九日便"示微疾",但仍不忘提携后进,开示侍僧。"越四日夜分",行端禅师便沐浴更衣,趺坐以告别大众,并于最后书写一偈:"本无生灭,焉有去来? 冰河发焰,铁树华开。"书偈完毕后,行端禅师"投笔垂一足而化",世寿八十七,僧腊七十五。八月十一日,行端禅师门人弟子将其全身"窆于寂照塔院",是时禅师"颜貌如生";分其"爪发,建塔于化城幻有精舍";整理其"四会说法语"为《元叟行端禅师语录》(以下略称《语录》)"行于世",现收录在《卍新纂续藏经》中,分为卷首《序文》、卷一《湖州翔凤山资福禅寺语录》、卷二《杭州中天竺万寿禅寺语录》、卷三《杭州灵隐景德禅寺语录》、卷四《杭州径山兴圣万寿禅寺语录》、卷五《法语》、卷六《偈颂赞》、卷七卷八《题跋》和卷尾《塔铭》等部分。①

正如释妙道在《元叟禅师语录后跋》中所指出的,"径山元叟禅师四会语,一一从自己胸中流出。其钞用也,如鼓百万雄兵于远塞,蔑有当其锋者;其方便也,如聚珍怪百物于通衢,至者随所探焉,收放纵横,得大自在"②。因由笔者学历所限,不能尽得行端禅师哲思之旨,试从以下几个方面初探其佛学思想,以示管窥之见。

二

认识宇宙人生的真相,亦即真正了知诸法实相,这不仅是佛学的根本义理所在,也是佛教所特有的世界观。在行端禅师看来,对于佛教的这一世界观具有正确的把握和认知,是学佛之人所要首先面对的问题,笔者从以下几个方面予以简单论述。

1. 诸法本无差别

虽然"真空妙有"之义在鸠摩罗什来华后便已通过介绍大乘空宗思想而为世人逐步了知,其高弟僧肇更是作专著《不真空论》以阐释其中义理,但是"真空"与"妙有"之义仍不过是佛陀为了教化众生所立的方便法门,其开"二谛门"之最终

① 此部分内容之引文参见中顺大夫秘书少监致仕黄溍撰《塔铭》,《元叟行端禅师语录》(卷八)。
② 《元叟端禅师语录后跋》,参见《元叟行端禅师语录》(卷八)。

目的乃是为了说明佛教终极的言亡虑绝、不可思议、不可言诠的"不二法门"。然而,这种"不可说"的"不二法门"却无法为众生所展示,因此佛陀随顺世间,退而求其次,为方便说法而开二谛之门,宣讲"真空妙有"之义。但真谛之"空"与俗谛之"有"不过是假立之不同层面的存有,究其实质而言,"空"与"有"、"理"与"事"、"出世间"与"世间"、"真谛"与"俗谛"、"本体"与"现象"实无有差别,故《心经》中说:"色不异空,空不异色,色即是空,空即是色。受想行识,亦复如是"。

行端禅师深明其中义理,所以他说:"世出世间,一切诸法,本无虚实。色不曾道我是色,声不曾道我是声。香味触法,名身句身,悉皆如是"①。在此,行端禅师不但指出世出世间的一切诸法本来没有"虚"、"实"之别,而且更进一步指出"六尘"及"名"、"句"等,皆不曾道出自身,换言之,世出世间的一切诸法原本如如,是我们在认识的过程中将作为指向性的对象赋予了原本不属于对象本身的意义。因此,诸法本身并无差别,而是因为人在认识的过程中未能对佛教的世界观有所真正的了解和认知,从而导致了差别的存在。

2. 生佛本无差别

行端禅师不仅认为"诸法无差别",而且进一步指出"众生无差别"。虽然众生也是四大五蕴因缘和合而成,属诸法之列,但对于作为实存主体之人更加具有针对性和特殊的强调作用。

元成宗大德四年(1300年)九月十日,行端禅师初入湖州翔凤山资福禅寺,就曾指法座云:"此普光明华藏师子之座,尽十方世界,无一人不大坐其中。兹者特地高升,正是画蛇添足"②。法座本为师宣讲佛理、开示众生之用,其"特地高升"表示师与僧众的不同,原本无可厚非,但是行端禅师却借此法座而开示"生佛无差别"之理,强调成佛之本性人人具足。虽然《大般涅槃经》中早已指出过"一切众生,悉有佛性",但世俗之人仍不免流俗而忽视了佛性本具的本根。行端禅师一语"正是画蛇添足"实是振聋发聩,不但提醒世人要明了众生本无差别之理,而且还警醒世人应当向自家宝藏去寻。因此,行端禅师明确地指出"三世诸佛,

---

① 《元叟行端禅师语录》(卷一)。
② 《元叟行端禅师语录》(卷一)。

与你岂殊;六代祖师,与你何别"①。他认为这种诸佛祖师与众生并无殊别体现在时间上,则"百千劫内,谩自驰求,十二时中,何曾欠少";体现在空间上,则"变现普周法界,收摄在一微尘"。② 生佛本无差别,其并不由时空所限。众生之所以区别生佛,乃是由于分别之心所致,所以行端禅师说:"但办肯心,必不相赚"③,即认为只要放下分别心而代之以真心,则必能得到生佛等无差别之实,无有欺瞒。

3. 人心有分别

诸法本无差别,生佛本无差别,而世间之所以存在各种各样的差别,究其根本原因乃在于众生愚痴而生分别之心。纵观《语录》,行端禅师对于人的分别心主要有以下四个方面的认识。

首先,行端禅师认为人心的分别取舍是由妄心所导致的。《语录》卷五有这样一段记载:

> "道人之心,其直如弦。但无人我是非、圣凡优劣、诈妄诳曲,诸等过患,自然得入无住心体。从本以来,不是人,不是我,不是凡,不是圣,不是心,不是佛,不是物,不是禅,不是道,不是玄,不是妙,只为一念妄心,分别取舍,突然起得如许多头角,被他万境回换。十二时中,不能得个自由自在。所以道,寻牛须访迹,学道访无心,迹在牛还在,无心道易寻。"④

行端禅师的这段话说明了四层意思。其一是说,道(人之)心,其直如弦,是没有人我是非、圣凡优劣、诈妄诳曲等诸多分别的,能够自然而然地揳入无住心体,揭明了道(人之)心的本来清净面目,并强调其不为分别("过患")、执着("无住")所负累。其二是说,道(人之)心从本以来,不是人、我、凡、圣、心、佛、物、禅、道、玄、

---

① 《元叟行端禅师语录》(卷二)。
② 《元叟行端禅师语录》(卷二)。
③ 《元叟行端禅师语录》(卷二)。
④ 《元叟行端禅师语录》(卷五)。

妙等名言概念的具体所指。其三是说,道(人之)心为妄心所执着,从而有了分别取舍,自此在时("十二时")空("万境")之中不能够得解脱自在。其四是说,对于道或道(人之)心的追寻不能按照世俗的方法,而应以"无(虚妄之)心"的方法去追寻。总之,妄心导致了分别执取,使原本清净的道(人之)心束缚于时空之中,而不得自在解脱,只有以无(虚妄之)心去探索道,才能真正地契合无住心体。

其次,行端禅师认为人的分别心是由无量劫以来的人的"恶业浓厚,善根浅薄"所致。他说:

"只为你无量劫来,恶业浓厚,善根浅薄,被色换了,被声换了,被香味触法、名身句身换了。有诸佛可慕,有众生可厌,有天堂可欣,有地狱可怖,在名言句义中,如蚕作茧相似,没个出头处。"①

可见,无量劫以来,由于人的"恶业浓厚,善根浅薄",不能明了宇宙人生的真实相状,而被"六尘"所缚,甚至被言语("名身句身")所缚,从而有了诸佛与众生、天堂与地狱之种种分别而不自知。

再次,行端禅师着重强调了语言("名言句义")对于人的束缚。相对而言,"六尘"作为被人之"六根"所能够认识的对象,比较容易被我们所察觉。而语言则是我们进行交流沟通、学习思维的工具,我们对其日用而不自知。正如西方语言分析学派所说的,不是人占有语言,而是语言占有人。因此,行端禅师说人"在名言句义中,如蚕作茧相似,没个出头处"。正因如此,破除名言、句义也就格外重要,所以他说:

"一切诸法,本无自性,亦无生性。菩提涅槃等名,从净法中得;贪嗔爱取等名,从秽法中得。净秽两边,俱莫依怙。但有空名,名字亦无。三藏五乘,十二分,种种名言,种种句义,总不出此个元由。所以古圣有言:若心相

① 《元叟行端禅师语录》(卷一)。

所思出生诸法,虚假皆不实。心尚无有,云何出生诸法? 如人取声,安置筐中;又如吹网,欲令气满。此是谛实之说。若以为实,大错了也。"①

在此,行端禅师指出一切诸法无论是从净法中所得之"菩提涅槃等名",还是从染法中所得之"贪嗔爱取等名",不仅都是"空名",而且所用之"名字"亦是方便言诠之假立,无有真实性;并指出佛教之三藏、五乘、十二分所用之种种名言、种种句义,亦不外此理。接着,他引古圣之言作为论据进一步说明此理,又用"取声置匣"、"吹网气满"两个生动的比喻予以辅助,而断言"此是谛实之说"。至此,我们似乎感觉对这个问题已经有了充分的认识,并已经达到了"谛实"的究竟层面。但是,行端禅师语锋一转说:"若以为实,大错了也",才让人发觉原来所谓的"谛实之说"仍不过是一"说",仍属于语言的范畴,仍需一破再破。

语言是人进行交流沟通的重要工具,因此被语言所占有的人对于语言的分别执着尤为坚固,所以过多的言语诠释对于教化众生契入佛理反而无益有害。行端禅师说:"若更说佛说法,说心说性,广陈蹊径,巧述言辞,禺泉亭又如何? 凤山关又如何? 则是名句上,更加名句。其利固无,其害甚重。"②因此禅宗中多有立不言之教的公案,以此破除人对于语言的分别执着,这不但是《大乘起信论》中所指出的"离言说相,离名字相,离心缘相",更是佛陀所说的不可思议的"不可说"之义。

最后,行端禅师认为人心的分别计较是一种错误的认识,真相只有一个。他说:

"穷千仞之巅,则必与之俱。错! 极九渊之底,则必与之俱。错! 一种平怀,泯然自尽。错! 达磨云:但有心分别计较,自心现量者,悉皆是梦。错错错! 何曾错? 祥麟只有一只角。"③

① 《元叟行端禅师语录》(卷二)。
② 《元叟行端禅师语录》(卷一)。
③ 《元叟行端禅师语录》(卷四)。

行端禅师在此指出,人心的一切分别计较都是一种错误的认识,即便达摩所言之"但有心分别计较,自心现量者,悉皆是梦"的判断是正确的,但如果不了解其内容之真正所指在于破除分别心而借"梦"来比喻分别心所计较者均为不实的道理,唯独执着于其文字形式,则仍不免落于真与梦的分别计较之中,仍是一种错误的认识。而"祥麟只有一只角"则说明了宇宙人生的真相只有一个,其存在不依人心的分别而有变化,但任何人心的分别计较都会与这一真相相违背的,从而得出错误的认识。

三

禅宗宣扬"不立文字,教外别传,直指人心,见性成佛"的顿悟理念,尤为注重实存主体的当下心性醒悟。所谓"实存主体",兼具"现实存在"(actual existence)与"真实存在"(true or real existence)二义:前者对应着人的现实存在的非本然(inauthentic)状态,指人在这一路向上是随波逐流的自然状态,佛教称之为迷妄或无明;后者指示着生命主体的自我转化或超越,对应着人的真实存在的本然(authentic)状态。竺道生在解释"三法印"中的"诸法无我"时曾指出,"诸法无我"是"无生死中我",而非"无佛性中我"。与此相对应,"生死中我"即指实存主体的现实存在,"佛性中我"即指实存主体的真实存在。

行端禅师非常关注人的实存主体性问题,认为其是人转迷开悟的核心所在。概而言之,主要体现在以下几个方面。

1. 主人翁

"主人翁"是指实存主体的主体性,强调实存主体要为自身做主,因为一切所言所行,毕竟只有自我承担。行端禅师指出:

> "三世诸佛,拈向一边;六代祖师,置之一壁。十二时中,且要识取自家主人翁。随处作主,立处皆真;五欲八风,摇撼不动;四生九有,笼罩不住,方有少分相应。我且问你:着衣吃饭,屙屎送溺,行住坐卧,见闻觉知,且阿那

个是你自家主人翁？有般汉，便向第八识里，妄生卜度。便道：呼之有声，不见其形，只今言谈只对，历历孤明，岂不是我自家主人翁？错了也。此是无量劫来，生死根本，无始劫来，业识痴团，使得你，七颠八倒；役得儞，万苦千辛。岂可认以为实？降此之外，毕竟阿那个是你自家主人翁？复高声唤云：主人翁，惺惺着！"①

在此，行端禅师首先指出实存主体在学佛的修证过程中，最重要的是要时时刻刻"识取自家主人翁"。因为如果没有"自家主人翁"，三世诸佛、六代祖师不过是戏论空谈，因此无论诸佛祖师都要放下，从而才能回归"佛性中我"的本然真实存在状态。其次，行端禅师指出了主人翁具有"随处作主，立处皆真；五欲八风，摇撼不动；四生九有，笼罩不住"等性质，但他语锋一转，认为即便如此，也才能与主人翁"方有少分相应"。可见，"要识取自家主人翁"并非易事。再次，行端禅师追问日用平常之中的实存主体哪一个才是其真正的"自家主人翁"？他虽然举了"有般汉"为例，但却指出"有般汉"的自家主人翁乃是无量无始劫来"役""使"他们"万苦千辛"、"七颠八倒"的"生死中我"，并非真实存在的本然状态的那个"佛性中我"。最后，行端禅师再次设问"毕竟阿那个是你自家主人翁"，并"高声唤云：主人翁，惺惺着！"以此警醒世人莫再迷惑颠倒于"生死中我"，而应直接在"佛性中我"中去"识取自家主人翁"。

总之，行端禅师认为人应当清醒（"惺惺"）地认识实存主体的现实存在的非本然状态和真实存在的本然状态，并以真实存在的本然状态超越现实存在的非本然状态，从而才能真正地"识取自家主人翁"。

2. 直指当下

实存主体不存在于过去，也不存在于未来，而只存在于当下。因此，只有活在当下才是实存主体的本然存在状态。

首先，行端禅师认为对于实存主体的"当下"问题，应当从实存主体本身处去

---

① 《元叟行端禅师语录》（卷二）。

求取，非由外寻。他说："切忌从他觅，迢迢与我疏。"①即是说，修证佛法乃是每一实存主体分内之事，是每一实存主体自身的内在体验、体证、体悟之事，并非能够向外在觅求而能获取。他人的体验、体证、体悟与自身不同，即便向外求取，也不能将之变成自身的体验、体证、体悟。正如沩山灵佑对香严智闲所云："我说得，是我见解，终不益汝道眼。"②更何况，自家宝藏无数，何须外求？

其次，行端禅师认为实存主体不应当好高骛远，而应当关注最为切身的事情，亦即他所说的"看脚下"③。"看脚下"在《语录》中虽然是指行端禅师将杖掷下，让众僧看脚下，但其寓意却直指当下，让人莫外求、莫旁骛而关注当下与自己最为关切之事，让人在当下实存中真正体证。一旦体证，"便是明自本心，见自本性，到大休大歇，大安乐田地，与从上佛祖，把手共行底时节"④。需要指出的是，因为"脚跟下事"乃是实存主体自身所体证所得，其不具有经验层面的可传递性，因此"脚跟下事"只可作为意会让人明了实存主体的当下体征之旨，却不可与人言传共享，转为他人之经验。所以行端禅师强调："脚跟下事，要且了无交涉。"⑤

最后，行端禅师强调实存主体的当下体证当是直下便得，此即他所说的"直下便明心地法"⑥。但是此"直下便明心地法"并非是每一单独实存关注"脚跟下事"便可获得的，而是有其内在的前提条件的。《语录》中指出："死却现行，灭却意根，全身放下，方有商量分。聪明智识，喽啰巧黠，岂能希冀万一？"⑦即是说，实存主体虽然能够在当下关注最为切己的"脚跟下事"，但是如果不能摒除分别之心，超越现实存在之"生死中我"，而依靠"聪明智识，喽啰巧黠"，是无法直下体证的，只有在当下"死却现行，灭却意根，全身放下"，澄显本然存在的"佛性中我"，才能够真正地"直下便明心地法"。

---

① 《元叟行端禅师语录》（卷二）。
② 《元叟行端禅师语录》（卷五）。
③ 《元叟行端禅师语录》（卷二）。
④ 《元叟行端禅师语录》（卷五）。
⑤ 《元叟行端禅师语录》（卷五）。
⑥ 《元叟行端禅师语录》（卷四）。
⑦ 《元叟行端禅师语录》（卷五）。

3. 无可替代

无论是人的现实存在的非本然状态，还是人的真实存在的本然状态，都是实存主体的一体两面，都是毕竟只有实存主体个我承担的无可替代性。因此，无论是向上的涅槃解脱，还是向下的生死流转，都是实存主体的无可替代的个我之事。对此，行端禅师主要有两方面的论述。

其一，行端禅师认为无论在圣在凡、在真在俗、在净在染，所有一切功过得失、是非成就，都是实存主体自身所得，不因其价值取向的选取不同而有所改变，提出了"自是你"的命题。一方面，"自是你，突然起得如许头角，无羁绊中，飜成羁绊；无遮障中，飜成遮障。一切时一切处，粘作一团，不得自由自在"①。此处说的是实存主体的生死流转，即实存主体原本自性清净，湛然不动，但因无明而生妄心、妄念，致使妄境界现前，从而于无羁绊中生出羁绊，于无遮障中生出遮障，为这些突然而起的"如许头角"而累，"不得自由自在"。另一方面，"你若是个丈夫，当下一刀两段，尽十方世界，是个自己；尽十方世界，是个炟赫虚空；尽十方世界，是安居之所，禁足之场"②。此处说的是实存主体的涅槃解脱，即实存主体原本处于本觉状态，但由无明之风搅恼而变为不觉，后因"你若是个丈夫，当下一刀两段"，而始觉，终至究竟觉，所以"尽十方世界"，"是个自己"，"是个炟赫虚空"，"是安居之所，禁足之场"。总之，生死流转也好，涅槃解脱也罢，此均由实存主体自身之抉择与努力而成，非由他人可以替代。

其二，行端禅师认为实存主体应当认真理解佛之教理教义，于当下实实在在体征体悟，从而提出了"没人替代你"的命题。"没人替代你"直接指出了实存主体的不可替代性和独一无二性。因此他开示僧众说："莫粗心胡乱领觉，莫骋眼下一期口快，莫悠悠漾漾虚度光阴。他时后日，没人替代你。"③通过三个否定的"莫"字劝诫后学应当认真理解佛教义理，多做有益之行，珍惜时光而时时日日勤修奋勉。行端禅师在此还指出了修证佛法的迫切性，因为毕竟人身难得，而人道

① 《元叟行端禅师语录》（卷一）。
② 《元叟行端禅师语录》（卷一）。
③ 《元叟行端禅师语录》（卷三）。

又是众生中最容易证成无上正等正觉、达至涅槃解脱的一道,所以这种迫切性也就体现在了行端禅师对于后学的殷勤希望之中。总之,不管"他时后日","没人替代你"直接道破了实存主体的根本性质,一切所作所为毕竟只有自我承担,无可替代。

四

《金刚经》中指出,佛的一言一行、举手投足都无非是般若妙道,可见道不远人。换言之,佛陀开真俗二谛之门并非是要将世出世间打成两橛,其真实之义实是要将胜义谛真正地落实于世俗谛之中而行中道。如此,则真即是俗,俗即是真,真俗不即不离,相即不二。

1. 日日是好日

出家修行非常重要的一点就是摒弃分别之心,而一旦摒弃了分别心,则世界向你十字打开,一片春光无限。行端禅师说:"衲僧家,顶门上,日日一阳来复;脚跟下,时时万汇发生。"①此语可从两个层面予以理解。其一,"顶门"与"脚跟"取其本义,此语则意味实存主体自头上至于脚下,法喜充满,无有烦恼负累。其二,"顶门"喻以"上求菩提","脚跟"喻以"下化众生",此语则意味实存主体在解行双修的双向维度中均有无限快乐。然而无论选取何种层面的理解,则行端禅师所示之义不外是云门禅师所言之"日日是好日"。

正因如此,行端禅师接着说:"南头买贵,北头卖贱,无非本地风光。东家暗坐,西家厮骂,总是毗卢心印。慈明揭榜,堂前自彰家丑,洞山掇退果卓,倚势欺人,便怎么去"②。可见,当达至无分别心的境界,无论是世间法的"本地风光",还是出世间法的"毗卢心印",都已了无差别,一切如如。而一切世事的发展自有其因缘果报,无需为其做价值上的评判,而应任其自然而然地发展。

---

① 《元叟行端禅师语录》(卷二)。
② 《元叟行端禅师语录》(卷二)。

最后,行端禅师指出:"向我中峰门下,黑漆拄杖,还甘么? 吽吽。且待别时"①。既然明了了"日日是好日",那么还有何事要去做? 还有何时需等待? 行端禅师于此实是为了警示后学,任何的有意为之都无异于画蛇添足。

2. 平常心是道

摒弃了心的分别执着,则分别之心也就转变成了平常之心。用平常心去观世界,则宇宙人生的真实相状,无非是平常心所观之世界,此即马祖道一所说的"平常心即道"。

首先,道不远人。行端禅师指出:"道远乎哉? 触事而真。圣远乎哉? 体之则神。山是山水是水,僧是僧俗是俗。大尽三十日,小尽二十九。"②"道"与"圣"是否"远"的问题是由分别心所致,如果涤除分别心而以平常心去考察这个问题,则就是行端禅师所说的"触事而真"、"体之则神"。宇宙人生均有其道,山有山之道,水有水之道,僧有僧之道,俗有俗之道。以平常心观之,则山仍是山,水仍是水,僧仍是僧,俗仍是俗。无道之人因分别心而迷惑颠倒,有道之人因平常心而觉悟解脱。所以由平常心观之,道不远人。

其次,一切平当。行端禅师指出:"佛法无功用处,一切平当,着衣免寒,吃饭止饥而已。"③此处并非是指佛法真的无有用功之处,否则三学、八正道便沦为空谈。这里所强调的是"一切平当",即以平常心去对待一切,则佛法自胜义谛真正落实于世俗谛,所以一切平当,着衣免寒、吃饭止饥不外是佛法用功之处。

最后,别无禅道。行端禅师指出:"身上着衣方免寒,口头说食终不饱。百千诸佛诸祖师,别更无禅亦无道。"④既然着衣免寒、吃饭止饥不外是佛法用功之处,那么日用平常之中无不契合大道。佛也好,祖也罢,盖是如此。所以平常心是道,除此之外,别无禅道。

---

① 《元叟行端禅师语录》(卷二)。
② 《元叟行端禅师语录》(卷二)。
③ 《元叟行端禅师语录》(卷五)。
④ 《元叟行端禅师语录》(卷四)。

五

综上所述,行端禅师首先在佛教的世界观上立其大,强调诸法无差别,生佛无差别,而人心有分别;其次在对实存主体的分析上彰显禅宗特色,强调实存主体的主人翁精神及其当下性和不可替代性;最后在日用平常间将胜义谛真正地落实于世俗谛中,涤除分别心而代之以平常心,弘扬日日是好日与平常心是道的禅宗义理。除此而外,行端禅师还在劝进后学、生死问题等方面有独特见解。行端禅师的学思经历和弘法历程,以及其对佛理的契入和禅理的精解,均可彰显其作为一代宗师的风范,并在佛教史及禅宗史上书写了辉煌的一页。

径山道钦禅学命题研究

丁建华①

(浙江工商大学哲学系)

摘　要：作为浙江佛教史上著名的禅师,径山道钦提出过很多具有思想深度的禅学命题,本文就"大丈夫事"、圆相一点、"山上有鲤鱼,水底有蓬尘"三个极具代表性的命题进行深入探究。径山道钦用"大丈夫事"来形容"出家",但其深意指向于出家所追求的解脱境界,因为解脱境界为"空",无法用语言和思维把握,一旦用任何的语言、思维去把握这个"空"则落入执着,也就意味着无法获得解脱,正是基于不能用语言、思维把握而又常常不得不用语言、思维去呈现的张力,才将对解脱的追求形容为克服危险的"大丈夫事"。圆相一点是径山道钦与马祖道一之间的著名公案,通过在马祖道一圆中点一点,表现内外的相对,呈现真谛层面的"空"。"山上有鲤鱼,水底有蓬尘"这一命题,用两种在常识层面看上去不可能的境况来表现对凡夫二元对立执着的超越,依旧是对禅宗所追求的解脱境界"空"的呈现。

关　键　词：径山道钦　大丈夫事　圆相一点

径山道钦,又被称为径山法钦,是唐代的大禅师,鹤林玄素之法嗣。自幼随长辈学习儒学,二十八岁遇玄素而出家,随玄素修牛头禅法,后到杭州径山挂锡,法道隆胜,唐代宗大历三年赐号国一,名闻于丛林之间,在《五灯会元》中就有蒲

① 作者简介：丁建华,生于 1986 年,浙江湖州人,浙江工商大学哲学系副教授,主要研究方向是中观学、禅学。

本文为径山禅宗文化研究院委托项目(17JSCY02)阶段性成果。

州麻谷山宝彻禅师与南泉普愿等二三人同去谒见径山之记载,其名声与影响可见一斑。

一、大丈夫事

"崔赵公问:'弟子出家得否?'师曰:'出家乃大丈夫之事,非将相之所能为。'崔于是有省。"①《景德传灯录》记载径山道钦的大丈夫回答是应对能否出家的疑问,圆悟克勤语录中则记载大丈夫是就祖师大道的毕竟意旨而谈的,"唐房孺相公问径山国一禅师云:'祖师大道毕竟意旨如何?'径山云:'此大丈夫事,非将相之所能为。'李闻之大悟。遂作颂云:学道须是铁汉,著手心头便判,直趣无上菩提,一切是非莫管,道得不妨奇特。且如出将入相安邦定业剪除暴乱,岂非丈夫耶。而径山何故却道,此大丈夫事,非将相之所能为。须知向上一路,毫发不容。所以洞山道:见佛见祖如生冤家,始有参学分,只如佛祖,为一切人师,作一切人依止,为甚却道,如生冤。尔且道,如何是大丈夫事,直须是不取人处分,不受人罗笼,不听人系缀,脱略窠臼,独一无侣,巍巍堂堂,独步三界,通明透脱,无欲无依,得大自在,都无丝毫佛法情解,如愚如痴如木如石,不分南北不辨寒温,昏昏默默,似个百不能百不解底相似,然而肚里直是峭措,动著则眼目卓朔,无有不明底事,乃至千差万别古人言句,一时透彻。"②

径山道钦的"大丈夫事"是关于出家还是祖师的毕竟意旨有待考察,但两者实际上是统一的,圆悟克勤就出家事而体会得出家本为祖师的毕竟意旨,也顺理成章。将相安邦定国,剪除暴乱,可称的上是大丈夫,但是仍被认为非可比出家这一大丈夫事,圆悟克勤就此而谈论说,向上一路,毫发不容,在《摩诃般若经》中须菩提多次问菩萨道,如何才能住于菩萨位?佛答菩萨应住诸法如中。须菩提言:"世尊!除如更无法可得,谁住如中? 住如中已,当得阿耨多罗三藐三菩提,谁住如中当说法? 如尚不可得,何况住如得阿耨多罗三藐三菩提? 谁住如中而

---

① 《指月录》(卷6),《大正藏》第83册,第458页。
② 《圆悟佛果禅师语录》(卷13),《大正藏》第47册,第773页。

说法,无有是处。"佛答:"如汝所言:除如更无法,谁住如中？住如中已,当得阿耨多罗三藐三菩提。谁住如中当说法？如尚不可得,何况住如得阿耨多罗三藐三菩提？谁住如中而说法,无有是处。"①如者即是空,即是径山所答的毕竟意旨,菩萨住于此毕竟空中,即是住于萨婆若。如果在二谛中理解此毕竟空即第一义,就是圆悟克勤所说的向上一路,在此向上一路的第一义毕竟空中当然是毫发不容的,在此毫发不容的境界中,住者、住法、住处皆不可得,才有洞山见佛见祖如见冤家,才有云门将世尊"一棒打杀与狗子吃却,贵图天下太平"②。

对于径山说的大丈夫事,圆悟克勤的解释是十分透彻的,让后来人一眼明白径山之用意。于毕竟空之第一义中,五蕴不可得,乃至一切种智不可得,须陀含乃至佛不可得,佛说了八万四千法门,作为一个修行者却要将这所有法门的执着尽皆抛却,这岂非是大丈夫才能为的！然若着于这毕竟空,而贪图涅槃终究只能落到声闻辟支佛道,这是大乘佛教所贬斥的,在大论中甚至有"令三千大千世界中众生皆得阿罗汉果证,犹未为我弟子事。汝若以般若波罗蜜相应一句义教菩萨摩诃萨,则为我弟子事,我亦欢喜,胜教三千大千世界中众生令得阿罗汉。"③

按照宗密的《禅源诸诠集都序》,将牛头系归在泯绝无寄宗中,并特意提到了径山道钦,"泯绝无寄宗者,说凡圣等法,皆如梦幻都无所有,本来空寂非今始无,即此达无之智亦不可得。平等法界无佛,无众生,法界亦是假名。心既不有,谁言法界无修不修无佛不佛。设有一法胜过涅槃,我说亦如梦幻,无法可拘无佛可作,凡有所作皆是迷妄,如此了达本来无事,心无所寄方免颠倒,始名解脱。石头牛头下至径山,皆示此理,便令心行与此相应,不令滞情于一法上,日久功至尘习自亡,则于怨亲苦乐一切无碍,因此便有一类道士儒生闲僧汎参禅理者,皆说此言,便为臻极不知此宗,不但以此言为法,荷泽江西天台等门下亦说此理,然非所宗。"④从石头希迁到牛头法融,再到径山道钦,在自称为荷泽所传的宗密那里,

---

① 《摩诃般若波罗蜜经》(卷19),《大正藏》第8册,第361页。
② 《云门匡真禅师广录》(卷2),《大正藏》第47册,第560页。
③ 《摩诃般若波罗蜜经》(卷20),《大正藏》第8册,第362页。
④ 《禅源诸诠集都序》(卷1),《大正藏》第48册,第402页。

被理解为泯绝无寄,所传之法是一切法毕竟空寂,本不可得,于此不可得诸法实际上假有名相,如梦如幻,故教人不滞情于一法。

在宗密的判摄当中,泯绝无寄宗相对应的是中观、般若之学,"一切诸法本性清净,若菩萨摩诃萨于是法中,心通达不没,即是般若波罗蜜。"①"般若是佛道之本"②据宗密的判断,荷泽神会系,江西马祖系及天台都有说此理,但不以此为宗。其实,宗密所概括的泯绝无寄的思想,就是一种中国化后的般若思想,是大乘佛教的根本思想之一,一般认为般若经典也是大乘佛教最早兴起的经典,所以在各宗派中都能看到此思想并不意外。乃至对中观有着独特感情的印顺特别注重牛头宗这一系的思想也是这一原因,足见般若思想在牛头系禅法中的重要性。

在般若思想中,对究竟义的概括有很多名字,比如法性、如、实际等,然,"第一义即是平等法,但以异名说"③对于般若或者中观系所要表达的第一义虽然有很多表达,但是在第一义的意义上这诸多表达只是平等的假名而已,禅宗沿着大乘般若的思想路径,也通过各种方式,比如棒喝等来表达这一平等的第一义。中国佛教是大乘佛教,是倡行大乘菩萨道的,于此毕竟空中不能生著,此毕竟空也是不可得的,而要于此毕竟空中而行方便,生起大慈悲心,即径山道钦所说的"大丈夫事"。

二、圆相一点

作为中国佛教的禅宗乃至整个大乘佛教所宗者,无非是此"大丈夫事","菩萨摩诃萨成就二法,魔不能坏。何等二?观一切法空;不舍一切众生。须菩提!菩萨成就此二法,魔不能坏。"④大论对此解释更明确,"菩萨亦如是,有二道:一者、悲,二者、空。悲心怜悯众生,誓愿欲度;空心来则灭怜悯心。若但有怜悯心,

①《摩诃般若波罗蜜经》(卷19),《大正藏》第8册,第357页。
②《大智度论》(卷56),《大正藏》第25册,第459页。
③《大智度论》(卷78),《大正藏》第25册,第612页。
④《摩诃般若波罗蜜经》(卷19),《大正藏》第8册,第360页。

无智慧，则心没在无众生而有众生颠倒中；若但有空心，舍怜悯度众生心，则堕断灭中。"①空作为佛教的终极智慧，是指导一切行为之理，然若以空为空，则堕于空，空亦复空才是真空。如何才能空亦复空呢？必须要有怜悯心、慈悲心，才能不堕于断灭空中。这也是大乘佛教所说的不离世间而出世间，古来大德对此多有论述，这也正是大慧宗杲解释径山圆中一点的意义。

据《景德传灯录》载，"马祖令人送书到，书中作一圆相。师发缄于圆相中作一画，却封回。"②大慧宗杲禅师对这一公案有一段专门的论述，"天下老和尚各各以心传心相续不断，若不识其要妙，一向溺于知见驰骋言词，正法眼藏流布岂到今日，到这里须是个不求诸圣不重己灵底出格道人方能荷担此个大事。且那个是出格道人？不见昔日江西马大师，遣西堂智藏驰书上径山国一禅师，国一开缄见一圆相。遂索笔对智藏，于圆相中点一点。智藏罔措。这个岂不是格外消息。若作格外商量，又却不是。诸人且作么生辩明，时中如何受用，适来知县学士疏中有言，马师圆相远缄千里之清规，老机锋点破一时之群惑，群惑既破，则人人脚根下大事洞明，大事既明，则十二时中折旋俯仰弹指謦欬无非佛之妙用。既是佛之妙用。则不从人得，既不从人得，亦不在己躬，既不在己躬，则内不放出外不放入。既外不放入则外息诸缘，内不放出，则内心无喘，既内心无喘外息诸缘，则一切智通无障碍，既无障碍，则一切智智清净，无二无二分，无别无断故，正当恁么时，不是世间法，亦非出世间法。"③

在大慧的这段论述中，是借径山的这一个公案来说他体得的"出格道人"，只有此出格道人才能承担佛法大事，才不会沉溺于知见之中，驰骋言辞的俊烈。出格道人不求诸圣不重己灵，诸圣是经典所传，己灵是自家所悟，一个是外，一个是内，一个是从人得，一个是在己躬，这种对待之二法在毕竟空之第一义中皆不可得，于此不可得中方能生起无碍之智，通达无碍，不去分别内外，不去分别哪个是世间内，哪个是世间外，在世间法外别求一个出世间法，不可得也。所以马祖之

---

① 《大智度论》（卷79），《大正藏》第25册，第614页。
② 《景德传灯录》（卷4），《大正藏》第51册，第230页。
③ 《大慧普觉禅师语录》（卷1），《大正藏》第47册，第812页。

圆相与径山之一点是相待的二法,若马祖不画圆相,纸上便没有圆相外和圆相内的区别,所以径山一看,于圆相中点一点,以点来看,圆相内即是点相外,如何可得内外? 所以大慧宗杲最后总结说:无二无二分,无别无断故,正当怎么时,不是世间法,亦非出世间法。"世俗谛中有差别,第一义谛则无分别。"①世俗谛中虽有内外等种种差别相,然第一义谛中,诸法实相即是无相之一相,所以说诸法平等。

诸法平等,并非仅是有为法的平等,而且无为法亦是平等。作为无为法的三解脱门也是平等,在如的意义上,平等即是不二,三解脱门是一解脱门,大乘菩萨道倡行住三解脱门而非入三解脱门,与空亦复空是一样的,虽悟空之实相,仍需要慈悲怜悯救度本空的众生。寺庙的三门象征着三解脱门,包括空解脱门、无愿解脱门及无相解脱门,入三门而无余涅槃,故名三解脱门,"三十七品是趣涅槃道,行是道已,得到涅槃城。涅槃城有三门,所谓空、无相、无作"②。空解脱门,在待因缘而生起的诸法中,自性本空,如此了达诸法则不为诸法所惑所缚。无相解脱门,由于颠倒分别,世人妄执诸法有相,了达诸法本无相,无分别戏论,以寂灭为相。无作解脱门,了知诸法幻有,于此幻有中无所造作,则无果报之苦,以远离颠倒无明愚痴为相。三门在寺庙的入口,具有离开世俗进入佛法的意味,离开世间有为法而进入无为法之涅槃,这就是寺庙每以三门为入口的象征意义。解脱并非外在于生死而另有一个可以把捉的解脱,"不离于生死,而另有涅槃,实相义如是,云何而分别。"(《中论·观缚解品》)生死不离涅槃,涅槃不离生死,若执定有生死涅槃二法,终不可得,惑者多认为除生死得涅槃。若能体悟生死与涅槃本来不二,就能发现经三十七道品趣涅槃城而到的,并非是离生死外的一个涅槃,禅宗强调人的解脱要"不落阶级"③,这是青原行思见六祖筹对之语,不立阶梯、凭谁措足说的是没有从世间法到出世间法的一个阶梯存在,因为世间法不离出世间法,任凭你八万四千法门的修行,最后还是"到头相见无余事",所以不

---

① 《大智度论》(卷78),《大正藏》第25册,第611页。
② 《大智度论》(卷20),《大正藏》第25册,第206页。
③ 《五灯会元》(卷5),《续藏》第80册,第108页。

能落进修行的阶级而执著圣谛俗谛的区别，这即是青原行思"不落阶级""圣谛亦不为"的意旨。

径山一点把马祖内外点破，也将世间与出世间点破，凸现了大乘毕竟空中将一切对待抛弃，内外法皆不可得的态度，将世间与出世间融通以来，所以大慧在评价时说：老机锋点破一时之群惑，群惑既破，则人人脚根下大事洞明，大事既明，则十二时中折旋俯仰弹指謦欬无非佛之妙用。正是径山的一点把群惑点破，洞明人人脚跟下的自家事，十二时中尽是佛的妙用，佛即是如、法性和实际，万法尽皆一如而已。

三、山上有鲤鱼，水底有蓬尘

有人问径山道钦"如何是道"，径山答："山上有鲤鱼，水底有蓬尘。"[1]解脱本来应该在出世间去求，但是离开了世间，别求一个出世间不可得，离开了生死，别求一个涅槃也是不可得的。如道元禅师所解，"欲离生死之人，当明此旨。若人于生死之外求佛，则如北辕向越，南面看北斗。愈聚生死之因，更失解脱之道。但解生死即涅槃，无生死可厌，无涅槃可愿，是时始脱离生死之分。"[2]在打破了生死与涅槃的执著之后，禅宗申明其"平常心"，正是那一句，"饥来吃饭，困来即眠"[3]，抛弃后有的分别和执着，把计较和需索通通除去，以平常心如实的了知世法，就在平常的行住坐卧之中，呈现万法的真实，这就是佛法，即世法求佛法，在每个人的日常生活中就可以体味佛法修行佛法，体味万法的缘起及自性空寂。若在世间法外别求佛法，在世间穿衣吃饭外别求修行，了不可得，这是禅宗很顺理成章的逻辑。只有"一切寻常"才是真假宛然的真正解脱，祖师千说万说的毕竟宗旨，"如实知世间，即是出世间道"[4]，从缘起性空的诸法实相去如实的了知

---

① 《景德传灯录》（卷4），《大正藏》第51册，第230页。
② 道元：《正法眼藏》，何燕生译，北京：宗教文化出版社，2003年版，第715页。
③ 《五灯会元》（卷3），《续藏》第80册，第80页。
④ 《大智度论》（卷27），《大正藏》第25册，第258页。

世间法。

不管是把出家形容为非将相所为的"大丈夫事",还是点破马祖圆相的内外，径山道钦都只为向学人呈现向上一路的祖师西来意，即禅宗所追求的解脱境界与途径。空只为破著有，不能够湮没在疾苦众生与众生颠倒之中，所以需要空作为智慧，使学人通达万法实相，乃无相一相，平等自在；若达空而著空，则舍离了怜悯度生的菩萨道，堕入声闻辟支佛道，甚至堕入断灭空中，所以需要悲愿以行大乘菩萨道救度世人。内与外也是不可得的，说内只为息诸外缘，说外是为了内心无喘。若人一味向外，忘却自家宝藏，只能是骑驴觅驴；若自恃自性即是佛性，断修断求，不理诸圣所说，也是只能落入辟支佛道。所以通过空与悲，内与外，大乘菩萨道由此而呈现出来。这种主张并非是径山道钦个人之见解，乃禅宗历来以心传心乃至整个大乘佛教一贯的主张，只是表述不同而已。

关于禅宗的宗旨，圆悟克勤禅师将其归结为无为宗旨，"天高无极，无极有尊，地厚无垠，无垠有主，镜万象方寸，怀六合胸中，发大机显大用，是故乃祖乃佛，或拈华或面壁，或行棒或行喝，或词辩纵横或寂寥无说，周旋往返只明此个无为宗旨。"[①]远至诸佛，近则震旦众师，虽采取种种方便，佛祖拈花，迦叶微笑，达摩面壁，棒喝辞辩，都是为了申明这一个"无为宗旨"，只是因为世人根机不同，所以行无量方便，引导众生。南宋时的大禅师松源崇岳也说"行不言之教，启无为之化，是故诸佛出世，祖师西来，或拈花，或面壁，不立文字，直指单传，亦只明此个无为宗旨。"[②]这个无为宗旨就是不离世间法而别求出世间法，不离开自性而别求佛性。

不管是径山道钦禅师的大丈夫事，还是圆中一点所要表达的意思，还是圆悟克勤禅师的无为宗旨与大慧宗杲的脱格道人，历来禅师千说万说，都是为了指引学人的解脱，都不离诸法实相，从不同的角度，用不同的方法来体现他们亲证之诸法实相，体悟缘起的诸法自性本来是空寂的，"入诸法实相中，一切诸观诸见诸

---

① 《圆悟佛果禅师语录》，《大正藏》第47册，第740页。
② 《松源崇岳禅师语录》，《续藏》第70册，第81页。

法皆名为罪。"①"诸法实相者,心行言语断。"(《中论·观法品》)《坛经》中说:"善知识! 世界虚空,能含万物色像,日月星宿,山河大地,泉源溪涧,草木丛林,恶人善人,恶法善法,天堂地狱,一切大海,须弥诸山,总在空中。"②在世间假法中通达真空之理,不可在世法外别求一个佛法,"佛法在世间,不离世间觉;离世觅菩提,恰如求兔角。"③但是古德这么说,还是按牛头吃草,不懂得维摩诘一默常说炽然说的道理,"正见名出世,邪见名世间;邪正尽打却,菩提性宛然。"④

　　对执世间实有自性者说空,说"因缘所生法,我说即是空"的道理;然学人若执着一个空而不放手,禅师又将这空打碎,这个空并不离世间法的假有,并不阻碍大乘菩萨道的慈悲。所以禅师说:"上堂:欲得大用现前,直下顿忘知见,诸见若尽,昏雾不生,大智洞然,更非他物。"知见与语言一样,人通过知见而执对象是实在的,不能够体悟无常和无我,被无明所障。一旦了达诸法本不生,不生则不灭,不生不灭则诸法无自性可得,不是真实的存在物,便失去了可执着的对象,所有戏论分别都不再生起,直下洞见诸法历然,更非他物,所有一切之事物的自性都是自性寂灭的空性,更没有离万法别有一个诸法实相需要体悟,也没有离自性空而另有万法。所以赵州言佛即烦恼,烦恼即佛,"'此事如明珠在掌,胡来胡现,汉来汉现。老僧把一枝草作丈六金身用,把丈六金身作一枝草用。佛即是烦恼,烦恼即是佛。'问:'佛与谁人为烦恼?'师云:'与一切人为烦恼,云如何免得师云用免作么。'"⑤可见,径山道钦以不可能出现尘埃的水底出现尘埃、不可能出现在山上的鲤鱼出现鲤鱼来表现相对的二元认识都是凡夫的执着,只有超越二元对立的视域,才能体味不离世间求出世间的禅宗解脱境界。

---

① 《大智度论》(卷39),《大正藏》第25册,第345页。
② 《六祖大师法宝坛经》,《大正藏》第48册,第350页。
③ 《六祖大师法宝坛经》,《大正藏》第48册,第351页。
④ 《六祖大师法宝坛经》,《大正藏》第48册,第351页。
⑤ 《赵州和尚语录》,《大正藏》第24册,第359页。

杭州碧霞庵子雍成如禅师生平及其禅法

刘田田①

（陕西省社会科学院）

摘　要：子雍成如禅师是清朝初期一位重要的比丘尼，曾得到康熙皇帝和公主的崇奉。其法派属于木陈道忞之平阳系，最后住持杭州碧霞庵，于此弘法传禅。本文对其生平事迹及禅法思想进行了初步的探讨。子雍成如出身显贵，年少出家，参访二十余载，曾经三上五台，住持涿州雨花庵、永安、洪恩、杭州碧霞庵等寺院。子雍成如生前编有语录四卷，内容主要包括日常说法，小参开示，往来机锋以及诗词偈颂若干，其中有个人的修证经历，有对临济禅法的阐释，集中体现了子雍成如的禅学思想，也说明了她的修行成就。

关 键 词：清代　禅宗　杭州碧霞庵　子雍成如

子雍成如（1648—?）是清初比丘尼，古律元范弟子。年少出家，参访二十余载，曾经三上五台，信仰至诚。其住持说法得到清朝公主的支持，见过康熙皇帝。子雍成如曾经住持涿州雨花庵、永安、洪恩、杭州碧霞庵等寺院，生前编有语录四卷。《五灯全书》有其小传，内容十分简略，仅录一段小参说法。

据《子雍如禅师语录》卷四：

行实

---

① 作者简介：刘田田，陕西省社会科学院教师，主要研究方向为中国禅宗史。

执事同大众礼请和尚详示行由，以使某等有所式从。

师曰：余乃荆门人氏，祖籍关东，流寓都门甚久。父周，讳志祥，母牛氏。开国之初，父从驾，屡著功勋，不欲受官，隐于耕读。朴素醇谨，见善必为，雅信释氏。年逾半百，尚无子息。拜祈三大士，发弘誓愿，虔祝求嗣，感菩萨垂慈生余。

幼时言笑不苟，稍长便有脱尘之志。年及笄，父母迫之于归，素性贞洁，不贪嗜欲，不恋富贵，立愿长斋绣佛，奋志脱白。礼补仁和尚为师薙染，从此参究禅旨，将二十余载，屡访名师，深加追拶而得膺碍释然。后受本师古律和尚印证，出住永安、洪恩二寺。生平行业证入在五台辽西，备历艰辛，勇猛精进，险遇虎狼贼寇，不惊不怖。水火刀兵、天灾人害，视之一切俱淡如也。勤苦自励，未尝肯偷半日闲，拚著身心性命，誓愿入圣超凡。幸荷佛力，感动金枝玉叶、护法宰官，助建梵刹，稍立规模，接引后昆，于心甚切。然而修造尚未次第，安禅结制，未尽本怀。利济世人，亦尝曲垂方便，故有慈航普渡之称。欲请五十三参，并朝南海之愿已遂。兹则竞竞业业，唯守暮鼓晨钟，苦修实行，恐无当。佛法高深，聊以自遣，万勿哂我愚钝云尔。[1]

子雍成如，湖北荆门人，祖籍关东。父亲周志祥为清初将领，立有军功，后来隐居，是佛教居士，年过五十求观音得子，即是子雍成如。顺治五年（1648），子雍成如出生。康熙二年（1662）子雍十五岁，礼补仁和尚出家，后参究二十余年，得到淮阴长寿古律元范印证，为其嗣法弟子。子雍成如出家后四处参访，曾经三朝五台，历尽艰险，其开悟经历也和五台有关。有诗作《朝五台山路迷失感菩萨现身指示赋以纪异》：

峰峦迭翠号清凉，烟雨幽深觅上方。踏破青山红日现，从空涌出法中王。[2]

---

① 《嘉兴藏》39 册，第 831 页中。
② 《嘉兴藏》39 册，第 822 页上。

又据《子雍如禅师语录》卷一：

> 末后三上台山，遇着恶毒老汉，当众勘验，逼得如上座死而复生，怨恨难忘。爇向炉中供养，现住仁寿堂上传临济正宗第三十三世上古下律大和尚，用酬法乳之恩。①

前叙朝五台途中迷路，遇文殊菩萨示现的经历。后记子雍成如在五台山遇到老师古律元范，并受其勘验的过程。子雍成如是古律元范的唯一嗣法弟子。古律的传承是：密云圆悟-山翁道忞-远庵本僼-古律元范。康熙三十年（1691），子雍成如住持西山永庆禅院。康熙三十八年（1699），子雍成如住持涿州雨花庵。据《子雍如禅师语录》卷二：“康熙己卯冬日，涿州坡河屯信士袁善人率领众姓人等请住雨花庵，师受请至。”②同年，圣感超永为子雍成如语录作序。

康熙四十年（1701），子雍成如住持杭州碧霞庵。同年，西水王治跋子雍成如语录。大约是年，广东南雄兴云禅院传临济正宗三十三世古南牧云通门门人南音行言法嗣石琳超瑺为子雍成如语录作跋。

子雍成如遇康熙皇帝也在这一年，有诗二首。据《子雍如禅师语录》卷三：

> 辛巳遇皇上偶呈二绝
> 今年何幸遇南暄，一日阴晴变几翻，檐下纸窗干又湿，船前石径湿还干。
> 峰下湾还尽是江，片帆高出燕京乡。天风一阵来何处，吹起黎民话短长。③

另有遇皇上恩口占二偈。

---

① 《嘉兴藏》39 册，第 820 页中。
② 《嘉兴藏》39 册，第 822 页中。
③ 《嘉兴藏》39 册，第 826 页下。

云帆高挂拂晴烟,犹幸天恩降玉篇。千里江山方寸里,香焚柏子谢天颜。

一段真腊接晓烟,金鱼遥颂祝新篇。年华此日同尧日,万里山河捧御颜。①

这几首诗的意境华美富丽,可以看出子雍成如对与康熙皇帝见面一事的欣喜。

子雍成如能以尼师身份出家参访、住持说法。除了自身的佛法修养,有一个重要原因是得到了公主的大力护持,另有许多官僚贵胄的家眷支持和维护。她与康熙皇帝见面应该也有公主的举荐。据《子雍如禅师语录》卷一:

大护法公主领众善信(舒门赵氏 那门葛氏 赵门苍氏 吴门王氏)请开光,小参:"五台雪覆万年冰,峨眉遍照千江月。点放开光眼耳明,普覆十方永无歇。庄严非相六根空,照耀如灯久不灭。"击杵一下云:"清霄遍彻聆妙音,永茂金枝与玉叶。"②

今上公主赞

山河大地布金砖,玉树增辉月一团。

忆昔妙庄成正觉,今朝公主现只园。③

此事发生在康熙三十三年(1694)前,从时间推断,此公主有可能是康熙第五女和硕端静公主。

子雍成如的语录内容主要包括日常说法,小参开示,往来机锋以及诗词若干。论及禅法,则有个人的修证经历和对临济主要禅法理论的阐释,从一些诗词中也能看出她说法的个人风格。关于她的禅法,石琳超瑮在为其语录作的跋中

①《嘉兴藏》39 册,第 828 页上。
②《嘉兴藏》39 册,第 820 页下。
③《嘉兴藏》39 册,第 822 页上。

做了这样的评价:"今子雍法侄说法,具从胸襟中无意味处流出,令人横吞竖嚼,实为醍醐,实为毒药。单提向上这一着,不可以智知,不可以识识,倘或尼总再来,也即傍观有分。"①从语录内容来看,这一评价颇为中肯。

子雍的开悟过程,据《子雍如禅师语录》卷一:

> 七期,赵夫人请小参:"古人信手指一景,信口道一句,唤作一个话头。使人东卜西度,黑漆漆地。忽然打破疑团,始知今人就是古人,古人就是今人。山僧十三年前抱一个话头,废寝忘餐如痴似兀死人一般。十三年后如杲日丽天,无所不照。诸仁者还会么?"以拂击香几曰:"云散家家月,春来树树花。"复击一击,下座。②

子雍成如一个话头参究十三年,可见功夫之深。她认为古人偶得的话头有堪破疑情,通达古今的神通妙用。所谓抱定一个话头是指用心专一,不能胡参乱参或者时常更换,用心散乱。参话头如坐禅相似,要达到废寝忘食心如枯木的程度,才能由定发慧,这是一个长期的修行过程。

子雍成如出身显贵,作为尼师,日常接触的多是公主贵妇,大家女眷。所以她的诗作及其日常说法偶尔带有明显的女性特征。

据《子雍如禅师语录》卷一:

> 甲戌元旦师正睡熟,侍者请起净面。师拭目,早参法语。
> 平生好瞌睡,素性懒参禅。体安心自澈,鼾呼意了然。
> 开张狮子口,喝断野狐涎。问着不放过,开封一顿拳。③
> 丙子述怀
> 韶华经几度,四十九年春。处世虽无偶,问心只自亲。

---

① 《嘉兴藏》39 册,第 827 页下。
② 《嘉兴藏》39 册,第 820 页中。
③ 《嘉兴藏》39 册,第 820 页下。

炷香消白昼,阃户远红尘。痴梦从今醒,如如闲道人。①

这两首诗颇像闺阁女子所作,气质婉约,呈现明显的个人特点,可以看出尼师与比丘众的区别。在她的语录中,这类诗词并不多见,大部分内容丈夫气十足,与比丘说法无二。比如子雍成如与人对机简洁明了,她熟谙临济家风,对君臣关系、三玄三要、四宾主等临济宗重要理论和五家宗风都有自己的理解。

据《子雍如禅师语录》卷二:

> 僧问:"昔日已吹无孔笛,今朝犹弄没弦琴。自我调高人不识,这回犹自觅知音。如何是君?"师曰:"当堂独坐。"进曰:"如何是臣?"师曰:"依门靠户。"进曰:"如何是君视臣?"师曰:"眼前童子面前人。"进曰:"如何是臣向君?"师曰:"晨昏无间甚殷勤。"进曰:"如何是君臣道合?"师曰:"有眼明如日,真金火里看。"②

此一段是以君臣关系作比喻,明说君臣,实论禅法。君主当堂独坐,无需外求;臣子倚门靠户,不能自主。君视臣则一切现成,臣向君要时时照看,君臣道和如火里炼金,自然眼明如日。

据《子雍如禅师语录》卷二:

> 又总大师问:"钟鼓齐鸣即不问,宾主相见是如何?"师曰:"兵随印转,将逐符行。"进曰:"如何是主?"师曰:"有眼难睹。"进曰:"如何是宾?"师曰:"满面红尘。"进曰:"如何是主中主?"师曰:"莫邪全正令。"进曰:"如何是宾中宾?"师曰:"清风拂白云。"进曰:"把住时密不通风,放行时头头合辙。且道把住的是? 放行的是?"师曰:"不得分身两处看。"进曰:"怎么则香风吹满三

---

① 《嘉兴藏》39 册,第 821 页下。
② 《嘉兴藏》39 册,第 822 页中。

千界,果然无处不称尊。"

仰大师问:"结解放收俱不问,请师指示五家宗? 如何是临济宗?"师曰:"昨夜天晴今日雪。"进曰:"如何是云门宗?"师曰:"脚跟下荐取。"进曰:"如何是沩仰宗?"师曰:"父子不传。"进曰:"如何是法眼宗?"师曰:"孤峰独露。"进曰:"如何是曹洞宗?"师曰:"玉转珠回。"①

又据《子雍如禅师语录》卷二:

> 宾中宾,芒鞋竹杖眼无睛。芒鞋三个耳,竹杖醉酩酊。
> 宾中主,风前月下同君举。月明天汉静,风舞漏声齐。
> 主中宾,鸟啼花笑雨频频。鸟啼山月市,花笑正逢春。
> 主中主,万机齐唱出庭闱。宝镜当轩妙,临台识者稀。②

这两段都提到四宾主,前一段对机,后一段自说,是子雍成如对临济四宾主的理解诠释。宾主相见则客随主便,主在内所以有眼难睹,客在外故满面红尘。主中主如高山流水,知音者稀,表达一种内外通达的境界。宾中宾如白云清风,竹杖芒鞋,虽然好搭配却是心眼具盲,不能做主。把住放行是两头,切忌分别说,两头俱不立。后说五家宗风,子雍成如用昨夜晴今日雪比喻临济家风,指出临济迅疾灵活的禅法特点。云门脚跟荐取,圆融平实。沩仰父子不传,重在自修证。法眼孤峰独露,高高在上不落下方。曹洞回护绵密,家风温和。后一段宾中主和主中宾,子雍成如用诗意的语言绘出情景,言辞含蓄,难以做出具体的解释。

子雍成如还作有《三玄三要颂》。据《子雍如禅师语录》卷二:

> 三玄三要颂
> 第一玄,赤体无私万象前,端居宝殿尊寰宇,一物犹来话别传。

---

① 《嘉兴藏》39 册,第 822 页中。
② 《嘉兴藏》39 册,第 825 页上。

第二玄,藏锋雪密语偏圆,投机利便通玄旨,万别千差一句诠。

第三玄,向棒掀腾绝异闻,金风体净分明极,万境之中独露先。

第一要,一物无私照,赫赫大分明,突出入玄奥。

第二要,干坤尽返照,句里笑囊藏,得意须防饱。

第三要,舞掌呵呵笑,家贫愁杀人,赤体无丝好。①

三玄三要也是临济禅法的重要内容,子雍成如的颂比较简略,三玄讲体,三要讲用;三玄强调佛性本有,三要重在实际修证。赤体无私、一句诠、万境独露等都是对自性的形容。突出入玄、得意防饱、赤体无私是从修证的角度说明修证的关要。

临济四料简是禅师教育弟子的方法,也是对机应答的禅门方便。子雍成如对此领悟颇深。据《子雍如禅师语录》卷三:

僧问:"如何是(此三字,可能是衍文)篱门紧闭无人到,一道神光万象闲。如何是夺人不夺境?"师云:"花明山色秀,鹦唱来年春。"进云:"玉楼人醉歌声寂,溪上渔吹空好吟。如何是夺境不夺人?"师云:"树古藏恓■,鹤归松有音。"进云:"铁马倒骑关塞静,家邦尽在白云中。如何是人境两俱夺?"师云:"一觅竟忘天地老,不知明月自西东。"进云:"万景丛中金凤舞,一林树色鸟声奇。如何是人境俱不夺?"师云:"半肩明月光寰宇,满袖春风锦绣围。"乃云:"玄机独露,豁彻无私。夺人不夺境,花明山色清。夺境不夺人,玉楼人醉到。如今人境两俱夺,铁马倒骑关塞静。人境俱不夺,满袖春风亘古今。"拈拄杖,作舞下座。②

禅宗的方便在于破除执著,而著人著境各有不同,要根据不同人的特点,选择不同的教育方法。对于著人不著境者要夺人不夺境,反之则夺境不夺人。若

①《嘉兴藏》39 册,第 824 页中。

②《嘉兴藏》39 册,第 826 页上。

人境具著则人境具夺,人境具不著则人境具不夺。由对机可以看出,子雍成如有很高的禅悟境界,亦有很好的文学修养。论及禅法时,往往意境清澈,用词华美,有大丈夫气。

子雍成如有一首偈《廛中四威仪》,可以作为其禅法的总结,亦体现出禅师的威仪:

> 廛中四威仪
> 廛中行,任纵横,东西路,百千程。
> 廛中住,不出户,懒逢迎,无面目。
> 廛中坐,空花堕,拟商量,鹞子过。
> 廛中卧,浑一觉,忽翻身,好梦破。
> 着意平生行业,颗粒渗漏全无。桂花香处最切,身懒心勤事疏。①

禅者世间修行,淤泥生莲,虽在其中,滴水不沾。行则纵横任运,脚不点地,处处无迹可寻,步步踏佛阶梯。住则足不出户,无送无迎,面目具在,无人得逢。坐则一念不生,天花乱堕,若欲商量,鹞子新罗。卧则安然入眠,一觉天明。忽然翻身,好梦已惊。

平生行业,妄想不生;体绝渗漏,心镜澄明。桂花香浓了不闻,身懒心勤世事疏。

这些偈颂一方面体现了子雍成如的禅学思想,也表明她修行有成,达到了很高的精神境界。

---

① 《嘉兴藏》39 册,第 822 页上。

云栖袾宏的唯心净土思想

张敬川①

（西南医科大学人文与管理学院）

摘　要：云栖袾宏为明末弘扬净土法门的重要人物,他继承永明延寿以来禅净圆融的传统,以华严宗理、事一对范畴梳理唯心净土与西方净土的关系,纠正了当时对净土思想的种种误解。本文以袾宏的唯心净土思想为切入点,探究了其净土思想的丰富内涵,重点分析了袾宏对西方净土与唯心净土关系之梳理。袾宏认为净土的本质是心性,心外无土。唯心净土有顿教之非染非净之心与圆教之总该万法之心两重含义。西方净土属于凡、圣同居土,而同时又具有其他三种土之性质,故净土不碍唯心。袾宏通过理事与心境两对范畴梳理唯心净土与西方净土的关系,唯心净土为理、为心,西方净土为事、为境,理事无碍,即境即心,在理上,西方净土与唯心净土是相即不二的关系。而对于未悟心性者而言,二者在事上又有差别,不可混淆理事,只认唯心净土,不认西方净土。往生西方净土,断惑见性,则可见自性净土。

关 键 词：袾宏　唯心净土　西方净土

唯心净土与弥陀净土的关系,是宋明以来中土佛教义学的重要内容之一,通常认为,禅宗主张唯心净土,以自性清净心为净土。而净土宗则主张西方净土。这本是佛教针对不同根性的众生而安立的两个独立的教理系统,二者虽然在理论上可以沟通,但在创立之初,这种沟通的需要还并不急切。但宋元以来,中国

---

① 作者简介：张敬川,西南医科大学人文与管理学院,研究方向为佛教哲学。

佛教禅净合流的趋势越来越明显,如何解释唯心净土与弥陀净土的关系便显得十分重要。若解释的不如理,往往会造成对修行中偏与一宗不得融合,甚至在禅与净土之间相互排斥。禅宗的末流容易指理废事,只认唯心净土,斥念佛为斋公斋婆举止,甚至拨无西方净土。如谓"唯心净土,无复十万亿刹外更有极乐净土"。① 或云:"临终所见净土,皆是自心,故无净土。"②而净土宗人则指事废理,唯求西方净土,不认自心净土,亦难以见到弥陀净土的广大意义。如果说后一种误解不利于直证自性,修证过程中会多几分歧路,那么第一种拨无净土的思想,则直接否定了净土法门,无论是对于佛学思想的发展,还是信众的修持而言都是有百害而无一利的。

云栖袾宏早年参究禅宗,唯心净土在其佛学思想中居核心的地位。但作为净土宗的弘扬者,他的思想显得更为谨慎,特别是在处理唯心净土与弥陀净土关系时,强调二者之差异,不可彼此取舍,只认唯心净土而不愿往生西方,与偏执弥陀净土不识自心,二者都不可取。袾宏的弟子广润所作《云栖本师行略》有云:"又以禅、教二宗尚多流弊,禅门恒执理而废事,讲席多歧路以亡羊。甚至窃佛语为词章,以机缘成戏论。如来慧命埒于悬丝,而法轮几于覆辙矣。滔滔皆是,此非学者之过,抑亦唱导者之过也。师实悯焉,以为欲挽颓波,必须方便。因阐净土之一门,用作狂澜之砥柱。疏钞弥陀一经,而性相双融,事理无碍,俾贤知者不沉溺于偏空,而中、下之流咸知向往。庶不至如弱丧而忘归耳。"③通过疏解《阿弥陀经》,云栖袾宏试图在教理上融会唯心净土与西方净土,对净土思想的发展具有重要的意义。④

① 《云栖法汇(选录)(第12卷—第25卷)》卷十三,嘉兴藏第33册,第52页下。
② 《云栖法汇(选录)(第12卷—第25卷)》卷十三,嘉兴藏第33册,第52页下。
③ 《嘉兴藏》第33册,第199页下。
④ 对袾宏如何融会唯心净土与西方净土之关系,学界一般认为有两个方面,一是禅净圆融,二是以华严之教理会通净土。望月信亨认为"以净土同禅同为顿教之摄,切就阿弥陀经一心不乱之说,分为事理,以理一心为达摩直指之禅,主唱禅净二宗同归,即为彼之创意也。"望月信亨:《中国净土教理史》,释印海译,上海:华宇出版社,第335页。陈永革则认为袾宏的净土思想既有摄禅归净之方法取向,也有教净归一的思想原则,即以华严性海为根本立场,疏解《阿弥陀经》。参见陈永革,《晚明佛教思想研究》,北京:宗教文化出版社,2007年版,第三章第四节.

一 唯心净土的两重意义

心性与净土之关联,本是佛教应有之意,土为众生及佛菩萨之所居,佛教认为众生因为贪嗔痴等烦恼所系,无法像佛菩萨一样生活在纯净无染的净土之中,只有通过修行,远离贪嗔痴等烦恼,使心识清净,则所居之国土亦清净。鸠摩罗什译《维摩诘所说经》云:"若菩萨欲得净土,当净其心;随其心净,则佛土净。"[1]这是从菩萨行的角度谈菩萨通过净心而净国土,心净为因,土净为果。但《维摩诘经》并没有直接将唯心与净土相关联。佛教的"唯心"更多是与诸法的性质相关联,意指诸法在本质上均是自心所现,"唯心"意指唯是心而非其他。《佛说十地经》卷四:"即此菩萨作是思惟:所言三界,此唯是心,如来于此分别演说十二有支,皆依一心如是而立。"[2]十二有支为杂染法,此诸法均依真心而立。窥基《成唯识论掌中枢要》卷一:"唯有三义,识诠五有,唯简二空。唯谓简持,有心空境是唯义也,简去境,持取心,故说简持是唯义也,亦决定义及显胜义。"[3]在唯心的众多意义中,决定义与简持义最为重要,简持表明排斥心以外的任何事物,决定则是指肯定的意义。二者的意义表明决定只是心,定有心,而非其他。吕澂《中国佛学源流略讲》解释唯心云:"依照世亲十地经论的解释,经文的用意在对治凡愚不明白向何处去求解脱,所以特别指出解脱的关键所在,应当就心即人们意识的统一状态所谓阿赖耶的部分去着眼,这并不是说由心显现一切或随心变现那样的唯心。"[4]此后,在华严宗乃至禅宗的文献中,唯心所现的意义才更为明显。《宗镜录》卷六十二云:十地经及华严经说三界唯心。意云三界之法唯是心之所变,离心之外,更无一物。此亦为遮我法二执,但是妄情执有,举体全无,唯有内心,故言唯心。[5] 唯心说是破除一分凡夫对于万法的执着,而将万法收归自

① 《大正藏》第 14 册,第 538 页下。

② 《大正藏》第 10 册,第 553 页上。

③ 《大正藏》第 43 册,第 609 页上。

④ 吕澂:《中国佛学原流略讲》,北京:中华书局,2006 年版,第 366 页。

⑤ 《大正藏》第 48 册,第 768 页中。

心,这是唯心的本意。

中土较早提出唯心净土这一概念的是李通玄。①在《新华严经论》之中,他从权、实二门将佛教净土概括为十种,其中第九种为唯心净土,"自证自心当体无心,性唯真智,不念净秽。称真任性,心无恚痴,无贪嗔痴,任大悲智,安乐众生,是实净土。"②此处的净土已不再如极乐世界那样有种种相,而纯粹是自性清净心。李通玄认为佛经中所宣扬的种种净土,有的是佛陀为了接引某一部分众生而权巧安立的净土,如阿弥陀经净土,即"为一分取相凡夫未信法空实理,以专忆念,念想不移。以专诚故,其心分净,得生净土。是权非实。"③由于往生净土者心性并非完全清净,故不是真净土。只有唯心净土,"自证自心当体无心",证得我法二空之理,此才是实净土。永明延寿的唯心净土思想,基本没有超出李通玄的范畴,仍然是以见自本性为"唯心净土"之义。认为"唯心佛土者,了心方生。"④只有初地以上的菩萨才能往生唯心净土,而西方净土则凡夫即可往生。

祩宏的净土思想是以唯心净土为归宿的。憨山德清《古杭云栖莲池大师塔铭》云:"初师发足操方,从参究念佛得力,至是遂开净土一门,普摄三根,极力主张。乃著《弥陀疏钞》十万余言,融会事理,指归唯心。"⑤那么,祩宏所理解的唯心净土其意义为何呢? 祩宏基本继承了古德的脉络,将唯心净土归为自性。《阿弥陀经疏钞》卷二:

> 六祖云:"何期自性能生万法。"《华严经》云:"一切宝铃网,解一切法如幻心所生。一切宝楼阁,无着善根无生善根所生。乃至衣盖幢座等,莫不皆然。"又云:"此华藏庄严世界海中,若山河,乃至树林尘毛等处,一一皆是称

---

① 早期地论师的净土思想中已有唯心净土之意义。只是没有明显地将心识与净土相关联。冯焕珍《回归本觉》:"慧远没将真净土配于三识观来说,实际上据其三识观,真净土就是菩萨登地以后渐次在阿梨耶识中真修无漏六度波罗蜜而得到的净土。"冯焕珍《回归本觉:净影寺慧远的真识心缘起思想研究》,北京:中国社会科学出版社,2006年版,第407页。

② 李通玄:《新华严经论》,《大正藏》第36册,第759页下。

③ 李通玄:《新华严经论》,《大正藏》第36册,第759页下。

④ 延寿:《万善同归集》(卷一),《大正藏》第48册,第966页中。

⑤ 《嘉兴藏》第33册,第194页下。

真如法界,具无边德。是故当知净土唯心,更无外境。①"

　　唯心净土之"心",即指自性,真如,万法皆依真如而立,净土亦不例外,故说净土唯心,更无心外之境。由此可知,袾宏唯心净土的思想,其依据主要是如来藏系的经典,唯"心"是指如来藏,或云自性、真如。《阿弥陀经疏钞》卷一"今云自性,且指佛性而言也。性而曰自,法尔如然,非作得故,是我自己,非属他故。此之自性,盖有多名,亦名本心,亦名本觉,亦名真知,亦名真识,亦名真如,种种无尽。统而言之,即当人灵知灵觉本具之一心也。"②因此,唯心净土在袾宏的思想中主要是指自性,意即净土亦属于众生的自性。但仅仅如此,尚不足以显明袾宏唯心净土之特点,因为全体如来藏系经典均以如来藏为万法的依持,净土唯心自是其中应有之意。那么,袾宏的唯心净土有何特殊之处呢? 这还是要联系他的判教观,特别是对《阿弥陀经》的判属。袾宏依华严学五教判释,而将《阿弥陀经》判属于顿教,而又兼摄终教、圆教。《阿弥陀经疏钞》卷一:"教者,依贤首判教分五,谓小、始、终、顿、圆。今此经者,顿教所摄,亦复兼通前、后二教。"③依法藏的解释,所谓顿教,即"一念不生即名为佛,不依位地渐次而说。"④具体到心性而言,始教广说法相,少说法性。终教广说法性,少说法相,把识均收摄为如来藏,顿教则不说法相,唯辩真性。《华严经探玄记》卷一:"四顿教中,总不说法相,唯辩真性,亦无八识差别之相,一切所有,唯是妄想。一切法实,唯是绝言。呵教劝离,毁相泯心,生心即妄,不生即佛,亦无佛无不佛,无生无不生。如净名默住,显不二等是其意也。"⑤依法藏之观点,顿教之一心,为无念之心,所谓"生心即妄",此正是袾宏"唯心"之旨。《阿弥陀经疏钞》卷一:"或难,顿教一念不生即名为佛,五法三自性皆空,八识二无我俱遣。今持名念佛,是为有念,云何名顿? 答:以

---

① 《卍续藏经》第 22 册,第 643 页中。
② 《卍续藏经》第 22 册,第 604 页中、下。
③ 《卍续藏经》第 22 册,第 613 页上。
④ 《华严经探玄记》(卷一),《大正藏》第 35 册,第 115 页下。
⑤ 《华严经探玄记》(卷一),《大正藏》第 35 册,第 116 页上。

一心不乱,正谓无念。若有念者不名一心。但得一心,何法不寂。"①又云:"如小教以縠心造业而感前境为一心,始教以阿赖耶识所变为一心,终教以识境如梦,唯如来藏为一心,顿教以染净俱泯为一心。圆教以总该万有即是一心。而佛说此经,本为下凡众生,但念佛名,径登不退,直至成佛,正属顿圆。"②据此,唯心净土并非泛指清净心,更有其特别的意义,即染净俱泯之心,或云无念之心。此外,就其属于华严圆教一分而言,此心有兼具圆教之意义,即"总该万有为一心。"永明延寿云:"又圆教义者,本末融通,理事无碍。说真妄,则凡圣昭昭而交彻。语法界,则理事历历而相收。佛知见一偈,开示而无遗。大涅槃一章,必尽其体用。如《华严经》云:无有智外如为智所入,亦无如外智能证于如。又云:无有少法与法同止。以举心摄境,则无心外之境。举境摄心,则无境外之心。"③据此,则唯心净土,不仅仅指染净俱泯之真心,亦含有理事无碍、即心即境之义。《阿弥陀经疏钞》卷二:"悟心,则无一法出于心外。即心即境,即境即心。往生净土,愿见弥陀,不碍唯心,何妨自性。"④又云:交彻者,以一心原有真如生灭二门,真如即是生灭,故理不碍事境心。生灭即是真如,故事境心不碍理。今此经者,心即是土,则一念无为而不妨池楼鸟树昭布森列,众生信乐,随愿往生。土即是心,则七宝庄严而不妨全体空寂。不立一尘,实无众生生彼国者。则心境理事,互相融摄。⑤

据上述的分析,"唯心净土"的重心在"唯心",其本质是指众生本有之自性。此自性不生不灭,为万法的依持。净土亦不离自性。"心即是土,净心之外无净土。"⑥此唯心净土具体又可包含两层含义。一是指染净俱泯之真心,或云无念之心。二是指总该万有之真心,即境即心,即心即境,俱四法界,圆融无碍之心。唯心净土可以说是佛教思想的根本义趣所在,而如何证入此唯心之土,则又可有

---

① 《卍续藏经》第 22 册,第 613 页下。
② 《卍续藏经》第 22 册,第 664 页上。
③ 《大正藏》第 48 册,第 619 页中。
④ 《卍续藏经》第 22 册,第 624 页中。
⑤ 《卍续藏经》第 22 册,第 617 页中。
⑥ 袾宏:《答四十八问》(卷一),《卍续藏经》第 61 册,第 505 页上。

不同的法门。作为净土宗的弘扬者,袾宏认为持名念佛,往生西方为证入唯心净土之最殊胜方法。修此法门的前提必须是对西方净土有深切之信愿。但世人往往因偏面理解唯心净土,只认自心,不信西方,遂造成修行净土法门的障碍。因此,袾宏特别指明西方净土之意义,不可执唯心净土而拨无西方,亦不可执西方净土不认自心。西方净土实为证入唯心净土之殊胜方便,凡夫往生此土可获得不退转,修证断惑而得无生法忍,继而度化众生,直至成佛。在事相上,唯心净土与西方净土仍是有差异的,这就涉及对西方净土性质的判属。

二 西方净土的多重属性

净土法门以信、愿往生西方净土为宗趣,故特重西方净土,不仅凡夫应发愿往生,即地上菩萨亦应发愿往生,如《普贤行愿品》言"愿我临欲命终时,尽除一切诸障碍,面见彼佛阿弥陀,即得往生安乐刹。我既往生彼国已,现前成就此大愿,一切圆满尽无余,利乐一切众生界。"①但既然净土唯心,又何必执着西方呢？这是净土宗所必须要解答的困惑。要理清二者的关系,首先应明确西方净土的属性。

对弥陀净土的判属,自南北朝时期即已开始,较有影响的有净影慧远的三分法,即事净土、二相净土、三真净土。或法性土,实报土,圆应土。二是天台智者的四分法,即凡圣同居土、方便有余土、实报无障碍土、常寂光土。此外还有李通玄的以权实关系判的十种净土。西方极乐世界属于何种净土,主要有两种观点,一是以吉藏为代表,依据四种佛土的分别,将弥陀净土判为凡圣同居土。二是以道绰、善导为代表,依《大乘同性经》,认为阿弥陀佛为报身佛,净土为报土。后者因将弥陀净土判释较高,故在净土宗内部影响较大。

袾宏对弥陀净土的判属有其自身的特点。一方面,强调弥陀净土为凡圣同居土,凡夫能往生此土,并且可以在此土而不退堕。二是强调弥陀净土与唯心净

①《大正藏》第 10 册,第 848 页上。

土的圆融,即于弥陀净土亦可见实报庄严土乃至常寂光净土。《阿弥陀经疏钞》卷二:

> 然土有多种,四土之中,今此极乐是同居土,而亦通前三土。又受用、法性、变化三土,亦同此意……亦通前三者,随其机异,所见亦异。有于同居见寂光土,有于同居见实报土,有于同居见方便土,有于同居但见本土。如《法华》云:我此土安隐,天人常充满。《像法决疑经》云:今日坐中无央数众,或见此处山林地土砂砾,或见七宝,或见是诸佛行处,或见即是不思议诸佛境界,皆随机异见耳。①

袾宏为了凸显弥陀净土的殊胜性,在教理上有意如此诠释。可视为其净土思想的特征之一。那么,袾宏是在什么意义上讲弥陀净土可以是实报土乃至常寂光土呢?根据上述的引文,是生此土者“随其机异,所见亦异”,即根据往生净土者自身的根机,利根者可于弥陀净土见实报土乃至常寂光净土。但无论所见为报土还是常寂光土,都不妨碍弥陀化土的性质。对于李通玄在十种净土中将极乐净土权而非实的判释,袾宏也不完全赞同,认为:“虽极乐是权非实,然是且据权实对待分别言耳。若论随机,权实无定。所以者何?彼云弥陀佛土,为一分取相凡夫,未信法空实理,以专忆念,其心分净,得生净土,是权非实,则知就取相者,非就入理者,若理一心。即权即实,故云无定。”②此处袾宏也提到了“随机”,此亦可作为前文之注释。他认为判弥陀为权,是对取相凡夫而言,若对入理见性之人,则即权即实,弥陀净土既是权净土,同时也是实净土、真净土,亦即唯心净土。需要注意的是,无论是哪种分别,袾宏都没有脱离弥陀净土凡圣同居化土之属性,并没有用唯心净土完全收摄甚至否定同居化土之存在,故“不可但执寂光,若证寂光,于下三土随心寄托,自不拨无。未证寂光,拨无下三,则无复所居之

---

① 《卍续藏经》第22册,第633页下。
② 《阿弥陀经疏钞》(卷二),《卍续藏经》第22册,第634页中。

土,错之甚矣。"①

据此,依袾宏的判属,西方净土属于凡圣同居净土,这是其第一重属性。正因其凡圣同居土之性质,未断惑之凡夫才可以往生。而对于往生此土者而言,随断惑之多少,亦可见此土不同之属性,有见方便有余土、实报无障碍土乃至常寂光净土。因此,西方净土具有多重属性,只是对于净土法门而言,凡圣同居净土为其核心属性。

三　理事圆融　即境即心

弥陀净土虽然属于凡圣同居土,但亦通报土、常寂光土。这就涉及如何汇通唯心净土与弥陀净土。袾宏究竟依据何种教理来诠释弥陀净土与唯心净土之关系呢? 在教理上袾宏受华严思想的影响较大。袾宏非常推崇《华严经》,认为《华严经》为经中之王。又云:"夫华严具无量门,求生净土,华严无量门中之一门耳。就时之机,盖繇此一门而入华严,非举此一门而废华严也。"②华严学以四法界融摄万法,其基础为理法界、事法界。理指理体、心性,事指万法。通过理事圆融的教理而将诸法收摄为自性。袾宏对西方净土与唯心净土的汇通,正是借用了这一理论。袾宏《宝积二会序》云:

> 盖净土一门,有事有理,而事外无理,理外无事。事理一,则心外无土,土外无心也。歧而二之互执而不融者皆非也。其云无量寿佛会者,舍秽取净,事也,是即理之事也。其云文殊般若会者,无净无秽,理也,是即事之理也。即理,故土一心也,众宝庄严而不滞于相也。即事,故心一土也,一真凝寂而不沦于虚也。③

---

① 《阿弥陀经疏钞》(卷二),《卍续藏经》第22册,第634页中。
② 《嘉兴藏》第33册,第118页中。
③ 《云栖法汇(选录)(第12卷—第25卷)》(卷十七),《嘉兴藏》第33册,第89页中。

理事为华严宗的范畴,就袾宏的用法来看,理指自性,事则指具体事相,在此是指种种净土。通过理事圆融而融通唯心净土与西方净土。此处不再是简单的心外无土,而是事外无理,理外无事。西方净土虽是佛之应化土,但不碍其唯心之性质。唯心净土虽指法性土、自性清净心,但此心不离诸法而独存,必是依事而存。既然理是依事而存,则唯心净土必然不能离开西方净土而独存。这种理解看似与唯心净土之本意相背,但究其实际,二者只是强调的重点不同。若单论唯心净土,主要是针对对外境有所执着者而立论,让其摆脱对外境的执着而证悟自性。而自性本身实际就包含有万法,并不是孤立的实体。这一点在《大乘起信论》中论述的较为明确。吕澂《中国佛学源流略讲》中讲到《起信论》对华严思想的影响时云:"一方面,如来藏随缘变化成阿赖耶识,如来藏即是理,随缘变化而成万事万物,属于事,所以是理澈于事。另一方面,又许依他缘起无性同如,依他缘起就是变化出来的缘起法,是事,他们毕竟空无,是理,又是事澈于理。"①这段解释比较清晰的指出了华严学中理事关系的教理依据,也正是云栖袾宏唯心净土与弥陀净土圆融无碍的注释。唯心净土为理、为心,而弥陀净土为事,唯心净土不碍弥陀净土,其原因即在于如来藏作为理体,虽为一切事相所依,但事为缘起法,而不等同于虚妄,故不可拨无西方。弥陀净土不碍唯心,意指缘起法当体性空,必以如来藏为归宿。《阿弥陀经疏钞》卷一云:"良繇世出世间无一法出于心外,净土所有依报正报,一一皆是本觉妙明,譬之瓶环钗钏,器器唯金,溪涧江河,流流入海,无不从此法界流,无不还归此法界也。"②依报为土,正报为身,西方净土之一切依报正报皆是本觉真心之随缘显现。比如种种金器,虽然形制、种类不同,都是金子。江河之水虽然不同,但最终都汇入大海。西方净土如金器,而唯心净土如金子,二者是相即不二的关系。

除理事一对范畴外,袾宏亦用心、境一对来解释唯心净土与西方净土之关系,前者为心,后者为境。《净土不可言无》云:"有谓唯心净土,无复十万亿刹外更有极乐净土。此唯心之说,原出经语,真实非谬。但引而据之者错会其旨。夫

---

① 吕澂:《中国佛学源流略讲》,北京:中华书局,2006 年版,第 200 页。
② 《卍续藏经》第 22 册,第 608 页上。

即心即境,终无心外之境;即境即心,亦无境外之心。既境全是心,何须定执心而斥境,拨境言心,未为达心者矣。"①相较于理、事一对范畴而言,心、境更为直接的反应了两种净土之关系,净土法门,信愿往生西方,故西方极乐为境,但境不离心,此心即真如,与万法为相即不二之关系。《大乘起信论》以明镜喻本觉妙明之心体。而一切世间境界悉于中现。《大乘起信论》卷一:

> 复次,觉体相者,有四种大义,与虚空等,犹如净镜。云何为四? 一者、如实空镜。远离一切心境界相,无法可现,非觉照义故。二者、因熏习镜。谓如实不空,一切世间境界悉于中现,不出不入、不失不坏,常住一心,以一切法即真实性故;又一切染法所不能染,智体不动,具足无漏熏众生故。三者、法出离镜。谓不空法,出烦恼碍、智碍,离和合相,淳净明故。四者、缘熏习镜。谓依法出离故,遍照众生之心,令修善根,随念示现故。②

作为万法依持的如来藏、觉体不生不灭,具有如实空与如实不空二义,前者指空去一切杂染诸法,后者指具足如来智慧功德。如来藏不生不灭,万法生灭变化,均以如来藏为所依,二者是相即不二的关系。如是空镜、因熏习镜指真如在缠,法出离镜、缘熏习镜指真如出缠。就唯心净土与弥陀净土而言,净土唯心不摄外境,即空镜。唯心净土不碍弥陀净土,此为因熏习镜。由弥陀净土而证唯心净土,此为法出离镜。一心念佛,求生西方净土,渐次证唯心净土,此为缘熏习镜。依照袾宏的判属,西方净土属于凡圣同居土,属于事法界,唯心净土属于理法界,真如。对于往生西方的众生而言,因尚未断尽烦恼,未见真如本性,故始终处于真如随缘现万法的状态,不可因净土唯心而否定西方。但对于已经见自本性的修行者而言,则西方又可收摄为真如自性,故西方不碍唯心。

需要注意的是,即心即境,即境即心,是指理体而言,并不能等同于事相。对于未断惑见性质凡夫而言,心境之间仍有隔碍,自性与西方仍是有差异的。只有

---

① 《云栖法汇(选录)(第 12 卷—第 25 卷)》(卷十三):《嘉兴藏》第 33 册,第 52 页下。
② 《大正藏》第 32 册,第 576 页下。

心识清净,才能即境即心。故:"清净心中,身土自现。喻如磨镜,尘尽像生。"①
对那些空谈即心即境者,袾宏云:"心境不可以俗事为难,如境但以观日言,则水
一也,天见是琉璃,人见是水,鬼见是脓血,皆此类也。心但以登第言,则古人谓
贪财人时时想念在财,与我想出一锭金得么?皆此类也。心迹之判明矣。如何
是即心即境?请更参,莫问人。"②由此可知,即境之心,当是圆教之法界一心,具
足四法界,圆融无碍。而对于未证得此心的凡夫而言,则不可妄论,更不可以当
下之分别识为即境之真心。理体上的心境不二,打通了修行者由西方净土证入
唯心净土之隔碍,而并不意味着抹去西方净土与唯心净土之差异。

结语

净土法门,信为难入。究其原因,一是对西方净土的存在抱有疑惑,二是执
着唯心净土而拨无西方。二者都是由于不理解西方净土在教理上的真实意义。
事实上,西方净土之存在于娑婆世界之存在其性质是一样的,只是染净的差别而
已。正如太虚大师在《唯识之净土》一文中所云:"唯识不碍有他心,净土是佛菩
萨清净识变,与当前秽土是有非无相同。"佛教中任何一个法门均有其所对治的
众生,无论法门的深浅,亦都可以一门深入直至成佛。对于净土宗的修持者而
言,对西方净土的理解与认知是信愿行之前提,也是净土法门的根本。云栖袾宏
以华严思想为教理的支撑,通过理事圆融,心境无碍,以唯心净土收摄弥陀净土,
则往生西方不碍自性成佛,对净土思想的发展具有重要的意义。

---

① 《阿弥陀经疏钞》(卷二),《卍续藏经》第 22 册,第 643 页上。
② 《云栖法汇(选录)(第 12 卷—第 25 卷)》(卷二十一),《嘉兴藏》第 33 册,第 139 页下。

月霞法师与华严大学

韩朝忠[①]

（中国计量大学人文与外语学院哲学研究所）

摘　要：月霞法师作为近代华严宗中兴的祖师，其一生除了广演华严义理外，还以创办华严大学的方式来广育僧才，为近代佛教的复兴作出了重要的贡献。但其创办华严大学之路却充满坎坷，经历了上海初创、迁址杭州、避难九华等种种磨难。

关键词：月霞　僧教育　华严大学

近代佛教的复兴除了儒学因衰微而退出思想界的统治地位外，更主要的原因还是佛教自身丰富庞大的思想体系，足以使国人在西学面前树立起自信心，同时佛教特有的因果缘起理论、慈悲普度精神也能够很好地对当时中国社会现状予以回答，并慰借痛苦中的广大国人。然而，在思想界获得重视并不等于佛教便可以"乘风而起"，佛教要想实现复兴还必须付诸实践。在外，有基督教借助帝国主义的势力开始在中国迅速扩张；在内，光绪二十年（1894）的"庙产兴学"运动更是给复兴中的佛教以沉重一击，这一切都迫使近代佛教的有识之士们必须"行动起来"，不能再隐居山林"参禅论玄"，他们必须探索出一条符合时代特色而又切实可行的佛教复兴之路。因此，在复杂严峻的时代背景下，佛教新旧两派的僧人都将兴办僧学作为复兴近代佛教的一条主要途径，希望通过发展僧教育来培养大量优秀僧材并使僧人的整体素质得到提高，改变清末以来佛教人才凋零的

---

① 作者简介：韩朝忠，哲学博士，中国计量大学人文与外语学院哲学研究所讲师。

现状。

华严宗作为佛教义学的主要代表,在佛教复兴这一历史时刻自然不甘落后,一改以往义学沙门"冥心玄理"的形象,纷纷加入到佛教复兴的社会实践中去,努力将普贤菩萨的"大行大愿"精神贯彻到开办僧教育与整顿僧伽制度中去。他们在全国各地建立起的华严专宗学院与综合性佛学院,培养了一大批优秀的僧材,其目的主要是培养华严宗门人,弘扬华严教义,这其中更以月霞法师为主要代表,并被后世认为是中兴华严的一代祖师。

一、植根立本——首开近代华严僧教育

近代华严宗僧教育开始于月霞法师所创建的华严大学。月霞法师俗姓胡,名显珠,湖北黄冈人,生于清咸丰八年(1858)。[①] 年少时曾学医学,因当时正值咸丰末年社会动乱不安,遂有感"病由心生,根本尤需医心"[②],于是遍求医心之法,最终觉得唯有佛学可以穷尽心理,乃发心出家。十九岁时到在南京大钟寺出家,次年于九华山大通莲花寺受具足戒,此后的五、六年间于金山、天宁、高旻等三山参学,学习佛教经论,并历游名山。三十七岁至安徽九华山翠峰茅蓬,邀普照和尚、印魁法师打禅七三年。期间,普照和尚与月霞法师于1894年在翠峰山兴建了翠峰寺,并于1898年在翠峰寺又创办了近代华严宗的第一个华严道场,此后用三年时间讲完了八十卷的《华严经》。此时的翠峰寺华严道场虽然还不能称为华严大学,但其可以看作是月霞以后在上海创立华严大学的前期探索。四十九岁时(1906年),月霞法师在天宁寺冶开法师座下受记别。1908年,因端午

---

① 关于月霞法师的生辰,按其弟子持松法师所作的《月霞法师略传》中记载为咸丰八年(1858),而释东初的《中国近代佛教史》中记载为咸丰七年(1857),但是月霞法师的法弟应慈法师在其《月霞显珠法师行略》中虽未直接提到月霞法师的生辰,但是其中提到月霞49岁时在天宁寺冶开和尚处受记别,时年正好是逊清光绪三十二年,而当时所说之年岁皆以虚岁计,所以据此也可推出月霞法师的生辰应为咸丰八年即1858年。持松与应慈一为弟子,一为法弟,且都与月霞关系密切,故据此应可断定月霞生辰应为咸丰八年(1858)。

② 智光:《月霞法师略传》,《海潮音》,1930年第11卷第3期//黄夏年主编:《民国佛教期刊文献集成:175》,北京:全国图书文献缩微复制中心,2006:83.

桥、杨仁山、清道人等推荐，月霞法师出任江苏省僧教育会副会长，主持江苏省僧师范学堂，这是中国佛教史上最早的新式僧学。

宣统三年（1911），月霞法师应上海时报狄楚青居士的邀请赴上海传法，并在上海哈同花园讲授《楞严经》、《维摩经》、《圆觉经》、《法华经》、《楞伽经》、《摩诃般若》等经，期间在康有为的建议下哈同花园的女主人罗迦陵同意资助月霞法师创办华严大学。民国三年（1914）华严大学正式开办，该校以"提倡佛教，研究华严兼学方等经论，自利利他为宗旨。"①学员僧俗兼收，学费、膳食和住宿等费用全免，四众弟子品行端正者，无论中外之别与地域之分皆可申请入校学习，同时要求有一定的文化基础并可以阅读经疏，且年龄要在 20 岁至 35 岁之间，首届共招收学员 60 名。课程设置上第一年分正科班与预科班，预科班是针对基础比较差的学员而设立的，其中正科班主要学习华严教义、坐禅、华严行观、《唐译华严经》、《四分戒本》等。同时要求学僧提交作文对华严经义进行解读与发挥。预科班在课程难度设置上相对小一些，主要有《普贤行愿品》、《维摩经》、《大乘起信论》、《八识规矩颂》等。

从第二年、第三年课程与第一年相同，但只有正科班而没有预科班，修业期共三年。在校期间学员们除学习戒律和教义外，还学习坐禅修观，可谓解行双修。

二、举步维艰——为树僧格迁址杭州

但是好景不长，华严大学刚刚成立两个多月便因为有人从中作梗而不得已停办，后经月霞法师与康有为等人商议，决定将学校迁往杭州海潮寺续办。

关于上海华严大学迁往杭州的具体原因，智光法师在《月霞法师略传》中说

---

① 《华严大学简章（十四则）》，《佛学丛报》，1914（10）//黄夏年主编：《民国佛教期刊文献集成：4》，北京：全国图书文献缩微复制中心，2006：130.

是由于"有异教徒某从中作障而中止"①,但是语焉不详,对这件事只是一笔带过,应慈的《月霞显珠禅师行略》中与智光的记录也是一样的。另据《上海宗教志》记载"园主罗迦陵的亲信姬觉弥认为月霞法师在园内办学,有碍个人权威,决意要将月霞法师挤走。民国三年(1914)十一月,在哈同60岁生日之时,姬觉弥提出采用皇宫仪式祝寿,要学员们用三跪九叩大礼向哈同参拜,师生哗然,遭到月霞及学员们的坚决抵制"。② 南亭法师也在其《中国华严宗概况》中提到"哈同夫人身边有个基督徒,叫姬觉弥,挑唆哈同夫人说:'学僧们每月初一十五皆向老法师礼拜,你是苑主,照理也应该向你礼拜。'哈同夫人就向月老提出这个请求"③。从这里可以看到这个异教徒"某"应该指的是姬觉弥,其要求学员向哈同夫妇跪拜实属刁难。因为即便罗迦陵女士是逊清隆裕太后的干女儿,但此时满清已经覆灭,且罗迦陵本人又是佛教徒,乌目僧宗仰也是她的师傅和座上宾,所以她对佛教的基本礼仪应该还是尊重的。另外,哈同夫妇虽然在暴富后颇讲排场,并立铜像要求园中男女仆役下跪,但是这些园中仆役有相当一批人是罗迦陵收养的晚清太监,所以要求学员下跪拜寿应该确是哈同夫妇受姬觉弥挑拨而为。

姬觉弥本人为何要刻意刁难学员,如果说是因为"有碍个人权威"便横加刁难似乎有些牵强,但若是因为宗教之间的排挤,又说不过去。因为姬觉弥后来在园中创立了两所学校都以"仓圣"(仓颉)命名,这显然不是一个虔诚基督徒应有的行为。但值得注意的是,华严大学于民国三年(1914)十一月被迫中止后,在民国四年(1915)冬,姬觉弥便在哈同花园内创办了"仓圣明智大学"与"仓圣明智女学",而仓圣明智女学便建在华严大学的旧址上,他本人还自任校长。在短短不到一年的时间里姬觉弥便创办了属于自己的"大学",可见他是早有预谋的。因为姬觉弥一直觉得自己与仓颉同月同日生便是有缘,所以便总想攀附古人以抬

① 智光:《月霞法师略传》,《海潮音》,1930年第11卷第3期//黄夏年主编:《民国佛教期刊文献集成:175》,北京:全国图书文献缩微复制中心,2006:83.
② 上海宗教志编纂委员会:《上海宗教志》,上海:上海社会科学院出版社,2001版,第145页。
③ 南亭:《中国华严宗概况》,//范观澜主编:《华严文汇》,北京:宗教文化出版社,2007年版,第276页。

高身价，而创办学校则既可发扬"古圣"的遗志，同时也可使自己沾上些先贤的"名气"。但此时园中已有华严大学，所以姬觉弥才刻意刁难月霞等僧人并最终将"华严大学"改成了他的"仓圣"学校。

月霞法师在断然拒绝了姬觉弥的无理要求后，便带领华严大学的学员暂时搬到了上海留云寺挂单。上海留云寺为杭州海潮寺的下院，后经留云寺方丈应干法师的联系，杭州海潮寺答应为华严大学提供教学房舍，同时学员的伙食费用由留云寺承担，月霞法师则承担教授、学员的书籍等费用，这样于民国四年（1915）华严大学正式迁至杭州海潮寺。迁入后，因为得到留云与海潮两寺的大力支持，月霞法师又开设了附班并新招收了40名学员。民国五年（1916）初秋，华严大学首批学员三年期满毕业。

同年，安徽迎江寺僧众邀请月霞法师传戒，于是法师赴安徽传戒，但刚离开杭州，便有军队驻扎海潮寺，华严大学也因为受到干扰而无法继续办下去。月霞在安徽得知此事后，随即决定让弟子智光率领众人去安徽省青阳县九华山东崖禅寺，并向安徽省长呈请于该寺创办华严大学等事宜。[①] 但是，后来因为东崖禅寺的房舍与粮食等供给不足，再加上此时月霞法师胃病复发，无力续办，且冶开法师又敦促月霞分灯常熟创办华严大学，因此学员们在东崖禅寺过了一个冬天后，到第二年（1917年）夏天便各自散去了。[②]

三、薪火相传——常熟华严专宗学院

民国六年（1917），应常熟钱氏之请，月霞法师奉冶开和尚之命分灯常熟兴福寺。来到兴福寺后，月霞法师见兴福寺环境幽静，所以便决定要在此地重办华严大学。但因胃病反复发作，月霞法师感到自己时日不多，于是将法弟应慈、弟子持松叫到身边并嘱咐二人在此筹办兴福寺的具体事务。随后回到杭州玉泉寺养

---

① 倪嗣冲：《安徽省长倪嗣冲致内务部咨》//中国第二历史档案馆编：《中华民国史档案资料汇编·第五辑第一编·文化》，南京：江苏古籍出版社，1994年版，第741页。
② 霭亭：《二十年来的幻影》//林楞真：《栖云文集》，台北：万行杂志社，1995年版，第51页。

病,同年病逝于玉泉寺。

月霞法师圆寂后,民国七年(1918),持松法师任兴福寺住持,应慈同惠宗、谭月等任监院。民国九年(1920)夏,于兴福寺内设立华严大学预科,校长持松,监督应慈,监学惠宗。学校以倡明佛理,探讨华严,预授大小乘经论,养成正轨人才为宗旨。年龄在15到25岁之间,品行端正,有一定文化基础的四众弟子皆可报名。同时,招生名额限定在42人,其中由校方提供学费与食宿费者18名,其他24个名额则需要自筹经费,学期共三年。课程设置上与上海华严大学有所不同,除了教授大乘经典外,还有小乘经论,以及儒学与国文课程。这一点应该是为了弥补此前月霞法师的遗憾。清末著名学者沈增植曾在回忆其与月霞法师探讨近代佛教衰微时,提到"近世禅学不振,盖由不读儒书之过。昔尝与月霞师屡言之,霞师谓然,而其开华严大学,亦未能有所建立"[①]。由此可见,月霞法师在开办华严大学之时就已经意识到儒学教育在培养僧才方面的重要性,但是因为种种原因而未能如愿的在上海华严大学中开办该类课程。所以,其弟子们在兴福寺华严大学的课程设置上将儒学纳入教学计划,可以说是完成了月霞法师生前未竟之遗愿。此外,兴福寺华严大学还积极吸收现代教学理念添设了考试制度,共有常考(每星期一考)、月考(每月一考)、期考(每半年一考)、大考(三年修业结束一考)等三种考试方式,其中大考合格者升为正科,不合格者留预科继续学习。这种考试制度是对传统丛林修习制度的重大改进,为后来的华严专宗学院所纷纷采用。民国九年(1920),学校初期招生虽然不到20名,但多是日后佛学界的英秀奇才。

民国十年(1921)冬,因为学院经费不支而被迫中止了办学。此后持松远赴日本学习东密,惠宗接任了兴福寺住持一职,经其多年经营,兴福寺渐成大观。于是惠宗开始筹划续办学校,并邀请慈舟和戒尘两法师前来帮助筹办。民国十三年(1924)春,学校正式开办,但由于经费已不如前,且学员基础也比较差,故缩小了办学规模,更名为法界学院。在课程设置上又增加了数学、地理、外文、社会

---

① 沈增植:《学儒乃能知佛》//钱仲联辑:《海日楼札丛·海日楼题跋》,沈阳:辽宁教育出版社,1998年版,第198页。

学、博物、三民主义等课程。民国十七年(1928)春,戒尘、慈舟两位法师辞去学校职务后,惠宗又聘请蕙庭法师为院长。民国十七年(1928)秋,惠宗隐退并赴杭州讲学,谭月任主持。民国十九年(1930),住持谭月因为经费的问题希望停办学院,但遭到学院师生的极力反对而未果,谭月也因此辞去了住持一职。后常惺法师的弟子正道法师担任住持一职,但此时学院由于经费的问题而不得不再次缩小规模。民国二十三年(1934),因有人从中挑拨煽动学僧发动学潮[①],而不得不再次中止办学。民国二十四年(1935),苇乘法师接任住持后重办了法界学院,并于2月14日开始招生,但民国二十五年(1936)上半年因寺院内部矛盾,使得教师与学生自动或被动离去,苇乘法师不得已将学员提前毕业。后时值抗战爆发学院被迫中止。但苇乘法师办学之弥坚,故经多方努力于民国三十一年(1942)又续办法界学院并直至解放。

常熟法界学院自民国九年(1920)开始至解放,经历了二十多年的坎坷磨砺,是近代华严大学中办学时间最长的一所,中间经历多次停办又续办,可谓在艰难中顽强的成长。但是,从持松法师开始历代住持始终坚持月霞法师兴办僧学的职志,以弘扬华严宗义为己任、矢志不渝,先后培养出一大批杰出的僧材,如在汉藏教理院担任教师的苇舫法师、世界佛学苑图书馆的慈舫法师、汉口九莲僧学院的乘空院长、九峰寺住持济禅和尚等,而其完善的教学体系更为后来在全国各地陆续兴办的佛学院所纷纷采用和借鉴。

结语

华严大学,这座中国佛教史上的第一所大学虽然从其成立到结束只有短暂的三年多时间,期间又经历了搬迁海潮寺,迁入九华山的曲折过程,但是它对近代华严宗的复兴却有着不可估量的作用,以后弘扬华严宗的中坚力量大都出自这所学校,比如常惺、应慈、慈舟、了尘、戒尘、智光、霭亭、持松等都在此

---

① 依《常熟破山幸福寺志》所载,学潮风波是受到国民党县党部的石某挑拨发动的,后经应慈、持松、惠宗以及邑人吴敦、俞承莱等人多次调解后,才得以停息。

学习和生活,并在毕业后分赴各地创办华严大学以及佛学院,继续弘扬华严宗义学,使华严教义得以遍布传播,重续华严法脉,更使华严宗在近代得以发展和振兴。

评契嵩《中庸解》之儒佛互摄互鉴

杜萍萍①

（山东科技大学马克思主义学院）

摘　要：唐末五代割据分裂动乱，传统的封建伦理纲常遭受破坏，为了恢复封建伦理道德秩序，重建价值理想，宋初出现了儒学复兴运动。与此同时掀起了排佛反佛的浪潮。一代高僧契嵩以高度的使命感，担当起融合儒释的任务，寻找两教的共同性、相通性。契嵩在《中庸解》中认为儒释之最高本体一致，只是具有不同的教义。虽然教义不同，但都为了返归本体，共同的趋于"治体"。最高本体是根源，是出发点，也是归宿、终点。这并非肖然不动静止一点，而是一动态返归使之守全的过程。而且儒释都强调返归过程即是人要不断发挥自身主体性的过程。契嵩以其博学和富有开拓创新的精神，站在佛教的立场上以儒家中庸"性命之学"来沟通儒、佛，援儒入佛，对当时的排佛声浪确实起到缓解作用。在中国思想史上，推动了佛教的儒学化、世俗化；还启发了儒家学者从本体高度阐发儒家思想，从而对宋明理学的形成和发展产生了重要影响。这种交流、交融、互摄、互鉴的过程也表明，一种文化能够通过与其他文化交流碰撞和冲突融合而保持其生命力，是实现自我更新和自我发展的重要条件。在坚守中互鉴，在互鉴中坚守，也是今天我们对待不同文明不同文化的科学而理性的态度。

关 键 词：契嵩　佛性　中庸之体

---

① 作者简介：杜萍萍，山东科技大学马克思主义学院，讲师。

一、契嵩《中庸解》时代背景

客观而言,思想理论是时代的反映,立足时代特点,观察解读时代,甚至引领时代,深刻把握历史脉搏和走向。对思想理论自身而言,通过分析时代特点解决时代问题,能够不断实现自身的时代转化和创新发展,保持动态的发展过程,使其保有活力与魅力。佛教传入中国以后,以其特有的思辨善巧、身心安置、精神安慰等思想理论赢得广泛关注。在宋之前的中国历史上,北魏太武帝、北周武帝、唐武宗和后周世宗四位皇帝曾经发动过大规模的灭佛运动,史称"法难"、"三武一宗之厄",经历了这样的激烈碰撞冲突之后,日渐趋于缓和。一方面,使佛教在中国的发展受到很大打击的同时,可知当时佛教发展强大之势。另一方面,使佛门高僧大德不断思考其自身处境与未来出路。除此之外,还有自身发展的困境的背景,特别是入宋之后,印度本土佛教衰微,义理创造急剧衰落,无法继续向中国输入经典文本和高僧懿范,不能从原产地获得必要的思想资源,佛教义理的发展只能从本地文化中寻找资源。"援儒入佛",有助于儒者更好地理解佛教,进而获得儒者更多的理解和宽容。有利于深入和巩固佛教在中国思想文化结构中的地位。这一时期的思想文化背景即"一方面各家相互取长补短,另一方面也都保持各自的独立性,门户还是森严的,所以思想上既有求同,也有立异。"[1]入宋以来,中国传统学术研究的一道独特的文化景象,就是儒释道三教交融、互摄、互鉴、蔚然成为一种学风。儒佛互摄、互鉴最明显,一些佛门高僧"援儒入佛",宋儒也谈佛论禅。在各自理论上既有坚守继承,也有批判创新吸收,显现了理论借鉴的优势,从研究学风上也印证了三教互摄,互鉴传统的合理性与可行性。当时的社会背景,唐末藩镇割据,五代十国混战,使社会陷入大分裂大动乱的局面,使传统的封建伦理纲常遭受严重破坏,为了恢复封建伦理道德秩序,重建价值理想,稳定社会秩序,宋初就出现了儒学复兴运动,但与此同时也掀起了排佛反佛的

---

[1] 吕澂著:《中国佛学源流略讲》,北京:中华书局,1979 年版,第 264 页。

浪潮。

二、契嵩《中庸解》中儒释共同和相通的要点

契嵩（1007—1072 年），字仲灵，自号潜子，镡津人（今属广西），俗姓李。7 岁出家，13 岁得度，19 岁游方，是禅宗云门宗的第五代嗣法弟子。庆历间，（公元 1045 年前后）居杭州灵隐寺。公元 1051 年前后为了抗衡当时的排佛浪潮，作万言书，与自己的其他著作一起通过开封知府王素上奏宋仁宗，深得仁宗赏识，赐紫方袍，赐号"明教大师"。后受杭州知府蔡襄之邀，住佛日山静慧院，退居永安兰若，66 岁时圆寂。其著作收录在《嘉佑集》《治平集》《镡津文集》等。契嵩以高度的使命感，与当时辟佛者抗衡，担当起融合儒释的任务，"以四书辅教""据四书非韩"著《中庸解》，寻找两教具有的共同性，相通性的依据。从而促进了儒释的交流、交融、互摄、互鉴，契嵩为此做出了杰出贡献并产生一定影响。

契嵩以自设宾主，采取问答的方式，著《中庸解》五篇内容。在儒家"性命之书"《中庸》中寻找儒释二者更多的契合处，在契嵩《中庸解》的视域中，儒释之最高本体一致，只是具有不同的教义。虽然教义不同，但都为了返归本体，共同的趋于"治体"。最高本体是根源是出发点，也是归宿、终点。这并非岿然不动静止一点，而是一动态返归使之守全的过程。而且儒释都强调返归过程即是人要不断发挥作用的过程。

1. 最高本体一致，体同教异

在契嵩《中庸解》的视域中，以"道"释中庸，确立中庸之体，而这个体与佛家之本体具有一致性。在中国思想史上，首倡中庸的是孔子。中庸在孔子那里具有二层基本含义，第一，中庸是指一种良好的道德，而且是至德。"子曰：中庸之为德也，甚至矣乎！民鲜久矣。"[1]将中庸视为儒门至善至美的品德，但这种品德已经缺失很久了。第二，中庸是一种方法，即认识事物、处理事物的一种无过无

---

[1] 杨伯峻译注：《论语译注》，北京：中华书局，2006 年版，第 72 页。

不及的恰当适中的方法。"子曰：吾有知乎哉？无知也。有鄙夫问于我，空空于也，我叩其两端而竭焉。"①调和事物正反两方面不同的倾向，以免过犹不及，作为一种方法，的确表现出非常全面而又灵活的特质。但这种灵活性，无可无不可必须服从道义的标准，不能含糊不清，在孔子看来特指礼，即周朝奴隶社会的统治秩序和规章制度。

孔子的孙子子思继承孔子中庸之学，专做"中庸"一文，成为儒家"性命之书"，围绕"中庸""天命""天道""诚"等范畴展开研究。在子思那里中庸不再是一种道德、至德，不再是一种有原则有标准的调和方法，而是成为本体意义存在，确立中庸之道。提出"中和""时中"的观念，使本体意义的中庸之道内涵更为丰富，具体。那怎样理解这个中庸之道呢，首先，要想准确把握中庸之道是很困难的，圣人"亦有所不能焉"，不能准确把握中庸之精微。但难行并不等于不可行。其次，中庸之道不是圣人所独有，愚夫愚妇普通百姓无时无刻不在进行着，只是领悟有深浅，水平有高低。最后，提出人的自然禀赋是天性，中庸就是即不善也不恶的人的本性，人的根本智慧本性，具有本体意义。

从本体论的哲学角度来看，佛教认定宇宙万有的本质特性就是佛性，也称之为真如、法性、自性等等。这种佛性是一切有性众生乃至于无情存在所共有的，是世界万法的本体，也是一切现象的本相。因此，一切众生皆有平等佛性，彼此毫无差别。人和其他众生的本来面目就是佛性，佛性作为一种自性是众生本有的、超越的、绝对的和没有差别的本质。慧能禅师提出"本性是佛性，离性无别佛"，人性即是佛性，"佛"不是别的，就是自己的本性。慧能的佛性说不同于以往的佛性说在于，慧能把佛性看成是人的唯一本性。佛与众生的差别只在觉与不觉，"自性若悟，众生是佛；自性若迷，佛是众生"。这一佛性并不是一实体在心中，而是一种精神状态，"自性真空"，心处于一种"空虚"的境地，这种"空"，空心静坐，念念思空，而是心连"空"的观念，甚至成佛的念头都不追求。这种状态既是佛的境界，也是人的本性。而且"先立无念为宗，无相为本，无住为本。"心不受

① 杨伯峻译注：《论语译注》，北京：中华书局，2006年版，第101页。

外物的迷惑，不受外境的任何影响，不执著外境，对任何事物都不留恋，念过即过。外离一切相，心中不执着于事相上，不是不接触事相。"前念着境即烦恼，后念离境即菩提。"在契嵩《中庸解》视域中的"性"并非儒家所言的人性，而包含如下四层涵义：首先"性乃素有之理也"。其次"性则性灵也，盖谓人以天地之数而生，合之性灵者也"。① 再次，"性无善恶者""性静也"。最后，"性则孰不同乎"，性非欲非情。很显然，契嵩理解的此"性"继承了禅宗的佛性论，而儒家的中庸即是对这个"性"的最佳诠释，中庸即是儒家之体。在契嵩看来"夫中庸者，盖礼之极而仁义之原也。礼乐刑政，仁义智信，其八者一于中庸者也。人失于中，性接于物，而喜怒哀惧爱恶生焉，嗜欲发焉"。② 契嵩认为无论是外在的"礼乐刑政"礼节规范，还是内在的"仁义智信"等道德力量，其本源即是中庸。中庸是"天下之大节""天下之大教"，是治理天下的基本方式，教导百姓的主要内容，进而达到"情之发不踰其节，行之修不失其教"的目的。中庸是"立人之道"，认为："饮食可绝也，富贵崇高之势可让也，而中庸不可去也。其诚其心者，其修其身者，其正其家者，其治其国者，其明德于天下者，舍中庸其何以为也。亡国灭身之人，其必忘中庸故也。书曰：'道也者，不可须臾离也，可离非道也。'"③即是说，中庸是人之为人的道，这个道无时无刻不能分离，一旦分离，必定会亡国灭身。中庸之道失去的原因，即是"情"的干扰，契嵩认为"情不乱其性，人之性理正也。则中庸之道存焉"。④ "喜怒哀乐爱恶嗜欲，其牵人以丧中庸者也。"[9]可见，守住保全中庸是有一定困难的，契嵩引用孔子的话说"择乎中庸而不能期月守也。"很多人在选择了中庸之后，却不能守住满一个月的时间，而圣人能终始于中庸而慎其变也。中庸虽为最高本体，但不是有形的客观存在，而确实存在，且很难琢磨和认知。"夫中庸也者，不为也，不器也，明于日月而不可睹也，幽于鬼神而不可测也。"⑤在契嵩看来，中庸之道是形上本体性存在，确立中庸之体，存在于人的天赋本性中，契

---

① 《大正藏》第 52 册，第 666 页下。
② 《大正藏》第 52 册，第 666 页上。
③ 《大正藏》第 52 册，第 666 页上。
④ 《大正藏》第 52 册，第 666 页中。
⑤ 《大正藏》第 52 册，第 666 页中。

嵩以道释中庸。

2. 用以返体，同趋乎治体

在契嵩《中庸解》视域中，儒释最高本体一致，都具有先天性，普遍存在性，无上下之别，无善恶之分。但容易被牵扯遮蔽迷惑而丧失本体，要想准确把握这个本体是很困难的，所以圣人制定一些方法，这些具体方法虽然不一样，但功能作用是一致的，即返归保全这个"本体"。"仁义智信礼乐刑政，其导人以返中庸者也。""有圣人者，惧其天理将灭而人伦不纪也，故为之礼乐刑政，以节其喜怒哀惧爱恶嗜欲也；为之仁义智信，以广其教道也。……故礼乐刑政者，天下之大节也；仁义智信者，天下之大教也。"①所谓圣人制定各种礼乐刑政，就是为了节制和规范人们的喜怒哀惧爱恶嗜欲，并通过"仁义智信"的内容以广其教道，即通过道德德目内容来进一步推广教导，巩固教化。使得"人伦有其纪也"，"则人情得其所也"，进而"返中庸"。在契嵩看来，中庸与我国最古的儒家推崇的最高政治准则，即《洪范》所言的"皇极"大同小异，互为表里。"中庸道也。道也者，出万物也，入万物也，故以道为中也。其中庸曰：'喜怒哀乐之未发谓之中，发而皆中节谓之和。中也者，天下之大本也。和也者，天下之达道也。致中和，天地位焉。'"皇极，教也。"教也者，正万物直万物也，故以教为中也。""其洪范曰：'无偏无陂，遵王之义。无有作好，遵王之道。无有作恶，遵王之路。无偏无党，王道荡荡。无党无偏，王道平平。无反无侧，王道正直。'"不偏颇，无私心好恶，不作恶，不结党营私等与中庸之道都是为达到"喜怒哀乐之未发"状态，即通过"礼乐刑政""仁义智信"，以正万物，以治体。"为之礼也，有上下内外，使喜者不得苟亲，怒者不得苟疏；为之乐也，有雅正平和之音以接其气，使喜与嗜欲者不得淫泆；为之刑也，有诛罚迁责，使怒而发恶者不得相凌；为之政也，有赏有罚，使哀者得告惧者有劝；为之仁也，教其宽厚而容物；为之义也，教其作事必适宜；为之智也，教其疏通而知变；为之信也，教其发言而不欺。"[16]无论是皇极还是中庸都是同归于治体，皇极属于"教"，即教化百姓的具体内容，"故以教为中"。而中庸作为"道"，即是

---

① 《大正藏》第 52 册，第 666 页上。

万物存在的"体"也是普遍存在于万物中，"故以道为中"。契嵩认为，人人皆有这个本体之性（无上下善恶之分），非物是理，情感而有。圣人因人人具有此"性"，故以其教因而充之，有所教为。孔子也认为"性相近也，习相远也"，而孟子的性善论所说也不是性，而是性之所欲，自然是属于情。在契嵩看来，性静而情动，善恶是情，而不是性，"情则孰不异乎？性则孰不同乎？""犬牛则犬牛矣，众人则众人矣，圣贤则圣贤矣。夫犬牛所以为犬牛者，犬牛性而不别也。众人之所以为众人者，众人灵而不明也。贤人之所以为贤人者，贤人明而未诚也。圣人之所以为圣人者，则圣人诚且明也。夫诚也者，所谓大诚也，中庸之道也。"①这就是说，犬牛、众人、贤圣非本性上有何不同，关键在能否遵循中庸之道。圣人制作礼乐政刑，以仁义智信教化人目的就是引导人们实现返归守全中庸之体的目的。性无善无恶论，而这个性很容易变，所以需要节制规范需要后天学习，人们可以通过学习礼乐达到中庸之体的境界，"故言中庸者，正在乎学也。然则何以学乎？曰学礼也，学乐也，礼乐修则中庸至矣。礼者，所以正视听也，正举动也，正言语也，防嗜欲也；乐者，所以宣噎郁也，和血气也。视听不邪，举动不乱，言语不妄，嗜欲不作，思虑恬畅，血气和平而中庸。然后仁以安之，义以行之，智以通之，信以守之，而刑与政存乎其间矣。"②

三、影响

唐末五代割据分裂动乱的局面，使传统的封建伦理纲常遭受严重破坏，为了恢复封建伦理道德秩序，重建价值理想，宋初就出现了儒学复兴运动。与此同时掀起了排佛反佛的浪潮。一代高僧契嵩以高度的使命感，担当起融合儒释的任务，寻找两教的共同性、相通性。在契嵩《中庸解》视域中，儒释最高本体一致，都具有先天性、普遍存在性，无上下之别，无善恶之分。但容易被牵扯遮蔽迷惑而丧失本体，要想准确把握这个本体是很困难的，所以圣人制定一些方法，这些具

---

① 《大正藏》第 52 册，第 667 页中。
② 《大正藏》第 52 册，第 667 页下。

体方法虽然不一样,但功能作用是一致的,都是通过节制规范通过后天学习,以达到中庸之体的境界,即返归保全这个"本体",即"同趋乎治体"。契嵩以其博学和富有开拓创新的精神,站在佛教的立场上以儒家中庸"性命之学"来沟通儒、佛,援儒入佛,对当时的排佛声浪确实起到缓解作用。准确把握时代要求,善于运用科学方法,深入理解那些具有根本性关键性紧迫性的问题,找出儒佛互摄互鉴的解决方案,进而升华自身的思想理论。在中国思想史上,推动了佛教的儒学化、世俗化;同时也启发了儒家学者从本体高度阐发儒家思想,对宋明理学的形成和发展产生了重要影响。有学者称"契嵩广引儒典,特别是对《论语》《孟子》《大学》《中庸》的重视,对儒家四书学的兴起在某种程度上起到了推波助澜的作用"。[1] 宋代较之前儒佛的会通、交融,具有更加深入性、根本性、科学性(表现为平衡和缓和),这种互摄、互鉴,是在保持自我独立性的前提下进行的。这再次显明,一种文化能够通过与其他文化交流碰撞和冲突融合而保持其生命力,是实现自我更新和自我发展的重要条件。在坚守中互鉴,在互鉴中坚守,也是今天我们对待不同文明不同文化的科学而理性的态度。

---

① 韩焕忠著:《佛教四书学》,北京:人民出版社,2015年版,第42页。

大慧宗杲禅学思想的精神内涵

释定贤①

（径山禅宗文化研究院）

摘　要：当前中国处于欣欣向荣的新时代,把握社会主义核心价值观是现代国人所要认同与定位的。身处于佛教的弘法者人心的导师,劝人向善,促进社会和谐为中国人的中国梦而贡献自己的力量。主要以历史疏导为其基础。

一、从寺院建设看人间的净土

佛教的功能除了提供信众礼佛,还有烧香祈福消灾的功效。伴随着当代社会信息量的发达,人们被其信息的影响,通过来到寺院礼佛烧香叫人得到了内心的宁静以便更好地工作。佛教从汉代传入中国有了最早的寺院名称鸿庐寺,起初这个功能是以驿馆的形式;经过几千年的发展佛教到今天有了新的面貌。习近平主席在联合国教科文组织的精彩演讲对于佛教的高度肯定,提出佛教中国化的说法。从其寺院的建筑特色体现中国的历史,当前径山万寿禅寺对于寺院的修复与扩建,体现寺院的宋代风格。突出主体建筑的布局与立体感。

---

① 作者简介：释定贤,径山禅宗文化研究院研究员。

二、回到宋代看大慧宗杲径山禅学的爱国情操

（一）历史追溯大慧禅师弘禅的最初开始

靖康二年(1127)，宋朝汴京沦陷，宋朝两位皇帝被囚，此时大慧宗杲与许多出家人一起逃离汴京，辗转来往于福建、广东、浙江、江苏等省。绍兴八年(1138)，宗杲禅师住持于南宋国都杭州径山能仁禅院，此时各地来此的出家僧人已达一千七百多人，禅门宗风大弘，被称为临济再兴。而此时南宋王朝依然处于惶惶不安当中，内部矛盾也很严重。大慧宗杲禅师做出了两件很重大的事。

（一）批判"默照禅"。绍兴四年，他结庵福建洋屿，看到正觉倡导的默照禅盛行于闽，不仅吸收了许多禅僧，而且受到士大夫的欢迎，这引起他的不满，遂"力排默照禅为邪"①。

（二）放火烧《碧严集》。事情发生的时间无法追溯，应该不会晚于绍兴十年。宗杲对于自己老师的著作居然采取了很超乎常人的做法，这在禅宗的历史上是比较少有的。论其原因，虽然可以从禅宗的内部分歧找到相应的依据，但究其深层原因应是为时代的背景而引发的。根据《宋史》评价宋徽宗失国的原因，有所谓的"君臣逸豫，相为诞谩，怠弃国政，日行无稽"的语说。而作为从宋朝国都汴京逃亡而来的禅师，自然会有自身相应的反省。根据当时所述的状况是宋朝与金朝作战，朝廷分为主和派与主战派两大阵营。张九成属于主战派领袖之一，宗杲崇尚正直，"喜与恶邪之志，与生俱生。永嘉所谓假使铁轮顶上旋，定慧圆明终不失，予虽不敏，敢直信不疑！"他同情主战派主张。张九成到径山寺与宗杲禅师讨论禅机，因为用了兵器的例子，上告朝廷，说张九成等人在寺院里议论军国边事，据说宋朝"上制胜强远弓式，能破坚于三百步外，边人号位'凤凰

---

① 《大慧普觉禅师年谱》，绍兴四年(1134)。

弓'。"①由此可以看出宗杲的爱国精神。但是宗杲却没有想到给自己带来了想不到的祸事。宗杲与主战派关系密切,吃了瓜落,褫夺僧籍,被发配到湖南衡州(衡阳)。身为罪臣的宗杲,在衡州一住就是十一年,虽有冤屈在心,孽障在身,但初心不改,身处逆境的宗杲对禅法的追求与热爱依然未减,并把它们用在了自己滴放生活之中。他写诗自叹曰:"十亩荒园旋结茅,芥菘桃尽到同蒿。圣恩未许还磨衲,且向阶前转几遭。"当年"只因一句臭皮囊,几乎断送老头皮"。现在迎来漫长的等待,不知何日才能等到"圣恩"的赦许,唯一的道路,仍然耐心继续等下去。② 禅宗高僧圜悟克勤禅师虽说是极力的弘扬文字禅,但也没有像道教那些人影响国家虚表其国,而在《碧岩集》则出现那些经过改造粉刷过的空而虚无的禅风样貌,应属于"君臣逸豫"的表露。在《碧严集·斋陵后序》中说道:

"大慧禅师,因学人入室,下语颇异,疑之。才堪而邪锋自挫,再鞠而纳款自降,曰:我《碧岩集》中记来,实非有悟。因虑其后不明根本,专尚语言,以图口捷。由是火之,以救斯弊也。"

大慧宗杲烧毁《碧岩集》是针对因《碧岩集》中的思想导致了禅者"专尚语言,以图口捷",更不应该在国家处于有难之际流传,此不是针对圜悟克勤禅师本人。虽说有此举动,但是《碧岩集》并没有而断绝,且崇奉的人大有人在,在元延祐年期间即(1314—1320)又再次刻版流通,其影响力对于元代、明代北方的禅宗曹洞出家人影响颇大。

在对《碧岩集》中默照禅的批评的过程当中,大慧宗杲终于形成了其自己的禅学思想,在这里所指的思想根本核心就是"看话禅"。并且在绍兴五年(1135),有人致书函予大慧宗杲,争论对于"看狗子无佛性"的话头问题,这是关于看话禅最早的记载。

1. 晚年宗杲的禅法后时代的延续以及对现代的影响

大慧宗杲回到浙江之后,前后住于育王山和余杭径山,威望极高。宗杲把众

---

① 《宋史·列传·一百九》。
② 《径山禅宗祖庭文化论坛论文集》(一),第213页。

多的出家人聚集起来,开垦良田,建立农禅庄园,其中"筑涂田凡数千顷,诏赐其庄名般若"。绍兴三十一年(1161),到仪真,听说"州学文宣王殿建造未圆",便"以说法施利二十万而助之"。尽管当时他的思想已相当消沉,但爱国之心依然未泯,恳田拓荒和扶植儒学都属于南宋的基本国策。绍兴三十二年,宋孝宗赐"大慧禅师"号,次年逝,谥号"普觉"。祖琇曾经指出,宗杲"去世未几,道价愈光,法嗣日盛,天下禅者仰之,如泰山北斗云"。① 大慧宗杲嗣法弟子多达四十八人,随宗杲禅师修习参禅的出家人和朝廷的士大夫则不计其数。

从大慧宗杲禅师的禅学思想来看,每个时期都表现各不相同,但大慧宗杲的爱国忠孝,报效国家的情怀始终不变。宗杲自己曾讲过:"予虽学佛者,然爱君忧国之心,与忠义士大夫等。但力所不能,而年运往矣。"②他所结交的张九成、张浚等,都是主张抵御外辱、革除弊政、振兴国家的忠义士大夫。张浚在《大慧普觉禅师塔铭》中也说:"师虽为方外士,而义笃君亲。每及时事,爱君忧时,见之词气。"这种之心,以及自恨"力所不能"的情绪,是同时代许多人士的共同心声。宗杲的忧患意识,同无限忠于宋王朝的热情,不能不反映在他的禅思想中。提出"菩提心则忠义心也,名异而体同"③,这在大慧宗杲的禅学思想形态当中的一个整体的展现。在禅法的风格上,大慧宗杲禅师是比较多元化的。大慧宗杲的参访经历,能使他博览众家之长,兼汇融通,使其各家的精粹展现无疑而又不独居一格。在禅宗《僧宝正续传》中说道:

"凡中夏有祖以来,彻法源,具总持,比肩列祖,世不乏人。至于悟门广大,肆乐说无碍,辩才浩乎沛然如大慧师,得世间世欤!"

从《僧宝正续传》中可以看出,对于大慧宗杲的评价是较为肯定的。确实也如《僧宝正续传》中说到的那样,宗杲的禅风活跃,并不是死寂一潭,这对于身处于不安的南宋时期的人民来说不谓是身心获得释放的重要途径了。

---

① 杜继文、魏道儒:《中国禅宗通史》,南京:江苏人民出版社,2008年版,第449页。
② 《大慧语录》(卷24)。
③ 《大慧语录》(卷24)。

三、现代径山对于"话头"看话禅的具体操作

古代现代的禅法修习不管是如来禅、祖师禅还是看话禅，都是接引信众修行者的方便。佛教的第一义谛是离于言说的诠表，因而《大乘起信论》说到离文字相、离言说相、离心缘相的三种相状。要想契入不二法门必仗此条路径，但因随着时代的变迁众生根机的不断下降，所开的方便法门就需要不断的简洁易行来适应众生根机。这就是禅师们不断适应众生之机，来改变禅法理路。在佛教丛林里和佛教史当中，一般会把大慧宗杲的特别禅说归于"看话禅"的风格，即"看话禅"会与公案相结合，但是又不同于公案的解释这方面。我们通常所说的"看话"，是指参究"话头"；而"话头"，是里面公案中的答话，并不是我们所说的全部公案。在《大慧语录》一书中提出要求参究的话头只有六个到七个，即是我们后来人经常看到"狗子无佛性"、"一口吸尽西江水"、"庭前柏树子"、"东山水上行"、"麻三斤"、"干屎橛"等之类的话头。但是就大慧宗杲使用看话头最多的，当是"狗子无佛性"这一赵州禅师的话头。

依据史料记载，最早引用赵州禅师这段公案应是黄檗希运禅师。黄檗希运禅师曾说：

"若是个大丈夫，看个公案。僧问赵州（从谂）：狗子还有佛性也无。州云：无。但去二六时中看个无字，昼参夜参，行住坐卧，着衣吃饭，屙屎放尿处，心心相顾，猛着精彩，守个无字。日久月深，打成一片。忽然心花顿发，悟佛祖之机，便不被天下老和尚舌头瞒，便会大开口。"

此为看话禅的语句，而大慧宗杲就是围绕着这些语句展开的。从宗杲的一些语句不难发现，即应把一些语句的话头当为"活句"来看待，并不能当成死死板板的文字来读。在大慧宗杲《答富枢密（季申）》此详细（载于《大慧语录》）的书信内容中讲到：

"但将妄想颠倒底心，思量分别底心，好生恶死底心，知见解会底心，欣静厌

闹底心，一时按下，只就按下处看个话头。僧问赵州：狗子还有佛性也无？州云：无。此一字子(无)，乃是摧许多恶知恶觉底器仗也。不得作有无会，不得作道理会，不得向意根下思量卜度，不得向扬眉瞬目处垛根，不得向语路上作活计，不得飏在无事甲里，不得向举起处承当，不得向文字中引证，但向十二时中，四威仪内，时时提撕，时时举觉。狗子还有佛性也无？云：无。不离日用，试如此做功夫看，用十日便自见得也。"

在这里提的"按下"五种"心"和八个"不得"，具有全面清算宋以来各种的禅风意味。他曾说："近代佛法可伤，邪师说法，如恒河沙，各立门户，各说奇特，逐旋提合，疑误后昆，不可胜数。"①所以说只有坚持祖师的禅法思想走下去是不会错的，只是要结合现代的弘法手段加以运用。理须顿悟，事须渐除。让我们用禅学的思想把生活与现实来达到统一以便践行佛法。

四、结语

通过以上，我们对于现代径山寺作为人间的净土，追溯古代禅者的禅学思想，作了简要的追溯与概括。从追溯宗杲一生当中不难发现，大慧宗杲是一个极具传奇色彩的人物，当然也有着时代的背景作为依托，促使大慧宗杲的禅风颇具活跃性，因宋代战乱频繁，政治暗淡使得士大夫与佛教接近以其缓解自身的压力，寻找心灵上的寄托。诚然并不是所有的士大夫是出于消极的寻找慰借，但这是一种比较普遍的现象，而那些自身很想修习禅法的人更加积极主动修学禅法，因而使得宋代的在家修行者成就也颇多。所以大慧宗杲反对默照禅是有时代背景的，并不是默照禅没有理论上的优势，而是在宋代不安定的环境下不适宜了。立足禅本身来说本身没有分别，只是修行的人有分别罢了。禅有时需要寂静，有时需要活跃，只有根据众生的根机的不断变化，予以相应的施设以其达到究竟的

---

① 杜继文、魏道儒：《中国禅宗通史》，南京：江苏人民出版社，2008 年版，第 449 页。

归宿,是为佛法的根本所在。回归到爱国在爱教立足于人们需求才能找到适合当前人的根机。

综上所述,建设人间净土,弘扬积极的禅学思想是当前我们寺院所应该做的。

The *Yongle Northern Canon* as Bestowed by the Imperial Court to Buddhist Temples in Zhejiang Province

Darui Long

(University of the West，Los Angeles)

Abstract

The *Yongle Northern Canon* 永乐北藏 was an imperial court edition of the Chinese Buddhist Canon. It was constructed in Beijing in the nineteenth year of Yongle（永乐 1421）on the decree of Emperor Chengzu 明成祖（r. 1403－1424）. A number of temples in Zhejiang received the copies of the *Yongle Northern Canon*. Most of these copies have been destroyed in the wars and natural disasters in the last five hundred years. An incomplete copy，6334 volumes，is kept at Zhejiang Provincial Library. Other 56 volumes are kept at Lanxi Museum 兰溪博物馆 and Qizhen Monastery 栖真寺 in Lanxi. Zhao Zhigao 赵志皋（1524－1601），a native of Lanxi who became Grand Secretary of the court，asked Empress Chen to donate a copy to the temple where he studied for the preparation for the imperial civil examination. The paper aims at providing a panoramic picture of the presentation of the *Yongle Northern Canon* in Zhejiang area.

I. Introduction

The *Yongle beizang* 永乐北藏（*Yonle Northern Canon*）was made in accordance with the decree by Empror Chengzu（r. 1403 – 1424）. The emperor decided to move the capital from Nanjing to Beijing. It was constructed in Beijing in the nineteenth year of Yongle（永乐 1421）on the decree of Emperor Chengzu 明成祖（r. 1403 – 1424）. It was not completed until the fifth year of Zhengtong（正统 1440）. As many copies were printed and presented to great temples in China，this court edition of the Buddhist canon has been comparatively well preserved. It has 636 *han* 函（cases）. The *Qianziwen* 千字文（*A Thousand Word Primer*）[1] starts from "tian"天 to "shi 石"with 1621 works，totaling 6361 volumes. In the twelfth year of Wanli 万历（1584），more than 36 works were added，totaling 41 *han*（函 cases）with 410 volumes. To it were also added 5 works，totaling 15 han（cases）with 153 volumes which were appendices to the *Yongle nanzang* 永乐南藏（Yongle Southern Edition of Buddhist Canon [2]）. The final *Yongle Northern Canon* contains 678 *han*，with 6771 volumes.

Three scholars have examined the temple gazetteers，local provincial and county gazetteers，epigraphy，and other historical records to illustrate temples that received the copy of the *Yongle Northern Canon*. Nozawa Yoshimi 野沢佳美 wrote an essay entitled "Mindai hokuzō kō 1：kashi jōkyō o chūshin ni"明代北蔵考（一）：下賜状況を中心にin 2003. This paper provides a table in which

---

[1] The monks designed this *Qianziwen* 千字文（*Thousand Word Primer*）as the catalogue order. In ancient times，all Chinese boys started their education by learning this primer reader. They learned these one thousand characters by heart. Since all educated Chinese were familiar with it，Buddhist monks began to use it to catalogue the huge number of scriptures.

[2] *The Yongle nanzang* 永乐南藏（*Yongle Southern Edition of Buddhist Canon*）was constructed much earlier than *Yongle Northern Edition of Buddhist Canon*. The construction started in the second year when the *Hongwu Southern Edition of the Buddhist Canon* was destroyed in a fire in 1406. Emperor Chengzu decided to construct it following his father Emperor Hongwu（洪武 r. 1368 – 1399）. My paper "The *Hongwu Nanzang*，a Rare Edition of Buddhist Canon* was published in *Journal of East Asian Libraries*，volume 2，Autumn，2000.

lists the names of 139 temple that were bestowed with the *Yongle Northern Canon*. [1] More than fourteen temples in Zhejiang province received the *Yongle Northern Canon* from the tenth year of Zhengtong 正统(1445).

Dr. Dewei Zhang in his Ph. D. dissertation also touches on the topic of the bestowal of the *Yongle Northern Canon* in mid-Ming dynasty, particularly the Wanli era (r. 1573 – 1620). As he focuses on the Wanli period (1573 – 1620), he lists fourteen temples that received the canon in this period. [2]

In another paper, Zhang raised a number questions as follows:

The imperial bestowal, as a major way of distributing the Buddhist canon, profoundly affected the contours of Buddhism in late imperial China. But why did the inner court engage in the distribution?

How did it choose the recipient from the outside world? How was it possible for an aspirant to the canon to win out among the competitors? These questions concern the dynamics and mechanism behind the diffusion of the canon. They also cast new light on the relationship between Buddhism and the state and local society by revealing how the two otherwise separated worlds interacted. [3]

In her MA thesis, Miss Deng Shujun 邓淑君, an MA student of Taiwan National Normal University, claims that more than twenty temples have been found to have received the *Yongle Northern Canon*. She lists twenty temple that received the copy of the *Yongle Northern Canon* from the tenth year of

---

[1] Yoshimi, Nozawa 野沢佳美, "Mindai hokuzō kō 1: kashi jōkyō o chūshin ni"明代北蔵考(一): 下賜状況を中心に, *Risshō daigaku bungakubu ronsō* 立正大学文学部论丛 117(2003), pp. 81 – 106.

[2] Zhang Dewei, *A Fragile Revival: Chinese Buddhism under the Political Shadow, 1522 – 1620*, Ph. D. dissertation, the University of British Columbia, 2010, pp. 268 – 271. https://open. library. ubc. ca/cIRcle/collections/ubctheses/24/items/1.0071069.

[3] Zhang Dewei, "Where the Two Worlds Met: Spreading a Buddhist Canon in Wanli (1573 – 1620) China", in *Journal of Asiatic Society*, Volume 26, Issue 3, July 2016, pp. 487 – 508.

Zhengtong 正统（1445）to the fourth year of Tianqi 天启（1624）.[1] She reports her finds that in the 139 temples that Nozawa Yoshimi listed, some were found repeated. Therefore, she deletes 4 repetitive records and adds 13 temples to the list, totaling 147 temples.[2] She follows three mistakes made by Nozawa Yoshimi on the geographical locations on page 55 and page 66. Two temples, No. 51 lists Lingyan Temple 灵岩寺 in Mt. Emei 峨眉山 and No. 79 Cao'an Temple in Mt. Emei, are listed to be located in Dali fu, Yunnan Province 云南大理府.[3] Mount Emei is well-known in Sichuan Province. One mistake is the name of Qizhen Temple in Lanxi in Zhejiang Province 浙江兰溪栖真禅院. Nozawa puts it as Qixia Temple 栖霞寺. It is likely that both scholars mix up the names of Qixia Temple in Nanjing 南京栖霞寺 and the Qizhen Temple in Lanxi.[4]

The author makes attempt to narrow the bestowal of the *Yongle Northern Canon* in Zhejiang Province in this paper. It contains four chapters:

1. Introduction.

2. A Survey of the Bestowal of the *Yongle Northern Canon* in Zhejiang Province.

---

[1] Deng Shujun 邓淑君, *Mingdai guanban fojiao dazangjing Yongle beizang kanyin yu banci yanjiu* 明代官版佛教大藏经《永乐北藏》颁赐研究, MA thesis, Taiwan National Normal University, 2017, pp. 55 - 77.

[2] Deng Shujun 邓淑君, *Mingdai guanban fojiao dazangjing Yongle beizang kanyin yu banci yanjiu* 明代官版佛教大藏经《永乐北藏》颁赐研究, MA thesis, Taiwan National Normal University, 2017, p. 54.

[3] Nozawa Yoshimi 野沢佳美, "Mindai hokuzō kō 1: kashi jōkyō o chūshin ni" 明代北藏考（一）：下赐状况を中心に, *Risshō daigaku bungakubu ronsō* 立正大学文学部论丛 117（2003）, p. 86. Lingyan Temple received a set of *Yongle Northern Canon* in the fourth year of Tianshun 天顺四年（1460）. See *Emeishan zhi* 峨眉山志, *juan* 6, in *Sida mingshan zhi* 四大名山志, edited by Yinguang 印光, Volume 3, Taipei: Fojiao chubansh, 1978, p. 252 and p. 229. Miss Deng Shujun follows these mistakes in her thesis on pages 61 and 66. Typing mistakes are found with the name of Professor Bai Huawen 白化文 on p. 67 and p. 71.

[4] Nozawa's paper on page 85 and Deng's paper on page 60. Both are in No. 33 in their lists.

3. The Qizhen Temple in Lanxi County 浙江兰溪棲真禅院 and Zhao Zhigao 赵志皋, Grand Secretary of the Ming.

4. Conclusion.

II. A Survey of the Bestowal of the *Yongle Northern Canon* in Zhejiang Province

When Emperor Chengzu 成祖(also named Zhu Di 朱棣, r. 1402 – 1425) ascended the throne in Nanjing, he fully understood that he obtained the throne from his nephew Emperor Jianwen (r. 1399 – 1402). He did everything he could to eliminate the traces of his predecessor and claimed that he was the legitimate successor to his father Emperor Zhu Yuanzhang 朱元璋(r. 1368 – 1398). For instance, Emperor Zhu Yuanzhang initiated a new edition of the Buddhist canon entitled *Hongwu Southern Canon* 洪武南藏 in the fifth year of his reign (1372). The project was probably not accomplished until the third year of Emperor Jianwen 建文(1401). [①] Six years later, a mad monk set fire to Baoen Monastery 报恩寺 where the woodblocks of the *Hongwu Southern Canon* were kept. Emperor Chengzu immediately decided to engrave another set of the Buddhist canon in Nanjing, which is called *Yongle Southern Canon* 永乐南藏. When he decided to move the capital to Beijing, he issued a decree to construct a new edition of the Buddhist canon which is entitled *Yongle Northern Canon*. The emperor himself wrote preface to the projects of engraving the Chinese Buddhist canon as well as Tibetan Kanjur and Tenjur on

---

① The author disagrees with the calling *Jianwen Southern Canon* 建文南藏. When Emperor Jianwen 建文 (r. 1399 – 1402) came to the throne, he immediately got bogged down in the mire-he vainly made efforts to weaken the power of his uncles. Finally, he was overthrown by his uncle Zhu Di 朱棣 who later became Emperor Yongle 永乐 or Chengzu 成祖. The engraving of Buddhist canon is a big project and cannot be accomplished in a short period of four years.

the ninth day, the third month, and the eighth year of Yongle (1408). Let me quote this decree issued in the name of Emperor Yongle and translated by Professor Jonathan Silk.

The Laud of the Kanjur Composed by the Tai-Ming Emperor

I considered: The Tathāgata appeared for the great purpose. He taught the profound doctrine [don] contained in the Three Baskets and the Four Classes of Tantras. After the teaching of this doctrine had gone on for a long time, it [eventually] reached my Middle Country of the East. Relying on the translated doctrine, of these [texts], [the translators worked to] discipline beings. Except for those of sharp intellect and clear intelligence, the [very] words of those [texts] were difficult to understand. How much more so their profound meaning! In order to grasp that [profound meaning], it is necessary to become perfected in the disciplining of mind body. The mind itself being without hindrance and very clear, and possessed of light, it is realized to be the complete true condition of all things. Therefore the necessity of extensive learning is arisen from the treasury of the Dharma, and the examination of all dharmas reaches one's very own mind. If one practices thus, one will be liberated and attain the ultimate. Always dwelling immovably, one cannot be defiled by anything at all. That [practice] is the like the path and the ford to liberation in the degenerate age.

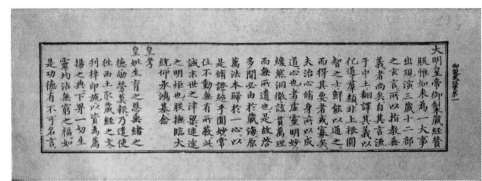

I who govern the realm and rest in the great foundation [established by the previous emperor, my father], I [think]: [I] greatly benefited by my Father and Mother, and bound together by the most excellent [imperial] line, with the difficult goal of repaying their kindness, sent an ambassador, and after his return from the West bringing a canon,① had it executed in print as a beneficial gift for all,② in order to benefit both my Father and Mother and cause all beings to obtain inexhaustible merit. Such benefit is inexpressible.

Since the mind is deluded about ultimate truth, one is bound by the latent tendencies of defilements and dozes in the state of knowing absolutely nothing. Likewise, one who has not examining [things] through the treasury of this teaching [= Canon] will not obtain the mind of ultimate truth nor will he

---

① Jonathan Silk's translation was Kanjur.

② Here the English words "a beneficial gift for all" as translated by Jonathan Silk are correct. But the Chinese word he cited "bei 卑" is wrong. The original Chinese word, according to photo 1, should be "bǐ 畀" which means "to give" or "to bestow". The word "bei 卑" means "to be low", "humble", "inferior", or "of low character". This passage can be found in the *Zhaohe fabao zong mulu* 昭和法宝 总目录 (Shōwa hōbō sōmokuroku), volume 3, p. 1427. The mistake of using "bei 卑" can be traced in this catalogue. Apparently, the editors failed to identify the word "bǐ 畀" and used the wrong word "卑". It should be pointed out that due to Professor Jonathan Silk's knowledge of the Tibetan language, he was able to offer his English translation correctly. The following third page shows a photo of the same paragraph as it appears in the reprint of the *Yongle beizang* 永乐北藏 by Xianzhuang shuju 线装书局,2000. The editors used the word "jie 畍" for the word "bǐ 畀".

comprehend the meaning of those [texts]. Therefore, mental examination guides wandering beings and liberates them from their wandering [in saṃsāra] and from sins because that verily is the Tathāgata's compassionate vow. Therefore, composing a Laud and having it written down at the head of [each volume of] the Teaching. I will transmit it to friends of the doctrine in later generations.

The Laud:

The sound of the Dharma whose true meaning was taught by the Tathāgata penetrates everywhere. (1)

It completely fills each and every one of the world realms, innumerable like the sands of the river Ganges. (2)

It disciplines all beings so they will all attain Buddhahood. (3)

Even for those stained by the outflows, it will cause them all to cross over the sea of knowledge. (4)

Through innumerably many kalpas it will open the noble door of vast skillful means. (5)

[Even] for those who out of delusion grasp at sky-flowers, having understood [through this Canon] everything will become clear. (6)

If [even] one does not become awakened, I too will not be a Buddha-so it was said. (7)

I myself [thought]: I will preach to all beings the meaning of the vast dharma. (8)

I wish that all beings may attain the state of bodhi in but an instant. (9)

In order that I may repay the generosity of my parents above and benefit the realms below. (10)

Having attained the highest awakening after everything containing desires and depravities has calmed down. (11)

One obtains the Victor's mind of highest truth and benefits all beings in the defiled age. (12)

In this manner the vast secret meaning was given throughout the western quarters. (13)

[Like] the voice of the kalavinka, it is a pure song, very sweet and so inconceivable. (14)

It is like the sound of drums beating in the ten directions, which will not be impeded anywhere. (15)

All who have ears will thoroughly hear, and all of them having heard will become buddhas. (16)

Being completely firm and immovable, they will never fall into saṃsāra. (17)

The World Protector having made me Lord, accordingly I offer this Laud. (18)

Its virtue being inconceivable, sentient beings will forever come to enjoy it. (19)

The eight years of Yongle, third month, ninth day (April 12, 1410)①

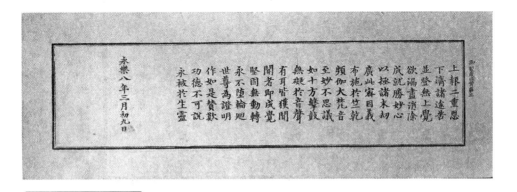

---

① Jonathan Silk, "Notes on the History of the Yongle Kanjur", in *Indica et Tibetica*, Swisttal-Odendorf, 1996,175 – 178. The author shows three photos of Emperor Yongle's decree and Laud. He took these photos at Jagiellonian University Library, Kracow, Poland, 2016.

大明太宗皇帝御制藏經贊

朕惟如來為一大事出現演三藏十二部之玄言所以指教垂慈者尚矣自其言流于中土翻譯其義以化導群類非上根圓智之士鮮能以通之而得其要者或寡矣天治心修身所以成道心也者盧靈明妙煥然洞徹該貫萬理而無所遺也是故啟多聞必由於藏海原萬法本歸於一心以是修證超乎圓妙常住不動無有所蔽此誠末世之津梁迷途之明炬也朕撫臨大統仰承鴻基念皇考皇妣生育之恩垂緒之德劬勞莫報乃遣使往西土取藏經之文刊梓印

永樂北藏　序　第一冊

永樂北藏　序

施以資為薦揚之典下界一切
生靈均沾無窮之福如是功德
有不可名言若夫世之由迷惑
真交纏故業茫然而莫之所歸
者不究竟於斯亦莫能得其體
而返其真也推是心以濟拔流
轉引援沈淪者亦如來慈悲之
願也用是為贊以揭于卷首且

以翼流通於無窮焉

贊曰

如來演義諦　　法音遍克周
世界恆河沙　　一一皆具足
化導於群類　　咸得成正觀
有漏諸微塵　　悉超於覺海
歷阿僧祇劫　　廣開方便門
迷妄執空華　　一切了明徹

第一册

永樂北藏

有一弗徹者　誓不成佛陀
我今念眾生　是故廣演說
深心奉塵剎　俱願澄菩提
上報二重恩　下濟諸途苦
昔登無上覺　欲漏盡消除
成就勝妙心　以拯諸末劫
廣此密因義　布施於竺乾
頻伽大梵音　至妙不思議

如十方擊鼓　無礙於音聲
有耳皆獲聞　聞者即成覺
堅固無動轉　永不墮輪迴
世尊為證明　作如是贊嘆
功德不可說　永被於生靈

永樂八年三月初九日

III. The Temples that Received the *Yongle Northern Canon* in Zhejiang Province.

In recent years, scholars have taken notice of the temples where the *Yongle Northern Canon* was bestowed. Nozawa Yoshimi offers 139 temples that the Ming Court donated to various temples in China. According to Nozawa, Dewei Zhang and Deng Shujun, the following temples in Zhejiang Province received the *Yongle Northern Canon*:

1. Jingci Temple 净慈寺,Hangzhou. 1440.

2. Zhaoqing Temple 昭庆寺,Hangzhou, 1440.

3. Shang Tianzhu Jiang si 上天竺讲寺,Hangzhou, 1440.

4. Rongguang Temple 融光寺,Shanyin County, Shaoxing Prefecture 绍兴山阴县,1447.

5. Qizhen chanyuan 栖真禅院,Lanxi City 兰溪市 1591. [1]

6. Puji chan si 普济禅寺,Dinghai County 定海县,Ningbo 宁波市,1586

7. Wannian Temple,万年寺,Tiantai Mountain 天台山,1586.

8. Baotuo Temple 宝陀寺,Putuoshan 普陀山,1587.

9. Wannian baoen guangxiao Temple 万年报恩光孝寺,Tiantai County 天台县,1587.

10. Lengyan Temple 楞严讲寺,Xiushui County, Jiaxing Prefecture 嘉兴府秀水县,1587.

---

[1] Both Nozawa Yoshimi and Miss Deng Shujun record that the canon was presented in the Zhengtong era. This is wrong. According to Lanxi Gazetteer, Zhao Zhigao appealed to Empress Chen for a set of Buddhist canon to be presented to Qizhen Temple, Lanxi when he became Grand Secretary. Zhao donated money to rebuild the temple in the nineteenth year of Emperor Wanli (1591). I am going to deal with Zhao and his connections to both the temple and the imperial court. The current paper will dwell upon this set which went to Qizhen Temple later.

11. Fayu Temple 法雨寺, Putuo Mountain 普陀山, 1599.

12. Guoqing Temple 国清寺, Tiantai Mountain, 1600.

13. Jingci Temple, Hangzhou 杭州净慈寺, 1600.

14. Zhaoqing Temple, Hangzhou 杭州昭庆寺, 1605.

15. Zhenghai Temple, Putuo Mountain 普陀山镇海寺, 1611.

16. Xianci jiao Temple, Taiping County, Taizhou Prefecture 台州太平县显慈教寺, Wanli Period.

17. Fohui Temple, Qiantang County, Hangzhou 杭州府钱塘县佛慧寺.

18. Yunju shengshui si, Hangzhou 杭州云居圣水寺.

19. Haichao si, Putuoshan 普陀山海潮寺.

20. Tianning si, Hanyan, Zhejiang. 海盐天宁寺.

Let us examine the records of these temples which are available in various sources from the fifth year of Zhengtong 正统（1440）during the reign of Emperor Yingzong 英宗（r. 1436 – 1449 and 1457 – 1464）to the reign of Emperor Shenzong in Wanli period（1573 – 1620）.

1. Zhaoqing Temple 昭庆寺 is located in Hangzhou. The temple received the canon in 1440. The local temple gazetteer records：

In the first year of Zhengtong（1436）, Ven. Qingyun initiated the construction of a big bell and built a tower of drum. In the tenth year of Zhengtong（1440）, the temple received a set of Buddhist canon［from the imperial court］. Emperor Yingzong's decree reads：

I, the emperor, following the will of my grandfather, issued a decree to print the Buddhist canon and present them to the country. Thus Buddhism is able to develop in broad areas. Now I am offering a set of the Buddhist canon to Jietan da Zhaoqing si 戒坛大昭庆寺, Hangzhou, Zhejiang Province. The canon must always be respected here. Monks and lay devotees should always keep an eye on it and would not allow anyone totally irrelevant to Buddhism to touch and look at the scriptures casually. If anyone has done this and made damage to the Buddhist scriptures, he must be severely punished. ①

Zhaoqing Temple again received a Buddhist canon in the thirty-third year of Emperor wanli (1605). A eunuch Zhang Ran 张然② brought the canon to the temple with a thousand *liang* of taels to build a hall to house it. ③

2. Shang Tianzhu Jiang si 上天竺讲寺 is also located in Hangzhou.

Emperor Yingzong presented a whole set of *Yongle Northern Canon* to Shang Tianzhu Temple in Hangzhou, totaling 5048 volumes, with the emperor's decree. Two red shrines were used to contain the Buddhist canon on both left and right sides of main hall. In the fourth year of Tianqi 天启(1624), the abbot of the temple started to repair and sort out the canon.

The emperor issued a decree as follows:

I, the Emperor, have showed full understanding of the Heaven and Earth to protect the people. I have respectfully followed my royal ancestors' wills to print the Buddhist canon and spread the scriptures throughout China. Now I am presenting a whole set to Shang Tianzhu

---

① The original Chinese reads:"朕体皇曾祖考之志,刊印大藏经典,颁赐天下,用广流传。兹以一藏安供浙江杭州府戒坛大昭庆寺,永充供养。听所在僧徒看守护,不许纵容闲杂之人,私自观玩,轻慢亵渎,致为损坏遗失,敢有违者,必究治之。故谕。"*Da Zhaoqing lü si zhi* 大昭庆律寺志,in Bai huawen 白化文 and Zhang Zhi 张智,*Zhongguo fosi zhi congkan* 中国佛寺志丛刊,Volume 71, Yangzhou: Guangling shushe, 2006, p. 26.

② This eunuch Zhang Ran 张然's name is found in the list of names of the Department of Chinese Classics Printing House. See Chen Yunü 陈玉女,*Ershisi yamen yu Beijing fo si* 二十四衙门宦官与北京佛寺, Taipei: Ruwen chubanshe, 2001, p. 109.

③ *Da Zhaoqing lü si zhi* 大昭庆律寺志,see Bai huawen 白化文 and Zhang Zhi 张智,*Zhongguo fo si zhi congkan* 中国佛寺志丛刊,volume 71, Yangzhou: Guanglin shushe, 2006, p. 51.

jiang si in Hangzhou, Zhejiang Province. The canon must be always respected here. Let abbot and monks read and praise the Buddhist canon. Let us pray for the prosperity of the country and happiness for the people. You must take care and protect the canon. Do not allow outsiders to borrow or touch the canon, in case they might cause some damage to it. People who cause damage to the canon must be punished. The second month, the twelfth day, the tenth year of Zhengtong 正统 (1440). [1]

3. Rongguang Temple 融光寺, Shanyin County, Shaoxing Prefecture 绍兴山阴县, received a set of *Yongle Northern Canon* in 1447. In the period of Emperor Wanli, Wang Yinlin 王应遴 (? – 1645), who was a dramatist, tried to collect the whole set of the canon and build a hall to store the "royal edition of the Buddhist canon." [2] The temple was destroyed in a fire in the fifty-third year of Emperor Qianlong (1788).

4. Puji chan si 普济禅寺 is located in Dinghai County 定海县, Ningbo 宁波市. The temple received a set of Buddhist canon in the fourteenth year of Emperor Wanli (1587). [3] No detail is given.

5. Wannian Temple, 万年寺, Tiantai Mountain 天台山 received the *Yongle Northern Canon* twice in the fourteenth year (1586) and twenty-eighth year of Emperor Wanli (1600). The first decree of Emperor Wanli is translated as

---

[1] The emperor's decree says: "朕体天地保民之心，恭承皇曾祖考之志，刊印大藏经典，颁赐天下，用广流传。兹以一藏，安置浙江杭州府上天竺讲寺，永充供养。听所在僧官僧徒，看诵赞扬。上为国家祝釐，下与生民祈福。务须敬奉守护，故谕。" See Bai huawen 白化文 and Zhang Zhi 张智, *Shang Tianzhu jiang si zhi* 上天竺讲寺志, in *Zhongguo fosi zhi congkan* 中国佛寺志丛刊, Volume 67, Yangzhou: Guangling shushe, 2006, pp. 336 – 337.

[2] Shen Yiji 沈翼机, et. al., *Zhejiang tongzhi* 浙江通志, Volume 221, Taipei: Chengwen chuban gongsi, 1966, pp. 916 – 918.

[3] Shen Yiji 沈翼机, et. al., *Zhejiang tongzhi* 浙江通志, volume 230, Taipei: Chengwen chuban gongsi, 1966, volume 7, pp. 3808 – 3809. This record is very brief in these words "[万历]十四年建藏经殿颁赐藏经。"

follows:

The emperor is issuing a decree to the Abbot, monks and lay people. I, the Emperor, believe that the essence of Buddhism lies in its scriptures which may guide good people in their practice and enlighten the ignorant masses. Therefore, it is of great help to safeguard the country and protect the people. My saint mother, Empress Li, ordered workers to carve the scriptures, totaling 41 *han* 函 (cases) of supplements plus the old scriptures in 637 *han*. These scriptures are presented to your temple. You must read them solemnly and respectfully. You must take care of them. Never allow outsiders to touch them without respect, thus causing damage to the Buddhist scriptures. Hereby, I present this set of Buddhist canon to you in your care. You must take care of it forever. The fourth day, the ninth month, and the fourteenth year of Emperor Wanli (1587). ①

The wording of the second decree is slightly different.

To Abbot and monks of the Guoqing Monastery, Tiantaishan, Taizhou Prefecture, Zhejiang Province:

I, the Emperor, decide to print the Buddhist canon and present them to famous temples in the capital and temples throughout China. The beginning of the Buddhist scripture explains why it is necessary to do so. Abbot, monks and laities, you should always show your respect and sincerity, keeping recitation of Buddha's words from morning to the

---

① Chuandeng 传灯 et al., *Tiantaishan fangwai zhi* 天台山方外志, see Bai Huawen 白化文 and Zhang Zhi 张智, *Zhongguo fo si zhi congkan* 中国佛寺志丛刊, Volume 81, Yangzhou: Guangling shushe, 2006, p. 375. The original Chinese is as follows: 皇帝勅谕天台万年寺住持及僧众人等: 朕惟佛氏之教具在经典,用以化道善类,觉悟群迷,于护国佑民,不为无助。兹者圣母慈圣宣文明肃皇太后,命工刊印,续入藏经四十一函,并旧刻藏经六百三十七函,通行颁布本寺。尔等务须庄严持诵,尊奉珍藏。不许诸色人等妄行亵玩,致有遗失损坏。特赐护持,以垂永久。钦哉,故谕。万历十四年九月四日。

evening with reverence. This aims at praying our Empress safe and good health, palace concubines pure. [Let us] repent the faults of the past and pray for enduring longevity. Let people live in peace and state in prosperity. Let the whole world be in peace. Let all people convert to benevolent teachings of Buddhism. I, the Emperor, begin to govern the state in non-action both gravely and reverently. Now I am sending Dang Li 党礼,[1] eunuch of Imperial Stables and supervisor of the Chinese scriptures printing house in the imperial court, to your temple to present the Buddhist canon. All these things are made known and you all should show your respect. Hence is the Emperor's decree.

The fifteenth day, third month, twenty-eighth year of Emperor Wanli (1600).[2]

6. Baotuo Temple 宝陀寺 is located on the Island of Putuoshan 普陀山. Emperor Shenzong presented a set of *Yongle Northern Canon* in the twenty-seventh year of Wanli (1600). The wording of the decree is similar to the one he addressed to Guoqing Monastery in Tiantaishan. [3]

---

[1] Dang Li 党礼's name is found *Da huguo qian fo si Bian Rong dashi tayuan beiji* 大护国千佛寺遍融大师塔院碑记. He was a eunuch in the department of Chinese classics printing house. See Chen Yunü 陈玉女, *Ershisi yamen yu Beijing fo si* 二十四衙门宦官与北京佛寺, Taipei: Ruwen chubanshe, 2001, p. 109.

[2] Bai Huawen 白化文 and Zhang Zhi 张智, *Zhongguo fo si zhi congkan* 中国佛寺志丛刊, Volume 81, Yangzhou: Guangling shushe, 2006, p. 375. The decree reads: 勅谕天台山浙江台州府天台县国清寺住持及僧众人等：朕发诚心，印造佛大藏经，颁施在京及天下名山寺院供奉，经首护勅谕其由。尔住持及僧众人等，务要虔洁供安，朝夕礼诵，保安眇躬康泰，宫壸肃清；忏已往愆尤，祈无疆福寿；民安国泰，天下太平。俾四海八方同归仁慈善教，朕成恭己无为之治道焉。今特差汉经厂阇黎、御马监太监党礼，齎请前去彼处供安，各宜仰体知悉。钦哉，故谕。万历二十八年三月十七日。http://tripitaka.cbeta.org/GA089n0089_014

[3] Wang Hengyan 王亨彦, et al. *Putuo luojia xinzhi* 普陀洛迦新志. See Bai Huawen 白化文 and Zhang Zhi 张智, *Zhongguo fo si zhi congkan* 中国佛寺志丛刊, Volume 82, Yangzhou: Guangling shushe, 2006, p. 210.

7. Wannian baoen guangxiao si 万年报恩光孝寺 is located in Tiantai County 天台县,Zhejiang Province. The canon came to this temple in 1587. ①

Wannian Monastery was a big monastery in Tiantaishan. The old temple had square meters of floor space of 30,000 square meters, totaling a thousand rooms. It often held ordination ceremonies during the reign of Emperor Qianlong 乾隆(r. 1736 – 1795) and Emperor Jiaqing 嘉庆（r. 1796 – 1820). Sometimes, more than 500 novice received ordination. Having suffered from disasters of fire, the temple has only 40 rooms left, including the Buddha's Hall, Heavenly Kings' Hall, Diamond Hall, and others.

Wannian Monastery played an important role in Sino-Japan cultural exchanges. As early as the periods of Qiandao 干道 and Chunxi 淳熙(1168 – 1187), Monk Eisai 荣西(a. k. a. Yōsai, 1141 – 1215) came to Tiantai twice from Japan to China. He became Chan Master Xu'an's 虚庵 disciple. He was credited with bringing both the Rinzai school of Zen Buddhism and green tea from China to Japan. He immediately founded the Hōon Temple 法音寺 in remote Kyūshū 九州,Japan's first Zen temple.

8. Lengyan Temple 楞严讲寺,Xiushui County, Jiaxing Prefecture 嘉兴府秀水县,obtained a set of 1587. Emperor Shenzong's decree is recorded in *Jingshan zhi* 径山志. The wording is similar to that in Tiantaishan. ②

9. Fayu Temple 法雨寺,located in Putuo Mountain 普陀山,received the *Yongle Northern Canon* in 1599. The temple is the second largest temple in Putuo Mountain. The gazetteer of Putuoluo jia xinzhi 普陀洛迦新志 records it

---

① Shen Yiji 沈翼机,et. al. , *Zhejiang tongzhi* 浙江通志,*juan* 232, https://zh. wikisource. org/zh-hant/浙江通志_(四库全书本)/卷232. The record is short with these words: "In the fifteenth year of Wanli (1587), Empress Dowager Li donated a set of Buddhist canon. Local magistrate Mao Heteng started to build a hall of Buddhist canon. " Here is the Chinese record: 万历十五年李太后赐藏经县知县毛鹤腾建藏经阁。

② Song Kuiguang 宋奎光,*Jingshan zhi* 径山志,*juan* 4, Hangzhou: Jingshan chan si, 2016, pp. 357 – 358.

as *Longzang* 龙藏（Dragon Canon）. [1]

10. Guoqing Temple 国清寺, Tiantai Mountain, received the *Yongle Northern Canon* again in 1600.

11. Jingci si 净慈寺 is located in Hangzhou. It received the Buddhist canon in the twenty-eighth year of Emperor Wanli（1600）. The wording of the Emperor is similar to that he addressed to Guoqing Monastery translated in the previous pages.

12. Zhenghai si 镇海寺, Putuo Mountain, received the *Yongle Northern Canon* in the thirty-ninth year of Emperor Wanli（1611）. Eunuch Dang Li brought the Buddhist canon with a thousand *liang* of gold to the temple. The wording of Emperor Shenzong's decree is similar to that he addressed to Guoqing Temple as mentioned in the previous page. [2]

Marcus Bingenheimer illustrates a story about the Buddhist canon kept in Putuo: [3]

1710: Kangxi gifts a precious seal and a set of the Buddhist canon to the Puji Temple.

1713: First month: On the occasion of Kangxi's sixtieth birthday, Xingtong and Xinming go to Beijing to congratulate him and both receive a purple robe. Their five attendant monks received red robes. The next

---

[1] Wang Hengyan 王亨彦, et al. *Putuo luojia xinzhi* 普陀洛迦新志. See Bai Huawen 白化文 and Zhang Zhi 张智, *Zhongguo fo si zhi congkan* 中国佛寺志丛刊, Volume 82, Yangzhou: Guangling shushe, 2006, p. 261. It is necessary to check the original if any scriptures are extant.

[2] Wang Hengyan 王亨彦, et al. *Putuo luojia xinzhi* 普陀洛迦新志. See Bai Huawen 白化文 and Zhang Zhi 张智, *Zhongguo fo si zhi congkan* 中国佛寺志丛刊, Volume 82, Yangzhou: Guangling shushe, 2006, p. 214.

[3] Marcus Bingenheimer, *Island of Guanyin*. New Haven and London, Yale University Press, 2016, pp. 123 – 124.

month they receive gifts of ginseng. ①

Gifting the Buddhist canon to an institution was obviously an important sign of imperial patronage. During the Ming the Wanli emperor and his mother donated over 100 sets of the Tripitaka to monasteries. The Canon, on Putuo and elsewhere, was mainly treated as an object and veneration and only secondarily as a repository of texts. It was in principle accessible to monks who wished to study the sacred texts in earnest, but in Chinese Buddhism monastic education developed very differently from Tibet, where talented monks were trained systematically on scriptural study. Nevertheless, the Mount Putuo library was kept in good repair. The French missionary Évariste Régis Huc, who visited Mount Putuo in the 1940s, reports:

The large monasteries of Putuo, where formerly monks congregated in large numbers, are almost completely abandoned to legions of rats and to huge spiders, which spin their webs peacefully in the deserted rooms. The most proper and best preserved place was the library. The monk charged with its updeep allowed us to visit. We found it much inferior to ones we have seen in Tartary and Tibet. It nevertheless had about eight thousand volumes, wrapped in yellow fabrics, exactly labeled and orderly arranged in cases which line the walls of the large hall. ②

---

① Emperor Kangxi presented a set of Buddhist canon in the forty-ninth year of his reign (1710). This was a revised edition of the *Yongle Northern Canon*. A colophon found in the *Yongle Northern Canon* kept at Chongqing Library shows that the woodblocks of the *Yongle Northern Canon* were repaired or partially recurved in the forty-fifth year of Kangxi (1706). Wang Hengyan 王亨彦, et al. *Putuo luojia xinzhi* 普陀洛迦新志. See Bai Huawen 白化文 and Zhang Zhi 张智, *Zhongguo fo si zhi congkan* 中国佛寺志丛刊, Volume 82, Yangzhou: Guangling shushe, 2006, p. 224. Thanks are due to Professor Jiang Wu, University of Arizona, who kindly provided this part of information in the conference in Hangzhou, May 17, 2019 and August 15, 2019.

② Évariste Régis Huc, *L'Empire Chinois*, two volumes, Paris: Gaume & Duprey, 1862[1854], pp. 232 – 233.

In 1649，however，the loyalist commander Ruan Jun 阮俊，who had taken refuge on Zhoushan Island，decided to sell the precious copy of the Buddhist canon，given to the Fayu Temple 法雨寺 by the Wanli Empress Dowager.

In a desperate attempt to raise money for loyalist troops，two boats were dispatched to Nagasaki. The mission，however，was not successful. The Bakaku Commissioner of Nagasaki was not willing to assist the struggling Ming Loyalists and the Tripitaka was returned to Mount Putuo. [1]

The wording of *Putuo luojia xinzhi* 普陀洛迦新志 is different：

In the early period of Emperor Shunzhi 顺治(r. 1644 – 1661)，Ruan Jun 阮俊，a pirate，collaborated with Japanese monks，wanted to ship a whole set of Buddhist canon presented by the Ming Court to Japan. Monk Zhaozhong 照中，together with hundreds of folks，begged them to stop it in Zhoushan Island. Ruan flew into rage，"You guys may obtain this set of Buddhist canon from the Dragon Palace in the sea！" He shipped the canon and went on his way. But his ship was blocked by big fish and could not move for a number of days. Ruan began to repent what he had done and decided to return. The ship arrived back to Zhoushan less than a half day. Monks greeted the canon and escorted it to the library in the temple. Ruan set up a meeting to chant the Buddhist scriptures and settled the issue with monks. [2]

A Chinese envoy named Zhang Linbo 张临白 records his journey to Nagasaki with the Buddhist canon. The wording shows some differences，

---

[1] Ibid.：p. 23. Struve Lynn also illustrated a story in her book entitled *Voice from the Ming-Qing Cataclysm：China in Tigers' Jaw*. New Haven：Yale University Press, 1993, pp. 116 – 127.

[2] The original Chinese reads："清顺治初，海寇阮俊，与日本僧谋，欲将明赐藏经，载入日本。山僧照中率数百人，至舟山哀求不已。阮怒曰：汝等欲得此经，当向龙宫水府求之。遂装往。至海中，大鱼挡舟，不得动者数日。阮悔过亟返。不半日，舟达道头。僧众欢迎至藏殿。阮为讽经设供，安众而去。"Wang Hengyan 王亨彦,et al. *Putuo luojia xinzhi* 普陀洛迦新志. See Bai Huawen 白化文 and Zhang Zhi 张智,*Zhongguo fo si zhi congkan* 中国佛寺志丛刊，Volume 82, Yangzhou：Guangling shushe, 2006, p. 188.

especially，the pirate's name was Ruan Jin 阮进. Struve Lynn figures that the two men were probably related. The following is the translation of Struve. The proper nouns in Chinese are provided by the author.

In the winter of 1649 a [Chinese] monk named Zhanwei 湛微 came from Japan and frequented the camp of the Barbarian-Quelling Earl，Ruan Jin 阮进. Jin questioned him about conditions in southern Japan and about why previous requests for Japanese soldiers had not been granted. Zhanwei stated that the Japanese would place no value on anything that might be sent as inducement other than the Buddhist Tripitaka. He said，"If the general could request such from the court and depute an ambassador to present it with an imperial decree，soldiers would arrive immediately."

Jin was pleased and soon advocated asking for a copy of the Tripitaka that had been donated by the Xianmu empress，Empress Li 宪穆李太后，to Zhenhai Monastery on Putuo Island 普陀镇海寺 to use as a gift in seeking soldiers from Japan. The Marquis of Dingxi，Zhang Mingzhen 定西侯张名振，seconded him in writing a joint memorial making this idea known [to the regent]，the Prince [of Lu]，who said，"It has truly been a prized possession of my imperial ancestors. If by chance the scriptures go but the soldiers don't come，the Tripitaka will have been endangered and resources wasted，amounting to a great loss." But Jin strenuously argued otherwise，so the regent submitted to court deliberation the selection of a talented，capable high minister to be the official ambassador. And he designated Jin's younger brother，Wave-Quelling General Ruan Mei 澄波将军阮美，to second the minister. Everyone said that Minister of Rites Wu Zhongluan 吴钟峦 was the right man，but Sir Wu declined，citing his advanced age. Next they sought someone among the lesser ministers and together recommended me. That very day I was promoted to the second rank and granted the appropriate robe and sash.

The prince personally gave a banquet to comfort the delegation, and I made inquiries among people who'd been to that outlying country [Japan]. Everyone stuck out his tongue in shock and said, "No one has ever taken the Tripitaka across the seas. How could one allow such a weighty treasure to be lightly imperiled in a trip across ten thousand *li* of great ocean?" but I was thinking to myself, "If we're unable to make the crossing, it will be a matter of fate. Anyway, it would be better to dies at sea than be killed by [Tartar] bandits like others before us. If there's a chance we'll get across and that soldiers will come, then even if it is more dangerous, how could I refuse?"

．．．．．．．

They left Zhoushan Island for Putuo and then for Nagasaki. The boat encountered heavy wind and rain. The captain in charge of the ship was Ruan Jin.

Zhang Linbo and his interpreters met officers in Nagasaki. As soon as the Japanese heard the name of monk Zhanwei, they were flabbergasted and told special envoy Zhang that Zhanwei would bring disaster to the people on the boat.

The lord of Nagasaki deliberated on the matter and wanted to keep the scriptures without accepting the decree [that soldiers be sent]. He wished to have me come on shore but was not willing to observe ritual distinctions, so any meeting was difficult to arrange. And throughout, they resented the presence of Zhanwei. Over the course of three or four days things could not be resolved.

The seven translators tried to negotiate our leaving the scriptures in return for several tens of thousands of taels. But I thought, "How inappropriate to sell the court's possession like a peddler." Moreover, having been unable to fulfill my charge to obtain soldiers, the least I could do was report back with whole precious set of texts intact. To change my mission from an official one to a mercantile one would have undermined the greater imperial order. So on the 20th [December 23], I decided to return [south] westward with the scriptures. On the 28th[December 31] we were again propelled by strong winds now to Nantian 南田, where we were received into Ruan Jin's camp. After I reported on the mission [to the regent, on Zhoushan Island], the scriptures were returned to Putuo.

In sum, the round-trip took one month, entailing a sea route of over seventeen hundred li. I braved dangers and trop in peril, virtually heedless of intimidation. That the matter ended unsuccessfully was heaven's will. ①

Thanks to Marcus Bingenheimer and Struve Lynn, their stories remind us of a set of *Yongle Northern Canon* which was shipped to Nagasaki, Japan, to be sold for inviting soldiers. Fortunately, their request was rejected by Japanese. The officer reasonably decided to return home with the Buddhist canon. But unfortunately, this set of Buddhist canon got lost perhaps in wars or social unrest in the last four hundred years. ②

13. Xian ci jiao si 显慈教寺, Taiping County, Taizhou Prefecture 台州府太平县, Wanli Period. The record is short in the gazetteer. It says:

Xian ci jiao temple was built by Monk Chang Yi in the seventh year of

---

① Struve Lynn, *Voices from the Ming-Qing Cataclysm: China in Tigers' Jaw*. New Haven: Yale University Press, 1993, pp. 116 - 121. For Zhang Linbo's account, check *Ming ji shiliao congshu* 明季史料丛书, Shengzeyuan, 1934, volume 7, pp. 34 - 38. Thanks are due to Lingling Kuo, curator of the University of the West, for her generous help of obtaining this book from the library of the University of Pennsylvania.

② *Zhongguo guji zong mulu* 中国古籍总目录 (A General Catalogue of Chinese Classic Books), Beijing and Shanghai: Zhonghua shuju and Shanghai guji chubanshe, 2010, zibu 子部, volume 6, pp. 2953 - 2954. According to this catalogue, only one set of the *Yongle Northern Canon* is now extant and kept at Zhejiang Provincial Library. This set came from Qizhen Temple, Lanxi County. Some volumes are kept in Lanxi Museum and Qizhen Temple. None of the other sets are recorded as extant in the catalogue.

Taihe in the Tang dynasty. It was also called Baoguo Temple. In the seventh year of Jiajing in the Ming dynasty, Monk Chanyuan lectured Buddhist teachings to his disciples. His lecture even attracted fairies to come. In the Wanli period (1573 – 1620), [a monk] went to request a Buddhist canon. The temple has kept it until today. On the first day of the sixth month, monks would hold ceremonies to sun the Buddhist canon. [①]

14. Fohui si 佛慧寺 was located in Qiantang County, Hangzhou 杭州府钱塘县. The story is recorded in *Wulin fan zhi* 武林梵志. The word that is used to refer to the Buddhist canon is vague, but it should be the *Yongle Northern Canon*. [②]

IV. The Qizhen Temple in Lanxi County, Zhejiang Province and Grand Secretary Zhao Zhigao

The Qizhen chanyuan 栖真禅院, [③] located in Lanxi 兰溪, is about eight km from Lanxi City. The temple was reportedly built in the Changxing period in the latter Tang 后唐长兴 (930 – 932), but rebuilt in the Song Dynasty. In the sixteenth century, Zhao Zhigao 赵志皋 (1524 – 1601), a native of Lanxi, stayed in the temple where he could concentrate his studies as he prepared the imperial civil service examination. He succeeded in it and came out No. 3 in the

---

① *Zhejiang sheng Taiping xianzhi* 浙江省太平县志, Taipei: Chengwen chuban youxian gongsi, 1984, volume 2, p. 480.

② The Chinese words "qing Longzang yong zhen fan cha, 请龙藏用镇梵刹", means to request a set of Buddhist canon which became the treasure of the temple. According to the context, it must be the *Yongle Northern Canon*, not the *Dragon Canon* engraved in the years 1735 – 1738. See Wu Zhijing 吴之鲸, *Wu lin fan zhi* 武林梵志, in Bai huawen 白化文 and Zhang Zhi 张智, *Zhongguo fo si zhi congkan* 中国佛寺志丛刊, volume 57, Yangzhou: Guanglin shushe, 2006, pp. 244 – 245.

③ Nozawa Yoshimi records that it was presented in the Zhengtong era. According to Lanxi Gazetteer, Zhao Zhigao made a request to Empress Chen for a set of Buddhist canon to be presented to Qizhen Temple, Lanxi after he became Grand Secretary 建极大学士. Zhao donated money to rebuild the temple in the nineteenth year of Emperor Wanli (1591). Nozawa Yoshimi miswrote the word "zhen 真" as "xia 霞" in his paper, p. 85. Miss Deng Shujun followed this mistake in her paper on page 60. They probably got confused with the Qisha Temple 南京栖霞寺 in Nanjing.

examination in the second year of Longqing 隆庆 (1568). ① He asked Empress Chen② to present a set of *Yongle Northern Canon* to the temple as a gift of appreciation for what monks had done for him during his stay there. He donated money to repair the Hall of Guanyin (Avalokitesvra) in 1580 and other architectures in the temple I 1591. ③

It was a great honor to receive a set of Buddhist canon from the imperial court. As the set was presented with emperor's decree stamped by Empress's seal or imperial seal, The prestige of the temple increased and became famous in the whole region. More pilgrims would come to the temple to pay homage to the Buddha. A ceremony to sun the Buddhist canon has become annual festival in the temple. On the sixth day of the sixth month, devotees come to the temple to attend the ceremony. Monks would move out the Buddhist scriptures. Lay people would have a chance to look at and touch the Buddhist

---

① No. 1 is called Zhuangyuan 状元, No. 2 Bangyan 榜眼 and No. 3 Tanhua 探花. A lane where Zhao Zhigao's home was located has been named "Tanhua xiang 探花巷" in Lanxi City.

② Empress Chen, a native of Tongzhou 通州, was first selected as a concubine of Prince Yu 裕王 in the thirty-seventh year of Jiaqing 嘉庆(1558). In1567, Prince Yu ascended the throne as Emperor Muzong 穆宗 (r. 1567 – 1572). As Prince Yu's first wife, nee Li, died in the thirty-seventh year of Jiaqing, Chen became Empress. Another lady, nee Li, gave birth to a son who later became Emperor Shenzong 神宗 (r. 1573 – 1620). See *Mingshi* 明史, Beijing: Zhonghua shuju, 2011, p. 3534 – 3535.

③ *Guangxu Lanxi xianzhi* 光绪兰溪县志, Taipei: Chengwen chubanshe youxian gongsi, 1966, pp. 677 – 678. The Chinese original reads: 明赵太史志皋读书于此……十九年(1591)皋入相。隐山诣京拜谒皋, 谓是固古刹舍贤命重建。会陈太后以大藏经部颁名山, 上疏乞请, 领得藏经六百余箧, 近经匪扰, 尚存五百余册。入寺阁珍藏焉。"Zhao studied classics and made his preparations for the Imperial examination in this temple. He succeeded in the examination and was promoted as Grand Secretary in the nineteenth year of Wanli (1591). Venerable Yinshan went to visit him in Beijing. Zhao said that Qizhen Temple had been an ancient temple and that he would donate money to rebuild it. It happened then that Empress Chen was presenting sets of Buddhist canon to famous temples. Zhao made a request to Empress Chen for a set of Buddhist canon. Thus, more than six hundred boxes of Buddhist canon arrived at Qizhen Temple. In the period of Emperor Guangxu 光绪 (r. 1875 – 1908) (around 1888), due to the social unrest made by bandits, the temple still kept more than five hundred boxes. " Thanks are due to Dr. Wang Bin 王斌, professor of Chinese literature, Leshan Normal College, Sichuan, for his generous help.

scriptures.

The East Asian Library of Princeton University keeps a complete set of the *Qisha Edition of the Chinese Buddhist Canon* 碛砂藏. Among the 5348 volumes，2250 are hand-copied manuscripts. Madame Zhao，nee Shen，donated money to ask people to copy Mahāprajñāpāramitā sūtra. Here is a passage that Dr. Hu Shi wrote more than sixty-five years ago in *The Princeton University Library Chronicle*：

Of the 2,000 - odd manuscript volumes copied in 1600 - 1602 for replacements of missing volumes in the Chi Sha Tripitaka，I may cite one colophon of human interest：I，Mrs. Chao，née Shen，a devout believer，give fifteen taels of silver for the purpose of copying 100 of the missing volumes of the Sacred Tripitaka with the most devout prayer that my husband，Chao Chih-kao，the Grand Secretary of the Chien chi Palace [i. e.，Prime Minister of the Empire]，may be blessed with improved health，that his "hands and feet may be restored to smooth functioning，and that our young son，Chao Feng-ko，may be free from all calamities and be blessed with long life and happiness. The copies were completed on the sixth day of the Sixth Moon of the 28th year of Wan-li [1600]. [①] Her husband (whose biography appears in chapter 219 of the Ming Shih) was Prime Minister from 1594 until his death in 1601，but was confined to his sickbed for about four years before he died.

Her pious vow will interest the student of history，of religion，and of the development of book printing. It was the same belief in the "merit" of

---

① The Chinese colophon reads：信心弟子赵门沈氏舍银拾伍两写补大藏尊经十函专祈保佑夫主建极大学士赵志皋身康畲手足和调，幼男赵凤阁灾难蠲消，慧命延长，吉祥如意者。万历二十八年六月初六日完.

duplicating and spreading sacred scriptures—the belief that had been responsible for the origin of block printing in China—that made Madame Chao contribute money for copying the missing volumes. And it will interest the economic historian to know that fifteen taels of silver in 1600 was sufficient to pay the scribes for making careful and exact hand copies of one hundred volumes. The scribe got 0.15 of a tael of silver for copying each volume, which meant at least two whole days' labor. According to contemporary records, the official rate in 1606 was 690 copper cash for one tael of silver, but the market rate was only 450 cash for one tael. So the scribe got about seventy copper cash for two days' labor! ①

From what mentioned-above, one can see how Zhao Zhigao embraced Buddhism in his life. He was nicknamed as Zhao Gelao 赵阁老 (honest old Zhao). Apparently, he was deeply influenced by Buddhism, especially when he was young and when he reached old age. His wife was also a Buddhist devotee. This could be seen in the colophon which records how she donated silver 15 taels to the temple. The money was paid to the calligraphers who copied the *Mahāprajñpāramitā Sūtra*, totaling 10 *han* 函 with 100 volumes. This set of the *Qisha Canon* has been kept at the Gest Library, Princeton University. ②

① The Princeton University Library Chronicle, Vol. 15, No. 3 (SPRING 1954), pp. 113 – 141
Published by: Princeton University Library
Stable URL: https://www.jstor.org/stable/26406952
Accessed: 05 – 03 – 2019 21: 21 UTC

② The East Asian Library of Princeton University keeps a complete set of the *Qisha Canon* 磧砂藏. It has 1479 works with 6014 *juan* 卷, totaling 5359 volumes in 561 *han* 函. See Qu Wanli 屈万里, *Pulinsidun daxue Geside dongfang tushuguan zhongwen shanben shuzhi* 普林斯顿大学葛思德东方图书馆中文善本书志, Taipei: Lianjing chuban gongsi, 1984, pp. 387 – 389.

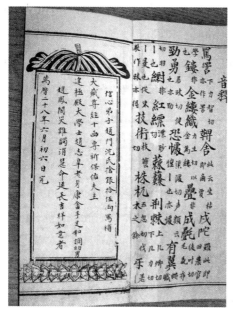

V. Conclusion

The study of distribution of the Buddhist canon is just a beginning. Three scholars, such as Nozawa Yoshimi, Zhang Dewei and Deng Shujun have taken pains to collect data on the distribution of the Buddhist canon throughout China. This work, in my opinion, seems to be a mission impossible unless one can find out the original record for printing and presenting to temples in various places throughout China. Now more than four centuries are gone, many copies of the canon were destroyed and scattered in various places. It is never an easy job to conduct a thorough investigation into all the extant copies of the *Yongle Northern Canon*. It does not mean that we need not go on with the investigation. On the contrary, the more temples we find that received the *Yongle Northern Canon*, we reach a better understanding of the distribution of the Buddhist canon that imperial court bestowed. The tables in which three scholars have listed the names of temples are likely to increase in the future when more copies are discovered in libraries and temples. For instance, a new set of the Buddhist canon was reportedly found in Yibin Museum in Sichuan 四川宜宾博物院 two years ago. The new discoveries will shed light into our map of the temples as well as the Buddhist canon.

The bestowal of Buddhist canon from the imperial court was certainly a great honor, a great prestige, and great glory. Considering thousands of Buddhist temples throughout China, only a tiny few number of temples could receive it-Deng Shujun's paper shows 147 temples. This figure is what Nozawa and Deng could have found in the records of gazetteers and other sources. The actual number could be 160 or more because three scholars probably did not use the *Zhongguo guji zong mulu* 中国古籍总目录(A general catalogue of Chinese Classic Books) or they did not investigate each extant copy of the Buddhist canon personally. At least I have found the following museums, libraries and temples missing in the list.

1. Yibing Museum，Sichuan 四川宜宾博物院.

2. University of Chicago.

3. Princeton University. [1]

4. Liaoning Provincial Library. [2]

---

[1] See Qu Wanli 屈万里, *Pulinsidun daxue Geside dongfang tushuguan zhongwen shanben shuzhi* 普林斯顿大学葛思德东方图书馆中文善本书志,Taipei: Lianjing chuban gongsi, 1984,389 - 390.

[2] The Princeton University collection and the Liaoning Provincial Library collection of the *Yongle Northern Canon* should come from the same temple. The colophons of both collections indicate that Wan Wei 万炜(1569 - 1644), brother-in-law of Emperor Ming Shenzong (r. 1573 - 1620), read both collections. One red slip of paper pasted on the volumes of Liaoning Provincial Library indicates that it belonged to the Cilong Monsastery 慈隆寺 which was close to Gulou 鼓楼 in Beijing. The colophon found in the Princeton University Collection indicates that the temple was located in Jintai fang 金台坊 where the Cilong Monastery was located. In a word, both collections belonged to Cilong Monastery before. Later, when the Buddhist temple became dilapidated, monks probably sold out those treasures.

5. Jagiellonian University.

6. Wuwei Museum，Gansu Museum 甘肃武威博物馆.

7. Biyun Temple，Beijing 北京碧云寺. ①

8. Yuanguang Temple，Kaicheng County，Pingliang Prefecture，Shanxi Province 陕西平涼府开城县圆光寺. ②

9. Peking University Library. ③

10. British Library. ④

This initial study on the distribution of the *Yongle Northern Canon* in Zhejiang may shed light on our understanding of the temples that were favorites of the imperial court. It will enhance our understand of the social

---

① Wuwei Museum keeps an incomplete set of *Yongle Northern Canon*. I found a seal stamp which shows that eunuch named Zhang You 张佑 was entrusted to bring the Buddhist canon to Biyun Temple in Xiangshan 香山碧云寺，western suburb of Beijing. The eunuch Zhang You's name is recorded in Chen Yunü 陈玉女 's book *Ershisi yamen yu Beijing fo si* 二十四衙门宦官与北京佛寺，p. 232. It remains a mystery why and how these 6265 volumes of the *Yongle Northern Canon* were brought to Wuwei，Gansu Province. Mr. Gao Yunkun 高云昆 showed me photos of a volume kept in Biyun Temple，Beijing and Miss Liang Jihong 梁继红，curator of Wuwei Museum，showed me some photos of the collection in Wuwei Museum. The photos demonstrate that they belong to the same set. The straight-line distance between Beijing ansd Wuwei is 1221 km. The staff members of Biyun Temple and Wuwei Museum did not know the case until I visited them. Further research is needed.

② Xie Jisheng 谢继胜，"Ningxia Guyuan Xumishan Yuanguang si ji xiangguan fan seng kao"宁夏固原须弥山圆光寺及相关番僧考，in *Pumen* 普门，18，(Nov. 2003)，pp. 1 - 29. http：//enlight. lib. ntu. edu. tw/FULLTEXT/JR-MAG/mag203215. pdf，accessed on April 29,2019.

③ Yang Fen 杨芬，"Fodian chongxian baozang zenghui：Beijing daxue tushuguan cang Yongle beizang shu lue"佛典重现 宝藏增辉 北京大学图书馆藏《永乐北藏》述略，in *Daxue tushuguan xuebao* 大学图书馆学报，No. 1,2016，pp. 82 - 94

④ The British Library claims that its collection of *Flower Garland Sūtra* (*Da fang guang fo hua yan jing* 大方广佛华严经) is part of a compilation of Buddhist teachings called the 'Northern Tripitaka' (*Beizang*). Judging by its front woodcut illustration and colophon in the imperial board 御牌，I suspect that it is an independent printing of the *Da fang guang hua yan jing* because I found the similar scriptures copied by Fu Xian 福贤. This *Da fang guang hua yan jing* was widely circulated. Quite a number of volumes are found in the Jagiellonian University Library. Some volumes were sold at Chinese auctions. They were carved in the seventeenth year of Yongle (1419). Therefore，the photo of the British Library should be an independent printing. Further examination is needed. See Craig Clunas and Jessica Harrison-Hall，*The BP Exhibition Ming：50 years that changed China*. London：The British Museum，2014，p. 217.

history of Buddhism in the Ming-Qing period. This work seems to have no end-as long as new discoveries are made, more libraries, museums, and temples will be added to the list.

The *Yongle Northern Canon* was not bestowed to foreign countries. Thanks to Professor Marcus Bingenheimer and Professor Struve Lynn, their works remind us of the story that some Ming loyalists almost sold the copy kept at Fayu Temple to Japan, fortunately, they brought it back. But unfortunately, many sets have been either destroyed in wars or in natural disasters in the past five centuries.

The twenty temples in Zhejiang that were bestowed with the *Yongle Northern Canon* demonstrated their positions in the eyes of both imperial court and local people. It seems that the imperial court would bestow the precious canon to temples that were most popular and well-known. We may work out the locations of these temples, but still have a long way to go to work out why they were able to get the canon. Qizhen Temple obtained a set of *Yongle Northern Canon* due to Zhao Zhigao's efforts and his special connection with the empress. Such a case of "going through back-door" to obtain a special gift as the Chinese would put it was rare but occasionally occurred. We need to know more about the impact of the canon in their respective areas, and social festivals related to the Buddhist canon, such as the sunning of the canon on the sixth day of the sixth month, lunar calendar, each year. As we go deep into the study, we may find more questions and deepen our understanding of the canon.

Bibliography

Bingenheimer, Marcus. *Island of Guanyin*. New Haven and London, Yale University Press, 2016.

Chen Yunü 陈玉女, *Ershisi yamen yu Beijing fo si* 二十四衙门宦官与北京佛寺, Taipei：Ruwen chubanshe, 2001.

Chuandeng 传灯 et al. , *Tiantaishan fangwai zhi* 天台山方外志, see Bai Huawen 白化文 and Zhang Zhi 张智, *Zhongguo fo si zhi congkan* 中国佛寺志丛刊, Volume 81, Yangzhou：Guangling shushe, 2006.

Clunas, Craig and Jessica Harrison-Hall, *The BP Exhibition Ming：50 years that changed China*. London：The British Museum, 2014.

Da Zhaoqing lü si zhi 大昭庆律寺志, Bai Huawen 白化文 and Zhang Zhi 张智, *Zhongguo fosi zhi congkan* 中国佛寺志丛刊, Volume 71, Yangzhou：Guangling shushe, 2006.

Deng, Shujun 邓淑君, *Mingdai guanban fojiao dazangjing Yongle beizang kanyin yu banci yanjiu* 明代官版佛教大藏经《永乐北藏》颁赐研究, MA thesis, Taiwan National Normal University, 2017.

Guangxu Lanxi xianzhi 光绪兰溪县志, Taipei：Chengwen chubanshe youxian gongsi, 1966.

Lynn, Struve. *Voice from the Ming-Qing Cataclysm：China in Tigers' Jaw*. New Haven：Yale University Press, 1993.

Ming ji shiliao congshu 明季史料丛书, Shengzeyuan, 1934.

Qu Wanli 屈万里, *Pulinsidun daxue Geside dongfang tushuguan zhongwen shanben shuzhi* 普林斯顿大学葛思德东方图书馆中文善本书志, Taipei：Lianjing chuban gongsi, 1984.

Shen Yiji 沈翼机, et. al. , *Zhejiang tongzhi* 浙江通志, *juan* 232, https://zh. wikisource. org/zh-hant/浙江通志_(四库全书本)/卷 232.

Silk, Jonathan. "Notes on the History of the Yongle Kanjur", in *Indica et Tibetica*. Swostta：-Odendorf, 1996.

Song Kuiguang 宋奎光, *Jingshan zhi* 径山志, Hangzhou：Jingshan chan si, 2016.

Wang Hengyan 王亨彦, et al. *Putuo luojia xinzhi* 普陀洛迦新志, in Bai Huawen 白化文 and Zhang Zhi 张智, *Zhongguo fo si zhi congkan* 中国佛寺志丛刊, Volume 82, Yangzhou：Guangling shushe, 2006.

Xie Jisheng 谢继胜, "Ningxia Guyuan Xumishan Yuanguang si ji xiangguan fan seng kao"宁夏固原须弥山圆光寺及相关番僧考, in *Pumen* 普门, 18, (Nov. 2003), pp. 1 - 29. http://enlight. lib. ntu. edu. tw/FULLTEXT/JR-MAG/mag203215. pdf.

Yang Fen 杨芬, "Fodian chongxian baozang zenghui：Beijing daxue tushuguan cang Yongle beizang shu lue"佛典重现 宝藏增辉 北京大学图书馆藏《永乐北藏》述略, in *Daxue tushuguan xuebao* 大学图书馆学报, No. 1,2016.

Yoshimi, Nozawa 野沢佳美, "Mindai hokuzō kō 1：kashi jōkyō o chūshin ni"明代北藏考(一)：下賜状況を中心に, *Risshō daigaku bungakubu ronsō* 立正大学文学部论丛 117(2003), pp. 81 - 106.

Zhang, Dewei, *A Fragile Revival：Chinese Buddhism under the Political Shadow*, 1522 - 1620, Ph. D. dissertation, the University of British Columbia, 2010.

Zhang Dewei, "Where the Two Worlds Met：Spreading a Buddhist Canon in Wanli (1573 - 1620) China", in *Journal of Asiatic Society*, Volume 26, Issue 3, July 2016.

Zhang Tingyu et al 张廷玉, *Mingshi* 明史, Beijing: Zhonghua shuju, 2011.

Zhejiang sheng Taiping xianzhi 浙江省太平县志, Taipei: Chengwen chuban youxian gongsi, 1984

Wu Zhijing and Hangzhou Buddhism

Philip Wei-li Hsu

(University of California, Los Angeles)

1. Introduction

Wu Zhijing 吴之鲸(d. u. ; 1609 *jüren*) was a late Ming literati who died in office shortly after passing the *jüren* examination and had just begun his career as a lower-rank local official in Jiangxi. During the late Ming period，Wu completed the gigantic compilation known as the *Wulin Fanzhi* 武林梵志，a gazetteer chronicling at least 426 known Buddhist monasteries in the city of Hangzhou. He also coupled this record with brief biographies of Buddhist figures and notable laymen. If not for his writings on these monasteries—a topic indirectly related to his background and training—Wu would likely have disappeared to history as a minor figure，one lost in the sea of names and only numbered among those who successfully passed their examinations after multiple attempts throughout their lives. But his collected works stand as an important historiographic achievement and rich literary repository of informa- tion on classical Hangzhou. However，despite Wu's significant written output，historians and literary scholars alike largely overlook his contribution to both Chinese history and literature，yet his text remains an indispensable resource for accurately representing this period, as well as for accounting for critical developments in the spread of Buddhism in Hangzhou at the time. Wu's collected works, the *Yaocaoyuan chuji* 瑶草园初集 (First Compilation of the Jasper Garden), also serves as a significant account of his prolific life. [1]

Wu is perhaps luckier than many of his cohort in that some of his written work has been well preserved and was likely widely read, cited, and discussed during his life and even long after his death. In this sense, Wu's literary achievement is extraordinary, albeit wholly unexpected. Additionally, the nature and structure of Wu's text itself is significant to the modern scholar's understanding of the late Ming and the importance of this work. The *Wulin Fanzhi* reads like a work comparable in style and scope to Yang Xuanzhi's 杨炫之 (fl. 5th c.) *Luoyang Qielanji* 洛阳伽蓝记 (Records of Monasteries of Luoyang), a gazetteer about famous Buddhist monasteries in the 6th century Northern Wei capital Luoyang, and composed nearly one thousand years prior to Wu's collection. Preliminary observations reveal that Wu must have read Yang's records on Luoyang monasteries and imitated its structure. Traditionally, the "monastic gazetteer" stands as its own literary genre, yet it seems the structure and writing style may vary based on the scale of the temples being covered and the author's personal preferences.

Therefore, it is noteworthy that readers endured an entire millennium after Yang's text before another author would systematically compile and publish information about the Buddhist monasteries of a major Chinese city. Susan Naquin mentions in her study on temples and city life in Beijing that tourist literature developed in the late Ming, and this point is perhaps relevant

---

[1] This work's digital version is searchable on the National Digital Library of China (Zhongguo Guojia shuzi tushuguan 中国国家数字图书馆), accessed September 14, 2018. Wu Zhijing's disciple (*menren* 门人) Xu Rijiu 徐日久 (1610 *jinshi*) supported Wu to compile this work.

to understanding the literary trends of the time that may have influenced Wu's historiographical style and the aesthetic momentum prompting the completion of his work. [1]

In the centuries prior to Wu's work, Hangzhou was a hub of Buddhist monasteries with support from the Wuyue 吴越 regime (907 - 978); after the fall of Northern Song (960 - 1127), the Southern Song (1127 - 1279) court continued to cultivate an increasingly close relationship between the state and Buddhist temples. Later, Buddhism's development suffered during the late Yuan period, yet subsequently resurged during the Hongwu 洪武 (1368 - 1398) period of the Ming, providing a cultural landscape that would support Wu's literary indulgences as he catalogued the monasteries and explicated their relationship with the city. A thorough investigation of Wu's life and the content, usage, and readership of *Wulin Fanzhi* provides evidence that this gigantic work presents his love for his hometown, which motived him to become an avid local tourist and nostalgic writer of local affairs. This, in turn, made him an authority of Hangzhou's geographic history and a reliable informant of Buddhism of the Hangzhou region.

In this sense, *Wulin Fanzhi* is an important, officially recognized, and widely cited reference-level book. However, scholars routinely overlook its major purpose and original concerns. The reason for this is that the most popular version of the text—the *Siku* edition of the book—does not include any preface written by Wu or any one else that introduces or explains the purpose of this work. The *Siku* edition dismisses the prefatory material and presents the work as a catalogue and reference text only. It is, however, necessary to interrogate the motives behind Wu's dedication to archiving the Buddhist

---

[1] Susan Naquin, *Peking: Temples and City Life*, *1400 - 1900* (Berkeley: University of California Press, 2000), 250.

monastic records of his hometown. Furthermore, it is also important to explore Wu's intended readership by unpacking his life's trajectory, his selections, and writings on Buddhist monasteries. Investigating Wu's written works toward these ends rewards readers with a more comprehensive understanding of the man and his literary milieu, details germane to the nature of monastic life in Hangzhou, as well as a clearer idea of how historiographic narrative informs historical and cultural imagination. In order to answer these questions, looking into the structure of the work and identifying the major differences among this text and contemporaneous monastic gazetteers is essential. The following study traces the lineage of the monastic gazetteer genre, arguing that modern scholarship ought to distinguish two types of gazetteers: those written about the temples of a location, and those written about the temples *as* the location. The case of *Wulin Fanzhi* provides positive textual evidence supporting these criteria.

2. Wu Zhijing: The Author and His Life

Since there is currently no comprehensive biography on *Wulin Fanzhi*'s author Wu Zhijing, reconstructing Wu's life relies primarily on information drawn from his overlooked collected works and other records from his friends, such as Feng Mengzhen 冯梦祯(1548 – 1605) and Huang Ruheng 黄汝亨(1558 – 1626). The era in which Wu was active is also when Buddhism was experiencing a restoration led by eminent monks such as Yunqi Zhuhong 云栖株宏 (1535 – 1615) and Hanshan Deqing 憨山德清 (1546 – 1623), and a number of temple gazetteers were published during this time period, notably the *Jingshan Zhi* 径山志 (Temple Gazetteer of Mt. Jing).[①] These accounts, read against other local gazetteers, allows for a deeper understanding of Wu as a local elite and clarifies the background of what perhaps stimulated him to compose his gigantic work. The historical trajectory in which Buddhism developed over the years, with Buddhist monks interacting with local magistrates and laymen, created a positive atmosphere for Buddhist activities to thrive, especially around the Hangzhou area.

Wu Zhijing was widely regarded as "Wu Bolin of Wulin" 武林吴伯霖, which indicates that he was born and spent most of his life in Hangzhou. His mother, Madam Sun Wanyan 孙婉言(1535 – 1596), was from a notable family from Longmen 龙门, southwest of Hangzhou. When she was sixty years old, Wu's friends celebrated her birthday and wrote about her story: these writings also mention a little about Wu's character and education. In Yu Chunxi's 虞淳熙(1553 – 1621; 1583 *jinshi*) piece, Madam Sun was the first person who taught Wu how to read history books. She was also good at mathematics; therefore, after marrying Wu's father, she came up with an idea of imitating one of Confucius's main financial supporters and disciples, Zigong 子贡, and tried to make money by doing business at Songjiang 松江, northeast of Hangzhou.[②] The family business was successful, but rather than continuing to accumulate money, she decide to purchase books. Wu grew up in this atmosphere and began to enjoy reading when he was young. He then "started to write compositions when he was nine, read his mother's history book collections when he was ten, and started to study under his two uncles."[③] In Yu's words, Wu's mother's support is the key influence refining Wu into a

---

① See an account mentioning Wu's interaction with Zhuhong: *Yaocaoyuan chuji*, 1: 10a – 11a.
② *Yu Deyuan xiansheng ji* 虞德园先生集, 9: 39b – 42a.
③ *Yu Deyuan xiansheng ji* 虞德园先生集, 9: 39b – 42a.

well-known scholar. This is, of course, a retrospective look at Wu's academic life, explaining Wu's family background and his mother's substantial role in his education and in cultivating his skills to become a future scholar.

Unfortunately, Madam Sun passed away within a year of her sixtieth birthday. Wu Zhijing was deeply saddened and wrote an account of her. This work also reveals first hand material on Wu's family history. [1] After three years of mourning his father's (1527 – 1582) death, Wu worked as a stipend student (linsheng 廩生) and started his career toward taking the examinations; during his mother's later years, Wu had already failed the exam four times. His mother started to worry about him, as he was the only son of the family and she was getting old, and Wu regretted that he did not do well in the examinations. Wu had been married two times, and at this point in his mother's life, the only aspect he could use to console her was that he only married women who were from Confucian-taught families. This comforted Madam Sun to a degree and appeased the side of her that yearned for her son to closely align himself with Confucian-learning. Madam Sun started life as one who did not appreciate Buddhism, yet she began to chant multiple Buddhist scriptures after the passing of her husband. It was at this time that Madam Sun began to have interactions with Buddhist Bhikshunis. Perhaps Buddhism also began to pique Wu's interest during his mother's later years. As a Buddhist layman in Hangzhou, he wrote commemorative works for monasteries in the city, and wrote a epitaph for Yueming Qinggao 月明清杲 (d. u.), an overlooked Chan master who shared a reputation with Zhenxie Qingliao 真歇清了(1088 – 1151). [2]

As a scholar, Wu wrote and published a number of works. Based on the

---

① *Yaocaoyuan chuji*, 5: 94b – 105b.

② *Yaocaoyuan chuji*, 7: 21a – 23b.

list of local publications in the local gazetteer of Hangzhou Prefecture (1694),
Wu published collected works of his own, titled *Wu Bolin Wenji* 吴伯霖文集,
but this is now lost. [1] This is perhaps the key publication in which Wu's
literary works were compiled. Without this collected work, one can only access
Wu's life via other writings, especially by those of his friends. For example,
Huang Ruheng wrote a preface for *Wu Bolin Wenji* in which he openly praises
Wu, claiming that his talent even "exceeds me, though he still promotes me
due to sharing the same 'rotten-taste' with me". [2] Huang subsequently
mentions that Wu is "unfortunately lurking in a dim and sorrow state…yet still
avidly exploring numerous books and discussing and discerning them in
detail". This is possibly a hint that could lead readers to understand that Wu
was at the time still struggling with how to pass the civil examination. But
Wu, based on Huang's following words, had already become a notable
teacher, versed at teaching the classics, explaining "all the words within a
sentence of previous writers". Regardless of Wu's failures as an examinee, his
cohort of friends had already widely recognized his achievement as a well-
established scholar. Huang, who passed the *jinshi* examination early in 1598,
at the end of his preface wrote "I would rather stay together with Bolin (Wu),
closing and locking the door, sharing with each other the simplicity of being
fameless". This is, of course, a subtle way to express that Wu is not as
famous as he was, though Huang himself does want to express empathy for
Wu as an underappreciated scholar and failed examinee.

In another preface written for Wu's missing anthology, the *Langge Cao*
朗阁草, the writer Chen Jiru 陈继儒(1558 - 1639), himself a notable literati,
presented Wu as a local elite who was known for his diverse ability and

---

[1] *Hangzhou fu zhi* 杭州府志(1694),38: 17b. However, *Yaocaoyuan chuji* could be part of this *wenji*.
[2] *Yulin ji* 寓林集 7: 29b - 30a.

chivalrous character: "Wu enjoys reading, and was especially known for his mastery of the classics (*jing* 经); he teaches without talking, and conducts without being serious." This teaching style attracted hundreds of followers (some of them came even as far as Jiangxi prefecture), and many among those later became well recognized. In Chen's preface, he also mentioned that once someone jokingly asked why would Wu "willingly be a scholar of the classics"? Wu wittily punned on the synonymous graph for *jing* and replied, stating classics are like the stellar (*jingxing* 经星) in the sky (which does not move), boundaries (*jingjie* 经界) on the ground, and meridians (*jingluo* 经络) of human-beings; everything would be chaotic without the *jing*. [1] Chen concluded that Wu's ultimate goal is to *yitianxia* 易天下 (change the world) through studying the classics, and he wholeheartedly supported this approach.

In another piece celebrating Wu's mother's sixtieth birthday, Chen Jiru again, praises Wu as the "leader (*jijiu* 祭酒) of classics studies in the association". [2] This entails that both Chen and Wu were members of a larger association (*she* 社) in which members gathered occasionally and sometimes traveled together, made poems, or had parties. The association: Xiaozhu She 小筑社 was an group formed in 1598 along West Lake, one of the major scenic sites in Hangzhou; however, compared with other concurrent associations, the members of this association focused more on passing the examinations (just like Wu did), which made them less active and notable than other contemporaneous associations, such as Fushe 复社, that were more connected to progressive political activities.

Wu indeed struggled with the examinations over a long period of time.

---

① *Chen Meigong ji* 陈眉公集 7: 12b - 13b.
② *Chen Meigong ji* 13: 22b - 24b.

There are some writings related to Wu and examination skills. [1] He once wrote to Sun Kuang 孙矿 (1543 – 1613; 1574 *jinshi*), a famous and prolific scholar official, in the early 1600s asking about examination skills. Sun's reply is not the only one that he sent to Wu, but perhaps the one most related to his views on examination preparation. Sun said that he "did not read your (Wu) recent work but (just) the ones that you wrote ten years ago", which entail that Wu had been working on improving his writing skills over the past decade. Sun later goes into detail, saying that Wu's eight works (*bashou* 八首) regarding his interpretation on the *Analects* was insightful and "obtain the essence of the current trend but the deepness surpasses ten times that of other current works". Sun praised Wu's improvement regarding his composition skills for the examinations and said he wished to meet and discuss with Wu about art at a scenic place as soon as possible. Even though this is a standard polite letter, Sun's reply to Wu is indeed an encouraging one, he also ends with a self-effacing tone that his experience from thirty years ago is perhaps not as useful to Wu at that moment.

Another preface written by Xu Yunlu 徐允禄 (d. u.), a Jiading 嘉定 county native, analyzed the *zhiyi* 制义 that Wu wrote to prepare for the examination. [2] *Zhiyi* is another way of saying *baguwen* 八股文 (Eight-legged essay). From Xu's preface, Wu's seems to fail the 1595 and 1598 examinations due to the change of his writing style, he often "opens the writing style though other people gain the essence of it". Xu mentions that Wu constantly develops new styles of writing and had changed three times over time. This implies that although Wu's style was always "ahead of his time", it was unfortunately

---

① *Juye cibian* 居业次编 3: 43a – 44a.

② *Simianzhai ji* 思勉齐集 6: 12b – 13b.

never "on time". Xu and Wu met nearly two decades later when Wu had just finished compiling his *Yaocaoyuan ji* 瑶草园集(Collected works of jasper plant garden), and Wu decided to place Xu's afterthought of reading it as the preface of this smaller book. [1] This decision perhaps shows that Xu's observation accurately captures Wu's change of writing styles in the past and his fate of continuously preparing for passing the examinations over the years.

Renowned scholars like Huang Ruheng and Chen Jiru who were friends with Wu during that time wrote most of the extant records related to him, which present Wu's multifaceted interests and his charismatic personality. Nevertheless, these records rarely mention Wu's connection with Buddhism, not to mention his work on Hangzhou Buddhism. One of the limited records of Wu's connection with Buddhism and his work appeared in Yu Chunxi's commemoration written for renaming one hermitage that Yu restored.

In 1578, Yu built a *chanshi* 忏室 (repentance room) on the old spot of the previous hermitage named "prolonging life" (*yanshou* 延寿), and invited one Buddhist monk, Shaojue Guangcheng 绍觉广承 (1560 - 1609), who once studied under Yunqi Zhuhong, to be the abbot of the new hermitage. Shaojue therefore consulted some people who once visited this new place, including Tu Long 屠隆 (1543 - 1605;1577 *jinshi*) and Wu Zhijing. [2] Both of them provide name suggestions but Shaojue was more pleased with Wu's "Lotus Residence" 莲居 since "lotus" also indicates to Shaojue's master, Yunqi's other dharma name, Lianchi 莲池(Lotus Pond). Therefore, the hermitage was renamed into "Lotus Residence"; and since Wu named it, not only Yu wrote this story in the commemoration, Wu also wrote a detailed story of Shaojue and his hermitage in his *Wulin Fanzhi*. This is one of the limited records on Wu and his book.

---

① The "First Collection" that this article is citing was probably part of this larger compilation.
② *Yu Deyuan xiansheng ji*, 7: 18b - 20a.

Based on Yu's writing, it is noticeable that Wu's friends were aware that Wu had been working on a book on Buddhist monasteries for a while. Since Shaojue died in 1609 and Wu continued to write on the hermitage's history,[①] it seems that Wu kept on revising his work even after passing the examination, which made him a *juren*.

However, rather than objectively listing each Buddhist monastery's history and biography of Buddhists and literati, it seems that there is not as much "personal voice" of Wu within the *Wulin Fanzhi*, yet by looking into how Wu arranged the gigantic amount of information related to the Buddhism of Hangzhou, this sufficiently demonstrates his breadth of scholarship and mastery of historiography, which validates his scholarly achievements as a historian, in addition to his reputation as a teacher of the classics. Wu's organization of the structure of *Wulin Fanzhi* usefully illustrates his ability as an active scholar and researcher.

3. The Versions and Implications of *Wulin Fanzhi*

Although Wu also composed several collections of poems and essays, which show his wide range of interest and capability, *Wulin Fanzhi* is Wu's most notable work. This text was later included in the category of geography (*dili* 地理) in the imperial *Siku Quanshu* 四库全书 (Four Treasures of the Emperor) during the Qianlong 乾隆 period (1735 – 1795). The *Siku* edition is not the only extant version but it is perhaps the most widely read version of the book. Currently, there are multiple versions of *Wulin Fanzhi* preserved in

---

① *Wulin Fanzhi*, 1: 19a.

both printed and manuscript forms, indicating that this work was somehow influential and its readers perceived it as a useful guidebook to Hangzhou geography and/or Buddhist mona-steries around the Hangzhou area. ①

There is a late Wanli version published right after Wu passed the *jüren* examination, which contains two prefaces written by Wu Yongxian 吴用先 (1592 *jinshi*) and Wu Zhijing himself. However, if we compare the Wanli version and the *Siku* version, Wu Yongxian's preface in front of the Wanli version has been removed and Wu Zhijing's introductory preface has been divided into several parts, rearranged and placed in front of each category as an introduction to the information. The *Siku* editors excised *Wulin Fanzhi* from the social context of the book's production and turned it into a work fitting their prescribed geography category.

In the Wanli version *Wulin Fanzhi*, Wu mentioned that the two major goals of this book, "one is to record the prosperous lives were nourished and cultivated by past sages; one is to record the changing generations to which customs ought to consult"一以纪生齿阜繁,往哲休养培植之所由致;一以纪时代隆替,观风问俗之所必资. ② In the *Siku* version, this preface by Wu himself was removed or reorganized due to unknown reasons, the *Siku* compilers instead deemed *Wulin Fanzhi* a useful sourcebook for correcting the various topics related to Hangzhou Buddhism, mentioning that "not only can this book add up to facts related to Buddhist monasteries, it can also correct chatting misinformation". In this way, the *Siku* compilers treated *Wulin Fanzhi* as

---

① There are now three extant versions of *Wulin Fanzhi*, in addition to the *Siku* version, Peking University Library collects a manuscript version. Both Shanghai Library and Zhejiang Library collects a Wanli printed version. Zhejiang library also holds a printed version dated 1927.

② *Wulin Fanzhi* (1612), preface.

a sourcebook for "leisure talk". This concern served as the reason that the compilers rearranged the book into this new fashion.

4.1   The Structure and Content of *Wulin Fanzhi*

While the numbers of subjects are quite different when discussing *Wulin Fanzhi*, a gazetteer on multiple monasteries and a gazetteer focusing on an individual monastery, presenting the minor differences of how the compilers structured issues concerning the major characters of a group of monasteries, as opposed to a single monastery, is still a valuable exercise. The major issue of the *Siku* version of *Wulin Fanzhi* is that there is no preface at the beginning of the book for readers to understand the purpose of this work. In the Wanli version, Wu Yongxian wrote the preface. [①] This preface was omitted in the *Siku* version, perhaps due to Wu Yongxian's position as a Director-general of Liaoji 辽蓟 dealing with the Manchus during the 1620s. Wu Zhijing himself wrote an "abstract" for the Wanli version and this writing was collected in his collected works as the preface of the book, dated 1612. [②] *Wulin Fanzhi* rather became an important reference for later writers and historians to trace Buddhism's development during Wu's era and its character appeared as a gazetteer with dual themes, including the Hangzhou local landscape and the history of Buddhist monasteries.

Wu summarized the information into six cases (*liuze* 六则) including title names (*e'ming* 额名), history (*yan'ge* 沿革), scenes (*mingsheng* 名胜), monuments (*guji* 古蹟), figures (*renwu* 人物), and inscribed works (*tiyong* 题咏); furthermore, he filed this information into four categories: "Support from the Court" 天朝宠锡, "Protection by the Magistrates" 宰官护持,

---

① Wulin Fanzhi (1612), preface.

② Wulin Fanzhi (1612), preface.

"Patriarchs and Opportunities" 古德机缘, and "Achievements (of Hangzhou) over the years" 历朝勋绩. These four parts cover different aspects of Buddhist monasteries and Hangzhou local histories. The major portion is still the monasteries themselves, and Wu collected and provided the historical background and the social connections—both religious and secular—of the monasteries by introducing notable figures and their contributions to specific monasteries. In short, the major significance of *Wulin Fanzhi* is that it presents Wu Zhijing's personal interests in comprehensively archiving local monasteries. This work sheds light on the local elite's role in preserving Buddhist records, and how they understood Buddhist institutions and figures during this time.

Wu states at the beginning of his book that he followed the structure of the three previous Hangzhou related gazetteers, listing Xianlinsi 仙林寺 as the first monastery. This is perhaps because the Ming court established the Senggangsi 僧纲司 (Prefectural Buddhist Registry)—the agency monitoring Buddhist monks—at this monastery. [1] Wu used around half—six fascicles—of his work offering a general overview of the Buddhist monasteries inside and outside Hangzhou city: the first fascicle is on Buddhist monasteries within the Hangzhou city compound (*chengnei Fancha* 城内梵刹); the following two sections are about the monasteries outside the city wall (*chengwai* 城外) and in the southern side (*nanshan fenmai* 南山分脉); then one on the north side monasteries (*beishan fenmai* 北山分脉; where most notable monasteries reside); the last one is on monasteries in the seven surrounding counties of Hangzhou (*wai qixian fancha* 外七县梵刹).

---

[1] *Wulin Fanzhi*, 1: 1b.

Table 4. 1. 1   Construction (*jian* 建) *

Construction	Urban Hangzhou (fascicle 1)	Southern Mountains (fascicle 2 and 3)	Northern Mountains (fascicle 4 and 5)
Tang or Pre-Tang	15	1+3=4	15+7=22
Wuyue	9	11+8=19	14+11=25
Northern Song	4	12	8
Southern Song	15	9	27+3=30
Yuan	4	5	9
Ming	1	4+6	20+3=23
No data/Not mentioned	11	15+4=19	34+19=53

* This table (and the following two) does not include the detailed numbers of the monasteries in the "surrounding counties of Hangzhou" as information is relatively limited than the ones given in previous five fascicles.

From the statistics of construction dates mentioned above (table 4. 1. 1), there were more monasteries established outside of Hangzhou city than inside it. This is mainly due to limited city space. Most of the monasteries with construction dates reflect that although a certain amount of monasteries were established during or before the Tang, a number of monasteries were built during the Wuyue period, especially in the Northern Mountains, some of which were supported by powerful and privately funded families.

For example, based in Hangzhou, the Qian family 钱氏 of Wuyue was a local regime (or semi-autonomous principality) in south China during the Five Dynasties that tirelessly promoted Buddhism and from which flourished a huge number of Buddhist temples. [1] Later, Hangzhou arguably became the center of Chinese Buddhism in the Jiangnan 江南 area. Prominent Buddhist monasteries appealed for patronage, and subsequently continued to attract monks (some

---

[1] Albert Welter, *The Meaning of Myriad Good Deeds: A Study of Yung-ming Yen-shou and the Wan-shan t'ung-kuei chi* (New York: Peter Lang, 1993), 24 - 32.

from Korea) and pilgrims to visit. This background perhaps founded the basis of future Buddhist development, particularly when the Song court finally settled in Hangzhou after fleeing from the north. Buddhism's "revival" in the late Ming period is also reflected in this table: quite a few new monasteries were established during the Ming time, remarkably in the Wanli period, during which Wu Zhijing was active. Even though the *Siku* compilers stated that Wu was "afraid these monasteries would eventually disappear", and this is the reason he started to visit and collect information on them,[①] there is actually limited description regarding how Wu started this giant project. One possible assumption is perhaps Buddhism' revival in Hangzhou during the Wanli period drew Wu's attention to collect and sort out information on monasteries in and around the city. Wu wrote extensively on Zhuhong's contribution to Buddhism in Hangzhou, including Yunchi monastery that Zhuhong revived, and the hermitage that he established for his wife before he became a monk caught Wu's eye.

Although an increase or decrease in the number of monasteries does suggest general development in this time period, there is still a difference between larger places such as *si* 寺 (monastery) or *yuan* 院 (cloister), and smaller places such as *an* 庵 (hermitage or hut) or *tang* 堂 (hall). In Wu's investigation of Hangzhou monasteries, some smaller monasteries were built next to larger monasteries, and some smaller hermitages were built on a ruined monastery's previous site. Wu inevitably understands these sites from a Ming perspective; therefore, although smaller hermitages are massively built whether on previous sites of ruins or newly constructed, Wu mostly records them as "new constructions" rather than "rebuilt". The hermitage's scale is

---

① *Wulin Fanzhi*, abstract.

generally relatively smaller, and is for a smaller group of monks or nuns to practice. Compared with larger monasteries where more clergies can live together, the fact that more of the smaller hermitages were established implies that more clergies were carrying out their practice separately or even individually.

Table 4.1.2　Disruption (*hui* 毁)

Disruption	Urban Hangzhou (fascicle 1)	Southern Mountains (fascicle 2 and 3)	Northern Mountains (fascicle 4 and 5)
Tang or Pre-Tang	—	—	—
Wuyue	—	—	1
Northern Song	—	1	1+1=2
Southern Song	—	6	4
Yuan	23	10+4=14	37+5=42
Ming	4	4+2=6	5+4=9
No data/Not mentioned	29	36+17=53	83+35=118

After the establishment of the monastery, there are multiple factors that could harm the monastery: fire, flood, war, or simply no clergies appointed and staying, which would easily make the monastery insolvent. Wu's investigation reveals that some monasteries did decay or were destroyed. A number of them were fortunate enough to get restored, while others were not. Wu Zhijing lived in a period when more monasteries were being restored; therefore, he unsurprisingly would want to trace their histories in order to learn when were they destroyed.

Compared with other time periods, the late Yuan period, particularly the Zhizheng 至正 (1340 – 1368) reign, appears a lot in Wu's book as most of the disasters—warfare and destruction—occurred during this time and damaged a huge number of Buddhist monasteries. Many of these monasteries, in Wu's words，were soon restored during the Hongwu period，and a number of them were restored during Wanli，the time in which he actually witnessed their restoration. It is noteworthy，then，that it was mostly the court that conducted the restorations during Hongwu，while magistrates or capable monks conducted restoration projects based on donations from common people in later times.

Table 4.1.3   Restoration (*chongjian* 重建)

Restoration	Urban Hangzhou (fascicle 1)	Southern Mountains (fascicle 2 and 3)	Northern Mountains (fascicle 4 and 5)
Tang or Pre-Tang	—	—	—
Wuyue	—	—	—
Northern Song	1	—	1+1=2
Southern Song	6	3	2+2=4
Yuan	1	8	3
Ming	37	23+8=31	55+11=66
No data/Not mentioned	14	23+15=38	72+31=103

Based on Wu's investigation，many monasteries were granted plaques (*ci'e* 赐额) or renamed during the Song Dynasty，especially in Northern Song，during Dazhong Xiangfu 大中祥符 (1008 – 1016)，Zhiping 治平(1064 – 1067)，or Qiandao 乾道 (1165 – 1173) in the Southern Song period. This means the court protected the monasteries after granting them official recognition. But when it comes to the "restoration" of a monastery，only a limited number of monasteries were privileged to receive financial support from the court，while in most cases monks restored monasteries in Hangzhou. Wu intentionally focused on the revival of Buddhism through emphasizing the restoration of Buddhist monasteries of Hangzhou during the Ming period. Many monasteries were burnt down (*hui* 毀) or turned into barracks when the troops of Zhu Yuanzhang's rival Zhang Shicheng 张士诚 (1321 – 1367) controlled Hangzhou.

After the establishment of the Ming，monasteries in the city domain particularly received extensive support from the court，and a group of them were turned into *conglin* 丛林 (also meaning monastery) in 1391.

4.2 "The Five Mountains" and *Wulin Fanzhi*

Perhaps one phenomenon worth noticing is that during the reign of Emperor Ning of the Southern Song（r. 1195 – 1224），Shi Miyuan 史弥远 (1164 – 1233)，an influential prime minister originating from Ningbo 宁波，a port city southeast of Hangzhou，suggested the emperor establish a Buddhist administration called the *Wushan Shicha* 五山十刹（Five Mountains and Ten Monasteries)，indicating five larger monasteries and ten smaller ones. Three of the "Five Mountains" are in Hangzhou：Jingshansi，Lingyinsi 灵隐寺，and Jingcisi 净慈寺；and two others：Tiantongsi 天童寺 and Ayuwangsi 阿育王寺 are in Ningbo. [①] These five remain the same，while the list of the "Ten Monasteries" changed over time. But most of them were basically around the Hangzhou-Ningbo area. Interestingly，there seems to be no official record clearly describing how this system was established，neither is there a description in Emperor Ning's chronologies.

Most of the descriptions of this system came from epitaphs of notable monks written by Huang Jin 黄溍（1277 – 1357），a notable scholar official during late Yuan，and Song Lian 宋濂（1310 – 1381），Huang's main disciple and a notable scholar during the Yuan-Ming transition，who also served as one of the main statesmen of Zhu Yuanzhang 朱元璋（1328 – 1398），Ming's founding emperor（hereafter Ming Taizu). Both Huang and Song are，not

---

① See：Huang Minzhi，*Songdai Fojiao shehui jingji shi lunji* 宋代佛教社会经济史论集（Taibei：Xuesheng shuju，1989)，313 – 317.

surprisingly, among the list of Wu's "Protectors of the Dharma."[1] Huang and Song's writings show that the system was active during late Song to late Yuan as the Mongols apparently adopted it and revised it in their own terms, but after the establishment of the Ming, discussions on the "Five Mountains and Ten Monasteries" became dramatically less prevalent. Restrictions on Buddhism and other religions had a strong connection due to policy change ordered by Ming Taizu during the Hongwu period, which also caused notable Buddhist institutions such as "Five Mountains" to become not as active as before.

The reason of the "Five Mountains and Ten Monasteries" left blank in Song and Yuan official records remains unknown, but the monasteries among the list became the highest officially-certified monasteries: abbots needed to be appointed by the court, which made the monasteries the ideal place for a number of Buddhist monks to enter and study; not to mention becoming an abbot of one of the mountains or monasteries itself is an important honor for a Buddhist monk. Traveling monks from Japan soon introduced and promoted this system back in Japan, and the notable "*gozan*" ("Five Mountains" in Japanese) thereby established in the late 14th century and lasted until later political reigns. As for records related to this system during the Ming, most of them appeared in late Ming *biji* 笔记 (collected works), a popular writing in which the author writes an entry on this system and its possible origin. Whereas many of them are not as reliable and were widely treated as information for "leisure talk", Wu as a late Ming author also introduced the "Five Mountains" in his book on Hangzhou monasteries.

Wu directly mentions "Five Mountains" several times in his book. One example is in the entry of the Jiqing Jiangsi 集庆讲寺, which was first

---

[1] *Wulin Fanzhi*, 8: 45a – 45b; 50a – 51a.

established by Emperor Li's concubine Yan as a merit monastery (*gongde yuan* 功德院), a privately donated monastery lead by family appointed abbots. [1] The court extensively supported Yan's monastery through granting plaques (with the emperor's calligraphy) to each of the monastery's buildings. The monastery later started to exploit the timbers around the area, and even areas around the tombs of previous meritorious statesmen and generals could not be exempted. Wu described that the monastery "thereafter accumulated more favor from the court that even the 'Five Mountains' could not receive"其后恩数渐隆,虽御前五山亦所不逮. As Wu mentioned, someone even wrote a short poem to satirize Yan:"Even Jingci (si), Lingyin (si) and the Three Tianzhu(s), are not as face-loving as concubine Yan"净慈灵隐三天竺,不及阎妃好面皮. The poem infuriated Concubine Yan, and a warrant was a distributed to arrest the person who made the poem. Though in the end, no one got caught. The Jiqing Jiangsi was later listed first among the Tiantai monasteries, becoming desolated during Zhengtong reign 正统(1436 – 1449) and restored in the mid-Jiajing 嘉靖 period (1522 – 1566).

One other example when Wu mentioned the "Five Mountains" was when he was introducing Yuan period monk Zhuquan Falin's 竹泉法林(1284 – 1355) career as Lingyinsi's abbot in 1338. [2] Wu stated that Zhuquan's dharma teacher, Yuansou Xingduan 元叟行端(1255 – 1341), was also serving as the abbot of Jingshansi. This connotes that they are both "advocating the 'path' at 'Five Mountains', which concurrent people find a major event". Together with the previous example, each instance when "Five Mountains" appears in Wu's discussion dates back to the Song or Yuan times, which means that this system was perhaps a widely used term back then but not as popular to

---

① *Wulin Fanzhi*, 5:28b – 29b.

② *Wulin Fanzhi*, 9:21b – 22a.

common people in the Ming period.

Interestingly, there is actually indirect evidence that Ming Hangzhou local people such as Wu Zhijing understood the "Five Mountains" as leading monasteries. When Wu introduced the "Patriarchs and Opportunities" of Hangzhou monasteries, he did not layout this section by listing patriarch after patriarch, as in other sections, but rather listed the patriarchs in the order under monasteries after monasteries. Even though Wu followed the previous gazetteers, listing Xianlinsi as the leading monastery when discussing "Hangzhou monasteries", when it comes to "patriarchs" of Hangzhou, most of the notable monks once served as abbot of one of the "Five Mountains" or were connected to one of "Five Mountains". Wu started with and used nearly two fascicles to introduce the patriarchs of Lingyinsi, Jingcisi, and Jingshansi, the three among the "Five Mountains", and then followed by other notable patriarchs of the Tiantai and Chan school monasteries, such as the three (Upper, Middle, and Lower) Tianzhusi 天竺寺 and other smaller monasteries. [1] This evinces that even though Wu was following a *difangzhi* tradition of laying out the monasteries in a geographical method (from central to periphery), he has his own criteria of what monasteries (and its patriarchs) were more famous and noteworthy, that is, the "Five Mountains" in the Chan school or Tiantai school order. This preference demonstrates another tradition—the "Five Mountains"—of which Wu was following and presenting in his collection of Hangzhou monasteries.

Even though Wu extensively mentions support from the emperor or plaques granted from the court when discussing the history of individual monasteries in previous fascicles, he still established another section called the

---

① *Wulin Fanzhi*, 10: 15b – 26b.

"Support from the Court". This section is a relatively succinct overview of "imperial support" in the previous content. Wu especially states that most of the Hangzhou Buddhist monasteries were built during the Wuyue period, reaching a summit in Southern Song, gradually "eroding" in the Late Yuan period, and finally, steadily restored in the Ming.[1] The fishery and salt industries acted as a key factor to support Wuyue rulers to build Buddhist monasteries; the notion and construction of "merit monastery" was established during this period.[2] Whereas Wu praised the support from Song emperors: Northern Song emperors granted plaques to numerous Hangzhou monasteries and Southern Song emperors are known for practicing Buddhist rituals. It is noteworthy that Wu neither covered any development or destructions over the Mongol Yuan period but he did emphasize Ming Taizu's effort of establishing institutional regulations.[3] The latest and most recent event related to "imperial support" is when the court addressed an edict in 1600 to the abbot of Jingcisi that the emperor "sincerely published the Buddhist Canon" and would like to distribute the copies in the capital and to major monasteries.[4] This example is to add up to previous support or donations from the court, like building structures, land, stele, and sculptures of Buddhist figures to numerous monasteries over time.

In the section of "Protection by the Magistrates", Wu focused on laymen support of Buddhism in history. Starting from the famous hermit Tao Yuanming 陶渊明(365 - 427) down to Ming intellect Wang Yangming 王阳明 (1472 - 1528) and Daoist Sun Yiyuan 孙一元(1484 - 1520), it is obvious that

---

① *Wulin Fanzhi*, 7: 1b.
② *Wulin Fanzhi*, 7: 2a.
③ *Wulin Fanzhi*, 7: 2b.
④ *Wulin Fanzhi*, 7: 3a.

Wu's criteria of selection is rather wide, as he briefly describes their background and presents their connection with Buddhism, no matter whether they were actually connected to "Hangzhou Buddhism"[①]. These laymen, more specifically speaking, even though based on whether they were "local or diasporic elite who had interactions with monasteries", or were in-fact the non-Buddhist literati who once had Buddhist experiences or even just superficially connected to Buddhism. One obvious example is Yang Xuanzhi, who once had interactions with Bodhidharma (d. 540). Yang's life probably had nothing to do with Hangzhou Buddhism, but as the first author who had ever wrote on monasteries in a city, in Wu's opinion, he was worth mentioning.[②] Thus, this list of eighty Buddhist supporters or contributors over dynasties can be seen as Wu's personal collection of non-Buddhist elite who Wu thought once supported Buddhism as a whole and therefore he wished for his readers to recognize or appreciate, and furthermore, "to follow and pursue" their contributions.

5.1 *Wulin Fanzhi* in Ming and Qing Book Catalogs

The third task of the present study explores two aspects: 1) the elements of Buddhist monasteries especially focused on by Wu, and later 2) identifying *Wulin Fanzhi*'s readership by particularly looking into writings by figures contemporaneous to Wu and later book categories (书目 *shumu*) compiled mainly during the Qing period. This task illustrates the aspects of the *Wulin Fanzhi* that readers found interesting or useful. The discoveries of this study serve as a response to the *Siku* compiler's evaluation of this book.

The first time *Wulin Fanzhi* was included in a notable book category is probably by Ming scholar official Qi Chengye's 祁承爍 (1563 – 1628; 1604

---

① *Wulin Fanzhi*, 8: 2a – 3a; 54a – 56a.
② *Wulin Fanzhi*, 8: 3b – 4b.

jinshi) in his private book collection：*Danshengtang cang shumu* 淡生堂藏书目（Book Catalog of the Placid Life Hall Collection），a catalog that includes more than 9000 items，exciding 200000 fascicles. [1] Since the catalog's preface was written in 1613，it is possible that *Wulin Fanzhi* was soon included into the catalog shortly after Wu Zhijing obtained *juren* status in 1609. In addition to Qi's private collection，*Wulin Fanzhi* is also collected in Huang Yuji's 黄虞稷（1629 – 1691）*Qianqingtang shumu* 千顷堂书目（Book Catalog of the Thousand Hectares Hall），[2] and Xu Qianxue's 徐干学（1632 – 1694）*Chuanshilou shumu* 传是楼书目（Book Catalog of the Transmitting Truth Mansion）. [3] Xu's catalog mentions that the mansion has two other copies of *Wulin Fanzhi*，but did not mention their version. In sum，based on the rough publication date，it seems that all the catalogs mentioned above could have included the original version of *Wulin Fanzhi*，but when the *Siku* version was compiled，*Wulin Fanzhi* was altered into the currently most popular *Siku* version in the spring of 1780.

After *Wenlan ge* 文澜阁，one of the *Siku* versions of the collection started to lose its collection due to the Taiping Rebellion in around 1860，Ding Bing 丁丙（d. u. ），a Hangzhou native，started to search for all the books that he could find and recollected in his *Baqianjuanlou* 八千卷楼（Eight Thousand Fascicles Mansion） collection. The *Wenlan ge* version of *Wulin Fanzhi* is perhaps rescued and later listed in the book catalog of *Baqianjuanlou shumu* 八千卷楼书目，compiled by Ding's son，Ding Lizhong 丁立中（1866 – 1920）. [4]

---

[1] *Dansheng Tang cangshumu* 淡生堂藏书目，299.

[2] *Qianqing Tang shumu* 千顷堂书目 8：52a.

[3] *Chuanshi Lou shumu* 传是楼书目 60b – 61a.

[4] Ding Bing also republished a series of monastic gazetteers from early Qing, also compiled a city history of Hangzhou called the *Wulin fangxiang zhi*. The part covering monasteries and temples heavily relied on *Wulin Fanzhi*. Ding family later donated their book collections to the Nanjing Library in 1907.

5.2 Readership of *Wulin Fanzhi*

When Cha Shenxing 查慎行(1650 – 1727), a Qing scholar and notable poet was compiling Su Shi's 苏轼(1037 – 1101) chronology and annotating Su's poems, he heavily relied on *Wulin Fanzhi*'s records as Wu extensively collected most of Su Shi's poems from the Hangzhou Buddhist monasteries Su visited. This connotes that when studying Su Shi's time in Hangzhou, *Wulin Fanzhi* appears to be an authoritative collection to access.

Another enthusiastic admirer of Su Shi is Emperor Qianlong. Qianlong mentioned that he once "occasionally" read *Wulin Fanzhi* and learned that Su Shi wrote a plaque for Tingquan ting 听泉亭(Pavilion of Spring Listening) at Faxiangxi 法相寺.[①] When Qianlong visited Hangzhou and recalled this memory, the pavilion that Su Shi visited before was already gone. But by the descriptions in *Wulin Fanzhi*, Qianlong said that he was able to "share the same mind" with Su Shi, therefore he could recall this memory.

Later in the Qing, as local elite started to compile more local gazetteers, *Wulin Fanzhi* became an extremely vital and authoritative reference when referring to Buddhism in Hangzhou or Buddhism in general.

6. Conclusion

There are multiple ways to understand a place. In the past, people might have read local gazetteers to access local knowledge. In these records of a locale, writers often placed information related to religious figures and movements in the latter sections of the gazetteer. When it comes to gazetteers

---

① *Yuzhi shi sanji* 御制诗三集 48: 17b. Qianlong also used *Wulin Fanzhi* as reference when he mentioned other Hangzhou monasteries in his poems; see, for example, *Yuzhi shi sanji* 48: 14a.

of a Buddhist monastery or monasteries, information provided by the gazetteer is closely related to a smaller subject: mostly the monastery itself, and the concern of the compilers would be presented in different orders. Different monastic gazetteers might have different focuses as well — one or multiple on a certain locale. *Wulin Fanzhi* is one of latter ones.

Even though monastic gazetteers such as *Wulin Fanzhi* do provide information related to Buddhism, they are, however, often not included in the Buddhist *Tripikata* (Three Baskets; the Buddhist Canon), though they do offer further information, which deepens and broadens the understanding of Buddhist developments in the social and cultural contexts of a certain locale. Buddhist monastic gazetteers archive the history of Buddhist monasteries, which cover multiple aspects including landscapes, dharma lineage of the abbots, and literary descriptions of a monastery. Most of the monastic gazetteers solely focus on a single monastery; moreover, among these extant Buddhist monastic gazetteers, it is notable that the compilers often claim that the monastery has a long and glorious history. For example, the compilers of the famous Lingyinsi gazetteer asserted that the monastery was established early since the 3rd century, just shortly after Buddhism entered China. However, nearly all of the monasteries have suffered different natural or manmade disasters over the years, which occasionally devastated the existing monastic infrastructures. Though some fortunately survived, they were only later restored and revived over time. These disasters and restorations further limits the extant records related to that monastery, later when the compilers of the monastic gazetteers decide to include (or exclude) the most crucial information related to one monastery: dates, personnel, and major events, it eventually established the foundation for future readers to understand and imagine the monastery and its history.

It is often the case that not all monasteries were fortunate enough to have a gazetteer to preserve their history. Multiple factors would affect the production of a monastic gazetteer and funding was probably the most important reason limiting a monastery's ability to hire one or a group of compilers, and ultimately to actually publish the gazetteer. Therefore, monasteries without substantial financial support would not be able to have a monastic gazetteer of their own. Based on calculations, roughly 70% of the extant Buddhist monastic gazetteers were monasteries in the modern Zhejiang region. This, of course, reflects in general that monasteries in Zhejiang had a more ideal financial status than those in other regions, but this also shows that monasteries, or, perhaps, people in Zhejiang were fond of literary records of their own history.

Wu Zhijing was one of the most avid local elites who enthusiastically explored his urban setting, faithfully and comprehensively keeping records of his hometown, a habit that carried him on toward compiling a whole volume on Buddhist monasteries in Hangzhou. More specifically speaking, the work records the trajectory of Wu's exploration of places within a place. It is still difficult to assert a solid reason that triggered Wu to collect information and eventually finish his book. A possible explanation is the preparation for examination that delayed Wu to enter the "ladder of success" detoured him to another path, which led him to preserve a massive amount of material that could lead future readers to obtain an approachable access to Hangzhou Buddhism during Wu's time. Wu perhaps was not expecting this outcome in the first place, but his personal interest and preference benefited a large range of readers, not only his friends, but also other local literati who were searching for ideas and references for writing, and, last but not least, even the emperor in the following dynasty, who referred to Wu's work as a guidebook and became one of the many tourists of Wu's hometown.

Reference

Primary sources

Baqianjuan Lou shumu 八千卷楼书目（1899）.

Chen Meigong ji 陈眉公集（1615）.

Chuanshi Lou shumu 传是楼书目（1828）.

Dansheng Tang cangshumu 淡生堂藏书目（1680）.

Hangzhou fu zhi 杭州府志（1694）.

Jüye cibian 居业次编（1612）.

Qianqing Tang shumu 千顷堂书目（1780）.

Simianzhai ji 思勉齐集（1657）.

Wulin Fanzhi 武林梵志（1612 preface）.

Wulin Fanzhi 武林梵志（1780）.

Yaocaoyuan Chuji 瑶草园初集（c. 1572 – 1620）.

Yü Deyuan xiansheng ji 虞德园先生集（1623）.

Yülin ji 寓林集（1624）.

Yüzhi shi sanji 御制诗三集（1780）.

Secondary scholarships

Brook, Timothy. *Praying for Power: Buddhism and the Formation of Gentry Society in Late-Ming China*. Cambridge: Council on East Asian Studies, Harvard University, 1993.

Fei, Si-yen. *Negotiating Urban Space: Urbanization and Late Ming Nanjing*. Cambridge, Mass: Harvard University Asia Center, 2009.

Huang, Minzhi 黄敏枝. *Songdai Fojiao shehui jingji shi lunji* 宋代佛教社会经济史论集. Taibei: Xuesheng shuju, 1989.

Naquin, Susan. *Peking: Temples and City Life, 1400 – 1900*. Berkeley: University of California Press, 2000.

Welter, Albert. *The Meaning of Myriad Good Deeds: A Study of Yung-ming Yen-shou and the Wan-shan t'ung-kuei chi*. New York: Peter Lang, 1993.

蕅益智旭以及《占察善恶业报经》在晚明的仪式化

毕幽腾

（亚利桑那大学）

晚明对于佛教的发展来说是一个特殊的时期。其间剧烈的社会、文化以及经济变革引领中国佛教进入一个转变的阶段，即晚明的佛教复兴。所谓复兴的概念，即是指在继承佛教已存传统的前提下，对新的传统的创造。就"创造"而言，晚明的佛教复兴重点体现在新的宗教实践以及宗教团体的出现。佛教居士运动以及无为教的风靡，有关禅宗法脉以及何为"正统"的佛教实践的讨论都重点体现了晚明佛教的新兴潮流。本文将关注佛教复兴的创新的一面，即蕅益智旭对于《占察善恶业报经》的仪式化。

《占察善恶业报经》（以下将简称为《占察经》）在当代中国仍被广泛修习着。由三组木轮组成的占察轮甚至可在淘宝网上买到。而说起《占察经》以及占察法对当代佛教的影响，一个无法绕开的人物即是明代的蕅益智旭大师。蕅益大师创作了重要的对于《占察经》的注疏包括《占察善恶业报经行法》、《占察善恶业报经义疏》、《占察善恶业报经玄义》来宣扬此经及占察法。蕅益被认为是第一个在中国宣扬占察法的高僧。在蕅益之前并没有发现特别给《占察经》作的注疏。一个问题是《占察经》在唐代就被包含进大藏经，为什么直到明代才有高僧为其注释？另一个问题是蕅益的注疏是如何将占察法仪式化的，以及到底在占察法的流行中扮演了怎样的角色。为了回答以上的问题，这篇文章将细致地考察蕅益是如何在《行法》中构建出详细的仪轨来重构忏悔法以及占察法的。蕅益对于仪式的重构一方面为仪式的施行提供细致的指导,另一方面他对于仪轨的设计融合了佛教末法思想与天台的忏法仪轨将占察法与世间的占卜法,如道教的占卜法相区别。无法否认的是占察法与道教以及民间的占卜法具有诸多的相似性,但是值得注意的是占察法在本质上有别于一般的占卜,它有着佛教的理论基础,那么在何种程度上占察法与世间占卜法相似又相区别呢? 蕅益大师本人又是如何看待占卜的呢? 更重要的问题是什么是仪式化? 是信仰决定仪式还是仪式决定信仰,仪式的变化对信仰本身会带来什么影响? 这些都是本文关注的问题。

这篇文章的论点是蕅益智旭之所以重视《占察善恶业报经》与占卜法的流行以及地藏信仰的兴起脱不开关系。蕅益智旭在创作仪轨的过程中着重突出了忏法的重要性以及佛教的思想使占察法与世间占卜法有了本质上的区别。蕅益智旭对于《占察经》的仪式化,使得占察法的修行标准化,极大程度上影响了其在当代中国的实践与流行。

本文有三个主要部分:第一部分讨论了晚明的佛教占卜的情况以及《占察经》与世间占卜法的相似与区别;第二部分讨论了《占察法》在历史上的地位的提升与地藏菩萨的信仰在晚明的兴起之间的关联;第三部分详细探索了蕅益智旭对于《占察经》的仪式化。

一、《占察善恶业报经》的占察思想与晚明的佛教占卜

佛教作为外来宗教,自其进入中国之初便有着丰富的占卜相关的实践法。谈到佛教占卜,不可绕开的话题便是中国的本土宗教对其的影响。美国学者Michael Strickmann 评价过"对于命运的着迷是深深根植于中国人生命的诸多特征之一。"①自商代起,中国的王室便使用动物骨头进行占卜以此解决各种现

---

① "Obsession with destiny is one of the most deeply rooted features of Chinese life. " Michel Strickmann, *Chinese Poetry and Prophecy*: *The Written Oracle in East Asia*. Edited by Bernard Faure. (Stanford: Stanford University Press, 2005). 1.

实事件,小到天气大到战役。① 1976 年在公元前 217 年的睡虎地墓穴中发现的《日书》提供了最早的中国人占卜的记录。这意味着,至少在公元前三世纪,占卜已经走入了普通民众的生活变成了一种重要的文化现象。②

作为外来宗教,佛教必定要适应中国本土人民的信仰与需求,因此亦在中国形成了一系列的占卜形式。中国的佛教占卜多是由签和押韵的神谕印本组成的。③ 值得注意的是,就像其他在中国本土生根发芽产生的佛教仪式那样,很多佛教的占卜仪式也从汉地传到了中国的其他地区以至其他深受中国文化影响的亚洲国家。④

最早的佛教占卜文本可以追溯到公元五世纪中期的《灌顶经》(T1331),共二十章。⑤ 在很长的一段时间里这部经被认为是翻译自印度的经典,然而后来才经过考证被认为是由中国僧人于公元 457 年所作。此经里所介绍的占卜法与之后的寺庙占卜不同之处在于它的占卜结果直接对应文本而非签上的数字。这本书里的每首诗文(一共一百首押韵的八行诗)都是写在一节竹片,或一条丝绸上并被精心保管。宋刊本《天竺灵签》中记录了通过投掷签来进行占卜的方式。

《占察善恶业报经》介绍的占察法是通过抛掷木轮的方式来计算修行者的过去、现世以及未来世的果报。《占察经》的特别之处在于它将占卜的形式与佛教的果报思想与忏悔思想相结合,借助占卜的形式为信徒的修行提供指导并指明方向。占察轮共有三组,每一组由不同数量的木轮组成。第一组木轮有十个木轮,每一面刻着不同种的善恶业,即十善和十恶,指涉一个人在过去所犯的各种不同的善恶业。

---

① Beverley Foulks McGuire, "Divining Karma in Chinese Buddhism." *Religious Compass* 7, no. 2 (2013): 413.

② Beverley Foulks McGuire, "Divining Karma in Chinese Buddhism." *Religious Compass* 7, no. 2 (2013): 413.

③ Michel Strickmann, *Chinese Poetry and Prophecy: The Written Oracle in East Asia*. Edited by Bernard Faure. (Stanford: Stanford University Press, 2005). 3.

④ Michel Strickmann, *Chinese Poetry and Prophecy: The Written Oracle in East Asia*. Edited by Bernard Faure. (Stanford: Stanford University Press, 2005). 3.

⑤ Michel Strickmann, *Chinese Poetry and Prophecy: The Written Oracle in East Asia*. Edited by Bernard Faure. (Stanford: Stanford University Press, 2005). 58.

　　第二组木轮由三个轮组成，分别代表身口意。每个木轮有四面，通过各面刻痕深浅的不同来反映身口意所累积的善恶业的程度大小。第三组木轮由六块轮组成，分别对应六根、六嗔和六意，共十八种知觉。每个木轮都有三面，每面标一个数字，从一标到十八。《占察经》里面讲，修行者应投掷第三组木轮三次，将每次朝上面的数字相加，所得的数字代表了一种能回答投掷的人内心的问题的答案。《占察经》中罗列了投掷第三组轮的结果，总共 189 种果报。以上是《占察经》第一卷中所述占察轮的基本组成以及实施占察法的方法。《占察经》的第二卷讨了"两种观道"，即唯心识观和真如实观以及通过观达到"一实境界"。为占察法提供了佛理基础，使其在本质上区别于世间的占卜法。

　　到了明清时期，占卜特别兴盛。无论是平民还是皇室都热衷于占卜。算命，相面学，扶乩，解梦，泥占，占星学，以及数字占卦术都是当时流行的占卜形式。明代广泛流行的占卜现象也同样被西方的传教士批判并记录下来。[①] 另一个有关明代占卜流行的证据是其在僧人之间的流行，中国的占卜技术通过僧人的海外游历的足迹传播到日本等其他国家。吴疆教授在《Leaving for the Rising Sun》一书中探讨了日本黄檗宗创世人隐元隆琦的占卜实践。尽管在后世的描绘中隐元大师被塑造成纯粹的禅师形象，他的佛教实践实际上是包括禅宗、净土宗、苦行主义以及密宗等不同传统的综合。[②] 同时他也是一个占卜者，并将晚明的占卜法带去日本。这一定程度上体现了晚明中国佛教内占卜的广泛影响。

　　从隐元的案例可以窥见晚明占卜盛行，一些僧人甚至高僧都广泛参与占卜。同样处于明清交际之际的蕅益智旭也以热衷占卜出名。除了修习《占察经》中的占察法以及忏法以外，蕅益还著有《周易禅解》用佛教占卜思想来阐释《周易》。蕅益智旭曾多次自述他通过拈阄的方式为进行修行的各项事宜决疑。拈阄可以说贯穿了其一生的修行生活、日常决策。拈阄甚至在蕅益撰写《占察善恶业报经

① Beverley Foulks McGuire, "Divining Karma in Chinese Buddhism." *Religious Compass* 7，no. 2 (2013)：413.

② Jiang Wu, *Leaving for the Rising Sun：Chinese Zen Master Yinyuan and the Authenticity Crisis in Early Modern East Asia.* (New York：Oxford University Press，2014).141.

行法》的过程中也发挥了重要作用。比如在制定具体的忏悔仪轨时,由于各忏法对于具体仪轨规定的区别,蕅益感到难以自行抉择,记道:"窃以诸忏十科行法,详略稍殊,一一阐陈,纤疑始决,罔敢师心。"由此可见,晚明僧人比如隐元,蕅益等所定义的佛教占卜与民间各种占卜法形式上虽大体相似,其内在意涵却有本质上的超越性。蕅益所定义的佛教占卜主要用于解决修行的方向及具体操作方面的问题,而非对于具体的现世利益的追求。从晚明的大环境上看,蕅益对于占卜的依赖一方面侧面反映了晚明时期占卜的普及与盛行,另一方面体现了修行者对于晚明佛教寺庙的现状的不满,以及对于佛教修行规范化的诉求。

二、《占察经》的地位与明代的地藏信仰

晚明佛教内占卜的兴盛以及蕅益本身对占卜的兴趣是他重视《占察经》的一个因素,同时《占察经》地位的提升以及明代地藏信仰的兴起也是非常关键的因素。

《占察善恶业报经》的真伪性在早期一直是被怀疑的。虽然此经署名是隋代的菩提灯所译但是僧祐和费长房都提出了质疑,比如费在《历代三宝记》中就提出其译者以及地点的不明确性。虽然如此,根据《历代三宝记》的记载,此经中所述的仪式在民间有人修行,如"广州有一僧行塔忏法[①]",又"青州亦有一居士,同行此法……其人引证云塔忏法依占察经"。[②] 由此记载可见,塔忏法在民间的修习有不小的规模,还惊动了官府,导致《占察经》被禁止流行。到了唐代开元年间,《占察经》被列入了藏经目录,即智升的《开元释教录》中。智升引用了费长房的记载提到此经在隋代被禁的遭遇,然后记道:"今谓不然,岂得以己管窥而不许有博见之士耶?"[③]认为其为正法并将其纳入藏经。

《占察经》的第二卷详细讨论了观法,与天台教理有不谋而合之处。虽然现

---

① 费长房:《历代三宝记》,T49n2084_12.0106c09。
② 费长房:《历代三宝记》,T49n2084_12.0106c09。
③ 智升:《开元释教录》,T55n2154_007.0551a05。

存的资料显示在蕅益之前没有为《占察经》专门做的注疏,但是有证据显示此经
在宋初的天台宗内的重要地位。在宋初天台宗内部的山家山下之争中,两个阵
营都通过引用《占察经》第二卷的"一者唯心识观,二者真如识观"①并进行了不
同的解读来证明自己的观点。山下派的庆昭认为真如识观应高于唯心识观,因
只有前者才能直显心性;而知礼认为两种观法都是在观心内相,没有孰轻孰重之
分。② 由此可见,《占察经》在宋初天台宗内应为权威经典。

除了《占察经》自唐代以来地位本已提升的因素,蕅益自身的地藏信仰也是
一个重要因素。《占察经》属于地藏法门的重要经典之一,而明代地藏信仰兴起,
客观上也是《占察经》地位提升的重要因素。正是在明代九华山的四大名山的地
位被确立并成为了地藏信仰的朝圣地。③ 虽然九华山的地藏信仰被追溯到唐代
的新罗国王子金地藏,他被后人认为是地藏的化身,但是除了法名恰好是地藏,
金和地藏菩萨的信仰是没有关系的。④ 一直到明代九华山才转变为国家级别的
地藏信仰的朝圣地,这也反映了明代地藏信仰的兴起。这也客观上使得《占察
经》在明代的地位提升。

三、《占察善恶业报经行法》与《占察经》的仪式化

在之前的两节里,我讨论了佛教占卜在晚明的发展与流行以及《占察经》地
位的变化与地藏信仰的关联。对于正修,正信的追求,试图改造当时佛教的决心
以及虔诚的地藏信仰都是蕅益智旭特别重视《占察经》的原因。对于一个信仰者
来说,正信与正修的基础往往是由仪式的"正统性"决定的,而一个仪式是否符合
正信,一方面取决于它是否符合相关经典的理念,另一方面取决于它是否具有一

---

① 王至远:《宋初天台佛学窥豹》,北京:中国建设出版社,1989 年,第 143 页。
② 王至远:《宋初天台佛学窥豹》,北京:中国建设出版社,1989 年,第 155 页。
③ Zhiru. *The Making of a Savior Bodhisattva*:*Dizang in Medieval China*.(Honolulu:University of
Hawaii Press,2007).216.
④ Zhiru. *The Making of a Savior Bodhisattva*:*Dizang in Medieval China*.(Honolulu:University of
Hawaii Press,2007).217.

定程度的固定性。当一个仪式的仪轨被认为是符合正信的,那么它便会成为后世仪轨修行以及修订的标准。有西方学者在这方面做过研究,Daniel Stevenson认为宋代的佛教忏法很大程度上通过文本的形式被制定和保存。标准化的仪轨行法大量产生并成为了"仪轨施行的基本框架"①。也就是说这些行法作为仪轨施行的模版对佛教忏仪的标准化和确定化有着巨大的作用。

从这个意义上讲,蕅益智旭所作的《占察善恶业报经行法》即是对于《占察经》中所教仪轨的重塑以及标准化,也就是我在题目中所用的"仪式化"的意涵。唯有当一个仪式的仪轨被"标准化"后,这个仪式才可能被归为正信的范畴并能广泛地被信徒修行。在此意义上,蕅益所作的《行法》对于占察法以及忏法在后世的传播具有重要意义。当代的梦参法师讲《占察经》主要就是基于蕅益的注疏。

《行法》的整体架构与《占察经》有很大差异。《占察经》中通过地藏菩萨之口相对简略地给出忏法施行的基本步骤,而《行法》结构与智者大师的《法华三昧忏仪》有很大相似性。《行法》从整体来讲包括八个部分:第一部分缘起,蕅益强调末法时代,地藏菩萨感"众生不了业报因缘。罔知断恶修善"②遂教众生以"三种轮相,示善恶差别","以二种观道。归一实境界"③,简述《占察经》之缘起。蕅益随即又阐释了作《行法》的因缘②"丁兹法乱,律教禅宗,淆讹匪一,幸逢斯典,开我迷云。"④值得注意的是在此部分中,蕅益特别强调在末法时代,占察法和占察忏法所具有的清净信徒罪业的重要作用,这便本质上将占察法与民间的占卜法区别开来。第二部分劝修,蕅益强调了修行占察法门的诸多益处,从祛除诸障碍到终极目标是"悟无生法忍圆满证入一实境界"的人都应修行此"正法"。第三部分简择同行,规定了修行人数应大致在十人以内,同行者应所求相同。第四部分占察轮相,规定占察法作为忏法的一个组成部分旨在"简察善恶,何罪偏重,应地

① McGuire, Beverley Foulks. *Living Karma*: *The Religious Practices of Ouyi Zhixu*. (New York: Columbia University Press, 2014). 64.

② 蕅益智旭:"占察善恶业报经行法",《蕅益大师全集》(19),台北:佛教出版社,1989 年,第 12221 页。

③ 蕅益智旭:"占察善恶业报经行法",《蕅益大师全集》(19),台北:佛教出版社,1989 年,第 12222 页。

④ 蕅益智旭:"占察善恶业报经行法",《蕅益大师全集》(19),台北:佛教出版社,1989 年,第 12223 页。

悔之"。^①也就是说在忏悔前修行者应用占察法简察自身罪孽,这样忏悔才能有的放矢。第五部分正修忏法,采用了"十科"的架构,详细规定了忏法仪轨。第六部分别明二种观道,详述《占察经》第二卷中以"二种观道"达"一实境界"的思想,蕅益谈到虽然二观法应在忏悔后通过占察得了清净相后才可以修,但是正行忏悔及称念地藏名号(即正修忏法的第十)并不是没有二观^②。蕅益强调不同的忏悔法即对应两种观道,并且在"正修二观之时,亦可仍前修行忏法及名号。"^③对于蕅益来说忏法与二种观道并不是完全分离。《行法》的最后有两个附录,一是占轮相法,记载了占察法的具体仪轨,二是忏坛中斋佛仪。

在忏法的仪轨上(《行法》的"正修忏法"),蕅益亦化用了天台忏法的"十科"的结构。"十科"的忏法结构出自智者大师的《法华三昧忏仪》,宋代时许多忏师都纷纷按照"十科"的规范来架构忏法仪轨。换句话讲,"十科"的架构自宋代起成为制作忏仪的一种规范。《法华三昧忏仪》中的"十科"的仪轨架构包括:(1)严净道场法;(2)净身方法;(3)修三业修养法;(4)请三宝方法;(5)赞叹三宝方法;(6)礼佛方法;(7)忏悔六根及劝请,随喜,回向,发愿;(8)行道法;(9)诵经方法;(10)坐禅实相正观方法。《行法》的正修忏法也分为十个步骤:(1)严净道场;(2)清净三业;(3)香花供养;(4)启请三宝诸天;(5)礼赞三宝;(6)修行忏悔;(7)发劝请愿;(8)发随喜愿;(9)发回向愿;(10)补发愿及端坐静室称念名号。《行法》的忏仪仪轨除了细节上的不同,大体上符合"十科"的架构。蕅益将《法华忏仪》步骤七"忏悔六根及劝请,随喜,回向,发愿"拆分成了修行忏悔,发劝请愿,发随喜愿,发回向愿这四个步骤,突出了发愿的重要性。

对于《占察经》中所没有提到的仪轨,蕅益亦进行了补充。比如,正修忏法第四"启请三宝诸天"的开头,蕅益提到"本经无启请法,准余行仪。"^④对于《占察经》中没有提到的仪轨,蕅益进行拈阄,依拈阄的结果来进行仪轨的制定。由于

① 蕅益智旭:"占察善恶业报经行法",《蕅益大师全集》(19),台北:佛教出版社,1989年,第12227页。

② 蕅益智旭:"占察善恶业报经行法",《蕅益大师全集》(19),台北:佛教出版社,1989年,第12284页。

③ 蕅益智旭:"占察善恶业报经行法",《蕅益大师全集》(19),台北:佛教出版社,1989年,第12286页。

④ 蕅益智旭:"占察善恶业报经行法",《蕅益大师全集》(19),台北:佛教出版社,1989年,第12234页。

拈阄结果允许蕅益加入启请法，蕅益便创立此仪轨并将其作为占察忏法的一部分。在"启请法"中所请的对象即是《占察经》中所列出的三宝之名。首先，修行者应"缘念三宝充满虚空应物现形"①，其次应诵以"一心奉请"开头的文句来奉请释加牟尼等佛。诵完奉请三宝之后修行者应诵发愿文来启请三宝的现形与护持。

对于《占察经》中未详述的仪轨，蕅益也进行了丰富和充实。比如正修忏法之五"礼赞三宝"的仪轨中，蕅益取用了《地藏十轮经》里的段落作为礼赞三宝的愿文："我闻遍知海，真实德无边。度脱诸有情，心欢喜敬礼。曾修无量福，令得礼尊足。愿无量劫中，常修多供养。"②此偈出现在《十轮经》中，虽然此供养偈也为其它经所用，并不属《十轮经》所独创，但是蕅益强调道："经无赞法，不别立科，但取十轮经地藏菩萨赞佛二偈，随行敬礼。"③意在强调选用此偈并非他自己的想法和喜好，而是据《十轮经》中所来。在唱诵礼赞偈之后，修行者应诵一心敬礼三宝。从这些仪轨可以明显看出，蕅益将《占察经》中对于忏仪的简单粗略的描述丰富为详细的仪轨。蕅益不仅加入新仪轨，并尽可能的丰富了从外在动作，到心内活动等细节，发愿文也是精确到字句。

蕅益在《行法》中也明确规定了占察法与忏法的从属关系并且制定了详细的占察法的仪轨。在《行法》第四部分占察轮相中，蕅益规定在行忏法之前应先占察自身罪业，以此来帮助忏法的施行。④ 进行忏悔之后仍然要施行占察法来获得清净相。蕅益将占察的具体行法放在附录也表明了占察罪业最终要落实到忏法的修行。在附录中，蕅益提供了详细的占察法的施行仪轨：首先，修行者应赞礼三宝然后发愿。赞礼文与《占察经》中完全相同：

至心敬礼十方一切诸佛。愿令十方一切众生速疾皆得亲近供养，咨受正法。⑤

---

① 蕅益智旭："占察善恶业报经行法"，《蕅益大师全集》(19)，台北：佛教出版社，1989 年，第 12234 页。
② 蕅益智旭："占察善恶业报经行法"，《蕅益大师全集》(19)，台北：佛教出版社，1989 年，第 12241 页。
③ 蕅益智旭："占察善恶业报经行法"，《蕅益大师全集》(19)，台北：佛教出版社，1989 年，第 12240 页。
④ 蕅益智旭："占察善恶业报经行法"，《蕅益大师全集》(19)，台北：佛教出版社，1989 年，第 12227 页。
⑤ 蕅益智旭："占察善恶业报经行法"，《蕅益大师全集》(19)，台北：佛教出版社，1989 年，第 12288 页。

至心敬礼十方一切法藏。愿令十方一切众生速疾皆得受持读诵。如法修行,及为他说。

至心敬礼十方一切贤圣,愿令十方一切众生速疾皆得亲近供养。发菩提心,至不退转。①

至心敬礼地藏菩萨摩诃萨,愿令十方一切众生速得除灭重罪,离诸障碍,资生众具,悉皆充足。②

《占察经》中规定在行礼赞三宝之后应修供养。蕅益在供养仪式的结尾另加了经中未提及的仪轨,即在供养仪式后应向地藏菩萨告言:"弟子某甲,现是生死反夫,罪障深重,不知三世业报因缘,多怀疑惑,今以某事,敬依菩萨所示三种轮相,如法占察,至心仰叩地藏慈尊。愿以大悲力如被拯接,除我疑障。"并规定"作是语已,五体投地,胡跪合掌,一心称念"。③ 诵毕,修行者应一心称念地藏菩萨的名号千遍,再祈愿地藏菩萨护持之后的占察,以得到正确的轮相。其后便是投掷木轮,投掷法与经中所述一致。

总体来讲,蕅益的《占察善恶业报经行法》并非是对《占察经》中所述仪轨的简单复制,而是进行重构与丰富细化,即将其仪式化。所谓的仪式化即是将仪轨的各个步骤从外在的行动,到内心所念,到所称念的忏文的细节都一字一句的通过文字的方式固定下来,并在不同的仪轨之间建立起严密的逻辑关系——这一切都是为了仪式如法,也就是使仪式获得权威性。(1)蕅益借用天台忏仪行法的整体架构以及"十科"的忏仪结构,使占察忏法在结构上"如法";(2)蕅益明确了占察法对于忏法的从属地位,将其区别于民间的占卜法;(3)蕅益通过拈阄的方式来获得新增仪轨的正当性,从这个层面来讲晚明佛教界占卜的盛行与晚明佛教复兴的"创新"的一面不无关系,"创新"必伴随着正名的尝试,而以占卜的方式来获得佛菩萨的认可是正名的重要途径;(4)蕅益为仪轨的施行添加了所有细节,包括告言菩萨的具体语句并论证各个仪轨的如法,使《行法》成为了修行占察

---

① 蕅益智旭:"占察善恶业报经行法",《蕅益大师全集》(19),台北:佛教出版社,1989年,第12289页。
② 蕅益智旭:"占察善恶业报经行法",《蕅益大师全集》(19),台北:佛教出版社,1989年,第12290页。
③ 蕅益智旭:"占察善恶业报经行法",《蕅益大师全集》(19),台北:佛教出版社,1989年,第12291页。

法门的权威指导,很大程度上提高了占察法门的地位。

结论

蕅益对于《占察经》的仪式化是晚明佛教复兴的一个面向——宗教的复兴必伴随着创新,而修行方式的创新是一个重要的层面。新的行法的产生通过仪式化和重构为本来已存在的仪轨注入了新的生命。晚明佛教占卜的盛行,地藏信仰的兴起以及《占察经》地位的提高都是蕅益重视《占察经》的原因。同时蕅益通过仪轨的重构与解读将占察法与民间占卜区分开来并强调忏法与观法的相辅相成赋予了占察法门以"如法"的权威性,极大地促进了其在后世的流传。

What Enchin and Jōjin Reveal about Buddhist Ritual Practices in the Jiangnan Circuit

江南道[路]in China During the 9th and 11th Centuries

Dr. George A. Keyworth

（University of Saskatchewan）

Abstract：Evidence from 12th century Japan shows that the monastics who cataloged libraries either part of or associated with the massive Tendai 天台宗 monastic complexes of Enryakuji 延历寺 and Miidera 三井寺（Onjōji 园城寺）were well aware of recently printed Buddhist canons in China，but they preserved copies of Tang dynasty manuscripts and ritual materials，many of which match editions of key texts from the Dunhuang cache. Two pilgrims to Tang and Song China who played key roles in collecting books for these libraries are Enchin 圆珍（814 - 891，in China 853 - 858）and Jōjin 成寻（1011 - 1081，arrived in 1072），who visited the Hangzhou region in the 9th and 11th centuries，respectively. Both are retroactively understood to have sought either to travel to India or to celebrated Buddhist monasteries or sites to the north and west to collect the latest ritual manuals，including Ximingsi 西明寺 and Daxingshansi 大兴善寺 in Chang'an and the legendary Mount Wutai 五台山. Yet Jōjin's diary，*San Tendai Godaisan ki* 参天台五台山记（Record of a Pilgrimage to Mount Tiantai and Mount Wutai），and the often overlooked catalogs（*shōrai mokuroku* 请来目录）of books，statues，and ritual objects brought back by Enchin reveal that the Hangzhou region remained a stable，practical center for the dissemination and practice of East Asian Buddhism during the tumultuous 9th - 11th centuries. In this paper I address both how we can neither restrict our investigations into the Buddhist culture of the Hangzhou region during the Tang-Song transition period to developments related to the ascendant Chan (Zen) 禅宗 tradition, nor solely use Dunhuang documents to address Buddhist ritual practices—including but not limited to "esoteric" teachings—during the 9th – 12th centuries.

Keywords: Enchin; Jōjin; *Gyōrekishō*; *San Tendai Godaisan ki*; *Shōrai mokuroku*; *Enchin den*; Hangzhou; Medieval Chinese Monastic Libraries; Ritual Manuals; Tendai Buddhism; Sino-Japanese International Relations; Medieval Chinese and Japanese History

Jōjin's Diary on the outcome(s) of Regional and Capital Buddhism during the 9th – 11th centuries

When the Japanese monk-pilgrim Jōjin 成寻 (1011 – 1081, Shanhui dashi, Zennedaishi 善慧大师) and members of his entourage arrived in Hangzhou during the fourth lunar month of 1072, Hangzhou had been an administrative center for international commerce for at least three centuries. Jōjin was well aware of the paths taken by previous pilgrims from Japan over the same period. Among the books he brought with him were the travel diaries for Ennin (Jikakudaishi 慈觉大师, 793/794 – 864, in China 838 – 847), Enchin 圆珍 (Chishōdaishi 智证大师, 814 – 891, in China 853 – 858) and Chōnen 奝然 (983 – 1016 in China 983 – 986). Ennin's *Nittōguhōjunreikōki* [alt. *gyōki*] 入唐求法巡礼行记 (Record of a Pilgrimage to Tang [618 – 907] China in Search of the Dharma) is well-known today, whereas the diaries written by Enchin are Jōjin are oddly not as recognized as they ought to be. [①] Hangzhou was made

① This research is supported by a Partnership Grant from the Social Sciences and Humanities Research Council of Canada (SSHRC; frogbear. org). The following abbreviations are used through- （转下页）

the prefectural capitol for the Jiangnan East Circuit 江南东路 in 733, when the circuit was split into East and West; the capital of the Jiangnan West Circuit was Hongzhou 洪州. Encompassing the modern provinces of Zhejiang, northern Fujian, Jiangxi and Hunan with parts of Jiangsu, Anhui, Hubei, Sichuan and Guizhou, as Robert Hartwell (1932 - 1996) demonstrated several

---

（接上页）out: NBZ *Dai Nihon bukkyō zensho* 大日本仏教全书（Complete Buddhist Works of Japan）. 150 vols. Tokyo: Busshokankōkai, 1912 - 1922. All references are to the rpt. ed. , 100 vols. Suzuki GakujutsuZaidan 铃木学术财团（Tokyo: Kōdansha, 1970 - 1973）.

T.   *Taishō shinshū daizōkyō* 大正新脩大藏经, 100 vols. , eds. TakakusuJunjirō 高楠顺次郎, Watanabe Kaigyoku 渡边海旭, et al. , Tokyo: Taishō issaikyō kankōkai, 1924 - 1932. Rpt. , Chinese Buddhist Electronic Texts Association 中华电子佛典协会, Rpt. , Chinese Buddhist Electronic Texts Association, CBETA Electronic Tripiṭaka Collection 电子佛典集成, Taipei: 1998 - 2019 or http://cbetaonline. dila. edu. tw/ or the SAT Daizōkyō Database: http://21dzk. l. u-tokyo. ac. jp/SAT/satdb2015. php? lang＝en; accessed May, 2019.

XZJ   Rpt. Ed. *Dai Nihon zokuzōkyō* 大日本读藏经, 150 vols. , eds. Nakano Tatsue, et al. , Kyoto: Zokyōshoin, 1905 - 1912. *Xinbianwanzixu zangjing* 新编卍字续藏经, Taipei: Xinwenfeng, 1968 - 1978. Rpt. , Chinese Buddhist Electronic Texts Association, CBETA Electronic Tripiṭaka Collection, Taipei: 1998 - 2019 or http://cbetaonline. dila. edu. tw/.

Z.   *Zhengyuan xinding shijiao mulu* 贞元新定释教目录（Newly Revised Catalogue of Buddhist Scriptures made during the Zhengyuan-era, T. 2157）, comp. 799 or 800 by Yuanzhao 圆照（d. u. ）. Nos. follow the Nanatsudera MS in Miyabayashi Akihiko and Ochiai Toshinori, "Zhengyuan xinding shijiao mulu juandi 贞元新定释教目录 29 30", in *Chūgoku Nihon kyōten shōsho mokuroku* 中国・日本经典章疏目录［Catalogues of Scriptures and their Commentaries in China and Japan］, ed. Makita Tairyō et al. , Nanatsudera koitsu kyōten kenkyū sōsho（The Long Hidden Scriptures of Nanatsudera, Research series）（Tokyo: Daitō shuppansha, 1998）. and Gakujutsu Furontia jikkō iinkai, ed. , *Nihon genson hasshu issaikyō taishō mokuroku tsuke Tonkō bukkyō bunken* 日本现存八种一切经对照目录［付］敦煌仏教文献（Tokyo: Kokusai bukkyōgaku daigakuin daigaku, 2006）, rather than T. 2157.

Titles in Japanese and ［reconstructed］ Sanskrit in Taishō canon follow Paul Demiéville et al. , *Répertoire du canon bouddhique sino-japonais, édition de Taishō（Taishō Shinshū Daizōkyō）: ［fascicule annexe du Hōbōgirin］*, Éd. rev. et augm. ed. （Paris: Librairie d'Amerique et d'Orient, 1978）; Lewis R. Lancaster and Sung-bae Park, eds. , *The Korean Buddhist Canon: A Descriptive Catalogue*（Berkeley, Calif. : University of California Press, 1979）.

Ennin's diary is distinguished today because of Edwin O. Reischauer, *Ennin's Diary: The Record of a Pilgrimage to China in Search of the Law*（New York: Ronald Press Co. , 1955）; Edwin O Reischauer, *Ennin's Travels in Tang China*（New York: Ronald Press Company, 1955）.

decades ago, the population of this region swelled between 742 and 1200. [1] While the population in the north increased by a mere 58% during this interval, the population of the southeast (Fujian) grew by 695%, the middle Yangzi by 483%, the Zhejiang area by 150%, and the upper Yangzi area by 135%. [2] Refugees fled bloodshed and chaos in the north. First in the wake of the rebellions circa 755 – 761 of An Lushan 安禄山(703 – 757) and Shi Siming 史思明(703 – 761), followed by the rebellion of Huang Chao 黄巢(835 – 884) and the capture of Tang dynasty (618 – 907) Chang'an in 881, with subsequent turmoil that lasted until nearly the beginning of the 10th century when Song (960 – 1279) armies finally captured the kingdom of the Northern Han (951 – 979). Throughout the last century of the Tang and the subsequent Five Dynasties Ten Kingdoms period (907 – 979), soldiers, families of generals and officers, deserters, elite families under their protection, dispossessed peasants and Buddhist monastics and Daoist priests moved into the region. Data supporting the dramatic increase in population coupled with research about the economic, social, transportation, intellectual, literary, and especially religious history of the region, with a special focus on the city of Hangzhou because it was the capital of the kingdom of Wuyue 吴越 (907 – 978), leads me to conclude that Jōjin did not merely follow his predecessors from Japan to Hangzhou. Hangzhou was an international destination in its own right well before its prominence rose when the famous literatus Su Shi 苏轼(Su Dongpo 苏东坡,1037 – 1101) became governor and wrote extensively about the region

---

① Harwell's research has been updated by many scholars, including Valerie Hansen, *The Open Empire: A History of China to 1600*,1st ed. (New York: Norton, 2000), chaps. 6 – 7.

② Robert M. Hartwell, "Demographic, Political, and Social Transformations of China, 750 – 1550", *Harvard Journal of Asiatic Studies* 42(1982).

in his letters and poems—and Jōjin arrived from Japan. ①

We learn in an article published in 1940 by Edwin O. Reischauer (1910 - 1990) that the district of the Jiangnan East Circuit was the area where most ships from Japan — private or carrying sponsored delegations (*kentōshi* 遣唐使)—landed during the 8th and 9th centuries. Although Reischauer's central thesis contrasts evidence of Arab and Persian shipping during the Tang along the southeastern coast from ports such as Quanzhou with evidence from Korea and Japan preserved in the pilgrimage accounts written by a group of eight already known in the prewar period as the esoteric Buddhist (*mikkyō* 密教) monks who visited Tang China (*Nittōhakke* 入唐八家), he concludes that the home ports for most trading ships plying the East China Sea were in harbors from Yuezhou 越州(Shaoxing 绍兴),Mingzhou 明州(Ningbo) south to Fuzhou — including Taizhou 台州 and Wenzhou 温州. ② It was neither out of the

---

① On all aspects of Su Shi, see Ronald C. Egan, *Word，Image，and Deed in the Life of Su Shi*, Harvard-Yenching Institute Monograph series，no. 39，(Cambridge, Mass.：Harvard Council on East Asian Studies，1994). On issues with late sources for studying the Tang，see Zhongshu Qian, *Limited Views：Essays on Ideas and Letters*，trans. Ronald C. Egan (Cambridge，Mass. and London：Harvard University Press，1998).

② Following Annen's 安然(841 - 915?) *Shōajarishingon mikkyō buruisōroku* 诸阿阇梨真言密教部类惣录 (Comprehensive Catalog of the Shingon esoteric teachings of the [eight] ācāryas，T no. 2176)，the eight [esoteric Buddhist] monk-pilgrims to Tang China are Saichō 最澄 (Dengyō daishi 传教大师，767 - 822，in China 804 - 805)，Kūkai 空海(Kōbō daishi 弘法大师，774 - 835；China 804 - 806)，Ennin, Jōgyō 常晓(d. 867；838 - 839)，Engyō 圓行(799 - 852；China 838 - 839)，Eun 惠运(798 - 869；China 842 - 847)，Enchin，and Shūei 宗叡(809 - 884；China 862 - 865). See Charlotte von Verschuser, *Les Relations Officielles du Japon avec la China aux VIIIe et IXe Siécles* 八—九世纪の日中关系 (Genéve，Paris：Librarie Droz，1985)；Yoritomi Motohiro 赖富本宏，*Nicchū o musunda bukkyōsō：hatō o koete kesshi no tokai* 日中を结んだ仏教僧：波涛を超えて决死の渡海，Zusetsu Chūgoku bunka hyakka 图说中国文化百华 08，(Tokyo：Nōsan Gyoson bunkakyōkai，2009). Further consideration of the travels of other pilgrims such as Ekaku 惠萼(ca. 858) and Takaoka Shinō 高岳亲王 or Shinnyō 真如 Shinō (799 - 865?，in China 863 - 877) is provided in Makita Tairyō 牧田谛亮，ed.，*Godai shūkyōshi kenkyū* 五代宗教史研究(Kyoto：Heirakuji shoten，1971；reprint，Makita Tairyō chosakushū：Gikyō kenkyū 牧田谛亮著作集第四卷：疑经研究(Kyoto：Rinsen shoten，2014)，ed. Ochiai Toshinori)，213 - 216，254 - 256. Edwin O Reischauer，"Notes on T'ang Dynasty Sea (转下页)

ordinary for Jōjin and his group to have arrived near Hangzhou on a ship from Chika no shima 值嘉岛 in the district of Matsuura-gun 松浦郡 in Hizen province 肥前国 on the westernmost coast of the island of Kyūshū in Japan, nor is it puzzling that they spent several weeks in Hangzhou upon embarkation and a few days there before the group was dispatched back to Japan without Jōjin on 1073. 5. 21. [①] Hangzhou was still the administrative center for the region under the Northern Song dynasty (960 - 1127); then known as the Liangzhe Circuit 两浙路 with Hang prefecture and the city of Hangzhou as the regional capital.

But was Hangzhou the primary destination for Jōjin as it was for the Korean scholar-monk Ŭich'ŏn 义天(1055 - 1101) thirteen years later, when he arrived in 1085 to meet and study with Jinshui Jingyuan 晋水净源(1011 - 1088)?[②] Does Jōjin's diary speak to Hangzhou as an international or even regional center for the Buddhist religion during the 11th century? The title of Jōjin's diary, *San Tendai Godaisan ki* 参天台五台山记(Record of a Pilgrimage to Mount Tiantai and Wutai), which covers his travels during 1072 - 1073 and has been studied by Robert Borgen, Charlotte von Verschuser and researchers in Japan, China and Taiwan as a rich source for information about Northern

---

(接上页)Routes", *Harvard Journal of Asiatic Studies* 5, 2(1940): 159 - 60. Cf. Reischauer, *Ennin's Diary: The Record of a Pilgrimage to China in Search of the Law*; Reischauer, *Ennin's Travels in Tang China*. On *kentōshi* and the "book road," discussed below, see Wang Yong 王勇(Ō Yū) and Tanaka Takaaki 田中隆昭, eds. , *Higashi Ajia no Kentōshi, Nihon no Kentōshi* 东アジアの遣唐使、日本の遣唐使, Ajia yūgaku アジア游学 3 - 4 (Tokyo: Bensei shuppan, 1999); Wang Yong, Chen Xiaofa 陈小法, and Ge Jiyong 葛继勇, *Zhong-Ri shuji zhi lu yanjiu* 中日「书籍之路」研究 (Beijing: Beijing tushuguan chubanshe, 2003).

① All dates are given as Year. Month. Date and are to the premodern East Asian luni-solar calendar. For example, the fifteenth day of the third lunar month of 1072 is written as 1072. 3. 15.

② Richard D. McBride II, *Doctrine and Practice in Medieval Korean Buddhism: The Collected Works of Uichon*, ed. Robert E. Jr. Buswell, Korean Classics Library Series, (Honolulu: University of Hawai'i Press, 2016).

Song China, reveals his objective. As an accomplished and well-connected monk from the Temple Branch (Jimon-ha 寺门派) of the Tendai tradition that was based at Onjōji 园城寺(alt. Miidera 三井寺)who had received transmission of both exoteric and esoteric (*kenmitsu* 显密) Buddhist teachings and rituals, he traveled to Mount Tiantai in the south, where the celebrated monastery of Guoqingsi 国清寺 is located, and Mount Wutai in the north. [1] Yet these

① Ii Haruki 伊井春树, *Jōjin no nissō to so no shōgai* 成寻の入宋その生涯(Tokyo: Yoshikawa kōbunkan, 1996), 244. There are multiple editions of the *San Tendai Godaisan ki* (hereafter abbreviated STGS). See NBZ vol. 72, nos. 577 A-B and Jōjin and Shimazu Kusako 岛津草子, *Jōjin Ajari no Haha shū*, *San Tendai Godai sanki no kenkyū* 成寻阿阇梨母集・参天台五台山记の研究 (Tokyo: Hatsubaijo daizō shuppan, 1959). A manuscript copy was preserved at Tōfukuji 东福寺 and this edition can be dated to 1220. See Jōjin and Saitō Enshin 斉藤圓真, *San Tendai Godaisanki* 参天台台山记 I, trans. Saitō Enshin (Tokyo: Sankibo busshorin, 1997), xi; Jōjin and Shimazu Kusako, *Jōjin Ajari no Haha shū*, *San Tendai Godai sanki no kenkyū*, 3 – 8. Shimazu pays close attention to two different extant editions of the full *Jōjin ajarihahashū*, one held by the Reiseike 冷泉家, the other by the Imperial Household Agency (Kunaichō 宫内庁). Furthermore, there are manuscript copies: *Iwakura Daiunji Jōjin tosōjunrei ki* 岩仓大云寺成寻巡礼记, held by Mudōji 无动寺 of Hiezan; *Godaisan junreinichiken* 五台山巡礼日件, held by Seiraiji in the city of Ise, Mie prefecture. The edition I cite in this paper is a modern Japanese translation in two volumes: Fujiyoshi Masumi 藤善眞澄, *San Tendai Godaisanki ue* 参天台五台山记上[Record of Travels to Mt. Tiantai and Wutai, First Part] Kansai Daigaku Tōzaigakujutsu kenkyūjo Yakuchū Series 关西大学东西学术研究所訳注シリーズ 12 - 1, (Osaka: Kansai Daigaku shuppanbu, 2007); Fujiyoshi Masumi 藤善眞澄, *San Tendai Godaisanki shita* 参天台五台山记下, Kansai Daigaku Tōzaigakujutsu kenkyūjo Yakuchū Series 关西大学东西学术研究所訳注シリーズ12 - 2, (Osaka: Kansai Daigaku shuppanbu, 2011). See also Robert Borgen, "Jōjin Ajari no Haha no Shū[成寻阿阇梨母集], a Poetic Reading", in *The Distant Isle: Studies and Translations of Japanese Literature in Memory of Robert Brower*, ed. Thomas Blenman Hare, Robert Borgen, and Sharalyn Orbaugh (Ann Arbor: Center for Japanese Studies, University of Michigan, 1997); Robert Borgen, "The Case of the Plagaristic Journal: A Curious Passage from Jōjin's Diary", in *New Leaves: Studies of Japanese Literature in Honor of Edward G. Seidensticker* (Ann Arbor, Mich. : Center for Japanese Studies, University of Michigan, 1993); Robert Borgen, "*San Tendai Godai san ki* as a Source for the Study of Sung History", *Bulletin of Sung-Yüan Studies* 19(1987); Robert Borgen, "Jōjin's Travels from Center to Center (with some Periphery in between)", in *Heian Japan, centers and peripheries*, ed. Mikael S. Adolphson, Edward Kamens, and Stacie Matsumoto (Honolulu: University of Hawai'i Press, 2007); Charlotte von Verschuser, "Le voyage de Jōjin au mont Tiantai", *T'oung Pao* 77, no. 1 - 3(1991); Charlotte von Verschuser, "Jōjin découvre la ville de Hangzhou en 1072", in *Le vase de béryl, études sue le japon et la chine en hommage à Bernard Frank*, ed. J. Pigeat and H. Roteemund (Paris: Philippe Picquer, 1997); George A. Keyworth, "Jōjin on the spot: some remarkable evidence of eleventh-century Chinese Buddhism from the *San Tendai Godaisan ki*", *Studies in Chinese Religions* 2, no. 4(2016).

destinations might not be the most instructive in terms of learning either what he did on a daily basis in Song China as a foreign monk or what his activities expose about the history of the Buddhist religion in and around Hangzhou during the 11th century. Like most travelers today, Jōjin arrived with a plan in mind that is spelled out in *San Tendai Godaisan ki*. Part of that plan reveals a lot about the ostensibly rival mid to late Heian-era (794 – 1185) Japanese Tendai traditions of the Temple and Mountain (Sanmon-ha 山门派) branches located at Onjōji or Enryakuji 延历寺 on Mount Hiei 比叡山, respectively, and an apparently sustained attention to obtaining the latest translations of ritual manuals (*kalpa* or *vidhi*; *yigui*, *giki* 仪轨) from Sanskrit into Chinese, primers for writing the Siddham script, and commentaries to several predominantly Mahāyāna Buddhist *sūtras* (e. g. , the *Buddhāvataṃsaka*, * *Mahāvaipulya-mahāsaṃnipāta*, *Perfection of Wisdom in 25,000 lines* [*Pañcaviṃsatisāhasrikāprajñāpāramitā*], *Lotus*, and *Mahāparinirvāṇa* plus the *Golden Light*, *Humane Kings*, *Great Sun Buddha* [*Mahāvairocana*], *Diamond Crown* [*Vajraśekhara*] and *Susiddhikara sūtras*) Jōjin dispatched to Daiunji 大云寺 in Iwakura 岩仓(alt. 岩座, northwest of Kyoto), where he was abbot before he had left for China. ①But *San Tendai Godaisan ki* also divulges

---

① The *gobudaijōkyō* 五部大乘经, as the first five are known on Japan, comprises about 165 rolls in 8th – 9th century manuscript editions of these texts. An excellent source for information about East Asian Buddhist literature is Mujaku Dōchū's 无著道忠(1653 - 1745) encyclopedia, chap. 21, Mujaku Dōchū, *Zenrin shōkisen* 禅林象器笺(Kyoto: Seishin shobō 诚信书房, 1963), 590 - 91. Mujaku cites Tiantai Zhiyi's 天台智顗(538 - 597) *Fahuaxuanyi* 法华玄义 5, T no. 1716, 33: 5. 732c28 - 733a2, which reads as follows: 既得论悟与不悟，何妨论于浅深? 究竟大乘，无过《华严》,《大集》,《大品》,《法华》,《涅槃》, 虽明法界平等、无说无示，而菩萨行位终自炳然. The order that Zhiyi gives corresponds to his well-known *panjiao* 判教 system in which the *Buddhāvataṃsaka* is considered the ultimate, mostly incomprehensible scripture, *Prajñāpāramitā* literature represents median difficulty in terms of apprehension, and the *LotusSūtra* plays the role of the most clear and lucid presentation of the *buddhadharma*. On systematization schemes of the scriptures in China, see Ming-Wood Liu, "The P'an-chiao System of the Hua-yen School in Chinese Buddhism", *T'oung Pao* 67, no. 1 - 2(1981); Yao Hu, "The Elevation of the Status of the *Lotus Sūtra* in the *Panjiao* Systems of China", （转下页）

how his interests as a monk—in primarily esoteric Buddhist rituals—were met or failed to be addressed in the region or in the capital.

In this paper I explore not only the apparent reasons why Jōjin visited China and went where he did, but also how his diary speaks to the trafficking of Buddhist books—what Wang Yong calls a "book road"—in medieval East Asia from the mid-9th century to the late-12th. Two of the diaries that Jōjin brought with him concern monks—Enchin and Chōnen—whose voyages to China are crucial because they document the history of the Buddhist canon at two fundamental junctures: the immediate aftermath of the apparently widespread destruction of institutional Buddhist assets across China following the Huichang 会昌（841 - 846）era suppression of the faith, and the first printed (xylograph) edition of the Kaibao-era Buddhist canon(*Kaibao zang* 开宝藏 or *Shuban da zangjing* 蜀版大藏经,com. 983) in 481 cases (*han, hako* 函)comprising 5048 rolls—as outlined in the *Kaiyuan shijiao lu* 开元释教录 (Record of Sākyamuni's Teachings Compiled During the Kaiyuan-era [713 -

（接上页）*Journal of Chinese Religions* 42, no. 1（2014）. On how these five scriptures received particular veneration in medieval Japan, see George A. Keyworth, "Apocryphal Chinese books in the Buddhist canon at Matsuo Shintō shrine", *Studies in Chinese Religions* 2, no. 3（2016）; George A. Keyworth, "Zen and the 'Hero's March Spell' of the *Shoulengyan jing*", *The Eastern Buddhist* 47, no. 1（2016）. See below on the *Diamond Crown*, *Great Sun*, and *Susiddhikarasūtras*. On the history of the rival Temple and Mountain Tendai branches, see Shiba Kayono 柴佳世乃 and Tonami Satoko 戸波智子,"Keisei to Onjōji: Keisei *Miidera kōjōin nadonokoto* [to] *Taishi onsaki reizō nikki* wo yomu 庆政と园城寺—庆政「三井寺兴乗院等事」「大师御作霊像日记」を読む", *Chiba daigaku Jinbun kenkyū* 千叶大学「人文研究」39（2010）: 78; Haruko Wakabayashi, *The Seven Tengu Scrolls: Evil and the Rhetoric of Legitimacy in Medieval Japanese Buddhism* （Honolulu: University of Hawai'i Press, 2012）,127 - 28. See also Neil McMullin, "The Sanmon-Jimon Schism in the Tendai School of Buddhism: A Preliminary Analysis", *Journal of the International Association for Buddhist Studies* 7, no. 1（1984）; Mikael Adolphson, *The Gates of Power: Monks, Courtiers, and Warriors in Premodern Japan* （Honolulu: University of Hawai'i Press, 2000）. On *sōhei*, see Mikael S. Adolphson, *The Teeth and Claws of the Buddha: Monastic Warriors and Sōhei in Japanese History* （Honolulu: University of Hawai'i Press, 2007）, chap. 7.

741], Z no. 1183, T no. 2154, comp. 730). [1]I also address how we can neither restrict our investigations into the Buddhist culture of the Hangzhou region during the Tang-Song transition period to developments related to the ascendant Chan (Zen) 禅宗 tradition, nor solely use Dunhuang documents to address Buddhist ritual practices and ritual manuals—including but not limited to esoteric teachings—during the 9th – 12th centuries.

Although Jōjin's diary or other materials written by Japanese pilgrims, including, but not limited to, Saichō 最澄(Dengyō daishi 传教大师,767 – 822,

---

[1] Wang Yong, Chen Xiaofa, and Ge Jiyong, *Zhong-Ri shuji zhi lu yanjiu*. On the *Kaiyuan lu* as perhaps a standard catalog for the Buddhist canon in China, see Fuhua Li, "An analysis of the content and characteristics of the Chinese Buddhist canon", *Studies in Chinese Religions* 2, no. 2(2016): 112. See also Kyoko Tokuno, "The Evaluation of Indigenous Scriptures in Chinese Buddhist Bibliographical Catalogues", in *Chinese Buddhist apocrypha*, ed. Robert E. Buswell, Jr. (Honolulu, Hawaii: Unive-rsity of Hawai'i Press, 1990),52 – 53,71n. 97&98; Tanya Storch, *The History of Chinese Buddhist Bibliography: Censorship and Transformation of the Tripiṭaka* (Amherst, NY: Cambria Press, 2014),116,28 – 29; Jiang Wu,"From the"Cult of the Book" to the "Cult of the Canon": "A Neglected Tradition in Chinese Buddhism", in *Spreading the Buddha's Word in East Asia: The Formation and Transformation of the Chinese Buddhist Canon*, ed. Jiang Wu and Lucille Chia (New York: Columbia University Press, 2016). Tokuno cites an entry in the 13th century *Fozutongji* 佛祖统纪 40, which says that, "The 5,048 rolls [that the catalog contained] became the established number for the canon": T no. 2035. 49. 374c3 – 5. She also points out that the *Xu Zhenyuan shijiao lu* 续贞元释教录 says that the *Kaiyuan lu* circulated widely and continued to do so during the four courts of emperors Xuanzong 玄宗 (r. 712 – 756), Suzong 肃宗 (r. 756 – 762), Daizong 代宗 (r. 762 – 779), and Dezong 德宗 (r. 779 – 805): T no. 2158. 55. 1048. a23 – 26. There is an edition of the *Kaiyuan lu* from Nanatsudera 七寺 (Nagoya) copied from a manuscript dated to 735 (Tenpyō 天平 7) and brought back to Japan by Genbō 玄昉 (d. 746) with 1,046 titles in 5,048 rolls, in contrast to the Taishō edition with 1,076 titles in the same number of rolls. See Abe Yasurō 阿部泰郎, *Chūsei Nihon no shūkyō tekusuto taikei* 中世日本宗教テクスト体系 (Nagoya: Nagoya daigaku shuppankai, 2013),199 – 200; Yamamoto Yukio 山本幸男, "Genbō shōrai kyōten to 'gogatsu tsuitachi kyō' no shosha (jō)玄昉将来経典と「五月一日経」の书写(上)",*Sōai daigaku kenkyū ronshū* 相爱大学研究论集 22, no. 322 – 291(2006); Yamamoto Yukio 山本幸男, "Genbō shōrai kyōten to 'gogatsu tsuitachi kyō' no shosha (ge)玄昉将来経典と「五月一日経」の书写(下)", [A Study of the Sūtras Brought to Japan from China by Genbō: How they influenced copying of the Gogatsu Tsuitachikyō initiated by Empress Kōmyō in expectation of salvation by the Buddha.] *Sōai daigaku kenkyū ronshū* 相爱大学研究论集 23, no. 226 – 177(2007); George A. Keyworth, "Copying for the Kami: On the Manuscript Set of the Buddhist Canon held by Matsuno'o Shrine", *Japanese Journal of Religious Studies* 44, no. 2(2017).

in China 804 - 805），Chōnen，Jakushō 寂照（962 - 1034，arrived in China 1003），and Kaikaku 戒觉（d. u.，in China 1082）are often recognized as valuable sources by historians and scholars from other disciplines who research the formative phase in the historical development of Chinese Chan and Japanese Zen Buddhism，particularly within the geographical region of the Jiangnan Circuit during the Tang and Liangzhe Circuit in the Song，including the pioneering work of Yanagida Seizan（1922 - 2006），Suzuki Tetsuo，Makita Tairyō（1912 - 2011），and Albert Welter，Ben Brose provides a working model to distinguish between two types of Buddhism：regional and capital. [1] In *Patrons and Patriarchs：Regional Rulers and Chan Monks During the Five Dynasties and Ten Kingdoms*，Brose contrasts the "Chang'an Buddhist Traditions" with the development of regional Chan Buddhism in the south after Tang emperor Wuzong's 武宗（r. 840 - 846）anti-Buddhist suppression as follows：

---

[1] Albert Welter，*The Meaning of Myriad Good Deeds：a Study of Yung-ming Yen-shou and the Wan-shan t'ung-kuei chi*，Asian thought and culture；vol. 13（New York：P. Lang，1993）；Albert Welter，*Monks，Rulers，and Literati：The Political Ascendancy of Chan Buddhism*（New York：Oxford University Press，2005）；Albert Welter，*Yongming Yanshou's Conception of Chan in the Zongjing lu：A Special Transmission Within the Scriptures*（Oxford and New York：Oxford University Press，2011）；Benjamin Brose，*Patrons and Patriarchs：Regional Rulers and Chan Monks during the Five Dynastiea and Ten Kingdoms*，Kuroda Institute Studies in East Asian Budhdism，（Honolulu，Hawai'i：University of Hawai'i Press，2015）；Yanagida Seizan 柳田圣山，*Zenbunken no kenkyū jō Yanagida Seizan shū 2 禅文献の研究上 柳田圣山集 2*（Kyoto：Hōzōkan，2001）；Yanagida Seizan 柳田圣山，"Goroku no rekishi：Zen bunken no seiritsu shiteki kenkyū 语录の历史：禅文献の成立史的研究（The History of Discourse Records：Research of the History of the Development of Chan Literature）"，in *Zenbunken no kenkyū jō Yanagida Seizan shū 2 禅文献の研究上 柳田圣山集 2*（Kyoto：Hōzōkan，2000）；Suzuki Tetsuo 铃木哲雄，*Tō Godai no zenshū：Konan Kōsai hen 唐五代の禅宗—湖南，江西篇*（Tokyo：Daitō shuppansha，1984）；Suzuki Tetsuo 铃木哲雄，*Tō Godai zenshūshi 唐五代禅宗史*（Tokyo：Sankibō busshorin，1985）；Suzuki Tetsuo 铃木哲雄，*Chūgoku shūyō chimei jiten Zui-Sō Kin 中国主要地名辞典 隋～宋金*（Tokyo：Sankibō busshorin，2003）；Suzuki Tetsuo 铃木哲雄，*Chūgoku zenshū jimei sanmei jiten 中国禅宗寺名山名辞典*（Tokyo：Sankibō busshorin，2006）. Cf. Makita Tairyō，op. cit. See also Mori Kimiyuki 森公章，*Jōjin to San Tendai Godaisan ki no kenkyū 成寻と参天台五台山记の研究*（Tokyo：Yoshikawa kōbunkan，2013），115，28，44，88，98 - 99.

[N] ormative Buddhist traditions of the capitals did in fact continue after Wuzong'spersecutions and the fall of the Tang. The rise of Chan monks, moreover, does not appear to indicate a turn away from scholastic Buddhism toward some more direct and unmediated approach to awakening. Rather, the growing support for members of the Chan lineages in certain regions can be understood as a consequence of the political and economic restructuring that culminated in the formation of autonomous kingdoms, making it possible for previously marginal monastics to become the standard-bearers of new imperial cultures. [1]

Brose presents empirical evidence to demonstrate how the number of Buddhist temples in late Tang China fell considerably after the Huichang-era, but did not bottom out. In Fujian, where "the province's position on the economic and cultural fringes of the empire kept it from developing into a significant Buddhist center until the late Tang", "Fuzhou saw its number of temples actually increase dramatically in the second half of the ninth century. "[2] And, "in contrast to the major cities of Chengdu and Hangzhou, in less populated, less affluent areas of southeastern China, regional rulers allied themselves with respected local clerics, many of whom counted themselves members of the Chan lineages. "[3] Although I think that Brose made a wise

---

[1] Brose, *Patrons and Patriarchs*, 31. Brose follows, among others in Japan, Yanagida Seizan 柳田圣山, "Shike goroku to Goke goroku 四家语录と五家语录"; Suzuki Tetsuo, *Tō Godai zenshūshi*; Ōno Hideto 大野荣人, "Tendaishū sankeha to zenshū tono kōshō 天台宗山家派と禅宗との交涉", in *Sōdai Zenshū no shakai tekieikyō* 宋代禅宗の社会的影响, ed. Suzuki Tetsuo (Tokyo: Sankibō busshorin, 2002); Suzuki Tetsuo, *Hoku-Sōki no chishikijin to zensō tono kōryū* 北宋期の知识人と禅僧との交流, ed. Suzuki Tetsuo, *Sōdai Zenshū no shakai tekieikyō* 宋代禅宗の社会的影响, (Tokyo: Sankibō busshorin, 2002).

[2] Brose, *Patrons and Patriarchs*, 45 - 46.

[3] Brose, *Patrons and Patriarchs*, 47. Here is an example of what Brose points out with respect to members of the lineage of FayanWenyi 清凉法眼文益 (885 - 958) who established Qingliang monasteries 清凉寺 in four sites in southern China: (a) Qingliangsi in Duanzhou 端州, Xinchang county 新昌县, Jiangxi province, the heartland of Mazu Daoyi's 马祖道一 (709 - 788) disciples during （转下页）

decision not to be specific about which traditions might be represented by what he calls the "Chang'an Buddhist Traditions" contrasted with members of the Chan lineages, he defines this group as northern Chinese monks who relocated to the south in as follows：[Enchin's catalogs testify] "to the continued presence of canonical texts and the commentarial tradition in the capital and provincial centers directly after the Huichang persecutions. "① I imagine these monastics were also ritual experts who may have advocated for particular devotion to the *Lotus* or *Buddhāvataṃsaka sūtras* and veneration of particular *dhāraṇī-sūtras* described at length by Dan Stevenson and who Richard McBride calls exegetes or scholar monastics. ② Furthermore, it is important to note that

---

(接上页)the Tang and the Linji lineage 临济宗 during the Songca. 860 - 874 as Shitaisi 石台寺；1064 - 1067 named changed to Baoenchansi 报恩禅寺 by Zhang Shangying 张商英(1043 - 1122), sources：*Jiangxi tongzhi* 江西通志, *Shimen wenzi chan* 石门文字禅, *Shishi jigulüe Fozulidaitongzai*；(b) Qingliang yuan 清凉院 in Fuzhou, Houguan county 侯官县(alt. Min 闽 or Huaian 怀安县), Fujian in 898, state sponsorship in 940 or 964, source：*Sanshanzhi* 三山志；(c) Qingliang yuan in Ningbo, Zhejiang province, est. 908 with Wuyue Qian clan 钱氏 sponsorship, source：*Baoqing simingzhi* 宝庆四明志；(d) Qingliang guanghuichansi 清凉广惠禅寺(alt. Qingliang si) in Jiangning, Jiangsu province, est. 921 - 926 by Shun Yizhong 顺义中 within Xingjiaosi 兴教寺, 937 est. as Shitou Qingliang da daochang 石头清凉大道场 with FayanWenyi as abbot, 980 connected with Deqing hall 德庆堂, sources：*Jingdechuandeng lu* 景德传灯录, *Liuchaoshijibianlei* 六朝事迹编类, *Wudenghuiyuan* 五灯会元, *ZhizhengJinlingxinzhi* 至正金陵新志, *ZhidaquanJinlingxinzhi* 知大全金陵新志, *JingdingJiankangzhi* 景定建康志. These data are based upon a preliminary survey with Seiryō monasteries in Suzuki Tetsuo, *Chūgoku zenshū jimei sanmei jiten*. Other sources cross checked Nianchang's 念常 *FozulidaitongzaiFozulidaitongzai* 佛祖历代通载(Annalist Documents of Buddhas and Patriarchs in Successive Generations, T no. 2036) comp. 1341；Jue'an's*Shishi jigulüe* 释氏稽古略(Outline of the Investigation of the Buddhist Past, T no. 2037) comp. 1354；*Baoqing simingzhi* 宝庆四明志,comp. Luo Jun 罗濬 ca. 1226 - 1228；Ming dynasty *Jiangxi tongzhi* 江西通志；*ZhidaquanJinlingxinzhi* 至大全金陵新志,comp. Zhang Xuan 张铉,Ming；*Liuchaoshijibianlei* 六朝事迹编类,comp. Zhang Dunyi 张敦颐 Southern Song, ca. 1160：these texts are in Ji Yun 纪昀 and Lu Xixiong 陆锡熊,eds. , *Yingyin wenyuan ge siku quanshu* 景印文渊阁四库全书,1500 vols. (Taipei：Shangwu yinshuguan, 1983 - 1986). It should be noted that we have no contemporary, extant sources.

① Brose, *Patrons and Patriarchs*, 34.

② Daniel B. Stevenson, "Protocols of Power：Tz'u-yün Tsun-shih(964 - 1032) and T'ien-t'ai Lay Buddhist Ritual in the Sung", in *Buddhism in the Sung*, ed. Peter N. Gregory and Jr. Daniel A. Getz (Honolulu, Hawaii：University of Hawai'i Press, 1999)；Daniel B. Stevenson, "Buddhist (转下页)

these non-Chan lineage members would not have identified with Japanese sectarian designations like Tendai, Shingonshū 真言宗, and Sanronshū 三论宗, Hossōshū 法相宗, Kegonshū 华严宗 and other traditions based at temples in Nara (Nanto bukkyō 南都佛教)that are understood justifiably to represent East Asian Buddhist exegetical schools that enjoyed sponsorship chiefly in the Tang capitals of Chang'an and Luoyang, and perhaps on Mount Wutai, and in Bianjing 汴京(Kaifeng) under the Northern Song until 1127. [①] I will add that Jinshui Jingyuan, the exegete who Ŭich'ŏn traveled to Hangzhou to meet thirteen years after Jōjin arrived from Japan, and his own putative teacher, Changshui Zixuan 长水子璿 (965 – 1038), represent evidence of the perpetuation of exegetical monastics in the region of the Jiangnan Circuit that Jōjin's diary provides some evidence of.

Jōjin in the Capital Lending Commentaries by Ennin and Enchin, and the Buddhist canon

To the best of my knowledge, Jōjin was not particularly aware of members of the Chan lineage or he simply was not terribly interested or

---

(接上页)Ritual in the Song", in *Modern Chinese Religion I : Song-Liao-Jin-Yuan* (960 – 1368), ed. Pierre Marsone and John Lagerwey (Leiden and Boston: Brill, 2014). McBride, op. cit. See also Keyworth, "Zen and the 'Hero's March Spell' of the *Shoulengyan jing*".

① On the fabricated narrative of lineages in Tang—and continental East Asian—Buddhism, see John R McRae, *Seeing through Zen : Encounter, Transformation, and Genealogy in Chinese Chan Buddhism* (Berkeley: University of California Press, 2003), 122, which indicates a much-needed final word regarding the inclusive nature of Chinese Buddhism that does not serve as any sort of sectarian antecedent for the sects (*shū* 宗) in Japan. Cf. Stanley Weinstein, "The Schools of Chinese Buddhism", in *Buddhism and Asian History*, ed. Joseph Mitsuo Kitagawa and Mark D Cummings (New York: Macmillan, 1989). Korean Buddhism possesses a similarly inclusive character: see Richard D. McBride II, *Domesticating the Dharma : Buddhist Cults and the Hwaŏm Synthesis in Silla Korea* (Honolulu: University of Hawai'i Press, 2008), 90 – 91.

inspired by them. But, according to *San Tendai Godaisan ki*, during the second day of his stay in Hangzhou when he visited Xingjiaosi 兴教寺 on 1072. 4. 29, he records that he met an eminent Chan master who was 74 years old by the name of Daguan 达观. One might think that Jōjin met DaguanTanying 昙颖 (985 - 1060), author of the *Wujia zhuan* 五家传 (Chronicles of the Five Houses). [1] Either other records of his life are incorrect or Jōjin could have written this monk's name down incorrectly. Or perhaps he saw some sort of tribute to him that day and made an honest mistake; Jōjin could not speak any vernacular Chinese. In any case, the rest of the entry records the lavish halls of the monastery, including a hall dedicated to the 500 Arhats, another dedicated to Hārītī (Guizimu tang 鬼子母堂), a statue of Sarasvatī that captured his attention, and listened (?) to a lecture about roll 6 of Zhanran's 湛然 (711 - 782) commentary to the *Lotus Sūtra*: *Fahuaxuanyishiqian* 法华玄义释签 (T no. 1717). [2] Nearly a year later when he was in the capital of Bianjing staying at the Institute for Transmitting the Dharma (Chuanfayuan 传法院) on the grounds of the imperially sponsored monastery for Promoting Great Peace for the Nation (Taiping xingguosi 太平兴国寺), on 1073. 4. 15, an obscure Chan monk named Desong 德嵩 gave him a copy of the *Damo Liuzu tan jing* 达摩六祖坛经 (Platform Sūtra of the Sixth Patriarch, T no. 2008). [3] Based on the

---

[1] See Juefan Huihong 觉范惠洪 (1071 - 1128)'s collected works, *Shimen wenzi chan* 石门文字禅 25 Kakumon Kantetsu 廓门贯彻, ed. , *Chū Sekimon mojizen* 注石门文字禅, vol. 5, Zengaku tenseki sōkan 禅学典籍丛刊 (Kyoto: Rinsen shoten, 2000), 15: 651 - 52. There the title is *Tiwuzong lu* 题五宗录.

[2] STGS 1 Xining 熙宁 5(1072)4. 29 Fujiyoshi Masumi, *San Tendai Godaisanki I*, 65 - 70.

[3] STGS 8 1072. 4. 15 Fujiyoshi Masumi, *San Tendai Godaisanki II*, 451 - 51; Yanagida Seizan, *Shoki zenshū shisho no kenkyū* 初期禅宗史书の研究 (Kyoto: Hōzōkan, 1967), chaps. 3 - 4. On Xingguosi, see Alexander C. Soper, "Hsiang-Kuo-ssu, An Imperial Temple of Northern Sung", *Journal of the American Oriental Society*, no. 68(1948); Jinhua Chen, "Images, Legends, Politics, and the Origin of the Great Xiangguo Monastery in Kaifeng: A Case-study of the Formation and Transfor- (转下页)

fact that he brought Chōnen's diary with him to China，the *Zaitō ki* 在唐记 (Diary in China) and perhaps his *Nissōguhōjunrei ki* 入宋求法巡礼记(Record of a Pilgrimage to Song China in Search of the Dharma)，and shared it with the translation team on his first day there，scholars have concluded that Jōjin sought to visit the newly translated texts from the Institute for Transmitting the Dharma to acquire newly translated texts. [1]

Chōnen returned to Japan in 986 with a copy of the newly printed Kaibao-era Buddhist canon and an additional 40 rolls of newly translated texts (for a total of 5425 texts he brought back to Japan)，including an apparently incomplete copy of the Chan lamp or flame history，*Jingdechuandeng lu* 景德传灯录(*Keitokudentōroku*，Jingde-era Record of the Transmission of the Lamp [or flame]，T. 2076，ca. 1004). [2] The esteemed statesman Fujiwara no

(接上页)mation of Buddhist Sacred Sites in Medieval China"，*Journal of the American Oriental Society* 125，no. 3(2005)；Tansen Sen，*Buddhism，Diplomacy，and Trade：the Realignment of Sino-Indian relations*，600 - 1400，Asian interactions and comparisons，(Honolulu：University of Hawai'i Press，2003)，ch. 3；Fujiyoshi Masumi，"Sōchō yakukyō shimatsu kō 宋朝訳経始末攷"，*Kansai daigaku Bungaku ronshū* 关西大学文学论集 36，no. 1(1986)；Nakamura Kikunoshin 中村菊之进，"Sō Denpōin yakukyō sanzō Yuijō no denki oyobi nenpu 宋伝法院訳経三蔵惟浄の伝記及び年谱(The Legend and Chronology of the Eminent Translator Weijing at the Song Institute for the Transmission of the Dharma)"，*Bunka* 文化 41，no. 1 - 2(1977)；Takeuchi Kōzen 武内孝善，"Sōdai honyaku kyōten no tokushoku ni tsuite 宋代翻訳経典の特色について"，*Mikkyō bunka* 密教文化 113 (February 1975).

[1] STGS 1072. 10. 14，Fujiyoshi Masumi，*San Tendai Godaisanki I*，415，39n. 39. On fragments of Chōnen's diary，including the fragments found inside a statue of Śākyamuni Buddha he brought back to Japan and placed in Seiryōji 清凉寺 in Kyoto，see Gregory Henderson and Leon Hurvitz，"The Buddha of Seiryoji"，*Artibus Asiae* 19，1(1956)；Zhenping Wang，"Chōnen's Pilgrimage to China，983 - 986"，*Asia Major*，Third Series 7，2(1994)：73，fn. 26 - 27；Benjamin Brose，"Crossing Thousands of *Li* of Waves：The Return of China's Lost Tiantai Texts"，*Journal of the International Association for Buddhist Studies* 29，no. 1(2006(2008))：47n. 56；Teshima Takahiro 手島崇裕，"Nissō sō Chōnen no sekai kan ni tsuite 入宋僧奝然の世界关について"，[Korean] *Japanese Journal of Language and Literature* 日语日文学研究 88，225 - 244(2014). See also the essays in：GBS Jikkō iinkai 实行委员会，ed.，*Ronshū：Nissō kōryūki no Tōdaiji：Chōnen shōnin issennen daionki ni chinan de* 论集：日宋交流期の东大寺—奝然上人一千年大远忌にちなんで(Nara and Kyoto：Kabushiki kaisha Hōzōkan，2017).

[2] Yoritomi Motohiro，*Nicchū o musunda bukkyōsō*，420 - 25.

Michinaga 藤原道长（966 – 1028）acquired this canon during the early 11th century, when he oversaw the construction of a lavish, private temple for his clan in Kyoto called Hōjōji 法成寺. [1] We can only speculate whether or not the *Jingdechuandeng lu* was kept at Hōjōji.

    Because his father was a member of the Fujiwara clan, most likely the son of Sanekata 实方（d. 998），a distinguished man of letters in his own right, Jōjin must have been aware of Chōnen's copy of the Kaibao canon at Hōjōji. His family background provides further perspective when we consider the entry in *San Tendai Godaisan ki* for 1072. 10. 25, just twelve days after he arrived in at the Institute for Transmitting the Dharma on the grounds of Taiping xingguosi. It took him 65 days to reach the capital from Guoqing monastery on Mount Tiantai. According to Jōjin's diary, two monks from India—Richeng 日称（either Sūryayaśas or Sūryakīrti?，1017 – 1073）and Tianjixiang 天吉祥 （Devaśrī?，d. u.）—supervised a translation team of nineteen. [2] In the morning of 10. 25, Sanskrit scholar Huizuo 惠琢 sent Jōjin some soup and he was invited

---

[1] Chōnen brought the canon back to Japan for Tōdaiji 东大寺 in Nara. See Heather Blair, "Rites and Rule: Kiyomori at Itsukushima and Fukuhara", *Harvard Journal of Asiatic Studies* 73, no. 1(2013): 10; Abe Yasurō, *Chūsei Nihon no shūkyō tekusuto taikei*, 177 – 90,287 – 304.

[2] STGS 4: 1072. 10. 14. The jobs at the Institute include Trepiṭakas [a designation meaning something like "master of the Buddhist canon" (*sanzang* 三藏)], see Antonino Forte, "The Relativity of the Concept of Orthodoxy in Chinese Buddhism: Chih-sheng's indictment of Shih-li and the Proscription of the *Dharma Mirror Sutra*", in *Chinese Buddhist Apocrypha*, ed. Robert E. Buswell, Jr. (Honolulu, Hawaii: University of Hawai'i Press, 1990),243. Then we have assistant translators (*tongyijing* 同译经)，Sanskrit scholars (*zhengfanxue* 正梵学), philological assistants (*zhengyi* 证义), textual appraisers (*zhengwen* 证文), textual composers (*zhuiwen* 缀文), proofreaders (*canyijing* 参译经), editors (*panding* 判定), stylists (*runwen* 润文), and scribes (*bishou* 笔受). See also the description of the process during the Tang for Yijing in Jinhua Chen, "Another Look at Tang Zhongzong's (r. 684,705 – 710) Preface to Yijing's (635 – 713) Translations: With a Special Reference to Its Date", *Indogaku tetsugaku bukkyōgaku kenkyū* 11(2004); Ming Chen, "Vinaya works translated by Yijing and their circulation: Manuscripts excavated at Dunhuang and Central Asia", *Studies in Chinese Religion* 1,3(2015). Cf. T, no. 2035,49: 398b7 – 19 for a canonical description of those involved in the translation process.

to have tea with scribe Dingzhao 定照. During the afternoon, Jōjin and assistant translator Huixun 惠询, also known as Fancai sanzang 梵才三藏(trepiṭaka who is talented with [the] Sanskrit [script]), and later joined by textual appraiser Zhipu 智普(a. k. a Wenhui dashi 文惠大师), looked at seven other books that Jōjin had brought from Japan. These include three commentaries by Enchin to the Mahāvairocana (Dainichikyōgishaku 大日经义释) and Vasubandhu's (ca. 4th – 5th CE) commentary to the Lotus (＊Saddharmapundarīka-sūtropadeśa; Hokkeron ki 法华论记) sūtras in 20 rolls, and a glossed commentary to Yijing's translation of the Suvarṇabhāsottama-sūtra in ten rolls (Saishōōkyō monku 最胜王经文句). [1] They also examined Ennin's commentaries to the Vajraśekhara (Kongōchōkyōsho 金刚顶经疏, T no. 2223) and Susiddhikara (Soshitchikyōsho 苏悉地经疏, T no. 2227) sūtras, both in seven rolls, and Genshin's 源信 (942 - 1017) Ōjōyōshū 往生要集 (Essentials of Rebirth in the Pure Land, T no. 2682). [2]

These commentaries written by Ennin and especially Enchin demonstrate why, following Kuroda Toshio (1926 – 1993), we refer to esoteric Buddhism—and especially Tendai esoteric Buddhism or Taimitsu 台密 as opposed to [Shingon] Tōmitsu (as in Tōji 东寺)—as Kenmitsu Buddhism. Esoteric Buddhist masters who assumed the distinction of Ācāryas (asheli, ajari 阿闍

---

[1] Shōajarishingon mikkyō buruisōroku lists eight separate editions of Yixing's 一行 (683 – 727) commentary to the Mahāvairocana-sūtra brought by each of the Nittōhakke; see Shimizu Akisumi 清水明澄, "Dainichikyō no chūshaku-sho no shoshigakuteki kenkyū「大日经」の注釈书の书志学的研究", Mikkyō bunka 密教文化 219(2007). On Enchin's commentary to Vasubandhu's commentary to the Saddharmapuṇḍarīka-sūtra, see Maegawa Ken'ichi 前川健一, "Enchin no Hokkeron-ki no in'yō bunken: Mishō bunken no kaimei o chūshin ni 圓珍『法华论记』の引用文献：未详文献の解明を中心に"Indogaku bukkyōgaku kenkyū 3(1995); Fujii Kyōkō 藤井经公 and Ikebe Kōshō 池边宏昭, "Seshin Hokkeron yakuchū 世亲『法华论』訳注", Hokkaidō Daigaku bungaku kenkyūka kiyo 北海道大学文学研究科纪要 105,108,111(2001 – 2003). Enchin's glossed commentary to the Saishōōkyō is no longer extant.

[2] Fujiyoshi Masumi, San Tendai Godaisanki I, 490,92 – 93n. 2 - 3.

梨）were lineage holders who had received transmission through consecrations or initiations （*guanding*, *kanjō* 灌顶, *abhi ṣeka*）to perform the rituals prescribed in manuals outlining performances in ritual spaces （*daochang*, *dōjō* 道场, *bodhimaṇḍa*）according to specific diagrams （*mantuluo*, *mandara* 曼荼罗, *maṇḍala*）and were concomitant experts in the study of Buddhist *sūtra* and commentarial treaties, and the contents and arrangement of the ［Kaiyuan-era manuscript］ Buddhist canon. Just as Heian-era esoteric Buddhist teachers in Japan received transmission of the *ryōbumandara* 両部曼荼罗 or two divisions of the Womb （*taizangjie*, *taizōkai* 胎藏界, *garbhadhātu*）and Diamond （*jin'gangjie*, *kongōkai* 金刚界, *vajradhātu*）realms, even within the context of their study of *kengyō* 显经 or 显教, ācāryas viewed exoteric *sūtras* and teachings as advantageous ritual tools for the protection of the state and aristocratic clans （*Chingokokka* 镇护国家）.[1] Clearly based upon models of

---

[1] On these two *maṇḍalas* in the Tōmitsu esoteric tradition, see Ryuichi Abé, *The Weaving of Mantra: Kūkai and the Construction of Esoteric Buddhist Discourse* （New York: Columbia University Press, 1999）. For philological context, see Rolf W. Giebel, *Two Esoteric Sutras: The Adamantine Pinnacle Sutra and The Susiddhikara Sutra* （*Translated from the Chinese*, *Taishō Volume* 18, *Numbers* 865, 893）, BDK English Tripiṭaka （Berkeley, CA: Numata Center for Buddhist Translation and Research, 2001）; Rolf W. Giebel, "Taishō Volumes 18 – 21", in *Esoteric Buddhism and the Tantras in East Asia*, ed. Charles D. Orzech, Henrik H. Sørensen, and Richard K. Payne, Handbook of Oriental Studies （Leiden: Brill, 2011）. The full title of the *Vajrasekhara-sūtra* is *Jin'gangding yiqie rulai zhenshidashengxianzhengdajingwang jing* 金刚顶一切如来真实摄大乘现证大经王经 （＊ *Sarvatathāgatatattvasaṃgra-hamahāyānābhi-samayamahākalparāha-sūtra*）, attributed to Amogha-vajra （Bukong, Fukū 不空, 705 – 774）. See also the translation by Vajrabodhi （Jin'gangzhi 金刚智, 662 – 732）, *Jin'gangdingyujiazhonglüe chu niansong jing* 金刚顶瑜伽中略出念诵经 （Z no. 516, T no. 866）, and Rolf W. Giebel, trans., "The Chin-kang-ting ching yü-ch'ieh shih-pa-hui chih-kuei: An Annotated Translation", *Journal of Naritasan Institute for Buddhist Studies* 18, no. 107 – 201 （1995）; Giebel, *Two Esoteric Sutras: The Adamantine Pinnacle Sutra and The Susiddhikara Sutra* （*Translated from the Chinese*, *Taishō Volume* 18, *Numbers* 865, 893）; Giebel, "Taishō Volumes 18 – 21". The full title of the *Dari jing* is *Dapiluzhenachengfoshenbianjiachi jing* 大毘卢遮那成佛神变加持经 （*Mahāvairocanābhisaṃbodhivikurvitaadhi ṣ ṭhāna-sūtra*）; trans. in Rolf W. Giebel, *The Vairocanābhisaṃbodhi Sūtra: Translated from the Chinese* （*Taishō Volume* 18, *Number* 848）, BDK English Tripiṭaka Series （Berkeley, CA: Numata Center for Buddhist Translation and Research, 2005）.

practice Japanese monks witnessed in Chang'an and Luoyang during the early Tang or even the Sui dynasties (581 - 618), specific temples in Japan performed state protection rituals with special attention to ritualized readings (either chanting [*dokuju* 读诵] or revolve-reading [*tendoku*]) of three scriptures—(1) Xuanzang's 玄奘(ca. 600 - 664), colossal translation of the *Da bore boluomiduo jing* 大般若波罗蜜多经 (*Daihannyaharamittakyō*, Z no. 1, T no. 220), (2) the *Suvarṇabhāsottama-sūtra* (specifically Yijing's edition known as the *Jinguangming zuishengwang jing* 金光明最胜王经, *Konkōmyō saishōōkyō*, Most Victorious King's Sūtra of Golden Light, Z no. 158, T no. 665, in ten rolls), and (3) the *Renwang jing*(Z no. 21, T no. 245 and Z no. 22, T no. 246: *Shin'yakuninnōkyō* 新译仁王经)[①]—usually on behalf of the

---

[①] See "*Chingokokka* 镇护国家"and "*Chinju* 镇守" in Sylvain Lévi et al., *Hōbōgirin* 法宝义林: *Dictionnaire encyclopédique de bouddhisme d'après les sources chinoises et japonaises*, 1(1929), 2 (1930), 3(1937), 4(1967), 5(1979), 6(1983), 7(1994), 8(2003), 9 (nd) vols. (Tokyo: Maison franco-japonaise, 1929 -), 322 - 27. The former entry explicitly points out that protection from or for *kijin* 鬼神 (a blanket term in Chinese for "gods") almost always involved *dhāraṇī*, and particularly from the *Ninnōkyō* (see T nos. 245. 8. 829c29 - 830a4 [chap. 2] and 246. 8. 834c25 [chap. 1]) or *Konkōmyōkyō* (*Suvarṇabhāsottama-sūtra*, see T nos. 663. 16. 341b13 - c3 [chap. 2]; 664. 16. 382c3 - 21 [chap. 5], and 665. 427c6 - 27 [chap. 6]). Not only does de Visser pay ample attention to matters of "state protection" Buddhism (*Chingokokka*), but he provides the most thorough summary in English of the history of offerings of *issaikyō* [in Japan] from 651 to 1323; M. W de Visser, *Ancient Buddhism in Japan: Sutras and Commentaries in Use in the Seventh and Eighth Centuries A. D. and their History in Later Times*, 2 vols. (Leiden: E. J. Brill, 1935), 226, 605 - 15. Furthermore, de Visser provides the first clue in any European language that I know of about shrines where an *issaikyō* was offered or vowed to the *kami*, "From the beginning of the twelfth century the *Issaikyō* festivals were often held in Shintō sanctuaries (Hiyoshi, Kumano, Iwashimizu, Gion, Kamo)" (pp. 611 - 612). His study also contains obliging references to how Enchin, see below, in particular, played an especially prominent role in promoting Tendai rituals—and orientated doctrines at debates and lectures—within the ritual system of Heian Japan. On ritual readings of the *Daihannyakyō*, see Sagai Tatsuru 嵯峨井建, *Shinbutsu shūgō no rekishi to girei kūkan* 神仏习合の歴史と仪礼空间(Kyoto: Shibunkaku, 2013), 139 - 42; Abe Yasurō, *Chūsei Nihon no shūkyō tekusuto taikei*, 430 - 50 and 196 - 98. The precedent for ritual readings of this large compendium in Japan comes from a hagiographical biography of Xuanzang, *Da Cien sanzang fashi zhuan* 大慈恩三藏法师传 10, T no. 2053. 50. 276b5 - 22, which says that a special lecture was delivered on this scripture and it was read at a ceremony on 663. 10. Cf. Komine Michihiko 小峰未弥彦, Katsuzaki Yūgen 胜崎祐彦, and Watanabe Shōgo 渡辺章悟, （转下页）

kami 神样（*shinzendokyō* 神前读经）to avert natural disasters and calamities and protect the state and powerful clans.

We have scant sources with which to investigate the tools used and mechanisms by which Buddhist monastics performed state protection rituals that Japanese pilgrims such as Kūkai 空海（Kōbō daishi 弘法大师，774 - 835；China 804 - 806），Ennin，Enchin，Shūei 宗叡（809 - 884；China 862 - 865）and others reported they received from esoteric Buddhist teachers in specific monasteries in Tang Chang'an and Luoyang，which explains Brose's "Chang'an Buddhist Traditions". After the An Lushan，Shi Siming，and Huang Chao rebellions and the Huichang-era anti-Buddhist suppression，as Chen Jinhua has expertly demonstrated in his *Crossfire：Shingon-Tendai Strife as Seen in Two Twelfth-century Polemics，with Special References to Their Background in Tang China*，how nearly our entire understanding of what Tang esoteric Buddhism may have looked like comes from the perspective of the Tōmitsu and Taimitsu traditions.

What Jōjin's diary has to tell us about the world of 11th century state protection and/or esoteric Buddhism in the capital of Bianjing at the Chuanfa yuan is problematical to unpack. We know from his background in Japan and certain *Lotus Sūtra*-orientated rituals（*Hokkehō* 法华法）he mentions again

---

（接上页）*Hannyakyō taizen* 般若经大全（Tokyo：Shunjūsha，2015），372 - 82. On *Issaikyō-e* 一切经会，see Blair，"Rites and Rule：Kiyomori at Itsukushima and Fukuhara"，6；Heather Blair，*Real and Imagined：The Peak of Gold in Heian Japan*（Cambrige，Mass.：Harvard University Asia Center，2015），chap. 1. 2 and 1. 3. See also D. Max Moerman，*Localizing Paradise：Kumano Pilgrimage and the Religious landscape of Premodern Japan*（Cambridge，Mass.：Harvard University Press，2005），chap. 4. cited in Blair，and D. Max Moerman，"The Archaeology of Anxiety：An Underground History of Heian Religion"，in *Heian Japan，Centers and Peripheries*，ed. Mikael S. Adolphson，Edward Kamens，and Stacie Matsumoto（Honolulu：University of Hawai'i Press，2007）. On the *Renwang jing*（*Ninnōkyō*）in China，see Charles D. Orzech，*Politics and Transcendent Wisdom：The Scripture for Humane Kings in the Creation of Chinese Buddhism*（University Park，Pa.：Pennsylvania State University Press，1998）.

and again beginning on the first day of his diary, as well as recitation of the Venerable Spell of Acalanātha (*Budongzunzhou*, *Fudōsonju* 不动尊咒), how he arrived in China with a highly developed understanding of esoteric Buddhist discourse, practice, and knowledge of how these practices were integrated with the *Lotus Sūtra* in Temple Branch *kenmitsu* practice and study. [1] Just as he loaned out copies of Ennin's and Enchin's commentaries to *sūtras* and commentaries, on the twenty-sixth day of the first lunar month of 1073, he loaned out copies of four Tang translations of ritual texts he had brought with him from Japan. One of these was Amoghavajra's [Jin'gang 金刚] Bukong 不空 (705 - 774) translation of the *Chengju Miaofa lianhua jingwangyuqie-guanzhi yigui*, *Jōjumyōhōrengekyō ō yugakanchi giki* 成就妙法莲华经王瑜伽观智仪轨 (Manual to Achieve [Skt. *siddhi*] Visualization and Knowledge of the King of the *Lotus Sūtra* through Yoga T. 1000) with perhaps Ennin's commentary (*Hokke shidai* 法华次第) to it, and Enchin's commentary to the *Daihannyakyō kaidai* 大般若经开题 (*Questions about the Mahāprajñā-pāramitā-sūtra*) that Kūkai brought back to Japan and Enchin appended in one roll. [2] Jōjin also appears to have let Huixun borrow his copy of a *maṇḍala* diagram (*Bonjizumandara* 梵字图曼荼罗).

Jōjin also found newly translated texts in China. At the Institute for Transmitting the Dharma on 1073. 2. 28, for example, we learn that he was able to see a range of rare commentaries that are otherwise primarily cataloged in Ŭich'on's 义天 catalog to the supplement to the First Koryŏ printed canon 初雕高丽大藏经 (ca. 991 - 1101) called *Sinp'yŏnchejongkyojangch'ongnok* 新

---

[1] STGS 1 1072. 3. 15 Fujiyoshi Masumi, *San Tendai Godaisanki I*, 3 - 13. Cf. Lucia Dolce, "Reconsidering the taxonomy of the esoteric", in *The Culture of Secrecy in Japanese Religion*, ed. Bernhard Scheid and Mark Teeuwen (London and New York: Routledge Taylor and Francis Group, 2006).

[2] STGS 6 1072. 3. 27 Fujiyoshi Masumi, *San Tendai Godaisanki II*, 277 - 78.

编诸宗总录(New Catalog of the Teachings of All the Schools).① On the twenty-ninth day, he was shown a newly compiled primer for learning the origins of the Sanskrit alphabet and Sanskrit words called *Jingyou Tianzhu ziyuan* 景祐天竺字源 (Jingyou-era [1034–1038] Book on the Source of Indian [writing]) and copied down in *San Tendai Godaisan ki* two imperial prefaces written to commemorate the translation of it by Dharmapāla (Fahu 法护, 963–1058) and Weijing 惟净 (d. ca. 1051–1052). The scribe Dingzhao showed him more than 400 rolls of texts previously translated at the Institute, including * Dharmabhadra's (Faxian 法贤, d. 1000) translation of the *Ratnaguṇasaṃcaya* (*Fomubaodezang bore boluomi jing* 佛母宝德藏般若波罗蜜经, T no. 229) with imperials prefaces (written in Chinese).② The entry for 1073.4.9 when he was still in the capitl at the Institute explains that he was given a copy of newly translated esoteric Buddhist text. He records the title as *Dajiaowang jing* 大教王经 in 30 rolls, which means it must have been * Dānapāla's 施护 (d. 1017) retranslation of the *Sarvatathāgatatattvasaṃgraha-sūtra* (alt. *Vajra śekhara-sūtra*, *Yiqie rulai zhenshishedashengxianzheng sanmei dajiao wang jing* 一切如来真实摄大乘现证三昧大教王经, T no. 882).③

I will restrict my discussion here of Jōjin's background knowledge of esoteric Buddhism from Japan to the example of the "copying the *Lotus Sūtra* according to the prescribed method" (*nyohōkyō* 如法经) and invoking the thirty *kami* (*sanjūbanjin* 三十番神) who protect the *Lotus Sūtra* (*Hokkekyō*

---

① STGS 1073. 2. 28 Fujiyoshi Masumi, *San Tendai Godaisanki II*, 280–83. On the *Sinp'yŏnchejongkyojangch'ongnok*, see Chikusa Masaaki 竺沙雅章, ed., *Sō-Gen Bukkyō bunkashi kenkyū* 宋元佛教文化史研究 (Tokyo: Kifuko shoin, 2000), 69–70, 112–40, 271–92. Brose, "Crossing Thousands of *Li* of Waves: The Return of China's Lost Tiantai Texts", 39–41; McBride II, *Doctrine and Practice in Medieval Korean Buddhism: The Collected Works of Uichon*, 4–5.
② STGS 1073. 2. 29 Fujiyoshi Masumi, *San Tendai Godaisanki II*, 283–90.
③ STGS 6 1072. 3. 9 Fujiyoshi Masumi, *San Tendai Godaisanki II*, 439–40.

shugo no kami 守护の神 or *shotenzenjin* 诸天善神 or *nyohōgyō* 如法经*zenjin*）during the 'end times' (*mappō* 末法). ① In his *Nyohōkyō genshūsahō* 如法经现修作法 (Procedures for presently copying [the *Lotus*] *Sūtra* according to the prescribed method, comp. ca. 1236, T no. 2730), ritual *sūtra*-chanting expert (*shōmyō* 声明) Shūkai 宗快 (n. d.) lists the invocation of the *sanjūbanjin* starting with Amaterasu 天照大神 (deity of Ise shrine 伊势神宫, Mie prefecture) on the tenth lunar day, Atsuta 热田臣神 (Atsuta shrine in Nagoya) on the first day of the next lunar month, concluding with Kifune 贵船 (of Kibune near Kyoto) on the ninth lunar day. ② In a Mountain branch Taimitsumanualin which "the core of cultic practice and thought on Mt. Hiei consisted primarily of Shintō-Buddhist combinations" compiled by ritual expert Kōshū 光宗 (alt. Kōsō, 1276 - 1350), *Keiranshūyōshū* 渓岚拾叶集 (A Collection of Leaves Gathered in Stormy Streams), the *sanjūbanjin* are similarly evoked as guardians of the *Lotus Sūtra* tied to a practice initiated by Ennin. ③ Enchin is the putative founder of the Tendai Temple Branch; Ennin is assigned the same role for the Mountain Branch of the Tendai tradition. But Kōshū offers a new twist about one of the shrine-temple complexes or multiplexes (*jingūji* 神宫寺, alt. Jinguji 神供寺 or *miyadera* 宫寺) that seems to have been of particular significance for the Tendai tradition: Atsuta is not recorded as the shrine to Kusanagi no tsurugi 草薙剑 (the imperial sword) or Yatsurugi 八剑 (the name of a *kami*), but is instead the site where Tang emperor Xuanzong's 玄宗 (685 - 752, r. 713 - 756) favorite consort Yang

① Lucia Dolce, "Hokke Shinto: kami in the Nichiren tradition", in *Buddhas and Kami in Japan: Honji Suijaku as a Combinatory Paradigm*, ed. Fabio Rambelli and Mark Teeuwen (London and New York: Routledge Curzon, 2003), 225 - 26.
② T no. 2730, 84: 896c25 - 897a9.
③ Allan G. Grapard, "Keiranshūyōshū: A Different Perspective on Mt. Hiei in the Medieval Period", in *Re-visioning "Kamakura" Buddhism*, ed. Richard Karl Payne (Honolulu, Hawaii: University of Hawai'i Press, 1998), 55.

Guifei 杨贵妃 (719 – 756)—depicted at Sennyūji 泉涌寺 in Kyoto as Yōhiki Kannon 观音菩萨—descended to as part of the cultivation of the Diamond-realm *maṇḍala* from the *Vajraśekhara-sūtra*. [1] Daiunji, where Jōjin was abbot before he left for China, played an important role in Temple Branch Tendai rituals to the *kami*. [1] And the connection between devotion to local gods, esoteric Buddhist rituals and the Tendai tradition runs not through pilgrims' experiences in the Tang capitals, but with Mount Tiantai in Taizhou near Hangzhou, where the Mountain King (Sannō 山王) tutelary deity is said to have been brought from to Mount Hiei by Saichō—or perhaps Enchin. [2]

Jōjin on Enchin and *Shōrai mokuroku*; Enchin and Jōjin on the Region of Hangzhou

Although Jōjin seems to have brought far more esoteric Buddhist texts

---

[1] *Keiranshūyōshū* 6, T no. 2410, 76: 518c26 – 519a16. On Yang Guifei and Sennyūji, see Hillary Eve Pedersen, "The Five Great Space Repositories Bodhisattvas: Lineage, Protection and Celestial Authority in Ninth-Century Japan" (Ph. D., University of Kansas, 2010),185. On the Three Imperial Regalia and the sword, in particular, see below and Fabio Rambelli, "Texts, talismans, and jewels: the *Reikiki* and the perfomativity of sacred texts in medieval Japan", in *Discourse and Ideology in Medieval Japanese Buddhism*, ed. Richard K. Payne and Taigen Daniel Leighton (Abingdon and New York: Routledge, 2006). On *jingūji* and *miyadera*, see Sagai Tatsuru, *Shinbutsu shūgō no rekishi to girei kūkan*, 105 – 10. For the term "multiplex" see Allan Grapard, "Institution, Ritual, and Ideology: The Twenty-Two Shrine-Temple Multiplexes of Heian Japan", *History of Religions* 27, no. 3(1988). And his synopsis in Donald H. Shively and William H. McCullough, eds., (转下页)
(接上页) *The Cambridge History of Japan*, Vol. 2, *Heian Japan* (Cambridge, England and New York: Cambridge University Press, 1999), ch. 8. See below and Neil McMullin, *Buddhism and the State in 16th Century Japan* (Princeton, N. J.: Princeton University Press, 1985), 8 – 32; Peter Kornicki, *The Book in Japan: A Cultural History from the Beginnings to the Nineteenth Century* (Leiden: E. J. Brill, 1998; repr., Honolulu: University of Hawai'i, 2001),252 – 53. Cf. Keyworth, "Apocryphal Chinese books in the Buddhist canon at Matsuo Shintō shrine", 1 – 2.

[1] See my forthcoming, "On the Production of Manuscript Buddhist Scriptures and Canons Copied from Bonshakuji in Heian Japan".

[2] Allan Grapard, "Linguistic Cubism: A Singularity of Pluralism in the Sannō Cult", *Japanese Journal of Religious Studies* 14, no. 2/3(1987).

with him to Japan, which he shared with members of the translation team still residing at the Institute, there are several clues concealed in his diary that demonstrate how he was drawn not only to retrace the steps that Enchin took in China during the middle of the 9th century, but also how Enchin was a guide that led him to look for traces of what Brose calls "Chang'an Buddhist Traditions" particularly in the south. All or most of the eight [esoteric Buddhist] monks from Japan who visited Tang China compiled catalogs of the books, statues, and ritual objects (*shōrai mokuroku* 请来目录) they acquired or sent back home. [1] Only one of the five extant catalogs written by Enchin specifically tallies books by a temple in Chang'an and two cover temples named Kaiyuansi (common practice during the Tang after the Kaiyuan-era) in Fuzhou, Wenzhou and Taizhou. Table 1 provides a list of these catalogs.

Table 1: Enchin's Catalogs of Books in Chinese Monastic Libraries: [2]

	Title	Length	Date	Source in NBZ/T.
1	*Kaigenjigūtokukyōsho ki mokuroku* 开元寺求得经疏记目录 (Catalog of Scriptures and Com-mentaries collected from Kaiyuan monastery [Fuzhou]) (alt. *Kaigenjiguhō mokuroku* 开元寺求法目录)	1 roll	Friday, 27 October, 853 (Dazhong 大中 7. 9. 21)	vol. 95, no. 863, 252 T. 2169

---

① On the genre but will scant attention to Tendai esoteric—Taimitsu 台密—monks, see Ian Astley, "Esoteric Buddhism, Material Culture, and Catalogues in East Asia", in *Esoteric Buddhism and the Tantras in East Asia*, ed. Charles D. Orzech, Henrik H. Sørensen, and Richard K. Payne, Handbook of Oriental Studies (Leiden: Brill, 2011). For an overview of the Taimitsu tradition in Japan, see Lucia Dolce, "Taimitsu Rituals in Medieval Japan: Sectarian Competition and the Dynamics of Tantric Performance", in *Transformations and Transfer of Tantra in Asia and Beyond*, ed. Istvan Keul (Berlin and New York: Walter de Gruyter Publishers, 2011); Lucia Dolce, "Taimitsu: The Esoteric Buddhism of the Tendai School", in *Esoteric Buddhism and the Tantras in East Asia*, ed. Charles D. Orzech, Handbook of Oriental Studies (Leiden: Brill, 2011).

② Abe Yasurō, *Chūsei Nihon no shūkyō tekusuto taikei*, 202.

（续表）

	Title	Length	Date	Source in NBZ/T.
2	*FūkushūOnshūTaishūgūtokukyōritsu-ronsho ki gaishotō mokuroku* 福州溫州台州求得经律论疏记外书等目录 (Catalog of Sūtras, Abhidharma, Śāstras, and Commentaries from [Kaiyuan temples] in Fuzhou, Wenzhou, and Taizhou) (alt. *FūkushūOnshū-Taishūguhō mokuroku* 福州溫州台州求法目录)	1 roll	854 (Dazhong 8)	vol. 95, no. 865, 253 – 256 T. 2170
3	*Seiryūjiguhō mokuroku* 青龙寺求法目录 (Catalog of Searching for Scriptures at Qinglong monastery [Chang'an])	1 roll	Wednesday, 4 December, 855 (Dazhong 9. 10. 21)	vol. 95, no. 865, 257 – 258 T. 2171
4	*Chishōdaishi shōrai mokuroku* 智证大师请来目录 (Catalog of Books Enchin Brought Back to Japan)	1 roll	Wednesday, 29 June, 858 (Dazhong 12. 5. 15)	T. 2173
5	*Nihon biku Enchin nittōguhō mokuroku* 日本比丘圆珍入唐求法目录 (Catalog of Scriptures Found [in China] by Japanese Bhikṣu Enchin)	1 roll	859 (Tenan 天安 3)①	vol. 95, no. 866, 259 – 264 T. 2172

Jōjin documents in *San Tendai Godaisan ki* how he was particularly concerned with the life and works by Enchin as the esteemed—though posthumous—founding figure of the Temple Branch of the Tendai tradition. His diary also tells us that he brought a copy of Enchin's biography written by the eminent Japanese literatusMiyoshi no Kiyoyuki 三善清行（847 – 918）in 902. Perhaps because Kiyoyuki had access to some of Enchin's letters, *Enchin kashō den* 圆珍和尚伝（alt. *Enchin oshō den*, NBZ no. 568, hereafter *Enchin den*）contains several key points about Enchin's time in Fuzhou and in Chang'an that are not mentioned in Enchin's diary, *Gyōrekishō* 行历抄（Travel

---

① This text contains *Kokuseijiguhō mokuroku* 国清寺求法目录（Catalog of Scriptures Found at Guoqing monastery [Mount Tiantai]）, 1 roll, and has the date 857 (Dazhong 11).

Notes，NBZ no. 572)，which Jōjin brought with him to China as well. ①

As an historical document，the edition we have of *Gyōrekishō* was kept at Ishiyamadera 石山寺 and was copied with some corrections made on 1197. 10. 17 from a previous copy produced by Chikan 智劝 in 1195 of a copy by one Raikaku 赖觉 in 1049 of the short diary that Enchin finished writing after he had returned to Japan on 859. 1. 23. ② This means that it is possible that Jōjin could have taken a similar copy by Raikaku with him to China. The edition we have in the *Dai Nihon Bukkyōzensho* has some commentary or notes added by Raikaku. What concerns me most from the *Gyōrekishō* is that it explains that Enchin received transmission of the teachings of the Diamond-realm and Womb-realm *maṇḍalas* at Qinglongsi 青龙寺 in Chang'an from Faquan 法全 (fl. 800 – 870)，but it does not accord with what is recorded in *Enchin den*. *Gyōrekishō* says that Enchin arrived in Chang'an on 855. 5. 20 (July 7th) and met the esoteric Dharma master Faquan on 5. 28. On 7. 15 (August 31，855)，Faquan gave him a consecration ritual for the Womb *maṇḍala* at Qinglongsi. Faquan then gave him the consecration ritual for the Diamond *maṇḍala* on 855. 10. 3 (November 16th). Finally，on 855. 11. 5，Enchin was given a conferral of transmission consecration by Faquan. Enchin ends this section of the diary during the first month of Dazhong 大中 10(856). The next entry begins during the second lunar month of 858 with his return to Dazaifu 太宰府 in Japan. ③

The biography of Enchin by Miyoshi no Kiyoyuki is a curious document

---

① STGS 4 1072. 10. 25 Fujiyoshi Masumi，*San Tendai Godaisanki I*，490 – 91.

② *Gyōrekishō* NBZ 572，72：191b-c，192a1 – 3.

③ *Gyōrekishō* NBZ 572，72：190b-c，esp. c3 – 5，17 – 19. With some disagreement because Chen consults additional，later sources from Japan，trans. in Chen Jinhua，*Crossfire：Shingon-Tendai Strife as Seen in Two Twelfth-Century Polemics，with Special References to Their Background in Tang China*，Studia Philologica Buddhica Monograph XXV，(Tokyo：International Institute for Buddhist Studies，2010)，138.

with a revealing textual history of its own that is unfortunately beyond the scope of this paper. I hope it will suffice to say that the edition of it in *Dai Nihon Bukkyōzensho* is unreliable, though intriguing, because it contains large blocks of additional text, primarily concerned with portents by *kami* concerning key events in his life and oddly placed references to sectarian debates not mentioned in the manuscript I have consulted from Amanosan Kongōji 天野山金刚寺. There are three other extant manuscript editions of the text: an edition kept at Ishiyamadera dated to 1108. 4. 21; a manuscript dated 1220. 4. 25 from the Manshu-in 曼殊院 now at the Tokyo National Museum (no, B-1402); and one from the Kanchi-in 观智院 of Tōji dated 1185. The Kongōji manuscript is a copy completed on 1230. 12. 11 at the Rengeō-in Sanjūsangendō 莲华王院三十三间堂 of an edition copied on 1182. 1. 18 from an edition copied on 1140. 10. 27 at the Shana-in 舍那院 (Nagahama, Shiga prefecture). ①

In order to deepen our understanding of the history of the transmission of key text in medieval East Asia and to provide further context about the sources that Chen Jinhua and I use to address the narrative of Enchin's voyage to Tang China, it is important to note that in his biography of Enchin in *Genkō shakusho* 元亨释书(Buddhist History of the Genkō Era [1321 - 24]), Kokan Shiren 虎关师錬 (1278 - 1346) follows Kiyoyuki's biography conspicuously. ②

---

① Gotō Akio 后藤昭雄,ed. , *Amanosan Kongōji zenpon sōkan* 天野山金刚寺善本丛刊 *Dai ichi-ki* 第一期(Tokyo: Bensei shuppan, 2017),744 - 46.

② On Kokan Shiren and the *Genkō shakusho*, see Carl Bielefeldt, "Kokan Shiren and the Sectarian Uses of History", in *The Origins of Japan's Medieval World: Courtiers, Clerics, Warriors, and Peasants in the Fourteenth Century*, ed. Jeffrey P. Mass (Stanford, CA: Stanford University Press, 1997); Bruce E. Carpenter, "Kokan Shiren and the Transformation of Familiar Things", *Tezukayama daigaku ronshū* 手塚山大学论集 18(1978). For the biography of Enchin, see Kokan Shiren 虎关师錬 (1278 - 1346) and Fujita Takuji 藤田琢司, *Kundoku Genkō shakusho* 训読元亨释书(Kyoto: Zen bunka kenkyūjo, 2011),1: 69 - 76.

Enchin's own diary records that he received esoteric Buddhist transmission solely from Faquan and only in Chang'an. The narrative of lineage transmission between Faquan and Enchin in Chang'an is similar in *Enchin den*, but Kiyoyuki adds some key information that Enchin left out of *Gyōrekishō*. Kiyoyuki records that the conferral of transmission consecration took place not on 855.11.5, but instead on 855.11.4 and was followed by conferral of the title of Ācārya after he received the *samaya* precepts (*sanmeiyejie*, *samaya kai* 三昧耶戒) and performed a ceremony honoring the sages (patriarchs). Then Enchin is said to have proceeded to the monastery of Da Xingshansi 大兴 善寺, where he bowed and made ritual offerings to the relics of Amoghavajra and met with Amoghavajra's third generation disciple, Śramaṇa-ācāryaHuilun 惠轮. According to *Enchin den*, Huilun transmitted to Enchin the secret meaning of the two division *maṇḍalas* and a new translation of his called the *Chinianjingfa* 持念经法 (Method for Reciting [spells] from the scriptures?). [1]

In a recent article about this Zhihuilun 智慧轮 (d. 876) and in his *Crossfire* book, Chen Jinhua presents the narrative of the transmission from Zhihuilun to Enchin as a key component in his quest to recover lost traces of the esoteric Buddhist masters from the post-An Lushan and Shi Siming rebellions and Huichang-era. Chen provides careful notes about the texts he read to conclude that Enchin must have met Zhihuilun. One of these is a letter that Enchin addressed to Zhihuilun on 882.7.15 from Japan with a list of

---

[1] See lines 88 – 93 in Gotō Akio, *Amanosan Kongōji zenpon sōkan Dai ichi-ki*, 652. The text reads as follows: 伝法和尚法阿阇梨、受两部大法。十一月四日,排批香花、供养贤圣。受三昧耶戒。其夜受两部大教阿阇梨立。其后又至街东大兴善寺不空三藏和尚院、礼拜三藏骨塔、并见三藏第三代传法弟子三藏沙门惠轮阿阇梨、受两部大曼荼罗秘旨、兼授新译持念经法.

questions for his former teacher requesting additional books to be dispatched. ①
Other letters examined by Chen from Enchin to Zhihuilun address the portraits
of the three celebrated esoteric masters Amoghavajra， Śubhakarasiṃha 善无畏
（in China 719 – 735） and Vajrabodhi （Jin'gangzhi 金刚智，662 – 732） that
Enchin saw when he was in China and speak to the matter of which lineage
Zhihuilun may or may not have been assigned to when Enchin was in China.
Chen also makes a convincing case that the biography of Zhihuilun in Zanning's
赞宁（919 – 1001） *Song gaoseng zhuan* 宋高僧传（Biographies of the Eminent
Monks of the Song， T no. 2061，50：722c） mistakenly suggests that he was an
Indian monk with the name ＊Prajñācakra （Wheel of Wisdom）， transcribed
into Chinese with the varying characters 般若斫迦 or 般若惹羯罗 or 般若斫羯
罗，when his father was almost certainly Chinese—with the surname Ding 丁—
although his mother may have come from India or Central Asia. ②

If Chen is correct，and I suspect that he is，about the connection between
Zhihuilun and Enchin，then not only do I wonder if Jōjin was aware of this
connection when he spent time at the Institute in the capital，but I also wonder
why there is no mention of Zhihuilun in *Gyōrekishō* as we have the text today?
There is another — possibly Indian or Central Asian—monk that Kiyoyuki's
Enchinden connects Enchin to，not one he encountered in the capital，but
when he was in Fuzhou. *Enchin den* records that when Enchin first arrived in
China in 853 and went to the Kaiyuansi in Lianjian country 连江县 in Lingnan
Circuit 岭南到，he met a monk by the name of Boreruodaluo 般若若怛罗

---

① Jinhua Chen，"A Chinese Monk under a 'Barbarian' Mask? Zhihuilun （? – 876） and Late Tang
Esoteric Buddhism"，*T'oung Pao* 99，1，no. 139（2013）：100 – 05，esp. 00，nos. 26 – 28；Chen Jinhua，
*Crossfire：Shingon-Tendai Strife as Seen in Two Twelfth-Century Polemics，with Special
References to Their Background in Tang China*，177 – 78.
② Chen，"A Chinese Monk under a 'Barbarian' Mask? Zhihuilun （? – 876） and Late Tang Esoteric
Buddhism"，100 – 05，esp. 28 – 29. Kokan Shiren and Fujita Takuj，*Kundoku Genkō shakusho*，1：72.

(Hannyatara) from the monastery of Nālandā in Magadha in Central India from whom he received several texts. The first is a text about how to study the Sanskrit Siddham script (*Fanzixitan zhang*, *Bonjishittanshō* 梵字悉昙章), followed by the Diamond and Womb *maṇḍalas*, the *Mahāvairocana-sūtra*, and at least two other esoteric Buddhist ritual manuals in Sanskrit (*fanqie*, *bonkyō* 梵篋, *pustaka* or *poṭhī*).[①] The encounter with Boreruodaluo is not mentioned in *Gyōrekishō*, where far clearer dates are provided concerning when he arrived in China (853. 8. 15) and how quickly he proceeded to Mount Tiantai and Guoqingsi.[②]

Who was Boreruodaluo and is there any other evidence of an Indian monk by this name residing at a monastery in Fuzhou? Kūkai's [*Go-*] *Shōrai mokuroku* (T no. 2161, 55: 1063c24) records that he brought back a copy of *Bonjishittanshō* in one roll, as does *Nihon biku Enchin nittōguhō mokuroku* (T no. 2172, 55: 1098b20).[③]Prajñā is an Indian esoteric master well-known to have been a teacher to Kūkai when he was in Chang'an studying esoteric Buddhism during the beginning of the 9th century.[④] It seems highly unlikely, however, that the same individual would have moved to Kaiyuansi in Fuzhou

---

① On *fanqie*, see "Bonkyō" in *Hōbōgirin* 2: 120. See lines 63 - 68 inGotō Akio, *Amanosan Kongōji zenpon sōkan* 天野山金剛寺善本丛刊 *Dai ichi-ki*, 650. The text reads: 和尚在寺、党遇中天竺摩揭陀国大那兰陀寺三藏、受学梵字悉昙章、兼授金刚界大悲胎藏大日佛印七倶素室利印法梵篋经等。It seems likely that one of these texts is a ritual manual devoted to Mañjuśrī (here the name is given as Mansushili, Mansoshiri 曼素室利) and Saptakoṭibuddhamātṛ (Qijudifomu, Shichikuteibutsumo 七倶胝仏母) or Cundī (Zhunti, Juntei 准[准]提); see Kokan Shiren and Fujita Takuji, *Kundoku Genkō shakusho*, 71.

② *Gyōrekishō*, NBZ 572, 72: 188a-b.

③ The transmission of Siddham by this Indian monk, whose name is rendered as Boreduoluonantuo (Hannyatararananta)般若多罗难陀, and the possible transmission concerns with Kūkai and Enchin are addressed in Tendaishū Jimon-ha Goonki Jimukyoku 天台宗寺门派御远忌事务局, *Chishō Daishi* 智证大师 (Shiga-ken Ōtsu-shi: Onjōji, 1937), 84 - 89. On Kūkai's catalog and problems with 20th century Japanese sectarian accounts of esoteric Buddhism, see Astley, "Esoteric Buddhism, Material Culture, and Catalogues in East Asia", 709, 16 - 18. .

④ Abé, *The Weaving of Mantra*, 119 - 20.

by the 850s, unless we consider that he may have been one of the representatives of the "Chang'an Buddhist traditions" Brose posits; yet I highly doubt this is the same monk. Because Enchin completed *Nihon biku Enchin nittōguhō mokuroku* after he had returned to Japan, it is possible that he included a copy of the text that Kūkai brought back and records in [*Go -*] *Shōrai mokuroku*. It seems equally likely that Enchin acquired a copy of the *Bonjishittanshō* when he arrived in Fuzhou, along with the Sanskrit texts alluded to in *Enchin den*. Two Sanskrit manuscripts are recorded in *Kaigenjigūtokukyōsho ki mokuroku* (T no. 2169, 55: 1092b15): Sanskrit mantra(s) on a palm leaf manuscript from Nālandā in Central India (*Zhong Tianzhu Da NalantuosibeiduoyeFanzi zhenyan yijia* 中天竺大那兰陀寺贝多叶梵字真言一夹) and a Sanskrit text of the Great Compassion Dhāraṇī (*Fanziwuaidabeixin tuoluoni yijia* 梵字无碍大悲心陀罗尼一夹) which is recorded as having been copied by a Brāhmaṇa Trepiṭaka Ācārya named Liyemansuxidaluo 已上婆罗门三藏阿娑阿哩耶曼苏悉怛罗舍授. Enchin records the same entry in *FūkushūOnshūTaishūgūtokukyōritsuronsho ki gaishotō mokuroku* (T no. 2170, 55: 1093b2). *Nihon biku Enchin nittōguhō mokuroku* is, moreover, the only one of Enchin's extant catalogs which lists 22 Sanskrit texts that he brought back to Japan. Therefore, although it seems highly suspicious and improbable that Enchin may have met the same Prajñā that Kūkai did nearly 50 years earlier in Chang'an, it is probable that he found Sanskrit manuscripts in the Kaiyuansi in Fuzhou when he first arrived—and may have met an man from India who copied Buddhist texts for monastics. If Brose and others are correct that the effects of the Huichang-era anti-Buddhist suppression were decreased far from the Tang capitals, then it seems reasonable to conclude that Indian monks or Brahmins who could write Sanskrit were active in the south as late as the mid-9th century.

Could Jōjin have been expecting to meet Indian or Central Asian Sanskrit teachers of the Siddham script and perhaps pronunciation when he arrived in Hangzhou in 1072? Given how much evidence there is in *San Tendai Godaisan ki* of how he brought books written or compiled by or about Enchin, it stands to reason that the Song capital of Bianjing and Mount Wutai in the north were not the only locations where he could have expected to find texts or teachers of Sanskrit. Moreover, because we know that Jōjin brought Kiyoyuki's *Enchin den* with him to China, he would have been familiar with the narrative about how Enchin encountered Boreruodaluo and acquired a copy of the *Fanzixitan zhang* in Fuzhou when he arrived. Although there is ample evidence to demonstrate that Jōjin was drawn to Mount Wutai in the north and the capital to seek out the Institute for Transmitting the Dharma, Mount Tiantai and Guoqingsi were probably not the only places within the old Jiangnan Circuit where he expected to find the *buddhadharma*.

Conclusion: Hangzhou as a Center for Buddhism during the 9th – 11th centuries

Buddhism is a religion of travelers. Indian, Iranian, and Central Asian monastics and lay people such as the hostage An Shigao 安世高 (fl. 148 – 170) journeyed to China during the first centuries of the Common Era and spread the foreign faith. [1] Sanskrit or Indo-Iranian language speakers and readers seemingly flocked to successive Chinese courts for more than a thousand

---

[1] Antonino Forte, *The Hostage An Shigao and his Offspring: an Iranian family in China.* (*Italian School of East Asian Studies Occasional Papers*: 6) (Kyoto: Istituto Italiano di Cultura, Scuola di Studi sull'Asia Orientale, 1995).

years. ① Biographies of three Chinese pilgrims who traveled to India in search of sacred scriptures （qiufa gaoseng 求法高僧）——Faxian 法显（journey：399 - 412 or 413），Xuanzang （journey：629 - 645），and Yijing 义净（635 - 713，journey：671 - 694）——formed a distinct genre within the Chinese Buddhist canon already by the mid - 8th century；their biographies were among the earliest books about Budd-hism translated into European languages. ② The accounts of Japanese travelers to China written by Ennin，Enchin，Chōnen and Jōjin reveal

---

① See Sen，*Buddhism*，*Diplomacy*，*and Trade*：*the Realignment of Sino-Indian relations*，*600 - 1400*.

② On Faxian，see Julius Heinrich Klaproth，Ernest Augustin Xavier Clerc de Landresse，and Jean Pierre Abel Rémusat，*Foé Koué Ki*，*ou Relations des royaumes bouddhiques*：*voyage dans la Tartarie*，*dans l'Afghanistan et dans l'Inde*，*exécuté*，*à la fin du IVe siècle*，*par Chy Fa Hian* (Paris：Impr. Royale，1836). Samuel Beal，*Travels of Fah-Hian and Sung-Yun*，*Buddhist pilgrims*，*from China to India* (*400 A. D. and 518 A. D.*) (London：Trübner，1869). Herbert A. Giles，*Record of the Buddhistic kingdoms*：*Translated from the Chinese* (London：Trübber and Co.，1877). James Legge，*A Record of Buddhistic Kingdoms Being an Account by the Chinese Monk of His Travels in In-dia and Ceylon* (*A. D. 399 - 414*) *in Search of the Buddhist Books of Discipline* (Oxford，
（转下页）
（接上页）England：Clarendon press，1886；repr.，New York：Dover Publications，1991). On Xuanzang，see Julien Stanislas，*Histoire de la Vie de Hiouen-Thsang et de ses voyages dan l'Inde*，*depuis 'an 629 jusqu'en 645* (Paris：Impr. impériale，1853；repr.，New York：Johson Repring corp.，1968). originally published in 1884：Samuel Beal，*Si-yu-ki*，*Buddhist Records of the Western World*，*by Hiuen Tsiang*，2 vols. (Delhi：Oriental Books Reprint Corp，1969). Thomas Watters，*On Yuan Chwang's Travels in India 629 - 645 A. D.*，ed. T. W. Rhys Davids and S. W. Bushell，2 vols.，Oriental Translation Fund New Series XIV-XV，(London：Royal Asiatic Society，1904 - 1905). On Yijing，Édouard Chavannes，*Mémoire composé à l'époque de la grande dynastie T'ang sur les religieux éminents qui allèrent chercher la loi dans les pays d'Occident par I-tsing* (Paris：E. Leroux，1894). and Takakasu Junjirō，*Record of the Buddhist Religion as Practised in India and the Malay Archipeligo* (*A. D. 671 - 695*) *by I-tsing* (London：Clarendon Press，1896). The most thorough analysis of Faxian in European language scholarship is Max Deeg，"Has Xuanzang really been in Mathurā? Interpretatio Sinica or Occidentalia——How to Critically Read the Records of the Chinese Pilgrim"，in *Essays on East Asian religion and culture*：*Festschrift in honour of Nishiwaki Tsuneki on the occasion of his 65th birthday* 东アジアの宗教と文化：西胁常记教授退休记念论集，ed. Christian Wittern and Shi Lishan (Kyoto：2007)；Max Deeg，*Das Gaoseng-Faxian-Zhuan als religionsgeschichtliche Quelle*：*der älteste Bericht eines chinesischen buddhistischen Pilgermönchs über seine Reise nach Indien mit Übersetzung des Textes*，vol. 51，Studies in Oriental Religions，(Wiesbaden：Harrassowitz，2005).

how, by the mid-9th century, Japanese Buddhists undertook pilgrimages to the sacred mountains in China. Cave no. 61 of the Mogao Grottoes of Unparalleled Heights (Mogao ku 莫高石窟, a. k. a. Caves of a Thousand Buddhas, Qianfo dong 千佛洞) near the city of Dunhuang, in Gansu province, which was commissioned during the 10th century when the region was controlled by the Cao 曹 family,[1] provides evidence that matches the literary accounts contained in Ennin's *Nittōguhōjunreikōki* and Jōjin's *San Tendai Godaisan* to demonstrate that Mount Wutai was an international destination for pilgrims from across Asia.[2] Though certainly not used to refer to sites outside China and usually delivered within the context of clever remarks condemning traditional Buddhist practices such as venerating images of the buddhas and bodhisattvas, reading *sūtras* and commentaries, or meditating, pilgrimage (*xingjiao* 行脚) shows up as well in Chinese Chan Buddhist discourse records like the *Linji lu* 临济录(Record of Master Linji Yixuan 临济义玄[d. 866]).[3]

---

① On the emergence of Mount Wutai as a sacred site for Buddhists and Daoists in China, see Ono Katsutoshi 小野胜年 and Hibino Takeo 日比野丈夫, *Godaisan* 五台山 (Tokyo: Zayūhō kankōkai, 1942). On cave no. 61, see Dorothy C. Wong, "A Reassessment of the Representation of Mt. Wutai from Dunhuang Cave 61", *Archives of Asian Art* 46 (1993); Susan L. Beningson, "The Sacred Topography of Mount Wutai at Dunhuang", in *Pilgrims and Buddhist Art*, ed. Adriana Proser (New York: Asia Society, 2010).

② Ennin's diary is well-known today because of Reischauer, *Ennin's Diary: The Record of a Pilgrimage to China in Search of the Law*; Reischauer, *Ennin's Travels in Tang China*.

③ For example, T no. 1985, 47: 500c4 – 10, trans. in Ruth Fuller Sasaki and Thomas Yūhō Kirchner, *The Record of Linji*, Nanzan Library of Asian Religion and Culture, (Honolulu: University of Hawai'i Press, 2009), 239, as follows: "I say to you there is no buddha, no dharma, nothing to practice, nothing to enlighten to. Just what are you seeking in the highways and byways? Blind men! You're putting a head on top of the one you already have. What do you yourselves lack? Followers of the Way, your own present activities do not differ from those of the patriarch-buddhas. You just don't believe this and keep on seeking outside. Make no mistake! Outside there is no dharma; inside, there is nothing to be obtained. Better than grasp at the words from my mouth, take it easy and do nothing. Don't continue [thoughts] that have already arisen and don't let those that haven't yet arisen be aroused. Just this will be worth far more to you than ten years' pilgrimage."…向尔道:『无佛、无法、无修、无证,只与么傍家拟求什么物?』瞎汉头上安头,是尔欠少什么。「道流! 是尔目前用底与祖佛不别,只么不信,便向外求。莫错,向外无法、内亦不可得。尔取山僧口里语,不如休歇无事去。已（转下页）

When the political, economic, and social environment that Brose describes which ensconced the members of regional Chan lineages in the south and southeast changed under the establishment of the Northern Song, texts like the *Linji lu* were written to bolster the rhetorical legitimacy of particular lineages in contradistinction to scholastic exegesis (e. g., *jiaowaibiechuan*, *kyōgebetsuden* 教外别传 [Chan is a separate transmission outside the Teachings] and *buli wenzi*, *furyūmonji* 不立文字 [does not set up the written word]). [①] But, just as Brose points out for

---

(接上页)起者莫续、未起者不要放起,便胜尔十四年行脚。We can also see the term *xingjiaoseng* 行脚僧 on multiple occasions in *FenyangWudechanshiyulu* 汾阳无德禅师语录(Discourse record of Chan master FenyangWude [Shanzhao], (947 – 1024)), T no. 1992,47: 597a24, which is quoted in full in Juefan Huihong's 觉范惠洪(1071 – 1128) *Linji zongzhi* 临济宗旨 (Linji's Essential Points), XZJ no. 1234,63: 167c17.

① *Jiaowaibiechuan*, *buli wenzi*, is typically followed by "directly points to the human mind" (*zhizhirenxin* 直指人心),and causes students of the Way to "see their nature and become buddhas" (*jianxing chengfo* 见性成佛). Three of the four phrases — excluding the "separate transmission outside the Teachings"—predate the compilation of the *Zutingshiyuan* 祖庭事苑(Chrestomathy from the Patriarchs' Hall, comp. 1108), in which the complete slogan was included, by perhaps as much as 200 years. This motto has generally been understood as characterizing the fundamental teachings of the Chan/Sŏn/Zen school from its beginnings through at least the year 1100. This slogan comes from the *Zutingshiyuan*, by MuanShanqing 睦庵善卿 5, XZJ no. 1261. 64. 377a21 – b8. Teachings refers to the scholastic schools or traditions of Chinese Buddhism as opposed to the teaching of the Chan patriarchs. It is almost certainly relevant to note that the section in the *Zutingshiyuan* is called *juyang bore* 举扬般若(raising the matter of *prajñā*). See Robert E. Buswell and Robert M. Gimello, eds. , *Paths to Liberation: the Mārga and its Transformations in Buddhist Thought*, Kuroda Institute studies in East Asian Buddhism; 7. (Honolulu: University of Hawaii Press, 1992),412n. 2,21n. 50; T. Griffith Foulk, "Sung Controversies Concerning the 'Separate Transmission' of Ch'an", in *Buddhism in the Sung*, ed. Peter N. Gregory and Daniel A Getz, Jr. , Studies in East Asian Buddhism, no. 13 (Honolulu, Hawai'i: University of Hawai'i Press, 1999); Albert Welter, "Mahākā syapa's Smile: Silent Transmission and the Kung-an (Kōan) Tradition," in *The Kōan: Texts and Contexts in Zen Buddhism*, ed. Steven Heine and Dale S. Wright (New York: Oxford University Press, 2000),77 – 82. See also Robert M. Gimello, "Mārga and Culture: Learning, Letters, and Liberation in Northern Sung Ch'an", in *Paths to Liberation: The Mārga and its Transformations in Buddhist Thought*, ed. Robert E. Buswell, Jr. and Robert M. Gimello, Studies in East Asian Buddhism no. 7 (Honolulu, Hawai'i: University of Hawai'i Press, 1992),412. and T. Griffith Foulk, "The 'Ch'an School' and its Place in the Buddhist Monastic Tradition" (Ph. D. diss. , University of Michigan, 1987),164 – 255; T. Griffith Foulk, "The Spread of Chan (Zen) Buddhism", in *The Spread of Buddhism*, (转下页)

the Wuyue rulers, "state sanctioned interpretation of orthopraxy as meditation and renunciation [were] grounded in the precepts and doctrinal study. In the writings and records of these monks, 'Chan' is synonymous with an authentic understanding of the Buddhist teachings."① Morten Schlütter and Albert Welter have come to similar conclusions, particularly for Welter in his study of the history of the development of the *Linji lu*. ②

Monk-pilgrims continued to arrive from Japan after Jōjin and they persisted with the desire to travel to Mount Wutai and Mount Tiantai and to locate newly translated materials related to the esoteric Buddhist traditions in Japan. Because of the nearly overwhelming institutional significance of the Tendai traditions in medieval Japan, the diaries, catalogs, and biographies of Ennin and especially Enchin inspired monks such as Eisai 荣西 (alt. Yōsai, 1141 - 1215), Chōgen 重源 (1121 - 1206), and the ubiquitous Dōgen 道元 (1200 - 1253), all of whom left valuable records of their time in China which have become standard alternate perspectives with which to judge extant Chinese historical records. The value of these records, however, must be interpreted within the careful context of the lenses through which these pilgrims were looking at Song China: Japanese Tendai monks who ventured to

---

(接上页)ed. Ann Heirman and Stephan Peter Bumbacher (Leiden and Boston: Brill, 2007),447. On the assumptions behind Chan (and Japanese Rinzai) orthodoxy, and further analysis of the origins of *jiaowaibiechuan* and *buli wenzi*, see Welter, *Monks, Rulers, and Literati*, 202 - 06,09 - 11. For an exploration of the tensions between Zen studies according to the "Traditional Zen Narrative (TZN)" and the "Historical and Cultural Criticism (HCC)", see Steven Heine, *Zen Skin, Zen Marrow: Will the Real Zen Buddhism Please Stand Up?* (Oxford New York: Oxford University Press, 2008),6 - 30.

① Brose, *Patrons and Patriarchs*, 109.

② Morten Schlütter, *How Zen became Zen: The Dispute over Enlightenment and the Formation of Chan Buddhism in Song-dynasty China* (Honolulu: University of Hawai'i Press, 2008); Albert Welter, *The Linji lu and the Creation of Chan Orthodoxy: The Development of Chan's Records of Sayings Literature* (Oxford and New York: Oxford University Press, 2008).

China—including the presumed forefathers of Japanese Zen, Eisai and Dōgen—were especially interested in finding the newest esoteric Buddhist ritual texts, as Ennin, Enchin, and Jōjin had, discussed in this paper. Must we examine the history and significance of the Hangzhou region of the old Jiangnan East Circuit primarily from the perspective of the development of either the nascent Chan lineages or is there room to bolster research by Dan Stevenson and others about the ritual world of Five Dynasties Ten Kingdoms-Song Chinese Buddhist by availing ourselves with information from the first-hand accounts of travels to China by Japanese monk-pilgrims?

I think that Brose's notions of a regional Chan Buddhist tradition, on the one hand, with the "Chang'an Buddhist Traditions" on the other, is a good step in the right direction toward addressing the persistent problem of looking at Chinese history either with conceptions of the center in the north or in the south, thereby assigning the periphery to the converse. The manuscripts found at Dunhuang have revolutionized the field Chan/Zen studies for the Tang period in the northwest,[1] and recent consideration of the only slightly more recent documents from the Tangut Kingdom of Xi Xia (1038 – 1227) provide further breadth to the story of Chinese history and religion in north China after the fall of the Tang. Similarly, research with connections between Tangut, Khitan Liao (907 – 1125), and Korean materials broadens and deepens our

---

[1] See fn. 2; to name just four eminent Japanese researchers who pioneered the field of Chan/Zen scholarship using Dunhuang manuscripts in Chinese and Tibetan, see Yanagida Seizan, "Goroku no rekishi: Zenbunken no seiritsu shiteki kenkyū 语录の历史: 禅文献の成立史的研究[A Historical Survey of the Recorded Sayings of Chan Masters from the perspective of the Formation of Chan Literature]", *Tōhō gakuhō* 东方学报 57(1985); Tanaka Ryōshō 田中良昭, *Tonkō zenshū bunken no kenkyū* 敦煌禅宗文献の研究 (Tokyo: Daitō shuppansha, 1983); Ueyama Daishun 上山大峻, *Zōho Tonkō Bukkyō no kenkyū* 増补敦煌佛教の研究(Kyoto: Hōzōkan, 2012); Obata Hironobu 小畠宏允, "Chibetto no zenshū to zō-yaku gikyō ni tsuiteチベットの禅宗と藏訳と伪经について", *Indogaku bukkyōgaku kenkyū* 23, no. 2(1975).

knowledge well beyond the regional world of the magnificent city of Hangzhou. [①] But we would foolhardy to restrict regional discussions regarding the history of esoteric Buddhist practices on the continent to just north China or to where the Tang and Northern Song capitals were. After all, we know very well that the sea trade that Reischauer wrote about decades ago—and Tansen Sen revisits today—followed commerce, and it is hard to imagine a more central international destination than Hangzhou. [②]

Secondary Works Cited

Abé, Ryuichi. *The Weaving of Mantra: Kūkai and the Construction of Esoteric Buddhist Discourse*. New York: Columbia University Press, 1999.

Abe Yasurō 阿部泰郎. *Chūsei Nihon No Shūkyō Tekusuto Taikei* 中世日本宗教テクスト体系 [The System of Medieval Japanese Religious Texts]. Nagoya: Nagoya daigaku shuppankai, 2013.

Adolphson, Mikael. *The Gates of Power: Monks, Courtiers, and Warriors in Premodern Japan*. Honolulu: University of Hawai'i Press, 2000.

Adolphson, Mikael S. *The Teeth and Claws of the Buddha: Monastic Warriors and Sōhei in Japanese History*. Honolulu: University of Hawai'i Press, 2007.

Astley, Ian. "Esoteric Buddhism, Material Culture, and Catalogues in East Asia". In *Esoteric Buddhism and the Tantras in East Asia*, edited by Charles D. Orzech, Henrik H. Sørensen and Richard K. Payne. Handbook of Oriental Studies, 709 – 18. Leiden: Brill, 2011.

Beal, Samuel. *Si-Yu-Ki, Buddhist Records of the Western World, by Hiuen Tsiang*. 2 vols. Delhi: Oriental Books Reprint Corp, 1969. London, 1884.

---

① On Tangut-Liao texts, see Kirill Solonin, "Tangut Chan Buddhism and Guifeng Zong-mi", *Chung-Hwa Buddhist Journal* 11(1998); K. Solonin, "The Tang Heritage of Tangut Buddhism. Teachings Classifications in the Tangut Text 'The Mirror'", *Manuscripta Orientalia* (*International Journal for Oriental Manuscript Research*, St. Petersburg) 6, no. 3(2000). Chikusa Masaaki, *Sō-Gen Bukkyō bunkashi kenkyū*, 69 – 70,112 – 40,271 – 92. Brose, "Crossing Thousands of *Li* of Waves: The Return of China's Lost Tiantai Texts", 39 – 41; McBride II, *Doctrine and Practice in Medieval Korean Buddhism: The Collected Works of Uichon*, 4 – 5. Chinese paleographers and phonologists have also investigated connections between recensions of pronunciation tables for the *Buddhāvataṃsaka-sūtra* using Liao scriptures and old Japanese manuscript canons: Chen Wuyun 陈五云, Xu Shiyi 徐时仪, and Liang Xiaohong 梁晓虹, eds., *Fojing yinyi yu Hanzi yanjiu* 佛经音义与汉字研究 (Nanjing: Fenghuang chubanshe, 2010), 51 – 80.

② Sen, op. cit.

————. *Travels of Fah-Hian and Sung-Yun*, *Buddhist Pilgrims*, *from China to India* (400 *A. D. And* 518 *A. D.*). London: Trübner, 1869.

Beningson, Susan L. "The Sacred Topography of Mount Wutai at Dunhuang". In *Pilgrims and Buddhist Art*, edited by Adriana Proser, 26 - 29. New York: Asia Society, 2010.

Bielefeldt, Carl. "Kokan Shiren and the Sectarian Uses of History". In *The Origins of Japan's Medieval World*: *Courtiers*, *Clerics*, *Warriors*, *and Peasants in the Fourteenth Century*, edited by Jeffrey P. Mass, 295 - 317. Stanford, CA: Stanford University Press, 1997.

Blair, Heather. *Real and Imagined*: *The Peak of Gold in Heian Japan*. Cambrige, Mass. : Harvard University Asia Center, 2015.

————. "Rites and Rule: Kiyomori at Itsukushima and Fukuhara". *Harvard Journal of Asiatic Studies* 73, no. 1(2013): 1 - 42.

Borgen, Robert. "The Case of the Plagaristic Journal: A Curious Passage from Jōjin's Diary". In *New Leaves*: *Studies of Japanese Literature in Honor of Edward G. Seidensticker*, 63 - 88. Ann Arbor, Mich. : Center for Japanese Studies, University of Michigan, 1993.

————. "Jōjin Ajari No Haha No Shū[成寻阿阇梨母集], a Poetic Reading". In *The Distant Isle*: *Studies and Translations of Japanese Literature in Memory of Robert Brower*, edited by Thomas Blenman Hare, Robert Borgen and Sharalyn Orbaugh, 1 - 34. Ann Arbor: Center for Japanese Studies, University of Michigan, 1997.

————. "Jōjin's Travels from Center to Center (with Some Periphery in between)". In *Heian Japan*, *Centers and Peripheries*, edited by Mikael S. Adolphson, Edward Kamens and Stacie Matsumoto, 384 - 414. Honolulu: University of Hawai'i Press, 2007.

————. "*San Tendai Godai San Ki* as a Source for the Study of Sung History". *Bulletin of Sung-Yüan Studies* 19(1987): 1 - 16.

Brose, Benjamin. "Crossing Thousands of *Li* of Waves: The Return of China's Lost Tiantai Texts". *Journal of the International Association for Buddhist Studies* 29, no. 1 (2006 (2008)): 21 - 62.

————. *Patrons and Patriarchs*: *Regional Rulers and Chan Monks During the Five Dynastiea and Ten Kingdoms*. Kuroda Institute Studies in East Asian Budhdism. Honolulu, Hawai'i: University of Hawai'i Press, 2015.

Buswell, Robert E. , and Robert M. Gimello, eds. *Paths to Liberation*: *The Mārga and Its Transformations in Buddhist Thought*, Kuroda Institute Studies in East Asian Buddhism; 7. Honolulu: University of Hawaii Press, 1992.

Carpenter, Bruce E. "Kokan Shiren and the Transformation of Familiar Things". *Tezukayama daigaku ronshū* 手塚山大学论集 18(1978): 183 - 98.

Chavannes, Édouard. *Mémoire Composé À L'époque De La Grande Dynastie T'ang Sur Les Religieux Éminents Qui Allèrent Chercher La Loi Dans Les Pays D'occident Par I-Tsing*. Paris: E. Leroux, 1894.

Chen, Jinhua. "Another Look at Tang Zhongzong's (R. 684,705 - 710) Preface to Yijing's

(635 – 713) Translations: With a Special Reference to Its Date". *Indogaku tetsugaku bukkyōgaku kenkyū* インド哲学仏教学研究 (Studies in Indian Philosophy and Buddhism) 11 (2004): 3 – 27 (L).

———. "A Chinese Monk under a 'Barbarian' Mask? Zhihuilun (? – 876) and Late Tang Esoteric Buddhism". *T'oung Pao* 99, 1, no. 139 (2013): 88 – 139.

———. "Images, Legends, Politics, and the Origin of the Great Xiangguo Monastery in Kaifeng: A Case-Study of the Formation and Transformation of Buddhist Sacred Sites in Medieval China". *Journal of the American Oriental Society* 125, no. 3 (2005): 353 – 78.

Chen Jinhua. *Crossfire: Shingon-Tendai Strife as Seen in Two Twelfth-Century Polemics, with Special References to Their Background in Tang China*. Studia Philologica Buddhica Monograph Xxv. Tokyo: International Institute for Buddhist Studies, 2010.

Chen, Ming. "Vinaya Works Translated by Yijing and Their Circulation: Manuscripts Excavated at Dunhuang and Central Asia". *Studies in Chinese Religion* 1, 3 (2015): 229 – 68.

Chen Wuyun 陈五云, Xu Shiyi 徐时仪, and Liang Xiaohong 梁晓虹, eds. *Fojing Yinyi Yu Hanzi Yanjiu* 佛经音义与汉字研究. Nanjing: Fenghuang chubanshe, 2010.

Chikusa Masaaki 竺沙雅章, ed. *Sō-Gen Bukkyō Bunkashi Kenkyū* 宋元佛教文化史研究 [Studies in the Cultural History of Buddhism During the Song and Yuan Dynasties]. Tokyo: Kifuko shoin, 2000.

de Visser, M. W. *Ancient Buddhism in Japan: Sutras and Commentaries in Use in the Seventh and Eighth Centuries A. D. And Their History in Later Times*. 2 vols. Leiden: E. J. Brill, 1935.

Deeg, Max. *Das Gaoseng-Faxian-Zhuan Als Religionsgeschichtliche Quelle: Der Älteste Bericht Eines Chinesischen Buddhistischen Pilgermönchs Über Seine Reise Nach Indien Mit Übersetzung Des Textes*. Studies in Oriental Religions. Vol. 51, Wiesbaden: Harrassowitz, 2005.

———. "Has Xuanzang Really Been in Mathurā? Interpretatio Sinica or Occidentalia-How to Critically Read the Records of the Chinese Pilgrim". In *Essays on East Asian Religion and Culture: Festschrift in Honour of Nishiwaki Tsuneki on the Occasion of His 65th Birthday* 東アジアの宗教と文化：西脇常记教授退休记念论集, edited by Christian Wittern and Shi Lishan, 426 – 388. Kyoto, 2007.

Demiéville, Paul, Hubert Durt, Anna K. Seidel, and Académie des inscriptions &. belles-lettres (France). *Répertoire Du Canon Bouddhique Sino-Japonais, Édition De Taishō (Taishō Shinshū Daizōkyō): [Fascicule Annexe Du Hōbōgirin]*. Éd. rev. et augm. ed. Paris: Librairie d'Amerique et d'Orient, 1978.

Dolce, Lucia. "Hokke Shinto: Kami in the Nichiren Tradition". In *Buddhas and Kami in Japan: Honji Suijaku as a Combinatory Paradigm*, edited by Fabio Rambelli and Mark Teeuwen, 222 – 54. London and New York: Routledge Curzon, 2003.

———. "Reconsidering the Taxonomy of the Esoteric". In *The Culture of Secrecy in*

Japanese Religion, edited by Bernhard Scheid and Mark Teeuwen, 130 – 71. London and New York: Routledge Taylor and Francis Group, 2006.

——. "Taimitsu Rituals in Medieval Japan: Sectarian Competition and the Dynamics of Tantric Performance". In *Transformations and Transfer of Tantra in Asia and Beyond*, edited by Istvan Keul, 329 – 64. Berlin and New York: Walter de Gruyter Publishers, 2011.

——. "Taimitsu: The Esoteric Buddhism of the Tendai School". In *Esoteric Buddhism and the Tantras in East Asia*, edited by Charles D. Orzech. Handbook of Oriental Studies, 744 – 67. Leiden: Brill, 2011.

Egan, Ronald C. *Word, Image, and Deed in the Life of Su Shi*. Harvard-Yenching Institute Monograph Series, No. 39. Cambridge, Mass. : Harvard Council on East Asian Studies, 1994.

Forte, Antonino. *The Hostage an Shigao and His Offspring: An Iranian Family in China*. (*Italian School of East Asian Studies Occasional Papers*: 6). Kyoto: Istituto Italiano di Cultura, Scuola di Studi sull'Asia Orientale, 1995.

——. "The Relativity of the Concept of Orthodoxy in Chinese Buddhism: Chih-Sheng's Indictment of Shih-Li and the Proscription of the *Dharma Mirror Sutra*". In *Chinese Buddhist Apocrypha*, edited by Robert E. Buswell, Jr. , 239 – 49. Honolulu, Hawaii: University of Hawai'i Press, 1990.

Foulk, T. Griffith. "The 'Ch'an School' and Its Place in the Buddhist Monastic Tradition". Ph. D. diss. , University of Michigan, 1987.

——. "The Spread of Chan (Zen) Buddhism". In *The Spread of Buddhism*, edited by Ann Heirman and Stephan Peter Bumbacher, 433 – 56. Leiden and Boston: Brill, 2007.

——. "Sung Controversies Concerning the 'Separate Transmission' of Ch'an". In *Buddhism in the Sung*, edited by Peter N. Gregory and Daniel A. Getz, Jr. Studies in East Asian Buddhism, No. 13,220 – 94. Honolulu, Hawaii: University of Hawai'i Press, 1999.

Fujii Kyōkō 藤井経公, and Ikebe Kōshō 池辺宏昭. "Seshin Hokkeron Yakuchū 世亲「法华论」訳注". *Hokkaidō Daigaku bungaku kenkyūka kiyō* 北海道大学文学研究科纪要 105,108, 111(2001 – 2003): 21 – 112,1 – 95,1 – 70.

Fujiyoshi Masumi 藤善真澄. *San Tendai Godaisanki Shita* 参天台五台山记下［Record of Travels to Mt. Tiantai and Wutai, Second Part］. Kansai Daigaku Tōzaigakujutsu Kenkyūjo Yakuchū Series 関西大学东西学术研究所訳注シリーズ 12 - 2. Osaka: Kansai Daigaku shuppanbu, 2011.

——. *San Tendai Godaisanki Ue* 参天台五台山记上［Record of Travels to Mt. Tiantai and Wutai, First Part］. Kansai Daigaku Tōzaigakujutsu Kenkyūjo Yakuchū Series 関西大学东西学术研究所訳注シリーズ 12 - 1. Osaka: Kansai Daigaku shuppanbu, 2007.

——. "Sōchō Yakukyō Shimatsu Kō 宋朝訳経始末攷［Examination of the Beginning and Termination of Translation ［Activities］ During the Song Dynasty］". *Kansai daigaku Bungaku ronshū* 関西大学文学论集 36, no. 1(1986): 399 – 428.

Gakujutsu Furontia jikkō iinkai 学术フロンティア实行委员会, ed. *Nihon Genson Hasshu*

Issaikyō Taishō Mokuroku Tsuke Tonkō Bukkyō Bunken 日本現存八种一切経対照目录[付] 敦煌仏教文献 Tokyo: Kokusai bukkyōgaku daigakuin daigaku, 2006.

GBS Jikkō iinkai 実行委员会, ed. *Ronshū: Nissō Kōryūki No Tōdaiji: Chōnen Shōnin Issennen Daionki Ni Chinan De* 论集: 日宋交流期の东大寺一奝然上人一千年大远忌にちなんで. Nara and Kyoto: Kabushiki kaisha Hōzōkan, 2017.

Giebel, Rolf W. "Taishō Volumes 18 - 21". In *Esoteric Buddhism and the Tantras in East Asia*, edited by Charles D. Orzech, Henrik H. Sørensen and Richard K. Payne. Handbook of Oriental Studies, 25 - 36. Leiden: Brill, 2011.

———. *Two Esoteric Sutras: The Adamantine Pinnacle Sutra and the Susiddhikara Sutra* (*Translated from the Chinese, Taishō Volume 18, Numbers 865,893*). Bdk English Tripiṭaka. Berkeley, CA: Numata Center for Buddhist Translation and Research, 2001.

———. *The Vairocanābhisaṃbodhi Sūtra: Translated from the Chinese* (*Taishō Volume 18, Number 848*). Bdk English Tripiṭaka Series. Berkeley, CA: Numata Center for Buddhist Translation and Research, 2005.

Giebel, Rolf W., trans. "The Chin-Kang-Ting Ching Yü-Ch'ieh Shih-Pa-Hui Chih-Kuei: An Annotated Translation". *Journal of Naritasan Institute for Buddhist Studies* 18, no. 107 - 201(1995).

Giles, Herbert A. *Record of the Buddhistic Kingdoms: Translated from the Chinese*. London: Trübber and Co., 1877.

Gimello, Robert M. "Mārga and Culture: Learning, Letters, and Liberation in Northern Sung Ch'an". In *Paths to Liberation: The Mārga and Its Transformations in Buddhist Thought*, edited by Robert E. Buswell, Jr. and Robert M. Gimello. Studies in East Asian Buddhism No. 7, 371 - 437. Honolulu, Hawaii: University of Hawai'i Press, 1992.

Gotō Akio 后藤昭雄, ed. *Amanosan Kongōji Zenpon Sōkan* 天野山金刚寺善本丛刊 *Dai Ichi-Ki* 第一期. Tokyo: Bensei shuppan, 2017.

Grapard, Allan. "Institution, Ritual, and Ideology: The Twenty-Two Shrine-Temple Multiplexes of Heian Japan". *History of Religions* 27, no. 3(1988): 246 - 69.

———. "Linguistic Cubism: A Singularity of Pluralism in the Sannō Cult". *Japanese Journal of Religious Studies* 14, no. 2/3(1987): 211 - 34.

Grapard, Allan G. "Keiranshūyōshū: A Different Perspective on Mt. Hiei in the Medieval Period". In *Re-Visioning "Kamakura" Buddhism*, edited by Richard Karl Payne, 55 - 69. Honolulu, Hawaii: University of Hawai'i Press, 1998.

Hansen, Valerie. *The Open Empire: A History of China to* 1600. 1st ed. New York: Norton, 2000.

Hartwell, Robert M. "Demographic, Political, and Social Transformations of China, 750 - 1550". *Harvard Journal of Asiatic Studies* 42(1982): 365 - 442.

Heine, Steven. *Zen Skin, Zen Marrow: Will the Real Zen Buddhism Please Stand Up?* New York: Oxford University Press, 2008. http://www.loc.gov/catdir/toc/ecip0713/2007010408.html.

Henderson, Gregory, and Leon Hurvitz. "The Buddha of Seiryoji". *Artibus Asiae* 19, 1 (1956): 5 - 55.

Hu, Yao. "The Elevation of the Status of the *Lotus Sūtra* in the *Panjiao* Systems of China". *Journal of Chinese Religions* 42, no. 1(2014): 67 - 94.

Ii Haruki 伊井春树. *Jōjin No Nissō to So No Shōgai* 成寻の入宋その生涯[Life of Jōjin Who Traveled to Song China]. Tokyo: Yoshikawa kōbunkan, 1996.

Ji Yun 纪昀, and Lu Xixiong 陆锡熊, eds. *Yingyin Wenyuan Ge Siku Quanshu* 景印文渊四库全书[Photo Facsimile Reprint of the Wenyuan Pavilion Copy of the Complete Library in Four Branches of Literature]. 1500 vols. Taipei: Shangwu yinshuguan, 1983 - 1986.

Jōjin, and Saitō Enshin 斉藤圆真. San T*endai Godaisanki* 参天台台山记 I. [Record of Travels to Mt. Tiantai and Wutai I]. Translated by Saitō Enshin 斉藤圆真. Tokyo: Sankibo busshorin, 1997.

Jōjin, and Shimazu Kusako 岛津草子. *Jōjin Ajari No Haha Shū*, *San Tendai Godai Sanki No Kenkyū* 成寻阿阇梨母集・参天台五台山记の研究[Study of the Record of Pilgrimage to Tiantai and Wutai Mountains, and the Collection of Ācārya Jōjin to His Mother]. Tokyo: Hatsubaijo daizō shuppan, 1959.

Kakumon Kantetsu 廓门贯彻, ed. *Chū Sekimon Mojizen* 注石门文字禅[Commentary to the *Shimen Wenzichan*]. Edited by Yanagida Seizan 柳田圣山 and Shiina Kōyū 椎名宏雄 Vol. 5, Zengaku Tenseki Sōkan 禅学典籍丛刊 (Collection of [Rare] Published Books for Zen Studies) Kyoto: Rinsen shoten, 2000.

Keyworth, George A. "Apocryphal Chinese Books in the Buddhist Canon at Matsuo Shintō Shrine". *Studies in Chinese Religions* 2, no. 3(2016): 1 - 34.

———. "Copying for the Kami: On the Manuscript Set of the Buddhist Canon Held by Matsuno'o Shrine". *Japanese Journal of Religious Studies* 44, no. 2(2017): 161 - 190.

———. "Jōjin on the Spot: Some Remarkable Evidence of Eleventh-Century Chinese Buddhism from the *San Tendai Godaisan Ki*". *Studies in Chinese Religions* 2, no. 4 (2016): 366 - 382.

———. "Zen and the 'Hero's March Spell' of the *Shoulengyan Jing*". *The Eastern Buddhist* 47, no. 1(2016): 81 - 120.

Klaproth, Julius Heinrich, Ernest Augustin Xavier Clerc de Landresse, and Jean Pierre Abel Rémusat. *Foé Koué Ki*, *Ou Relations Des Royaumes Bouddhiques: Voyage Dans La Tartarie, Dans L'afghanistan Et Dans L'inde, Exécuté, À La Fin Du Ive Siècle, Par Chy Fa Hian*. Paris: Impr. Royale, 1836.

Kokan Shiren 虎関师錬(1278 - 1346), and Fujita Takuji 藤田琢司. *Kundoku Genkō Shakusho* 训读元亨释书[Japanese reading of Kokan Shiren's Buddhist History of the Genkō Era [1321 - 1324]]. Kyoto: Zen bunka kenkyūjo, 2011.

Komine Michihiko 小峰未弥彦, Katsuzaki Yūgen 胜崎祐彦, and Watanabe Shōgo 渡辺章悟. *Hannyakyō Taizen* 般若经大全[Encyclopedia of *Prajñāpāramitā* Scriptures]. Tokyo: Shunjūsha, 2015.

Kornicki, Peter. *The Book in Japan: A Cultural History from the Beginnings to the Nineteenth Century*. Leiden: E. J. Brill, 1998. Honolulu: University of Hawai'i, 2001.

Lancaster, Lewis R., and Sung-bae Park, eds. *The Korean Buddhist Canon: A Descriptive Catalogue*. Berkeley, Calif.: University of California Press, 1979.

Legge, James. *A Record of Buddhistic Kingdoms Being an Account by the Chinese Monk of His Travels in India and Ceylon (A. D. 399 - 414) in Search of the Buddhist Books of Discipline*. Oxford, England: Clarendon press, 1886. New York: Dover Publications, 1991.

Lévi, Sylvain, Takakusu Junjirō 高楠順次郎, Paul Demiéville, Watanabe Kaikyoku 渡辺海旭, Fondation Ōtani et Wada, Tokyo Imperial Academy, and Taishō shinshu Daizōkyō 大正新脩大蔵経. *Hōbōgirin* 法宝义林: *Dictionnaire Encyclopédique De Bouddhisme D'après Les Sources Chinoises Et Japonaises*. 1(1929),2(1930),3(1937),4(1967),5(1979),6(1983),7(1994),8(2003),9 (nd) vols. Tokyo: Maison franco-japonaise, 1929 - .

Li, Fuhua. "An Analysis of the Content and Characteristics of the Chinese Buddhist Canon". *Studies in Chinese Religions* 2, no. 2(2016): 107 - 28.

Liu, Ming-Wood. "The P'an-Chiao System of the Hua-Yen School in Chinese Buddhism". *T'oung Pao* 67, no. 1 - 2(1981): 10 - 47.

Maegawa Ken'ichi 前川健一. "Enchin No Hokkeron-Ki No In'yō Bunken: Mishō Bunken No Kaimei O Chūshin Ni 圆珍『法华论记』の引用文献: 未详文献の解明を中心に". *Indogaku bukkyōgaku kenkyū* 3(1995): 89 - 103.

Makita Tairyō 牧田谛亮, ed. *Godai Shūkyōshi Kenkyū* 五代宗教史研究 (*Studies in the History of Five Dynasties Religion*). Kyoto: Heirakuji shoten, 1971. Reprint, Makita Tairyō chosakushū: Gikyō kenkyū 牧田谛亮著作集第四卷: 疑経研究 (Kyoto: Rinsen shoten, 2014), ed. Ochiai Toshinori.

McBride II, Richard D. *Doctrine and Practice in Medieval Korean Buddhism: The Collected Works of Uichon*. Korean Classics Library Series. Edited by Robert E. Jr. Buswell. Honolulu: University of Hawai'i Press, 2016.

———. *Domesticating the Dharma: Buddhist Cults and the Hwaŏm Synthesis in Silla Korea*. Honolulu: University of Hawai'i Press, 2008.

McMullin, Neil. *Buddhism and the State in 16th Century Japan*. Princeton, N. J.: Princeton University Press, 1985.

———. "The Sanmon-Jimon Schism in the Tendai School of Buddhism: A Preliminary Analysis". *Journal of the International Association for Buddhist Studies* 7, no. 1(1984): 83 - 106.

McRae, John R. *Seeing through Zen: Encounter, Transformation, and Genealogy in Chinese Chan Buddhism*. Berkeley: University of California Press, 2003.

Miyabayashi Akihiko 宮林昭彦, and Ochiai Toshinori 落合俊典. "Zhengyuan Xinding Shijiao Mulu Juandi 贞元新定释教目录 29 30". In *Chūgoku Nihon Kyōten Shōsho Mokuroku* 中国・日本经典章疏目录 [Catalogues of Scriptures and Their Commentaries in China and

Japan], edited by Makita Tairyō 牧田谛亮，A. Forte，Miyabayashi Akihiko 宫林昭彦，Ochiai Toshinori 落合俊典，Saitō Takanobu 斉藤隆信，Miyazaki Kenji 宫崎健司，Kajiura Susumu 梶浦晋，Ōuchi Fumio 大内文雄 and G. Paul. Nanatsudera Koitsu Kyōten Kenkyū Sōsho 七寺古逸经典丛书(the Long Hidden Scriptures of Nanatsudera，Research Series)，59 - 128. Tokyo：Daitō shuppansha，1998.

Moerman，D. Max. "The Archaeology of Anxiety：An Underground History of Heian Religion". In *Heian Japan*，*Centers and Peripheries*，edited by Mikael S. Adolphson，Edward Kamens and Stacie Matsumoto，245 - 271. Honolulu：University of Hawai'i Press，2007.

——. *Localizing Paradise*：*Kumano Pilgrimage and the Religious Landscape of Premodern Japan*. Cambridge，Mass.：Harvard University Press，2005.

Mori Kimiyuki 森公章. *Jōjin to San Tendai Godaisan Ki No Kenkyū* 成寻と参天台五台山记 の研究[Study of Jōjin and His Diary]. Tokyo：Yoshikawa kōbunkan，2013.

Mujaku Dōchū. *Zenrin Shōkisen* 禅林象器笺[Notes on Images and Implements from the Groves of Zen]. Kyoto：Seishin shobō 诚信书房，1963.

Nakamura Kikunoshin 中村菊之进. "Sō Denpōin Yakukyō Sanzō Yuijō No Denki Oyobi Nenpu 宋伝法院訳経三蔵惟净の伝记及び年谱(Legend and Chronology of the Eminent Translator Weijing at the Song Institute for the Transmission of the Dharma)". *Bunka* 文化41，no. 1 - 2(1977)：1 - 59.

Obata Hironobu 小畠宏允. "Chibetto No Zenshū to Zō-Yaku Gikyō Ni Tsuiteチベットの禅宗 と藏訳と伪経について". *Indogaku bukkyōgaku kenkyū* 23，no. 2(1975)：170 - 171.

Ōno Hideto 大野荣人. "Tendaishū Sankeha to Zenshū Tono Kōshō 天台宗山家派と禅宗との 交渉(Connections between the Chan School and the Shanjia Lineage of the Tiantai School)". In *Sōdai Zenshū No Shakai Tekieikyō*，edited by Suzuki Tetsuo，245 - 288. Tokyo：Sankibō busshorin，2002.

Orzech，Charles D. *Politics and Transcendent Wisdom*：*The Scripture for Humane Kings in the Creation of Chinese Buddhism*. University Park，Pa.：Pennsylvania State University Press，1998.

Pedersen，Hillary Eve. "The Five Great Space Repositories Bodhisattvas：Lineage，Protection and Celestial Authority in Ninth-Century Japan". Ph. D.，University of Kansas，2010.

Qian，Zhongshu. *Limited Views*：*Essays on Ideas and Letters*. Translated by Ronald C. Egan. Cambridge，Mass. and London：Harvard University Press，1998.

Rambelli，Fabio. "Texts，Talismans，and Jewels：The *Reikiki* and the Perfomativity of Sacred Texts in Medieval Japan". In *Discourse and Ideology in Medieval Japanese Buddhism*，edited by Richard K. Payne and Taigen Daniel Leighton，52 - 78. Abingdon and New York：Routledge，2006.

Reischauer，Edwin O. *Ennin's Travels in Tang China*. New York：Ronald Press Company，1955.

——. "Notes on T'ang Dynasty Sea Routes". *Harvard Journal of Asiatic Studies* 5，2

(1940): 142 – 164.

Reischauer, Edwin O. *Ennin's Diary: The Record of a Pilgrimage to China in Search of the Law*. New York: Ronald Press Co. , 1955.

Sagai Tatsuru 嵯峨井建. *Shinbutsu Shūgō No Rekishi to Girei Kūkan* 神仏习合の歴史と仪礼空间［History of Shintō-Buddhist Syncretism and Ritual Space］. Kyoto: Shibunkaku, 2013.

Sasaki, Ruth Fuller, and Thomas Yūhō Kirchner. *The Record of Linji*. Nanzan Library of Asian Religion and Culture. Honolulu: University of Hawai'i Press, 2009. http://www.loc. gov/catdir/toc/ecip0821/2008028329. html.

Schlütter, Morten. *How Zen Became Zen: The Dispute over Enlightenment and the Formation of Chan Buddhism in Song-Dynasty China*. Honolulu: University of Hawai'i Press, 2008.

Sen, Tansen. *Buddhism, Diplomacy, and Trade: The Realignment of Sino-Indian Relations, 600 – 1400*. Asian Interactions and Comparisons. Honolulu: University of Hawai'i Press, 2003.

Shiba Kayono 柴佳世乃, and Tonami Satoko 戸波智子. "Keisei to Onjōji: Keisei *Miidera Kōjōin Nadonokoto* ［to］ *Taishi Onsaki Reizō Nikki* Wo Yomu 庆政と园城寺一庆政「三井寺兴乗院等事」「大师御作霊像日记」を読む". *Chiba daigaku Jinbun kenkyū* 千叶大学「人文研究」39(2010): 69 – 104.

Shimizu Akisumi 清水明澄. "Dainichikyō No Chūshaku-Sho No Shoshigakuteki Kenkyū「大日経」の注釈书の书志学的研究". *Mikkyō bunka* 密教文化 219(2007): 25 – 35.

Shively, Donald H. , and William H. McCullough, eds. *The Cambridge History of Japan, Vol. 2, Heian Japan*. Cambridge, England and New York: Cambridge University Press, 1999.

Solonin, Kirill. "Tangut Chan Buddhism and Guifeng Zong-Mi". *Chung-Hwa Buddhist Journal* 中华佛学学报 11(1998): 365 – 424.

Solonin, K. "The Tang Heritage of Tangut Buddhism. Teachings Classifications in the Tangut Text 'the Mirror'". *Manuscripta Orientalia (International Journal for Oriental Manuscript Research, St. Petersburg)* 6, no. 3(2000): 39 – 49.

Solonin, Kirill. "The Glimpses of Tangut Buddhism". *Central Asiatic Journal* 52, no. 1 (2008): 64 – 127.

Soper, Alexander C. "Hsiang-Kuo-Ssu, an Imperial Temple of Northern Sung". *Journal of the American Oriental Society*, no. 68(1948): 19 – 43.

Stanislas, Julien. *Histoire De La Vie De Hiouen-Thsang Et De Ses Voyages Dan L'inde, Depuis 'an 629 Jusqu'en 645*. Paris: Impr. impériale, 1853. New York: Johson Repring corp. , 1968.

Stevenson, Daniel B. "Buddhist Ritual in the Song". In *Modern Chinese Religion I: Song-Liao-Jin-Yuan* (960 – 1368), edited by Pierre Marsone and John Lagerwey, 328 – 448. Leiden and Boston: Brill, 2014.

———. "Protocols of Power: Tz'u-Yün Tsun-Shih (964 – 1032) and T'ien-T'ai Lay Buddhist

Ritual in the Sung". In *Buddhism in the Sung*, edited by Peter N. Gregory and Jr. Daniel A. Getz, 340 - 408. Honolulu, Hawaii: University of Hawai'i Press, 1999.

Storch, Tanya. *The History of Chinese Buddhist Bibliography: Censorship and Transformation of the Tripiṭaka.* Amherst, NY: Cambria Press, 2014.

Suzuki Tetsuo 铃木哲雄. *Chūgoku Shūyō Chimei Jiten Zui-Sō Kin* 中国主要地名辞典　隋～宋金[Dictionary of Important and Famous Sites in China: Sui-Song/Jin Dynasties]. Tokyo: Sankibō busshorin, 2003.

———. *Chūgoku Zenshū Jimei Sanmei Jiten* 中国禅宗寺名山名辞典(*Dictionary of Famous Zen Temples and Mountains in China*). Tokyo: Sankibō busshorin, 2006.

———. *Hoku-Sōki No Chishikijin to Zensō Tono Kōryū* 北宋期の知识人と禅僧との交流[Exchanges between Chan Monks and Their 'Good Friends' During the Northern Song Period]. Sōdai Zenshū No Shakai Tekieikyō 宋代禅宗の社会的影响[Influences of Chan Buddhism on Society During the Song Dynasty]. Edited by Suzuki Tetsuo. Tokyo: Sankibō busshorin, 2002.

———. *Tō Godai No Zenshū: Konan Kōsai Hen* 唐五代の禅宗—湖南,江西篇[Chan School During the Tang and Five Dynasties: Hunan and Jiangxi]. Tokyo: Daitō shuppansha, 1984.

———. *Tō Godai Zenshūshi* 唐五代禅宗史[History of the Chan School During the Tang and Five Dynasties]. Tokyo: Sankibō busshorin, 1985.

Takakasu Junjirō. *Record of the Buddhist Religion as Practised in India and the Malay Archipeligo (A. D. 671 - 695) by I-Tsing.* London: Clarendon Press, 1896.

Takeuchi Kōzen 武内孝善. "Sōdai Honyaku Kyōten No Tokushoku Ni Tsuite 宋代翻訳経典の特色について (on the Characteristics of the Song Dynasty Translations of Buddhist Books)". *Mikkyō bunka* 密教文化 113 (February 1975): 27 - 53.

Tanaka Ryōshō 田中良昭. *Tonkō Zenshū Bunken No Kenkyū* 敦煌禅宗文献の研究[Studies of the Chan School Records of Dunhuang]. Tokyo: Daitō shuppansha, 1983.

Teshima Takahiro 手岛崇裕. "Nissō Sō Chōnen No Sekai Kan Ni Tsuite 入宋僧奝然の世界観について". [*Korean*] *Japanese Journal of Language and Literature* 日语日文学研究 88, 225 - 244(2014).

Tokuno, Kyoko. "The Evaluation of Indigenous Scriptures in Chinese Buddhist Bibliographical Catalogues". In *Chinese Buddhist Apocrypha*, edited by Robert E. Buswell, Jr. , 31 - 74. Honolulu, Hawaii: University of Hawai'i Press, 1990.

Ueyama Daishun 上山大峻. *Zōho Tonkō Bukkyō No Kenkyū* 増补敦煌佛教の研究. [Expanded Studies of Buddhism in Dunhuang]. Kyoto: Hōzōkan, 2012.

von Verschuser, Charlotte. "Jōjin Découvre La Ville De Hangzhou En 1072". In *Le Vase De Béryl, Études Sue Le Japon Et La Chine En Hommage À Bernard Frank*, edited by J. Pigeat and H. Roteemund, 353 - 63. Paris: Philippe Picquer, 1997.

———. "Le Voyage De Jōjin Au Mont Tiantai". *T'oung Pao* 77, no. 1 - 3(1991): 1 - 48.

———. *Les Relations Officielles Du Japon Avec La China Aux Viiie Et Ixe Siécles* 八～九世纪の日中关系 Genéve, Paris: Librarie Droz, 1985.

Wakabayashi, Haruko. *The Seven Tengu Scrolls: Evil and the Rhetoric of Legitimacy in Medieval Japanese Buddhism*. Honolulu: University of Hawai'i Press, 2012.

Wang Yong 王勇, Chen Xiaofa 陈小法, and Ge Jiyong 葛继勇. *Zhong-Ri Shuji Zhi Lu Yanjiu* 中日「书籍之路」研究. [Study of the Sino-Japanese "Book Road"]. Beijing: Beijing tushuguan chubanshe, 2003.

Wang Yong 王勇 (Ō Yū), and Tanaka Takaaki 田中隆昭, eds. *Higashi Ajia No Kentōshi, Nihon No Kentōshi* 東アジアの遣唐使、日本の遣唐使, Ajia Yūgaku アジア游学 3-4. Tokyo: Bensei shuppan, 1999.

Wang, Zhenping. "Chōnen's Pilgrimage to China, 983-986". *Asia Major*, Third Series 7, 2 (1994): 63-97.

Watters, Thomas. *On Yuan Chwang's Travels in India* 629-645 A. D. Oriental Translation Fund New Series Xiv-Xv. Edited by T. W. Rhys Davids and S. W. Bushell. 2 vols. London: Royal Asiatic Society, 1904-1905.

Weinstein, Stanley. "The Schools of Chinese Buddhism". In *Buddhism and Asian History*, edited by Joseph Mitsuo Kitagawa and Mark D Cummings, 257-265. New York: Macmillan, 1989.

Welter, Albert. *The Linji Lu and the Creation of Chan Orthodoxy: The Development of Chan's Records of Sayings Literature*. Oxford and New York: Oxford University Press, 2008.

———. "Mahākāśyapa's Smile: Silent Transmission and the Kung-an (Kōan) Tradition". In *The Kōan: Texts and Contexts in Zen Buddhism*, edited by Steven Heine and Dale S. Wright, 75-109. New York: Oxford University Press, 2000.

———. *The Meaning of Myriad Good Deeds: A Study of Yung-Ming Yen-Shou and the Wan-Shan T'ung-Kuei Chi*. Asian Thought and Culture; Vol. 13. New York: P. Lang, 1993.

———. *Monks, Rulers, and Literati: The Political Ascendancy of Chan Buddhism*. New York: Oxford University Press, 2005.

———. *Yongming Yanshou's Conception of Chan in the Zongjing Lu: A Special Transmission within the Scriptures*. Oxford and New York: Oxford University Press, 2011.

Wong, Dorothy C. "A Reassessment of the Representation of Mt. Wutai from Dunhuang Cave 61." *Archives of Asian Art* 46 (1993): 27-52.

Wu, Jiang. "From the 'Cult of the Book' to the 'Cult of the Canon': A Neglected Tradition in Chinese Buddhism". In *Spreading the Buddha's Word in East Asia: The Formation and Transformation of the Chinese Buddhist Canon*, edited by Jiang Wu and Lucille Chia, 46-78. New York: Columbia University Press, 2016.

Yamamoto Yukio 山本幸男. "Genbō Shōrai Kyōten to 'Gogatsu Tsuitachi Kyō' No Shosha (Ge) 玄昉将来経典と「五月一日経」の书写(下)." *Sōai daigaku kenkyū ronshū* 相爱大学研究论集 23, no. 226-177 (2007).

———. "Genbō Shōrai Kyōten to 'Gogatsu Tsuitachi Kyō' No Shosha (Jō)玄昉将来経典と「五月一日経」の书写(上)". *Sōai daigaku kenkyū ronshū* 相爱大学研究论集 22, no. 322 - 291(2006).

Yanagida Seizan 柳田圣山. "Goroku No Rekishi: Zen Bunken No Seiritsu Shiteki Kenkyū 语录の歴史: 禅文献の成立史的研究(the History of Discourse Records: Research of the History of the Development of Chan Literature)". In *Zenbunken No Kenkyū Jō Yanagida Seizan Shū* 2 禅文献の研究 上 柳田圣山集 2 [Research into Zen Literature, Vol. 1, Collected Works of Yanagida Seizan, Vol. 2], 3 - 526. Kyoto: Hōzōkan, 2000.

———. "Goroku No Rekishi: Zenbunken No Seiritsu Shiteki Kenkyū 语录の历史: 禅文献の成立史的研究 [Historical Survey of the Recorded Sayings of Chan Masters from the Perspective of the Formation of Chan Literature]". *Tōhō gakuhō* 东方学报 57(1985): 211 - 663.

———. "Shike Goroku to Goke Goroku 四家语录と五家语录(Discourse Records of Four Houses and Five Houses)". In *Zenbunken No Kenkyū Jō Yanagida Seizan Shū* 2 禅文献の研究 上 柳田圣山集 2 [Research into Zen Literature, Vol. 1, Collected Works of Yanagida Seizan, Vol. 2], 578 - 608. Kyoto: Hōzōkan, 2000.

———. *Shoki Zenshū Shisho No Kenkyū* 初期禅宗史书の研究 [Researches on the Historiographic Works of the Early Chan School]. Kyoto: Hōzōkan, 1967.

———. *Zenbunken No Kenkyū Jō Yanagida Seizan Shū* 2 禅文献の研究 上 柳田圣山集 2 [Research into Zen Literature, Vol. 1, Collected Works of Yanagida Seizan, Vol. 2]. Kyoto: Hōzōkan, 2001.

Yoritomi Motohiro 頼富本宏. *Nicchū O Musunda Bukkyōsō: Hatō O Koete Kesshi No Tokai* 日中を结んだ仏教僧: 波涛を超えて決死の渡海. [Connections between Chinese and Japanese Buddhist Monks who Crossed the Surging Sea Prepared for Death]. Zusetsu Chūgoku Bunka Hyakka 图说中国文化百华 08. Tokyo: Nōsan Gyoson bunkakyōkai, 2009.

天台宗寺门派御远忌事务局, Tendaishū Jimon-ha Goonki Jimukyoku. *Chishō Daishi* 智证大师. Shiga-ken Ōtsu-shi: Onjōji, 1937.

小野胜年, Ono Katsutoshi, and Hibino Takeo 日比野丈夫. *Godaisan* 五台山. Tokyo: Zayūhō kankōkai, 1942.

晚明僧人仁潮生平考

吴瑾珲

（美国亚利桑那大学）

　　仁潮字贝林，①晚明僧人，活跃于万历年间。现有资料显示其曾著书七部，目前唯《法界安立图》存世。②《法界安立图》编撰于明万历三十五年（1607）于杭州西天目。三卷，百余话题，援引八十多部各类经典（从古典佛经到明代俗书），附有三十多幅插图（包括地图），是中华帝国晚期唯一一部详尽讨论佛教宇宙论的著作。这部著作诞生于明末清初佛教复兴、社会转型的重要阶段，反映了该时代佛教人士在受到天主教宇宙观和欧洲现代天文地理知识冲击下对宇宙的综合思考。虽然不论是从内容还是社会影响上这本书都有着重要的研究价值（笔者另有文讨论），然而却并没有受到学术界的关注，而作者仁潮更是几近被遗忘。③笔者通过研究仁潮生平发现，该僧人有着较高的文人修养、博览群书更精通梵文，信仰和修行上有着宗派圆融的特点，并体现在其作品之中。通过考证文献中

---

① 又写作贝琳。
② 收录于《大日本续藏经》（X0972）。
③ 仅见到学者方立天对比《经律异相》、《法苑珠林》和《法界安立图》，简要论述了中国佛教于宇宙结构的学说。参见方立天：《中国佛教的宇宙结构论》，《宗教学研究》，1997 年 1 月，第 54—66 页。南魁硕士论文以《法界安立图》为例讨论了佛教宇宙中国化的问题。参见南魁，《佛教宇宙论的中国化——以《法界安立图》为例》，硕士论文，辽宁大学。西方有学者 Samuel Beal 早在 19 世纪对法界安立图做过简短介绍和初略翻译。见 Samuel Beal, *A Catena of Buddhist Scriptures from the Chinese*（London：Trubner and Co.，1871）。这些研究都承认了《法界安立图》重要性，却都没有对仁潮的生平和信仰进行过研究。

仁潮的文本形象,本文结合晚明佛教融汇调和的时代特征对仁潮的生平和宗教思想进行初步考证,以便更好的理解《法界安立图》和了解当时佛教人士对世界的认识。

仁潮小传

关于仁潮的历史记录十分有限。主要有两个小传,其一收录于1638年版《西天目祖山志》,内容简短,抄录如下:

> 贝林禅师,名仁潮。顺天府人,髫年出家,及长杖锡游方。遇有讲席,辄依座下,师博解华梵音声。好山水,五台、峨眉、衡庐诸山足跡无不到,最后游瓦屋山。山当穷处,以铁索悬梁空中,以木版架其上,触之则两头俱动。师蹑而过之,经三四日无烟火。间有之,皆冷败不堪。师安之泊如也,然以此致疾。晚与赵凡夫、朱白民、王芥庵为方外友,寄跡支硎年余。忽厌喧。万历中,潜之西天目。日游性海,结庵名华严。师平生操行冰霜,阅大藏,能解大意,亦能记持。与之言,患其多不患其少。宗门元旨,历历孤明。第不尚机锋,亦常自笑云:吾其似五斗炊耶。其留心相宗,盖得之藏中无相思尘论而有契,日用工夫惟以牧牛为事,有古大安在沩山之风。复徙径山之别峰,汲稍艰,复徙宝珠峰,结海云庵,居八年,而终寿六十有八。秀水朱铨部大启为师建塔而瘗焉。所著有《法界安立图说》等七种,悉根理要,足为后学标帜云。[①]

其二在1624年版《径山志》,更是只有寥寥数笔:

> 僧仁潮,字贝林,宛平人,孙氏子。出家天界寺,因南参受具云棲,往来

---

① 参见(明)释广宾:清嘉庆九年序刊本《西天目祖山志》(卷二),第26—27页。

天目、径山间二十年，示寂海云庵。善梵书梵音，刻《华藏图》行世。[①]

这两个小传和其他关于贝林仁潮的碎片资料，均只记载了其人生最后二十年的些许片段。从中我们得知其俗姓孙，宛平人，故自称燕山贝林。年少时于河北冀州天界寺出家，后南参于杭州云栖寺受具足戒，人生最后二十年辗转天目山和径山两山之间，于世寿 68 岁示寂径山海云庵。其师承关系和宗派所属未可知。关于贝林仁潮的活跃时间，根据现有资料，推测其出生于 16 世纪中期，应卒于 1612 到 1624 年之间某年。[②]

接下来笔者将从"禅"、"讲"、"教"和仁潮的文人素养四个方面来讨论仁潮的信仰和生平。这样的分法基于朱元璋（r. 1368—1398）在洪武十五年（1382）的佛教政策，即分寺院为三类"禅"、"讲"、"教"。这打破了唐宋以降"禅"、"讲"、"律"三分天下丛林的情况。所谓"禅"固指禅宗、禅寺、禅僧；"讲"指阐明诸经义旨的天台、华严、唯识、净土诸宗寺和僧，内涵上同于古法之"教"；"教"，指专门从事瑜伽显密法事的寺僧，又称"瑜珈教"、"瑜珈僧"。在晚明"禅"、"讲"、"教"的界限变得十分模糊，呈现出一种融合的趋势。在笔者的这项研究中，我们能清楚地看到佛教活动的这种综合性反应在了仁潮的宗教活动上和宇宙观上，这是他从综合的明朝佛教文化中所继承的。

仁潮的文人素养

传统学术观念认为，佛教从唐宋鼎盛期后逐渐走向没落。然而近年来，关于

---

① 见（明）宋奎光：明天启四年原刊本《径山志》，卷三法侣。

② 1624 年版《径山志》记录了仁潮的死亡，故其死亡时间早于 1624 年。而收入于《西天目祖山志》中潘之恒（1536—1624）所写的《天目霝淞记》中记录了一次仁潮和潘讨论天目雪景的对话，该对话发生于万历壬子年即 1612 年。全文如下："万历辛亥冬，邹子尹郝子荊游黄山。行淞中，竟日而不自知也。曾为记，愧未能详。壬子贝林师语余曰：'子知木淞乎？贫道初登天目，亲见之。方晴霁时，有阳雾自下而升，渐升而叶底渐积，至寸而坠，坠地至尺许，而叶上青翠如故也。松竹杉桧皆然，惟草茎纯白。而枯者更光润。从风化而不湿。履之而干，径烹之，汁甚微，人饮则腹自鸣，盖寒气所结也。'贝林师居天目八年仅一再见此瑞相光故纪之以足向者之阙。"见《西天目祖山志》，卷四，第 32 页。

佛教历史研究的重大突破之一是对中华帝国晚期佛教的深入分析。众多研究显示佛教在明清得以复兴，甚至是在明清过渡的动荡晚明时期也依然生机勃勃，尽管常常被认为在佛教教义和宗教活动方面欠缺独创性。[①] 吴疆把兴盛的佛教出版业产出的文本数量作为此次复兴的重要指标，认为晚明的佛教复兴基本上是以印坊的涌现、佛教印刷品的流传和读者群的扩大为特征的"文本复兴"。[②] 在这繁荣的文本文化中，佛教徒们加入多种"文字社群"，包括"文人圈"。[③] 僧侣和儒士的广泛联系不仅反映了文人的宗教诉求，也使得僧人深受文人文化的影响，练就了出色的文学写作和艺术表达技巧。

仁潮的传记表明，成长于晚明文人文化中的仁潮，是一名士绅化的僧人，并且拥有出色的文人技巧。[④] 这从其留下的作品和其在世时与文人的交游可知。已知仁潮的作品有七部：《法界安立图》三卷、《唯识镜会议记》一卷、《正量论请益笔记》一卷、《牧牛图续集》并《同归论》一卷、《字母源流》一卷及《山居话》一卷。可惜目前尚存的只有《法界安立图》，又被称为《华藏图》，以及若干与友人的唱和诗。除了会撰文写诗之外，仁潮还懂书法习绘画。[⑤] 虽然缺乏仁潮早期生活的详细资料，但其"髫年"出家，可知仁潮的这些文人修养并非主要传承于家庭教育或正规教育。其本人也并非是晚明饱受科举带来的无奈与挫折之下选择从事其他行业，比如削发为僧的儒生之一。仁潮受到的文人教育也许主要得益于其长时间的游方经历。他曾云游名山大川。而这些游方经历使得他有机会向不同的文人和老师学习。尤其是他南参几十年在文化传统底蕴深厚、文人文化发达的

---

① 这方面的研究今几十年颇多，可以参考艾静文（Jennifer Eichman）对台湾和中国大陆最新学术成果总结，见 Eichman, "Humanizing the Study of Late Ming Buddhism"。中华佛学学报第二十六期，2013年，页153—185。

② Jiang Wu, *Enlightenment in Dispute: The Reinvention of Chan Buddhism in 17th century China* (Oxford: Oxford University Press), 2008: 9.

③ 出自 Brian Stock, *The Implication of Literacy*。吴疆曾借用该术语用来解释晚明禅宗的复兴，见 Jiang Wu, *Leaving for the Rising Sun: Chinese Zen Master Yinyuan and the Authenticity Crisis in Early Modern East Asia* (Oxford: Oxford University Press, 2015), 249-256。

④ 士绅化的僧人指的是精通各种文人活动，如作诗、书法、篆刻、绘画、音乐以及茶艺等的僧人。

⑤ 蕅益智旭在《贝林师书大佛顶经跋》中描写了仁潮手抄《大佛顶经》的过程，并盛赞了其梵书和明王像。见《灵峰蕅益大师宗论》第七章，收入于《嘉兴藏》(J36nB348)。引文见下正文。

江浙地区,这使得他接触了更多精英文化传统,开阔了眼界。

仁潮多与晚明的一些知名文人隐士交游。包括人称"吴下三高士"的赵宧光(1559—1625)、朱白民(1553—1632)和王芥庵。赵宧光是宋太宗赵炅(939—997)第八子赵元俨(985—1044)之后,是晚明著名的文学家和文字学家,其子金石学家赵灵均(1591—1640)亦和仁潮有往;朱白民是知名书画家,王芥庵是万历甲午(1594)进士。与仁潮交好的朱大启(1576—1642)、王志坚(1576—1633)、谭贞默(1590—1665)和吴用先均为进士出身的官员。① 此外仁潮还与文学家和书法家王稺登(1535—1612)、戏曲评论家潘之恒(1536—1624)等人有往。和博学多才的文人居士的交游与唱和从侧面体现了仁潮本身较高的文人素养。这使得其作品,比如《法界安立图》,得以快速出版,收藏和传阅。

禅:禅师仁潮

作为僧人的仁潮"操行冰霜",被称为"禅师"。这主要是从其日常修行方式中体现出来。仁潮的传记显示其"日用工夫惟以牧牛为事"。"牧牛"是禅宗用来表现佛门弟子"调伏心意"的禅观修证过程。仁潮对这种修行方式备受推崇,并仿照《牧牛图》著有《牧牛图续集》。也因此,仁潮被认为"有古大安在沩山之风"。大安指的是唐福州大安禅师(793—883)。② 这里的缘由应出自《祖堂集》里的两则公案。③ 一则是大安与其师百丈怀海(749—814)关于求佛的对话,百丈把识佛过程喻为牧牛:

> 师即造百丈,礼而问曰:学人欲求识佛,何者即是? 丈曰:大似骑牛觅

---

① 朱大启和王志坚为万历三十八年(1610年)进士;吴用先为万历二十年(1592年)进士;谭贞默为崇祯元年(1628年)进士。

② 又被称为福州大安,长庆大安,沩山大安。百丈怀海之法嗣。元和十二年(817)于建州浦城县凤楼寺受具足戒。受业于黄檗山(今福建福清县境内),学习律乘。在洪州百丈山参礼百丈怀海。后秉百丈禅师之命,前往大沩山辅助同参师兄灵祐禅师,创居沩山,充当典座。本文引用的两则公案第一则记录的是大安在洪州初次参礼百丈禅师时,第二则记录的是某次大安在沩山上堂时。

③ 见《祖堂集》第十七卷。

牛。师曰：识得后如何？丈曰：如人骑牛至家。师曰：未审始终如何保任？丈曰：如牧牛人执杖视之，不令犯人苗稼。

第二则是大安于沩山上堂时的说话，亦把求佛过程比作牧牛：

> 汝诸人总来就安，求觅甚么？若欲作佛，汝自是佛。担佛傍家走，如渴鹿趁阳焰相似，何时得相应去！汝欲作佛，但无许多颠倒攀缘、妄想恶觉、垢净众生之心，便是初心正觉佛，更向何处别讨所以安？在沩山三十来年，吃沩山饭，屙沩山屎，不学沩山禅，只看一头水牯牛，若落路入草，便把鼻孔拽转来，才犯人苗稼，即鞭挞。调伏既久，可怜生受人言语，如今变作个露地白牛，常在面前，终日露迥迥地，趁亦不去。汝诸人各自有无价大宝，从眼门放光，照见山河大地，耳门放光，领采一切善恶音响。如是六门，昼夜常放光明，亦名放光三昧。汝自不识取，影在四大身中，内外扶持，不教倾侧。如人负重担，从独木桥上过，亦不教失脚。且道是甚么物任持，便得如是。且无丝发可见，岂不见志公和尚云：内外追寻觅总无，境上施为浑大有。

把仁潮比作大安，反映了仁潮认同禅宗"以心为主"、"见性成佛"的基本思想。

然而作为"禅师"的仁潮却"不尚机锋"。机锋或机缘问答在十七世纪的晚明被认为是禅师们常用来引道门徒顿悟，和宣扬传法正宗的手段。[①] 作为一种测试手段，被测试的僧人需要在毫无逻辑的谜题给出的当下快速作出回应。过程中往往伴随棒喝。在这种严格的测试之后，会颁发给僧人传法证书，他的名字会被列在被出版和广泛流传的禅宗法系谱中。[②] 而仁潮推崇渐悟的"牧牛"而"不尚机锋"也许是其在晚明禅宗法系谱中默默无名的原因之一。

---

① Wu: *Enlightenment in Dispute*, 9.

② 相关研究详见 Wu, *Leaving for the Rising Sun*。

讲：讲僧仁潮

资料显示，仁潮"阅大藏。能解大意，亦能记持"。虽然阅读和写作在对佛教精神塑造方面扮演的研究尚未完全被探讨，但圣严法师对晚明和前清高僧开悟经历的研究表明，阅读宗教文本在僧人的精神塑造方面扮演了重要的角色。[①]而仁潮对大藏的阅读，深刻的反映到了其信仰生活中。

首先，在诸多经典中，仁潮深受《华严经》的影响。这一点显著的表现在《法界安立图》中。《华严经》第八、第九、第十三卷，即《华严经·华藏世界品》，专门详尽地讲述无限宇宙之构成部分，而仁潮在《法界安立图》中多达四十多处援引《华严经》经文并宗密（780—841）和李通玄（635—730）对华严四法界，即为事法界、理法界、理事无碍法界、事事无碍法界的解释分析来讨论《法界安立图》中"法界"之内涵。[②]《法界安立图》的书名来源于《华严经》的同名插图（该图又名《十方世界海安立图》），而《法界安立图》又被记录为《华藏图》，而仁潮更是为其在西天目之精舍命名为"华严庵"。

然而蕅益智旭（1599—1655）称仁潮为净土法师。在提到居士沈甫时，蕅益智旭认为其因为专修净土而与仁潮最为投机：

> 甫受专修净业，与（仁潮）师臭味最合，故得手泽最多。呜呼，世藐教乘，薄净土，安得如师者以主之。又安得人人如甫，受者而得其所主也？

仁潮在《法界安立图》中也援引了诸多净土经典，包括净土三经《无量寿经》、《观无量寿经》和《阿弥陀经》等。然而，中国净土的发展又和天台宗息息相关。

---

① 圣严：《明末佛教研究》，北京：宗教文化出版社，2006 年，第 54—67 页。
② Kang Nam Oh 的博士论文详细探讨了法界的概念问题。Kang Nam Oh, "A Study of Chinese Hua-yen Buddhism with Special Reference to the Dharmadhatu (fa-chieh) Doctrine" (Phd diss., McMaster University，1976)。

净土宗师的传记和谱系都离不开天台宗人的撰写。如《法界安立图》中"净秽四土"的概念是天台宗师智顗(538—597)确立的。① 除了"四土"之外,仁潮还援引了天台重要观法"一念三千",来强调心与法界的关系。

而这种一切从心的唯心主义,又符合惟识宗(法相宗)的观法。这也是为何《西天目祖山志》编者认为仁潮不仅是禅师,还"留心相宗,蓋得之藏中《无相思尘论》而有契。"《无相思尘论》(Ālambana-parikṣā)是印度新因明创始人陈那(Dignāga,480 - 540)的著作,是一本古印度大乘佛教瑜伽行派论著。陈那还著有《集量论》(Pramāṇasamuccaya)。《集量论》现有两藏语译本,无梵文译本也无中文译本。玄奘(602—664)概括了《集量论》并将之收入在《成唯实论》。仁潮应该都阅读过并深受这些作品的影响而曾写下《正量论请益笔记》和《说唯识镜会义记》。仁潮在《法界安立图》的终章援引《成唯实论》和瑜伽行唯识学派的根本大论《瑜伽师地论》(Yogācārabhūmi-śāstra)来探讨宇宙的根源问题。除了论述"法界从心"观之外,仁潮还强调"一切种子阿赖耶识"为一切所有最初的根本,从而提出其宇宙观:"三界唯心,万法唯识"。仁潮对诸宗经典均有涉猎,注重研修讲说佛教义理,这符合讲僧的特性。

教:瑜伽僧仁潮

仁潮精通梵文。其从何人何处又如何习得这个技能尚不可考,但是现有证据显示他不仅会书写梵文还会发音诵读。仁潮写得一手上好梵文书法。蕅益智旭记录他擅长梵书,曾用梵文抄录《大佛顶经》,并因此得到众人的仰慕:

> 予闻贝师善梵书,为芥庵凡夫诸友所钦。适沈甫受示。师手书大佛顶经,每书一字,必致一礼,精诚端楷,千古罕见其俦。至梵文及明王像,不异

---

① 净土祖师慧远(334—416)把净秽土分为三种:事土,相土和真净土。慧远又把真净土分为真土和应土。真土又分为法性土和实报土。见慧远:《大乘义章》(T 1851. 19. 834a—837c)。而智顗把净秽土分为四种:凡圣同居土,方便有余土,实报无障碍土和常寂光土。仁潮采用的是智顗的说法。

五天亲授。①

仁潮还擅长音律学"解华梵音声"。曾在支硎结奄于山中紫泥涧上,并教授赵宦光与其子赵灵均梵文字母与音韵:

> 赵均,字灵均,亦幼承庭训,少聪而好学,从其父传六书之学,又从燕山僧贝林授大梵天字并诸图字母变体,形声谱韵之奥。乡署部居,移日分夜,父子自相讲习……②

之后赵宦光撰《悉昙经传》,其中〈学悉昙记〉一文中也记载了其师法于精通五天梵书及密宗的仁潮。③《悉昙经传》中〈刻梵书释谈真言小引〉还提到,习诵普庵咒时,赵宦光"特从西目邀请燕山沙门门公校阅补订……文字为十二经文之母。能诵持……"难怪赵灵均曾感慨,"缁流中可与谈音韵之堂奥者,燕山贝林仁公一人也。"④仁潮本人也曾写就一本名为《字母源流》的书籍,目前不存,参照《悉昙经传》,可推测内容当为悉昙梵字学。

同样求学于仁潮的还有谭贞默。其在1657年出版的《佛母准提焚修悉地仪文宝忏》中特别提到他向仁潮学习梵书和二合弹舌梵音:

> 埽道人⑤……自庚戌年二十一岁。为雪峤禅师结千指庵于经山。⑥ 遇贝林法师在殿后山庵中。能以竹笔匾样如篦刷者惯作梵书。因乞书准提

---

① 见注脚9。
② 钱谦益:〈赵灵均墓志铭〉见《牧斋初学集》收录于《四部丛刊初编本》,上海:商务印书馆,1989,第87册,第641页。
③ 除仁潮之外,赵宦光还曾经求之"蜀僧慧镫,得其教本一二……每有刺麻头陀奉悉昙相示,以故声明梵册,大藏所不载者,亦归吾山中……以内典诸文,外典各母,兼收并录,作悉昙……题之曰《悉昙经传》。"见饶宗颐编《悉昙经传》,台北:新文丰出版公司,1999年,第8页。
④ 钱谦益:《赵灵均墓志铭》。
⑤ 谭贞默,字梁生,又字福征,号埽,又号埽庵,别署聱道人。
⑥ 当为径山。

呪。觌面,纵横成字。传本特真。并授二合弹舌梵音。①

仁潮的这种语言技巧说明其密教的修行。事实上其友人也证明其"梵书穷本末,密呪演朝昏"②,并且曾在杭州瓶窑真寂寺"精于密部"③。这说明仁潮可能还是一名从事瑜伽显密法事的寺僧,唱诵密呪并可能行瑜伽焰口。

结语

综上所述,仁潮的宗教身份植根于晚明融汇调和的佛教文化中。这种文化是在佛教和社会其他团体越来越频繁的互动中而形成的,并以各种宗教活动与民间信仰崇拜的杂合为特点。在晚明"禅"、"讲"、"教"分界线日益模糊之际,宗教仪式包含了几乎所有佛教传统中的因素,变得越来越融合。比如在晚明并非只有教寺和教僧才会唱诵密呪行瑜伽焰口,禅寺和讲寺,甚至一些道士也不例外。如禅师云楼袾宏(1535—1615),不仅对净土"念佛"法门推崇备至,也多次在各种场合超度亡灵、乞雨、行瑜伽焰口等。④ 仁潮的宗教活动也显示出混杂的特点,而这是他从晚明佛教文化中所继承的。这许是其作品《同归论》所要表达的涵义。虽然作品不存,但可推测"同归"指的是永明延寿禅师(904—975)《万善同归集》中的"同归"概念,即并非指万善同归净土,而是同归菩提,只要是有益处的修行都能通往开悟的道路。⑤ 因此仁潮的这种融汇的个人特质,使得他在《法界安立图》中所表达的佛教宇宙观足以在很大程度上代表晚明佛教人士对宇宙的

---

① 见(明)周永年,《吴都法乘》(X74.1482)。

② 《西天目祖山志》卷五,第17-1页记载吴用先诗歌,《赠天目贝林上人》:"绝顶空山寂,惟将贝叶翻. 梵书穷本末,密呪演朝昏。"

③ 《径山志》卷二十一,第21-1页记载,"王志坚,金宪,字弱生,太仓人。任本省水利道时,以本山静主贝林师精于密部时,为送供下院真寂寺。改路南湖地藏殿,开田临勘,行县给照。"

④ Hun Y. Lye. See "Yuqie Yankou in the Ming-Qing Esoteric Buddhism and the Tantras in East Asia", in *Esoteric Buddhism and the Tantras in East Asia*, ed. Charles D. Orzech, Henrik Hjort Sorensen, and Richard Karl Payne (Leiden; Boston; Brill, 2011), 562 - 563.

⑤ Albert Welter, *Yongming Yanshou's Conception of Chan in the Zongjing Lu: A Special Transmission Within the Scriptures* (Oxford; Oxford UP, 2011), 41.

认识。

仁潮之所以能夠在晚明编撰这样一部关于佛教宇宙论的书,除了发达的明代出版业,万历年间较宽松的佛教政策和阳明学派对佛教的欣赏而带来的佛教复兴,还和当时晚明时耶稣会士的到来不无关系。随耶稣会士而来的是天主教宇宙观和现代天文地理知识,这对中国文人和佛教人士造成了巨大的冲击。对宇宙认识和解释上的差异,以及佛教和天主教在当时主要生存策略的雷同(都通过寻求达官贵人、皇亲国戚的支持)带来了诸多冲突。1589 年利玛窦(Matteo Ricci,1552 - 1610)曾挑衅南京大报恩寺住持雪浪洪恩(1545—1608),并在南京礼部尚书王忠铭(1542—?)宅内当着众多文人和洪恩的弟子进行了一场激烈的论战。这场辩论的核心便是宇宙本源。利玛窦坚持认为天主是宇宙的唯一创造者,而洪恩坚称本源为法相宗的"心生万法"和华严宗的"初发心即成正觉"。[①] 利玛窦声称自己赢得了论战,然而洪恩方对此事采取不回应的态度。这次论战让利玛窦更加声名大噪,加速了他进军京城寻求统治者支持的脚步,并终于在 1601 年被万历邀请入宫,并在 1602 年在李之藻(1517—1630)的帮助下绘制完成了著名的《坤舆万国全图》。这幅图所描绘的世界打破了中国传统"天圆地方"观,震惊了中国,并很快传到了其他亚洲国家。1603 年该地图被扩大为《两仪玄览图》,同年利玛窦重刻 1595 年曾发行过的《天主实义》,这是继罗明坚(Michael Ruggieri,1543 - 1607)于 1584 年出版的《天主实录》之外耶稣会士在中国的第二部护教之作,内容主要是论述天主教和儒家的相似处,求合作以排佛的目的明显。

利玛窦的这些活动,仁潮一定都是知晓的。当时的他身处离南京不远的杭州,且利玛窦响彻全亚洲的地图便是在杭州刻印的,《天主实义》最流行的版本也是于 1607 年在杭州重刻的,而这一年也正是仁潮写就《法界安立图》的一年。[②] 虽然仁潮在书中并未直接提及耶稣会士,只言"愚痴邪说",推测即是指代耶稣会士们无疑。之后天主教和佛教进行了长达几十年的论战直到 1640 年耶稣会士

① 利玛窦中国札记,1615 年。
② 1607 年版本的《天主实义》是由汪孟朴重刻,李之藻作序的燕贻堂较梓本。

退出中国。这些论战的主要内容都离不开对宇宙的认识。而仁潮却在论战的早期就已经通过《法界安立图》对佛教宇宙观进行了详细的描述，并提出"同处异见"（同在一处但因为修为程度的高低而有所见之别）和"法界唯心"来解释其他宇宙观存在的原因。因此《法界安立图》从这种意义上来说，是晚明一部重要的佛教护教作品，也是中华帝国晚期唯一一部详尽讨论佛教宇宙论的著作。而以上的仁潮生平考对我们研究这部作品将起到积极的意义。

The Impact of Hangzhou Buddhism upon Japanese Pure Land Reformation Movement in 13th Century

— Yongming Yanshou, Yuanzhao of Hangzhou and Shinran

Mitsuya DAKE

(Ryukoku University, Kyoto, Japan)

0. Introduction

In the history of Japan Kamakura period is known for the emergence of the samurai, the warrior class, and for the establishment of feudalism in Japanese society, but it is also recognized as an era of development of new religious ferment of Buddhism.

Decades of social unrest in the late Heian period (平安时代, 794 - 1185) had culminated in the victory of Genji clan and Minamoto Yoritomo (源頼朝, 1147 - 1199) established new political authority in Kamakura. On the other hand, the Kamakura period was a turning point in Japanese Buddhism, highlighted by the spread of Buddhism among the illiterate ordinary people. It gave birth to new and reformed Buddhist movements such as Pure Land and, Zen, and Nichiren Buddhism devoted to the salvation of the common people in this historical turning point of Japanese society.

The founders of Kamakura Buddhism criticized the formalism of the Buddhist establishment of its day in the historical perspective of Buddhist theory called Mappo (Mofa 末法), the theory of the age of degeneration of Buddha's law. They stressed pure and simple faith and practice over complicated doctrine and difficult practices. Foe instances, in the 13th century, Honen (法然 1133 – 1212) and Shinran (亲鸾, 1173 – 1263) formulated their new religious ideas by concentrating on the teaching of nembutsu (念仏) in Pure Land tradition. Nichiren (日莲, 1222 – 1282) declared that only the Lotus Sutra only contains the highest truth of Buddhist teachings and is suited for people in the age of degeneration of Buddha's law. He advocated the repeated recitation of the title of the Lotus Sutra to attain buddhahood. Some Buddhist monks like Eisai (荣西 1141 – 1215) and Dogen (道元 1200 – 1253) traveled to China to seek a more authentic teaching of Buddhism and transmitted Zen Buddhism from China.

The original teachings of the founders of Kamakura Buddhism therefore diverged from the interest in Buddhist history that arose in the traditional sects during the latter half of the Kamakura period. These schools of Kamakura Buddhism passed through various formative stages and eventually succeeded in developing highly structured religious organizations. And today, these Buddhist traditions originated in Kamakura period became dominant Buddhism in Japan.

Buddhism in Song dynasty (宋 960 – 1279) of China influenced very much upon the transitional movement of Japanese Buddhism in late Heian period and Kamakura period (10th – 13th centuries).

In this paper, I would like to discuss how Hangzhou Buddhism in Song dynasty influenced upon the development of Japanese Pure Land reformation movement in 13th century.

In concrete, I examine how two Chinese Buddhist maters from Hangzhou (杭州) region, Yongming Yanshou (永明延寿 904 - 975) and Yuanzhao (元照 1048 - 1116) who were born in the capital city of Wuyue kingdom (吴越国), Yuhang (余杭), or modern day Hangzhou (杭州), influenced upon the formation of reformative movement of Japanese Pure Land Buddhism in 13th century.

I will apply my focus upon Shinran who was one of the main figures of the reformation movement of Japanese Pure Land in 13th century. For his provocative and insightful writings, Shinran is recognized as a great and sophisticated religious thinker in Japanese Buddhism in modern time. We can recognize great influence from Buddhist masters of Song Dynasty from Hangzhou region.

1. A Japanese Pure Land master — Shinran's life

To begin with, let me briefly introduce who Shinran was.

Shinran was born into the aristocratic Hino family, a branch of the Fujiwara clan, in Kyoto, and his father, Arinori, at one time served at court. At the age of nine, however, he entered the Tendai monastery on Mt. Hiei, where he spent twenty years in monastic life. There remained no evidence at the reason why he emancipated from secular life. From the familiarity with Buddhist writings apparent in his later works, we convince that he exerted great effort in his studies during this period on Mt. Hiei. He probably performed such practices as continuous recitation of the nembutsu for prolonged periods in Japanese Tendai Buddhist tradition. After twenty years, however, he despaired of ever attaining awakening through such discipline and study; he was also discouraged by the deep corruption that pervaded the mountain monastery.

Years earlier, Honen who became Shinran's life-long guiding master later had descended Mt. Hiei and begun teaching a radically new understanding of nembutsu practice, declaring that all self-generated efforts toward enlightenment were tainted by attachments and therefore meaningless. Instead of such shallow practice, one should simply say the nembutsu, not as a contemplative exercise or means of gaining merit, but by way of wholly entrusting oneself to Amida's Vow to bring all beings to enlightenment. In his main writing, *the Senchaku-shu* or *the Passages on the Selection of the Nembutsu in the Original Vow*, Honen confessed:

> Long ago, I [a monk of humble accomplishment] chanced to read this book [*Commentary on the Meditation Sutra* (*Kuan wu-liang-shou ching*)] by Shan-tao and came to learn something of its teaching. Thereupon, I resolutely abandoned the other practices and took refuge in the nembutsu. (*Senchakushu*, Chapt. 16)

Based upon Tang dynasty Pure land master Shantao's (善导 613 – 681) commentary, Honen insisted of the teaching of 'excusive nembutsu' and declared the establishment of Jodo (Pure Land) Buddhism as an independent sect in Japan. He started addressing the teaching of excusive nembutsu in Kyoto to crowds of men and women, establishing a considerable following. Honen attracted people of various classes in society, e. g. samurai, peasants, fortune-tellers, or even ex-robbers and other elements of society regardless of sex normally excluded from Buddhist practice without discrimination.

Shinran also descended Mt. Hiei and undertook a long retreat at Rokkakudo temple in Kyoto to determine his future course when he was twenty-nine. According to extant his wife's letter, at dawn on the ninety-fifth day, Avalokitesvara appeared to him in a dream, and Shinran took this as a sign that he should seek out Honen. He visited his place and went to hear his teaching daily for a hundred days. He then abandoned his former Tendai practices and joined Honen's movement. Shinran had been very grateful for Honen's benevolence and respected him as manifestation of Amida Buddha or bodhisattva Mahasthamaprapta since then.

However, the established temples in Nara and Kyoto were growing jealous of Honen, and in 1207 they succeeded in gaining a government ban on his nembutsu teaching. Several followers were executed, and Honen and others, including Shinran, were banished from the capital. Shinran was stripped of his priesthood, given a layman's name, and exiled to Echigo (Niigata) on the Japan Sea coast. About this time, he married Eshinni and began raising a family. He declared himself "neither monk nor layman". Though incapable of fulfilling monastic discipline or good works, precisely because of this, he was grasped by Amida's compassionate activity. He therefore chose for himself the name Gutoku, "foolish/shaven", indicating the futility of attachment to one's own intellect and goodness.

He was pardoned after five years, but he decided not to return to Kyoto. Instead, in 1214, at the age of forty-two, he made his way into the Kanto region, where he spread the nembutsu teaching for twenty years, building a large movement among the peasants and lower samurai. Then, in his sixties, Shinran began a new life, returning to Kyoto to devote his final three decades to writing.

Near the end of his life, Shinran was forced to disown his eldest son Zenran, who caused disruptions among the Kanto following by claiming to have received a secret teaching from Shinran. Nevertheless, his creative energy continued to his death at ninety, and his works manifest an increasingly rich, mature, and articulate vision of human existence. He demised at the age of 90 years old in 1263.

2. Shiran and Song Dynasty Buddhism

He did not give sermons or teach disciples, but lived with relatives, supported by gifts from his followers in the Kanto area. It is from this period that most of his writings stem. He completed his major work, popularly known as *the Kyogyoshinsho* （教行信证） or *the True Teaching*, *Practice*, *and Realization of the Pure Land Way*, and composed hundreds of hymns in which he rendered the Chinese scriptures accessible to ordinary people.

There were people who asserted that one should strive to say the as often as possible, and others who insisted that true entrusting was manifested in saying the nembutsu only once, leaving all else to Amida. Shinran rejected both sides as human contrivance based on attachment to the nembutsu as one's own good act. Since genuine nembutsu arises from true entrusting that is Amida's working in a person, the number of times it is said is irrelevant.

Further, there were some who claimed that since Amida's Vow was intended to save people incapable of good, one should feel free to commit evil. For Shinran, however, emancipation meant freedom not to do whatever one wished, but freedom from bondage to the claims of egocentric desires and emotions. He therefore wrote that with deep trust in Amida's Vow, one came to genuine awareness of one's own evil.

During this period, Shinran closely read not only Sui and Tang Dynasty Chinese Buddhist texts but Song dynasty version of Tripitaka （宋版大藏经） and studied such Buddhist Commentaries in Tang Dynasty as *the Guan Wu*

Liang Shou Fo Jing Yi Shu（观无量寿佛经义疏）or *the Commentaries on the Sutra of Contemplation on the Buddha of Immeasurable Life* and *the Amito Jing Yi Shu*（阿弥陀経义疏）or *the Commentaries on the Amida Buddha Sutra* by Yuanzhao，the Le Bang Wenlei（乐邦文类）or *the Collection of Passages on the Land of Bliss* by Zong Xiao（宗晓 1151 - 1214）in the Song and so forth. Shinran also learned Yongming Yanshou's interpretation about Pure Land Buddhism through Zong Xiao's the Collection of Passages on the Land of Bliss.

Shinran quotes many passages from these texts in his main work，*the True Teaching，Practice，and Realization of the Pure Land Way* to sustain his interpretation of relationship between nembutsu practice and faith，implication of his idea of other power and existential understanding of human being.

As is previously mentioned，the development of Buddhism in Song dynasty had great impact upon the transitional movement of Japanese Buddhism in late Heian period and Kamakura period. Although it was not allowed to visit China officially，there were many monks who visited privately China to make pilgrimage to Mt. Tiantai and Mt. Wutai. For example，Chonen（奝然 938 - 1016）of Todai-ji went to China with his two disciples. In his pilgrimages，he visited Yue Prefecture，Hangzhou，Yangzhou and Mt. Wutai and had a chance to audience with then Emperor Taizong（太宗　939 - 997）of Song in Kaifeng. The Emperor was very pleased with this foreign monk and granted him purple robes and a printed copy of the entire Buddhist Tripitaka of Song（宋版大藏经）only completed the year before. Chonen was also allowed to copy the legendary Buddha statue and built Seiryo-ji temple in Kyoto. After this，many Japanese monks visited both Northern and Southern Song to study and collect sacred scriptures and texts that discussed the new development of Buddhist thought in order to tackle the issues that Japanese Buddhism faced amidst the transitional period of itself.

Shunjo (俊芿 1166 - 1227) who was a Tendai monk of Mt. Hiei traveled to China in 1199 and studied Tiantai teaching, precepts (Li) and Chan. He also brought back many sacred scriptures including those not having transmitted before. These texts were shared among Buddhism monks in Kyoto and referred as new but authoritative resources for their teachings. Shinran quotes some passages from Shantao's text which is transmitted by Shunjo. It seems that Shinran had a chance to read newly arrived texts and scriptures from Song Dynasty and absorbed its essence in a short period.

3. Shinran's quotations from masters Yaunzhao of Hangzhou Buddhism

In his wrings, Shinran quotes extensive passages from the texts written by master Yuanzhao and his disciples.

Yaunzhao is a monk of the Vinaya school who was born in Qiantang (钱塘) county, Yuhang (余杭), in modern Zhejiang province. His family name was Tang (唐), courtesy name Zhanran (湛然), and literary name Anrenzi (安忍子). In 1098 he established an ordination platform at the temple Siming Kaiyuansi (四明开元寺), and in his later years he lived in the temple Chongfusi (崇福寺) at Lingzhi (灵芝) on the shores of West Lake (Xihu 西湖), where he converted to the Pure Land teachings after falling ill.

In the Chapter on Practice (行卷) of his *True Teaching*, *Practice*, *and Realization*, Shinran consecutively quotes passages from Yuanzhao's *Commentaries on the Sutra of Contemplation on the Buddha of Immeasurable Life* and *Commentaries on the Amida Buddha Sutra* and from Yuanzhao's disciple's texts in sequent manner. There are altogether 11 quoted passages in this chapter. It is a little bit bothersome, but I would like to indicate them.

1) Two passages from Yuanzhao's *Commentaries on the Sutra of Contemplation on the Buddha of Immeasurable Life*

Firstly, Shinran quotes two passages from *the Commentaries on the Sutra of Contemplation on the Buddha of Immeasurable Life* by Yuanzhao. Through these two quotation Shinran quote these two passages by Yanzhao as the proof that Amida's great compassion reveal the Pure Land Way for the sake of pitiful beings as ourselves.

Yüanchao, master of the Vinaya school, states: It goes without saying that in his great compassion our Buddha revealed the Pure Land way, and with loving concern widely spread it through the teachings of the great vehicle. Though we see it with our eyes and hear it with our ears, we give rise to doubts and slander. We are self-complacent in our own sinking and drowning, without longing to overcome and rise. The Tathagata taught for the sake of such pitiful beings as ourselves. Truly our doubts arise because we do not realize that this dharma is unique and beyond the ordinary. It does not discriminate between wise and foolish; it does not differentiate between priesthood and laity; it does not question the length of one's performance of practice; it does not take into account the weight of the karmic evil one has committed: only definitely settled shinjin (faith) is required as the cause-seed of birth.

(CSW #48)

Then Shinran quotes another part of Yuanzhau's text.

Further he states: Now, the sutras of the Pure Land teaching are in accord in not speaking of maras; hence, we know that with this teaching one clearly encounters no maras. In Dharma-gate of True Faith by Master Ch'ing-wen of Shan-yin, this is taken up in great detail. Let us quote the discussion at length: There are people who say, "It is claimed that at the time of death, one beholds the approach of the Buddha and the bodhisattvas, radiant with light and bearing a dais; that there is heavenly music and wondrous fragrance, as they come to welcome one to birth in the Pure Land. But this is all the work of maras." Is this assertion true?

Answer: According to *the Sutra of the Samadhi of Heroic Advance*, when one performs samadhi, maras of the five skandhas may appear. According to the Treatise on the Mahayana, when one performs samadhi, exterior maras (heavenly maras) may appear. According to the Treatise on Samatha and Vipasyana, when one performs samadhi, time spirits may appear. All of these occur because people who practice meditation avail themselves of self-power, and the seeds of maras' work are unfailingly made active at that time. When you clearly recognize this and apply the proper remedy, you can make them disperse immediately. If you assume that you have gained the wisdom of sages, you will be beset with the obstruction of maras. (The above answer reveals that one who seeks to realize enlightenment here in this world stirs up the activity of maras.)

(CSW ♯49)

Shinran does a long quotation from Yuanzhao to emphasize that with Pure Land teaching one clearly encounters no maras (evils or obstructions).

2) Three passages from Yuanzhao's *Commentaries on the Sutra of*

After these long quotations from *the Sutra of Contemplation on the Buddha of Immeasurable Life* by Yuanzhao, Shinran refers to three passages from *the Commentaries on the Amida Buddha Sutra*.

> Further he states: The conclusive expositions of the One Vehicle all designate the land of bliss as their culmination. The resultant Name stands alone as most excellent in embodying the perfect accomplishment of a myriad practices. (CWS #50)

Shinran quotes these passages as a proof to make clear that Pure Land teaching is the culmination of the One Vehicle and the Name is the most excellent practice. Following this Shinran quotes as follows:

> Further he states: Needless to say, our Buddha Amida grasps beings with the Name. Thus, as we hear it with our ears and say it with our lips, exalted virtues without limit grasp and pervade our hearts and minds. It becomes ever after the seed of our Buddhahood, all at once sweeping away a koti of kalpas of heavy karmic evil, and we attain the realization of the supreme enlightenment. I know truly that the Name possesses not scant roots of good, but inexhaustible roots of good. (CWS #51)

Here, Yuanzhao says that Amida Buddha grasps being with the Name and the Name possesses not scant roots of good, but inexhaustible roots of good. Shinran quotes these passages to support his understanding of the Name. Then he quotes the passages from other part of *the Commentaries on the Amida Buddha Sutra*.

> Further he states: Concerning right-mindedness, the way foolish people face death shows no control over their consciousness. The karmic

seeds of past good and evil acts unfailingly rise up and manifest themselves. Some awaken evil thoughts, or fall into wrong views, or cherish attachments, or go insane with ugly features. Surely these can all be called causes of invertedness. If they had recited the Buddha's Name beforehand, their karmic evil would have been eradicated and their obstructions swept away; within, the pure act of saying the Name would be fragrant, while from without, the compassionate light would grasp them, and in an instant, they would break free of all suffering and realize joy. Thus, the next passage [of the Contemplation Sutra] encourages us to seek birth and teaches that the benefit of the Name lies in bringing us to attainment of it.

(CWS ♯52)

In this part, Yuanzhao states that the benefit of the Name lies in bringing even foolish people to attain birth in the Pure Land with right-mindedness at the moment of death.

3) One passage by Master Tz'u-yun （遵式）who was a contemporary to Yuanzhao

Shinran also makes two quotations from the text by Tz'u-yun who was a contemporary Tiantai master to Yuanzhao.

[Further he states:] Master Tz'u-yun declares: Only the nembutsu is quick and true as the pure act that brings one to the land of peace; therefore, practice it. If the four classes of Buddhists desire to break through their ignorance swiftly and eradicate forever all the karmic evil-heavy and light-arising from their commissions of the five grave offenses and the ten transgressions, they should practice this teaching. If people desire to abide continuously in pure observance of Mahayana or Hinayana precepts, to realize nembutsu-samadhi, and to fulfill the bodhisattva's practice of the paramitas, they should train themselves in this dharma. If people desire that they be free of all fear at the time of death, that with both body and mind in repose, the host of sages appear before them and extend their hands to guide them, and that, rid of defiling passions for the first time, they reach non-retrogression at once, so that without passing long kalpas, they immediately realize no-birth, then they should study this dharma. Who would not follow the dharma-words of this ancient sage? With the five topics discussed above, I have briefly presented the essential points of the Contemplation Sutra. I am not giving a full explanation here; a detailed commentary appears below.

According to the K'ai-yüan Era Catalog of Scriptures, there were two translations of the Contemplation Sutra. The first has been utterly lost, and the one that survives is by Kalayasas. The Biography of Monks states that Kalayasas' name was translated "Shih-ch'eng" (Time-praise), and that he went to the capital toward the beginning of the Yuan-chia era of the Sung dynasty, during the reign of Emperor Wen.　　(CWS #53)

Tz'uyun says that Only nembutsu is quick and true as the pure act that brings one to the land of peace. Shinran also refers to Tz'uyun passages that praises the practice of Amida Buddha as follows.

Tz'u-yun states in a hymn: Among full expressions of the truth, this is the fullest; Among consummate sudden teachings, this is the most consummate and sudden.　　(CSW #54)

5) One passage from *the Commentaries on the Sutra of Contemplation on the Buddha of Immeasurable Life by* Yuanzhao

> Tai-chih states in praise:
> It is the consummate, sudden teaching of the One Vehicle;
> It is genuine and single, free of mixture. (CWS #55)

Taichih is another name of Yaunzhao. In his *Commentaries on the Sutra of Contemplation on the Buddha of Immeasurable Life*, Yaunzhao praises that it (nembutsu) is the consummate, sudden teaching of the One Vehicle; It is genuine and single, free of mixture.

6) One passage by Chiehtu (戒度) of the Vinaya (Li) school who was a disciple to Yuanzhao

> Chieh-tu of the Vinaya school states:
> Concerning the Buddha's Name: practices were performed and accumulated for kalpas, and those myriad virtues were all taken and manifested in the four characters, [Amida-butsu]. Therefore, when one says the Name, one acquires no small benefit. (CWS #56)

Chiehtu insists that when one says the Name one acquires no small benefit because practices were performed and accumulated for kalpas in these passages.

7) One passage by Yungchi'n of the Vinaya school who was a disciple to Yuangzhao

Yungchi'n was a disciple to Yuangzhao. Shinran quotes passages from his writing to reveal if one says the auspicious Name of the one Buddha and thinks on that Buddha now, one will unfailingly be possessed of the immeasurable virtues.

Yung-ch'in of the Vinaya school states: If one says the auspicious Name of the one Buddha and thinks on that Buddha now, one will unfailingly be possessed of the immeasurable virtues accumulated from the time Bodhisattva Dharmakara was in his causal stage until he reached the fulfillment of Buddhahood.

(CWS #57)

Further he states: All the Buddhas, after passing countless kalpas in practice, awaken to the reality of things as they are, and yet they grasp not a single thing; hence when, on making great vows that are formless, they perform their practices they do not abide in those excellent acts. When they realize enlightenment, they do not attain it. When they take abode, they do not adorn lands. When they manifest their powers, their supernatural powers are not supernatural powers. Hence, spreading their tongues over the great thousandfold world, they teach the non-teaching. Thus they urge us to entrust ourselves to this Amida Sutra. This is utterly impossible for us to fathom with our minds or discuss with our lips. I believe that these inconceivable virtues of the Buddhas are instantaneously embodied in Amida's two kinds of fulfilled adornments. Moreover, the practice of holding to a Buddha's name, though performed with the other Buddhas, always includes Amida.　　(CWS # 58)

There are also some passages from Yuanzhao's texts in chapter on Transformed Buddha and Lands quoted by Shinran. We can find very intensive reference to the texts by Yuanzhao and his disciples.

It should be also noted that Shinran refers to a passage written by Yongming Yanshou as follow in the Chapter of shinjin (信卷).

Chihchueh（智觉：延寿）of the Chan school praises the practicer of the nembutsu: How wondrous! The power of the Buddha surpasses conceivability; never has there been such power.   (CWS ♯103)

Here Shinran quotes a passage by a Zen master, Yanshou to support the superiority of practice of the nembutsu.

As is well known, Yanshou was a prominent Buddhist monk who was born in today's Hangzhou during the era of Five Dynasties and Ten Kingdoms and early Song Dynasty. (He probably became a monk around 932 under the Zen teacher Ts'uiyen. At some point he left his initial teacher and went to Mt. Tiantai, where his attainment was confirmed. Around 952 he again moved, this time to Mt. Xuedou（雪窦山）, where he served as a teacher and apparently attracted many students. In 960, the King of Wuyue, Qian Chu(钱俶）, assigned Yanshou to be the abbot of Lingyin-si temple (灵隐寺).

He is commonly being associated as a Chan master and the sixth patriarch of Pure Land. Yanshou is best known for attempting to synthesize the diverse and seemingly contradictory teachings of the various schools of Buddhism that existed in China. He is often associated with Chan and Pure Land Buddhism, and he is largely concerned with Tiantai（天台宗）in his writings. Due to his unique background in both schools, his writing sets a great example that one should not be refrained from knowing different schools of Buddhism when one has already chosen a particular school. The reason is that all schools are equally important and helpful in our self-development. As his poem has mentioned, if one practices Chan (meditation) but without Pure Land, one will most likely be lost in the negative realm during meditation. However, if one can practice Chan and Pure Land together, one can become a teacher to others in this lifetime. Yongming Yanshou advocated an integration of Zen school and other schools so as to seek common ground and coexistence.

4. Shinran's intention of the quotations

In 13th Century, Japanese Buddhism in general had been in the process of radical reformation. Not only the new Buddhist movement represented by Pure Land, Zen, and Nichiren Buddhists but also traditional Buddhist schools such as Tendai, Shingon, Kegon school or Huayan (华严), Ritsu school or Li, Sanron or Three trietieses (三论宗) had struggled for their sustainable foundation amidst upheaval social change.

Traditional Buddhist schools such as Tendai school and Shingon school tried to enforce the theory of exoteric and esoteric structure which sustains their economical foundation as landlords. They persisted their position as orthodox Buddhism and criticized new Buddhist movement as heterodox and sometimes oppressed them severely.

On the other hand, new Buddhist reformation movement led by such monks as Honen, Shinran, Dogen, and Nichiren, challenged the position of traditional Buddhist schools from various points of view. Although new Buddhist movement led by them did not have any social foundation as their opponents, they challenged the establishment mainly from the theoretical point of view. There were also some monks inside the traditional Buddhist schools who engage in reforming the old shells of their traditions. They also sought new theoretical foundation that might change the deteriorated situation that they witnessed.

The attitude that we can find both movements in common is that they seem to have resolved the issues based upon either the original Buddhist texts or manuscripts, that is, Chinese Tripitaka or new commentaries of various sutras by Chinese masters.

As is well known, the first printed Chinese Tripitaka was published in Song Dynasty in 12th century. The comprehensive study of sutras became very progressed after this compilation of Chinese Buddhist texts. Japanese Buddhists of 12th and 13th centuries were enthusiastic about obtaining this Tripitaka as well as Chinese Buddhist commentaries compiled in it and traveled to China for the sake.

Buddhists who led the reformation movement of Japanese Buddhism in 13th century utilized these newly introduced texts in order to expand their claims. For example, we can prove that Shinran referred to the Chinese Tripitakan of Song Dynasty. At the same time, Shinran quotes many commentaries of sutras authored by Chinese Buddhist masters of various schools in Song Dynasty. This tendency closely related Japanese Buddhism with Buddhism of Song Dynasty.

Through these texts Shinran understood the new interpretation of Pure Land Buddhism by those monks who belonged to Tiantai and Li school which encourage Shinran to challenge the position of traditional Buddhist schools in Japan at that time.

As is well known, Shinran's master, Honen was critically blamed by monks belonged to Tendai (Tiantai) and Ritsu (Li) school. For Shinran these words taught in *the Le Bang Wen lei* and many other new manuscripts brought back from Song Dynasty had given him to reply to the criticism. In the same manner, Shinran used many passages written by Yuanzhao of Hangzhou and his disciples to support his understanding of Pure Land teaching.

Furthermore, Shinran refers to Yongming Yanshou who also resided in Hangzhou and advocated an integration of Zen school and other schools.

During the Tang and Song dynasty, Chinese Buddhism underwent a great change, from theory investigation to religion practice. Buddhism in the Song dynasty showed a great orientation toward practice. In this context, Shinran shed a light upon how these two masters understood the real state of human being and applied it to reveal the true meaning of Amida's compassionate vows. I would like to reveal the impact of Hangzhou Buddhism upon Japanese Pure Land Reformation Movement through analyzing the intention of Shinran's quotations from these two famous masters from Hangzhou Buddhism.

In this way, we can observe large impact of Hangzhou Buddhism upon not only Zen Buddhism but also Japanese Pure Land reformative movement of 13th century.

References
- *The Collected Works of Shinran* (CWS) *Kyoto*: Jodo Shinshu Hongwanji-ha 1997.
- Honen, Trn. by Senchakushu English Translation Project, *Honen's "Senchakushu"*: *Passages on the Selection of the Nembutsu in the Original Vow* Honolulu: University of Hawaii Press, 1998.
- Albert Welter. "Beyond Lineage Orthodoxy: Yongming Yanshou's Model of Chan as Bodhisattva Cultivation". *Chung-Hwa Buddhist Journal* 26: 1 – 31 2013.
- Chiba, Ryusei. "Shinran ni okeru Ganjo Amida-kyo Gisho no Inmon ni tuite". *The Journal of Japanese Association of Indian and Buddhist Studies* Vol. 63 – 1 2015.
- Yoshifumi Ueda and Dennis Hirota, *Shinran. An Introduction to His Thought*. Kyoto: Hongwanji Interna-tional Center 1989.
- Seijun Sato, *Sodai Bukkyo-shi no Kenkyu* Tokyo: Yamakibo 2012.

图书在版编目(CIP)数据

江浙文化. 第五辑/邱高兴主编. —上海：上海三联书店，
2021.11
ISBN 978 - 7 - 5426 - 7219 - 3

Ⅰ.①江… Ⅱ.①邱… Ⅲ.①地方文化-文化研究-江苏
②地方文化-文化研究-浙江 Ⅳ.①G127.53 ②G127.55

中国版本图书馆 CIP 数据核字(2020)第 186738 号

江浙文化(第五辑)

主　　编 / 邱高兴

责任编辑 / 郑秀艳
装帧设计 / 一本好书
监　　制 / 姚　军
责任校对 / 张大伟　王凌霄

出版发行 / 上海三联书店
　　　　　(200030)中国上海市漕溪北路 331 号 A 座 6 楼
邮　　箱 / sdxsanlian@sina.com
邮购电话 / 021 - 22895540
印　　刷 / 上海惠敦印务科技有限公司

版　　次 / 2021 年 11 月第 1 版
印　　次 / 2021 年 11 月第 1 次印刷
开　　本 / 710mm×1000mm　1/16
字　　数 / 550 千字
印　　张 / 37.75
书　　号 / ISBN 978 - 7 - 5426 - 7219 - 3/G・1577
定　　价 / 158.00 元

敬启读者,如发现本书有印装质量问题,请与印刷厂联系 021 - 63779028